Beiträge zur Geschichtswissenschaft
Herausgegeben von Ernst Piper

Alexander Koch

# Der Häftlingsfreikauf

Eine deutsch-deutsche
Beziehungsgeschichte

Allitera Verlag

Das vorliegende Buch basiert auf der im September 2012 an der Philosophischen Fakultät der Ruprecht-Karls-Universität Heidelberg von Alexander Koch eingereichten Dissertation.

Weitere Informationen über den Verlag und sein Programm unter:
www.allitera.de

September 2014
Allitera Verlag
Ein Verlag der Buch&media GmbH, München
© 2014 Buch&media GmbH, München
Umschlaggestaltung: Kay Fretwurst, Freienbrink
unter Verwendung von Auszügen aus dem Monatsbericht Nr. 1 von Rechtsanwalt Kurt Behling an die Bundesregierung vom 21.5.1951 zur Tätigkeit der sogenannten Rechtsschutzstelle, abgedruckt aus: BA Koblenz, B 137/1742
Printed in Germany · ISBN 978-3-86906-635-6

# Inhalt

Vorwort . . . . . . . . . . . . . . . . . . . . . . . . . . . . . . . . . . . . . . . . . 7
Einleitung . . . . . . . . . . . . . . . . . . . . . . . . . . . . . . . . . . . . . . . 9
  A. Problemstellung, Begriffe und Definitionen . . . . . . . . . . . . . . . . 10
  B. Überblick über den Forschungsstand . . . . . . . . . . . . . . . . . . . 22
  C. Forschungsdesign und Untersuchungsgegenstand/-zeitraum . . 32
  D. Quellen und Methoden . . . . . . . . . . . . . . . . . . . . . . . . . . . . . 37

1. **Die Ursachen des Häftlingsfreikaufs** . . . . . . . . . . . . . . . . . . . . 44
  1.1 Die Repression in der SBZ und der frühen DDR . . . . . . . . 44
  1.2 Bundesdeutsche Justiz und DDR-Justiz im Vergleich . . . . 54
  1.3 Die politischen Gegensätze der beiden deutschen Staaten . . 60

2. **Die Anfänge des Häftlingsfreikaufs** . . . . . . . . . . . . . . . . . . . . 75
  2.1 Die Initiativen der evangelischen und der katholischen Kirche 76
  2.2 Die humanitären Bemühungen des West-Berliner Senats . 92
  2.3 Der erste Freikauf der Bundesregierung . . . . . . . . . . . . . . 98
  2.4 Die Haltung der West-Alliierten und der Sowjetunion . . . 112
  2.5 Humanitäres Engagement der Bundesregierung in
      Osteuropa . . . . . . . . . . . . . . . . . . . . . . . . . . . . . . . . . . . . . 123

3. **Der institutionalisierte Häftlingsfreikauf** . . . . . . . . . . . . . . . . 129
  3.1 Die Entscheidungsträger . . . . . . . . . . . . . . . . . . . . . . . . . . 130
  3.2 Die politischen Interessen der beiden deutschen Staaten . . . 159
  3.3 Warenlieferungen statt Bargeldzahlungen . . . . . . . . . . . . . 184
  3.4 H-, F- und K-Fälle: Technokratische Begriffe für
      menschliche Schicksale . . . . . . . . . . . . . . . . . . . . . . . . . . . 195
  3.5 Die Unterhändler: Wolfgang Vogel und Jürgen Stange . . . . 222

4. **Die freigekauften Häftlinge** . . . . . . . . . . . . . . . . . . . . . . . . . . 253
  4.1 Politische Gegner der SED-Diktatur . . . . . . . . . . . . . . . . . 254
  4.2 Fluchthelfer, Flüchtlinge und Ausreiseantragsteller . . . . . . 259
  4.3 Haftentlassungen in die DDR . . . . . . . . . . . . . . . . . . . . . . 279

4.4 Inhaftierte Agenten und die Rolle der Nachrichtendienste ... 286
4.5 Kriminelle unter den freigekauften Häftlingen .......... 296

5. Der Freikauf und die Entspannungspolitik ................. 303
   5.1 Die neue Ost- und Deutschlandpolitik der
       sozial-liberalen Koalition .......................... 304
   5.2 Die Probleme der DDR durch ihre
       internationale Einbindung .......................... 309
   5.3 Innenpolitischer Streit um humanitäre Fragen in
       der Bundesrepublik ................................. 316

6. Die Rolle der Medien ..................................... 331
   6.1 Das Bemühen um Diskretion .......................... 331
   6.2 Öffentlichkeit als Druckmittel gegenüber der DDR ...... 337

7. Die Folgen des Freikaufs in der DDR in den 1980er Jahren ..... 345
   7.1 Die Einnahmen: Ein stabilisierender Faktor für
       die DDR-Volkswirtschaft? ........................... 345
   7.2 Die Auswirkungen auf Bevölkerung und
       staatliche Institutionen ............................ 360

Schlussbetrachtung ........................................... 379

Quellen- und Literaturverzeichnis ............................ 400
   Quellenverzeichnis ...................................... 400
   Archivalien ............................................. 400
   Quelleneditionen ........................................ 405
   Berichte, Dokumentationen, Erinnerungen (u. a.) .......... 407
   Interviews/Zeitzeugenbefragungen ........................ 420
   Literaturverzeichnis .................................... 423

**Anhang** .................................................. 446
   Tabelle zu den von der Bundesregierung freigekauften
   Häftlingen ............................................. 446
   Auszüge aus dem Monatsbericht Nr. 1 von Rechtsanwalt
   Kurt Behling an die Bundesregierung vom 21.5.1951 zur
   Tätigkeit der sogenannten Rechtsschutzstelle ............ 447

# Vorwort

Die vorliegende Studie basiert auf meiner Ende September 2012 an der Philosophischen Fakultät der Ruprecht-Karls-Universität Heidelberg eingereichten Dissertation mit dem Titel »Der Häftlingsfreikauf. Eine deutsch-deutsche Beziehungsgeschichte«. Die Dissertation zur Erlangung des Doktorgrades (Dr. phil.) wurde von Prof. Dr. Edgar Wolfrum als Erstgutachter und Prof. Dr. Cord Arendes als Zweitgutachter betreut und am 27.9.2012 abgegeben, die Disputation erfolgte am 6.2.2013. Der Forschungsstand wurde gegenüber der Dissertation von Ende 2012 aktualisiert.

Das Verfassen dieses Buches stellte in vielerlei Hinsicht eine große Herausforderung dar. Zu seinem Entstehen und erfolgreichen Abschluss haben viele Menschen mit wertvollen Hinweisen beigetragen. Leider können sie an dieser Stelle nicht alle genannt werden. Zuerst möchte ich meinem Doktorvater Prof. Dr. Edgar Wolfrum besonders danken, der mich gerade in schwierigen Phasen meines Projektes unterstützt hat. Mein Dank gilt auch Prof. Dr. Cord Arendes, der bereit war, das Zweitgutachten für diese Studie zu übernehmen. Einen großen Beitrag zum Gelingen dieses Buches leistete neben meiner Universität auch die Friedrich-Ebert-Stiftung, die mir mit einem Promotionsstipendium überhaupt erst ermöglicht hat, ausführliche Recherchen für diese Studie vorzunehmen. Die Hinweise vieler hilfsbereiter Personen, zum Beispiel von anderen Wissenschaftlern oder von diversen Mitarbeitern in verschiedenen Archiven, Stiftungen und Organisationen, eröffneten neue Erkenntnisse und Perspektiven. Ihnen allen gehört mein Dank. Als besonders hilfreich erwiesen sich aber vor allem zahlreiche Zeitzeugen, die mir für diese Studie geduldig Rede und Antwort standen. Das gilt im Besonderen auch für die Zeitzeugen, die im Verlauf der umfangreichen Recherchen zwar befragt wurden, aber letzten Endes aufgrund der Vielzahl der interviewten Personen nicht in die Studie aufgenommen werden konnten. Die Interviews mit verschiedenen Mitarbeitern des Bundesministeriums für innerdeutsche Beziehungen (BMB) waren für das Erkenntnisinteresse der vorliegenden Untersuchung besonders aufschlussreich. Allen Zeitzeugen gebührt mein ganz besonderer Dank.

Ein weiterer Dank gilt meinen Eltern und meinen Freunden, die mich finanziell und/oder moralisch auch in schwierigen Phasen des

Projektes unterstützt haben. Alle genannten und zahlreiche ungenannte Personen haben zum erfolgreichen Abschluss dieser Studie beigetragen.

*Alexander Koch*
*Weiterstadt, August 2014*

# Einleitung

»*An einer besonders heiklen Stelle des innerdeutschen Verhältnisses ist es durch Beharrlichkeit und Sachlichkeit gelungen, Menschen zu helfen, die es sehr schwer haben, und bei allen Schärfen der Gegensätze einen Ansatz zu schaffen und zu halten, der wahrscheinlich zu gegebener Zeit hilfreich sein wird, für weitere sachliche Regelungen zwischen den beiden Teilen Deutschlands.*«[1]

Dieser Auszug aus einem Brief von Herbert Wehner, damaliger Minister für gesamtdeutsche Fragen, an seinen früheren Mitarbeiter Ludwig Rehlinger[2] im Jahr 1969 bezieht sich auf ein lange in der Öffentlichkeit diskret behandeltes Thema – den innerdeutschen Häftlingsfreikauf im Kalten Krieg. Die vorliegende Studie möchte dieses erstaunliche und bislang noch wenig wissenschaftlich aufgearbeitete Kapitel innerhalb der wechselvollen Beziehungsgeschichte der beiden deutschen Staaten systematisch untersuchen. Welche Forschungsansätze werden hierbei zu Hilfe genommen und was sind mögliche Forschungsergebnisse? In der vorliegenden Studie wird von der Hypothese ausgegangen, dass der Häftlingsfreikauf langfristig einen nicht zu unterschätzenden Beitrag zur Destabilisierung der SED-Diktatur geleistet hat. Nach dem Selbstverständnis der SED wurden in der DDR nämlich keine Menschen aus politischen Gründen inhaftiert. Bereits 1951 verkündete deshalb der DDR-Justizminister Fechner, dass es in der DDR keine politischen Häftlinge gebe, daher sei auch kein Inhaftierter als ein solcher zu bezeichnen.[3] Nur zwei Jahre später wurde Fechner jedoch selbst aus politischen Gründen verhaftet.[4]

---

[1] Zitiert nach: Rehlinger, Ludwig A.: Freikauf. Die Geschäfte der DDR mit politisch Verfolgten 1963–1989. Halle 2011, S. 80 (Auszug aus dem Brief Wehners vom 7.8.1969 zur Verabschiedung Rehlingers; aus der Neuauflage von Ludwig (Anton) Rehlingers Erinnerungen, die 1991 in erster Auflage erschienen waren).

[2] Vgl. zu Ludwig Rehlinger: Diekmann, Kai (Hg.): Freigekauft. Der DDR-Menschenhandel. Fakten. Bilder. Schicksale. München 2012, S. 24 f.

[3] Vgl. Fricke, Karl Wilhelm: Politik und Justiz in der DDR. Zur Geschichte der politischen Verfolgung 1945–1968. Bericht und Dokumentation. Köln 1990 (2. Auflage; 1. Auflage erschien 1979), S. 582.
Vgl. ebf. Mihr, Anja: Amnesty International in der DDR. Der Einsatz für Menschenrechte im Visier der Stasi. Berlin 2002, S. 40.

[4] Vgl. Suckut, Siegfried: »Als wir in den Hof unserer Haftanstalt fuhren, verstummte Genosse Fechner«. Neues aus den Stasi-Akten zur Verhaftung und Verurteilung des ersten Justizministers. In: Engelmann, Roger und Vollnhals, Clemens (Hg.): Justiz im Dienste der Parteiherrschaft. Rechtspraxis und Staatssicherheit in der DDR. Berlin 1999, S. 165–179.

Vor allem in den 1950er Jahren klagte die Bundesregierung die DDR regelmäßig öffentlich für deren Willkürjustiz gegenüber politischen Gegnern an.[5] Umgekehrt kritisierte die DDR die Bundesrepublik für Prozesse gegen Kommunisten.[6] Beide deutsche Staaten gingen somit davon aus, dass es in Deutschland Menschen gab, die aus politischen Gründen inhaftiert wurden. »Politische Häftlinge« hatte jedoch nach ihrem Selbstverständnis nur der jeweilige Gegner im Kalten Krieg, also immer nur der andere deutsche Staat. Hieraus folgte, dass sich die Bundesrepublik und die DDR vom Anfang bis zum Ende des Häftlingsfreikaufs nie darüber einig sein konnten, über wen sie denn nun verhandelten: über politische Häftlinge oder über Kriminelle? Deshalb müssen in der Einleitung zunächst Begriffe wie zum Beispiel »politischer Häftling« in einem eigenen Abschnitt (A) definiert werden, bevor der bisherige Forschungsstand (B) dargestellt werden kann. Das Forschungsdesign (C) und das entsprechende Erkenntnisinteresse dieser Studie leiten sich daraus ab. Die Hypothesen werden anhand verschiedener Quellen geprüft, die im abschließenden Abschnitt der Einleitung (D) vorgestellt werden.

## A. Problemstellung, Begriffe und Definitionen

Wie kann der für diese Untersuchung zentrale Begriff des »politischen Häftlings« überhaupt definiert werden? Die Bundesrepublik musste unbedingt eine möglichst eindeutige Abgrenzung vornehmen, welche Inhaftierten sie aus den DDR-Gefängnissen auslösen wollte.

Bereits vor dem Mauerbau 1961 waren sehr viele ehemalige politische Gefangene nach ihrer Haftentlassung aus der DDR über das geteilte Berlin in den Westen geflohen.[7] Viele wollten nach dem 1955 verabschiedeten Häftlingshilfegesetz (HHG) als politische Häftlinge aner-

---

[5] Vgl. Creuzberger, Stefan: Kampf für die Einheit. Das gesamtdeutsche Ministerium und die politische Kultur des Kalten Krieges 1949–1969. Düsseldorf 2008, S. 477 f.
Vgl. ebf. Eisert, Wolfgang: Die Waldheimer Prozesse. Der stalinistische Terror. Ein dunkles Kapitel der DDR-Justiz. Esslingen und München 1993, S. 277.
[6] Vgl. Wolfrum, Edgar: Das Verbot der KPD im Jahr 1956. Wehrhafte bundesrepublikanische Demokraten oder politische Gefangene des Kalten Krieges? In: Haus der Geschichte Baden-Württemberg in Verbindung mit der Landeshauptstadt Stuttgart (Hg.): Politische Gefangene in Südwestdeutschland. Tübingen 2001, S. 268.
[7] Vgl. Boll, Friedhelm: Sprechen als Last und Befreiung. Holocaust-Überlebende und politisch Verfolgte zweier Diktaturen. Bonn 2001, S. 302.

kannt werden, da ihnen dann finanzielle Unterstützungen zustanden.[8] Somit musste sich die Bundesrepublik bereits vor dem Häftlingsfreikauf mit der Frage befassen, wen sie als politischen Häftling betrachtete. Nur die Verurteilung durch ein DDR-Gericht konnte deshalb als Voraussetzung nicht ausreichen. In der DDR verübte Kapitalverbrechen und andere Delikte wie Betrug oder Diebstahl waren auch nach bundesdeutschem Recht gesetzwidrig. Urteile von DDR-Gerichten in solchen Fällen wurden daher im Regelfall auch von der bundesdeutschen Justiz akzeptiert. Die Bundesrepublik ging aber gemäß HHG davon aus, dass ein politischer Häftling eine Person ist, die aus nicht von ihr selbst zu vertretenden Gründen inhaftiert wurde.[9] Das bedeutete, dass sie aufgrund von Gesetzen verurteilt worden war, die nicht mit den Grundsätzen einer freiheitlichen demokratischen Grundordnung und eines Rechtsstaats vereinbar waren.[10] Nach dieser Definition hatte die SED-Diktatur sehr viele Personen in ihren Gefängnissen einsitzen, die die Bundesregierung als politische Häftlinge klassifizieren musste.[11] Die DDR bekannte sich im Abschnitt IV ihrer neuen Verfassung von 1968 in den Artikeln 86 bis 104 zur »sozialistischen Gesetzlichkeit und Rechtspflege«.[12] Die Gleichbehandlung aller Bürger vor Gericht wurde von der DDR formal akzeptiert.[13] Dieser Gleichheitsgrundsatz wurde jedoch vom Staatssicherheits- und Justizapparat der DDR in der Praxis permanent missachtet; Justizwillkür war systemimmanent.[14] Im Wesentlichen sollte die DDR-Justiz mit ihren Urteilen einen Beitrag leisten, die Macht der SED-Führung abzusichern und deren politische und gesellschaftliche Interessen zu vertreten.[15] Klaus Marxen brachte dies auf die einprägsame Formulierung: »*Recht war nicht Maß, sondern Mittel der Politik.*«[16]

---

[8] Vgl. Lindheim, Thomas von: Bezahlte Freiheit. Der Häftlingsfreikauf zwischen beiden deutschen Staaten. Baden-Baden 2011, S. 122–126.
[9] Vgl. derselbe: Zur Auslegung von § 1 des Häftlingshilfegesetzes. Berlin 1989, S. 155 f.
[10] Vgl. derselbe: Bezahlte Freiheit, S. 30 f.
[11] Vgl. Rehlinger: Freikauf, S. 18–21.
[12] Vgl. Fricke: Politik und Justiz in der DDR, S. 553.
[13] Vgl. Heydemann, Günther: Die Innenpolitik der DDR. München 2003, S. 82.
[14] Vgl. Fricke: Politik und Justiz in der DDR, S. 168 f.
[15] Vgl. Engelmann und Vollnhals (Hg.): Justiz im Dienste der Parteiherrschaft, S. 9 f. (aus der Einleitung).
[16] Zitiert nach: Marxen, Klaus: »Recht« im Verständnis des Ministeriums für Staatssicherheit der DDR. In: Engelmann, Roger und Vollnhals, Clemens (Hg.): Justiz im Dienste der Parteiherrschaft. Rechtspraxis und Staatssicherheit in der DDR. Berlin 1999, S. 15.

Die Bürger der DDR hatten in der Regel erst als Rentner (seit 1964) die Chance, ihr eigenes Land verlassen zu können.[17] Auch der UNO-Beitritt der DDR im Jahr 1973, die 1975 unterzeichnete KSZE-Schlussakte von Helsinki oder der am 23. März 1976 in Kraft getretene Internationale Pakt über bürgerliche und politische Rechte, den auch die DDR ratifiziert hatte, trugen diesbezüglich zu keiner veränderten Grundhaltung der SED-Diktatur bei.[18] Die SED-Führung ging davon aus, dass völkerrechtliche Prinzipien wie die »Unverletzlichkeit der Grenzen« und die »Achtung der territorialen Integrität« in der allgemeinen Rechtsauslegung über diesen Abkommen stehen würden, woraus sie eine Nichteinmischung in ihre inneren Angelegenheiten ableitete.[19] Die SED-Diktatur schränkte die Möglichkeit zu Reisen innerhalb des Ostblocks oder die Freizügigkeit im eigenen Land bei vielen Ausreiseantragstellern erheblich ein.[20] Zwar wurden von den beiden deutschen Staaten die Grundsätze der Menschenrechte prinzipiell anerkannt, aber die DDR verletzte diese vornehmlich in puncto Reisefreiheit fortwährend.[21] Deshalb gehe ich innerhalb dieser Studie davon aus, dass die DDR zahlreiche politische Häftlinge in ihren Gefängnissen einsitzen hatte, auch wenn sie beharrlich das Gegenteil beteuerte.[22]

Die DDR inhaftierte eine Vielzahl von Personen, die versucht hat-

---

[17] Vgl. Zentner, Christian: Die DDR. Eine Chronik Deutscher Geschichte. St. Gallen 2003, S. 60 (Diese Entscheidung traf der DDR-Ministerrat am 9.9.1964.).

[18] Vgl. Raschka, Johannes: Justizpolitik im SED-Staat. Anpassung und Wandel des Strafrechts in der Amtszeit Honeckers. Köln, Weimar und Wien 2000, S. 89–100. Anmerkung: Für die United Nations Organization und die Konferenz für Sicherheit und Zusammenarbeit in Europa werden durchgehend die gängigen Abkürzungen UNO bzw. KSZE verwendet.

[19] Vgl. Schroeder, Klaus: Ursachen, Wirkungen und Folgen der Ausreisebewegung. In: Apelt, Andreas H. (Hg.): Flucht, Ausreise, Freikauf. (Aus-)Wege aus der DDR. Halle 2011, S. 52 (Publikation des Symposiums »Flucht, Ausreise, Freikauf – (Aus-)Wege aus der DDR« der Deutschen Gesellschaft am 8.6.2011 in Berlin).

[20] Vgl. Raschka, Johannes: Zwischen Überwachung und Repression – Politische Verfolgung in der DDR 1971 bis 1989. Opladen 2001, S. 40 und S. 124 f. (aus der Reihe: Am Ende des realen Sozialismus. Band 5. Reihe herausgegeben von: Eberhard Kuhrt (in Verbindung mit Hannsjörg F. Buck und Gunter Holzweißig) im Auftrag des Bundesministeriums des Innern).

[21] In Artikel 13, Absatz 2, der »Allgemeinen Erklärung der Menschenrechte« von 1948 heißt es: »Jeder Mensch hat das Recht, jedes Land, einschließlich seines eigenen, zu verlassen sowie in sein Land zurückzukehren.« Zitiert nach: http://www.unric.org/de/menschenrechte/ (Regionales Informationszentrum der UNO für Westeuropa).

[22] Vgl. Fricke: Politik und Justiz in der DDR, S. 582.

ten, in den Westen zu fliehen.[23] Die betroffenen Menschen wurden vor 1968 in der Regel nach dem sogenannten »Passgesetz« von 1954 bzw. 1957 verurteilt.[24] Ab 1968 erfolgten die Verurteilungen normalerweise nach dem neu geschaffenen Paragrafen 213 des DDR-Strafgesetzbuches, der 1979 novelliert wurde.[25] Häufig stand dieser Paragraf sowohl in der Bundesrepublik als auch in der DDR umgangssprachlich für »Republikflucht« bzw. »versuchte Republikflucht«.[26] Diese zwar gebräuchlichen, aber auch doppeldeutigen Begriffe werden jedoch in dieser Untersuchung nicht verwendet, sondern nur die Bezeichnung »Flucht«. Wenn in den entsprechenden Fällen direkt auf Paragraf 213 des DDR-Strafgesetzbuches Bezug genommen werden muss, so wird der Begriff des »ungesetzlichen Grenzübertritts« in Anführungszeichen gesetzt. Nach dem Mauerbau nahmen die Verhaftungen und auch die Verurteilungen von Flüchtlingen deutlich zu.[27] Vor dem August 1961 war eine Flucht über das zwar geteilte, aber noch offene Berlin weiterhin möglich gewesen, was Millionen von unzufriedenen DDR-Bürgern auch zum Verlassen der DDR genutzt hatten.[28]

Vor allem seit den 1980er Jahren wurden dann auch Ausreiseantragsteller zu einer großen Gruppe unter den politischen Häftlingen.[29] Aus-

[23] Vgl. Fricke: Politik und Justiz in der DDR, S. 417–423 und S. 478–490.
[24] Vgl. ebenda, S. 417 f. Nach dem sogenannten »Pass-Gesetz der Deutschen Demokratischen Republik« vom 15.9.1954, das am 11.12.1957 ergänzt wurde, war offiziell das Verlassen der DDR ohne eine Abmeldung mit Pass bzw. Personalausweis strafbar.
[25] Vgl. Raschka: Zwischen Überwachung und Repression – Politische Verfolgung in der DDR 1971 bis 1989, S. 81. Der § 213 des DDR-Strafgesetzbuches sah eigentlich zwei Jahre Haft als Höchstmaß vor. In vielen Fällen wurden Flüchtlinge aber härter bestraft. Ein sog. »schwerer Fall« gemäß Absatz 2 konnte mit bis zu acht Jahren Haft als Höchststrafe geahndet werden.
[26] Vgl. Detjen, Marion: Ein Loch in der Mauer. Die Geschichte der Fluchthilfe im geteilten Deutschland 1961–1989. München 2005, S. 49.
In der Gefängnissprache wurden die (Republik-)Flüchtlinge oft als »RF« oder »RFler« bezeichnet, später auch nach dem einschlägigen Paragrafen »213er« genannt. Vgl. zu »RF«: Österreich, Tina: Ich war RF. Ein Bericht. Stuttgart-Degerloch 1978 (4. Auflage; 1. Auflage 1977).
[27] Vgl. Fricke: Politik und Justiz in der DDR, S. 431–461.
[28] Vgl. Detjen: Ein Loch in der Mauer, S. 48.
[29] Vgl. Rehlinger: Freikauf, S. 111 f. Anlässlich der Neuveröffentlichung von Rehlingers Erinnerungen erschien hierzu am 24.10.2011 auch ein Artikel auf »einestages«, Portal Zeitgeschichte von SPIEGEL ONLINE. Vgl. Iken, Katja: Häftlingsdeals mit der DDR. Menschen gegen Maisladungen.
Ein weiterer Artikel mit Bezug zum Freikauf auf »einestages« ist: Iken, Katja: Aktion Weißer Strich an der Berliner Mauer. Protest auf Augenhöhe (veröffentlicht am 29.7.2011). Vgl. zu diesem Fall ebf.: Hahn, Anne und Willmann, Frank

reiseanträge wurden von den staatlichen Behörden offiziell als »Antrag zur ständigen Ausreise aus der DDR« oder als »Übersiedlungsersuchen«[30] bezeichnet. In dieser Studie wird aber der gebräuchliche Begriff »Ausreiseantrag« verwendet. Dieser zog selbst noch keine strafrechtlichen Konsequenzen nach sich, wohl aber Aktionen, die mit dem Antrag im Zusammenhang standen. So wurden zum Beispiel sehr häufig Ausreiseantragsteller nach Paragraf 219 des DDR-Strafgesetzbuches wegen sogenannter »feindlicher Verbindungsaufnahme« verurteilt, sofern sie Kontakt zu bundesdeutschen Institutionen oder Organisationen bezüglich ihres Ausreiseantrags aufgenommen hatten.[31] Flüchtlinge wie Ausreiseantragsteller wollten hierbei lediglich das allgemeine Grundrecht auf Reisefreiheit wahrnehmen und das eigene Land verlassen dürfen, was ihnen aber in der DDR rigoros verweigert wurde. Sie wurden dabei de facto als Eigentum des Staates betrachtet, was verdeutlicht, dass die DDR in ihrer Anlage eine totalitäre Diktatur war.[32] Diesem umfassenden ideologischen Anspruch der SED entzogen sich viele DDR-Bürger jedoch erfolgreich, zum Beispiel auch durch Flucht, Ausreise oder Freikauf. Viele DDR-Bürger hatten für ihre Flucht oder ihren Ausreiseantrag zwar kein originär politisches Motiv. Doch verhaftete Flüchtlinge und Ausreiseantragsteller müssen als politische Häftlinge klassifiziert werden. Denn der Grund für ihre Verurteilung war durch politische Ursachen ausgelöst worden, nämlich die hermetische Abriegelung der innerdeutschen Grenze. Die genannten Gruppen müssen auch deswegen besonders hervorgehoben werden, weil sie das Gros der freigekauften politischen Häftlinge durch die Bundesregierung stellten. In der DDR gab es bis zu ihrem Ende etwa 200.000 politische Häftlinge.[33] Politische Gegner

(Hg.): Der weiße Strich – Vorgeschichte und Folgen einer Kunstaktion an der Berliner Mauer. Berlin 2011.

[30] Vgl. Der Bundesbeauftragte für die Unterlagen des Staatssicherheitsdienstes der ehemaligen Deutschen Demokratischen Republik (BStU), Archiv der Zentralstelle, Ministerium für Staatssicherheit (MfS) – ZKG 86, S. 28 (Telegramm des Leiters der Zentralen Koordinierungsgruppe (ZKG) über die Leiter der Bezirksverwaltung (BV) an die Leiter der Bezirks-Koordinierungsgruppe (BKG) vom 16.2.1984; die Seitenzahlen bei BStU-Quellen beziehen sich immer auf die Angaben des BStU.).

[31] Vgl. Raschka: Justizpolitik im SED-Staat, S. 164 f.

[32] Vgl. Kleßmann, Christoph: Die Akten schließen? Der schwierige Umgang mit der Vergangenheit – zwei Diktaturen in Deutschland. Dossier Geschichte und Erinnerung (veröffentlicht von der Bundeszentrale für politische Bildung am 22.4.2008 auf www.bpb.de).

[33] Vgl. Raschka, Johannes: »Für kleine Delikte ist kein Platz in der Kriminalitätsstatistik«. Zur Zahl politischer Häftlinge während der Amtszeit Honeckers. Dresden 1997, S. 13.

der SED hatten zudem keine »legale« Möglichkeit zur Opposition, da in der DDR keine freien Wahlen zugelassen waren, die das Machtmonopol der SED hätten gefährden können. Sie mussten daher mit politisch motivierten Verhaftungen und Verurteilungen im Falle von Demonstrationen oder anderen Formen des Protests rechnen. Inhaftierte aus dieser Personengruppe müssen ebenfalls als politische Häftlinge eingestuft werden. Sie stellten jedoch rein zahlenmäßig nur in den ersten Jahren des Häftlingsfreikaufs eine wirklich relevante Gruppe der freigekauften politischen Häftlinge aus der DDR dar.

Doch welches Verhalten sah die Bundesregierung überhaupt als eine Form von politischem Widerstand gegen eine Diktatur an, die die Menschenrechte ihrer Bürger mit der militärisch gesicherten und bewachten innerdeutschen Grenze offensichtlich verletzte? Über die Begriffe »Widerstand« oder »widerständiges Verhalten« gibt es zahlreiche Definitionen, die in der Geschichtswissenschaft bis heute in Forschungsdiskursen kontrovers erörtert werden.[34] Für diese Studie waren sie allerdings weniger ausschlaggebend, da die Interpretation und die Handhabung der Bundesregierung maßgeblich im Vordergrund standen. Im Rahmen des Häftlingsfreikaufs beurteilte die Bundesrepublik auch einen Fluchtversuch aus der DDR oder einen beantragten Ausreiseantrag bzw. eine Kontaktaufnahme zu einer bundesdeutschen Organisation, die Antragsteller bei ihrem Ersuchen beratend unterstützten, bereits als Formen des »politischem Widerstands«.[35] Wesentlich für die vorliegende Un-

---

[34] Vgl. Stadelmann-Wenz, Elke: Widerständiges Verhalten und Herrschaftspraxis in der DDR. Vom Mauerbau bis zum Ende der Ulbricht-Ära. Paderborn 2009, S. 14–20.
Vgl. ebf. Eckert, Rainer: Antitotalitärer Widerstand und kommunistische Repression. Leipzig 2006, S. 6–12.
Vgl. ebf. Neubert, Ehrhart: Was waren Opposition, Widerstand und Dissidenz in der DDR? Zur Kategorisierung politischer Gegnerschaft. In: Kuhrt, Eberhard (Hg.) (in Verbindung mit Hannsjörg F. Buck und Gunter Holzweißig) im Auftrag des Bundesministeriums des Innern: Opposition in der DDR von den 70er Jahren bis zum Zusammenbruch der SED-Herrschaft. Opladen 1999 (aus der Reihe: Am Ende des realen Sozialismus. Band 3), S. 17–46.
Vgl. ebf. Gutzeit, Martin: Möglichkeiten und Formen abweichenden und widerständigen Verhaltens und oppositionellen Handelns und die friedliche Revolution im Herbst 1989. In: Drechsler, Ingrun; Faulenbach, Bernd; Gutzeit, Martin; Meckel, Markus und Weber, Hermann (Hg.): Getrennte Vergangenheit, gemeinsame Zukunft. Ausgewählte Dokumente, Zeitzeugenberichte und Diskussionen der Enquete-Kommission »Aufarbeitung von Geschichte und Folgen der SED-Diktatur in Deutschland« des Deutschen Bundestages 1992–1994. Band II: Opfer, Opposition und Widerstand. München 1997, S. 115–123.
[35] Vgl. Rehlinger: Freikauf, S. 110.

tersuchung war deshalb die Einschätzung der Bundesregierung, welche Inhaftierten in den DDR-Gefängnissen überhaupt als politische Häftlinge angesehen und daher in den Freikauf einbezogen werden sollten. In diesem Zusammenhang ist Hirschmanns soziologisches Konzept von »Exit and Voice«[36] als Denkmodell für Protestformen hilfreich, um einen besonderen Sachverhalt verdeutlichen zu können: Die weitaus meisten freigekauften politischen Häftlinge aus der DDR hatten nach Hirschmanns Modell »Exit« als Form der Ablehnung gewählt, als sie das Land verlassen wollten.[37] Da die SED als Staatspartei der DDR konsequent jegliche Opposition unterdrückte, war es für viele unzufriedene DDR-Bürger naheliegend, in den anderen Teil Deutschlands auszureisen oder zu flüchten. Diese Menschen sahen nur geringe Chancen, die DDR in einem mühsamen Prozess von innen durch Protest verändern zu können, wofür in Hirschmanns Modell »Voice« gestanden hätte.[38]

Die bundesdeutsche Justiz handelte bei ihrer Beurteilung nach rechtsstaatlichen Grundsätzen. Zum Beispiel galt bzw. gilt das allgemeine Recht auf eine angemessene Verteidigung im Sinne des Gleichheitsgrundsatzes und der Unschuldsvermutung. In der DDR wurden genau diese Rechte vielen Angeklagten jedoch permanent verwehrt.[39] Aber auch die bundesdeutsche Justiz muss kritisch beleuchtet und an ihren eigenen Maßstäben gemessen werden. So hatte die Bundesrepublik in den 1950er Jahren in ihren Gefängnissen ebenfalls politische Häftlinge einsitzen. In diesem Jahrzehnt wurden Kommunisten auf einer neuen gesetzlichen Grundlage verurteilt, bei der das sogenannte »Rückwirkungsverbot«, ein wichtiger rechtsstaatlicher Grundsatz, außer Kraft gesetzt worden war.[40] Doch nach einem demokratischen Diskurs wurden diese Gesetze schließlich wieder aufgehoben, ein wesentlicher Unterschied zur DDR, wo ein solcher Vorgang nicht möglich gewesen wäre.[41]

---

[36] Vgl. Hirschmann, Albert O.: Exit, Voice, and Loyalty. Responses to Decline in Firms, Organizations, and States. Cambridge (Massachusetts) und London 1970, S. 3–5.
[37] Vgl. Rehlinger: Freikauf, S. 110 (Rehlinger nahm keinen Bezug auf dieses Modell, sondern schilderte nur den Sachverhalt.).
[38] Vgl. ebenda, S. 21–29.
[39] Vgl. Timmermann, Heiner: Die Rechtsordnungen der Bundesrepublik Deutschland und der DDR. In: Derselbe (Hg.): Die DDR – Recht und Justiz als politisches Instrument. Berlin 2000, S. 25.
[40] Vgl. Posser, Diether: Anwalt im Kalten Krieg. Deutsche Geschichte in politischen Prozessen 1951–1968. Bonn 2000, S. 9 f.
[41] Vgl. ebenda, S. 149.

Für viele in der DDR inhaftierte politische Häftlinge war der »Freikauf« tatsächlich eine Maßnahme der Bundesregierung, die ihnen ein neues Leben in Freiheit ermöglichte. Der für den »Freikauf« auf Seiten der Bundesregierung verwendete Ausdruck »Besondere Bemühungen der Bundesregierung im humanitären Bereich« ist wohl bewusst vage und allgemein gehalten.[42] Die Verhandlungen mit der DDR sollten auf deren Intention hin möglichst geheim und diskret ablaufen. Auch in der politischen Auseinandersetzung mit dieser Thematik war die Bundesregierung prinzipiell um Zurückhaltung bemüht. Umschreibende Begriffe für den Häftlingsfreikauf, wie sie von den staatlichen Organen der DDR verwendet wurden, waren ebenfalls mit Bedacht abstrakt und nichtssagend gehalten: So benutzte das Ministerium für Staatssicherheit (MfS) dafür zum Beispiel den Ausdruck »zentrale Maßnahmen« und die Kommerzielle Koordinierung (KoKo) sprach häufig vom »Sondergeschäft B«, »Kirchengeschäft B« oder auch »B-Geschäft«.[43] In den Verhandlungen über die Häftlinge redeten beide Seiten meistens nur von »H-Aktion«.[44] Nur für »Insider« der Materie war erkennbar, was sich hinter diesen Formulierungen verbarg. Im weiteren Verlauf dieser Studie werden daher die Begriffe Häftlingsfreikauf und Freikauf verwendet, und zwar ohne Anführungszeichen. Die DDR führte selbstverständlich keinen Häftlingsfreikauf durch, sondern einen Häftlingsverkauf. Bei der Verwendung der Begriffe Freikauf und Häft-

---

[42] Vgl. Rehlinger: Freikauf, S. 9 und S. 26.
[43] »Zentrale Maßnahmen« zitiert nach:
BStU, Archiv der Zentralstelle, MfS – HA IX 2257, S. 1-11 (Monatsmeldungen von 1989 zu übergesiedelten Personen aus dem Strafvollzug im Rahmen »zentraler Maßnahmen«).
BStU, Archiv der Zentralstelle, MfS – HA IX 3357, S. 6 (Monatsmeldung zum Juli 1986 zur Anzahl der übergesiedelten Personen aus dem Strafvollzug im Rahmen »zentraler Maßnahmen«).
»Sondergeschäft B« zitiert nach: Przybylski, Peter: Tatort Politbüro. Die Akte Honecker. Berlin 1991, S. 367.
»Kirchengeschäft B« und »B-Geschäft« zitiert nach: Deutscher Bundestag (Hg.): Bundestagsdrucksache 12/7600. Abschlussbericht des 1. Untersuchungsausschusses (Untersuchungsausschuss »Kommerzielle Koordinierung«) der 12. Wahlperiode (1990-1994). Bonn 1994, S. 305.
[44] »H-Aktion« zitiert nach:
BStU, Archiv der Zentralstelle, MfS – HA IX 13650, S. 38 (RA Stange an RA Vogel vom 20.12.1978).
BStU, Archiv der Zentralstelle, MfS – ZKG 9627, S. 2 (Vermerk von RA Vogel vom 19.9.1988).
BStU, Archiv der Zentralstelle, MfS – HA IX 17267, S. 3 (Plewa (BMB) an RA Stange vom 16.9.1980).

lingsfreikauf wird auch dieser Sachverhalt nicht immer wieder betont, sondern als bekannt vorausgesetzt.

Generell waren die Haftfälle außerordentlich vielschichtig. Was war zum Beispiel mit Fluchthelfern oder Flüchtlingen, die bei ihrem Fluchtversuch gleichzeitig Straftaten begangen hatten – sogenannte »Mischtatbestände« – wie etwa Passfälschung, Autodiebstahl oder andere schwere Verbrechen, die auch nach bundesdeutschem Strafrecht geahndet wurden?[45] Was war mit SED-Regimegegnern, die Gewalt als Mittel eingesetzt oder für bundesdeutsche oder alliierte Geheimdienste gearbeitet hatten? Schließlich war Spionage grundsätzlich in jedem Land strafbar, die DDR stellte hierbei keine Ausnahme dar. Da Mitarbeiter der Nachrichtendienste von der Bundesregierung aber genauso wie politische Häftlinge freigekauft wurden, muss in dieser Studie auch die Rolle der Geheimdienste berücksichtigt und untersucht werden. Zudem konnten inhaftierte politische Häftlinge eventuell kriminelle Vorstrafen haben. Manche Flüchtlinge versuchten mit ihrer Flucht aus der DDR auch einer Fahndung, Schulden oder Unterhaltszahlungen zu entgehen.[46] Nicht alle Inhaftierten, die nach explizit politisch motivierten Paragrafen in der DDR verurteilt worden waren, konnten somit auch eindeutig als (ausschließlich) politische Häftlinge eingeordnet werden. Umgekehrt verurteilte die DDR nicht alle politischen Gegner nach diesen einschlägigen Paragrafen, sondern durchaus auch nach solchen, die zunächst kaum einen politischen Hintergrund vermuten ließen.[47] Erschwerend kam hinzu, dass in politisch begründeten Strafprozessen in der DDR die Öffentlichkeit und damit auch bundesdeutsche Vertreter ausgeschlossen wurden.[48]

Der Bundesrepublik war es daher von Anfang an nicht möglich, einsichtige und klare Kriterien aufzustellen, welche Inhaftierten generell freigekauft bzw. umgekehrt vom Freikauf ausgeschlossen werden sollten. Sie waren nicht nur nach einem anderen Rechtssystem verur-

---

[45] Vgl. Rehlinger: Freikauf, S. 116.
[46] Vgl. Bundesarchiv (BA) Koblenz, B 137/15772 (Vermerk von Kropla (BMI) vom 19.12.1972).
[47] Vgl. Windmüller, Joachim: Ohne Zwang kann der Humanismus nicht existieren ... – »Asoziale« in der DDR. Frankfurt am Main 2006, S. 285–287. Hierbei wäre zum Beispiel der § 249 des DDR-Strafgesetzbuches zu nennen, der eine sogenannte »Gefährdung der öffentlichen Ordnung durch asoziales Verhalten« unter Strafe stellte.
[48] Vgl. Fricke, Karl Wilhelm: Der Wahrheit verpflichtet. Texte aus fünf Jahrzehnten zur Geschichte der DDR. Berlin 2000 (2. Auflage; 1. Auflage erschien 2000), S. 335.

teilt worden, sondern Anwendung und Auslegung der Gesetze waren nach westlichem Rechtsverständnis häufig nicht nachvollziehbar. Die genannten politischen Paragrafen der DDR gaben zwar der Bundesregierung bei ihrer Auswahl einen Anhaltspunkt, Kriminelle vom Freikauf möglichst auszuschließen. In der Praxis war sie aber in sehr vielen Fällen gezwungen, Ermessensentscheidungen zu treffen, um sich eine größtmögliche Flexibilität in jedem Einzelfall erhalten zu können, da die DDR politisch motivierte »Straftaten« und solche mit kriminellem Hintergrund nicht strikt voneinander abgrenzte, sondern oft sogar durchaus bewusst vermischte.[49] Die Schwierigkeiten machen deutlich, dass die Bundesrepublik mit einer rein juristischen Betrachtungs- und Herangehensweise den Häftlingsfreikauf nicht hätte bewerkstelligen können. Das ergab sich auch daraus, dass sich beide deutsche Staaten beim Häftlingsfreikauf in einer rechtlichen Grauzone bewegten, die politische, ideologische und moralische Probleme aufwarf.

Bereits in der Präambel des Grundgesetzes der Bundesrepublik Deutschland von 1949 war die nationale Einheit Deutschlands in einem vereinten Europa als Ziel festgehalten worden.[50] Nach Artikel 137 des Grundgesetzes waren für die Bundesrepublik Deutschland die Bürger der DDR genauso deutsche Staatsbürger wie die bundesdeutschen Einwohner.[51] Übergesiedelte, geflohene oder aus der Haft freigekaufte DDR-Bürger erhielten nach ihrer Ausreise bzw. Flucht in die Bundesrepublik deshalb auch umgehend die bundesdeutsche Staatsbürgerschaft. Hierauf hatten sie einen Rechtsanspruch. Aufgrund dieser Rechtsposition besaß die Bundesregierung gegenüber DDR-Bürgern auch eine Obhutspflicht. Allen DDR- und Bundesbürgern, die in DDR-Gefängnissen einsaßen, stand deshalb prinzipiell ein Rechtsschutz durch die Bundesregierung zu. Dass die DDR-Regierung dies in vielen Fällen praktisch verweigerte, änderte nie etwas an der prinzipiellen bundesdeutschen Rechtsauffassung.

Aus dieser Rechtsposition ließ sich aber nach Ansicht sämtlicher

---

[49] Vgl. Schumann, Karl F.: Flucht und Ausreise aus der DDR insbesondere im Jahrzehnt ihres Untergangs. In: Deutscher Bundestag (Hg.): Materialien der Enquete-Kommission »Aufarbeitung von Geschichte und Folgen der SED-Diktatur in Deutschland« (12. Wahlperiode des Deutschen Bundestages); Band V/3: Deutschlandpolitik, innerdeutsche Beziehungen und internationale Rahmenbedingungen. Baden-Baden 1995, S. 2368.
[50] Vgl. Wolfrum, Edgar: Die geglückte Demokratie. Geschichte der Bundesrepublik Deutschland von ihren Anfängen bis zur Gegenwart. Stuttgart 2006, S. 41.
[51] Vgl. ebenda, S. 300.

Bundesregierungen kein »Rechtsanspruch auf Freikauf« aus der DDR-Haft ableiten, da der Rechtsschutz auch anders erfolgen konnte.[52] Manche bundesdeutsche Juristen sahen allerdings den Gleichheitsgrundsatz dadurch verletzt, dass die Bundesregierung nicht alle politischen Häftlinge für den Freikauf berücksichtigte.[53] Die Bundesregierungen argumentierten hingegen, dass es sich jeweils um sehr unterschiedliche Einzelfälle handle. Sie berücksichtigten bei ihrer Auswahl neben eventuellen kriminellen Vorstrafen, die gegen eine Einbeziehung des Betroffenen in den Freikauf sprachen, auch das vom DDR-Gericht verhängte Strafmaß, das in vielen Fällen ebenfalls nicht mit rechtsstaatlichen Grundsätzen zu vereinbaren war.[54] Generell behielt sich jede Bundesregierung ausdrücklich einen Ermessensspielraum vor.[55] Feste Rechtsansprüche auf einen Freikauf hätten eventuell auch die Möglichkeit zur Klage vor Verwaltungsgerichten in der Bundesrepublik eröffnen können, zum Beispiel von Angehörigen des Inhaftierten, die im Westen lebten. Das hätte aber wiederum die der DDR zugesagte Diskretion in Bezug auf den Freikauf generell gefährdet und damit möglicherweise dessen gesamte Fortführung infrage gestellt. Der Häftlingsfreikauf kann aber ohnehin nicht rein juristisch mit Paragrafen, einem Grundgesetzartikel oder dem Verweis auf Rechtsgrundsätze erklärt werden. Das würde zu kurz greifen, weshalb in der vorliegenden Studie die übergeordneten (politischen) Interessen der Bundesrepublik am Freikauf auch ausführlich analysiert werden.

Die Bundesrepublik erhob einen Alleinvertretungsanspruch für alle Deutschen, da nur sie, im Gegensatz zur DDR, demokratisch legitimiert war.[56] Die DDR lehnte diese Rechtsauffassung gemäß ihrem Standpunkt entschieden ab; sie beanspruchte vielmehr, der wahre nationale Kernstaat Deutschlands zu sein und erhob selbst einen Alleinvertretungsanspruch.[57] In der Verfassung von 1949 ging auch die DDR noch von

---

[52] Vgl. BStU, Archiv der Zentralstelle, MfS – ZKG 9627, S. 18–23 (Stellungnahme im BMB gegen die Einbeziehung kriminell Vorbestrafter in den Freikauf vom 12.8.1988).
[53] Vgl. BStU, Archiv der Zentralstelle, MfS – ZKG 9627, S. 4–13 (Schreiben von RA von Wedel an Staatssekretär Priesnitz vom 9.8.1988 mit beigefügtem Gutachten zur Einbeziehung kriminell Vorbestrafter in den Freikauf). Vgl. ebf. von Lindheim: Bezahlte Freiheit, S. 37.
[54] Vgl. ebenda (von Lindheim), S. 30 f.
[55] Vgl. ebenda, S. 37.
[56] Vgl. Wolfrum: Die geglückte Demokratie, S. 51.
[57] Vgl. Kleßmann, Christoph: Die doppelte Staatsgründung. Deutsche Geschichte 1945–1955. Göttingen 1991 (5., erweiterte und überarbeitete Auflage; 1. Auflage erschien 1982), S. 208.

einer (gemeinsamen) deutschen Staatsbürgerschaft aus; erst 1967 führte sie eine eigene Staatsbürgerschaft ein.[58] In der neuen DDR-Verfassung von 1974 wurden im bewussten Gegensatz zu den vorherigen Verfassungen von 1949 und 1968 alle Hinweise auf die »deutsche Nation« oder die »Einheit Deutschlands« gestrichen.[59] Stattdessen ging die DDR jetzt von der sogenannten »Zwei-Nationen-Theorie« aus, die besagte, dass sich in Deutschland 1949 nicht nur zwei verschiedene Staaten, sondern auch zwei unterschiedliche »Klassennationen« – nämlich eine sozialistische im Osten und eine kapitalistische im Westen – gebildet hätten.[60] Die DDR verfolgte unter der Führung von Erich Honecker deshalb keinen gesamtdeutschen Anspruch mehr und grenzte sich ideologisch noch stärker von der Bundesrepublik ab.[61] Nach wie vor wurde jede Verantwortung der Bundesrepublik für die Bürger der DDR entschieden zurückgewiesen.[62] Umgekehrt gab die Bundesrepublik aber genau diesen Rechtsgrundsatz niemals auf. Nur so ist auch erklärbar, warum der Häftlingsfreikauf bis 1989 von der Bundesregierung konsequent fortgesetzt werden konnte.

Der Häftlingsfreikauf wurde nicht selten als »Menschenhandel« bezeichnet.[63] Dieser Begriff hatte und hat eine emotionale Wirkung, die für eine sachliche wissenschaftliche Aufarbeitung des Themas eher nachteilig ist. Erschwerend kommt hinzu, dass »Menschenhandel« heute im Allgemeinen anders definiert wird, nämlich als eine bestimmte Form der organisierten Kriminalität. Außerdem gingen beide Staaten von einer völlig unterschiedlichen Ausgangslage aus, weshalb auch die bundesdeutsche Seite sehr empfindlich auf den Begriff reagierte, da sie ihn als einen ungerechten Vorwurf empfand.[64] Die Bezeichnung »Menschenhandel«

---

Vgl. ebf. Judt, Matthias (Hg.): DDR-Geschichte in Dokumenten. Beschlüsse, Berichte, interne Materialien und Alltagszeugnisse. Berlin 1998 (2. durchgesehene Auflage; 1. Auflage erschien 1997), S. 493.

[58] Vgl. Weber, Hermann: Geschichte der DDR. München 2004 (2. Auflage; 1. Auflage erschien 1985), S. 164 und S. 341.

[59] Vgl. Schroeder, Klaus: Der SED-Staat. Partei, Staat und Gesellschaft 1949–1990. München 1998, S. 195.

[60] Zitiert nach: Wolfrum, Edgar: Die DDR. Eine Geschichte in Bildern. Darmstadt 2008 (aus der Reihe: Deutschland im Fokus. Band 6), S. 17.

[61] Vgl. Schroeder: Der SED-Staat, S. 203.

[62] Vgl. Mählert, Ulrich: Kleine Geschichte der DDR. München 2004 (4. überarbeitete Auflage; 1. Auflage erschien 1998), S. 125 und S. 131.

[63] Zitiert nach (als eines von vielen möglichen Beispielen): Meyer, Michel: Freikauf. Menschenhandel in Deutschland. Wien und Hamburg 1978. Mit Michel Meyer hatte ich per Mail einen fruchtbaren Austausch über das Thema.

[64] Vgl. Garton Ash, Timothy: Im Namen Europas. Deutschland und der geteilte Kontinent. München 1993, S. 214.

ist deshalb für diese Untersuchung als Umschreibung für den Häftlingsfreikauf nicht hilfreich, auch wenn die DDR in der Tat ihre Bürger an die Bundesrepublik verkaufte. Ähnliches gilt für Begriffe wie »Erpressung«, »Geiseln« oder »Lösegeld«, die ebenfalls vermieden werden sollen, auch wenn die DDR in den Verhandlungen mit der Bundesrepublik tatsächlich ihre inhaftierten Bürger als eine Art Faustpfand einsetzte. Weitere problematische Bezeichnungen in Bezug auf den Freikauf wie »Geschäft«, »Handel«, »Preis« bzw. »Kopfpreis« oder »Pauschalpreis« müssen allerdings benutzt werden, auch wenn sie im Zusammenhang mit Menschen für den Leser zynisch wirken können. Die oftmals sehr technische und bürokratische Sprache, im Besonderen bei den verantwortlichen Abteilungen des MfS, war gerade auch bei dieser Thematik evident. Sowohl die Bundesrepublik als auch die DDR verwendeten für den Häftlingsfreikauf eine entsprechende Tarnsprache, die dann auch in zahlreichen Abkürzungen ihren Niederschlag fand und sich im Verlauf der Verhandlungen auf beiden Seiten zunehmend einbürgerte.[65]

## B. Überblick über den Forschungsstand

Da der Häftlingsfreikauf der Geheimhaltung unterlag, war eine wissenschaftliche Auseinandersetzung mit dem Thema in der Zeit des Kalten Krieges nicht möglich. Doch in verschiedenen Publikationen, vor allem in Tageszeitungen oder Wochenmagazinen, erschienen immer wieder Artikel zu diesem Sujet.[66] Zudem stellten viele freigekaufte politische Häftlinge ihre persönliche Geschichte in Büchern oder Zeitungsartikeln dar oder traten in Fernsehsendungen auf.[67]

---

[65] Vgl. Völkel, Claudia: Die besonderen Bemühungen der Bundesregierung um Haftentlassung und Übersiedlung aus der DDR. Aus der Überlieferung des Bundesministeriums für innerdeutsche Beziehungen (B 137) – Teil 1. In: Mitteilungen aus dem Bundesarchiv, Heft 1/2008. 16. Jahrgang. Koblenz 2008, S. 46.
[66] Vgl. als ein mögliches Beispiel: o. A.: Häftlingsfreikauf: Dann wohl cash. In: DER SPIEGEL, Nr. 45/1979 vom 5.11.1979.
[67] Vgl. Veith, Ines: Die Frau vom Checkpoint Charlie. Der verzweifelte Kampf einer Mutter um ihre Töchter. München 2006, S. 90 f. Jutta Gallus, 1984 freigekauft, trat mehrfach im ZDF-Magazin von Gerhard Löwenthal auf, da ihre beiden Kinder bis 1988 nicht ausreisen durften. Vgl. ebf. zu Jutta Gallus: Adler, Peter: Die Frau vom Checkpoint Charlie – Die Dokumentation. Deutschland 2007. Angelehnt an das Schicksal von Jutta Gallus wurde – mit zum Teil größeren Abweichungen von der Realität – 2007 der Fernsehfilm »Die Frau vom Checkpoint Charlie« (Regie: Miguel Alexandre) gedreht.

Ab 1990 war eine tiefer gehende historische Aufarbeitung des Freikaufs möglich. Nun konnten auch öffentliche Veranstaltungen bzw. wissenschaftliche Tagungen zum Häftlingsfreikauf durchgeführt werden, was vor 1989/90 aufgrund der damaligen politischen und historischen Rahmenbedingungen undenkbar gewesen war. Besonders hervorzuheben ist diesbezüglich der Beitrag des DDR-Forschers Bernd Eisenfeld im Rahmen des 14. Buchenwald-Gesprächs der Konrad-Adenauer-Stiftung (KAS) im Jahr 2004, das den Häftlingsfreikauf zum Thema hatte.[68] Auch auf dem 20. Bautzen-Forum der Friedrich-Ebert-Stiftung (FES) im Jahr 2009 wurde der Freikauf – neben anderen Themen zur politischen Verfolgung in der DDR – ausführlich behandelt. Jan Hoesch, ehemaliger Mitarbeiter des Bundesministeriums für innerdeutsche Beziehungen (BMB), hatte dabei eine wesentliche Rolle übernommen.[69] Neben der KAS und der FES führten auch der Deutschlandfunk 1997 und die Bundesstiftung zur Aufarbeitung der SED-Diktatur 2003 bzw. 2012 eigene Veranstaltungen zum Thema durch.[70] Darüber hinaus befasste sich 2011 auch die Deutsche Gesellschaft e. V. im Rahmen eines Symposiums mit dem Freikauf.[71] Weiterhin beschäftigen sich inzwischen auch öffentliche

[68] Vgl. Eisenfeld, Bernd: Freikauf politischer Häftlinge (Vortrag im Rahmen des 14. Buchenwald-Gesprächs der KAS). Vortrag abgedruckt in: Buchstab, Günter (Hg.): Repression und Haft in der SED-Diktatur und die »gekaufte Freiheit«. Dokumentation des 14. Buchenwald-Gesprächs vom 22. bis 23.11.2004 in Berlin zum Thema »Häftlingsfreikauf«. Sankt Augustin 2005, S. 11–35.
[69] Vgl. Jan Hoesch in der Podiumsdiskussion »Bundesrepublik und DDR – Erfahrungen mit Spaltung und Repression« auf der Tagung »Freiheit und Unfreiheit als deutsche Erfahrung«, dem 20. Bautzen-Forum der Friedrich-Ebert-Stiftung (Büro Leipzig) am 7. und 8.5.2009. In: Friedrich-Ebert-Stiftung, Büro Leipzig (Hg.): Freiheit und Unfreiheit als deutsche Erfahrung. 20. Bautzen-Forum der Friedrich-Ebert-Stiftung (Büro Leipzig), 7. und 8.5.2009. Dokumentation. Leipzig 2009, S. 37–43. Jan Hoesch stand für diese Studie dankenswerterweise am 6.7.2009 für ein ausführliches Interview in Berlin zur Verfügung.
[70] Die Veranstaltung des Deutschlandfunks und des Hauses der Geschichte der Bundesrepublik Deutschland fand am 9.4.1997 unter dem Thema »Menschen gegen Westdevisen – Der Freikauf von DDR-Bürgern« in Bonn statt. Die erste Veranstaltung der Bundesstiftung zur Aufarbeitung der SED-Diktatur zum Thema »Häftlingsfreikäufe« wurde am 13.8.2003 in Berlin abgehalten. Vgl. zur zweiten Veranstaltung am 9.10.2012: http://www.bundesstiftung-aufarbeitung.de/veranstaltungsnachlese-2012-3180.html?id=1921
[71] Das Symposium »Flucht, Ausreise, Freikauf – (Aus-)Wege aus der DDR« fand am 8.6.2011 in Berlin statt. Eine weitere Tagung, auf der der Häftlingsfreikauf thematisiert wurde, war die 33. Jahrestagung der Gesellschaft für Deutschlandforschung am 14./15.3.2011 unter dem Titel: »Eine Mauer für den SED-Staat. Berlin 1961 und die Folgen.« Hier hielt der Ökonom Helmut Jenkis den Vortrag:

Gedenkstätten oder Schulen mit dem Thema. Als Beispiele hierfür seien die Sonderausstellung der Erinnerungsstätte Notaufnahmelager Marienfelde »Freigekauft – Wege aus der DDR-Haft« zwischen dem 8. August 2012 und dem 31. März 2013 bzw. die Geschichtsdokumentation »Die doppelte Mauer« von Schülern des Humboldt-Gymnasiums in Eichwalde genannt.[72]

Eine systematische wissenschaftliche Aufarbeitung der Materie erfolgte dennoch auch nach 1990 zunächst noch nicht. Zu den Schwierigkeiten zählten neben der allgemeinen 30-Jahres-Sperrfrist von bundesdeutschem Archivgut auch alle »Verschlusssachen«. Diese Dokumente sind über die allgemeine Sperrfrist von 30 Jahren hinaus noch nicht einsehbar.[73] Im Vergleich zur umfangreichen historischen Aufarbeitung der politischen Repression und des Widerstands in der DDR im Allgemeinen wurde der Häftlingsfreikauf lange vergleichsweise wenig erforscht.[74] Aktuell befassten sich deshalb mehrere Historiker mit einer wissenschaftlichen Gesamtdarstellung des Häftlingsfreikaufs.

Einzelne Aspekte des Freikaufs wurden allerdings bereits aufgearbeitet. Dies trifft beispielsweise für die Verwendung der Einnahmen der DDR aus dem Häftlingsfreikauf zu, die von Matthias Judt ausführlich untersucht wurde.[75] Des Weiteren entwickelte sich im Jahr 2008 eine Forschungskontroverse in der Zeitschrift »Deutschland Archiv« (DA) um die Entstehungsgeschichte des Häftlingsfreikaufs. Der Anlass war ein Artikel des Historikers Jan Philipp Wölbern – der sich ebenfalls in einer Dissertation[76] mit dem Häftlingsfreikauf auseinan-

»Freikauf von DDR-Häftlingen. Der deutsch-deutsche Menschenhandel.« Helmut Jenkis stand dankenswerterweise auch für Rückfragen zur Verfügung.

[72] Vgl. zur Ausstellung: http://www.notaufnahmelager-berlin.de
Zur Eröffnung der Ausstellung gab Reymar von Wedel dem Inforadio von RBB am 7.8.2012 ein Interview. Vgl. http://mediathek.rbb-online.de
Vgl. zum Schulprojekt: Humboldt-Gymnasium Eichwalde: Die doppelte Mauer. Deutschland 2008/09.

[73] Vgl. Elke-Ursel Hammer in der Podiumsdiskussion »Der Freikauf – eine historische Bewertung« am 8.6.2011 in Berlin. In: Apelt (Hg.): Flucht, Ausreise, Freikauf, S. 105 f.

[74] Vgl. Eckert, Rainer: SED-Diktatur und Erinnerungsarbeit im vereinten Deutschland: Auswahlbibliografie zu Widerstand und politischer Repression. Berlin 2011 (Hg.: Bundesstiftung zur Aufarbeitung der SED-Diktatur).

[75] Vgl. Judt, Matthias: Häftlinge für Bananen? In: Vierteljahresschrift für Sozial- und Wirtschaftsgeschichte, Band 94, Heft 4 (2007). Stuttgart 2007, S. 417–439.

[76] Wölberns Studie wurde nahezu zeitgleich zu dieser Untersuchung durchgeführt und abgeschlossen und ist ebenfalls 2014 als Buch erschienen: Wölbern, Jan Philipp: Der Häftlingsfreikauf aus der DDR 1962/63–1989. Zwischen Menschenhandel und humanitären Aktionen. Göttingen 2014.

dersetzte –, in dem er die Vorreiterrolle der evangelischen Kirche bei der Entstehung des Freikaufs infrage stellte.[77] Der Rechtsanwalt und Zeitzeuge Reymar von Wedel[78] und der SPIEGEL-Journalist Norbert F. Pötzl widersprachen dieser Darstellung entschieden.[79]

In einem weiteren Beitrag im DA setzte sich Thomas von Lindheim sowohl mit den Kriterien der Bundesrepublik bei der Auswahl der Häftlinge auf den »Freikauf-Listen« als auch mit Ludwig Rehlinger und dessen Darstellung über die Anfangsphase des Freikaufs auseinander. Von Lindheim ging davon aus, dass die Bundesrepublik der DDR die Auswahl der Häftlinge am Anfang vollständig überlassen hätte.[80] Rehlinger verneinte dies und wurde dabei von Detlev Kühn, dem ehemaligen Präsidenten des Gesamtdeutschen Instituts – Bundesanstalt für gesamtdeutsche Aufgaben (BfgA), argumentativ unterstützt.[81] Kühn konnte überzeugend darlegen, dass die Bundesregierung auch in der Anfangsphase des Häftlingsfreikaufs die Auswahl der Häftlinge nicht einfach der DDR überlassen wollte.[82] Bis heute löst der Freikauf also neue Streitfragen aus. Als ehemaliger Mitarbeiter in der BfgA hatte sich von Lindheim auch beruflich mit der Anerkennung ehemaliger politischer Häftlinge der DDR durch die bundesdeutschen

---

[77] Vgl. Wölbern, Jan Philipp: Die Entstehung des »Häftlingsfreikaufs« aus der DDR, 1962–1964. In: DA 5/2008 (41. Jahrgang), S. 856–867.
[78] Vgl. zu Reymar von Wedel: Diekmann (Hg.): Freigekauft, S. 32 f.
[79] Vgl. Pötzl, Norbert F.: Anmerkungen zu Jan Philipp Wölbern, Die Entstehung des »Häftlingsfreikaufs« aus der DDR, 1962–1964: Ein abstruser Stasi-Vermerk und eine spekulative These. In: DA 6/2008 (41. Jahrgang), S. 1032–1035.
Vgl. Wedel, Reymar von: Stellungnahme. In: Ebenda (im Anschluss an Pötzl), S. 1035 f.
In zwei weiteren Ausgaben des »Deutschland Archivs« (DA 1/2009 und DA 3/2009) wurde die Kontroverse zwischen Wölbern und von Wedel fortgesetzt, Pötzl beteiligte sich nicht mehr.
[80] Vgl. Lindheim, Thomas von: Juristische Probleme beim Freikauf von politischen Häftlingen, 1963–1989. In: DA 6/2010 (43. Jahrgang), S. 1002–1007.
Vgl. Rehlinger, Ludwig A.: Anmerkungen zu Thomas von Lindheim, Juristische Probleme beim Freikauf von politischen Häftlingen, 1963–1989. In: DA 1/2011 (44. Jahrgang), S. 88.
Vgl. Lindheim, Thomas von: Stellungnahme zu den Anmerkungen von Ludwig A. Rehlinger. In: Ebenda (DA 1/2011), S. 88.
[81] Vgl. Kühn, Detlef: Häftlingsfreikauf. In: DA 3/2011 (44. Jahrgang), S. 381 f. Kühn verweist hierbei auf die Quelle: BStU, Archiv der Zentralstelle, MfS – AIM 5682/69, Band 8, S. 92 f. Sie ist im Anschluss an Kühns Artikel abgedruckt. In: Ebenda (DA 3/2011), S. 383 f.
[82] Vgl. ebenda, S. 381 f.

Behörden intensiv auseinandergesetzt.[83] Außerdem hat von Lindheim zu dieser Fragestellung inzwischen auch ein kenntnisreiches Buch veröffentlicht.[84] Seiner durchaus provokanten These zu den Anfängen des Häftlingsfreikaufs kann ich jedoch nicht folgen.

Der Häftlingsfreikauf wurde darüber hinaus in der wissenschaftlichen Literatur immer wieder in Untersuchungen zur DDR-Geschichte oder zur deutsch-deutschen Geschichte aufgegriffen. Ein Beispiel hierfür ist der Aufsatz von Bernd Lippmann im Sammelband »Die demokratische Revolution 1989 in der DDR«, der den Häftlingsfreikauf und seine Geschichte kompakt darstellt.[85] Auch in verschiedenen historischen Studien – zum Beispiel zum DDR-Strafvollzug, zu politischen Häftlingen, zur DDR-Opposition und zur politischen Verfolgung in der DDR – wurde der Freikauf häufiger erwähnt, kurz behandelt und in den jeweiligen Kontext gestellt.[86] Das gilt zum Beispiel für die Monografie von Manfred Gehrmann zur Ausreise aus der DDR, die auch den Freikauf kurz streift.[87]

Der Häftlingsfreikauf wurde auch von Journalisten und von in den Freikauf involvierten Zeitzeugen häufig betrachtet. Beide Gruppen unterscheiden sich hierbei von Wissenschaftlern in ihrer Vorgehensweise bei der Auseinandersetzung mit dem Thema. Es muss deshalb berücksichtigt werden, dass die Zeitzeugen neben ihren persönlichen Erfahrungen und Auffassungen auch Vorgaben ihrer Arbeit- oder Auftraggeber wiedergaben. Das eigene Handeln sollte dabei der Öffentlichkeit vermittelt werden. Die journalistischen Publikationen mussten in erster Linie darauf ausgerichtet sein, bei einem breiten Leserkreis durch oftmals spektakuläre Schlagzeilen oder Titel Aufmerksamkeit für das Thema zu wecken. Hierfür war der Häftlingsfreikauf zweifellos sehr

---

[83] Vgl. von Lindheim: Juristische Probleme beim Freikauf von politischen Häftlingen, 1963–1989. In: DA 6/2010 (43. Jahrgang), S. 1002–1007.
[84] Vgl. derselbe: Bezahlte Freiheit. Der Häftlingsfreikauf zwischen beiden deutschen Staaten. Baden-Baden 2011.
[85] Vgl. Lippmann, Bernd: Moderner Menschenhandel – Freikauf politischer Häftlinge aus der DDR. In: Conze, Eckart; Gajdukowa, Katharina und Koch-Baumgarten, Sigrid (Hg.): Die demokratische Revolution 1989 in der DDR. Köln, Weimar und Wien 2009, S. 64–77. Mit Bernd Lippmann hatte ich über den Freikauf einen sehr fruchtbaren Austausch.
[86] Vgl. als Beispiel: Ansorg, Leonore: Politische Häftlinge im Strafvollzug der DDR: Die Strafvollzugsanstalt Brandenburg. Berlin 2005, S. 199–201.
[87] Vgl. Gehrmann, Manfred: Die Überwindung des »Eisernen Vorhangs«. Die Abwanderung aus der DDR in die BRD und nach West-Berlin als innerdeutsches Migranten-Netzwerk. Berlin 2009, S. 116–124.

gut geeignet. Auch in den Medien Funk, Fernsehen und Film wurde das publikumswirksame Thema in verschiedenen Dokumentationen sowie in einigen Spielfilmen aufgegriffen.[88]

Zu den Zeitzeugen, die ihre Erlebnisse und Erinnerungen innerhalb des Freikaufs aufarbeiteten, zählte im Besonderen der ehemalige Staatssekretär im Bundesministerium für innerdeutsche Beziehungen (BMB), Ludwig Rehlinger.[89] Er war im Ministerium über viele Jahre für den Häftlingsfreikauf zuständig. In seinem Buch »Freikauf – Die Geschäfte der DDR mit politisch Verfolgten von 1963–1989« schilderte Rehlinger den Freikauf aus der Perspektive des handelnden Zeitzeugen, was Rehlinger selbst betonte: »*Ich war Staatssekretär des Bundesministeriums für innerdeutsche Beziehungen, und wenn auf einer Akte ein roter Stempel ist, bin ich gebunden. Deswegen muss man mein Buch über den Freikauf auch als Erfahrungsbericht und nicht als wissenschaftliche Studie betrachten.*«[90]

Rehlinger ging in seinem Buch auf den DDR-Devisenbeschaffer Alexander Schalck-Golodkowski und den MfS-Offizier Heinz Volpert, die beide für den Freikauf von Bedeutung waren, nicht ein.[91] Schriftliche Quellen und verifizierbare oder falsifizierbare Angaben wurden von Rehlinger zudem nicht vorgelegt. Es muss außerdem berücksichtigt werden, dass Rehlinger bei seiner ersten Auflage noch keine DDR-Quellen zur Verfügung standen, weshalb er in Bezug auf

---

[88] Als Beispiele für Kino- oder TV Dokumentationen zum Häftlingsfreikauf: Ast, Jürgen: Die gekaufte Freiheit. Häftlingsfreikauf im geteilten Deutschland. Teil 1 und Teil 2. Deutschland 2004 (für den RBB; am 30.8.2004 und 6.9.2004 ausgestrahlt); Bauder, Marc und Franke, Dörte: Jeder schweigt von etwas anderem. Deutschland 2006 (Kino-Dokumentarfilm); Weinert, Stefan: Gesicht zur Wand. Deutschland 2009 (Kino-Dokumentarfilm).
Daneben wurden zahlreiche Spielfilme mit Bezug zum Freikauf gedreht. Beispiele: »Die Frau vom Checkpoint Charlie« (2007); »12 heißt: Ich liebe dich« (2008); »Die Klärung eines Sachverhalts« (2008). Als Beispiel für ein Theaterstück (Spielzeit 2012/13) kann das Stück »Staats-Sicherheiten« am Hans Otto Theater in Potsdam, in dem u. a. auch viele später freigekaufte politische Häftlinge auftreten und hierin autobiografisch ihre Geschichte erzählen, genannt werden.
[89] Vgl. Holzweißig, Gunter: Ein engagierter Deutschlandpolitiker. Ludwig Rehlinger zum 80. Geburtstag. In: Deutschland Archiv (DA) 6/2007 (40. Jahrgang), S. 971 f.
[90] Zitiert nach: Ludwig Rehlinger in der Podiumsdiskussion »Der Freikauf – eine historische Bewertung« am 8.6.2011 in Berlin. In: Apelt (Hg.): Flucht, Ausreise, Freikauf, S. 109 f.
[91] Vgl. Rehlinger: Freikauf, S. 265 f. (Namensverzeichnis ohne Schalck-Golodkowski und Volpert).

die DDR und deren Interessen nur wenige gesicherte Aussagen treffen konnte. Sein Buch sollte den Häftlingsfreikauf aus seiner Sicht bzw. aus der Perspektive der Bundesregierung schildern. Wichtige Erkenntnisse und Schlussfolgerungen des früheren Staatssekretärs waren jedoch ausgesprochen zutreffend, was in dieser Studie mit schriftlichen Quellen belegt werden kann. Hierbei wären vor allem jene Passagen hervorzuheben, die sich auf die bundesdeutschen Interessen im Rahmen des Häftlingsfreikaufs beziehen.[92] Gleiches galt für Rehlingers Annahmen hinsichtlich der von ihm vermuteten destabilisierenden Auswirkungen des Häftlingsfreikaufs auf das SED-Regime, wozu in dieser Studie gesicherte Aussagen getroffen werden können.[93] Unter insgesamt fünf verschiedenen Bundesministern war Rehlinger am Freikauf maßgeblich beteiligt.[94] Vor diesem Hintergrund muss Rehlinger generell als der wichtigste bundesdeutsche Zeitzeuge zum Thema betrachtet werden.[95]

Weiterhin publizierten einige freigekaufte politische Häftlinge ihre Erinnerungen über ihre Haftzeit und ihren Freikauf.[96] In vielen Autobiografien wurde auch immer wieder Rechtsanwalt Vogel erwähnt, da nahezu alle freigekauften politischen Häftlinge ihn selbst oder einen seiner bevollmächtigten Rechtsanwälte als Verteidiger hatten.[97] Teilweise konnten auch diese Autobiografien als Quelle herangezogen werden, sofern die subjektiv geschilderten Sachverhalte mit Primärquellen übereinstimmten, die für diese Studie recherchiert wurden.

[92] Vgl. Rehlinger: Freikauf, S. 22, S. 47 f., S. 56 f. und S. 114 f.
[93] Vgl. ebenda, S. 47 f., S. 56 f. und S. 114 f.
[94] Vgl. Deutscher Bundestag (Hg.): Bundestagsdrucksache 12/7600, S. 305.
[95] Neben einem Interview am 21.2.2009 in Eichwalde stand Ludwig Rehlinger dankenswerterweise auch für zahlreiche Rückfragen zur Verfügung.
[96] Vgl. als mögliche Beispiele: Storck, Matthias: Karierte Wolken. Lebensbeschreibungen eines Freigekauften. Moers 1994 (2. Auflage; 1. Auflage 1993); Schneider, Herbert: Politische Verfolgung – Häftlingsfreikauf im kalten Krieg – Menschenwürde und die Demokratie. Friedberg 2012; Winkler, Karl: Made in GDR. Jugendszenen aus Ost-Berlin. Berlin 1983; David, Reiner: Meine Akte – DDR 1969 bis 1975. Berlin 2012; Keil, Gerhard: Verraten und Verkauft – Gegen das Vergessen. Berlin 2012; Mork, Lothar und Wimberg, Ludger: Ohne mich …! Blick zurück im Zorn. Gedemütigt und Verraten – Gefangen und Befreit. Lübbenau 2009; Kaiser, Regine und Karlstedt, Uwe: Zwölf heißt: Ich liebe Dich. Der Stasi-Offizier und die Dissidentin. München 2004; Berndt, Karsten (Autor) und Baumgartl, Susan (Hg.): Der Rumtreiber. Wenn ich groß bin, haue ich ab. Eine deutsch-deutsche Grenzerfahrung 1976–1994. Essen 2013.
[97] Vgl. Welsch, Wolfgang: Ich war Staatsfeind Nr. 1. Als Fluchthelfer auf der Todesliste der Stasi. München 2004 (3. Auflage; 1. Auflage erschien 2003; 1. Auflage als Buch erschien 2001), S. 109–114.

Eine Monografie zum Thema (»Freikauf – Menschenhandel in Deutschland«) wurde bereits 1976 von dem französischen Journalisten Michel Meyer veröffentlicht.[98] Meyer hatte sich als Deutschlandkorrespondent intensiv mit dem Thema beschäftigt, ihm standen zu diesem Zeitpunkt aber noch keine schriftlichen Quellen zur Verfügung. Zudem war er, im Gegensatz zu Rehlinger, nicht selbst als Akteur am Häftlingsfreikauf beteiligt. Deshalb war er im Wesentlichen auf Aussagen von Zeitzeugen angewiesen. Aus wissenschaftlicher Sicht sind vor allem zwei Interviews bemerkenswert, die Meyer führen konnte: So gelang es dem französischen Journalisten, u. a. den bundesdeutschen Politiker Rainer Barzel (CDU) zu befragen.[99] Dieser äußerte sich gegenüber Meyer erstaunlich offen über den Häftlingsfreikauf und erläuterte seine Überlegungen bei der Aufnahme des Freikaufs im Jahr 1963. Weiterhin rechtfertigte der ehemalige Minister die bundesdeutsche Haltung, den Häftlingsfreikauf trotz aller Bedenken zu beginnen und kontinuierlich fortzusetzen. Außerdem gelang es Meyer, die beiden Rechtsanwälte Wolfgang Vogel und Jürgen Stange zu interviewen, die als Unterhändler innerhalb des Häftlingsfreikaufs für die beiden deutschen Staaten agierten; beide sprachen Probleme und Abläufe des Freikaufs ebenfalls sehr freimütig an.[100]

Das Buch »Freikaufgewinnler – Die Mitverdiener im Westen« stellt eine Art Gegenstück zu Rehlingers Monografie dar.[101] Die Autoren Wolfgang Brinkschulte, Hans Jörgen Gerlach und Thomas Heise – Gerlach war selbst im Rahmen der Familienzusammenführung erfolgreich beruflich engagiert gewesen – kritisierten hierin die Bundesregierung und ihr Handeln.[102] Der Häftlingsfreikauf wurde hierbei in erster Linie als ein lukratives Geschäft, auch für viele bundesdeutsche Akteure, dargestellt. Zwar kann kein Zweifel daran bestehen, dass zum Beispiel die in der Bundesrepublik beteiligten Firmen am Häftlingsfreikauf verdienten. Auch verfolgten bundesdeutsche Politiker bei Treffen mit DDR-Politikern nicht nur humanitäre, sondern auch

---

[98] Vgl. Meyer, Michel: Freikauf. Menschenhandel in Deutschland. Wien und Hamburg 1978. Michel Meyer stand dankenswerterweise für diese Studie für Rückfragen zur Verfügung. Vgl. Mail von Michel Meyer vom 1.2.2010.
[99] Vgl. Meyer: Freikauf, S. 183–185.
[100] Vgl. ebenda, S. 214–219.
[101] Vgl. Brinkschulte, Wolfgang; Gerlach, Hans Jörgen und Heise, Thomas: Freikaufgewinnler. Die Mitverdiener im Westen. Frankfurt am Main und Berlin 1993.
[102] Hans Jörgen Gerlach stand für diese Studie dankenswerterweise auch für Rückfragen in einem persönlichen Gespräch am 3.1.2011 in Berlin zur Verfügung.

Geschäfts- oder Handelsinteressen.[103] Aber diese Sachverhalte können nicht die politische Dimension des Häftlingsfreikaufs befriedigend erklären. Dieser Aspekt wird deshalb in der vorliegenden Studie ein ganz wesentlicher Forschungsschwerpunkt sein. Für eine angestrebte historische Gesamtbewertung des Themas wurden in dieser Untersuchung auch andere Prioritäten gesetzt.

Der Häftlingsfreikauf wurde in den Autobiografien von Reymar von Wedel und Ludwig Geißel ebenfalls ausführlich behandelt, wobei beide den Freikauf aus der kirchlichen Perspektive schilderten, da sie lange für die evangelische Kirche tätig gewesen waren.[104] Geißel und von Wedel waren (wie auch Rehlinger) am Häftlingsfreikauf als Akteure beteiligt gewesen und rechtfertigten das Engagement der evangelischen Kirche im Rahmen des Häftlingsfreikaufs und der Familienzusammenführung. Sie beschrieben verschiedene Abläufe und Hintergründe, wobei vor allem von Wedel die Vorreiterrolle der evangelischen Kirche bei der Entstehung des Freikaufs von politischen Häftlingen aus DDR-Gefängnissen herausstellte.[105]

Auf Seiten der DDR war maßgeblich Rechtsanwalt Wolfgang Vogel mit dem Häftlingsfreikauf befasst. Er war von der SED-Führung mit dieser Aufgabe betraut worden.[106] Vogels Funktionen in diesem Bereich wurden in Biografien sehr gut erforscht; darunter sind »Advocatus Diaboli« des amerikanischen Journalisten Craig Whitney sowie »Basar der Spione« des SPIEGEL-Redakteurs Norbert F. Pötzl besonders hervorzuheben.[107] Whitney und Pötzl beleuchteten detailliert Vogels Leben und seine Tätigkeit in allen Facetten. Beide Autoren stellten Vo-

---

[103] Vgl. Potthoff, Heinrich: Im Schatten der Mauer. Deutschlandpolitik 1961 bis 1990. Berlin 1999, S. 219.

[104] Vgl. Wedel, Reymar von: Als Kirchenanwalt durch die Mauer. Erinnerungen eines Zeitzeugen. Berlin 1994.
Vgl. derselbe: Als Anwalt zwischen Ost und West. Prozesse – Gefangene – Aktionen. Berlin 2005.
Vgl. Geißel, Ludwig: Unterhändler der Menschlichkeit. Erinnerungen. Stuttgart 1991.

[105] Vgl. von Wedel: Als Kirchenanwalt durch die Mauer, S. 39–57. Reymar von Wedel stand für diese Studie dankenswerterweise für ein ausführliches Interview am 13.3.2009 und für zahlreiche Rückfragen zur Verfügung.

[106] Zitiert nach: Rehlinger: Freikauf, S. 51.

[107] Vgl. Whitney, Craig: Advocatus Diaboli. Wolfgang Vogel. Anwalt zwischen Ost und West. Berlin 1993 (im englischsprachigen Original 1993 in New York unter dem Titel »Spy Trader« erschienen).
Vgl. Pötzl, Norbert F.: Basar der Spione. Die geheimen Missionen des DDR-Unterhändlers Wolfgang Vogel. Hamburg 1997.

gels Rolle innerhalb der DDR wohlwollend dar. Ihre Biografien brachten dennoch eine Vielzahl von neuen Erkenntnissen. Vogel hatte dem SPIEGEL-Journalisten Pötzl einen umfangreichen Einblick in seine Aktenbestände gewährt.[108] Zusätzlich hatte Pötzl auch Unterlagen des State Department und des Bundesbeauftragten für die Unterlagen des Staatssicherheitsdienstes der ehemaligen Deutschen Demokratischen Republik (BStU) einsehen können.[109] Vogel musste bei seiner Zusammenarbeit mit Pötzl jedoch Geheimhaltungsvorschriften beachten.[110] Pötzls umfangreiche Recherchen, die auf Vogels Quellen und dessen Aussagen basieren, können für diese Studie keinesfalls ignoriert werden.[111] Sie müssen aber unbedingt mit den Ergebnissen Whitneys abgeglichen werden, der seine Quellen im Einzelnen offenlegen konnte, was Pötzl so nicht möglich war.[112] In Kombination ergeben beide Bücher einen guten Nachweis über die Tätigkeit Wolfgang Vogels. Andere Studien zur Person des Rechtsanwalts, zum Beispiel die bereits vor der deutschen Einheit 1987 erschienene Biografie von Jens Schmidthammer, die Vogel in seiner Funktion außerordentlich positiv und unkritisch darstellte, bleiben in ihrem Erkenntnisgewinn deutlich hinter den Biografien Whitneys und Pötzls zurück.[113]

Im Gegensatz zum inzwischen gut erforschten Wirken Vogels stellt eine historische Aufarbeitung der Tätigkeit seines vergleichsweise unauffälligen bundesdeutschen Pendants Jürgen Stange bislang ein Desiderat für die Historiographie dar, das diese Studie in zentralen Aspekten schließen möchte.

---

[108] Vgl. Pötzl: Basar der Spione, S. 11. Im September 2014 soll eine neue Biografie Pötzls über Vogel erscheinen. Vgl. derselbe (Pötzl): Mission Freiheit – Wolfgang Vogel. Anwalt der deutsch-deutschen Geschichte. München 2014.
[109] Vgl. derselbe (Pötzl) in der Podiumsdiskussion »Der Freikauf – eine historische Bewertung« am 8.6.2011 in Berlin. In: Apelt (Hg.): Flucht, Ausreise, Freikauf, S. 109.
[110] Vgl. ebenda, S. 109.
[111] Vgl. derselbe (Pötzl): Basar der Spione, S. 11.
[112] Vgl. ebenda, S. 9–14.
Vgl. ebf. Whitney: Advocatus Diaboli, S. 357–390.
[113] Vgl. Schmidthammer, Jens: Rechtsanwalt Wolfgang Vogel. Mittler zwischen Ost und West. Hamburg 1987. Schmidthammer hatte Vogel bereits 1984 für den Deutschlandfunk interviewt.

## C. Forschungsdesign und Untersuchungsgegenstand/-zeitraum

Der Untersuchungszeitraum dieser Studie umfasst nicht nur die Jahre ab 1964 bis einschließlich 1989, als der Freikauf zwischen den beiden deutschen Staaten in einem sehr beachtlichen Umfang kontinuierlich durchgeführt wurde. Vielmehr werden auch die politische Verfolgung in der Sowjetischen Besatzungszone (SBZ) seit 1945 und in der DDR ab 1949 einbezogen, wobei die wesentlichen Sachverhalte kurz dargestellt werden. Ebenso müssen die historischen Hintergründe des geteilten Deutschland und das Verhältnis der beiden gegnerischen Supermächte USA und Sowjetunion während des Kalten Krieges aufgezeigt werden. Beide deutsche Staaten waren in die jeweiligen Bündnissysteme der Großmächte fest eingebunden. Doch beschritten sie bisweilen auch eigene Wege im Umgang miteinander, soweit die jeweiligen Bündnispartner das zuließen. Das konnte aber nur dann der Fall sein, wenn diese ihre eigenen Interessen nicht berührt sahen. Ein wesentliches Beispiel hierfür ist der innerdeutsche Häftlingsfreikauf bzw. der gesamte humanitäre Komplex, in dem die beiden deutschen Staaten miteinander kooperieren konnten.

Besondere Beachtung finden hierbei die drei Jahre nach dem Mauerbau von 1961 bis 1964, die für den Beginn des Häftlingsfreikaufs von großer historischer Bedeutung sind. Im Fokus stehen hierbei die beiden deutschen Staaten und ihre verantwortlichen Entscheidungsträger. Bei der Entstehung des Häftlingsfreikaufs Anfang der 1960er Jahre wurden für diese Studie auch andere staatliche (der West-Berliner Senat) sowie nichtstaatliche Akteure (die beiden großen christlichen Kirchen) in die Untersuchung mit aufgenommen. Die freigekauften politischen Häftlinge stehen dementsprechend innerhalb dieser Studie nicht im Vordergrund. Sie werden jedoch in einem eigenen Kapitel behandelt, da ohne sie kein Häftlingsfreikauf stattgefunden hätte. Hierbei wird auch auf die veränderte Zusammensetzung und die sich wandelnden Profile der politischen Häftlinge im Verlauf der Jahrzehnte eingegangen. Insgesamt konnten rund 32.000 Menschen durch den Häftlingsfreikauf in die Freiheit gelangen.[114] In den 1960er Jahren wurden jedoch viele

---

[114] Zahl aus: Rehlinger: Freikauf, S. 279.
Zahl aus: Werkentin, Falco: Recht und Justiz im SED-Staat. Bonn 1998 (veröffentlicht von der Bundeszentrale für politische Bildung), S. 81.
Die Zahlen von Rehlinger und Werkentin basieren wesentlich auf den Daten des 1. Untersuchungsausschusses des Deutschen Bundestages aus der 12. Wahlperi-

Freigekaufte in die DDR und nicht in die Bundesrepublik entlassen, was näher untersucht werden muss.[115]

Die DDR verfolgte beim Häftlingsfreikauf offen erkennbare ökonomische Interessen, während für die Bundesrepublik humanitäre Beweggründe offensichtlich waren. Das kann jedoch nicht allein die Durchführung des Häftlingsfreikaufs über einen so langen Zeitraum befriedigend erklären. Deshalb werden die jeweiligen politischen Interessen der beiden deutschen Staaten als erste zentrale Forschungsfrage dieser Studie eingehend untersucht. Damit soll eine noch bestehende Forschungslücke geschlossen werden. An dieser Stelle wird stellvertretend für mögliche politische Intentionen folgende Hypothese bereits genannt: Ich vertrete die Auffassung, dass die durch den Häftlingsfreikauf entstandenen Beziehungen und das aufgebaute Vertrauen zwischen den handelnden Personen eine Zusammenarbeit der beiden deutschen Staaten auch in anderen Politikbereichen nachhaltig begünstigt hat.

Christoph Kleßmann hat das Konzept der »asymmetrisch verflochtenen Parallelgeschichte« für die deutsch-deutsche Geschichte bis 1989 maßgeblich entwickelt.[116] Auf den Häftlingsfreikauf traf dieser Ansatz

---

ode (1990–1994) zum Bereich Kommerzielle Koordinierung (KoKo). Die Zahlen der freigekauften politischen Häftlinge können bei unterschiedlichen Autoren voneinander abweichen. Auch die beiden deutschen Staaten hatten mitunter andere Zählweisen und verschiedene statistische Erhebungen, zum Beispiel bei der Familienzusammenführung. Vgl. Potthoff, Heinrich: Bonn und Ost-Berlin 1969–1982. Dialog auf höchster Ebene und vertrauliche Kanäle. Darstellung und Dokumente. Bonn 1997, S. 103.

In dieser Studie werden die Zahlen zu den freigekauften Häftlingen aus Rehlingers Buch auf S. 279 verwendet, da hier die Quellen offengelegt und nachvollziehbar sind (u. a. Deutscher Bundestag).

[115] Vgl. Evangelisches Archiv der Zentralstelle in Berlin (EZA Berlin), 742/278 (Vermerk Stanges vom Januar 1966).

[116] Vgl. Kleßmann, Christoph: Spaltung und Verflechtung – Ein Konzept zur integrierten Nachkriegsgeschichte 1945 bis 1990. In: Derselbe und Lautzas, Peter (Hg.): Teilung und Integration. Die doppelte Nachkriegsgeschichte als wissenschaftliches und didaktisches Problem. Bonn 2005 (veröffentlicht von der Bundeszentrale für politische Bildung), S. 20–37.
Vgl. ebf. derselbe: Die Geschichte der Bundesrepublik und der DDR – Erfolgscontra Misserfolgsgeschichte? In: Faulenbach, Bernd und Jelich, Franz-Josef (Hg.): »Asymmetrisch verflochtene Parallelgeschichte?« Die Geschichte der Bundesrepublik und der DDR in Ausstellungen, Museen und Gedenkstätten. Essen 2005, S. 31.
Vgl. ebf. Brunner, Detlev; Grashoff, Udo und Kötzing, Andreas (Hg.): Asymmetrisch verflochten? Neue Forschungen zur gesamtdeutschen Nachkriegsgeschichte. Berlin 2013.

in mehreren Punkten zu: Beide deutsche Staaten waren durch die humanitären Fragen im Allgemeinen und den Freikauf im Besonderen eng miteinander verflochten. Handlungen der einen hatten automatisch Rückwirkungen auf die andere Seite. Das Verhältnis der beiden deutschen Staaten untereinander, ihre damalige Verhandlungsposition und die gesellschaftlichen Auswirkungen des Häftlingsfreikaufs können auch als asymmetrisch beschrieben werden. Die asymmetrischen Vorteile beim Häftlingsfreikauf lagen kurzfristig bei der DDR, längerfristig aber bei der Bundesrepublik. Hierbei muss zwischen den Verhandlungen der beiden Seiten innerhalb des Freikaufs einerseits und den politischen und gesellschaftlichen Folgen des Häftlingsfreikaufs andererseits unterschieden werden. Die zwei wesentlichen Analyseebenen sind sowohl die kurz- als auch die langfristigen Auswirkungen, die eingehend untersucht werden müssen.

Daraus resultiert die zweite zentrale Forschungsfrage, nämlich die, ob der Häftlingsfreikauf eher zu einer Stabilisierung oder Destabilisierung der SED-Diktatur beigetragen hat. Während die Bundesrepublik in den Verhandlungen selbst eine vergleichsweise schlechte Position besaß, aber die gesellschaftlichen Auswirkungen des Häftlingsfreikaufs auf die Bundesrepublik gering waren, war die Situation der DDR umgekehrt: Einer starken Verhandlungsposition standen langfristig negative Auswirkungen auf die eigene Gesellschaft gegenüber. Das SED-Regime sah sich nachweisbar vor das Problem gestellt, den Freikauf nicht nur seiner eigenen Bevölkerung, sondern auch dem Partei- und Staatsapparat der DDR ideologisch vermitteln zu müssen. Dies wird in dieser Studie ausführlich analysiert.

Stark moralisch geprägte Fragen im Hinblick darauf, ob aus bundesdeutscher Sicht der Häftlingsfreikauf und die bewusst zurückhaltende Berichterstattung darüber zu rechtfertigen waren, stehen nicht im Vordergrund dieser Studie. Gleichwohl müssen sie in der Schlussbetrachtung berücksichtigt werden. Die Moral der DDR, die ihre eigenen Bürger de facto verkauft hatte, kann ohnehin nur sehr kritisch beurteilt werden. Relevant sind für diese Untersuchung vor allem die Aspekte, die die Glaubwürdigkeit der beiden Staaten gegenüber ihrer eigenen Bevölkerung berühren.

Freikaufaktionen aus anderen historischen Epochen und anderen Ländern wurden nicht als Vergleich herangezogen, da dies methodische Probleme aufgeworfen und die vorliegende Untersuchung überladen hätte.[117] Der innerdeutsche Häftlingsfreikauf unterschied sich zudem in seiner beachtlichen Größenordnung und mit der festen Institutionalisierung zwischen zwei modernen Staaten ganz erheblich von anderen Freikaufaktionen der Geschichte. Das macht ihn unter diesen Gesichtspunkten historisch singulär, was ein weiteres wichtiges Argument gegen eine Vergleichsstudie war. Das humanitäre Engagement der Bundesregierung in anderen sozialistischen Staaten des Ostblocks wird hingegen in der vorliegenden Studie behandelt, da Bezüge zum deutsch-deutschen Häftlingsfreikauf nachgewiesen werden können. Auch innerdeutsche und sogar internationale Agentenaustauschaktionen hatten nicht selten eine Verbindung zum deutsch-deutschen Häftlingsfreikauf, weshalb sie ebenfalls in die Untersuchung mit einbezogen werden.[118] Bereits 1965 entstanden zwischen den beiden deutschen Staaten auch die Maßnahmen zur Zusammenführung von getrennten Familien sowie die Bemühungen um Ausreisen von alleinstehenden Kindern, die von ihren Eltern getrennt worden waren.[119] Außerdem engagierte sich die Bundesregierung für die Ausreise von Personen, die sich in politischen oder gesellschaftlichen Zwangs- oder Notlagen befanden und deshalb die DDR verlassen wollten.[120] Hinzu kamen seit den 1970er Jahren die Ausreisen von Flüchtlingen, die in bundesdeutsche oder andere westliche Botschaften sowie in die Ständige Vertretung der Bundesrepublik Deutschland in Ost-Berlin (StäV) geflüchtet waren.[121] Da alle diese humanitären Fälle mit den Verhandlungen über

---

[117] Vgl. Faulenbach, Bernd: Das SED-System in vergleichender Perspektive und die Bedeutung seiner Aufarbeitung. In: Drechsler, Ingrun; Faulenbach, Bernd; Gutzeit, Martin; Meckel, Markus und Weber, Hermann (Hg.): Getrennte Vergangenheit, gemeinsame Zukunft. Ausgewählte Dokumente, Zeitzeugenberichte und Diskussionen der Enquete-Kommission »Aufarbeitung von Geschichte und Folgen der SED-Diktatur in Deutschland« des Deutschen Bundestages 1992–1994. Band IV: Das SED-Regime in vergleichender Perspektive und die Bedeutung seiner Aufarbeitung. München 1997, S. 11–125.

[118] Vgl. Interview mit Jan Hoesch am 6.7.2009 in Berlin. Neben einem ausführlichen Interview stand Jan Hoesch für diese Studie dankenswerterweise für eine Vielzahl von Rückfragen zur Verfügung.

[119] Vgl. EZA Berlin, 742/277 (Vermerk Krautwigs vom 15.9.1965). Vgl. ebf. BA Koblenz, B 137/16604 (Schreiben Rehlingers an die Reg. Dir. Staab und Stern vom 1.4.1969).

[120] Vgl. telefonisches Interview mit Karsten Dümmel am 27.4.2010.

[121] Vgl. Boysen, Jacqueline: Das »weiße Haus« in Ost-Berlin. Die Ständige Vertretung der Bundesrepublik bei der DDR. Berlin 2010, S. 156–166.
Vgl. ebf. Mayer, Wolfgang: Flucht und Ausreise. Botschaftsbesetzungen als Form des Widerstands gegen die politische Verfolgung in der DDR. Berlin 2002, S. 322 und S. 415. Wolfgang Mayer hat zum Thema »Flucht und Ausreise aus der DDR«

die politischen Häftlinge eng verknüpft waren, müssen sie ebenfalls berücksichtigt werden.[122] Der Komplex der »Besuchsreisen in dringenden Familienangelegenheiten« wurde nicht untersucht, da dies den Rahmen dieser Studie überstiegen hätte.[123]

In humanitären Fragen vertrat Rechtsanwalt Vogel die Interessen der DDR. Er war der Ansprechpartner für die bundesdeutsche Seite.[124] Vogel mahnte gegenüber der Bundesrepublik immer wieder an, den Freikauf diskret zu behandeln.[125] Diese von der Bundesrepublik akzeptierte Zurückhaltung begünstigte aber sicherlich zahlreiche Gerüchte über den Freikauf. Diesbezüglich sollen drei Fragen aufgegriffen werden, die zwar im Rahmen der vorliegenden Studie nur einen Nebenaspekt darstellen, aber ebenfalls untersucht werden müssen:

Hat der Häftlingsfreikauf allgemein zu Urteilen mit höherem Strafmaß von DDR-Gerichten in politisch motivierten Strafverfahren geführt?

Hat das MfS systematisch im größeren Umfang politische Häftlinge durch bewusste Verhaftungen regelrecht »produziert«, um sie dann in den Westen zu »verkaufen«?[126]

Hat es ein festes »Preissystem« für freigekaufte politische Häftlinge gegeben, das nach dem Ausbildungsgrad gestaffelt war?

---

auch eine eigene Homepage erstellt (http://www.flucht-und-ausreise.de). Er vermittelte dankenswerterweise auch einige Zeitzeugen für diese Studie.
[122] Vgl. Interview mit Jan Hoesch am 6.7.2009 in Berlin.
[123] Vgl. SPD-Bundestagsfraktion (Hg.): »Wir konnten vielen helfen.« Dokumentation. Humanitäre Hilfe zwischen 1983 und 1989 in der DDR und der UdSSR. Berichte aus der SPD-Bundestagsfraktion. Bonn 1993 (In der Dokumentation werden Besuchsfälle in dringenden Familienangelegenheiten, weitere humanitäre Fälle und viele Haft- oder Familienzusammenführungsfälle dargestellt.).
[124] Vgl. Rehlinger: Freikauf, S. 48–51.
[125] Vgl. EZA Berlin, 742/280 (Schreiben Vogels an Stange vom 21.8.1967).
[126] Vgl. zu diesem Vorwurf u. a.: Seiffert, Wolfgang und Treutwein, Norbert: Die Schalck-Papiere. DDR-Mafia zwischen Ost und West. Die Beweise. München 1991, S. 154–162.

## D. Quellen und Methoden

In der vorliegenden Untersuchung kann auf eine Vielzahl von Quellen zurückgegriffen werden. Die maßgebliche Quellenbasis für die Beantwortung der zentralen Fragestellungen dieser Studie sind ministerielle Vermerke, Korrespondenzen oder Sitzungsprotokolle, die in verschiedenen Archiven recherchiert werden konnten. Die bereits im Abschnitt über den Forschungsstand erwähnte allgemeine bundesdeutsche Schutz- bzw. Sperrfrist für Archivgut von 30 Jahren und die sogenannten »Verschlusssachen« erwiesen sich als Problem, da hierdurch noch viele Akten zum Thema nicht einsehbar sind und deshalb für diese Studie nicht zur Verfügung standen. Des Weiteren konnten gerade beim Häftlingsfreikauf sachbezogene Akten des Bundesministeriums für innerdeutsche Beziehungen gleichzeitig auch persönliche Daten von politischen Häftlingen enthalten, was mitunter eine zusätzliche Schwierigkeit bei der gewünschten Akteneinsichtnahme darstellte. Die Vielzahl der noch immer gesperrten Sachakten führt Elke-Ursel Hammer, eine Mitarbeiterin des Bundesarchivs, im Besonderen auch auf die Verflechtung des Häftlingsfreikaufs mit verschiedenen Austauschaktionen von Agenten zurück.[127] Da beim Agentenaustausch mitunter viele Länder und verschiedene Geheimdienste eingebunden waren, bestehen offenbar immer noch Bedenken, dass sich bei einer Freigabe der Akten diplomatische Verwicklungen ergeben könnten.[128] Zudem bleibt ungewiss, wie viele und vor allem welche Quellen auf der bundesdeutschen Seite gar nicht aufbewahrt, sondern sicherheitshalber vernichtet wurden.

Die Schwierigkeiten bei der Quellenlage konnten methodisch auf unterschiedlichen Wegen gelöst werden. In den letzten zehn bis 20 Jahren sind immerhin einige Quellen freigegeben worden, die inzwischen älter als 30 Jahre sind. Auch einige Verschlusssachen, die über die allgemeine 30-Jahres-Sperrfrist hinaus nicht zugänglich waren, können inzwischen eingesehen werden, da ihre Geheimhaltung aufgehoben wurde. Der Bestand B 137 im Bundesarchiv Koblenz – hierbei insbesondere Quellen des für den Freikauf zuständigen und in West-Berlin ansässigen Referates II 1 bzw. seit 1966 Referates III 2 – aus dem Bundesministerium für gesamtdeutsche Fragen (BMG), das 1969 in Bundesministerium für

---

[127] Vgl. Elke-Ursel Hammer in der Podiumsdiskussion »Der Freikauf – eine historische Bewertung« am 8.6.2011 in Berlin. In: Apelt (Hg.): Flucht, Ausreise, Freikauf, S. 105.
[128] Vgl. Ludwig Rehlinger in der Podiumsdiskussion »Der Freikauf – eine historische Bewertung« am 8.6.2011 in Berlin. In: Ebenda (Apelt), S. 107.

innerdeutsche Beziehungen (BMB) umbenannt wurde, ist für die Thematik von besonderer Bedeutung.[129] Zahlreiche Personen- bzw. Einzelfallakten konnten hierbei aus Datenschutzgründen zwar nicht genutzt werden, aber doch viele Grundsatzakten, die für das Erkenntnisinteresse dieser Studie wichtig waren. Ergänzend wurde in bzw. zu weiteren Beständen recherchiert, zum Beispiel bezüglich des Bundeskanzleramts, der Ständigen Vertretung der Bundesrepublik Deutschland in Ost-Berlin (StäV), der Zentralen Erfassungsstelle der Landesjustizverwaltungen in Salzgitter, des Untersuchungsausschusses freiheitlicher Juristen (UfJ), des Gesamtdeutschen Instituts – Bundesanstalt für gesamtdeutsche Aufgaben (BfgA), des Bundesministeriums des Innern (BMI), des Bundesfinanzministeriums (BMF), des Bundeswirtschaftsministeriums (BMWi), des Bundesjustizministeriums (BMJ) und des Generalbundesanwalts. Zudem wurden Nachlässe von bundesdeutschen Politikern eingesehen. Einige Quellen aus dem Bundeskanzleramt (B 136) sowie der Nachlass von Rainer Barzel (N 1371) erwiesen sich für diese Untersuchung als sehr hilfreich. Zahlreiche Quellen des BMJ (B 141) zum Komplex des Agentenaustauschs waren für diese Studie bzw. generell für die Forschung noch nicht einsehbar und zum Zeitpunkt dieser Untersuchung noch gar nicht an das Bundesarchiv überliefert.

Zudem war die erschienene Sonderedition zu den »Besonderen Bemühungen« der Bundesregierung im Rahmen der Edition »Dokumente zur Deutschlandpolitik« sehr ergiebig.[130] Durch die vom BMI herausgegebenen »Dokumente zur Deutschlandpolitik« (DzD) wurden zahlreiche relevante Schriftstücke zum Thema veröffentlicht, die für diese Studie verwendet werden konnten.[131] Auch die Berichte der beiden Enquete-Kommissionen zur Aufarbeitung der SED-Diktatur und Quellen des Untersuchungsausschusses des Deutschen Bundestages zur Tätigkeit des »Bereiches Kommerzielle Koordinierung« (KoKo) und dessen Leiter Alexander Schalck-Golodkowski waren von großem

---

[129] In der Studie wird bis zur Umbenennung im Herbst 1969 in der Regel BMG benutzt, ab dann BMB.

[130] Vgl. die Sonderedition im Rahmen der Edition Dokumente zur Deutschlandpolitik: »Besondere Bemühungen« der Bundesregierung, Band 1: 1962 bis 1969. Häftlingsfreikauf, Familienzusammenführung, Agentenaustausch. Bearbeiterin: Hammer, Elke-Ursel. Herausgegeben von: Bundesministerium des Innern und Bundesarchiv. München 2012. Ein zweiter Band für den Zeitraum von 1970 bis 1990 ist geplant.

[131] Vgl. Dokumente zur Deutschlandpolitik (DzD). Bislang insgesamt 32 Bände und neun Studien (ehemals Beihefte). (Hg.): BMI (vor der deutschen Einheit vom BMG bzw. BMB herausgegeben).

Nutzen.[132] Genau genommen existierte bis 1964 nicht »ein Häftlingsfreikauf«, sondern verschiedene staatliche und nichtstaatliche Akteure führten unterschiedliche Freikäufe durch. Da die Bundesregierung mit den beiden großen christlichen Kirchen und dem West-Berliner Senat eine umfangreiche Korrespondenz zum Häftlingsfreikauf führte, konnten hieraus auch Schlüsse auf das Handeln der Bundesregierung gezogen werden. Darüber hinaus ermöglichten Quellen aus dem Landesarchiv Berlin einen guten Überblick über die umfangreichen Initiativen des West-Berliner Senats in humanitären Fragen.

Die herausragende Rolle der evangelischen Kirche im Rahmen des Freikaufs, besonders in seiner Entstehungsphase, konnte anhand diverser Archive in Berlin erforscht werden: Das Archiv des Diakonisches Werkes der EKD (ADW), das Evangelische Zentralarchiv (EZA) und das Evangelische Landeskirchliche Archiv (ELAB) sind hier zu nennen. Die im EZA Berlin aufbewahrten Schriftwechsel im Bestand von Bischof Hermann Kunst (742) zwischen dem Bischof und der Bundesregierung zum Häftlingsfreikauf waren für diese Studie von großem Erkenntnisgewinn. Das Archiv der Caritas (in Freiburg im Breisgau) besitzt vor allem personenbezogene Akten über die in der DDR inhaftierten Personen, für die sich die Caritas verwendet hatte. Aber diese konnten aus Datenschutzgründen nicht eingesehen werden.[133] Dennoch konnte die Rolle der katholischen Kirche innerhalb des Häftlingsfreikaufs über die Korrespondenz der katholischen Kirche mit der Bundesregierung oder mit der evangelischen Kirche erschlossen werden. Weiterhin waren auch die Studien von Christoph Kösters über die Arbeit der Caritas in der DDR sehr informativ.[134] Über die DDR-

---

[132] Vgl. Deutscher Bundestag (Hg.): Enquete-Kommission »Aufarbeitung von Geschichte und Folgen der SED-Diktatur in Deutschland«. Neun Bände in 18 Teilbänden. 12. Wahlperiode (1990–1994). Baden-Baden 1995.
Vgl. Deutscher Bundestag (Hg.): Enquete-Kommission »Überwindung der Folgen der SED-Diktatur im Prozess der deutschen Einheit«. Acht Bände in 14 Teilbänden. 13. Wahlperiode (1994–1998). Baden-Baden 1995.
Vgl. Deutscher Bundestag (Hg.): Abschlussbericht des 1. Untersuchungsausschusses der 12. Wahlperiode (1990–1994). Bundestagsdrucksache 12/7600. Bonn 1994. Vor dem Ausschuss sagten die wesentlichen Akteure des Freikaufs von beiden Seiten aus, zum Beispiel Ludwig Rehlinger, Jürgen Stange, Gerhard Niebling, Wolfgang Vogel etc.

[133] Vgl. Antwortschreiben vom 1.7.2008 von Frau Gabriele Witolla, Leiterin Archiv des Deutschen Caritasverbandes, auf Anfrage vom 5.6.2008.

[134] Vgl. Kösters, Christoph: Staatssicherheit und Caritas 1950–1989. Zur politischen Geschichte der katholischen Kirche in der DDR. Paderborn (u. a.) 2001, S. 97–111.
Vgl. ebf. derselbe: Staatssicherheit und Caritas 1950–1989. In: Derselbe (Hg.):

Quellen konnte die Haltung der Bundesregierung, wenigstens zum großen Teil, nachvollzogen werden. Gerade im Häftlingsfreikauf löste das Verhalten der einen Seite Rückwirkungen auf der anderen Seite aus. Bundesdeutsche Quellen wurden deshalb mit DDR-Quellen konsequent verglichen, wobei die Wechselwirkung zwischen den beiden Staaten deutlich wurde. Auf der bundesdeutschen Seite wurden Quellen der Bundesregierung den Akten des West-Berliner Senats und der verschiedenen kirchlichen Institutionen gezielt gegenübergestellt. Für die DDR konnten Akten aus dem DDR-Innenministerium mit jenen aus dem MfS verglichen werden, was vor allem für die 1980er Jahre von sehr großem Nutzen war. Alle Quellen konnten somit bei den Recherchen in ihrer Glaubwürdigkeit kritisch auf ihren historischen und politischen Kontext geprüft werden. Diese Quellenkritik war bei einigen Vermerken des MfS-Offiziers Heinz Volpert, der Kontaktperson Wolfgang Vogels innerhalb des MfS, von zentraler Bedeutung, da Volpert nicht selten seine Berichte manipulierte.[135]

Generell war die Quellenlage bezüglich der DDR-Seite gut, da es hier kaum Einschränkungen gab. Zwar sind DDR-Akten zu diesem brisanten Thema vom MfS 1989 und mit Sicherheit auch bereits zuvor in größerem Umfang vernichtet worden. Bis einschließlich 1989 ließen sich aber aus jedem Jahr des Häftlingsfreikaufs Quellen aus der DDR einsehen, die für diese Studie insgesamt ein umfassendes Bild ermöglichten. Personenbezogene Akten, wie zum Beispiel Gefangenenunterlagen des Bundesarchivs oder des BStU, konnten für diese Studie, in der aber ohnehin ein anderer wissenschaftlicher Schwerpunkt gesetzt wird, aus Datenschutzgründen nicht eingesehen werden, was für bundesdeutsche und DDR-Quellen gleichermaßen galt.[136] Die Unterlagen des Rechtsanwalts Vogel befinden sich in Privatbesitz; sie waren für diese Studie nicht zugänglich.

Für die Untersuchung der DDR-Seite war vor allem die Behörde des Bundesbeauftragten für die Unterlagen des Staatssicherheitsdiens-

---

Caritas in der SBZ/DDR 1945–1989. Erinnerungen, Berichte, Forschungen. Paderborn (u. a.) 2001, S. 100–105.

[135] Vgl. Pötzl: Basar der Spione, S. 67, S. 127 und S. 141 f. Aufgrund der Vielzahl der Berichte Volperts, sog. »Treffberichten« über Treffen mit Wolfgang Vogel, kann nur ein verhältnismäßig kleiner Teil wiedergegeben werden.

[136] Vgl. zu Gefangenenakten des MfS: Joestel, Frank und Wurche, Susanna: Unterlagen zu Gefangenen des Ministeriums für Staatssicherheit (MfS) im DDR-Bezirk Karl-Marx-Stadt. In: Aris, Nancy und Heitmann, Clemens (Hg.): Via Knast in den Westen. Das Kaßberg-Gefängnis und seine Geschichte. Leipzig 2013, S. 237–254.

tes der ehemaligen Deutschen Demokratischen Republik (BStU) das zentrale Archiv, da Einheiten des MfS für die Abwicklung des Häftlingsfreikaufs die Verantwortung trugen.[137] Akten der jeweils zuständigen Hauptabteilung IX und der 1976 gegründeten Zentralen Koordinierungsgruppe (ZKG) waren hierbei von großer Bedeutung.[138] Sie wurden nur zu geringem Teil durch Quellen aus anderen Hauptabteilungen des MfS oder den Bezirksabteilungen bzw. Bezirkskoordinierungsgruppen aus der DDR ergänzt, da alle genannten Diensteinheiten der ZKG im Rahmen des Häftlingsfreikaufs systematisch zuarbeiten mussten.[139] Von den Außenstellen des BStU erwies sich das Material der Außenstelle Dresden als besonders hilfreich, da aus diesem DDR-Bezirk sehr viele Ausreiseantragsteller kamen.[140]

Hingegen hatte das Bundesarchiv Berlin nur vergleichsweise wenige Quellen zum Häftlingsfreikauf; zudem handelte es sich vielfach um personenbezogene Akten. Auffällig ist der Mangel an Generalakten zum Häftlingsfreikauf auf Seiten der DDR. Generell wurde das Thema aus dem Zentralkomitee (ZK) und dem Politbüro der SED herausgehalten, weshalb im Bundesarchiv Berlin laut der Mitarbeiterin Elke-Ursel Hammer die Quellenlage relativ dürftig ist, was sich mit meinen Rechercheergebnissen deckt.[141] Ähnliches galt auch für die Generalstaatsanwaltschaft der DDR. Zu einigen wirtschaftlichen Teilaspekten konnte auf Quellen der Kommerziellen Koordinierung (KoKo) aus dem Bestand DL2 zurückgegriffen werden. Die Interessen der DDR

[137] Vgl. zur BStU: Henke, Klaus-Dietmar und Engelmann, Roger (Hg.): Aktenlage. Die Bedeutung der Unterlagen des Staatssicherheitsdienstes für die Zeitgeschichtsforschung. Berlin 1995; Suckut, Siegfried und Weber, Jürgen (Hg.): Stasi-Akten zwischen Politik und Zeitgeschichte. Eine Zwischenbilanz. München 2003.
[138] Vgl. zur ZKG: Eisenfeld, Bernd: Die Zentrale Koordinierungsgruppe. Bekämpfung von Flucht und Ausreise. Berlin 1996 (2. Auflage; MfS – Handbuch, Teil III/17 aus der von der Abteilung Bildung und Forschung des BStU herausgegebenen Reihe: Anatomie der Staatssicherheit: Geschichte, Struktur und Methoden).
[139] Vgl. BStU, Archiv der Zentralstelle, MfS – BdL/Dok. 008273, S. 1–3 (MfS-Dienstanweisung (MfS-Nr. 43/86) zur »Übersiedlung von Strafgefangenen in die BRD« vom 5.5.1986).
[140] Vgl. Bundesarchiv (BA) Berlin, DO 1/16491 (Information über die Unterbindung und Zurückdrängung der Übersiedlung nach der BRD und West-Berlin. Berichtszeitraum 1.1.1972 bis 31.3.1988, S. 20 in Anlage 1, S. 25 in Anlage 3 und S. 28 f. in Anlage 6).
[141] Vgl. Elke-Ursel Hammer in der Podiumsdiskussion »Der Freikauf – eine historische Bewertung« am 8.6.2011 in Berlin. In: Apelt (Hg.): Flucht, Ausreise, Freikauf, S. 109.

bezüglich des Häftlingsfreikaufs konnten über zahlreiche Quellen aus verschiedenen Archiven – vor allem dem des BStU mit Aktenbeständen zur ZKG, zu Rechtsanwalt Vogel und zur Hauptabteilung IX – sowie über den historischen Kontext herausgearbeitet werden. Zusätzlich wurden mögliche Quellen in Regionalarchiven recherchiert, die Bezug zum Häftlingsfreikauf und dabei vor allem zu politischen Prozessen in der DDR hatten.[142] Auch das Archiv der DDR-Opposition wurde eingesehen, das allerdings für diese Studie wenig ergiebig war. Gleiches galt für Quellen aus nichtdeutschen Archiven, wobei aus dem Britischen Nationalarchiv Quellen zum innerdeutschen Häftlingsfreikauf recherchiert werden konnten, die die damalige Haltung der westlichen Verbündeten zur Bundesrepublik und zum Freikauf verdeutlichten.[143] Zu deren Rolle konnten zudem verschiedene kompetente Zeitzeugen befragt werden. Zeitzeugenberichte, wie Ludwig Rehlingers Erinnerungen in seinem Buch, konnten anhand der für diese Studie in Archiven ausgewerteten Akten sehr systematisch auf ihre Glaubwürdigkeit untersucht werden. Wichtige Autoren wurden zudem mehrfach gezielt zu ihren Aussagen befragt. Die Interviews mit zahlreichen Zeitzeugen waren in Ergänzung zu den verschiedenen schriftlichen Quellen sehr aufschlussreich. Neben freigekauften politischen Häftlingen wurden auch in den Häftlingsfreikauf involvierte Rechtsanwälte sowie weitere Beteiligte schriftlich oder mündlich befragt, die zu einzelnen Aspekten verwertbare Hinweise geben konnten. Wichtige DDR-Zeitzeugen wie Wolfgang Vogel sind allerdings schon verstorben. Für die zentralen Fragestellungen dieser Studie sind die Interviewpartner Ludwig Rehlinger, Jan Hoesch, Günter Wetzel, Edgar Hirt und Walter Priesnitz, die zu unterschiedlichen Zeitpunkten mit der Materie im BMB befasst gewesen waren, unbedingt hervorzuheben.[144] Sie standen darüber hinaus für diese Studie für eine Vielzahl von Nachfragen zur Verfügung. Zwar mussten sie noch immer bestehende Schweigepflichten zu bestimmten Fragen – vor allem zum Agentenaustausch – beachten.[145]

[142] Hier muss vor allem das Sächsische Hauptstaatsarchiv Dresden – aufgrund der vielen Ausreiseantragsteller im früheren DDR-Bezirk Dresden – genannt werden.
[143] Entsprechende Anfragen wurden bei den Deutschen Historischen Instituten in Paris, London, Moskau und Washington gestellt.
[144] Vgl. Interviews mit: Ludwig Rehlinger am 21.2.2009 in Eichwalde; Jan Hoesch am 6.7.2009 in Berlin; Günter Wetzel am 14.10.2009 in Darmstadt; Edgar Hirt am 7.7.2010 in Bonn; telefonische Interviews mit Walter Priesnitz am 16.2.2010 und 27.4.2010.
[145] Vgl. Ludwig Rehlinger im »Spitzengespräch« mit Jürgen Engert (»Freikauf – das

Dennoch waren ihre kenntnisreichen Ausführungen in Ergänzung zu den archivalischen Quellen für diese Studie von sehr großem Wert. Ihre Aussagen wurden hierbei systematisch miteinander sowie mit den diversen schriftlichen Quellen verglichen und in den jeweiligen historischen Kontext eingeordnet.

Ergänzend konnten für diese Untersuchung Quellenbestände sozialdemokratischer Politiker wie Herbert Wehner, Willy Brandt oder Helmut Schmidt im Archiv der sozialen Demokratie (AdsD) in Bonn gesichtet werden. Außerdem wurde ein Teilbestand von Helmut Schmidts Quellen in Hamburg eingesehen.[146] Der Teilnachlass von Herbert Wehner im Herbert-Wehner-Bildungswerk in Dresden erwies sich als besonders hilfreich. Der Nachlass liberaler Politiker konnte im Archiv des Liberalismus in Gummersbach und der christdemokratischer Politiker im Archiv für Christlich-Demokratische Politik (ACDP) in Sankt Augustin eingesehen werden. Quellen zum humanitären Engagement von Franz Josef Strauß in diversen Fällen, die im Bayerischen Hauptstaatsarchiv verwahrt werden, konnten aus Datenschutzgründen nicht eingesehen werden.[147]

Zahlreiche Zeitungsartikel wurden ebenfalls für diese Untersuchung ausgewertet; sie stellten aber nur in Ausnahmefällen inhaltlich fundierte Quellen dar. Einige wurden aber als Beleg dafür herangezogen, dass immer wieder falsche Informationen zum Freikauf publiziert wurden. Die TV-Dokumentation »Die gekaufte Freiheit« war aufgrund ihrer soliden wissenschaftlichen Basis in verschiedenen Punkten eine hilfreiche Quelle.[148] Auch seriöse Internet-Quellen, zum Beispiel online gestellte Dokumente oder Artikel aus Archiven, Stiftungen, Gedenkstätten oder historischen Zeitschriften, wurden ausgewertet.

---

Geschäft der DDR mit politisch Verfolgten«) am 8.6.2011 in Berlin. In: Apelt (Hg.): Flucht, Ausreise, Freikauf, S. 109–111.
[146] Privatarchiv von Helmut Schmidt in Hamburg-Langenhorn.
[147] Die Hanns-Seidel-Stiftung hatte mich bezüglich des Freikaufs und des humanitären Engagements von Franz Josef Strauß an das Bayerische Hauptstaatsarchiv verwiesen, Mail vom 5.5.2009.
[148] Vgl. Ast, Jürgen: Die gekaufte Freiheit. Häftlingsfreikauf im geteilten Deutschland. Teil 1 und Teil 2. Deutschland 2004 (für den RBB; am 30.8.2004 und 6.9.2004 ausgestrahlt). Jürgen Ast stand für diese Studie dankenswerterweise auch für Rückfragen zur Verfügung. Vgl. Mail vom 13.1.2010.

# 1. Die Ursachen des Häftlingsfreikaufs

Die Darstellung der politischen Verfolgung und der systematischen Repression durch einen umfassenden Staatssicherheits- und Justizapparat in der DDR ist eine wesentliche Voraussetzung, um den innerdeutschen Häftlingsfreikauf historisch bewerten zu können. Angesichts der vielen Verhaftungen in der DDR in den 1950er Jahren und den oft menschenunwürdigen Haftbedingungen wurden in der Bundesrepublik schon frühzeitig Überlegungen angestellt, wie den politischen Häftlingen wirksam geholfen werden könnte.[149] Derartige Ideen und Betrachtungen müssen zudem in den Kontext des Kalten Krieges gestellt werden: Beide deutsche Staaten gehörten feindlichen militärischen Bündnissen an und ihre politischen und wirtschaftlichen Systeme standen in Konkurrenz zueinander.

## 1.1 Die Repression in der SBZ und der frühen DDR

Die zahlreichen Verhaftungen von SED-Gegnern – darunter viele Christ- und Sozialdemokraten – in der SBZ zwischen 1945 und 1949 und in der DDR ab 1949 mussten auch im Westen Aufmerksamkeit erregen.[150] Bereits 1951 wurde daher die sogenannte »Rechtsschutzstelle« in West-Berlin gegründet, die sich vor allem für die politischen Gefangenen in der DDR einsetzen sollte.[151] Diese bekam über das BMG Kenntnis über zahlreiche entsprechende Fälle.[152] Hierbei musste

---

[149] Vgl. Wunschik, Tobias: Politische Gefangene als Spielball der Politik. Die innerdeutsche Amnestiedebatte in den Jahren 1955–1957. In: Wagner, Helmut (Hg.): Europa und Deutschland – Deutschland und Europa. Liber amirocum für Heiner Timmermann zum 65. Geburtstag. Münster 2005, S. 375 f.
Vgl. ebf. Finn, Gerhard (unter Mitarbeit von Karl Wilhelm Fricke): Politischer Strafvollzug in der DDR. Köln 1981, S. 80 f. und S. 91–95.
Vgl. ebf. Wunschik, Tobias: Selbstbehauptung und politischer Protest von Gefangenen im DDR-Strafvollzug. In: Neubert, Ehrhart und Eisenfeld, Bernd (Hg.): Macht – Ohnmacht – Gegenmacht. Grundfragen zur politischen Gegnerschaft in der DDR. Bremen 2001, S. 285 und S. 291.
[150] Vgl. Schroeder: Der SED-Staat, S. 38, S. 41 und S. 68.
[151] Es handelte sich um das Anwaltsbüro von Rechtsanwalt Kurt Behling in West-Berlin. Da die Finanzierung vom BMG geleistet wurde, bürgerte sich der Begriff »Rechtsschutzstelle« ein, der ab jetzt verwendet wird.
[152] Vgl. BA Koblenz, B 137/1742 (Monatsbericht Nr. 1 von Behling zur Tätigkeit der Rechtsschutzstelle vom 21.5.1951, S. 12 f.).

die Rechtsschutzstelle allerdings sogenannte »Vertrauensanwälte« bzw. »Korrespondenzanwälte« in der DDR – darunter war auch Rechtsanwalt Wolfgang Vogel – einschalten, da bundesdeutsche und West-Berliner Anwälte im Regelfall keine Zulassung vor den DDR-Gerichten erhielten.[153] Diese Problematik blieb prinzipiell bis 1989 bestehen und bedingte die fortlaufende sehr enge Zusammenarbeit der Rechtsschutzstelle mit Wolfgang Vogel.[154] Allerdings war es auch für DDR-Anwälte äußerst schwierig, den Angeklagten wirksam zu helfen.[155] Deshalb mussten von der Rechtsschutzstelle praktikable Alternativen entwickelt werden. Schon kurz nach ihrer Gründung brachte sie dann auch die Idee zu einem Freikauf von politischen Häftlingen aus der DDR in die politische Diskussion.[156] Folgende Überlegung wurde hierzu schriftlich festgehalten: »*... Loskauf von Häftlingen. Eine solche Möglichkeit könnte dadurch geschaffen werden, dass in den bizonalen Handelsvertragsabkommen die Lieferung bestimmter Erzeugnisse an die Ostzone von der Freilassung von Häftlingen abhängig gemacht wird.*«[157]

Von der Sowjetischen Militäradministration in Deutschland (SMAD) waren bereits zahllose Verhaftungen aus politischen Gründen vorgenommen worden.[158] Konzentrationslager der Nationalsozialisten wurden als sogenannte »Speziallager« weitergeführt, zum Beispiel Sachsenhausen oder Buchenwald.[159] Zusätzlich wurden weitere »Speziallager« neu eingerichtet.[160] Viele Verhaftete wurden damals auch in die Sowjetunion deportiert.[161] Zwar waren von den Verhaftungen auch

---

[153] Vgl. Diekmann (Hg.): Freigekauft, S. 10.
[154] Vgl. Pötzl: Basar der Spione, S. 38–41 und S. 260.
[155] Vgl. telefonisches Interview mit dem Rechtsanwalt Roland Lange (in der DDR als RA tätig) am 19.3.2012.
[156] Vgl. BA Koblenz, B 137/1742 (Monatsbericht Nr. 1 von Behling zur Tätigkeit der Rechtsschutzstelle vom 21.5.1951, S. 18).
[157] Zitiert nach: Ebenda (Monatsbericht Nr. 1), S. 18.
[158] Vgl. Schroeder: Der SED-Staat, S. 66–69.
[159] Vgl. Finn, Gerhard: Sachsenhausen 1936–1950. Geschichte eines Lagers. Bonn 1985.
Vgl. ebf. Morsch, Günter und Ley, Astrid (Hg.): Das Konzentrationslager Sachsenhausen 1936–1945: Ereignisse und Entwicklungen. Berlin 2008.
Vgl. ebf. Finn, Gerhard: Buchenwald 1936–1950. Geschichte eines Lagers. Bonn 1985.
[160] Vgl. zu den Speziallagern: von Flocken, Jan und Klonovsky, Michael: Stalins Lager in Deutschland 1945–1990. Dokumentation. Zeitzeugenberichte. Berlin und Frankfurt am Main 1991.
[161] Vgl. hierzu: Graffius, Klaus-Peter und Hennig, Horst (Hg.): Zwischen Bautzen

wirkliche Kriegsverbrecher und exponierte Nationalsozialisten betroffen, aber sehr viele Inhaftierte waren lediglich potenzielle politische Gegner der sowjetischen Besatzungsmacht, der Kommunistischen Partei Deutschlands (KPD) und der 1946 gegründeten SED.[162] Viele Verhaftete waren von Mitbürgern denunziert worden.[163]

Nur eine Minderheit der Häftlinge wurde von Sowjetischen Militärtribunalen (SMT), in zumeist äußerst fragwürdigen Verfahren, überhaupt verurteilt. Die Mehrheit war nicht einmal vor ein Gericht gestellt worden.[164] Zudem verhaftete die sowjetische Besatzungsmacht viele Landwirte und Selbständige, die sich der Bodenreform oder der Enteignung ihrer Betriebe widersetzt hatten.[165] Zwischen 1945 und 1950 starb laut dem Historiker Andrew H. Beattie knapp ein Viertel der etwa 189.000 Inhaftierten der »Speziallager«.[166] Diese wurden erst 1950 aufgelöst. Die Häftlinge wurden der DDR-Justiz übergeben, was zu den sogenannten »Waldheimer Prozessen« führte.[167] In nicht öffentlichen Massenverfahren, die häufig nur zehn Minuten dauerten, wurden zahlreiche Inhaftierte regelrecht abgeurteilt.[168] Eine Verteidigung war faktisch nicht möglich, da die Urteile bereits vorher feststanden. Die Verhandlungen wurden meistens von sogenannten »Volksrichtern« vorgenommen, die nur spärliche juristische Kenntnisse hatten.[169] In den Anfangsjahren der

---

und Workuta. Totalitäre Gewaltherrschaft und Haftfolgen. Leipzig 2004 (2., erweiterte Auflage; 1. Auflage erschien ebf. 2004).

[162] Vgl. Schroeder: Der SED-Staat, S. 68.
[163] Vgl. Staritz, Dietrich: Die Gründung der DDR. Von der sowjetischen Besatzungsherrschaft zum sozialistischen Staat. München 1984, S. 100.
[164] Vgl. Schroeder: Der SED-Staat, S. 69.
[165] Vgl. Werkentin, Falco: Politische Strafjustiz in der Ära Ulbricht. Berlin 1995, S. 53 und S. 56 f.
[166] Zahl aus: Beattie, Andrew H.: »Sowjetische KZs auf deutschem Boden«. Die sowjetischen Speziallager und der bundesdeutsche Antikommunismus. In: Mählert, Ulrich; Bayerlein, Bernhard H.; Dähn, Horst; Faulenbach, Bernd; Neubert, Ehrhart; Steinbach, Peter; Troebst, Stefan und Wilke, Manfred (Hg. im Auftrag der Bundesstiftung zur Aufarbeitung der SED-Diktatur): Jahrbuch für Historische Kommunismusforschung (2011). Berlin 2011, S. 120.
[167] Vgl. Schroeder: Der SED-Staat, S. 109.
[168] Vgl. ebenda, S. 7.
Vgl. ebf. Werkentin, Falco: Die Waldheimer »Prozesse« – ein Experimentierfeld für die zukünftige Scheinjustiz unter Kontrolle der SED? In: Bästlein, Klaus; Rosskopf, Annette und Werkentin, Falco: Beiträge zur juristischen Zeitgeschichte der DDR. Berlin 2000, S. 32–51.
[169] Vgl. Bogner, Claus: Historische Grundlagen und Vorbereitung der »Waldheimer Prozesse«. In: Haase, Norbert und Pampel, Bert (Hg.): Die »Waldheimer Prozesse« – fünfzig Jahre danach. Dokumentation der Tagung der Stiftung Sächsische Gedenkstätten am 28./29.9.2000 in Waldheim. Baden-Baden 2001, S. 63.

DDR-Justiz bestand ein erheblicher Mangel an einsatzfähigen ausgebildeten Juristen, da viele aus der Zeit des Nationalsozialismus politisch belastet waren. Die Waldheimer Prozesse wurden in der westlichen Welt aus juristischen Gründen nie anerkannt, obwohl sich unter den Verurteilten auch viele aus der NS-Zeit Belastete befunden hatten.[170] Besonders scharf wurde hierbei der Ablauf der Prozesse kritisiert. Proteste aus dem Westen waren SED-Generalsekretär Walter Ulbricht durchaus unangenehm, da er stets um das internationale Prestige seines Landes besorgt war.[171] Viele Urteile wurden zu einem späteren Zeitpunkt daher revidiert. Der außenpolitische Schaden für die DDR war jedoch längst eingetreten. Die Waldheimer Prozesse hatten drastisch deutlich gemacht, dass viele Angeklagte in der DDR keine Chance auf eine angemessene Verteidigung hatten, da nicht einmal Entlastungszeugen zugelassen wurden.[172]

Die harte Repression trug jedoch nicht zur Stabilisierung der SED-Diktatur bei. Vielmehr nahmen die innenpolitischen Spannungen in der DDR ab 1952 kontinuierlich zu. Die Bevölkerung wurde permanent unter Druck gesetzt. Insbesondere der Kollektivierungszwang in der Landwirtschaft verbitterte viele Bauern.[173] Auch die Benachteiligungen und Diskriminierungen überzeugter Christen weiteten sich ständig aus. Hiervon waren das Berufsleben, der Alltag und die Bildungschancen ihrer Kinder betroffen.[174]

Darüber hinaus verschlechterte sich die Versorgungslage der Bevölkerung zusehends, da die SED-Führung hauptsächlich die Entwicklung der Schwerindustrie vorangetrieben und die Konsumgüterindustrie bewusst vernachlässigt hatte.[175] Der Unmut entlud sich im Aufstand vom 17. Juli 1953. Besonders die Arbeiter waren entrüstet, da zuvor von der SED eine deutliche Erhöhung der Arbeitsnormen beschlossen worden war.[176] Hinter dieser technischen Formulierung verbarg sich faktisch

---

[170] Vgl. Eisert: Die Waldheimer Prozesse, S. 128–135 und S. 277.
[171] Vgl. ebenda, S. 277. Besonders ein Protestbrief Thomas Manns war für die DDR blamabel.
[172] Vgl. Finn, Gerhard: Die politischen Häftlinge in der Sowjetzone 1945–1959. Köln 1989 (Reprint; Erstauflage von 1960), S. 82.
Vgl. ebf. Fricke: Politik und Justiz in der DDR, S. 208.
[173] Vgl. Fricke: Opposition und Widerstand in der DDR, S. 129–137.
[174] Vgl. Lepp, Claudia: Tabu der Einheit? Die Ost-West-Gemeinschaft der evangelischen Christen und die deutsche Teilung (1945–1969). Göttingen 2005, S. 151–163.
[175] Vgl. Kleßmann: Arbeiter im »Arbeiterstaat« DDR, S. 323.
[176] Vgl. Engelmann, Robert (Bearbeiter): Die DDR im Blick der Stasi 1953. Die geheimen Berichte an die SED-Führung. Göttingen 2013, S. 96 f. und S. 100–105

eine drastische Lohnsenkung.[177] Hinzu kam der angekündigte »Neue Kurs« der SED, der u. a. die Freilassung von politischen Häftlingen, eine gemäßigtere Haltung gegenüber Christen, weniger Kollektivierung in der Landwirtschaft sowie die Förderung der Konsumgüterindustrie in Aussicht gestellt hatte. Zu diesem liberaleren Kurs hatte die Sowjetunion Ulbricht nach Stalins Tod im März 1953 gedrängt, um so den wachsenden innenpolitischen Spannungen entgegenwirken zu können.[178] Da die erhöhten Arbeitsnormen zunächst nicht zurückgenommen wurden, fühlten sich die Arbeiter gegenüber anderen Berufsgruppen, denen plötzlich Zugeständnisse gemacht wurden, deutlich benachteiligt. Obwohl sie von der SED als »führende Klasse« im »Arbeiter- und Bauernstaat« bezeichnet wurden, mussten diese nun eine wesentliche Verschlechterung ihrer Lebensbedingungen hinnehmen.[179] Die verkündete Rücknahme der Normerhöhung am 16. Juni 1953 durch das SED-Politbüro kam schließlich zu spät, um noch zu einer Beruhigung der Arbeiter beitragen zu können.[180]

In seinem Kern war der 17. Juni 1953 ein Arbeiteraufstand.[181] Besonders am 16. und 17. Juni kam es zu zahlreichen Arbeitsniederlegungen, Streiks und Demonstrationen in der gesamten DDR.[182] Neben der Forderung nach einer Rücknahme der Normerhöhungen wurden bald auch freie und geheime Wahlen, der Rücktritt der Regierung, die Wiedervereinigung und die Freilassung der politischen Häftlinge verlangt.[183] Der Aufstand der Arbeiter war gegen das SED-

(aus der Reihe des BStU: Die DDR im Blick der Stasi. Die geheimen Berichte an die SED-Führung).

[177] Vgl. Kowalczuk, Ilko-Sascha: 17.6.1953: Volksaufstand in der DDR. Ursachen – Abläufe – Folgen. Berlin 2003, S. 108 und S. 111.
[178] Vgl. ebenda, S. 84–88.
[179] Vgl. Fricke, Karl Wilhelm: Der Arbeiteraufstand – Vorgeschichte, Verlauf, Folgen. In: Spittmann, Ilse und Derselbe (Hg.): 17. Juni 1953. Arbeiteraufstand in der DDR. Edition Deutschland Archiv. Köln 1982, S. 11 f.
Vgl. ebf. Bauerkämper, Arnd: Die Sozialgeschichte der DDR. München 2005 (Enzyklopädie Deutscher Geschichte, Band 76), S. 27–31.
[180] Vgl. Kowalczuk: 17.6.1953: Volksaufstand in der DDR, S. 103.
[181] Vgl. Fulbrook, Mary: A History of Germany 1918–2008. The Divided Nation. Oxford 2009 (3. Auflage; 1. Auflage erschien 2009), S. 225.
Vgl. ebf. Kowalczuk, Ilko-Sascha: 17. Juni 1953. München 2013, S. 34.
[182] Vgl. Mitter, Armin und Wolle, Stefan: Untergang auf Raten. Unbekannte Kapitel der DDR-Geschichte. München 1995 (1. Taschenbuchauflage; 1. Auflage als Buch erschien 1993), S. 87–110.
Vgl. ebf. Port, Andrew: Conflict and Stability in the German Democratic Republic. Cambridge 2007, S. 70–94.
[183] Vgl. Wolfrum: Die DDR, S. 14 f.

Regime, insbesondere gegen Walter Ulbricht, Wilhelm Pieck und Otto Grotewohl gerichtet.[184] Die Protestbewegung griff sehr schnell auf das ganze Land über, obwohl eine zentrale Führung und eine Unterstützung aus dem Westen fehlte, auch wenn dies von der SED-Führung propagandistisch unterstellt wurde.[185] Über den »Rundfunk im amerikanischen Sektor« (RIAS) waren die Ereignisse auch in der DDR rasch bekannt geworden.[186] Demonstranten stürmten zahlreiche Gefängnisse und befreiten politische Häftlinge.[187] Der Partei- und Staatsführung der SED bzw. DDR war vollkommen die Kontrolle entglitten, weshalb sie sich in das Hauptquartier der sowjetischen Besatzungsmacht in Berlin-Karlshorst zurückgezogen hatte.[188] Der unkoordinierte Aufstand wurde binnen weniger Tage von sowjetischen Truppen niedergeschlagen.[189] Arbeitsniederlegungen und Proteste sollten sich aber noch über das ganze Jahr hinziehen.[190] Zahlreiche Demonstranten wurden verhaftet und verurteilt, einige sogar standrechtlich erschossen.[191]

Die SED-Führung hatte nur durch das harte Eingreifen der Sowjetunion gerettet werden können.[192] Der Westen hatte sich zurückgehalten und den sowjetischen Einflussbereich respektiert, um keinen »Dritten Weltkrieg« zu riskieren.[193] Noch vor dem Aufstand hatte die neue sowjetische Führung im Zuge der Entstalinisierung Ulbrichts Ablösung erwogen. Eine Absetzung des SED-Generalsekretärs hätte nun aber als Nachgeben gewertet werden können und zu einem weiteren Prestigeverlust der Staatsmacht geführt. Ulbrichts Machtposition war somit sogar gestärkt worden. Er konnte jetzt gegen seine innerparteilichen

---

Vgl. ebf. Fricke: Der Arbeiteraufstand – Vorgeschichte, Verlauf, Folgen. In: Spittmann und Fricke (Hg.): 17. Juni 1953, S. 13 und S. 15.
[184] Vgl. Wolfrum: Die geglückte Demokratie, S. 122.
[185] Vgl. Fricke: Der Arbeiteraufstand – Vorgeschichte, Verlauf, Folgen. In: Spittmann und Fricke (Hg.): 17. Juni 1953, S. 19 f.
[186] Vgl. ebenda, S. 13.
[187] Vgl. Kowalczuk: 17.6.1953: Volksaufstand in der DDR, S. 114.
[188] Vgl. ebenda, S. 127.
[189] Vgl. ebenda, S. 130 f. und S. 257.
[190] Vgl. Wolfrum: Die geglückte Demokratie, S. 124.
[191] Vgl. Kowalczuk: 17.6.1953: Volksaufstand in der DDR, S. 244–256.
[192] Vgl. ebenda, S. 128–136 und S. 257.
[193] Vgl. Wolfrum: Die geglückte Demokratie, S. 123. Der 17. Juni wurde später als »Tag der deutschen Einheit« zum gesetzlichen Feiertag erhoben. Vgl. hierzu: Wolfrum, Edgar: Geschichtspolitik in der Bundesrepublik Deutschland. Der Weg zur bundesrepublikanischen Erinnerung 1948–1990. Darmstadt 1999, S. 82–85 und S. 249.

Gegner Zaisser und Herrnstadt vorgehen, da deren Förderer Beria in Moskau entmachtet worden war.[194]
Von der SED-Führung wurde der 17. Juni 1953 ideologisch als ein »faschistischer bzw. konterrevolutionärer Putschversuch« bezeichnet, der von »westlichen Agentenzentralen vorbereitet worden sei«. Diese hätten schon seit Jahren auf den »Tag X« systematisch hingearbeitet.[195] Ideologisch war die SED bezüglich des 17. Juni bemüht, zwischen »Provokateuren« und »ehrlichen Arbeitern« zu unterscheiden.[196] Nach dem Aufstand wurde die Regierung umgebildet. Justizminister Max Fechner – ehemaliger Sozialdemokrat – wurde durch die überzeugte Kommunistin Hilde Benjamin ersetzt, die im Vergleich zu Fechner eine härtere und kompromisslosere Linie gegenüber den aufständischen Arbeitern vertrat.[197] Der Repressionsapparat, besonders das bereits 1950 unter sowjetischer Anleitung gegründete MfS, wurde stark ausgebaut.[198] Das MfS, das sich als sogenanntes »Schild und Schwert der Partei« verstand, war für die Machterhaltung der SED von entscheidender Bedeutung.[199] In politisch relevanten Fällen war es als »Untersuchungsorgan« für die Ermittlungen zuständig.[200]

[194] Vgl. Fricke: Der Arbeiteraufstand – Vorgeschichte, Verlauf, Folgen. In: Spittmann und Fricke (Hg.): 17. Juni 1953, S. 19.
[195] Vgl. derselbe (Fricke) und Engelmann, Roger: Der »Tag x« und die Staatssicherheit. 17. Juni 1953. Reaktionen und Konsequenzen im DDR-Machtapparat. Bremen 2003, S. 19–26.
[196] Vgl. Schuller, Geschichte und Struktur des politischen Strafrechts der DDR bis 1968, S. 383 f.
[197] Vgl. Suckut: »Als wir in den Hof unserer Haftanstalt fuhren, verstummte Genosse Fechner.« In: Engelmann und Vollnhals (Hg.): Justiz im Dienste der Parteiherrschaft, S. 165–179.
[198] Vgl. Fricke, Karl Wilhelm und Engelmann, Roger: »Konzentrierte Schläge«. Staatssicherheitsaktionen und politische Prozesse in der DDR 1953–1956. Berlin 1998, S. 17.
Vgl. ebf. Wolfrum: Die DDR, S. 15.
[199] Vgl. Gieseke, Jens: Die Stasi 1945–1990. München 2011, S. 94–96 und S. 103.
Vgl. ebf. derselbe: Die DDR-Staatssicherheit. Schild und Schwert der Partei. Bonn 2001 (veröffentlicht von der Bundeszentrale für politische Bildung), S. 5.
Vgl. ebf. Schroeder: Der SED-Staat, S. 430 f.
Vgl. ebf. Fricke, Karl Wilhelm: MfS intern. Macht, Strukturen, Auflösung der DDR-Staatssicherheit. Köln 1991, S. 11–20.
Vgl. zum Verhältnis zwischen SED und MfS: Suckut, Siegfried und Süß, Walter (Hg.): Staatspartei und Staatssicherheit. Zum Verhältnis von SED und MfS. Berlin 1997; Dennis, Mike: The Stasi: Myth and Reality. London 2003, S. 37–49.
Vgl. zum Einfluss des MfS auf die DDR-Gesellschaft: Gieseke, Jens (Hg.): Staatssicherheit und Gesellschaft. Studien zum Herrschaftsalltag in der DDR. Göttingen 2007.
[200] Vgl. Fricke, Karl Wilhelm: Die DDR-Staatssicherheit. Entwicklung, Strukturen, Aktionsfelder. Köln 1984 (2. Auflage; 1. Auflage erschien 1982), S. 49.

Nach dem niedergeschlagenen Aufstand sollte sich die SED-Diktatur stabilisieren.[201] Die Mehrzahl der Verhafteten war deshalb bereits Ende Juni 1953 wieder freigelassen worden.[202] Einige wenige Inhaftierte, die im Zusammenhang mit dem 17. Juni 1953 verurteilt worden waren, konnten allerdings erst 1964 von der Bundesregierung freigekauft werden.[203] Bis Oktober 1953 wurden außerdem rund 24.000 Inhaftierte, darunter viele politische Häftlinge, aus den Gefängnissen entlassen, die noch vor dem 17. Juni verurteilt worden waren.[204] Anfang 1954 erfolgten zusätzliche Haftentlassungen von mehr als 6.000 Personen, die noch von sowjetischen Militärtribunalen verurteilt worden waren.[205] Die hohe Anzahl politischer Häftlinge in den 1950er Jahren führte offenbar dazu, dass die überfüllten Gefängnisse immer wieder entlastet werden mussten.[206]

Ein weiterer und genereller politischer Kurswechsel schien sich 1956 infolge des sogenannten »Tauwetters« abzuzeichnen.[207] Nikita Chruschtschow hatte auf dem XX. Parteitag der KPdSU in einer Geheimrede einige Verbrechen Stalins bekannt gemacht und verurteilt, was die SED-Führung politisch überraschte.[208] Daraufhin stellten auch einige Intellektuelle, wie zum Beispiel Robert Havemann, damaliges SED-Mitglied und späterer Dissident, kritische Reflexionen an, wie es denn zu diesen Gewaltexzessen unter Stalin hatte kommen können.[209] Tatsächlich wurden im Jahr 1956 weitere Haftentlassungen vorgenommen. Darunter befanden sich viele bislang internierte Sozialdemokraten, die sich der Zwangsvereinigung mit der KPD zur SED oder der harten kommunis-

---

[201] Vgl. Mitter, Armin: Der »Tag x« und die »Innere Staatsgründung« der DDR. In: Kowalczuk, Ilko-Sascha; Mitter, Armin und Wolle, Stefan (Hg.): Der Tag X – 17. Juni 1953. Die »Innere Staatsgründung« der DDR als Ergebnis der Krise 1952/54. Berlin 1995, S. 24 f.
[202] Vgl. Kowalczuk: 17.6.1953: Volksaufstand in der DDR, S. 250.
[203] Vgl. Fricke, Karl Wilhelm: Juni-Aufstand und Justiz. In: Spittmann und Fricke (Hg.): 17. Juni 1953, S. 74.
[204] Vgl. ebenda, S. 249.
[205] Zahl aus: Fricke: Politik und Justiz in der DDR, S. 593.
[206] Vgl. Kowalczuk, Ilko-Sascha: Das bewegte Jahrzehnt. Geschichte der DDR von 1949 bis 1961. Bonn 2003 (veröffentlicht von der Bundeszentrale für politische Bildung), S. 78.
[207] Vgl. Schroeder: Der SED-Staat, S. 132–134. Vgl. zum »Tauwetter« im internationalen Kontext: Wolfrum, Edgar und Arendes, Cord: Globale Geschichte des 20. Jahrhunderts. Stuttgart 2007, S. 126.
[208] Vgl. Fricke: Politik und Justiz in der DDR, S. 319.
[209] Vgl. Florath, Bernd: Robert Havemann. In: Fricke, Karl Wilhelm; Steinbach, Peter und Tuchel, Johannes (Hg.): Opposition und Widerstand in der DDR. Politische Lebensbilder. München 2002, S. 245.

tischen und stalinistischen Linie innerhalb der SED widersetzt hatten.[210] Trotz vorübergehender Entspannungstendenzen hörte die politische Repression selbstverständlich nie ganz auf.[211] So setzte nach den Unruhen in Polen und dem Ungarnaufstand Ende 1956 auch in der DDR schlagartig wieder eine neue Welle der politischen Unterdrückung ein.[212] Vor allem Ende 1956 und Anfang 1957 wurden verstärkt neue Verhaftungen vorgenommen, insbesondere von kritischen Intellektuellen.[213] So wurden beispielsweise Walter Janka, Wolfgang Harich oder Erich Loest interniert.[214] Eine Amnestie in der DDR im Jahr 1960 führte dann wiederum zu zahlreichen Häftlingsentlassungen, u. a. auch von Janka, sowie von insgesamt 4.000 bis 5.000 weiteren politischen Häftlingen.[215]

Bei diesen ständigen Kurswechseln der SED-Diktatur zeichnete sich ein generelles Muster ab: Aufstände und Unruhen führten zu Verhaftungs- und Repressionswellen, die die Gefängnisse überfüllten. Sobald sich das SED-Regime wieder sicher genug fühlte, wurden erneut Bemühungen zur Entspannung der Lage vorgenommen. Diese führten dann in der Regel zu größeren Entlassungsaktionen von Häftlingen. Dies war besonders dann der Fall, wenn die Gefängnisse überbelegt waren und eine Reduzierung der Häftlingszahlen dringend geboten schien. Auch die Bevölkerung konnte auf diese Weise zumindest kurzfristig beruhigt werden. Schließlich handelte es sich bei den Verurteilten um vermisste Angehörige, Freunde, Arbeitskollegen oder Nachbarn von DDR-Bürgern. Diese grundsätzlichen Überlegungen sind für

---

[210] Vgl. zu den Haftentlassungen ehemaliger Sozialdemokraten: Gabert, Josef (Hg.): Zur Entlassung werden vorgeschlagen …Wirken und Arbeitsergebnisse der Kommission des Zentralkomitees zur Überprüfung von Angelegenheiten von Parteimitgliedern 1956. Dokumente. Berlin 1991, S. 101–111.
[211] Vgl. Fricke: Politik und Justiz in der DDR, S. 333.
[212] Vgl. Schroeder: Der SED-Staat, S. 135–143.
[213] Vgl. ebenda, S. 135–143. Eine ähnliche Entwicklung wie 1956 wiederholte sich in der DDR auch 1968 nach dem Prager Frühling. Die Repression nahm zu und zahlreiche Verhaftungen von Intellektuellen folgten. Vgl. hierzu: Wolle, Stefan: Der Traum von der Revolte. Die DDR 1968. Berlin 2008, S. 156–177. Personen, die gegen die Niederschlagung des Prager Frühlings protestiert hatten, mussten mit Verhaftung rechnen. Der Bundesregierung gelang es teilweise, die Betroffenen freizukaufen. Vgl. hierzu als Beispiele: Fricke: Opposition in der DDR, S. 149; Diekmann (Hg.): Freigekauft, S. 54 f.
[214] Vgl. Fricke und Engelmann: »Konzentrierte Schläge«, S. 234.
[215] Zahlen aus: Fricke: Politik und Justiz in der DDR, S. 549. Vgl. zu Walter Janka: Müller-Enbergs, Helmut; Wielgohs, Jan; Hoffmann, Dieter und Herbst, Andreas (Hg.) (unter Mitarbeit von Olaf W. Reimann): Wer war wer in der DDR? Ein Lexikon ostdeutscher Biographien. Band 1, A–L. Berlin 2006 (1. Auflage der vierten Ausgabe), S. 462 f.

den späteren Häftlingsfreikauf von erheblicher Bedeutung, da sich eine ähnliche Vorgehensweise in den Jahren nach dem Mauerbau wiederholen sollte.

Die Proteste und Fluchtversuche nach dem Mauerbau lösten scharfe Maßnahmen der politisch linientreu besetzten DDR-Justiz aus.[216] Eine neue Welle der Repression setzte ein. Zahlreiche Exempel wurden statuiert, indem ungewöhnlich viele Personen angeklagt und Urteile mit teilweise sehr hohen Strafen ausgesprochen wurden.[217] Die Ziele der SED-Führung waren hierbei offensichtlich: Die DDR-Bürger sollten von Fluchtversuchen abgeschreckt werden. Weiterhin wollte die DDR-Führung die innenpolitische Lage im Griff behalten und Unmutsäußerungen der Bevölkerung möglichst präventiv unterdrücken.[218] Unruhen wie am 17. Juni 1953 sollten bereits im Keim erstickt werden. Der Mauerbau löste bis 1989 die mit Abstand meisten Verhaftungen aus politischen Gründen aus.[219] Von 1961 bis 1989 versuchten Hunderttausende von DDR-Bürgern entweder durch Ausreiseanträge oder Fluchtversuche die DDR zu verlassen.[220] Diese Entwicklung führte bis Ende der 1980er Jahre zu zahlreichen Verurteilungen, besonders nach Paragraf 213 (»Ungesetzlicher Grenzübertritt«) des DDR-Strafgesetzbuches, wobei bereits die Planung einer Flucht strafbar war.[221] Personen, die in den Westen geflohen waren, konnten nicht wieder (zu Besuchen) in die DDR einreisen, da sie dort mit ihrer Verhaftung rechnen mussten, sofern ihre »Straftat« nicht unter eine Amnestie gefallen war.[222]

Die Zahl der Gefängnisinsassen stieg nach dem 13. August 1961

---

[216] Maria Nooke nannte die Zahl von 6.000 Verhaftungen nur bis Anfang September 1961.
Zahl aus: Maria Nooke in der Podiumsdiskussion »DDR-Fluchten – Ursachen, Wirkungen, Folgen« am 8.6.2011 in Berlin. In: Apelt (Hg.): Flucht, Ausreise, Freikauf, S. 34.

[217] Vgl. BA Koblenz, B 137/1649 (Bericht des Untersuchungsausschusses Freiheitlicher Juristen (UFJ) an das BMG vom 16.5.1963 über die Lage der politischen Häftlinge nach dem Mauerbau).

[218] Vgl. Werkentin: Politische Strafjustiz in der Ära Ulbricht, S. 250–270.
Vgl. ebf. derselbe: Politische Strafjustiz nach dem 13. August 1961 – »Jedes Urteil ist eine politische Tat«. In: Buschfort, Wolfgang; Wachs, Philipp-Christian und Werkentin, Falco: Vorträge zur deutsch-deutschen Nachkriegsgeschichte. Berlin 2007 (2. durchgesehene Auflage; 1. Auflage erschienen 2001), S. 57–83.

[219] Vgl. Mayer: Flucht und Ausreise, S. 102–108.

[220] Vgl. ebenda, S. 82–97 und S. 113–122.

[221] Vgl. Schroeder: Das Strafrecht des realen Sozialismus, S. 90.

[222] Vgl. Werkentin: Politische Strafjustiz in der Ära Ulbricht, S. 389.

dramatisch an.[223] Ab Juni 1962 wurden etwa 16.000 Gefangene entlassen, wobei es sich dabei sowohl um kriminelle als auch um politische Häftlinge handelte.[224] Zwei Jahre später führte eine Amnestie – bis 1964 hatten sich die DDR-Gefängnisse wieder gefüllt[225] – zur Freilassung von rund 7.680 Inhaftierten.[226] Hierunter befanden sich immerhin etwa 1.500 bis 2.000 politische Häftlinge.[227] Der Beginn des Freikaufs in den Jahren 1962 bis 1964 fiel somit nicht zufällig in eine Phase, in der zahlreiche Haftentlassungen vorgenommen wurden.[228]

## 1.2 Bundesdeutsche Justiz und DDR-Justiz im Vergleich

Der Kalte Krieg hatte nicht nur Auswirkungen auf das Strafrecht in der DDR, sondern auch auf das in der Bundesrepublik. Besonders der Koreakrieg (1950–1953) trug innerhalb der westlichen Welt zu einer großen Verunsicherung und teilweise zu einer regelrechten antikommunistischen Hysterie bei, die für die USA meistens mit dem Schlagwort der »McCarthy-Ära« bzw. »McCarthyismus«[229] umschrieben wurde. Diese antikommunistische Grundstimmung in der Bundesrepublik spiegelte sich auch im Tätigkeitsbericht der Rechtsschutzstelle im Jahr 1951 wider, als diese vorschlug, mehr Kommunisten in der Bundesrepublik zu inhaftieren, um sie dann der DDR zum Austausch gegen politische Gefangene in der DDR anbieten zu können.[230] Das BMG reagierte darauf mit großem Interesse und prinzipieller Zustimmung.[231]

In der Bundesrepublik wurde 1951 ein umfassendes politisches Strafrecht parlamentarisch verabschiedet, wodurch das Engagement für verfassungsfeindliche Organisationen unter Strafe gestellt wurde, was sich

---

[223] Vgl. Werkentin: Politische Strafjustiz in der Ära Ulbricht, S. 257.
[224] Zahl aus: Ebenda, S. 274.
[225] Vgl. ebenda, S. 386.
[226] Vgl. ebenda, S. 387.
[227] Zahl aus: Ebenda, S. 387.
[228] 1964 kamen inhaftierte Intellektuelle wie Erich Loest (Schriftsteller) und Roger Loewig (Künstler) frei. Vgl. Loest, Erich: Prozesskosten. Bericht. Göttingen 2007, S. 251 f.; vgl. ebf. Fey, Felice: Roger Loewig. Eine Biographie. Berlin 2011, S. 100.
[229] Vgl. Stöver, Bernd: Der Kalte Krieg 1947–1991. Geschichte eines radikalen Zeitalters. München 2007, S. 230.
[230] Vgl. BA Koblenz, B 137/1742 (Monatsbericht Nr. 1 von Behling zur Tätigkeit der Rechtsschutzstelle vom 21.5.1951, S. 16–19).
[231] Vgl. BA Koblenz, BA 137/1742 (Vermerk des BMG zu Behlings Vorschlägen vom 26.6.1951).

vor allem gegen politisch aktive Kommunisten sowie gegen die KPD als Organisation richtete.[232] Die Bundesregierung stellte darüber hinaus 1951 einen Verbotsantrag gegen die KPD beim Bundesverfassungsgericht, der 1956 zum Verbot der Partei führen sollte.[233] Danach wurden teilweise den angeklagten Kommunisten sogar ihre Aktivitäten für die KPD vor 1956 von bundesdeutschen Gerichten zur Last gelegt.[234] Hier verstießen die Bundesrepublik und zahlreiche bundesdeutsche Gerichte gegen das rechtsstaatliche Prinzip des Rückwirkungsverbots von Gesetzen. Das Bundesverfassungsgericht (BVG) hob diese Bestimmungen aufgrund einer Verfassungsbeschwerde später wieder auf, da sie als verfassungswidrig eingestuft wurden.[235] Gustav Heinemann hatte die Klage vor dem BVG ebenfalls unterstützt.

Die politische Strafgesetzgebung in der Bundesrepublik erwies sich nicht nur als sehr fragwürdig vom Rechtsprinzip, sondern auch politisch als unklug. Die erfolgten Urteile gegen Kommunisten in der Bundesrepublik waren der DDR nämlich ein willkommener Anlass, um die Bundesrepublik öffentlich anzugreifen und gleichzeitig von den vielen politischen Häftlingen in der DDR abzulenken.[236] Die politischen Inhaftierten in der DDR waren in den 1950er Jahren vielfach aufgrund des Artikels 6 der DDR-Verfassung verurteilt worden, der unter Absatz 2 die sogenannte »Boykotthetze« enthielt, wobei nahezu jede kritische Äußerung als solche gewertet und damit gegen den Betroffenen angewendet werden konnte.[237] Hierbei wurde Absatz 2 des Artikels 6 der DDR-Verfassung

---

[232] Vgl. Posser: Anwalt im Kalten Krieg, S. 9 f.
[233] Vgl. Wolfrum: Das Verbot der KPD im Jahr 1956. In: Haus der Geschichte Baden-Württemberg in Verbindung mit der Landeshauptstadt Stuttgart (Hg.): Politische Gefangene in Südwestdeutschland, S. 250–281.
Die FDJ war in der Bundesrepublik bereits 1951 verboten worden. Vgl. hierzu: Bedürftig, Friedemann: Wissen auf einen Blick. Geschichte der DDR: 100 Bilder, 100 Fakten. Köln 2007, S. 34.
[234] Vgl. Posser: Anwalt im Kalten Krieg, S. 149.
Vgl. zu Prozessen gegen Kommunisten: Balzer, Friedrich-Martin (Hg.): Justizunrecht im Kalten Krieg. Die Kriminalisierung der westdeutschen Friedensbewegung im Düsseldorfer Prozess 1959/60. Köln 2006.
[235] Vgl. Wolfrum: Das Verbot der KPD im Jahr 1956. In: Haus der Geschichte Baden-Württemberg in Verbindung mit der Landeshauptstadt Stuttgart (Hg.): Politische Gefangene in Südwestdeutschland, S. 274. Von den 80 verhängten Strafen mussten alle herabgesetzt oder sogar aufgehoben werden.
[236] Vgl. BA Koblenz, B 137/1746 (Regierungserklärung von Grotewohl vom 29.5.1956; hierin forderte er die Freilassung der inhaftierten Kommunisten.).
[237] Vgl. Schuller, Wolfgang: Geschichte und Struktur des politischen Strafrechts der DDR bis 1968. Ebelsbach 1980, S. 37–43.

von der DDR-Justiz einfach als Strafgesetz benutzt.[238] Die in der DDR-Verfassung von 1949 ebenfalls enthaltenen Bürger- und Grundrechte wurden hingegen systematisch verletzt.[239]

Zwischen 1955 und 1957 wurde in beiden Teilen Deutschlands über eine Amnestie nachgedacht, die vornehmlich Inhaftierten zugutekommen sollte, die aus politischen Gründen in Gefängnissen einsaßen.[240] Bereits im März 1955 signalisierte Wilhelm Girnus, der Sekretär des 1954 in der DDR gebildeten »Ausschusses für deutsche Einheit«[241], dass die DDR bei einer Freilassung der »politisch Verfolgten« in der Bundesrepublik ebenfalls Haftentlassungen vornehmen würde.[242] Auf bundesdeutscher Seite wurde der Vorschlag in einem Vermerk skeptisch beurteilt, da er Verhaftungen von »menschlichen Tauschobjekten« in der DDR provozieren könnte, sofern die Bundesrepublik hierauf eingehen würde.[243]

Die Bundesregierung hatte reserviert reagiert, doch sollte dies nicht der letzte Vorstoß der DDR bleiben. 1956 schrieb der Präsident der DDR, Wilhelm Pieck, einen Brief an Bundespräsident Heuss, in dem er die Freilassung aller »politischen Häftlinge« in der Bundesrepublik forderte.[244] Pieck vermerkte sinngemäß, dass die DDR bereits sehr viele Häftlinge, wobei er die Formulierung »politische Häftlinge« vermied, entlassen hätte. Jetzt wäre die Bundesrepublik ihrerseits am Zug. Piecks Brief blieb unbeantwortet, da sich die Bundesrepublik strikt weigerte, die DDR als Staat anzuerkennen und daher jeglichen Kontakt zu ihren Repräsentanten konsequent ablehnte. Die DDR hatte das Thema der politischen Häftlinge zwar in diesem Ausnahmefall erfolgreich genutzt, weil sie glaubte, damit Druck auf die Bundesrepublik auszuüben. Doch war diese Problematik, erst recht später der Häftlingsfreikauf, für die DDR denkbar schlecht als Druckmittel geeignet, um ihre

---

[238] Vgl. Schroeder, Friedrich-Christian: Das Strafrecht des realen Sozialismus. Eine Einführung am Beispiel der DDR. Opladen 1983, S. 27 f.
[239] Vgl. Schroeder: Der SED-Staat, S. 81.
[240] Vgl. Wunschik: Politische Gefangene als Spielball der Politik. In: Wagner (Hg.): Europa und Deutschland – Deutschland und Europa, S. 373–389.
Vgl. ebf. Posser: Anwalt im Kalten Krieg, S. 150–152.
[241] Vgl. Kleßmann: Arbeiter im »Arbeiterstaat« DDR, S. 759.
[242] Vgl. Wunschik: Politische Gefangene als Spielball der Politik. In: Wagner (Hg.): Europa und Deutschland – Deutschland und Europa, S. 378.
[243] Zitiert nach: Ebenda, S. 378 (angegebene Quelle von Wunschik: Vermerk des Bundesministeriums für gesamtdeutsche Fragen vom März 1955. In: BA Koblenz, B 137/1746).
[244] Vgl. BA Koblenz, B 137/1745 (Brief von Pieck an Heuss, am 18.5.1956 von ADN publiziert).

staatliche Anerkennung durch die Bundesrepublik erreichen zu können. Die zahlreichen politischen Häftlinge und die brutalen Haftbedingungen in ihren Zuchthäusern und Gefängnissen – »Bautzen« und »Waldheim« waren mittlerweile hierfür ein Synonym geworden – schadeten nachhaltig dem internationalen Ansehen der DDR. Deshalb war sie, von solchen Ausnahmen wie 1956 abgesehen, gegen eine Publizität dieses für sie heiklen Themas.

Im Jahr 1956 wurden zahlreiche politische Häftlinge aus den Gefängnissen der DDR entlassen, was nach 1952 und 1953 die insgesamt dritte größere Aktion dieser Art war.[245] Die Freilassungen waren in erster Linie auf die von Chruschtschow im Februar 1956 auf dem XX. Parteitag der Kommunistischen Partei der Sowjetunion (KPdSU) eingeleitete Entstalinisierung zurückzuführen.[246] Gegenüber der Bundesrepublik war die DDR damit politisch in einer relativ günstigen Position, weshalb sie diese unter Zugzwang bringen wollte, Freilassungen von Kommunisten vorzunehmen.[247] Für eine Amnestie in der Bundesrepublik setzten sich innenpolitisch vor allem die SPD, besonders Herbert Wehner, und die FDP unter ihrem damaligen Vorsitzenden Thomas Dehler ein. Aber auch das von der CDU geführte BMG und dessen Minister Jakob Kaiser, der einflussreiche CDU-Politiker und spätere Minister für gesamtdeutsche Fragen Ernst Lemmer, die Evangelische Kirche in Deutschland (EKD) und die Vereinigung der Opfer des Stalinismus (VOS)[248] begrüßten diesen Vorschlag. Sie alle hatten die Hoffnung, dass durch eine Amnestie in der Bundesrepublik, die den inhaftierten Kommunisten zugutekommen würde, im Gegenzug die Freilassung von politischen Häftlingen in der DDR erreicht werden könnte. Der einflussreichste Gegner des geplanten Amnestiegesetzes war Bundesminister Gerhard Schröder (CDU), da er als Innenminister entschlossen für das vom Bundesverfassungsgericht 1956 ausgesprochene Verbot der KPD eintrat. Eine mögliche Amnestie hätte seine politische Linie wohl konterkariert.[249] Der Deutsche Bundestag lehnte einen entspre-

---

[245] Vgl. Fricke: Politik und Justiz in der DDR, S. 549. So wurden 1952 insgesamt 1.590 politische Häftlinge, 1953 rund 1.000 und 1956 sogar etwa 11.900 politische Gefangene entlassen.
[246] Vgl. Wunschik: Politische Gefangene als Spielball der Politik. In: Wagner (Hg.): Europa und Deutschland – Deutschland und Europa, S. 385.
[247] Vgl. ebenda, S. 379 f.
[248] Zur Arbeit der VOS stand mir dankenswerterweise Hugo Diederich von der VOS für Rückfragen zur Verfügung, u. a. in einem persönlichen Gespräch am 25. AUGUST 2009 in Berlin und in mehreren Mails.
[249] Vgl. Wunschik: Politische Gefangene als Spielball der Politik. In: Wagner (Hg.): Europa und Deutschland – Deutschland und Europa, S. 387.

chenden Gesetzentwurf, der von der SPD, der FDP und dem Gesamtdeutschen Block/BHE getragen wurde, mit der Mehrheit von CDU/CSU am 11. April 1957 schließlich ab.[250] Vor allem die Niederschlagung des Ungarnaufstandes im Oktober 1956 hatte endgültig die politischen Chancen auf ein Amnestiegesetz in der Bundesrepublik vereitelt.[251] Das Bundeskabinett hatte ein Amnestiegesetz bereits am 5.10.1956 verworfen, doch Bundeskanzler Adenauer regte in der gleichen Kabinettssitzung einen Gefangenenaustausch von 36 in der Bundesrepublik inhaftierten Personen gegen politische Häftlinge in der DDR an.[252]

Ein möglicher Austausch von politischen Häftlingen war schon 1952 in einer Initiative der Zentrumspartei erwogen worden. Die in der Bundesrepublik inhaftierten kommunistischen »Helgolandfahrer«, die gegen die Anwesenheit britischer Truppen auf der Insel demonstriert hatten, sollten gegen zwei politische Häftlinge in der DDR, den Oberschüler Hermann Flade[253] und den Studenten Arno Esch[254], ausgetauscht werden.[255] Die Bundesregierung bemühte sich tatsächlich, das Vorhaben scheiterte jedoch. In der Hochphase des Kalten Krieges konnte kaum etwas erreicht werden. Ein deutsch-deutscher Agentenaustausch kam dennoch 1956 nachweislich zustande.[256] An den Verhandlungen waren vor allem der DDR-Rechtsanwalt Friedrich Karl Kaul und der damalige Oberbundesanwalt (ab 1957 Generalbundesanwalt) Max Güde maßgeblich beteiligt.[257]

Ein Freikauf der politischen Häftlinge aus der DDR war langfristig trotz aller damit verbundenen Schwierigkeiten am ehesten praktika-

---

Vgl. ebf. das Protokoll der Bundesregierung der 155. Kabinettssitzung am 5.10.1956. In: Kahlenberg, Friedrich P. (Hg. für das Bundesarchiv): Die Kabinettsprotokolle der Bundesregierung. Band 9: 1956. München 1998, S. 630.
[250] Vgl. Posser: Anwalt im Kalten Krieg, S. 151 f.
[251] Vgl. Wunschik: Politische Gefangene als Spielball der Politik. In: Wagner (Hg.): Europa und Deutschland – Deutschland und Europa, S. 387.
[252] Vgl. das Protokoll der Bundesregierung der 155. Kabinettssitzung am 5.10.1956. In: Kahlenberg (Hg. für das Bundesarchiv): Die Kabinettsprotokolle der Bundesregierung. Band 9: 1956, S. 630 f.
[253] Vgl. König, Karin: Hermann Flade. In: Fricke; Steinbach und Tuchel (Hg.): Opposition und Widerstand in der DDR, S. 140–145.
[254] Vgl. Wiese, Friedrich-Franz: Arno Esch. In: Ebenda (Fricke, Steinbach und Tuchel), S. 173–180.
[255] Vgl. Frölich, Jürgen (Hg.): Schollwer, Wolfgang: »Gesamtdeutschland ist uns Verpflichtung.« Aufzeichnungen aus dem FDP-Ostbüro. Bremen 2004, S. 46.
[256] Vgl. Rosskopf, Annette: Friedrich Karl Kaul. Anwalt im geteilten Deutschland (1906–1981). Berlin 2002, S. 169–171.
[257] Vgl. ebenda, S. 169 f.

bel. Jede gegenseitige Amnestie oder ein Austausch von Gefangenen im größeren Umfang hätte sowohl eine unbeabsichtigte Aufwertung der DDR als auch eine nicht erwünschte Gleichsetzung der infrage kommenden Häftlinge bedeuten können. Auf etwa 100 politische Häftlinge in der DDR kam zudem nur ein Verurteilter in der Bundesrepublik, der wegen politischer Motive einsaß.[258] Schon deshalb schien ein Gefangenenaustausch völlig unrealistisch zu sein. Der einflussreiche Staatssekretär Franz Thedieck folgerte in einem Vermerk von 1956, dass eine Austauschaktion aus einer Vielzahl von politischen und praktischen Gründen wohl nicht erfolgversprechend wäre, weshalb andere Wege gefunden werden müssten.[259] Zwar hatte Thedieck die Option eines Freikaufs hierbei nicht erwähnt. Aber offensichtlich wurde nun nach anderen Möglichkeiten gesucht.

Die Überlegungen, mit Hilfe einer Amnestie in der Bundesrepublik politische Häftlinge aus der DDR als Gegenleistung auslösen zu können, wurden im BMG und in der Rechtsschutzstelle dennoch nicht ganz aufgegeben. Das geht aus einem Gespräch von 1957 mit dem DDR-Flüchtling Erich Mielke[260], früherer Sekretär von Präsident Wilhelm Pieck, nach seiner Flucht hervor.[261] Hieran waren der Rechtsanwalt Werner Commichau, ehemaliger Leiter der Rechtsschutzstelle, sowie Amtsrat Heinrich Karnop und zwei weitere Mitarbeiter des BMG beteiligt. Mielke war auch deshalb ein geeigneter Gesprächspartner, weil Pieck als Präsident der DDR auch für die Begnadigung von politischen Häftlingen zuständig war. Die Frage, ob eine Amnestie in der Bundesrepublik helfen könnte, im Gegenzug möglichst viele politische Häftlinge in der DDR freizubekommen, wurde von Mielke verneint. Dafür sei das Zahlenverhältnis der aus politischen Gründen Inhaftierten zu unterschiedlich. Mielke hielt auch die Möglichkeit eines Gefangenenfreikaufs bzw. einer »Wiedergutmachung« durch die Zahlung einer Geldbuße für nicht realistisch. Er antwortete hierauf, dass er sich nicht vorstellen könne, dass sich die DDR auf so etwas einlassen würde. Er halte es lediglich für denkbar, dass in Einzelfällen Mitglieder des Wachpersonals bestochen werden könnten.

[258] Vgl. Wunschik: Politische Gefangene als Spielball der Politik. In: Wagner (Hg.): Europa und Deutschland – Deutschland und Europa, S. 381.
[259] Vgl. BA Koblenz, B 136/3789 (Vermerk von Thedieck vom 23.5.1956).
[260] Zufällige Namensgleichheit mit dem Minister für Staatssicherheit.
[261] Vgl. BA Koblenz, B 137/1747 (Vermerk des BMG über die Handhabung der Gnadenpraxis in der Sowjetzone vom 12.9.1957 mit Bezug auf das Gespräch mit dem geflohenen Mielke). (Quelle für folgenden Absatz).

Bei aller berechtigten Kritik am politischen Strafrecht in der Bundesrepublik der 1950er Jahre dürfen trotzdem die großen Gegensätze zur DDR-Justiz nicht übersehen werden: Jeder Angeklagte konnte sich in der Bundesrepublik ordentlich verteidigen lassen, was den Angeklagten in der DDR nicht möglich war.[262] Im Vergleich zu den vielen politischen Häftlingen in der DDR blieb die Anzahl derjenigen, die aufgrund des politischen Strafrechts in der Bundesrepublik verurteilt wurden, gering.[263] Außerdem wurde das politische Strafrecht in der Bundesrepublik zunehmend scharf kritisiert, bevor es 1961 teilweise und 1968 unter Bundesjustizminister Heinemann zur Zeit der Großen Koalition umfassend reformiert wurde. Damit hatte die politische Strafjustiz gegen Kommunisten in der Bundesrepublik ein Ende gefunden.[264] Bereits 1967 wurde die Deutsche Kommunistische Partei (DKP) neu zugelassen, wozu die liberale Justizpolitik Heinemanns die Voraussetzungen geschaffen hatte.[265] Gerade diese Beispiele zeigen anschaulich, dass in der Bundesrepublik Fehlentwicklungen in einem demokratischen Prozess und einer offenen Debatte schließlich korrigiert werden konnten, was in einer Diktatur wie der DDR nicht möglich war. So wurde beispielsweise der DDR-Justizminister Max Fechner als Minister sofort abgesetzt und verhaftet, nachdem er öffentlich Kritik an den drakonischen Urteilen für aufständische Arbeiter des 17. Juni 1953 geübt und das Streikrecht der Arbeiter ausdrücklich verteidigt hatte.[266]

## 1.3 Die politischen Gegensätze der beiden deutschen Staaten

Das geteilte Deutschland war zwischen den beiden Supermächten ein ständiger Konfliktherd im Kalten Krieg. Auch wenn zahlreiche andere Länder ins Blickfeld der Auseinandersetzungen gerieten, zum Beispiel das geteilte Korea im Koreakrieg (1950–1953), entzündeten sich immer wieder viele Krisen zwischen den USA und der Sowjetunion an

---

[262] Vgl. Posser: Anwalt im Kalten Krieg, S. 263.
[263] Vgl. Werkentin: Politische Strafjustiz in der Ära Ulbricht, S. 394.
[264] Vgl. Wolfrum: Das Verbot der KPD im Jahr 1956. In: Haus der Geschichte Baden-Württemberg in Verbindung mit der Landeshauptstadt Stuttgart (Hg.): Politische Gefangene in Südwestdeutschland, S. 278.
Vgl. ebf. Posser: Anwalt im Kalten Krieg, S. 10 und S. 362–370.
[265] Vgl. Wolfrum: Die geglückte Demokratie, S. 234.
[266] Vgl. Suckut, Siegfried: »Als wir in den Hof unserer Haftanstalt fuhren, verstummte Genosse Fechner.« In: Engelmann und Vollnhals (Hg.): Justiz im Dienste der Parteiherrschaft, S. 165–179.

Deutschland. Das galt besonders für das geteilte Berlin, zum Beispiel bei der »Ersten Berlinkrise«, der »Berlin-Blockade« von 1948/49, durch die Sowjetunion.

Die führenden DDR-Repräsentanten um Walter Ulbricht und Otto Grotewohl definierten die DDR als »Arbeiter- und Bauernstaat« – und zwar als den ersten auf deutschem Boden –, der sich politisch und ideologisch an der Sowjetunion als Vorbild ausrichtete.[267] Die DDR sah sich selbst als »antifaschistischen« Staat an, wobei der »Antifaschismus« hierbei zu einem regelrechten Gründungsmythos gemacht wurde. Demnach hatten deutsche Antifaschisten an der Seite der Sowjetunion die nationalsozialistische Diktatur besiegt, weshalb sie jetzt das Recht hatten, eine rigorose Entnazifizierung und eine systematische »antifaschistisch-demokratische« Umwälzung der Gesellschaft durchzuführen.[268] Mit dieser Vorstellung wollte sie die eigene Politik – zum Beispiel die Errichtung der Mauer, die bewusst als »antifaschistischer Schutzwall« bezeichnet wurde – legitimieren.[269] Die 1946 gegründete SED war von den sowjetischen Besatzungstruppen und deren Rückhalt abhängig, um ihre Machtposition als führende Staatspartei der DDR behaupten zu können.[270] Die SPD war bereits 1946 zur Vereinigung mit der KPD zur SED gezwungen worden.[271] Kritiker des Zusammenschlusses aus der SPD wurden verhaftet und vielfach als »Schumacher-Agenten« diffamiert und politisch verfolgt.[272] Sozialdemokraten, die die Zwangsvereinigung abgelehnt hatten, arbeiteten nun teilweise für das SPD-Ostbüro, das 1946 von der West-SPD gegründet worden war.[273] Nach anfänglicher Zurückhaltung in der SED wurde schon bald der sogenannte »Sozialdemokratismus« offen bekämpft.[274] Auch die zunächst beschlossene Ämterparität wurde bald aufgehoben, die SED wurde in eine straff organisierte Kaderpartei nach sowjetischem Vorbild umgewandelt. Andere Parteien wurden ebenfalls systematisch verfolgt und in sogenannte »Blockparteien« umorganisiert, die sich gegenüber der SED linientreu verhalten mussten.

---

[267] Vgl. Mählert: Kleine Geschichte der DDR, S. 53 f. und S. 59.
[268] Vgl. Wolfrum: Die DDR, S. 14.
[269] Vgl. derselbe: Die Mauer, S. 78 f.
[270] Vgl. Schroeder: Der SED-Staat, S. 76.
[271] Vgl. Bouvier, Beatrix: Ausgeschaltet! Sozialdemokraten in der Sowjetischen Besatzungszone und in der DDR 1945–1953. Bonn 1996, S. 60 f.
[272] Zitiert nach: Ebenda, S. 161.
[273] Vgl. Fricke: Opposition und Widerstand in der DDR, S. 37–40.
[274] Vgl. ebenda, S. 41 f.

Walter Ulbricht, der als führender Kopf der kommunistischen »Gruppe Ulbricht« noch vor Kriegsende von den Sowjets nach Berlin beordert worden war, bestimmte bis 1971 maßgeblich die politischen Geschicke der DDR.[275] Ein vereinigtes Deutschland unter sozialistischen Vorzeichen war für ihn ein politisches Ziel, was sogar in der von Johannes R. Becher gedichteten Nationalhymne der DDR zum Ausdruck kam.[276] Hierin unterschied sich Ulbricht deutlich von seinem späteren Nachfolger Erich Honecker, der die Bezüge zur »Einheit Deutschlands« bzw. zur »ganzen deutschen Nation« in der neuen Verfassung der DDR von 1974 streichen ließ.[277] 1971 hatte Honecker mit Hilfe der Sowjetunion Ulbrichts Ablösung als SED-Generalsekretär erreicht, da Ulbricht der Sowjetunion inzwischen zu eigenmächtig geworden war.[278]

Die Bundesrepublik hatte seit 1949 hingegen eine völlig andere politische Entwicklung genommen. Der erste Bundeskanzler Konrad Adenauer hatte die Westintegration der Bundesrepublik entschlossen und mit wachsendem Erfolg vorangetrieben, da er die Sowjetunion und deren Machtpotenzial fürchtete.[279] Der Prozess der Westintegration fand 1955 mit dem Beitritt der Bundesrepublik zur 1949 gegründeten »North Atlantic Treaty Organization« (NATO) und dem Inkrafttreten des Deutschlandvertrages, der der Bundesrepublik die staatliche Souveränität übertrug, einen vorläufigen Abschluss.[280] Die nun aufgelöste Alliierte Hohe Kommission (AHK) hatte bis dahin als eine Art »Oberregierung«

[275] Vgl. Frank, Mario: Walter Ulbricht. Eine deutsche Biografie. Berlin 2001 (2. Auflage; 1. Auflage erschien 2000), S. 183–198 und S. 420–427.
[276] Vgl. Schroeder: Der SED-Staat, S. 80. Die Hymne wurde aufgrund des Refrains »Auferstanden aus Ruinen und der Zukunft zugewandt, lass uns Dir zum Guten dienen, Deutschland, einig Vaterland« in der Ära Honecker nicht mehr gesungen, sondern nur noch instrumental gespielt.
[277] Vgl. ebenda (Schroeder), S. 203.
Vgl. ebf. Friedel, Mathias (Hg.): Von der Teilung zur Wiedervereinigung. Dokumente zur Deutschen Frage in der Zeit des Kalten Krieges (1945–1989/90). Wiesbaden 2006, S. 230 (von der Hessischen Landeszentrale für politische Bildung veröffentlicht; zum Begriff der »Nation« in den DDR-Verfassungen von 1949, 1968 und 1974).
[278] Vgl. Hoffmann, Dierk: Die DDR unter Ulbricht. Gewaltsame Neuordnung und gescheiterte Modernisierung. Zürich 2003, S. 118–120.
[279] Vgl. Köhler, Henning: Adenauer. Eine politische Biografie. Band 2. Frankfurt am Main und Berlin 1997 (ungekürzte Ausgabe in 2 Bänden; 1. Auflage erschien 1994), S. 133–148. Adenauer hatte 1952 auch die beiden Noten Stalins an die Westmächte abgelehnt, die ein neutrales und vereinigtes Deutschland in Aussicht gestellt hatten.
[280] Vgl. Wolfrum: Die geglückte Demokratie, S. 130.

in der Bundesrepublik fungiert.[281] Lediglich in einigen politischen Fragen, vor allem jenen, die »Deutschland als Ganzes« und Berlin betrafen, war die Bundesrepublik auch fortan noch kein souveräner Staat, da hier die vier Siegermächte des Zweiten Weltkrieges weiterhin Vorbehaltsrechte besaßen.[282] Trotz dieser außenpolitischen Erfolge war diese Politik in der Bundesrepublik sehr umstritten.[283] Adenauer argumentierte, dass eine im Westen verankerte Bundesrepublik eine Magnetwirkung auf Ostdeutschland hätte und damit schließlich auch zur deutschen Einheit führen würde, was er prägnant auf die Formel »Wiedervereinigung durch Westintegration« brachte.[284] Die SPD hingegen befürchtete eine zunehmende Vertiefung der deutschen Teilung. Die deutsche Einheit hatte für sie Priorität vor der Anbindung an den Westen.[285]

Als Reaktion auf den NATO-Beitritt der Bundesrepublik wurde 1955 unter sowjetischer Führung der Warschauer Pakt gebildet, in dem fortan auch die DDR Mitglied war.[286] Beide deutsche Staaten gehörten damit nun feindlichen militärischen Bündnissystemen an. Die Bundesrepublik stellte noch 1955 mit der »Bundeswehr« eine neue Armee auf.[287] Die DDR vollzog diesen Schritt 1956 mit der Bildung der »Nationalen Volksarmee« (NVA), die allerdings aus bereits existierenden bewaffneten Verbänden der »Kasernierten Volkspolizei« (KVP) hervorgegangen war.[288] Jede weltpolitische Krise konnte damit einen Krieg zwischen den beiden deutschen Staaten auslösen. Bis 1973 erkannten sich die beiden deutschen Staaten staatsrechtlich gegenseitig nicht an. Diese starre Haltung veränderte sich erst durch die Entspannungspolitik zu Beginn der 1970er Jahre.[289]

---

[281] Zitiert nach: Wolfrum: Die geglückte Demokratie, S. 103.
[282] Vgl. Puchala, Donald J.: The German Question and the Reserved Rights of the Western Allies. In: Wagenlehner, Günther (Hg.): Die deutsche Frage und die internationale Sicherheit. Koblenz 1988, S. 103–112.
[283] Vgl. Wolfrum: Die geglückte Demokratie, S. 96–143.
Vgl. ebf. Bender, Peter: Deutsche Parallelen. Anmerkungen zu einer gemeinsamen Geschichte zweier getrennter Staaten. Berlin 1989, S. 150–154.
[284] Vgl. Wolfrum: Geschichtspolitik in der Bundesrepublik Deutschland, S. 61.
[285] Vgl. Kleßmann: Die doppelte Staatsgründung, S. 232 und S. 234.
[286] Vgl. Schroeder: Der SED-Staat, S. 131 f.
[287] Vgl. Wolfrum: Die geglückte Demokratie, S. 132 f.
[288] Vgl. Kleßmann: Die doppelte Staatsgründung, S. 336.
Vgl. ebf. Schroeder: Der SED-Staat, S. 132.
[289] Vgl. Bender, Peter: Deutschlands Wiederkehr. Eine ungeteilte Nachkriegsgeschichte 1945–1990. Stuttgart 2007, S. 123–129 (Das Buch erschien 2009 unter dem Titel: »Zweimal Deutschland. Eine ungeteilte Nachkriegsgeschichte 1945–1990« in neuer Auflage.).

Die grundsätzlichen politischen und wirtschaftlichen Weichenstellungen in den beiden deutschen Staaten führten zu einem großen Gegensatz: Während sich die Bundesrepublik 1949 als eine parlamentarische (und föderalistische) Demokratie konstituierte, war die DDR von Anfang an eine zentralistische Diktatur.[290] Die DDR wurde 1952 in Bezirke aufgeteilt, womit historisch gewachsene und traditionsreiche Länder mit bedeutender Geschichte, wie zum Beispiel Sachsen oder Thüringen, aufgelöst wurden.[291] Ökonomisch setzte sich in der Bundesrepublik sehr bald die »Soziale Marktwirtschaft« durch, die Ludwig Erhard zunehmend erfolgreich propagierte, während in der DDR die sozialistische Planwirtschaft nach dem Vorbild der Sowjetunion eingeführt wurde.[292] Entsprechend wurden die Außenhandelsbeziehungen beider deutscher Staaten auf ihre jeweiligen Bündnispartner ausgerichtet. Die wirtschaftliche Blockintegration schritt somit ebenfalls voran.[293] Die beiden Supermächte vertraten in ihrer Deutschlandpolitik ebenfalls sehr unterschiedliche politische Vorstellungen und Ansätze, die nicht miteinander vereinbar waren.[294] Die gegensätzlichen Positionen offenbarten sich 1958 in der sogenannten »Zweiten Berlinkrise«, nachdem Nikita Chruschtschow den West-Alliierten ein Ultimatum gestellt hatte:[295] Binnen sechs Monaten sollte der Westteil der geteilten Stadt in eine »Freie Stadt« umgewandelt und entmilitarisiert werden, die West-Alliierten sollten sich aus Berlin zurückziehen. Andernfalls sollten die Kompetenzen der Sowjetunion in Bezug auf die frühere deutsche Hauptstadt auf die DDR übergehen. Die West-Alliierten und der West-Berliner Senat, unter der Führung des Regierenden Bürgermeisters Willy Brandt, wiesen das Ultimatum entschlossen zurück. West-Berlin sollte eng mit der Bundesrepublik verknüpft bleiben, wo-

---

[290] Vgl. Möller, Horst: 1949. Zwei deutsche Staaten, eine Nation? Zum nationalen Selbstverständnis in den Verfassungen der Bundesrepublik Deutschland und der DDR. In: Wengst, Udo und Wentker, Hermann (Hg.): Das doppelte Deutschland. 40 Jahre Systemkonkurrenz. Berlin 2008, S. 15–33.
[291] Vgl. Schroeder: Der SED-Staat, S. 87.
[292] Vgl. Kleßmann: Die doppelte Staatsgründung, S. 193–217, S. 269–277, S. 223–226 und S. 296–303.
[293] Vgl. ebenda, S. 208–217.
[294] Vgl. Katzer, Nikolaus: Die Berliner Viermächtekonferenz von 1954 und die Deutsche Frage. In: Blumenwitz, Dieter; Fricke, Karl Wilhelm und Greiner, Christian (Hg.): Die Deutschlandfrage vom 17. Juni 1953 bis zu den Genfer Viermächtekonferenzen von 1955. Berlin 1990, S. 49–74.
[295] Vgl. Lemke, Michael: Die Berlin-Krise 1958 bis 1963. In: Henke, Klaus-Dietmar (Hg.): Die Mauer. Errichtung, Überwindung, Erinnerung. München 2011, S. 32–48 (Quelle bis zum Ende des Absatzes).

bei diese Bindungen möglichst ausgebaut und nicht gelöst werden sollten. Vor allem aber wurde von allen West-Alliierten die gemeinsame Verantwortung für Gesamt-Berlin betont. An dieser entschlossenen Haltung scheiterte Chruschtschows Initiative. Sein Vorstoß brachte damit weder die Lösung der ungeklärten Berlin-Frage noch den Friedensvertrag mit der DDR.

Die West-Alliierten hatten beim Berlin-Ultimatum von 1958 ihre Rechte im Rahmen des Viermächtestatus verletzt gesehen und deshalb reagiert; dies traf für sie beim Mauerbau von 1961 jedoch nicht zu.[296] Die Problematik um das geteilte Berlin und die »deutsche Frage« waren zwar durch den Mauerbau nicht gelöst, doch aus internationaler Perspektive deutlich entschärft worden.[297] Deshalb trug der Mauerbau längerfristig zu einer relativen Entspannung im Kalten Krieg bei.[298] Auch die Kubakrise von 1962 konnte schließlich friedlich gelöst werden.[299] Beide deutsche Staaten mussten sich auf diese veränderte weltpolitische Konstellation einstellen.

Dessen ungeachtet stellte der Mauerbau für beide Staaten eine bedeutende Zäsur dar. Seit 1949 waren bis Anfang der 1960er Jahre etwa 2,7 Millionen Personen aus der DDR in die Bundesrepublik geflohen.[300] Ab 1952 war dieses Vorhaben zwar spürbar schwieriger geworden, nachdem die DDR ihre Außengrenze zur Bundesrepublik abgeriegelt und befestigt hatte.[301] Doch das geteilte Berlin blieb an seinen Grenzen weiterhin offen und war zweifellos das wichtigste Bindeglied zwischen den beiden Teilen Deutschlands.[302] West-Berliner konnten in den Ostteil einreisen, auch wenn ihnen dabei immer wieder Schwierigkeiten von den DDR-Behörden gemacht wurden.[303] Umgekehrt durf-

---

[296] Vgl. Lemke: Die Berlin-Krise 1958 bis 1963. In: Henke (Hg.): Die Mauer, S. 46.
[297] Vgl. Wolfrum: Die Mauer, S. 53.
[298] Vgl. Wilke, Manfred: Der Weg zur Mauer. Stationen der Teilungsgeschichte. Berlin 2011, S. 360.
Vgl. ebf. Wentker, Herrmann: Der Westen und die Mauer. In: Henke (Hg.): Die Mauer, S. 198.
[299] Vgl. Gaddis, John Lewis: Der Kalte Krieg. Eine neue Geschichte. München 2008, S. 105 (Die amerikanische Originalausgabe erschien 2007 unter dem Titel »The Cold War. A New History«.).
[300] Zahl aus: Wilke: Der Weg zur Mauer, S. 82. Zwischen dem 1.1.1949 und dem 12.8.1961 hatten laut westlicher Registrierung 2.686.942 Menschen die SBZ bzw. DDR verlassen.
[301] Vgl. Wolfrum: Die DDR, S. 15.
[302] Vgl. Wilke: Der Weg zur Mauer, S. 129–131, S. 158 und S. 269.
[303] Vgl. ebenda, S. 253–257.

ten DDR-Bürger noch nach West-Berlin fahren.[304] Viele Ost-Berliner waren sogar Pendler und arbeiteten oder studierten im Westteil der Stadt bzw. gingen dort zur Schule.[305] Trotz der Kontrollen an den Sektorengrenzen im geteilten Berlin und zwischen dem DDR-Umland und Ost-Berlin – Letztere waren für Flüchtlinge, die nicht aus Ost-Berlin stammten, problematisch – war eine Flucht in den Westen nach wie vor gut möglich.[306]

Die Gründe für eine solche Flucht waren sehr vielfältig. Viele DDR-Bürger wollten sicherlich aus wirtschaftlichen Gründen die DDR verlassen. Unter ihnen befanden sich in erster Linie gut qualifizierte und junge Fachkräfte.[307] Sie hatten dabei die Hoffnung, sich in der zunehmend prosperierenden Bundesrepublik eine neue Existenz aufbauen zu können. Das günstige konjunkturelle Umfeld in den 1950er Jahren bot hierfür gute Perspektiven.[308] Darüber hinaus hatten sich viele Unternehmer, Landwirte, Intellektuelle und überzeugte Christen zur Flucht entschlossen, da sie aufgrund ihrer wirtschaftlichen Stellung, ihrer kritischen Geisteshaltung oder ihres Glaubens beträchtliche Nachteile in der DDR zu erleiden hatten.[309] Aber in vielen Fällen waren auch familiäre Gründe maßgebend, wenn Menschen wieder mit ihren Angehörigen zusammenleben wollten, die zuvor in den Westen geflohen waren.[310]

Der Mauerbau trennte die Menschen abrupt und über Nacht voneinander.[311] Seit 1953 hatte Ulbricht von der Sowjetunion immer wieder

---

[304] Vgl. Brecht, Christine: Wege in den Westen. In: Effner, Bettina und Heidemeyer, Helge (Hg.): Flucht im geteilten Deutschland. Erinnerungsstätte Notaufnahmelager Marienfelde. Berlin 2005, S. 67–71.

[305] Vgl. Taylor, Frederick: The Berlin Wall. A World Divided, 1961–1989. New York 2008, S. 190.

[306] Vgl. zu den Kontrollen zwischen dem DDR-Umland und Ost-Berlin vor dem Mauerbau, die wie eine vorgeschobene Grenze zum Westen wirkten: Brecht: Wege in den Westen. In: Effner und Heidemeyer (Hg.): Flucht im geteilten Deutschland, S. 69 f.; Wilke: Der Weg zur Mauer, S. 177.

[307] Vgl. Wolfrum: Die Mauer, S. 36.

[308] Vgl. Hertle: Die Berliner Mauer – Monument des Kalten Krieges, S. 53. Vgl. ebf. Bedürftig: Geschichte der DDR, S. 78. Vgl. ebf. Wilke, Manfred: Ulbricht und der Mauerbau. In: Henke (Hg.): Die Mauer, S. 53.

[309] Vgl. Bispinck, Henrik: Motive für Flucht und Ausreise aus der DDR. In: Effner und Heidemeyer (Hg.): Flucht im geteilten Deutschland, S. 49–65.

[310] Vgl. Hertle: Die Berliner Mauer – Monument des Kalten Krieges, S. 53.

[311] Vgl. Wolfrum, Edgar: Die 60er Jahre. Eine dynamische Gesellschaft. Darmstadt 2006, S. 18–25 (aus der Reihe: Deutschland im Fokus. Band 2).

Maßnahmen zur Abriegelung der Sektorengrenzen im geteilten Berlin erbeten, um die anhaltende Fluchtbewegung von Ost nach West über West-Berlin stoppen zu können.[312] Der Sowjetunion kam beim Mauerbau wegen des Viermächtestatus von Berlin eine Schlüsselrolle zu, da die DDR nicht ohne deren Rückendeckung und Erlaubnis handeln konnte.[313] Chruschtschow traf schließlich im Juli 1961 die folgenschwere Entscheidung.[314]

Am Morgen des 13. August 1961 wurde der Ostteil Berlins hermetisch abgeriegelt, die sogenannte Operation »Rose« begann.[315] Eine Stadt wurde in ihrer Mitte regelrecht zerschnitten, zahlreiche Verkehrsverbindungen, selbst die Infrastruktur für die Energieversorgung, schlagartig unterbrochen sowie Grenzübergänge geschlossen.[316] Viele Familien wurden jäh auseinandergerissen, Ost-Berliner Pendler, von der SED als »Grenzgänger« bezeichnet, verloren ihren Arbeitsplatz im Westen.[317] Der Reiseverkehr wurde abrupt eingestellt, grenznahe Anwohner aus ihren Häusern und Wohnungen zwangsevakuiert.[318] Der logistische Aufwand war gewaltig. Zunächst wurden überall Stacheldrahtsperren errichtet, erst in den folgenden Tagen begann der eigentliche Bau der Mauer an der 45 Kilometer langen innerstädtischen Grenze.[319] Auch das Umland von West-Berlin, das von der DDR schon 1948 als »Ring um Berlin« oder »Außenring« vom Westteil Berlins ab-

[312] Vgl. zur aktiven Rolle Ulbrichts beim Mauerbau: Harrison, Hope M.: Driving the Soviets Up the Wall. Soviet-East German Relations, 1953–1961. Princeton 2003; Dieselbe: Walter Ulbrichts »dringender Wunsch«. In: Aus Politik und Zeitgeschichte. 50 Jahre Mauerbau. 61. Jahrgang. 31–34/2011, S. 8–15.
[313] Vgl. Wilke: Der Weg zur Mauer, S. 448 f.
Vgl. im Besonderen zur Rolle Chruschtschows beim Mauerbau: Wettig, Gerhard: Chruschtschows Berlin-Krise 1958 bis 1963. Drohpolitik und Mauerbau. München 2006; Derselbe: Chruschtschow, Ulbricht und die Berliner Mauer. In: Aus Politik und Zeitgeschichte. 50 Jahre Mauerbau. 61. Jahrgang. 31–34/2011, S. 16–21.
[314] Vgl. Wilke: Der Weg zur Mauer, S. 448 f. Laut Wilke fiel die Entscheidung Chruschtschows endgültig um den 20.7.1961.
[315] Vgl. Wolfrum, Edgar: Die Mauer. Geschichte einer Teilung. München 2009, S. 11–15.
Vgl. ebf. Taylor: The Berlin Wall, S. 131–185.
[316] Vgl. Wolfrum: Die Mauer, S. 12–16.
[317] Vgl. zu den sogenannten »Grenzgängern«: Taylor: The Berlin Wall, S. 190.
[318] Vgl. Hertle, Hans-Hermann: Die Berliner Mauer – Monument des Kalten Krieges. Berlin 2007, S. 34 und S. 46. Auf den Seiten 118–120 sind Einschätzungen von freigekauften politischen Häftlingen zum Häftlingsfreikauf wiedergegeben.
[319] Vgl. Sälter, Gerhard: Die Sperranlagen, oder: Der unendliche Mauerbau. In: Henke (Hg.): Die Mauer, S. 122.

getrennt worden war, wurde nun in seiner ganzen Länge von insgesamt 160 Kilometern noch unüberwindbarer vom Westen abgeschottet.[320]

Mit dem Mauerbau schien die Lage der Menschen im geteilten Berlin nahezu hoffnungslos zu sein. Das letzte offene Tor zum Westen war geschlossen und die eigene Bevölkerung, im wahrsten Sinne des Wortes, »eingemauert« worden. Es lag auf der Hand, dass sich Ost- und Westdeutschland nun noch weiter auseinander entwickeln würden.[321] Die DDR-Propaganda nannte die Mauer einen »antifaschistischen Schutzwall«, der die Arbeit von westlichen Geheimdiensten unterbinden und den Frieden sichern sollte, der von den »Kriegstreibern« im Westen massiv bedroht würde.[322] Zudem behauptete die DDR, dass sie mit dem Mauerbau auch gegen »Schieber«, »Währungsspekulanten«, »Menschenhändler«, »Kopfjäger« und »Grenzgänger« vorgehen wollte – dies waren im Wesentlichen aber nur Nebenaspekte der schrillen antiwestlichen SED-Propaganda.[323] Doch die Stacheldrahtbarrieren, die strenge Bewachung zum Osten hin sowie eine umfangreiche Sperrzone machten sehr schnell klar, dass die Mauer in erster Linie gegen die eigene Bevölkerung gerichtet war, die mit allen Mitteln an der Flucht in den Westen gehindert werden sollte.[324] Besonders drastisch wurde dies mit dem Schießbefehl vor Augen geführt. Den DDR-Grenzsoldaten wurde befohlen, Flüchtlinge an der innerdeutschen Grenze notfalls auch mit Waffengewalt zu stoppen.[325] Am 24. August 1961 wurde mit Günter Litfin der erste Flüchtling an der Berliner Mauer erschossen.[326]

---

[320] Vgl. Wolfrum: Die Mauer, S. 12.
[321] Vgl. derselbe (im Gespräch mit Frank Möller): Mentalitätsumbruch und Wertewandel in Ost- und Westdeutschland während der 60er- und 70er Jahre. In: Möller, Frank und Mählert, Ulrich (Hg.): Abgrenzung und Verflechtung. Das geteilte Deutschland in der zeithistorischen Debatte. Berlin 2008, S. 44.
[322] Vgl. derselbe (Wolfrum): Die Mauer, S. 78–89.
[323] Vgl. ebenda, S. 81 f.
Vgl. ebf. Münkel, Daniela: CIA, BND, MfS und der Mauerbau. In: Henke (Hg.): Die Mauer, S. 82.
Vgl. ebf. Wilke: Der Weg zur Mauer, S. 176 f.
[324] Vgl. Wolfrum: Die Mauer, S. 78.
Vgl. ebf. Münkel, Daniela (Bearbeiterin): Die DDR im Blick der Stasi 1961. Die geheimen Berichte an die SED-Führung. Göttingen 2011, S. 28–31 (aus der Reihe des BStU: Die DDR im Blick der Stasi. Die geheimen Berichte an die SED-Führung).
[325] Vgl. Thoß, Hendrik: Grenzsoldaten vor Gericht: Der Rechtsstaat und die Gewalttaten an der deutsch-deutschen Grenze. In: Derselbe (Hg.): Europas Eiserner Vorgang. Die deutsch-deutsche Grenze im Kalten Krieg. Berlin 2008, S. 145–201.
[326] Vgl. Wolfrum: Die Mauer, S. 18 f.

In Berlin gab es nun einen Todesstreifen mitten durch die Stadt, der Ost-Berlin lückenlos vom Westen trennte und damit jede Flucht absolut lebensgefährlich werden ließ. Trotzdem versuchten DDR-Bürger weiterhin zu fliehen, wie zum Beispiel Peter Fechter am 17. August 1962, der bei seinem Fluchtversuch von DDR-Grenzsoldaten angeschossen wurde und vor laufenden Fernsehkameras und somit vor den Augen der Weltöffentlichkeit im Todesstreifen auf Ost-Berliner Seite langsam verblutete.[327] Auf beiden Seiten der Mauer hatte lange Zeit niemand gewagt, ihn zu bergen.[328] Die innerdeutsche Grenze war inzwischen in großem Umfang vermint worden.[329] In Berlin selbst war eine solche Maßnahme aufgrund des Viermächtestatus und damit möglicher außenpolitischer Verwicklungen jedoch nicht umsetzbar.[330]

Mit dem Mauerbau wollte die DDR-Führung die Fluchtwelle der eigenen Bevölkerung in den Westen unbedingt unterbinden. Noch im Juli 1961, einen Monat vor dem Mauerbau, waren 30.415 Flüchtlinge aus der DDR in den westlichen Aufnahmestellen registriert worden.[331] Im Dezember 1961 waren es hingegen nur noch 2.420 Personen.[332] Aus ideologischer Sicht war es für die SED ein erhebliches Problem, dass so viele ihrer Bürger das eigene Land verlassen und lieber beim »Klassenfeind« im Westen leben wollten.[333] Zur eigenen Rechtfertigung wurde der Bundesregierung und den Fluchthelfern deshalb von der DDR der fadenscheinige Vorwurf der »Abwerbung« gemacht.[334] Realistisch betrachtet konnte jedoch auch die SED-Führung nicht an diese ziemlich

Vgl. ebf. Hertle, Hans-Hermann und Nooke, Maria (Hg. für das Zentrum für Zeithistorische Forschung Potsdam bzw. die Stiftung Berliner Mauer): Die Todesopfer an der Berliner Mauer 1961–1989. Ein biografisches Handbuch. Berlin 2009, S. 37–39.

[327] Vgl. Diekmann (Hg.): Freigekauft, S. 22 f.
[328] Vgl. Wolfrum: Die Mauer, S. 65 f. Als DDR-Grenzsoldaten Fechter nach etwa 45 Minuten schließlich bargen, kam jede Hilfe zu spät.
[329] Vgl. Filmer, Werner und Schwan, Heribert: Opfer der Mauer. Die geheimen Protokolle des Todes. München 1991, S. 365–371.
[330] Vgl. Weinert, Christoph und Ast, Jürgen: Geheimsache Mauer. Geschichte einer deutschen Grenze. Deutschland 2011 (TV-Dokumentation der LOOKS Film & TV GmbH in Koproduktion mit dem RBB, dem MDR, Astfilm, La Station Animation und ARTE).
[331] Zahl aus: Effner, Bettina und Heidemeyer, Helge: Die Flucht in Zahlen. In: Dieselben (Hg.): Flucht im geteilten Deutschland, S. 29.
[332] Zahl aus: Ebenda, S. 29.
[333] Vgl. Kleßmann, Arbeiter im »Arbeiterstaat« DDR, S. 493 f.
Vgl. ebf. einen MfS-Bericht über die Motive von »Republikflüchtlingen« vom 3.10.1961. In: Friedel (Hg.): Von der Teilung zur Wiedervereinigung, S. 193–195.
[334] Vgl. Wolfrum: Die Mauer, S. 82.

plumpe Propagandalüge glauben. Dafür waren die politischen und wirtschaftlichen Unterschiede in beiden Ländern zu gravierend.[335]

Die Massenflucht ihrer Bürger in die Bundesrepublik schadete massiv dem Ansehen der DDR.[336] Aber der Mauerbau beschädigte ihr Prestige ebenso nachhaltig.[337] Andererseits gelang der DDR mit dieser systematischen Abriegelung die Stabilisierung ihrer Volkswirtschaft. Deshalb wird der Mauerbau von einigen Historikern sogar als ein »zweiter Staatsgründungsakt der DDR« bezeichnet.[338] Die Planungssicherheit für Staat und Betriebe erhöhte sich nun deutlich, da zuvor immer wieder viele Arbeitnehmer überraschend das Land verlassen hatten.[339] Da die mit einer Flucht verbundenen Risiken zu groß geworden waren, sahen sich jetzt viele DDR-Bürger dazu gezwungen, sich mit der SED-Diktatur zu arrangieren.[340] Deshalb konnte 1962 auch die allgemeine Wehrpflicht eingeführt werden, da kaum noch befürchtet werden musste, dass sich viele junge Männer dem Wehrdienst durch eine Flucht entziehen würden.[341] Trotz teilweise heftiger Protestaktionen aus der Bevölkerung festigte der Mauerbau somit insgesamt die SED-Diktatur.[342] Entsprechende Unmutsäußerungen wurden vom SED-Regime mit großer Härte unterdrückt und juristisch verfolgt.[343] Wegen des gestiegenen Aufwands und des größeren Risikos sank nun die Zahl der Flüchtlinge deutlich.[344] Dennoch gab es auch weiterhin

---

[335] Vgl. Maria Nooke in der Podiumsdiskussion »DDR-Fluchten – Ursachen, Wirkungen, Folgen« am 8.6.2011 in Berlin. In: Apelt (Hg.): Flucht, Ausreise, Freikauf, S. 36.

[336] Vgl. Kubina, Michael: Die SED und ihre Mauer. In: Henke (Hg.): Die Mauer, S. 84 f.
Vgl. ebf. Ritter, Gerhard A.: Die menschliche »Sturmflut« aus der »Ostzone«. Die Flucht aus der DDR und ihre Folgen für Berlin und die Bundesrepublik. In: Effner und Heidemeyer (Hg.): Flucht im geteilten Deutschland, S. 33.

[337] Vgl. Wilke: Der Weg zur Mauer, S. 356 f.

[338] Zitiert nach: Potthoff: Im Schatten der Mauer, S. 25.

[339] Vgl. Wolfrum: Die Mauer, S. 56–58.

[340] Vgl. Schroeder: Ursachen, Wirkungen und Folgen der Ausreisebewegung. In: Apelt (Hg.): Flucht, Ausreise, Freikauf, S. 47.
Vgl. ebf. Wolfrum: Die Mauer, S. 63.

[341] Vgl. Eisenfeld, Bernd und Schicketanz, Peter: Bausoldaten in der DDR. Die »Zusammenführung feindlich-negativer Kräfte« in der NVA. Berlin 2011, S. 36–41. Ab 1964 konnte der Wehrdienst mit der Waffe verweigert werden; diese wurden als »Bausoldaten« eingesetzt.

[342] Vgl. Eisenfeld, Bernd und Engelmann, Roger: 13.8.1961: Mauerbau. Fluchtbewegung und Machtsicherung. Bremen 2001, S. 75–78.

[343] Vgl. ebenda, S. 78.

[344] Vgl. Detjen: Ein Loch in der Mauer, S. 84–163.

Fluchtversuche, die vielfach von westlichen Fluchthelfern unterstützt wurden.[345] Daraus resultierten Verhaftungen von Flüchtlingen und Fluchthelfern, weshalb die Anzahl der politischen Häftlinge in den DDR-Gefängnissen wieder merklich anstieg.[346]

Die West-Alliierten akzeptierten den Mauerbau und brachten nur formelle und folgenlose Protestnoten vor.[347] Die Amerikaner waren über den Mauerbau sogar eher erleichtert, da er aus ihrer Sicht nur eine Defensivmaßnahme des Ostens darstellte.[348] Auch die von John F. Kennedy im Juni 1961 im Gegenzug zum Berlin-Ultimatum formulierten »Three Essentials« – die Freiheit von West-Berlin, die Zuständigkeit der Alliierten für Berlin als Ganzes, die Präsenz der West-Alliierten in West-Berlin – waren nicht angetastet worden.[349] Insofern konnten die Sowjetunion und die DDR bereits im Vorfeld des Mauerbaus davon ausgehen, dass dieser von den USA sehr wahrscheinlich hingenommen würde. Diese Zurückhaltung frustrierte vor allem viele West-Berliner.[350]

Die Bundesregierung und der West-Berliner Senat wurden ebenfalls vom Mauerbau überrascht.[351] Bundeskanzler Adenauer reiste erst neun Tage nach dem Ereignis nach West-Berlin, was ihm scharfe innenpolitische Kritik eintrug.[352] Die internationale Lage, die zunächst relativ ruhig blieb, spitzte sich im Oktober 1961 vorübergehend zu, als DDR-Grenzpolizisten dem amerikanischen Diplomaten Allan Lightner die Einreise in den Ostteil der Stadt verweigerten.[353] Der Konflikt konnte schließlich friedlich beigelegt werden, wobei sich die USA mit sowjetischer Billigung gegen die DDR durchsetzen konnte. Trotz aller Gegensätze hatten beide Supermächte ihre jeweiligen Rechte nach dem Viermächtestatus gegenseitig respektiert. Die Sowjetunion verzichtete deshalb auch auf einen separaten Friedensvertrag mit der

---

[345] Vgl. Detjen: Ein Loch in der Mauer, S. 84–163.
[346] Vgl. Fricke: Politik und Justiz in der DDR, S. 431–461.
[347] Vgl. Wilke: Der Weg zur Mauer, S. 350–357.
[348] Vgl. Henke, Klaus-Dietmar: Die Berliner Mauer. In: Derselbe (Hg.): Die Mauer, S. 20.
Vgl. ebf. Wolfrum: Die Mauer, S. 43 f.
[349] Vgl. ebenda (Wolfrum), S. 43.
[350] Vgl. Wilke: Der Weg zur Mauer, S. 351.
[351] Vgl. Wolfrum: Die Mauer, S. 41 und S. 43–48.
[352] Vgl. ebenda, S. 43–45.
[353] Vgl. Taylor: The Berlin Wall, S. 271–285.
Vgl. ebf. Flemming, Thomas: Berlin im Kalten Krieg. Der Kampf um die geteilte Stadt. Berlin 2008, S. 5.

DDR.[354] Ulbricht musste damit seine Hoffnung aufgeben, dass die Sowjetunion die Kontrolle des Berlin-Verkehrs der DDR übertragen würde, was langfristig zu einem erzwungenen Anschluss West-Berlins an die DDR hätte führen können.[355] Ein 1964 mit der Sowjetunion abgeschlossener Freundschaftsvertrag konnte hierfür kein adäquater Ersatz sein, auch wenn dadurch die Position der DDR innerhalb des Ostblocks gestärkt wurde.[356]

Bei der politischen Elite der Bundesrepublik lösten der Mauerbau und die zurückhaltende Reaktion der Westmächte ein Umdenken aus.[357] Das kam 1963 in der berühmt gewordenen Rede von Egon Bahr vor der Evangelischen Akademie Tutzing zum Ausdruck, als er die Formel vom »Wandel durch Annäherung« prägte.[358] Bahrs Formel wurde von der CDU und dem Bundesminister für gesamtdeutsche Fragen, Rainer Barzel, kritisiert. Barzel setzte stattdessen auf die sogenannte »Änderung durch Einwirkung«.[359] Beide Politiker waren offensichtlich darum bemüht, praktische Fortschritte mit der Lösung von Einzelfragen zu erreichen.[360] Barzel war, im Gegensatz zu Bahr, jedoch gegenüber direkten Verhandlungen mit der DDR zurückhaltender. Diese Haltung zeigte sich auch beim Häftlingsfreikauf, den er über Rechtsanwälte abwickeln ließ.[361]

Durch den Mauerbau waren zahllose Familien in Berlin abrupt getrennt worden, was ein besonders drängendes Problem darstellte.[362] Außerdem wurde den West-Berlinern von der DDR – im Gegensatz

---

[354] Vgl. Wilke: Der Weg zur Mauer, S. 369–420.
Vgl. zu den Westmächten im geteilten Berlin: Jeschonnek, Friedrich; Riedel, Dieter und Durie, William: Alliierte in Berlin 1945–1994. Ein Handbuch zur Geschichte der militärischen Präsenz der Westmächte. Berlin 2007 (2. überarbeitete und um einen Index erweiterte Auflage; 1. Auflage erschien 2002).
[355] Vgl. Wilke: Der Weg zur Mauer, S. 380–386 und S. 421–428.
[356] Vgl. Wentker, Hermann: Außenpolitik in engen Grenzen. Die DDR im internationalen System 1949–1989. München 2007, S. 222.
[357] Vgl. Wilke: Der Weg zur Mauer, S. 355.
[358] Vgl. Bahr, Egon: Zu meiner Zeit. Berlin 1999 (Jubiläumsausgabe; Originalausgabe erschien 1996), S. 152–161.
Vgl. ebf. Baring, Arnulf: Machtwechsel. Die Ära Brandt–Scheel. Berlin 1998 (Taschenbuchausgabe; 1. Auflage des Buches erschien 1982), S. 246 und S. 249.
[359] Zitiert nach: Barzel, Rainer: Ein gewagtes Leben. Erinnerungen. Stuttgart und Leipzig 2001, S. 171.
[360] Vgl. Barzel: Ein gewagtes Leben, S. 172.
Vgl. ebf. Bahr: Zu meiner Zeit, S. 152–167.
[361] Vgl. Barzel: Ein gewagtes Leben, S. 168.
[362] Vgl. Hertle: Die Berliner Mauer – Monument des Kalten Krieges, S. 38 und S. 45.

zu den Bundesbürgern – nun die Einreise nach Ost-Berlin verwehrt.[363] Diese humanitäre Notlage konnte mit dem vereinbarten Passierscheinabkommen zwischen dem West-Berliner Senat und der DDR-Regierung vom 17. Dezember 1963 etwas gemildert werden.[364] West-Berliner konnten nun wenigstens über Weihnachten und Silvester 1963 – insgesamt wurden von DDR-Behörden rund 1,2 Millionen Besuche registriert – ihre Verwandten im Ostteil der Stadt besuchen.[365] Vor allem für Brandt und Bahr war das ein politischer Erfolg. In Bonn hatte der damalige Minister für gesamtdeutsche Fragen Erich Mende diese Politik gegen die skeptische Haltung von Bundeskanzler Ludwig Erhard und der CDU/CSU unterstützt. Die DDR legte das Abkommen als Anerkennung ihres Staates aus, was dem West-Berliner Senat in Bonn Kritik eintrug.[366] Beide Vertragspartner hatten diese Vereinbarung mit Hilfe einer salvatorischen Klausel getroffen; offiziell erkannten sie sich gegenseitig aber auch weiterhin nicht an.[367] In den folgenden Jahren wurden noch mehrere Passierscheinabkommen für verschiedene Feiertage abgeschlossen, zuletzt für Ostern 1966.[368] Der West-Berliner Senat war hierbei sehr pragmatisch vorgegangen.

Seit 1963 war zu erkennen, dass Brandt und Bahr inzwischen ein flexibleres außen- und deutschlandpolitisches Konzept verfolgten. Sie hatten das Ziel, konkrete Verbesserungen für die Menschen in der DDR zu erreichen und die Folgen der Teilung zu lindern.[369] Bereits in den 1950er und Anfang der 1960er Jahre hatten zudem FDP-Politiker wie Karl-Georg Pfleiderer und Wolfgang Schollwer neue Ansätze in der Deutschlandpolitik entworfen, die sich von der CDU unterschieden und in der FDP zunehmend Anhänger fanden.[370] Adenauers bisherige Deutschlandpolitik war spätestens mit dem Mauerbau insoweit

---

[363] Vgl. Hertle: Die Berliner Mauer – Monument des Kalten Krieges, S. 86.
Vgl. ebf. Staadt, Jochen: Die geheime Westpolitik der SED 1960–1970. Von der gesamtdeutschen Orientierung zur sozialistischen Nation. Berlin 1993, S. 82–88.
[364] Vgl. Hertle: Die Berliner Mauer – Monument des Kalten Krieges, S. 86.
[365] Zahl aus: Ebenda, S. 86.
[366] Vgl. Brandt, Willy: Erinnerungen. Berlin 1999 (Jubiläumsausgabe; Originalausgabe von 1989), S. 82.
Vgl. ebf. Merseburger, Peter: Willy Brandt, 1913–1992. Visionär und Realist. Stuttgart und München 2002, S. 452–457.
[367] Vgl. Bahr: Zu meiner Zeit, S. 163.
[368] Vgl. Hertle: Die Berliner Mauer – Monument des Kalten Krieges, S. 86.
[369] Vgl. Potthoff: Im Schatten der Mauer, S. 31.
[370] Vgl. Baring: Machtwechsel, S. 240 f. und S. 251–264. Die FDP hatte außerdem den Kontakt zur Liberal-Demokratischen Partei Deutschlands (LDPD) nicht abreißen lassen.

gescheitert, da sie weder zu der erhofften Wiedervereinigung noch zu Erleichterungen für die Menschen in der DDR geführt hatte.[371] SPD und FDP näherten sich deshalb in den 1960er Jahren vor allem in der Deutschlandpolitik einander an.[372] In West-Berlin bildeten sie seit 1963 eine Koalition unter der Führung des Regierenden Bürgermeisters Willy Brandt, die gemeinsam das Passierscheinabkommen durchsetzte.[373]

Mit dem ebenfalls 1963 beginnenden Häftlingsfreikauf, der zeitlich sogar noch vor dem ersten Passierscheinabkommen durchgeführt wurde, erzielte aber auch CDU-Minister Barzel mit Billigung Adenauers einen konkreten Erfolg in der Deutschlandpolitik, auch wenn zunächst »nur« acht Personen ausgelöst werden konnten. Barzel wurde aber Ende 1963 nach dem Kanzlerwechsel von Adenauer zu Erhard als Minister vom FDP-Vorsitzenden Mende abgelöst, weshalb er seine Pläne in der Deutschlandpolitik nicht weiter verwirklichen konnte.[374]

Zwischen dem Passierscheinabkommen und dem beginnenden Häftlingsfreikauf bestand zwar kein unmittelbarer Zusammenhang. Beide Übereinkommen zeigten jedoch, dass nun in der Bundesrepublik und in West-Berlin nach verschiedenen Möglichkeiten gesucht wurde, die Folgen der Teilung nach dem Mauerbau zu mildern. Der Fokus in der Deutschlandpolitik hatte sich gewandelt. Da sich gleichzeitig auch die weltpolitischen Rahmenbedingungen verändert hatten, wurde die Aufnahme des Häftlingsfreikaufs durch diese beiden Faktoren maßgeblich begünstigt.[375]

---

[371] Vgl. Taylor: The Berlin Wall, S. 269.
[372] Vgl. zur Deutschlandpolitik seit den 1960er Jahren: Faulenbach, Bernd: Die Diskussion über Phasen und Probleme der Deutschlandpolitik 1945–1990. In: Drechsler, Ingrun; Faulenbach, Bernd; Gutzeit, Martin; Meckel, Markus und Weber, Hermann (Hg.): Getrennte Vergangenheit, gemeinsame Zukunft. Ausgewählte Dokumente, Zeitzeugenberichte und Diskussionen der Enquete-Kommission »Aufarbeitung von Geschichte und Folgen der SED-Diktatur in Deutschland« des Deutschen Bundestages 1992–1994. Band III: Wandlungen der Deutschlandpolitik. München 1997, S. 56–84.
[373] Vgl. ebenda, S. 239 f.
[374] Vgl. Barzel: Ein gewagtes Leben, S. 182 f.
[375] Vgl. Wolfrum: Die Mauer, S. 53–64.

## 2. Die Anfänge des Häftlingsfreikaufs

Mit dem Mauerbau sahen sich die Bundesregierung und andere westliche Akteure – wie die beiden großen christlichen Kirchen und der West-Berliner Senat – gezwungen, neue Wege zu beschreiten, um ihren Landsleuten bzw. Glaubensbrüdern weiterhin helfen zu können. Das galt im Besonderen auch für die Unterstützung von politischen Häftlingen in den DDR-Gefängnissen. Für den Beginn des Häftlingsfreikaufs kann kein genaues Datum angegeben werden. Schon in den 1950er Jahren gab es vereinzelte Freikaufbemühungen um politische Häftlinge. Hierbei handelte es sich in erster Linie um private Initiativen, zum Beispiel von westlichen Firmen, die sich für ihre inhaftierten Mitarbeiter einsetzten.[376] Auch das Hilfswerk »Helfende Hände« in Hamburg um Marianne (»Dora«) Fritzen, Rosemarie Springer, Ehefrau des Verlegers Axel Springer, und den Geschäftsmann Otto Dinse engagierte sich frühzeitig für politische Häftlinge in der DDR.[377] Ähnliche Aktivitäten waren außerdem von Nachrichtendiensten bekannt, die inhaftierte Mitarbeiter durch wirtschaftliche Gegenleistungen auslösen konnten.[378]

Ebenfalls schon in den 1950er Jahren hatte sich die westliche Seite um den Austausch von Agenten bemüht.[379] In Ausnahmefällen erreichte auch die Rechtsschutzstelle Freikäufe der Mandanten von Rechtsanwalt Wolfgang Vogel.[380] Laut Peter Jochen Winters sollen bereits 1954 Freikauf- und Austauschaktionen von politischen Häftlingen über Vogel gelaufen sein.[381] Nach Aussagen von Norbert F. Pötzl war Vogel 1958 sowohl an Überlegungen als auch an Verhandlungen über einen innerdeutschen Austausch von Inhaftierten beteiligt, die allerdings nur teilweise umgesetzt werden konnten.[382] In diversen Quellen sind für die 1950er

---

[376] Vgl. Wunschik: Politische Gefangene als Spielball der Politik. In: Wagner (Hg.): Europa und Deutschland – Deutschland und Europa, S. 377. Laut Wunschik liefen einige Bemühungen über Rechtsanwalt Kaul. Nach seiner Darstellung wurde schon 1949 eine Begnadigung eines zum Tode Verurteilten gegen wirtschaftliche Gegenleistungen erreicht.
[377] Vgl. Brinkschulte; Gerlach und Heise: Freikaufgewinnler, S. 16.
[378] Vgl. Horchem, Hans Josef: Auch Spione werden pensioniert. Herford, Berlin und Bonn 1993, S. 53–59.
[379] Vgl. Pötzl: Basar der Spione, S. 46–50.
[380] Vgl. ebenda, S. 143.
[381] Vgl. Winters, Peter Jochen: Ehrlicher Makler zwischen den Fronten. Zum Tod von Wolfgang Vogel (1925–2008). In: DA 5/2008 (41. Jahrgang), S. 776–778.
[382] Vgl. Pötzl: Basar der Spione, S. 60–76.

und für den Beginn der 1960er Jahre einige Freikaufinitiativen – zum Beispiel durch Angehörige oder Arbeitgeber der Inhaftierten – für Mandanten Vogels vermerkt.[383] Rehlinger verwies darüber hinaus in seinem Buch auf zwei Einzelfälle, in denen nach seiner Kenntnis noch vor 1962 zwei politische Häftlinge gegen Bargeld freigekauft werden konnten, wobei ebenfalls über Rechtsanwälte verhandelt worden sei.[384] Nähere Angaben konnte Rehlinger hierzu nicht geben. Er machte aber deutlich, dass es sich um keinen Freikauf der Bundesregierung gehandelt habe. Alle dargestellten Aktionen waren jedoch gezielte Bemühungen um einzelne Inhaftierte. Dennoch sind sie für die späteren Freikaufaktivitäten zwischen den beiden deutschen Staaten als Vorläufer relevant. Für umfangreichere Freikaufaktionen von politischen Häftlingen aus DDR-Gefängnissen war aber ein übergeordnetes politisches und humanitäres Interesse notwendig. Eine wichtige Vorreiterrolle hinsichtlich der Entstehungsgeschichte des Häftlingsfreikaufs kam ganz besonders der evangelischen Kirche zu.[385] Auch die katholische Kirche war diesbezüglich schon frühzeitig engagiert.[386]

## 2.1 Die Initiativen der evangelischen und der katholischen Kirche

Die beiden großen christlichen Kirchen mussten aus humanitären Gründen nach Wegen suchen, dass möglichst viele politische Häftlinge aus

---

[383] Vgl. BStU, Archiv der Zentralstelle, MfS – AIM 5682/69, Band 6, S. 25 (Vermerk »Georgs« vom 1.5.1956).
Vgl. ebf. BStU, Archiv der Zentralstelle, MfS – AIM 5682/69, Band 6, S. 76 f. (Vermerk Unterleutnant Knolls vom 26.4.1957 über Treffen mit GM »Georg« in Anwesenheit Volperts am 25.4.1957).
Vgl. ebf. BStU, Archiv der Zentralstelle, MfS – AIM 5682/69, Band 7, S. 240 (Treffbericht Volperts vom 7.7.1961 über vorheriges Treffen mit GM »Georg«).
Vgl. ebf. BStU, Archiv der Zentralstelle, MfS – HA IX 367, S. 200 (Volpert vom 16.2.1962: Über das Angebot einer »Wiedergutmachung« durch die Ehefrau eines Inhaftierten in Höhe von 40.000–50.000 DM. Volpert argumentierte für die Annahme des Angebots.).
Vgl. ebf. Müller-Enbergs, Helmut (Hg.): Inoffizielle Mitarbeiter des Ministeriums für Staatssicherheit. Teil 1: Richtlinien und Durchführungsbestimmungen. Berlin 2001 (3. Aufl.; 1. Auflage erschien 1996), S. 77.
[384] Vgl. Rehlinger: Freikauf, S. 16.
[385] Vgl. Heck, Thomas E.: EKD und Entspannung: Die Evangelische Kirche in Deutschland und ihre Bedeutung für die Neuformulierung der Ost- und Deutschlandpolitik bis 1969. Frankfurt am Main 1996, S. 107.
[386] Vgl. Kösters: Staatssicherheit und Caritas 1950–1989. Zur politischen Geschichte der katholischen Kirche in der DDR, S. 105.

den DDR-Gefängnissen freigelassen werden konnten. Für beide Kirchen bestand zudem wegen der großen Zahl der in der DDR inhaftierten Christen, hierunter waren auch viele Kirchenmitarbeiter, ein dringender Handlungsbedarf.[387] Das galt noch mehr für die evangelische Kirche, da es in der DDR sehr viel mehr protestantische als katholische Christen gab.[388] Die evangelische Kirche unterstützte viele politische Häftlinge bzw. deren Angehörige in der DDR über ein umfassendes Patenschaftssystem.[389] Diese Betreuungsaufgabe wurde jedoch nach dem Mauerbau weitaus schwieriger. Wie sollte nun den Inhaftierten noch wirksam geholfen werden? Hierzu mussten neue Ideen entwickelt werden. Die christlichen Kirchen verwendeten sich zwar vor allem für Gläubige ihrer Konfession, aber keinesfalls ausschließlich. Sie arbeiteten sehr eng zusammen, da sie beide in der DDR stark bedrängt wurden.[390] Insbesondere ab 1952 wurden überzeugte Christen politisch verfolgt.[391] Pfarrer wurden unter Druck gesetzt und mussten sogar mit ihrer Verhaftung rechnen.[392] Aktive Christen wurden auf vielfältige Weise diskriminiert.[393] Kirchensteuern wurden vom Staat nicht mehr eingezogen, um so die Kirchengemeinden finanziell auszutrocknen.[394] Diese waren deshalb auf wirtschaftliche Unterstützung aus dem Westen dringend angewiesen, weshalb Devisen oder Wirtschaftsgüter, die für die Kirchengemeinden in der DDR nicht zu beschaffen waren, aus dem Westen eingeführt wurden.[395] Kirchenmitarbeiter, die hierbei vom MfS entdeckt und verhaftet wurden, mussten mit einer Verurteilung wegen Zoll- und Devisenvergehen rechnen.[396]

[387] Vgl. ADW, Hauptgeschäftsstelle Stuttgart (HG St) 7814 (Vermerk von Geißel vom 20.7.1964).
Vgl. ebf. EZA Berlin, 742/277 (Vermerk vom 14.12.1965).
[388] Vgl. Ehm, Martin: Die kleine Herde – die katholische Kirche in der SBZ und im sozialistischen Staat DDR. Münster 2007, S. 5.
[389] Vgl. ADW, B St 250 (Beispiele für Patenschaften).
[390] Vgl. Kösters: Staatssicherheit und Caritas 1950–1989, S. 105.
[391] Vgl. Goeckel, Robert F.: Thesen zu Kontinuität und Wandel in der Kirchenpolitik der SED. In: Vollnhals, Clemens (Hg.): Die Kirchenpolitik von SED und Staatssicherheit. Eine Zwischenbilanz. Berlin 1996, S. 29–58.
Vgl. ebf. Fulbrook, Mary: Anatomy of a Dictatorship: Inside the GDR, 1949–1989. Oxford 1995, S. 87–125.
[392] Vgl. Schulte-Umberg, Thomas (Bearbeiter): Akten deutscher Bischöfe seit 1945. DDR 1957–1961. Paderborn (u. a.) 2006, S. 455–457 (Dokument 188).
[393] Vgl. Kleßmann, Christoph (Hg.): Kinder der Opposition. Berichte aus Pfarrhäusern in der DDR. Gütersloh 1993, S. 12.
Vgl. ebf. Lepp: Tabu der Einheit?, S. 151–163.
[394] Vgl. von Wedel: Als Anwalt zwischen Ost und West, S. 45.
[395] Vgl. Lepp: Tabu der Einheit?, S. 217 f.
[396] Vgl. Wedel, Reymar von: Kurt Scharf. Kämpfer und Versöhner. Kleinmachnow 2010, S. 51 und S. 68.

Ab 1957 verbesserte sich die finanzielle Situation der ostdeutschen evangelischen Landeskirchen etwas, was maßgeblich auf einem von Bischof Kunst initiierten Abkommen basierte, das zwischen der DDR-Regierung und der Evangelischen Kirche in Deutschland (EKD) geschlossen worden war.[397] Ab nun konnte die EKD jene Waren in die DDR liefern, die dort dringend benötigt wurden. Gleichzeitig wurde der EKD erlaubt, die östlichen Landeskirchen finanziell zu unterstützen.[398] Diese Übereinkunft wurde später als »Sondergeschäft A«, »A-Geschäft« oder »Kirchengeschäft A« bezeichnet; ein vergleichbares späteres Abkommen mit der katholischen Kirche firmierte als »Kirchengeschäft C«, »C-Geschäft« oder »Sondergeschäft C«. Die Begriffe »Sondergeschäft B«, »B-Geschäft« bzw. »Kirchengeschäft B« standen hingegen für den Häftlingsfreikauf.[399] Entscheidend für den späteren Häftlingsfreikauf der Bundesregierung war, dass der technische Ablauf und die vorhandenen Kontakte aus dem »Kirchengeschäft A« von den beiden deutschen Staaten für den Freikauf genutzt werden konnten.[400] So wurden für die Freilassungen der politischen Häftlinge ab 1964 ebenfalls Waren als Gegenleistungen an die DDR geliefert. Dabei erfolgte die Abwicklung über Mitarbeiter des Diakonischen Werkes, wobei Ludwig Geißel diese Aufgabe fast 20 Jahre lang wahrnahm.

Die EKD stellte in einem längst geteilten Deutschland mit Unterstützung der Bundesregierung ein wichtiges Bindeglied zwischen den beiden deutschen Staaten dar.[401] Unter dem massiven politischen Druck der SED kam es jedoch 1969 zur organisatorischen Trennung. Die acht Landeskirchen auf dem Gebiet der DDR schlossen sich nun zum Bund der Evangelischen Kirchen in der DDR (BEK) zusammen.[402] Dennoch blieben zwischen der evangelischen Kirche in Ost und West enge Bindungen bestehen.[403] Deshalb muss die Bedeutung der evangelischen Kirche für die innerdeutschen Beziehungen im Allgemeinen und den

---

[397] Vgl. Besier, Gerhard: Der SED-Staat und die Kirche. Der Weg in die Anpassung. München 1993, S. 240–248.
[398] Vgl. Geißel: Unterhändler der Menschlichkeit, S. 255–292.
[399] Vgl. Deutscher Bundestag (Hg.): Drucksache 12/7600, S. 305.
[400] Vgl. Geißel: Unterhändler der Menschlichkeit, S. 333 f. (Quelle bis zum Ende des Absatzes).
[401] Vgl. Rehlinger: Freikauf, S. 53.
[402] Vgl. Besier, Gerhard: Der SED-Staat und die Kirche 1969–1990. Die Vision vom »Dritten Weg«. Berlin und Frankfurt am Main 1995, S. 34–55.
[403] Vgl. Lepp, Claudia: Getrennte Existenz in »besonderer Gemeinschaft« (1969–1989). In: Dieselbe und Nowak, Kurt (Hg.): Evangelische Kirche im geteilten Deutschland (1945–1989/90). Göttingen 2001, S. 73.

Häftlingsfreikauf im Besonderen sowohl aufgrund ihres Engagements als auch wegen des hohen evangelischen Bevölkerungsanteils in der DDR hervorgehoben werden.

An der Entstehung des Häftlingsfreikaufs war die evangelische Kirche – besonders durch Bischof Kurt Scharf und dessen Mitarbeiter und Vertrauten Reymar von Wedel – maßgeblich beteiligt.[404] Allerdings lassen sich nach einem halben Jahrhundert nicht mehr alle Einzelheiten historisch exakt rekonstruieren. Über die Entstehungsgeschichte des Häftlingsfreikaufs fand in den Jahren 2008/2009 eine Forschungskontroverse in der Zeitschrift »Deutschland Archiv« (DA) statt, da der Historiker Jan Philipp Wölbern die Vorreiterrolle der evangelischen Kirche angezweifelt hatte; die Initiative zum Häftlingsfreikauf schrieb er der DDR bzw. dem MfS und Heinz Volpert zu.[405] Dem widersprachen der Zeitzeuge Reymar von Wedel und der SPIEGEL-Journalist Norbert F. Pötzl, der Biograf von Wolfgang Vogel.[406] Auf diese Forschungskontroverse will ich hier eingehen, da sie sich mit einer zentralen Frage der Entstehungsgeschichte des Häftlingsfreikaufs auseinandersetzte: Von wessen Seite und von welchen Akteuren ging die Initiative zum Häftlingsfreikauf aus?

Die Thesen Wölberns widersprachen den bisherigen Erkenntnissen über den Beginn des Häftlingsfreikaufs.[407] Er bestritt, dass die evangelische Kirche dessen Wegbereiter war. Er stellte hierbei infrage, dass sich Reymar von Wedel bereits im Juni 1962 mit Rechtsanwalt Wolfgang Vogel getroffen hatte, um über einen möglichen Freikauf von politischen Häftlingen, vor allem von inhaftierten Kirchenmitarbeitern, aus den DDR-Gefängnissen zu verhandeln. Dieses Treffen zwischen von Wedel und Vogel habe erst im Oktober 1963 stattgefunden, also nach dem ersten Freikauf der Bundesregierung. Wölbern schrieb die Initiative zur Entstehung des Häftlingsfreikaufs der DDR im Allgemeinen und Volpert im Besonderen zu. Aufgrund ihres Devisenmangels habe

---

[404] Vgl. von Wedel: Kurt Scharf, S. 77–87. Vgl. als weitere Quelle von Reymar von Wedel über Kurt Scharf und dessen Rolle beim Freikauf: Derselbe: Kurt Scharf – Initiator des Häftlings-Freikaufs. In: Jahrbuch für Berlin-Brandenburgische Kirchengeschichte 69/2013, S. 205–213.

[405] Vgl. Wölbern: Die Entstehung des »Häftlingsfreikaufs«. In: DA 5/2008 (41. Jahrgang), S. 856–867.

[406] Vgl. Pötzl: Anmerkungen zu Jan Philipp Wölbern. In: DA 6/2008 (41. Jahrgang), S. 1032–1035. Norbert F. Pötzl stand für diese Studie dankenswerterweise für schriftliche Rückfragen zur Verfügung. Vgl. u. a. Mail vom 23.11.2009. Vgl. ebf. von Wedel: Stellungnahme. In: DA 6/2008 (41. Jahrgang), S. 1035 f.

[407] Vgl. Wölbern: Die Entstehung des »Häftlingsfreikaufs«. In: DA 5/2008 (41. Jahrgang), S. 856–867.

die DDR dem Westen den Freikauf von Häftlingen angeboten. Eine Initiative Bischof Scharfs bereits im Jahr 1962, wie sie von Rechtsanwalt von Wedel bezeugt wird, widerspräche dieser These. Bemühungen von westlichen Akteuren für den Beginn des Häftlingsfreikaufs wurden daher auch von Wölbern bestritten oder in ihrer Bedeutung stark relativiert. Dabei stützte er sich im Wesentlichen auf einen Vermerk von Heinz Volpert, der das erste Treffen Vogels mit von Wedel auf den 24. Oktober 1963 datierte.[408]

Reymar von Wedel bestand hingegen darauf, dass er bereits 1962 mit Vogel über den Freikauf von politischen Häftlingen verhandelt habe.[409] Rechtsanwalt Vogel bestätigte zu Lebzeiten ebenfalls diese Darstellung.[410] Auch ein weiterer Zeitzeuge, Ludwig Geißel, stützte in seinen Erinnerungen von Wedels Ausführungen.[411] Pötzl und von Wedel zogen Volperts Vermerk vom November 1963 daher ausdrücklich in Zweifel und widersprachen den Thesen Wölberns entschieden.[412] Laut von Wedel traf er selbst im Auftrag von Bischof Scharf zum ersten Mal im Juni 1962 mit Wolfgang Vogel zusammen, um über die Freilassung von inhaftierten Kirchenmitarbeitern in DDR-Gefängnissen zu verhandeln.[413] In diese Vorgänge schaltete sich von Wedel zufolge auch Heinz Volpert ein, der sich allerdings unter einem falschen Namen (Heinz Krügeler) vorstellte und somit seine wahre Identität verschleierte.[414] Volperts Einbindung in den geplanten Freikauf ergab sich daraus, dass er einerseits Vogels Kontaktmann beim MfS war und andererseits auch für die Beziehungen zwischen der DDR und den westlichen Kirchen innerhalb des MfS zuständig war.[415] Nach einzelnen Freikäufen konnten laut von Wedel derartige Aktionen aufgrund ihres

---

[408] Vgl. BStU, Archiv der Zentralstelle, MfS – AIM 5682/69, Band 8, S. 240 (Vermerk Volperts vom 1.11.1963).
[409] Vgl. von Wedel: Stellungnahme. In: DA 6/2008 (41. Jahrgang), S. 1035 f.
[410] Vgl. Wolfgang Vogel im Interview (»Ich hätte mit dem Teufel paktiert.« SPIEGEL-Interview mit dem Ost-Berliner Anwalt Wolfgang Vogel über die deutsch-deutschen Freikäufe). In: DER SPIEGEL, Nr. 15/1990 vom 9.4.1990 (Das Interview wurde von den Redakteuren Ulrich Schwarz und Georg Bönisch geführt.).
[411] Vgl. Geißel: Unterhändler der Menschlichkeit, S. 328–331.
[412] Vgl. Pötzl: Anmerkungen zu Jan Philipp Wölbern. In: DA 6/2008 (41. Jahrgang), S. 1033.
Vgl. ebf. von Wedel: Stellungnahme. In: Ebenda (DA 6/2008), S. 1035.
[413] Vgl. derselbe (von Wedel): Als Kirchenanwalt durch die Mauer, S. 41.
[414] Vgl. ebenda, S. 48.
[415] Vgl. derselbe (von Wedel): Als Anwalt zwischen Ost und West, S. 46.

wachsenden Umfangs ab 1964 von der evangelischen Kirche finanziell nicht mehr geschultert werden.[416]

Jan Philipp Wölbern baute seine Argumentation auf einem Vermerk Volperts auf, den dieser im November 1963 über das angeblich erste Treffen von Wolfgang Vogel und Reymar von Wedel verfasst hatte.[417] Einige Protokolle Volperts über seine Berichte der Treffen mit Vogel hielt Wölbern für manipuliert, da sich Volpert durch eine für seine Interessen günstige Darstellung Vorteile bei seinen Vorgesetzten habe verschaffen wollen.[418] Den angeführten Vermerk sah Wölbern aber als zuverlässig an.[419] Ein Interview von Bischof Scharf aus dem Jahr 1975, in dem dieser betonte, dass er von Wedel bereits im Jahr 1962 zu Wolfgang Vogel geschickt habe, um über die Freilassung von politischen Häftlingen zu verhandeln, sah Wölbern nicht als Gegenbeweis an.[420] Dieses Interview könne vielmehr erst Missverständnisse hervorgerufen haben, da sich die anderen Zeitzeugen dadurch wohl hätten täuschen lassen. Nachdem das Interview Scharfs jedoch in enger Abstimmung mit von Wedel erfolgte, hätten sich hier beide, Scharf und von Wedel, geirrt.[421] Alle anderen Zeitzeugen müssten zudem diese (falsche) Darstellung unkritisch übernommen und sich dabei auch um anderthalb Jahre und in der Jahreszeit getäuscht haben. Zwar konnten von Wedel und Pötzl in der Kontroverse keine schriftlichen Quellen aus den 1960er Jahren vorlegen. Aber angesichts der Vielzahl der bereits angeführten weiteren Zeitzeugen, die von Wedel bestätigt haben, ist Volperts Vermerk als fragwürdig einzustufen. Die Informationen, die in der Quelle festgehalten wurden, könnte Volpert aus Eigeninteresse auch deshalb so dargestellt haben, weil es im MfS Vorbehalte gegenüber

---

[416] Vgl. von Wedel: Als Anwalt zwischen Ost und West, S. 30–39.
Vgl. ebf. derselbe (von Wedel): Als Kirchenanwalt durch die Mauer, S. 39–66.
[417] Vgl. Wölbern: Die Entstehung des »Häftlingsfreikaufs«. In: DA 5/2008 (41. Jahrgang), S. 863.
Vgl. ebf. BStU, Archiv der Zentralstelle, MfS – AIM 5682/69, Band 8, S. 240–246 (Vermerk Volperts vom 1.11.1963).
[418] Vgl. Wölbern: Die Entstehung des »Häftlingsfreikaufs«. In: DA 5/2008 (41. Jahrgang), S. 860.
[419] Vgl. ebenda, S. 863.
[420] Vgl. derselbe (Wölbern): Anmerkung: Problematische Argumentation. In: DA 1/2009 (42. Jahrgang), S. 84 (Antwort auf die Anmerkungen von Norbert F. Pötzl und Reymar von Wedel).
[421] Vgl. BA Koblenz, B 137/15780 (hierin enthalten: Interview von Bischof Kurt Scharf mit dem Evangelischen Pressedienst (epd) am 1.10.1975). Reymar von Wedel widersprach im Deutschlandarchiv erneut Wölberns Darstellung. In: DA 3/2009 (42. Jahrgang), S. 475.

dem geplanten Freikauf gab.[422] Pötzl hatte den Vermerk Volperts schon 1996 in seiner Biografie über Vogel wegen zahlreicher Widersprüche als unglaubwürdig angesehen.[423]

Allerdings erinnerte sich von Wedel in seinem Buch in Details – beispielsweise hinsichtlich des Zeitpunkts der Freilassung von Pfarrer Werner Arnold – historisch nicht korrekt, was Wölbern auch kritisch und sachlich zutreffend aufgegriffen hat.[424] Die Darstellung von Reymar von Wedel über den Freikauf aus dem Jahr 2012 weicht in einigen Punkten von früheren Ausführungen ab.[425] Doch sind die Erinnerungen Reymar von Wedels zwar nicht in allen Einzelheiten, aber doch in ihren entscheidenden Punkten über das frühzeitige Engagement der evangelischen Kirche beim Freikauf glaubhaft, da sie in der Grundaussage mit den Erinnerungen inzwischen verstorbener Zeitzeugen identisch sind und sich logisch in den politischen und historischen Kontext einfügen. Jan Philipp Wölbern, Reymar von Wedel und Norbert F. Pötzl konnten ihre diesbezügliche Kontroverse nicht abschließend klären.[426] Aber am frühzeitigen Engagement von Bischof Scharf und damit mittelbar auch von Reymar von Wedel für den Freikauf politischer Häftlinge aus der DDR kann kaum ein begründeter Zweifel bestehen. Die Thesen Wölberns gehen zu sehr in eine Richtung, auch wenn sie in manchem Detail durchaus zutreffend sind. Sie verkennen aber insgesamt das generelle Interesse der evangelischen Kirche, der westlichen Akteure und vielen der politisch Handelnden in der Bundesrepublik am Häftlingsfreikauf.

---

[422] Vgl. Pötzl: Anmerkungen zu Jan Philipp Wölbern. In: DA 6/2008 (41. Jahrgang), S. 1033.

[423] Vgl. derselbe: Basar der Spione, S. 61 f. und S. 141 f. Als mögliche Erklärungen für die Manipulationen weist Pötzl auf die interne Konkurrenz im MfS hin. Diekmann hält Volperts Vermerk hingegen für glaubhaft. Vgl. Diekmann (Hg.): Freigekauft, S. 31.

[424] Vgl. Wölbern: Die Entstehung des »Häftlingsfreikaufs«. In: DA 5/2008 (41. Jahrgang), S. 862 f.

[425] Vgl. Wedel, Reymar von: Die Entstehung der »Haftaktion«. Am 25.7.2012 auf: http://www.bpb.de/geschichte/zeitgeschichte/deutschlandarchiv/139629/die-entstehung-der-haftaktion.
So sagt von Wedel beispielsweise hierin, er habe beim Freikauf ohne Wissen der Bundesregierung gehandelt. In der Gegendarstellung zu Wölbern hatte er hingegen betont, er habe mit deren Wissen gehandelt. Vgl. von Wedel: Stellungnahme. In: DA 6/2008 (41. Jahrgang), S. 1035.

[426] Mit allen Beteiligten hatte ich einen kollegialen Austausch. Pötzl hat für seine neue Biografie über Vogel, für die er dessen persönliche Unterlagen einsehen durfte, neue Erkenntnisse über die Anfänge des Häftlingsfreikaufs angekündigt (vgl. www.mdr.de/geschichte-mitteldeutschlands/filme/vogel/chatprotokoll652.html).

Neben Bischof Scharf waren auch Bischof Kunst, der langjährige Bevollmächtigte des Rates der EKD am Sitz der Bundesregierung in Bonn, sowie Bischof Otto Dibelius und Propst Heinrich Grüber kontinuierlich um politische Gefangene in der DDR bemüht.[427] Scharf und Kunst arbeiteten auch in den folgenden Jahren in humanitären Fragen sehr eng zusammen.[428] Laut Whitney, der sich hierbei auf ein Interview mit Kunst berief, war Kunst über Scharf auch in den ersten Freikauf der Kirche involviert.[429] Bischof Scharf hatte frühzeitig Fürbittenlisten für inhaftierte Christen in der DDR initiiert.[430] Auch Gnadengesuche von Angehörigen der Inhaftierten wurden von der Kirche unterstützt.[431] Doch damit konnte den Häftlingen kaum wirksam geholfen werden. Anfang der 1960er Jahre hatte Scharf in einem Fall von inhaftierten Mitgliedern der Jungen Gemeinde den bekannten Theologen Martin Niemöller und den Thüringer Landesbischof Moritz Mitzenheim eingeschaltet, doch auch deren Bemühungen um eine Freilassung der politischen Häftlinge waren vergeblich.[432] Laut von Wedel blieb zudem ein Vorstoß von Scharf erfolglos, für wirtschaftliche Gegenleistungen, die über den innerdeutschen Handel abgewickelt werden sollten, Freilassungen zu erreichen.[433] Zwar habe sich die Bundesregierung hierfür offen gezeigt und den Vorschlag über die Treuhandstelle für den Interzonenhandel der DDR vorlegen lassen, aber diese habe darauf nicht reagiert, Ulbricht habe abgelehnt.[434]

[427] Vgl. Geißel: Unterhändler der Menschlichkeit, S. 267–272. Grüber wurde 1949 der »Generalbevollmächtige des Rates der evangelischen Kirche in Deutschland bei der Regierung der DDR«. Jedoch wurde ihm von der DDR 1958 die Akkreditierung entzogen.
[428] Vgl. EZA Berlin, 742/296 (Brief von Kunst an Scharf vom 7.10.1975). Zur Rolle der Kirchen und ihrer wesentlichen Akteure wie Scharf oder Kunst stand für diese Studie dankenswerterweise auch Hermann Kalinna, Oberkirchenrat im Ruhestand, am 4.2.2010 für ein telefonisches Interview zur Verfügung.
[429] Vgl. Whitney: Advocatus Diaboli, S. 82 und S. 366 (Kunst im Interview mit Whitney am 20.10.1992 in Bonn). Laut Reymar von Wedel engagierte sich Bischof Kunst im Auftrag von Bischof Scharf. Vgl. Schreiben von Reymar von Wedel vom 22.7.2013.
[430] Vgl. Evangelisches Landeskirchliches Archiv in Berlin (ELAB), 37/21 (Beispiel für Fürbittenliste; in diesem Fall vom 31.10.1961).
[431] Vgl. ADW, ZBB 2577 (Die Akte enthält solche Beispiele für Hilfen der evangelischen Kirche.).
[432] Vgl. von Wedel: Kurt Scharf, S. 80.
[433] Vgl. derselbe: Die Entstehung der »Haftaktion«. Am 25.7.2012 auf: http://www.bpb.de/geschichte/zeitgeschichte/deutschlandarchiv/139629/die-entstehung-der-haftaktion
[434] Vgl. von Wedel: Kurt Scharf – Initiator des Häftlings-Freikaufs. In: Jahrbuch für Berlin-Brandenburgische Kirchengeschichte 69/2013, S. 206.

Einen wirklichen Durchbruch für den Freikauf brachte der entscheidende Hinweis auf Rechtsanwalt Vogel, den Bischof Scharf von Rechtsanwalt Wilhelm Stark, dem Ost-Berliner Justiziar der evangelischen Kirche, erhalten hatte.[435] Zwischen Stark und Vogel bestanden gute Kontakte, da sie schon in Haftfällen von Kirchenmitgliedern zusammengearbeitet hatten.[436] Da der Bischof von den Ost-Berliner Behörden ausgebürgert worden war und ihm die Einreise verweigert wurde, übertrug er seinem Vertrauten von Wedel die Aufgabe, Vogel aufzusuchen.[437] Vogel machte gegenüber Pötzl 1995 im Interview deutlich, dass von Wedel – im Auftrag von Bischof Scharf – schon im Juni 1962 bei ihm gewesen sei und die Initiative zum Freikauf politischer Häftlinge überbracht habe.[438] Laut Vogel hätten sich sowohl Volpert als auch Josef Streit – späterer DDR-Generalstaatsanwalt und ein wichtiger Vertrauensmann Vogels – gegenüber von Wedels Vorschlag sehr ablehnend verhalten.[439] Dies würde plausibel erklären, warum Volpert den Kontakt zu von Wedel erst 1963 aktenkundig gemacht hatte. Nach einzelnen Freilassungen konnten nach Aussagen von Wedels 1964 insgesamt 100 Häftlinge ausgelöst werden, die die Kirche benannt hatte.[440] Zwischen Vogel und von Wedel entwickelte sich im Lauf der Jahre ein freundschaftliches Verhältnis, was die Gespräche erleichterte.[441]

Geißel hatte, was von Wedels Äußerungen stützt, in seinen Erinnerungen von einzelnen Aktionen seit 1962 gesprochen.[442] Neben der Auslösung von politischen Häftlingen hatte die evangelische Kirche zudem auch die Ausreise für 20 Kinder zu ihren Eltern in den Wes-

---

[435] Vgl. von Wedel: Kurt Scharf, S. 81.
[436] Vgl. Pötzl: Basar der Spione, S. 140.
[437] Vgl. von Wedel: Kurt Scharf, S. 80 und S. 82.
[438] Vgl. Pötzl: Anmerkungen zu Jan Philipp Wölbern. In: DA 6/2008 (41. Jahrgang), S. 1032.
[439] Vgl. ebenda, S. 1032.
[440] Zahl aus: von Wedel: Kurt Scharf, S. 83. Laut von Wedel habe die Kirche u. a. drei Waggons mit Kalisalz als Gegenleistung liefern müssen. Diese Schilderung weicht von früheren Angaben von Wedels und den Erinnerungen Geißels ab, wo drei Waggons mit Kalisalz bereits 1962 als Gegenleistung für Entlassungen von Häftlingen der DDR geliefert werden mussten. Vgl. von Wedel: Als Kirchenanwalt durch die Mauer, S. 50–54; Geißel: Unterhändler der Menschlichkeit, S. 330.
[441] Vgl. Interview mit Reymar von Wedel am 13.3.2009 in Kleinmachnow.
Vgl. ebf. derselbe (Hg.): Wolfgang Vogel. Eine Festgabe. Berlin 2005 (Reymar von Wedel veröffentlichte hier eine Festschrift zu Wolfgang Vogels 80. Geburtstag, in der u. a. Hans-Dietrich Genscher, Wolfgang Schäuble, Helmut Schmidt und Greta Wehner den Jubilar würdigten.).
[442] Vgl. Geißel: Unterhändler der Menschlichkeit, S. 330.

ten erreichen können.⁴⁴³ Für 1964 hat Geißel einen ersten größeren Freikauf von Häftlingen in einem Vermerk (»Betr.: Angelegenheit von Wedel«) schriftlich festgehalten. Nach den damaligen Listen wurde von der evangelischen Kirche der Freikauf von 58 Personen finanziert, während die Bundesregierung laut Geißel die Mittel für den Freikauf weiterer 48 Häftlinge aufbrachte.⁴⁴⁴ Laut Geißels Vermerk waren die wirtschaftlichen Gegenleistungen in Form von Lebensmitteln wie Mais oder Butter, aber auch in der Lieferung von Rutilsand sowie Stickstoffdünger erfolgt.⁴⁴⁵ Da die evangelische Kirche mit Aktionen dieser Größenordnung auf die Dauer finanziell weit überfordert war, sollte nun die Bundesregierung den Freikauf übernehmen.⁴⁴⁶ Geißel führte weiterhin im Vermerk aus, dass in früheren Fällen zwar Konsultationen mit Minister Erich Mende (FDP), dem West-Berliner Innensenator Heinrich Albertz (SPD) und dem Bundestagsabgeordneten Max Güde (CDU) stattgefunden hätten. Angesichts des Umfangs der Entlassungsaktion sollten nun auf Wunsch Geißels aber auch Bundeskanzler Erhard und das Kabinett offiziell eingebunden werden. Tatsächlich übernahm dann auch die Bundesregierung die Zuständigkeit für den Häftlingsfreikauf. Damit endete die Verantwortung der Kirche für Auswahl, Finanzierung und Abwicklung desselben. Rechtsanwälte sollten zwar am Freikauf beteiligt bleiben können, aber keine Verhandlungen über die wirtschaftlichen Gegenleistungen mehr führen dürfen.

Wölbern geht davon aus, dass der in Geißels Vermerk festgehaltene Freikauf der erste der evangelischen Kirche war, was prinzipiell möglich ist.⁴⁴⁷ Hierbei sollte aber berücksichtigt werden, dass gerade in der Anfangsphase des Häftlingsfreikaufs viele Vereinbarungen häufig nur mündlich getroffen wurden und hierüber keine schriftlichen Quellen (mehr) existieren.⁴⁴⁸ Einzelne Entlassungen gegen wirtschaftliche Ge-

---

⁴⁴³ Zahl aus: Geißel: Unterhändler der Menschlichkeit, S. 330.
⁴⁴⁴ Zahlen aus: ADW, HGSt 7814 (Vermerk von Geißel vom 20.7.1964 und anhängende Listen).
⁴⁴⁵ Vgl. ADW, HGSt 7814 (Vermerk von Geißel vom 20.7.1964).
Vgl. ebf. BStU, Archiv der Zentralstelle, MfS HA IX 368, S. 10–15 (verschiedene Quellen zum »Stickstoffgeschäft« von 1964, u. a. Schreiben von Stange an Vogel vom 22.5.1964 (S. 10) und aufgeführte Entlassungen des MfS von inhaftierten Personen gegen Stickstofflieferungen, auf den S. 11–15).
⁴⁴⁶ Vgl. ADW, HGSt 7814 (Vermerk von Geißel vom 20.7.1964).
⁴⁴⁷ Vgl. Wölbern: Die Entstehung des »Häftlingsfreikaufs«. In: DA 5/2008 (41. Jahrgang), S. 862–865.
⁴⁴⁸ Es kann nicht ausgeschlossen werden, dass personenbezogene Akten, die eventuell frühere Freikäufe der Kirchen belegen könnten, möglicherweise noch aus

genleistungen, die bereits zuvor stattfanden, können daher nicht ausgeschlossen werden. Deshalb wird dieser Punkt wahrscheinlich nicht vollständig zu rekonstruieren sein, zumal auch ergebnislose Verhandlungen über einen möglichen Freikauf bereits früher stattgefunden haben könnten, was ebenfalls das frühzeitige Engagement der Kirchen unterstreichen würde. Wölbern hält in seinem aktuell erschienenen Buch entschieden an seiner These fest.[449] Unbestritten ist, dass die evangelische Kirche seit 1964 die Federführung beim Freikauf der Bundesregierung überlassen musste.[450] Die Kirchen konnten zwar weiterhin inhaftierte Personen für die bundesdeutschen Listen vorschlagen, die letzte Entscheidung behielt sich aber die Bundesregierung vor.[451] Wichtige Repräsentanten der Kirchen blieben allerdings stets in unterschiedlicher Form am Häftlingsfreikauf beteiligt, was aus Sicht der Bundesregierung auch den humanitären Charakter der Aktion unterstrich.[452] So hatte der bundesdeutsche Unterhändler Jürgen Stange nur 1964 ein Mandat der Bundesregierung bekommen.[453] Mehr als zehn Jahre, von 1965 bis 1976, erhielt er sein Mandat offiziell von beiden christlichen Kirchen.[454] Diese Vereinbarung war mit Bundeskanzler Erhard zusammen mit Minister Mende und dessen Staatssekretär Krautwig sowie mit den Ministern Westrick, Höcherl und Bucher am 14. Dezember 1964

---

    Gründen des Datenschutzes gesperrt sind (30 Jahre nach dem Tod; sofern das Todesjahr nicht festgestellt werden kann, 110 Jahre nach der Geburt).
[449] Vgl. Wölbern: Der Häftlingsfreikauf aus der DDR 1962/63–1989, S. 82. Hierbei führte er u. a. auch einen Briefwechsel zwischen den Bischöfen Scharf und Kunst von 1975 als angeblichen Beleg an. Ich bin jedoch nach wie vor von seiner These nicht überzeugt, da sie widersprechende Quellen zu wenig berücksichtigt.
[450] Vgl. ADW, HGSt 7814 (Vermerk von Geißel vom 20.7.1964).
[451] Vgl. Binder, Heinz-Georg: Die Beziehungen der EKD zum BEK und ihre Bedeutung für das Zusammengehörigkeitsgefühl der Deutschen. In: Deutscher Bundestag (Hg.): Materialien der Enquete-Kommission »Aufarbeitung von Geschichte und Folgen der SED-Diktatur in Deutschland« (12. Wahlperiode des Deutschen Bundestages); Band VI/1: Rolle und Selbstverständnis der Kirchen in den verschiedenen Phasen der SED-Diktatur, S. 339.
[452] Vgl. Rehlinger: Freikauf, S. 54.
[453] Vgl. Hammer, Elke-Ursel (Bearbeiterin): Sonderedition der Dokumente zur Deutschlandpolitik. »Besondere Bemühungen« der Bundesregierung, Band 1: 1962 bis 1969. Häftlingsfreikauf, Familienzusammenführung, Agentenaustausch. München 2012, S. 467 (Dok. Nr. 295, Vermerk Rehlingers vom 7.11.1967).
[454] Vgl. ebenda, S. 467 (Dok. Nr. 295, Vermerk Rehlingers vom 7.11.1967).
    Vgl. ebf. EZA Berlin, 742/277 (Vermerk Krautwigs vom 15.12.1964 über die Beratung vom 14.12.1964).
    Vgl. ebf. Deutscher Bundestag, Drucksache 12/7600, S. 308.

beschlossen worden.⁴⁵⁵ Die Bundesregierung wollte sich aus politischen Gründen – sie erkannte die DDR zu diesem Zeitpunkt staatsrechtlich nicht an – im Hintergrund halten. Deshalb sollten die Verhandlungen formal über die Kirchen geführt werden. Das Treffen belegt zudem, dass sich auch das Bundeskanzleramt bei Grundsatzentscheidungen maßgeblich in den Freikauf einschaltete.

Stange berichtete Bischof Kunst regelmäßig über den Fortgang der Verhandlungen.⁴⁵⁶ Kunsts enge Mitarbeiterin, die Oberkirchenrätin Gräfin von Rittberg, spielte hierbei eine zentrale Rolle.⁴⁵⁷ Der Bischof durfte auf Wunsch auch Vorschläge des BMG zu den Entlassungslisten von Häftlingen einsehen.⁴⁵⁸ Kunst war somit sehr gut über den Freikauf informiert und brachte sich auch selbst unterstützend ein. Bei einem Stillstand in den Verhandlungen 1968 setzte sich Kunst vehement zusammen mit seinem katholischen Kollegen Tenhumberg bei der Bundesregierung dafür ein, die DDR-Forderungen anzunehmen, um damit den bedrängten Menschen in der DDR zu helfen.⁴⁵⁹ Die Kirchen waren generell gegenüber den DDR-Forderungen nachgiebiger als die Bundesregierung, was besonders Staatssekretär Krautwig verärgerte.⁴⁶⁰ Sie wollten den Betroffenen in der DDR unbedingt Beistand leisten und außerdem die mühsam aufgebauten Kontakte zum SED-Staat keinesfalls gefährden.⁴⁶¹ Deshalb waren beide Kirchen – vor allem in den ersten Jahren des Freikaufs – gegenüber der Bundesregierung eine treibende Kraft. Die Bundesregierung sollte mehr politische Häft-

---

[455] Vgl. EZA Berlin, 742/277 (Vermerk Krautwigs vom 15.12.1964 über die Beratung vom 14.12.1964). (Quelle bis zum Ende des Absatzes). Ludger Westrick war Bundesminister für besondere Aufgaben und leitete das Bundeskanzleramt; Hermann Höcherl war Bundesminister des Innern; Ewald Bucher war Bundesminister der Justiz.
[456] Vgl. EZA Berlin, 742/278 (Schreiben von Stange an Kunst vom 4.8.1966).
[457] Vgl. EZA Berlin, 742/283 (Schreiben von Gräfin von Rittberg an Stange vom 8.8.1969).
[458] Vgl. EZA Berlin, 742/274 (Schreiben von Ministerialrat Werner That an Bischof Kunst vom 7.12.1964).
[459] Vgl. EZA Berlin, 742/294 (Schreiben von Kunst an Kiesinger vom 16.12.1968).
[460] Vgl. Hammer (Bearbeiterin): Sonderedition »Besondere Bemühungen«, S. XVI (aus der Einleitung).
[461] Vgl. EZA Berlin, 742/277 (Vermerk Hoeschs vom 4.8.1965 über ein Gespräch von Staatssekretär Krautwig mit Bischof Kunst und Prälat Wissing vom gleichen Tag).
Vgl. ebf. EZA Berlin, 742/277 (Vermerk Krautwigs vom 15.9.1965 zum Engagement der beiden Kirchen; Bischof Kunst und Prälat Wissing hatten sich persönlich bei Bundeskanzler Erhard eingesetzt. Sie waren bereit, zusätzlich finanzielle Mittel für die Familienzusammenführung zur Verfügung zu stellen.).

linge freikaufen und hierfür die Mittel aufstocken sowie die Familienzusammenführung, bei der die Kirchen bereits initiativ geworden waren, aufnehmen und ausweiten und außerdem für Übersiedlungen von in die DDR entlassenen Häftlingen bezahlen.[462] Hierbei setzen sich die Kirchen mit ihren Anliegen bei der Bundesregierung oft erfolgreich durch. Das erreichten sie, obwohl sie in manchen Punkten gegenüber der DDR in Eigeninitiative gehandelt und dieser mitunter Zusagen gegeben hatten, die dann von der Bundesregierung finanziert wurden.[463] Trotz dieser Gegensätze, die sich vor allem daraus ergaben, dass die Kirchen als Stanges formaler Auftraggeber auftraten, waren diese insgesamt für die Bundesregierung beim Häftlingsfreikauf und bei der Familienzusammenführung sehr hilfreich und müssen als wichtige Impulsgeber betrachtet werden.[464] Dem BMG gelang es 1967, die eigene Position gegenüber den Kirchen und Rechtsanwalt Stange entscheidend zu stärken.[465] Letzterer erhielt zwar sein formales Mandat für die Verhandlungen bis 1976 weiterhin von den Kirchen, aber seine Weisungen bekam er bereits seit 1967 vom BMG.[466]

Bischof Kunst engagierte sich darüber hinaus über Rechtsanwalt Reymar von Wedel auch außerhalb der staatlichen Bemühungen in humanitären Fällen, wobei der Bischof selbst die für den Freikauf notwendigen Geldmittel organisierte.[467] Schließlich liefen über Rechtsanwalt von Wedel auch einige private Freikaufaktionen, wobei die Bargeldzahlungen von den im Westen lebenden Angehörigen oder Freunden der Betroffenen aufgebracht wurden.[468] Private Freikäufe lehnte die Bundesregierung grundsätzlich ab, weil sie dadurch den Gleichheitsgrundsatz gefährdet sah. Inhaftierte mit wohlhabenden Angehörigen oder Gönnern könnten ge-

---

[462] Vgl. Hammer (Bearbeiterin): Sonderedition »Besondere Bemühungen«, S. XX (aus der Einleitung).
Vgl. ebf. ebenda, S. 199 (Dok. Nr. 98, Memorandum von Prälat Adolph vom 24.11.1964).
[463] Vgl. ebenda, S. XX (aus der Einleitung). Die Bundesfinanzminister – zum Beispiel Franz Josef Strauß – erwiesen sich hierbei immer wieder als bemerkenswert kooperativ und waren zu Mehrausgaben bereit.
[464] Vgl. Ludwig Rehlinger im Interview am 21.2.2009 in Eichwalde.
[465] Vgl. Hammer (Bearbeiterin): Sonderedition »Besondere Bemühungen«, S. XXI (aus der Einleitung).
[466] Vgl. ebenda, S. XXI (aus der Einleitung).
[467] Vgl. EZA Berlin, 742/274 (Schreiben von RA von Wedel an Bischof Kunst vom 4.12.1964).
Vgl. ebf. EZA Berlin, 742/304 und EZA Berlin, 742/305 (Hierin sind zahlreiche Einzelfälle enthalten, die mit finanzieller Beteiligung der Kirchen gelöst werden konnten.).
[468] Vgl. Deutscher Bundestag (Hg.): Drucksache 12/7600, S. 312.

genüber anderen politischen Häftlingen bevorzugt werden, die diese Verbindungen nicht hatten.[469] Zudem bestand dann die Gefahr, dass die DDR an solchen Sondergeschäften mit für sie günstigen Konditionen sicherlich besonders interessiert sein würde.[470] Derartige Überlegungen waren für die Betroffenen im konkreten Fall jedoch verständlicherweise unerheblich.

Zwar konnten die Akten der Caritas zum Freikauf aus Datenschutzgründen nicht eingesehen werden. Doch sollte das Engagement von katholischen Geistlichen einbezogen werden, da sie sich über die Caritas erfolgreich um politisch Inhaftierte in der DDR bemühten.[471] Besonders Prälat Walter Adolph, Generalvikar für das Bistum Berlin, und Prälat Johannes Zinke, der Geschäftsträger des Kommisariats der Fuldaer Bischofskonferenz in Berlin sowie der Leiter der Hauptvertretung Berlin des Deutschen Caritasverbandes, sind hier unbedingt zu nennen.[472] Zinke war zum Beispiel maßgeblich an der Freilassung des in der DDR inhaftierten katholischen Studenten und angeblichen Fluchthelfers Engelbert Nelle beteiligt, der 1962 gegen einen in der Bundesrepublik einsitzenden DDR-Agenten erfolgreich ausgetauscht werden konnte.[473] Auf Seiten der DDR war hierbei ebenfalls Wolfgang Vogel der zuständige Unterhändler.[474]

Laut Christoph Kösters setzte sich Zinke sogar schon seit Ende der 1950er Jahre beim MfS und bei Rechtsanwalt Vogel für die Freilassung politischer Häftlinge in der DDR ein.[475] An den Verhandlungen zu den Freikäufen 1962/63 der evangelischen Kirche war auch die katholische Kirche über Zinke und Adolph beteiligt, worauf Wolfgang Vogel gedrängt hatte.[476] Laut Kösters fanden 1962/63 drei Aktionen der beiden Kirchen statt, bei denen insgesamt etwa 100 Häftlinge freigekauft

---

[469] Vgl. Rehlinger: Freikauf, S. 70 f.
[470] Vgl. ebenda, S. 71.
[471] Vgl. Kösters: Staatssicherheit und Caritas 1950–1989, S. 105–111. Zu Fragen zur katholischen Kirche bezüglich des Freikaufs standen für diese Studie dankenswerterweise Hellmut Puschmann am 18.6.2010, Roland Steinke am 22.6.2011 sowie Prälat Gerhard Lange am 21.6.2011 für telefonische Interviews zur Verfügung.
[472] Vgl. ebenda, S. 105.
[473] Vgl. Thiel, Heinz Dietrich: Aufgaben und Handlungsspielräume der Hauptvertretung des Deutschen Caritasverbandes in Berlin. In: Kösters (Hg.): Caritas in der SBZ/DDR 1945–1989, S. 42.
[474] Vgl. Pötzl: Basar der Spione, S. 134–136.
[475] Vgl. Kösters: Staatssicherheit und Caritas 1950–1989. In: Derselbe (Hg.): Caritas in der SBZ/DDR 1945–1989, S. 100 f.
Vgl. ebf. Vogel, Wolfgang: Erinnerungen an meine anwaltlichen Kontakte zum Deutschen Caritasverband. In: Ebenda (Kösters), S. 137.
[476] Vgl. derselbe (Kösters): Staatssicherheit und Caritas 1950–1989, S. 105.

werden konnten, die außerdem ausreisen durften.[477] Zinke und Adolph blieben auch in den folgenden Jahren wichtige Akteure innerhalb des Freikaufs.[478] Gleiches galt für Zinkes Nachfolger bei der Caritas – Zinke war 1968 verstorben – Heinz-Dietrich Thiel und später auch für Hellmut Puschmann.[479] Für den Freikauf von politischen Häftlingen setzte sich auf katholischer Seite auch Kardinal Alfred Bengsch, der Bischof von Berlin, ein.[480] Wolfgang Vogel hatte als gläubiger Katholik und aufgrund seiner Tätigkeit Kontakte zu Alfred Bengsch sowie später zu Kardinal Georg Sterzinsky, der ab 1989 Bischof von Berlin war.[481] Vogel verhandelte in humanitären Fragen auch mit Prälat Theodor Hubrich, der eng mit Thiel zusammenarbeitete.[482] Vogels Bindungen an die katholische Kirche, besonders zu Zinke, waren außerordentlich eng.[483] Rechtsanwalt Stange musste im Rahmen seiner Tätigkeit regelmäßig dem Prälaten Wilhelm Wissing und seit 1966 dessen Nachfolger Weihbischof Heinrich Tenhumberg Bericht erstatten.[484] Wissing und Ten-

---

[477] Zahl aus: Kösters: Staatssicherheit und Caritas 1950–1989, S. 105. Auch der KoKo-Untersuchungsausschuss des Deutschen Bundestages ging davon aus, dass bereits 1962/63 etwa 100 Häftlinge von der evangelischen und der katholischen Kirche freigekauft wurden. Reymar von Wedel sagte zudem aus, ein westlicher Agent sei auf Bitten der Bundesregierung von der evangelischen Kirche freigekauft worden. Vgl. hierzu: Deutscher Bundestag (Hg.): Drucksache 12/7600, S. 306.

[478] Vgl. ebenda, S. 106–111. Zinke und Adolph setzten sich immer wieder für die Fortsetzung des Freikaufs ein, wenn die Verhandlungen ins Stocken geraten waren.

[479] Vgl. Vogel, Erinnerungen an meine anwaltlichen Kontakte zum Deutschen Caritasverband. In: Kösters (Hg.): Caritas in der SBZ/DDR 1945–1989, S. 137–141.

[480] Vgl. hierzu:
http://www.erzbistum-koeln.de/erzbistum/institutionen/historischesarchiv/archivschaetze4/redemptio.html (Schreiben von Bengsch vom 30.11.1968 an Weihbischof Tenhumberg (Katholisches Büro Bonn), in dem er sich für eine Fortsetzung des Häftlingsfreikaufs aussprach, der von der DDR gestoppt worden war.).

[481] Vgl. zum Kontakt Vogels zu Bengsch: Whitney: Advocatus Diaboli, S. 96 f.
Vgl. zum Kontakt Vogels zu Sterzinsky: Winters: Ehrlicher Makler zwischen den Fronten. In: DA 5/2008 (41. Jahrgang), S. 777.

[482] Vgl. Vogel: Erinnerungen an meine anwaltlichen Kontakte zum Deutschen Caritasverband. In: Kösters (Hg.): Caritas in der SBZ/DDR 1945–1989, S. 138 f.

[483] Vgl. Whitney: Advocatus Diaboli, S. 77 f. und S. 96 f.
Vgl. ebf. Kruse, Michael: Politik und deutsch-deutsche Wirtschaftsbeziehungen von 1945 bis 1989. Berlin 2005, S. 174. Die katholische Kirche stellte nach der deutschen Einheit auch eine Kaution von 100.000 DM für Vogel, um ihn aus der Untersuchungshaft auszulösen, als gegen Vogel diverse Vorwürfe erhoben worden waren.

[484] Vgl. EZA Berlin, 742/294 (Schreiben von Tenhumberg an Kunst vom 6.11.1968

humberg waren die Leiter des Kommissariats der deutschen Bischöfe
– Katholisches Büro Bonn, der katholischen Interessenvertretung bei
der Bundesregierung. Zu Beginn des Freikaufs musste Wissing erhebliche Vorbehalte bei seinem obersten Dienstherrn Kardinal Josef Frings,
dem damaligen Vorsitzenden der Fuldaer Bischofskonferenz, überwinden, der kein diktatorisches und atheistisches Regime wirtschaftlich
unterstützen wollte.[485] Für Wissing waren hingegen die Einnahmen der
DDR aus dem Freikauf – auch im Vergleich zu anderen Einnahmequellen aus der Bundesrepublik – viel zu gering, um die DDR nachhaltig
festigen zu können.[486] Der Prälat baute hierbei zu Vogel ein Vertrauensverhältnis auf, das für die Verhandlungen hilfreich war.[487] Wissing und
dann Tenhumberg nahmen auf katholischer Seite eine ähnliche Funktion innerhalb des Häftlingsfreikaufs ein, wie sie Bischof Kunst auf
Seiten der EKD übernahm, wobei Kunst insgesamt die noch größere
Bedeutung für den Freikauf zukam.[488] So war Kunst in der Anfangsphase des Freikaufs zu der Zusage bereit gewesen, die wirtschaftlichen
Gegenleistungen über Mitarbeiter des Diakonischen Werkes organisieren zu lassen, was dem skeptischen Staatssekretär Krautwig die Zustimmung zum Häftlingsfreikauf erheblich erleichtert hatte.[489] Kunst
gehörte auch in der Folgezeit zu den tragenden Persönlichkeiten beim
Häftlingsfreikauf. Beispielsweise wurde er 1965 von Bundeskanzler
Erhard empfangen, um mit ihm über den Häftlingsfreikauf und dessen
weitere Finanzierung zu sprechen.[490] Bischof Scharf hatte sich mit seinem Einfluss bei Minister Mende für die Aufnahme des Häftlingsfreikaufs verwendet und sich hierbei für Rechtsanwalt Vogel verbürgt.[491]
Laut von Wedel hatte Scharf deshalb sogar persönlich bei Bundeskanz-

über einen Vermerk Stanges vom 4.11.1968). Tenhumberg war von 1958 bis 1969
Weihbischof und von 1969 bis zu seinem Tod 1979 Bischof von Münster.

[485] Vgl. Höller, Karl R. (Hg.): Wilhelm Wissing: Gott tut nichts als fügen. Erinnerungen an ein Leben in bewegter Zeit. Mainz 2001, S. 154 f.
[486] Vgl. ebenda, S. 154 f.
[487] Vgl. ebenda, S. 157 f.
[488] Kunst war an weiteren humanitären Aktionen beteiligt. So initiierte er 1966 zusammen mit katholischen Prälaten die sogenannte »Prälatenaktion«, bei der zahlreiche Familienzusammenführungen und Ausreisen alleinstehender Kinder erreicht werden konnten. Vgl. Kösters: Staatssicherheit und Caritas 1950–1989, S. 109–111.
[489] Vgl. Rehlinger: Freikauf, S. 53–55.
[490] Vgl. EZA Berlin, 742/277 (Vermerk Krautwigs vom 30.6.1965, in dem dieser u. a. über ein Gespräch zwischen Erhard und Kunst vom 22.6.1965 Bezug nahm).
[491] Vgl. Hammer (Bearbeiterin): Sonderedition »Besondere Bemühungen«, S. 141 f. (Dok. Nr. 56, Schreiben Scharfs an Minister Mende vom 23.5.1964).

ler Erhard vorgesprochen.⁴⁹² Zuvor hätten sich die evangelische und die katholische Kirche gemeinsam an die Bundesregierung gewandt. Als zentrale Akteure nannte von Wedel Bischof Scharf für die evangelische und Generalvikar Adolph für die katholische Kirche. Von beiden großen christlichen Kirchen gingen wichtige Impulse für den Beginn des Häftlingsfreikaufs aus.⁴⁹³ Mit ihren Initiativen spielten sie eine wesentliche Vorreiterrolle.⁴⁹⁴ Auch Ludwig Rehlinger führte im Interview aus, die Kirchen und der West-Berliner Senat seien bereits vor der Bundesregierung beim Freikauf aktiv gewesen.⁴⁹⁵

## 2.2 Die humanitären Bemühungen des West-Berliner Senats

Der West-Berliner Senat hatte nur einen sehr begrenzten Spielraum. Die vier Siegermächte des Zweiten Weltkrieges blieben für die geteilte Stadt nach dem Viermächtestatus bis 1990 politisch verantwortlich.⁴⁹⁶ West-Berlin band sich politisch und wirtschaftlich eng an die Bundesrepublik.⁴⁹⁷ Die DDR-Führung hätte West-Berlin sehr gerne vom Einflussbereich der Bundesrepublik getrennt und selbst die Kontrolle über die Verkehrswege nach West-Berlin übernommen.⁴⁹⁸ Langfristig sollte West-Berlin in die DDR eingegliedert werden. Der Westteil der Stadt war damit auf den Rückhalt und die Unterstützung der westlichen Verbündeten, vornehmlich der USA, angewiesen, um den Pressionen der

---

[492] Vgl. von Wedel: Die Entstehung der »Haftaktion«. Am 25.7.2012 auf: http://www.bpb.de/geschichte/zeitgeschichte/deutschlandarchiv/139629/die-entstehung-der-haftaktion

[493] Vgl. basierend auf diesem Unterkapitel auch folgenden Aufsatz: Koch, Alexander: Die Rolle der Kirchen im deutsch-deutschen Häftlingsfreikauf. In: Mitteilungen zur Kirchlichen Zeitgeschichte (herausgegeben von Claudia Lepp und Harry Oelke im Auftrag der Evangelischen Arbeitsgemeinschaft für Kirchliche Zeitgeschichte), 7/2013, S. 169–180.

[494] Jürgen Engert behauptete am 8.6.2011 in Berlin in einem »Spitzengespräch« gegenüber Ludwig Rehlinger, dass beide Kirchen angeblich ab 1947 einen »kleinen Freikauf« praktiziert hätten. Zitiert nach: Apelt (Hg.): Flucht, Ausreise, Freikauf, S. 85. Dieser Zeitpunkt lag noch vor der Gründung der Bundesrepublik und der DDR. Quellen nannte Engert hierfür nicht. Mir erscheint dieser extrem frühe Zeitpunkt eher fraglich.

[495] Vgl. Interview mit Ludwig Rehlinger am 21.2.2009 in Eichwalde. Da die Bundesregierung bei Kontakten zur DDR allgemein zurückhaltender war als die Kirchen oder der West-Berliner Senat, ist das plausibel.

[496] Vgl. Wilke: Der Weg zur Mauer, S. 64–73.

[497] Vgl. ebenda, S. 159.

[498] Vgl. ebenda, S. 264–280 und 380–386.

DDR und der Sowjetunion standhalten zu können. Die Entwicklung der geteilten Stadt war also im hohen Maße vom Verhältnis der beiden Supermächte zueinander geprägt und von diesem abhängig. Die familiären und freundschaftlichen Bindungen der West-Berliner zu den Menschen im Ostteil der Stadt und in der gesamten DDR waren sehr eng.[499] Vor allem aus politischen – aber auch unter humanitären Gesichtspunkten – sahen sich die verantwortlichen West-Berliner Politiker um Willy Brandt und die West-Alliierten nach dem Mauerbau vor große Herausforderungen gestellt. Sie mussten der West-Berliner Bevölkerung wieder Zuversicht geben, was ihnen nach einer kurzen Vertrauenskrise schließlich auch erfolgreich gelang.[500] Sowohl Ernst Reuter während der Berlin-Blockade 1948/49 als auch Willy Brandt 1958 beim Chruschtschow-Ultimatum sowie 1961 nach dem Mauerbau erwiesen sich während dieser drei Krisen um Berlin als selbstbewusste Fürsprecher ihrer Stadt.[501] Sie wirkten hierbei durch Reden und Aufrufe nach innen, indem sie die Moral der Bevölkerung stärkten, und nach außen, weil sie geschickt die politischen Anliegen West-Berlins weltweit vertraten.

Der von der SPD unter Willy Brandt geführte West-Berliner Senat sah sich nach dem Mauerbau gezwungen, neue politische Wege zu beschreiten.[502] Deshalb wurde die strikte Ablehnung aufgegeben, mit der DDR in Verhandlungen einzutreten.[503] Der Westteil Berlins war sowohl vom Ostteil der Stadt als auch vom Umland der DDR rigoros abgeschottet worden, um so alle Fluchtmöglichkeiten von DDR-Bürgern unterbinden zu können. Das drängendste Problem für den West-Berliner Senat war die abrupte Trennung von Familien durch den Mauerbau. Das Ende 1963 abgeschlossene erste Passierscheinabkommen sowie diverse weitere solcher Abkommen konnten diese Folgen nur etwas mildern. Trotz hohen Risikos gab es weiterhin zahlreiche Fluchtversuche.[504] Diese wurden von vielen West-Berliner Fluchthelfern unterstützt, die Familienangehörigen oder Freunden zur Flucht verhelfen wollten. Überwiegend handelte es sich Anfang der 1960er Jahre um idealistische Fluchthelfer, kommerzi-

---

[499] Vgl. Bahr: Zu meiner Zeit, S. 164.
[500] Vgl. Wolfrum: Die Mauer, S. 43 f. und S. 46–48.
[501] Vgl. ebenda, S. 28 und S. 47 f.
[502] Vgl. Wilke: Der Weg zur Mauer, S. 355.
Vgl. ebf. Wyden, Peter: Wall. The inside story of divided Berlin. New York 1989, S. 164.
[503] Vgl. Bahr: Zu meiner Zeit, S. 161.
[504] Vgl. Detjen: Ein Loch in der Mauer, S. 81–97.

elle Beweggründe spielten damals kaum eine Rolle. Die vielen Verhaftungen von Fluchthelfern nach dem Mauerbau, darunter waren sehr viele Studenten der Freien Universität Berlin, beschäftigten und beunruhigten den West-Berliner Senat. Angesichts der beträchtlichen humanitären Probleme der geteilten Stadt unterhielt der West-Berliner Senat ein »Büro für Gesamtberliner Fragen« unter der Leitung von Johannes Völckers, das sich um die Betreuung der politischen Häftlinge in der DDR und deren Angehörige kümmerte.[505] Der West-Berliner Senat machte eine selbstbewusste Politik, die in den Grundlinien zwar mit Bonn und den West-Alliierten, in erster Linie den Amerikanern, abgestimmt werden musste, aber dabei durchaus auch eigene Akzente setzte.[506] Spannungen und Meinungsverschiedenheiten mit der Bundesregierung blieben daher nicht aus.[507]

Durch den intensiv geführten Bundestagswahlkampf von 1961 verschärfte sich dieser Konflikt noch, als Bundeskanzler Konrad Adenauer den SPD-Kanzlerkandidaten Willy Brandt kurz nach dem Mauerbau persönlich angriff und zudem alles vermied, was Brandt hätte politisch aufwerten können.[508] Ein gewisses Misstrauen zwischen der Bundesregierung und dem West-Berliner Senat zeigte sich auch darin, dass der Senat verschiedene Verhandlungen mit der DDR, wohl auch über die Freilassung von Häftlingen, möglichst vor Bonn geheim zu halten versuchte.[509] Dennoch kooperierten der West-Berliner Senat und die Bundesregierung in einigen Fällen, beispielsweise wenn es darum ging, inhaftierte West-Berliner Fluchthelfer freizubekommen.[510] Der West-Berliner Senat beanspruchte aber gegenüber der Bundesregierung grundsätzlich eine eigene Verantwortung und Zuständigkeit für die Berliner Fälle, was offenbar auch eigenständige Initiativen ohne Wissen der Bundesregierung zur Freilassung von politischen Gefangenen in der DDR einschloss, bevor die Bundesregierung diesbezüglich überhaupt

---

[505] Vgl. Hammer (Bearbeiterin): Sonderedition »Besondere Bemühungen«, S. XVII f. (aus der Einleitung).

[506] Vgl. Potthoff: Im Schatten der Mauer, S. 27–28.

[507] Vgl. Politisches Archiv des Auswärtigen Amts (PA/AA), B 130, Band 3693 A (Vermerk von Dirk Oncken, Legationsrat 1. Klasse, vom 13.2.1963).

[508] Vgl. Wolfrum: Die Mauer, S. 45.

[509] Vgl. BStU, Archiv der Zentralstelle, MfS – AIM 5682/69, Band 8, S. 117 (Vermerk Volperts vom 20.6.1963).

[510] Vgl. LA Berlin, B Rep. 002, Nr. 12295 (Vermerk vom 28.4.1967 von Johannes Völckers, Mitarbeiter der Senatskanzlei, über ein Gespräch mit Jürgen Weichert, dem Leiter des Ministerbüros von Herbert Wehner; Völckers verfasste eine Vielzahl von Vermerken, die für diese Studie von großem Nutzen waren.).

aktiv geworden war.[511] Auch nachdem die Bundesregierung ihre humanitären Bemühungen begonnen hatte, blieb der West-Berliner Senat aktiv, teilweise wohl auch ohne die Bundesregierung zu informieren.[512] Für den Bereich Häftlingsfreikauf bzw. Gefangenenaustausch war innerhalb des West-Berliner Senats Dietrich Spangenberg, der Leiter der Senatskanzlei, zuständig.[513] Laut Vogels Biograf Jens Schmidthammer erreichte der West-Berliner Senat bereits Ende 1962 durch einen Freikauf die Ausreise von etwa 20 Personen aus der DDR.[514] Auch nach Volperts Berichten war der West-Berliner Senat im Bereich Häftlingsfreikauf bzw. Gefangenenaustausch frühzeitig tätig.[515] Volpert schilderte den Austausch eines MfS-Agenten mit einem studentischen Fluchthelfer, wobei der West-Berliner Senat Rechtsanwalt Stange einschaltete, der mit Vogel verhandelte.[516] Der Fluchthelfer wurde schließlich am 10.7.1963 gegen den MfS-Agenten ausgetauscht.[517] Der Einsatz des West-Berliner Senats in diesem Fall kann durch eine Quelle im Landesarchiv Berlin verifiziert werden.[518] An der Freilassung des Fluchthelfers hatte der Regierende Bürgermeister Brandt sicherlich ein besonderes Interesse, da es sich um den Hauslehrer seiner Söhne handelte.[519] Doch über diesen Einzelfall hinaus hatte sich der West-Berliner Senat frühzeitig um inhaftierte Fluchthelfer bemüht.[520] Das geht aus der Korrespondenz des Senats mit der Bundesregierung ein-

---

[511] Vgl. Hammer (Bearbeiterin): Sonderedition »Besondere Bemühungen«, S. XVII f. (aus der Einleitung).

[512] Vgl. ebenda, S. XVII f. (aus der Einleitung).

[513] Vgl. BStU, Archiv der Zentralstelle, MfS – AIM 5682/69, Band 8, S. 68 (Treffbericht Volperts vom 3.4.1963 über Treffen mit GM »Georg« vom 27.3.1963) und S. 117 (Vermerk Volperts vom 20.6.1963).
Vgl. ebf. LA Berlin, B Rep. 002, Nr. 7943 (Hierin wird der Fall des Fluchthelfers Horst L. beschrieben; Spangenberg spielte in den Verhandlungen die zentrale Rolle. Seine Bedeutung für das humanitäre Engagement des West-Berliner Senats wurde durch westliche Quellen bestätigt.).

[514] Vgl. Schmidthammer: Rechtsanwalt Wolfgang Vogel, S. 91.

[515] Vgl. BStU, Archiv der Zentralstelle, MfS – AIM 5682/69, Band 8, S. 68 (Treffbericht Volperts vom 3.4.1963 über ein Treffen mit GM »Georg« vom 27.3.1963) und S. 117 (Vermerk Volperts vom 20.6.1963).

[516] Vgl. ebenda, S. 117 (Vermerk Volperts vom 20.6.1963).

[517] Vgl. Pötzl: Basar der Spione, S. 146.

[518] Vgl. LA Berlin, B Rep. 002, Nr. 7943 (Schreiben von Spangenberg an den Regierenden Bürgermeister Brandt vom 28.2.1962, Fall L.).

[519] Vgl. Pötzl: Basar der Spione, S. 146.
Vgl. ebf. Diekmann (Hg.): Freigekauft, S. 12 und S. 15.

[520] Vgl. LA Berlin, B Rep. 002, Nr. 12295 (FS von Völckers an Spangenberg vom 14.7.1967).

deutig hervor. So war Klaus Schütz – in seiner damaligen Funktion als Senator für Bundesangelegenheiten und Bevollmächtigter des Landes Berlin beim Bund – bereits 1962 damit beauftragt worden, die Initiativen für die Freilassung von inhaftierten studentischen Fluchthelfern in der DDR mit Hans Globke und Franz Thedieck zu koordinieren und eventuelle Austauschaktionen zu erörtern.[521] Zuvor hatte Bundeskanzler Adenauer dem Regierenden Bürgermeister von West-Berlin die Zusage gegeben, diese Möglichkeit zu prüfen.[522] Ebenfalls 1962 kam der West-Berliner Senat auf die Idee, der DDR Lösegeld für Inhaftierte anzubieten. Doch in einem Vermerk vom Juni 1962 musste diesbezüglich festgehalten werden: »*Das Angebot von Lösegeld ist von den Zonenbehörden abgelehnt worden. Dieser Weg ist nicht gangbar.*«[523]

Das große Engagement des West-Berliner Senats sollte auch vor dem persönlichen und politischen Hintergrund Willy Brandts gesehen werden.[524] Brandt war in der Zeit des Nationalsozialismus als demokratischer Sozialist selbst politisch verfolgt und schließlich auch ausgebürgert worden. Der Verhaftung durch die Nationalsozialisten konnte er sich nur durch eine Flucht nach Norwegen und Schweden entziehen, wo er 1944 der SPD, damals SoPaDe, beitrat. Brandt kehrte erst nach dem Zweiten Weltkrieg als Journalist und norwegischer Staatsbürger, der auch über den Nürnberger Hauptkriegsverbrecherprozess berichtete, nach Deutschland zurück. Er wurde aber sehr bald wieder deutscher Staatsbürger und ging in den Westteil Berlins. Dort erlebte er die politische Verfolgung im sowjetischen Sektor aus nächster Nähe mit. Brandt, der besonders vom Regierenden Bürgermeister Ernst Reuter gefördert wurde, kam schon 1949 als Abgeordneter für West-Berlin in den Deutschen Bundestag. Hier hielt er 1956 eine vielbeachtete Rede,

---

[521] Vgl. LA Berlin, B Rep. 003, Nr. 597 (Vermerk von Schütz vom 17.5.1962 über eine Unterredung mit Thedieck vom gleichen Tag; Globke hatte Schütz bereits am 16.5.1962 getroffen.).
[522] Vgl. LA Berlin, B Rep. 003, Nr. 597 (Schreiben von Schütz an Globke vom 10.5.1962 über ein Gespräch zwischen Adenauer und Brandt bei einem Besuch Adenauers in West-Berlin einige Tage zuvor).
[523] Zitiert nach: LA Berlin, B Rep 003, Nr. 597 (Aufzeichnung der Gerichtsreferendare Gieffers und Schmidt vom 10.4.1963).
[524] Vgl. zu Willy Brandts Werdegang: Merseburger, Willy Brandt, S. 50-56, S. 171-173, S. 213-218, S. 222-232 und S. 256-292; Schöllgen, Gregor: Willy Brandt. Die Biographie. Berlin 2013 (2. Auflage, aktualisierte und erweiterte Neuausgabe; 1. Auflage erschienen 2001), S. 39-83 und S. 85-89; Noack, Hans-Joachim: Willy Brandt. Ein Leben, ein Jahrhundert. Berlin 2013, S. 8, S. 49-55, S. 57-103 und S. 105-148.

in der er auch ausführlich auf die Lage der politischen Häftlinge in der DDR Bezug nahm.[525] Zudem trat er im gleichen Jahr für die Amnestie der in der Bundesrepublik inhaftierten Kommunisten ein. Damit verband Brandt – wie auch viele andere bundesdeutsche Politiker – die Hoffnung, dass die DDR darauf mit Entlassungen politischer Häftlinge aus ihren Gefängnissen reagieren würde. Brandt hatte nun als Regierender Bürgermeister endlich die Chance, für die aus politischen Gründen in der DDR Inhaftierten aktiv werden zu können. Nach dem Mauerbau konnte durch erfolgreiche Verhandlungen und eingehaltene Absprachen in humanitären Fragen nicht nur menschliches Leid gelindert, sondern ebenso die schwierige Lage in der geteilten Stadt etwas entspannt werden, da beide Seiten auf diese Weise mehr Vertrauen zueinander aufbauen konnten.

Angesichts der hohen Zahl der politischen Häftlinge in den DDR-Gefängnissen war es absolut unrealistisch, Freilassungen in größerem Umfang über Austauschaktionen erreichen zu können. Daher war der Freikauf von politischen Häftlingen aus der DDR seitens des West-Berliner Senats oder der Bundesregierung eine logische Konsequenz. Einen Freikauf politischer Gefangener zog Dietrich Spangenberg schon im Juni 1962 in Erwägung.[526] Neben Schmidthammer ging auch Peter Wyden davon aus, dass der West-Berliner Senat Anfang der 1960er Jahre initiativ wurde und schon vor der Bundesregierung einen erfolgreichen Freikauf durchführte, wobei Wyden einen Freikauf von sechs Inhaftierten für 25.000 DM erwähnte.[527] Die zentrale Figur für diesen Gefangenenfreikauf war laut Wyden Dietrich Spangenberg, auf den sich Wyden als Quelle stützte.[528] Der West-Berliner Senat hätte sicherlich gerne noch mehr Gefangene freigekauft bzw. auslösen lassen, was aber einerseits an seinen begrenzten finanziellen Möglichkeiten und andererseits an der damals noch ablehnenden Haltung der Bundesregierung zum Freikauf scheiterte.[529] Auch später sollte es bezüglich des Häftlingsfreikaufs immer wieder Gegensätze zwischen einem an Entspannung interessierten West-Berliner Senat und der Bundesregierung geben, die mit der DDR tendenziell härter verhandeln wollte; diesen Gegensatz konnte die DDR anfangs bis zu einem gewissen Grad in

---

[525] Vgl. Schmidt, Helmut (Hg.): Willy Brandt. Bundestagsreden. Bonn 1972, S. 49–61.
[526] Vgl. Diekmann (Hg.): Freigekauft, S. 15.
[527] Zahlen aus: Wyden: Wall, S. 318.
[528] Vgl. ebenda, S. 317 f.
[529] Vgl. Whitney: Advocatus Diaboli, S. 84.

den Verhandlungen für sich ausnutzen.[530] Die Bundesregierung konnte jedoch beim Freikauf ihre Zuständigkeit auch für Berliner Fälle 1967 im Wesentlichen durchsetzen.[531] Alle Konflikte ändern aber nichts an der insgesamt bedeutenden und hilfreichen Rolle des West-Berliner Senats für die Etablierung des Freikaufs. Es können keine begründeten Zweifel daran bestehen, dass mit dem West-Berliner Senat unter Willy Brandt und den beiden großen christlichen Kirchen westliche Akteure für die Entstehung des innerdeutschen Häftlingsfreikaufs sehr wichtige Impulse gaben, die nicht unterschätzt werden dürfen.

## 2.3 Der erste Freikauf der Bundesregierung

Die bereits vollzogenen Freikäufe konnten der Bundesregierung als Vorbild dienen. Für die Aufnahme des Freikaufs durch die Bundesregierung sollte der Ministerwechsel Ende 1962 von Ernst Lemmer zu Rainer Barzel von Bedeutung sein, da Barzel den Mut hatte, diesen Schritt zu wagen.[532] Laut Rehlinger hatten im Dezember 1962 weder er selbst noch der neue Minister Kenntnis von den Initiativen, die schon andere Akteure zu Gunsten der politischen Häftlinge in der DDR unternommen hatten.[533] Im Interview betonte Rehlinger aber ausdrücklich, dass derartige Aktivitäten stattgefunden hätten, er habe nur erst nachträglich von ihnen erfahren.[534] Der erste Freikauf der Bundesregierung 1963 wurde sehr diskret abgewickelt.[535] Noch 1964 wurde Barzel sogar von Opferverbänden vorgeworfen, dass er nichts für politische Häftlinge in der DDR unternehmen würde. Erst jetzt machte die Bundesregierung zur Rechtfertigung Barzels den ersten Häftlingsfreikauf publik.[536] Zwar gelang 1963 nur die Freilassung von acht politischen

---

[530] Vgl. Hammer (Bearbeiterin): Sonderedition »Besondere Bemühungen«, S. XVIII (aus der Einleitung).
[531] Vgl. ebenda, S. XVIII (aus der Einleitung). Auf die Interessen des West-Berliner Senats, mit dem die Bundesregierung auch weiterhin zusammenarbeitete, musste die Bundesregierung aber in den Verhandlungsdirektiven unbedingt Rücksicht nehmen.
[532] Vgl. Whitney: Advocatus Diaboli, S. 84.
[533] Vgl. Rehlinger: Freikauf, S. 17.
[534] Vgl. Interview mit Ludwig Rehlinger am 21.2.2009 in Eichwalde. Neben einem ausführlichen Interview stand Ludwig Rehlinger für diese Studie dankenswerterweise auch für viele Rückfragen zur Verfügung.
[535] Vgl. Barzel: Es ist noch nicht zu spät, S. 38 und S. 40.
[536] Vgl. BA Koblenz, N 1371/51 (dpa-Meldung vom 28.10.1964 und dpa-Meldung vom 29.10.1964).

Häftlingen.[537] Trotzdem bildete dieser erste gelungene Freikauf die Basis für zukünftige Bemühungen. Ludwig Rehlinger und Egon Bahr betonten im Gespräch, dass die Bundesrepublik in erster Linie humanitäre Interessen mit dem Häftlingsfreikauf verbunden habe.[538] Diese Aussage ist glaubhaft, da sich die Bundesregierung schon seit den 1950er Jahren für die politischen Häftlinge in der DDR engagiert hatte.[539] Doch warum begann der Häftlingsfreikauf erst nach dem Mauerbau, zumal dieser schon sehr viel früher von der Rechtsschutzstelle als eine Option angesehen wurde? Mit dem Mauerbau nahm der Handlungsdruck der Bundesregierung spürbar zu, politischen Häftlingen in der DDR helfen zu müssen. Die Möglichkeit, nach der Haftentlassung in den Westen zu fliehen, wovon sehr viele politische Häftlinge vor 1961 Gebrauch gemacht hatten, war nicht mehr gegeben.[540] Ihre Lage schien ausweglos zu sein. Hinzu kam, dass sich die Bundesrepublik in ihrer Deutschlandpolitik vorsichtig umorientierte, was die Aufnahme des Freikaufs begünstigte. Zeitlich parallel führten die USA Anfang der 1960er Jahre einen Freikauf von Exil-Kubanern durch.[541] Dieser wurde von ehemaligen politischen Häftlingen aus der DDR als Exempel angesehen. Sie baten das BMG, doch etwas Ähnliches für die aus politischen Gründen inhaftierten deutschen Landsleute in der DDR zu tun.[542] Ein Telegramm an Staatssekretär Thedieck mit gleicher Intention wurde von Kurt Behling, Rechtsanwalt und ehemaliger Leiter der Rechtsschutzstelle, verfasst, der damit seine Idee von 1951 erneut aufgriff. Gleichzeitig machte er auf einen Pressebericht der BILD-Zeitung aufmerksam, in dem eben-

---

[537] Vgl. Rehlinger: Freikauf, S. 26.
[538] Vgl. Interviews mit: Egon Bahr am 20.6. 2007 in Berlin; Ludwig Rehlinger am 21.2.2009 in Eichwalde.
[539] Vgl. BA Koblenz, B 137/1747 (Protokoll der Besprechung vom 10.10.1951 bezüglich der Maßnahmen für die von der Sowjetzonenregierung angekündigte Entlassungsaktion für 20.000 politische Häftlinge).
[540] Vgl. Boll: Sprechen als Last und Befreiung, S. 302. Hier sind nach ihrer Haftentlassung geflohene Sozialdemokraten, u. a. Hermann Kreutzer, aufgeführt. Kreutzer arbeitete später auch im BMG unter Herbert Wehner und Egon Franke. Zum Häftlingsfreikauf gab er 2005 André Gursky ein ausführliches Interview, wobei Kreutzer sich jedoch hier eine Rolle für den Freikauf zuschrieb, die er so niemals besaß. Vgl. zum Interview: Gursky, André: Rechtspositivismus und konspirative Justiz als politische Strafjustiz in der DDR. Frankfurt am Main 2011, S. 251–258.
[541] Vgl. Pötzl: Basar der Spione, S. 144.
[542] Vgl. BA Koblenz, B 137/1649 (Schreiben eines ehemaligen politischen Häftlings an das BMG vom 14.2.1963).

falls ein Häftlingsfreikauf gefordert wurde.⁵⁴³ Thedieck lehnte jedoch derartige Vorschläge mit dem Hinweis ab, dass der Freikauf der Exil-Kubaner schon deshalb kein Vorbild sein könne, weil die Bundesrepublik die DDR staatsrechtlich nicht anerkennen und deshalb nicht mit ihr verhandeln würde.⁵⁴⁴

Trotzdem machten diese Forderungen eine Erwartungshaltung gegenüber dem Ministerium deutlich. Sowohl Angehörige der Inhaftierten als auch Mitglieder von Opferverbänden stellten Wählergruppen dar. Hinzu kam, dass sich laut Whitney auch Dora Fritzen vom »Hilfswerk helfende Hände« (HWHH), nach einem persönlichen Treffen mit Wolfgang Vogel, für den Freikauf einsetzte und hierfür auch den einflussreichen Verleger Axel Springer gewinnen konnte.⁵⁴⁵ Die BILD-Zeitung hatte sogar schon Ende 1962 den Freikauf politischer Häftlinge aus der DDR gefordert.⁵⁴⁶ Zwischen dem BMG und dem Axel Springer Verlag bestanden über dessen Mitarbeiter Rolf May enge Kontakte, da dieser zuvor das Büro von Ernst Lemmer, damaliger Minister für gesamtdeutsche Fragen, geleitet hatte.⁵⁴⁷ May verwendete sich bei Springer ebenfalls für den Freikauf.⁵⁴⁸ Springer führte gegenüber Barzel aus, dass die Idee für den Häftlingsfreikauf von Rechtsanwalt Stange an ihn herangetragen worden sei, die er nun an den Minister weitergeben würde.⁵⁴⁹ Springer hatte sich im März 1963 mit Stange in Hamburg getroffen und machte Barzel mit Stange bekannt.⁵⁵⁰ Bereits am 9. April 1963 kam es daraufhin in München zu einem Treffen zwischen Barzel, Stange und Rehlinger über den Freikauf.⁵⁵¹ Bevor es jedoch zu einem ersten Freikauf der Bundesregierung kommen konnte, waren viele Schwierigkeiten zu überwinden und heikle Fragen zu klären: War die DDR wirklich bereit,

---

⁵⁴³ Vgl. BA Koblenz, B 137/1649 (Telegramm von RA Behling an StS. Thedieck vom 30.12.1962 und BILD-Zeitung vom 30.12.1962: »Diese Richter sind Barbaren!«).
⁵⁴⁴ Vgl. BA Koblenz, N 1253/50 (Antwortschreiben von Thedieck an Behling vom 10.1.1963). Neben Thedieck zeigte sich auch der zuständige Abteilungsleiter, Ministerialdirektor Udo Müller, gegenüber einem Freikauf ablehnend. Vgl. Diekmann (Hg.): Freigekauft, S. 15.
⁵⁴⁵ Vgl. Whitney: Advocatus Diaboli, S. 84 f.
⁵⁴⁶ Vgl. Ast: Die gekaufte Freiheit, Teil 1. Hierin wird die BILD-Zeitung vom 31.12.1962, »Berliner illustrierte Nachtausgabe«, wiedergegeben. Nach der Verurteilung von Harry Seidel hatte sie gefordert: »Nach dem ›Lebenslänglich‹ für Seidel fordert BILD: ›Kauft Freiheit!‹«
⁵⁴⁷ Vgl. Rehlinger: Freikauf, S. 11 und S. 17.
⁵⁴⁸ Vgl. Diekmann (Hg.): Freigekauft, S. 17.
⁵⁴⁹ Vgl. Barzel: Es ist noch nicht zu spät, S. 34.
⁵⁵⁰ Vgl. Diekmann (Hg.): Freigekauft, S. 16 f.
⁵⁵¹ Vgl. ebenda, S. 17 und S. 21.

politische Häftlinge freizugeben? Wie viele und welche Häftlinge würde die DDR entlassen, und welche sollten von der Bundesregierung gegenüber der DDR benannt werden? Was sollte der DDR als Gegenleistung angeboten werden bzw. was würde die DDR verlangen? Sollte es unterschiedliche oder einheitliche Preise geben? Wie sollte ein möglicher Freikauf von Häftlingen überhaupt praktisch durchgeführt bzw. im Einzelfall durchgesetzt werden? Vor allem stellten sich die grundsätzliche Fragen: Wie sollte die Bundesrepublik überhaupt mit einem Staat verhandeln, den sie ihrerseits gar nicht staatsrechtlich anerkannte? War ein Freikauf von Menschen und ein solcher Handel mit der DDR moralisch zu vertreten? Wie vielen politischen Häftlingen konnte überhaupt geholfen werden? Die Rechtsschutzstelle hatte 1963 immerhin rund 12.000 politische Häftlinge in der DDR registriert.[552] Es war unmöglich bzw. vollkommen unrealistisch, alle freizubekommen.

Zudem waren bislang alle humanitären Bemühungen – von einzelnen Agenten- und Gefangenenaustauschaktionen in den 1950er und Anfang der 1960er Jahre abgesehen – gescheitert.[553] So hatte die Bundesregierung 1962, als die DDR bei ihr um einen Warenkredit in Höhe von 3,115 Milliarden DM vorstellig geworden war, intern erwogen, neben verschiedenen politischen Forderungen auch die Freilassung von studentischen Fluchthelfern und ein Entgegenkommen in Fällen der Familienzusammenführung als Gegenleistung zu verlangen.[554] Verschiedene mögliche Forderungen an die DDR, zum Beispiel die Freilassung von etwa 8.000 politischen Häftlingen, die seit dem Mauerbau im Zuchthaus saßen, als Entschädigung für die Kreditgewährung geltend zu machen, wurden von der Bundesregierung selbst als »reine Propagandavorschläge« eingestuft.[555] Immerhin wird aber deutlich, dass in der Bundesregierung der Gedanke bereits präsent war, politische Häftlinge gegen wirtschaftliche Gegenleistungen auszulösen. In der Verhandlungsdirektive für Kurt Leopold, dem Leiter der Treuhandstelle für den Interzonenhandel (TSI), vom 12.12.1962 war die Forderung

---

[552] Vgl. Rehlinger: Freikauf, S. 18 und S. 24.
[553] Vgl. zu den einzelnen frühen Agentenaustauschaktionen: Rosskopf: Friedrich Karl Kaul, S. 169–174.
[554] Vgl. PA/AA, B 130, Band 3497 (Vermerk von Kurt Leopold vom 25.10.1962). Vgl. ebf. BA Koblenz, B 102/600238.
Zahl zum Kredit aus: Jenkis, Helmut: Der Warenkreditwunsch der DDR von 1962. In: http://www.bpb.de/geschichte/zeitgeschichte/deutschlandarchiv/139628/der-warenkreditwunsch-der-ddr-von-1962 (vom 25.7.2012).
[555] Zitiert nach: Fäßler, Peter E.: Durch den »Eisernen Vorhang«. Die deutsch-deutschen Wirtschaftsbeziehungen 1949–1969. Köln (u. a.) 2006, S. 279.

nach einer großzügigen Familienzusammenführung immerhin enthalten.[556] Die Kreditverhandlungen scheiterten jedoch aufgrund einer Indiskretion. Die DDR zog sich zurück, weil Ulbricht das Stigma des Schuldners fürchtete.[557] Die von Helmut Jenkis vertretene These, dass der Häftlingsfreikauf für die DDR ein »Ersatzgeschäft« für den nicht zustande gekommenen Warenkredit gewesen sei, halte ich jedoch für etwas überspitzt.[558] Hierfür waren die Interessen der DDR zu vielschichtig, die Einnahmen aus dem Freikauf von 1963 viel zu gering (nur sechsstellige Summe statt Milliardenkredit) und die Entstehung des Häftlingsfreikaufs ein viel zu langwieriger und komplizierter Prozess.

War der Freikauf endlich ein Weg, um den politischen Häftlingen in der DDR wirksam helfen zu können? Sofern dies tatsächlich möglich war, war es bei allem Unbehagen über einen solchen Handel moralisch für die Bundesregierung nicht zu vertreten, die politischen Häftlinge in den DDR-Gefängnissen weiter einsitzen zu lassen. Nachdem der Kontakt zwischen Barzel und Stange über Springer hergestellt worden war, trafen sie sich schließlich mehrfach in Berlin in der Nähe des Kurfürstendamms. Beide sollten auf diese Weise zusammen gesehen werden, um so Stange gegenüber der anderen Seite zu legitimieren.[559] Das war aus Barzels Sicht auch deswegen notwendig, weil er eine schriftliche Vollmacht für den Rechtsanwalt ablehnte.[560] Barzel bat auch Bundeskanzler Adenauer um Zustimmung für den Freikauf, die dieser ihm mündlich erteilte.[561] Laut eigener Aussage informierte Barzel darüber ebenfalls

[556] Vgl. Fäßler: Durch den »Eisernen Vorhang«, S. 281.
[557] Vgl. derselbe: Zwischen »Störfreimachung« und Rückkehr zum Tagesgeschäft. Die deutsch-deutschen Wirtschaftsbeziehungen nach dem Mauerbau (1961–1969). In: DA 2/2012 (45. Jahrgang), S. 301. Bereits 1964 scheiterten erneute Kreditverhandlungen über die TSI und das MAI. Vgl. Kruse: Politik und deutsch-deutsche Wirtschaftsbeziehungen von 1945 bis 1989, S. 111.
[558] Vgl. zu dieser These: Jenkis: Der Warenkreditwunsch der DDR von 1962. In: http://www.bpb.de/geschichte/zeitgeschichte/deutschlandarchiv/139628/der-warenkreditwunsch-der-ddr-von-1962?p=0, 25.7.2012. »Ersatzgeschäft« zitiert nach: Ebenda (Jenkis).
Vgl. ebf. hierzu: Derselbe (Jenkis): Der Freikauf von DDR-Häftlingen. Der deutsch-deutsche Menschenhandel. Berlin 2012, S. 83–86.
[559] Vgl. Barzel: Es ist noch nicht zu spät, S. 38 f.
[560] Vgl. ebenda, S. 39.
[561] Vgl. derselbe (Barzel): Ein gewagtes Leben, S. 168. Adenauer hatte bereits im Herbst 1962 vor dem Deutschen Bundestag durchblicken lassen, dass er durchaus zu Zugeständnissen bereit war, wenn den Menschen in der DDR damit geholfen werden könnte. Vgl. hierzu: Wölbern, Jan Philipp: Für unsere Republik. In: Frankfurter Allgemeine Zeitung vom 4.8.2011. Vgl. ebf. hierzu: Diekmann (Hg.): Freigekauft, S. 15.

Heinrich von Brentano, den damaligen Vorsitzenden der CDU/CSU-Bundestagsfraktion, Bundesfinanzminister Rolf Dahlgrün (FDP) sowie Herbert Wehner (SPD), der zu diesem Zeitpunkt Vorsitzender des Bundestagsausschusses für gesamtdeutsche und Berliner Fragen war.[562] Greta Wehner konnte das diesbezügliche Treffen zwischen Barzel und Wehner bestätigen.[563] Barzel handelte offensichtlich sehr umsichtig, indem er die Opposition einband und sich damit auch politisch absicherte, auch wenn er als verantwortlicher Minister das politische Risiko allein zu tragen hatte. In Wehner hatte Barzel einen besonders engagierten Mitstreiter in den Bemühungen um die politischen Gefangenen in der DDR gefunden. Der Häftlingsfreikauf war nun zu einer überparteilichen Angelegenheit geworden, die von allen im Bundestag vertretenen Parteien mitgetragen wurde. Diese Einschätzung bestätigte auch Egon Bahr.[564]

Mit Barzel, Springer, Adenauer und Wehner sowie den Repräsentanten der beiden großen christlichen Kirchen setzten sich somit bedeutende Persönlichkeiten der Gesellschaft gemeinsam für den Freikauf politischer Häftlinge aus der DDR ein. Mit der Abwicklung beauftragte Barzel den Leiter seines Ministerbüros in West-Berlin, Ludwig Rehlinger, dem er gleichzeitig die Leitung des für den Freikauf zuständigen Referates II 1 übertrug, um mögliche Reibungsverluste zu vermeiden.[565] Dennoch blieb es ein Wagnis, sich mit der DDR auf einen Freikauf einzulassen. Aber auch die DDR musste Überlegungen hinsichtlich eines möglichen Freikaufs anstellen. Meinte es die Bundesrepublik überhaupt ernst? Wollte sie die DDR vielleicht international bloßstellen? Wie würde ein Freikauf geheim gehalten werden können? Wie ließe er sich vor dem eigenen Staats- und Sicherheitsapparat ideologisch rechtfertigen? Und wie könnte er vor der eigenen Bevölkerung legitimiert werden, falls er bekannt werden sollte? Vor allem die Frage nach der Geheimhaltung des Häftlingsfreikaufs und das Misstrauen gegenüber der Bundesrepublik waren für die DDR-Verantwortlichen nachweisbar die größten Probleme.[566] Der Freikauf war aus DDR-Sicht auch unter Sicherheitsaspekten relevant, weshalb sich Erich Mielke, der Minister für Staatssicherheit, von Anfang an intensiv mit dem

---

[562] Vgl. Barzel: Es ist noch nicht zu spät, S. 36 f.
Vgl. ebf. Meyer, Christoph: Herbert Wehner. Biografie. München 2006, S. 317.
[563] Vgl. Interview mit Greta Wehner am 26.6. 2010 in Dresden.
[564] Vgl. Interview mit Egon Bahr am 20.6. 2007 in Berlin.
[565] Vgl. Hammer (Bearbeiterin): Sonderedition »Besondere Bemühungen«, S. XV (aus der Einleitung).
[566] Vgl. EZA Berlin, 742/280 (Schreiben von Vogel an Stange vom 21.8.1967).

Thema befasste und sogar Einzelfälle persönlich überprüfte.[567] Doch ließen sich durchaus auch positive Aspekte für die DDR ausmachen. Außer wirtschaftlichen Gesichtspunkten gab es für die DDR auch politische Gründe, mit der Bundesrepublik einen Häftlingsfreikauf durchzuführen. Der Mauerbau hatte einerseits zu einem gestiegenen Selbstvertrauen der SED-Führung geführt, da sich die DDR nach 1961 politisch und wirtschaftlich stabilisierte.[568] Das Ansehen Ulbrichts aber, der einen Mauerbau noch im Juni 1961 öffentlich ausgeschlossen hatte, war andererseits vor allem in der Bundesrepublik schwer beschädigt.[569] Aus dem Politbüro der SED sind zwar keine Akten zum Thema erhalten, möglicherweise wurde hierüber auch tatsächlich nicht diskutiert.[570] Auch von Walter Ulbricht gibt es keine schriftlichen Äußerungen dazu, wie er zum Freikauf stand.[571] Insofern lässt sich die Haltung einzelner DDR-Repräsentanten zu diesem Thema nicht wiedergeben. Allerdings muss davon ausgegangen werden, dass die DDR bei der Aufnahme des Freikaufs nicht nach einem detailliert ausgearbeiteten Plan handelte.

Nach einer DDR-Quelle ging der erste Häftlingsfreikauf zwischen den beiden deutschen Staaten auf eine Initiative der Bundesregierung zurück. Laut Volpert wurde Vogel Anfang 1963 von Otto Dinse, einem bundesdeutschen Geschäftsmann, aufgesucht.[572] Dinse behauptete, dass er im Auftrag des Bundeswirtschaftsministeriums handle und der DDR ein Angebot übermitteln solle, gegen wirtschaftliche Gegenleistungen politische Häftlinge freizulassen. Dinse nahm hierbei angeblich Bezug auf den Freikauf der Exil-Kubaner durch die USA. Vogel habe aber skeptisch reagiert. Dinse schien gut informiert zu sein, da er zum Beispiel wusste, dass Vogel mit Heinz Behrendt[573] zusammenwohnte, der damals mit der Bundesregierung über einen Milliardenkredit verhandelte. Da

---

[567] Vgl. BStU, Archiv der Zentralstelle, MfS – HA IX 1789, S. 10 und S. 31 (Beispiele für die Überprüfung von Einzelfällen durch Mielke 1963 und 1964, in denen die Bundesregierung einen Freikauf vorschlug).
[568] Vgl. Potthoff: Im Schatten der Mauer, S. 20 und S. 25.
[569] Vgl. Frank: Walter Ulbricht, S. 329.
[570] Vgl. Elke-Ursel Hammer in der Podiumsdiskussion »Der Freikauf – eine historische Bewertung« am 8.6.2011 in Berlin. In: Apelt (Hg.): Flucht, Ausreise, Freikauf, S. 109.
[571] Vgl. ebenda (Hammer in der Podiumsdiskussion), S. 108.
[572] Vgl. BStU, Archiv der Zentralstelle, MfS – AIM 5682/69, Band 8, S. 33 f. (Operative Information der Hauptabteilung V/5 vom 12.1.1963).
[573] Vgl. Krewer, Peter: Geschäfte mit dem Klassenfeind. Die DDR im innerdeutschen Handel 1949–1989. Trier 2008, S. 138. Behrendt führte für die DDR die Verhandlungen im Interzonenhandel.

Otto Dinse zum einflussreichen Hilfswerk »Helfende Hände« um Dora Fritzen und Springers Ehefrau Rosemarie gehörte, die ebenso wie Axel Springer politische Häftlinge aus der DDR freikaufen wollten, könnte er als möglicher Unterhändler tatsächlich infrage gekommen sein.[574] Zahlreiche Autoren wie Pötzl, Horster oder von Quillfeldt sahen das ähnlich.[575] Daher ist diese Quelle in ihrem Kern glaubhaft. Laut Volpert hatte Vogel 1963 neben Dinse auch mit Stange sowie mit Helmut Sehrig, einem Rechtsanwalt von der Rechtsschutzstelle, verhandelt.[576] Sehrig habe zudem bei einem Treffen westlicher Anwälte mit Dinse, das in Stanges West-Berliner Kanzlei stattfand, ein Darlehen und andere mögliche Leistungen der Bundesrepublik an die DDR ins Gespräch gebracht, wofür die DDR 100 oder sogar 1.000 Häftlinge entlassen sollte.[577] Nach Volpert waren auch Axel Springer und Berthold Beitz einflussreiche Akteure, die sich auf der bundesdeutschen Seite für den Häftlingsfreikauf einsetzten.[578] Da weitere Zeitzeugen Springers Rolle bei der Aufnahme des Freikaufs bestätigten, ist dies plausibel.[579] Nachdem auch das humanitäre Engagement von Berthold Beitz für in Not geratene Landsleute aus der DDR aus anderen Quellen belegt werden kann, scheinen Volperts diesbezügliche Ausführungen durchaus glaubhaft.[580]

[574] Vgl. von Wedel: Die Entstehung der »Haftaktion«. Am 25.7.2012 auf: http://www.bpb.de/geschichte/zeitgeschichte/deutschlandarchiv/139629/die-entstehung-der-haftaktion
Vgl. ebf. Brinkschulte; Gerlach und Heise: Freikaufgewinnler, S. 16.
[575] Vgl. Pötzl: Basar der Spione, S. 143 f.
Vgl. ebf. Horster: The Trade in Political Prisoners between the Two German States, 1962–1989. In: Journal of Contemporary History, Vol. 39 (3), 2004, S. 406.
Vgl. ebf. von Quillfeldt: Dissidenten für Devisen, S. 18.
[576] Vgl. BStU, Archiv der Zentralstelle, MfS – AIM 5682/69, Band 8, S. 39 (Treffbericht Volperts vom 8.2.1963 über Treffen mit GM »Georg« vom 7.2.1963).
[577] Zahlen aus: BStU, Archiv der Zentralstelle, MfS – AIM 5682/69, Band 8, S. 55 (Operative Information der Hauptabteilung V vom 9.2.1963). Sehrig betonte, dass die DDR keinesfalls überfordert werden dürfte. Vgl. ebenda, S. 56. Wahrscheinlich stammen die Informationen von Stange, einem Teilnehmer des Treffens.
[578] Vgl. BStU, Archiv der Zentralstelle, MfS – AIM 5682/69, Band 8, S. 62 (Ergänzung vom 28.2.1963 der Hauptabteilung V) und S. 66 f. (Treffbericht Volperts vom 3.4.1963 über Treffen mit GM »Georg« vom 27.3.1963).
[579] Vgl. Interview von Axel Springer zum Freikauf am 17.11.1972 mit der Kölnischen Rundschau. In: Döpfner, Mathias (Hg.): Axel Springer. Neue Blicke auf den Verleger. Berlin 2005, S. 217–219.
Vgl. ebf. Barzel: Es ist noch nicht zu spät, S. 34 f.
Vgl. ebf. Rehlinger: Freikauf, S. 18.
[580] Vgl. Reinhold, Jürgen: Erinnerungen. Essen 2000, S. 311–349.
Vgl. ebf. Käppner, Joachim: Berthold Beitz. Die Biographie. Berlin 2010, S. 445–447.
Vgl. ebf. Pötzl, Norbert F.: Beitz. Eine deutsche Geschichte. München 2011, S. 301–321.

Laut Volpert war Minister Barzel von Bundeskanzler Adenauer dazu ermächtigt worden, über Stange der DDR einen Kredit in Höhe von mindestens 100 Millionen DM in Aussicht zu stellen, wobei der DDR überlassen bleiben sollte, wen sie dafür als Gegenleistung entlassen würde.[581] Angeblich wollte die Bundesregierung auch nur Bundesbürger und West-Berliner auslösen, aber keine DDR-Bürger.[582] Dass die Bundesregierung die Auswahl der betroffenen Personen angeblich komplett der DDR überlassen und zudem keine DDR-Bürger freikaufen wollte, ist aufgrund des späteren Verlaufs des Häftlingsfreikaufs äußerst unwahrscheinlich. Da Volpert zudem immer wieder plausible Sachverhalte mit absolut unglaubwürdigen Aspekten vermischte, ist diese Darstellung Volperts daher vermutlich nicht korrekt.

Von wessen Seite ging nun die Initiative zum Häftlingsfreikauf aus? Laut Vogel kam der Anstoß aus dem Westen bzw. von der evangelischen Kirche.[583] Ein Vermerk Rehlingers vom 26. September 1963 über die Vorgeschichte des Freikaufs spricht hingegen dafür, dass die DDR über den Kontakt Vogel/Stange in Verbindung mit der Rechtsschutzstelle den Freikauf anregte.[584] Rehlinger äußerte sich in seinem Buch ähnlich.[585] Allerdings betonte er im Interview, dass besonders in der Anfangsphase so viele verschiedene Personen im Rahmen des Häftlingsfreikaufs aktiv gewesen seien, dass er selbst nicht alle Unterhändler kennen oder wissen könne.[586] Außerdem urteilte Rehlinger im Interview zur Frage nach dem Initiator: »*Einen Erfinder in der Sache gibt es sicher nicht.*«[587] Weiterhin betonte er, dass bereits vor der Bundesregierung andere Akteure aus dem Westen hier aktiv gewesen seien und die Entstehung des Freikaufs als wechselseitiger Prozess gesehen werden müsse.[588]

---

Berthold Beitz und Jürgen Reinhold, enger Vertrauter von Beitz bei Krupp, engagierten sich viele Jahre für bedrängte Menschen in der DDR. Jürgen Reinhold stand für diese Studie dankenswerterweise auch in einem telefonischen Interview am 9.7.2010 für Rückfragen zur Verfügung.

[581] Vgl. BStU, Archiv der Zentralstelle, MfS – AIM 5682/69, Band 8, S. 92 (Operative Information der Hauptabteilung V/5 vom 16.4.1963 über das beabsichtigte Geschäft »Kredit für Häftlinge«).

[582] Vgl. ebenda, S. 92.

[583] Vgl. Wolfgang Vogel im Interview (»Ich hätte mit dem Teufel paktiert«) mit dem SPIEGEL. In: DER SPIEGEL, Nr. 15/1990 vom 9.4.1990.

[584] Vgl. Hammer (Bearbeiterin): Sonderedition »Besondere Bemühungen«, S. 62 (Dok. Nr. 23, Vermerk Rehlingers vom 26.9.1963).

[585] Vgl. Rehlinger: Freikauf, S. 17.

[586] Vgl. Interview mit Ludwig Rehlinger am 21.2.2009 in Eichwalde.

[587] Zitiert nach: Ebenda (Interview Rehlinger).

[588] Vgl. ebenda (Interview Rehlinger).

Die Entstehung des Häftlingsfreikaufs muss tatsächlich als ein langwieriger und wechselvoller Vorgang angesehen werden, an dem sehr viele unterschiedliche Akteure beteiligt waren. Das humanitäre Interesse im Westen an den politischen Häftlingen in den DDR-Gefängnissen musste Überlegungen bei der SED-Führung und auch im MfS auslösen. Umgekehrt mussten einzelne Freikaufaktionen von nichtstaatlichen Stellen Überlegungen in staatlichen Institutionen der Bundesrepublik hervorrufen.[589] So wurde im August 1963 in einer ressortübergreifenden Besprechung im BMJ unter Beteiligung des BMG über die Möglichkeit von Austauschverhandlungen mit der DDR, die über Rechtsanwälte geführt werden sollten, aber auch über einen eventuellen Freikauf von Gefangenen, gesprochen.[590]

Der erste Freikauf der Bundesregierung war von ihr deutlich umfangreicher geplant worden.[591] Die DDR wollte jedoch nur wenige Inhaftierte freigeben.[592] Rehlinger ging laut eigener Aussage zunächst davon aus, dass die DDR bereit sein würde, 1.000 politische Häftlinge zu entlassen, das wurde jedenfalls von Stange so mitgeteilt.[593] Der Historiker Maximilian Horster vermutete, dass die Rechtsanwälte Vogel und Stange miteinander kooperiert und alles unternommen hätten, damit die Abwicklung des Freikaufs zustande kam. Die DDR hätte in Wirklichkeit von Anfang an höchstens 15 Häftlinge verkaufen wollen.[594] Es kann angenommen werden, dass die DDR die Bundesrepublik möglicherweise zu täuschen versuchte, indem sie zunächst eine größere Anzahl von Häftlingen über die Anwaltsschiene Vogel/Stange zum Freikauf offerierte, um vorab die Ernsthaftigkeit des bundesdeutschen Angebots testen zu können. Stange teilte Vogel mit, dass die Bundesregierung angeblich bereit sei, 100 Millionen DM für den Freikauf von politischen Häftlingen aufzuwenden.[595] Trotz ihrer permanenten Devisennöte war die DDR aber aufgrund ihres großen Misstrauens gegenüber der Bundesrepublik zu diesem Zeitpunkt

---

[589] Vgl. Hammer (Bearbeiterin): Sonderedition »Besondere Bemühungen«, S. 54 f. (Dok. Nr. 18, Vermerk des BMJ vom 16.8.1963).
[590] Vgl. ebenda, S. 37–57. Ein möglicher Freikauf wurde in der Besprechung von Günther Nollau vom BfV vorgeschlagen. Ministerialrat Werner That aus dem BMG ergänzte ihn. Vgl. ebenda, S. 54 f.
[591] Vgl. Rehlinger: Freikauf, S. 24–26.
[592] Vgl. BStU, Archiv der Zentralstelle, MfS – AIM 5682/69, Band 8, S. 92 (Operative Information Volperts vom 16.4.1963).
[593] Vgl. Rehlinger: Freikauf, S. 24.
[594] Vgl. Horster: The Trade in Political Prisoners between the Two German States, 1962–1989. In: Journal of Contemporary History, Vol. 39 (3), 2004, S. 408 f.
[595] Zahl aus: Pötzl: Basar der Spione, S. 145.

wohl nicht zu einer größeren Aktion bereit. Rehlinger schilderte in seinem Buch, wie er die Liste der gewünschten Häftlinge von 1000 auf 500 und in weiteren Schritten bis auf schließlich nur noch acht politische Gefangene reduzieren musste.[596] Erst dann habe die DDR eingewilligt. Bei der Auswahl der Betroffenen berücksichtigte er besonders schwerwiegende, unterschiedlich gelagerte Fälle von Inhaftierten mit langen Haftstrafen, die bereits eine harte Leidensgeschichte hinter sich hatten. Die DDR sollte kein System erkennen können, an welcher Gruppe von Häftlingen die Bundesrepublik besonders interessiert war.

Die differenzierte Auswahl der ersten acht freigekauften politischen Häftlinge erleichterte den politischen Rückhalt in der Bundesrepublik für den Häftlingsfreikauf. So setzte Rehlinger Inhaftierte auf die Liste, die ideelle Bindungen zur CDU, SPD und FDP sowie zu den freien Gewerkschaften und den christlichen Kirchen hatten.[597] Bei den Kirchenmitgliedern handelte es sich um zwei Mitglieder der Jungen Gemeinde.[598] Außerdem sollten die acht politischen Häftlinge aus verschiedenen Haftanstalten der DDR kommen, damit die Bundesregierung überprüfen konnte, ob die Freilassungsaktion wirklich auch zentral von der DDR-Führung genehmigt worden war.[599] Entgegen Rehlingers Darstellung und gegen dessen entschiedenen Widerspruch vertrat Thomas von Lindheim die These, dass in den Anfängen des Häftlingsfreikaufs die DDR die Häftlinge ausgewählt und die Bundesregierung ihr das auch überlassen hätte.[600] Allerdings stützte sich

---

[596] Zahlen aus: Rehlinger: Freikauf, S. 24–26.
[597] Vgl. ebenda, S. 29.
[598] Vgl. Fricke: Politik und Justiz in der DDR, S. 449 f.
Vgl. ebf. Diekmann (Hg.): Freigekauft, S. 23 f. und S. 28 f.
Die Jugendlichen sollen während einer Ostseefahrt versucht haben, den Kurs des Motorschiffes »Seebad Binz« in Richtung Bornholm zu ändern. Vgl. Henneberg, Hellmuth: Meuterei vor Rügen – was geschah auf der »Seebad Binz«? Der Prozess gegen die Junge Gemeinde 1961 in Rostock. Rostock 2002. Das Schicksal von Dietrich Gerloff, einem der beiden Jugendlichen, wurde auch in der Sonderausstellung zum Häftlingsfreikauf in der Erinnerungsstätte Notaufnahmelager Marienfelde dargestellt (vgl. hierzu: http://www.notaufnahmelager-berlin.de).
[599] Vgl. Rehlinger: Freikauf, S. 29.
[600] Vgl. von Lindheim: Juristische Probleme beim Freikauf von politischen Häftlingen, 1963–1989. In: DA 6/2010 (43. Jahrgang), S. 1002.
Vgl. ebf. Rehlinger, Ludwig A.: Anmerkungen. In: DA 1/2011 (44. Jahrgang), S. 88.
Thomas von Lindheim widersprach noch in der gleichen Ausgabe: Lindheim, Thomas von: Stellungnahme zu den Anmerkungen von Ludwig A. Rehlinger. In: Ebenda (DA 1/2011), S. 88.

von Lindheim hierbei ausschließlich auf die bereits kritisch erwähnte fragwürdige »Operative Information« Volperts vom 16. April 1963.[601] Die Vorstellung, dass die infrage kommenden Inhaftierten nur von der DDR bestimmt werden sollten und dann von der Bundesregierung einfach akzeptiert wurden, ist nicht glaubhaft. Rehlingers Darstellung, dass er die Auswahl treffen musste, wurde zudem von Detlev Kühn gestützt.[602]

Im Ministerium gab Rehlinger der entsprechenden Akte für den Häftlingsfreikauf die Bezeichnung »Besondere Bemühungen der Bundesregierung im humanitären Bereich«.[603] Dieser sperrige und bürokratische Name blieb auf Seiten der Bundesrepublik über den gesamten Häftlingsfreikauf erhalten. Barzel gab Rehlinger im September 1963 die Zustimmung für den Beginn des ersten Freikaufs der Bundesregierung und vertraute ihm die Abwicklung an.[604] Bei dieser Aktion wurden laut Rehlingers Buch für acht politische Häftlinge jeweils 40.000 DM bezahlt.[605] Diese 40.000 DM wurden in den ersten Jahren des Freikaufs zum Richtwert bzw. Durchschnittspreis für einen freigekauften Häftling, auch wenn das nie fest vereinbart wurde.[606] Rehlinger erinnerte sich an die Summe von 320.000 DM, die für die ersten acht politischen Häftlinge gezahlt werden musste.[607]

---

[601] Vgl. von Lindheim: Juristische Probleme beim Freikauf von politischen Häftlingen, 1963–1989. In: DA 6/2010 (43. Jahrgang), S. 1002. Die BStU-Quelle, auf die sich von Lindheim stützt, hat folgende Signatur: BStU, Archiv der Zentralstelle, MfS – AIM 5682/69, Band 8, S. 92 f.

[602] Vgl. Kühn: Häftlingsfreikauf. In: DA 3/2011 (44. Jahrgang), S. 381 f. Kühn besaß als ehemaliger Präsident des Gesamtdeutschen Instituts – Bundesanstalt für gesamtdeutsche Aufgaben (BfgA) Wissen bezüglich des Häftlingsfreikaufs. Sein Institut arbeitete dem BMB zu.

[603] Zitiert nach: Rehlinger: Freikauf, S. 9.

[604] Vgl. ebenda, S. 30. Rehlinger hatte eine enge persönliche Verbindung zu Barzel. Vgl. hierzu auch: Rehlinger: Freikauf, S. 17; Barzel: Es ist noch nicht zu spät, S. 37; Creuzberger: Kampf für die Einheit, S. 129; Rüss, Gisela: Anatomie einer politischen Verwaltung. Das Bundesministerium für gesamtdeutsche Fragen – Innerdeutsche Beziehungen 1949–1970. München 1973, S. 84.

[605] Vgl. Ludwig Rehlinger im »Spitzengespräch« mit Jürgen Engert (»Freikauf – das Geschäft der DDR mit politisch Verfolgten«) am 8.6.2011 in Berlin. In: Apelt (Hg.): Flucht, Ausreise, Freikauf, S. 91.

[606] Zahl aus: Deutscher Bundestag (Hg.): Drucksache 12/7600, S. 309. Vgl. ebf. hierzu: Hammer (Bearbeiterin): Sonderedition »Besondere Bemühungen«, S. 616 (Dok. Nr. 396, Vermerk Rehlingers vom 3.4.1969).

[607] Zahl aus: Ludwig Rehlinger im »Spitzengespräch« mit Jürgen Engert (»Freikauf – das Geschäft der DDR mit politisch Verfolgten«) am 8.6.2011 in Berlin. In: Apelt (Hg.): Flucht, Ausreise, Freikauf, S. 92.

In den bundesdeutschen Akten sind hingegen für 1963 nur 220.000 DM bzw. 205.000 DM für die acht Häftlinge festgehalten.[608] Hierzu passt – laut einem Bericht Rehlingers von 1969 für den damaligen Minister Wehner –, dass von der Bundesregierung 1963 acht Häftlinge für unterschiedliche Bargeldbeträge freigekauft und Zug um Zug von der DDR entlassen wurden.[609] Welche Summe damals letztlich aufgewendet wurde, ist für den Gesamtkomplex des Häftlingsfreikaufs aber unerheblich.

Barzel führte in seinen Erinnerungen aus, dass die notwendigen finanziellen Mittel (noch) nicht aus dem Bundeshaushalt genommen werden konnten.[610] Rehlinger wies die Zahlungen, was für den bürokratischen Apparat ungewöhnlich war, aus Gründen der Geheimhaltung alleine an.[611] Im weiteren Verlauf des Häftlingsfreikaufs wurden die hierfür benötigten Gelder aber im Bundeshaushalt zur Verfügung gestellt.[612] Zunächst wurden laut Rehlinger drei Häftlinge entlassen; erst danach bezahlte die Bundesrepublik.[613] Das Bargeld wurde von Stange an Vogel und von diesem an Volpert weitergegeben.[614] Anschließend entließ die DDR laut Rehlinger nach und nach die übrigen fünf

---

Vgl. ebf. Rehlinger: Freikauf, S. 35.

[608] Zahl 220.000 DM aus: Hammer (Bearbeiterin): Sonderedition »Besondere Bemühungen«, S. 73 (Dok. Nr. 27, Vermerk Rehlingers vom 17.10.1963 zu der noch nicht ausbezahlten, aber vorgesehenen Gesamtsumme zur Freilassung der acht Häftlinge).
Zahl 205.000 DM aus: Ebenda, S. 577 (Dok. Nr. 364, Vermerk Rehlingers zu den bisherigen wirtschaftlichen Gegenleistungen vom November 1968).

[609] Vgl. ebenda, S. 625 (Dok. Nr. 401, Bericht Rehlingers an Minister Wehner vom 30.5.1969). Wölbern geht davon aus, dass von den acht nur vier Häftlinge freigekauft wurden, vier seien ausgetauscht worden. Vgl. Wölbern: Die Entstehung des »Häftlingsfreikaufs«. In: DA 5/2008 (41. Jahrgang), S. 862.

[610] Vgl. Barzel: Ein gewagtes Leben, S. 168.

[611] Vgl. Diekmann (Hg.): Freigekauft, S. 27.

[612] Vgl. Volze, Armin: Innerdeutsche Transfers. In: Deutscher Bundestag (Hg.): Materialien der Enquete-Kommission »Aufarbeitung von Geschichte und Folgen der SED-Diktatur in Deutschland« (12. Wahlperiode des Deutschen Bundestages); Band V/3: Deutschlandpolitik, innerdeutsche Beziehungen und internationale Rahmenbedingungen. Baden-Baden 1995, S. 2779. Die Gelder waren unter dem Titel 685 21 des BMG (bzw. ab 1969 BMB) aufgeführt.

[613] Vgl. Rehlinger: Freikauf, S. 31–37.
Vgl. ebf. Whitney: Advocatus Diaboli, S. 87 f. Rehlinger und Whitney unterschieden sich in der Frage, ob das Geld in einer (Rehlinger) oder mehreren Raten (Whitney) übergeben worden war. Laut Diekmann waren es mehrere Raten. Vgl. Diekmann (Hg.): Freigekauft, S. 27 und S. 30. Diese Unterschiede im Detail sind jedoch für den Gesamtkomplex irrelevant.

[614] Vgl. Whitney: Advocatus Diaboli, S. 88.

Häftlinge.[615] Nicht alle wurden hierbei in die Bundesrepublik entlassen.[616] Der organisatorisch komplizierte Ablauf verdeutlichte das Misstrauen auf beiden Seiten. Barzel führte hierzu aus, dass ihn vor allem die Verhandlungen um die einzelnen Summen für die verschiedenen politischen Häftlinge angewidert hätten.[617] Ein Vertrag wurde nicht geschlossen, weil die Bundesrepublik die DDR staatsrechtlich nicht anerkannte. Außerdem wollten beide deutsche Staaten jeweils sicherstellen, dass die andere Seite die Vereinbarung nicht für Propagandazwecke nutzen konnte.[618] Aber immerhin wurde mit dem ersten erfolgreich ausgeführten Häftlingsfreikauf zwischen den beiden deutschen Staaten die Basis für weitere Aktionen geschaffen. Der erste Freikauf der Bundesregierung kann daher im Nachhinein als erfolgreicher »Testfreikauf« angesehen werden. Es war zu diesem Zeitpunkt aber noch keinesfalls absehbar, dass hieraus schließlich ein institutionalisierter Häftlingsfreikauf entstehen würde.

Die Regierungsumbildung in der Bundesrepublik nach dem Wechsel von Bundeskanzler Adenauer zu Bundeskanzler Erhard 1963 brachte Verzögerungen bei dem gerade erst begonnenen Häftlingsfreikauf mit sich, den die DDR nun fortsetzen und ausweiten wollte.[619] Der neue Bundeskanzler Erhard hatte den FDP-Vorsitzenden Erich Mende zum neuen Minister für gesamtdeutsche Fragen ernannt. Mende musste sich aber nach seiner Darstellung zunächst in sein Amt und die komplizierte Materie des Häftlingsfreikaufs einarbeiten und wollte deshalb erst einmal das weitere Verhalten der DDR abwarten.[620] Rehlinger führte dazu aus, dass es nach dem Ausscheiden Barzels im BMG Widerstände gegen den Freikauf gegeben habe.[621] Bedenken innerhalb der Ministerialbürokratie waren einleuchtend, da die Durchführung des Häftlingsfreikaufs rechtlichen und bürokratischen Grundsätzen widersprach. Trotzdem war Mende schließlich bereit, diesen fortzuführen und noch deutlich

---

[615] Vgl. Rehlinger: Freikauf, S. 37.
[616] So wurde beispielsweise Dietrich Gerloff in die DDR entlassen (vgl. *http://www.notaufnahmelager-berlin.de*). Er erfuhr erst viel später, dass er von der Bundesregierung freigekauft worden war.
[617] Vgl. Barzel: Es ist noch nicht zu spät, S. 39.
[618] Vgl. Diekmann (Hg.): Freigekauft, S. 26.
[619] Vgl. Rehlinger: Freikauf, S. 33 f. und S. 39–43.
Vgl. ebf. Diekmann (Hg.): Freigekauft, S. 30 f. und S. 41.
[620] Vgl. Mende, Erich: Von Wende zu Wende. 1962–1982. München und Berlin 1986, S. 139 f.
[621] Vgl. Rehlinger: Freikauf, S. 33 f.

auszuweiten.[622] Mit der Ausdehnung des Häftlingsfreikaufs war dessen Geheimhaltung aber nicht mehr zu gewährleisten, was 1963 noch möglich gewesen war.[623] Barzel hatte diese erfolgreiche Aktion nicht für seine politische Profilierung genutzt. Um weitere Freilassungen von politischen Häftlingen nicht zu gefährden, hatte er die Öffentlichkeit gar nicht und nur ausgewählte Spitzenpolitiker informiert. So erfuhr selbst der FDP-Vorsitzende Erich Mende erst davon, als er Minister für gesamtdeutsche Fragen geworden war.[624]

## 2.4 Die Haltung der West-Alliierten und der Sowjetunion

Sowohl die Bundesrepublik als auch die DDR wurden 1955 souveräne Staaten, wobei die Alliierten einige Vorbehaltsrechte behielten.[625] Beide deutsche Staaten waren zudem seit 1955 in gegnerische Militärbündnisse – NATO und Warschauer Pakt – eingebunden.[626] Die Bundesrepublik Deutschland und West-Berlin blieben auf die westlichen Verbündeten als Schutzmächte im Kalten Krieg angewiesen.[627] Politisch besaß die Bundesrepublik aber eine deutlich größere Eigenständigkeit als die DDR. Die große Abhängigkeit der DDR von der Sowjetunion wurde den Menschen am 17. Juni 1953 durch das Eingreifen der sowjetischen Truppen nachdrücklich vor Augen geführt.[628] Für die DDR war West-Berlin wie ein »Pfahl im Fleische« und zudem ein gefährliches »Schaufenster des Westens«. Für die Bundesrepublik war West-Berlin das wichtigste Bindeglied zwischen den beiden deutschen Staaten. Auch für die USA hatte es politisch und moralisch eine enorme Bedeutung.[629] So hatten sich nach dem Mauerbau vielfach ausländische Studenten, im Besonderen aber Amerikaner, mit deutschen Kommilitonen an der Fluchthilfe in der geteilten Stadt beteiligt.[630] Daher wandte sich schon 1962 die amerikanische Botschaft an die Bundesregierung und bat darum, sich für ihre inhaftier-

---

[622] Vgl. Rehlinger: Freikauf, S. 40.
[623] Vgl. Barzel: Ein gewagtes Leben, S. 168.
[624] Vgl. Mende: Von Wende zu Wende, S. 139 f.
[625] Vgl. Schroeder: Der SED-Staat, S. 132.
[626] Vgl. Wolfrum: Die geglückte Demokratie, S. 130.
[627] Vgl. ebenda, S. 191 und S. 195.
[628] Vgl. Wolfrum, Edgar: Die 50er Jahre. Kalter Krieg und Wirtschaftswunder. Darmstadt 2006, S. 41–45 und S. 49 (aus der Reihe: Deutschland im Fokus. Band 1).
[629] Zitiert nach: Derselbe: Die geglückte Demokratie, S. 191.
[630] Vgl. Detjen: Ein Loch in der Mauer, S. 111 f.

ten Landsleute, die in den DDR-Gefängnissen wegen Fluchthilfe einsaßen, einzusetzen.[631] Damit gab es für die West-Alliierten einen weiteren wichtigen Grund, den Häftlingsfreikauf nicht zu behindern, sondern ihn mit Augenmaß zu unterstützen. Die Bundesregierung bemühte sich in den folgenden Jahren tatsächlich mit Erfolg, über den Häftlingsfreikauf sowohl deutsche als auch ausländische Fluchthelfer freizubekommen.[632]
Die Zustimmung der USA für einen deutsch-deutschen Häftlingsfreikauf war auch vor dem Hintergrund wahrscheinlich, dass die USA 1962 mit dem Freikauf der inhaftierten Exil-Kubaner aus den kubanischen Gefängnissen selbst einen Häftlingsfreikauf erfolgreich durchgeführt hatten.[633] Außerdem begannen Anfang der 1960er Jahre beide Supermächte damit, Agenten auszutauschen. Dabei war das geteilte Deutschland bzw. vor allem das geteilte Berlin von besonderer Bedeutung.[634] Agentenaustausch und Häftlingsfreikauf müssen zunächst sachlich getrennt voneinander gesehen werden. In dem einen Fall wurden eigene und feindliche Nachrichtendienstmitarbeiter gegeneinander ausgetauscht, im anderen Fall wurden Inhaftierte aus Gefängnissen der Gegenseite freigekauft. Doch diese Unterscheidung war in der Praxis nicht immer so eindeutig zu treffen. Häftlingsfreikauf und Agentenaustausch im geteilten Deutschland wurden in zahlreichen Fällen miteinander verknüpft, wann immer es sich aus politischen und sachlichen Gründen anbot.[635] Rechtsanwalt Vogel war in beide Komplexe intensiv eingebunden.[636]

---

[631] Vgl. PA/AA, B 130, Band 3522 A (Vermerk von Joachim Friedrich Ritter vom 6.11.1962).
[632] Vgl. Barzel: Es ist noch nicht zu spät, S. 33.
[633] Vgl. Bigger, Philip J.: Negotiator. The Life and Career of James B. Donovan. Cranbury (New Jersey) 2006, S. 104–117 und S. 134–162.
Vgl. ebf. Diekmann (Hg.): Freigekauft, S. 15.
[634] Vgl. Pötzl: Basar der Spione, S. 84–94 und S. 98–131.
[635] Vgl. Interview mit Edgar Hirt am 7.7.2010 in Bonn.
[636] Vgl. Whitney: Advocatus Diaboli, S. 48–102.

Nationale und internationale Bekanntheit erlangte er mit dem auf der Glienicker Brücke durchgeführten Agentenaustausch Abel/Powers am 10. Februar 1962.[637] Hierbei wurde Vogels Verhandlungsgeschick von der Sowjetunion und den USA genutzt. Nach langwierigen Verhandlungen gelang es, den 1960 über der Sowjetunion abgeschossenen U2-Piloten Francis Gary Powers gegen den sowjetischen Top-Agenten Rudolf Abel auszutauschen. Da sich Powers und Abel in ihrer Bedeutung und ihrem Ausbildungsgrad erheblich voneinander unterschieden, kam der Austausch erst zustande, als sich die DDR bereit erklärte, zusätzlich einen amerikanischen Studenten namens Pryor freizulassen, der in Ost-Berlin verhaftet worden war und Rechtsanwalt Vogel sein Mandat übertragen hatte.

Laut Pötzl eruierte schon 1956 Friedrich Weihe, ein Agent des amerikanischen Geheimdienstes CIC, bei Vogel die Möglichkeit eines Agentenaustauschs, der allerdings nicht zustande kommen sollte.[638] Weihe wurde 1957 vom MfS entführt und in der DDR inhaftiert; er wurde erst 1977 zusammen mit dem ebenfalls in der DDR internierten Wissenschaftler Adolf-Henning Frucht, der militärische Geheimnisse des Warschauer Paktes an die CIA verraten hatte, gegen den chilenischen Kommunisten Jorge Montes, der im Chile Pinochets nach dessen Putsch 1973 inhaftiert worden war, ausgetauscht.[639] Während die Kontakte Vogels zu Markus Wolf und der HVA von Honecker und Mielke bewusst unterbunden wurden, war für ihn vor allem Volpert als Vertrauensperson maßgebend.[640] Mielke betrieb hierbei laut Mar-

---

[637] Vgl. zum Austausch Abel/Powers:
Whitney: Advocatus Diaboli, S., S. 48–69.
Pötzl: Basar der Spione, S. 84–131.
Donovan, James B.: Der Fall des Oberst Abel. Frankfurt am Main 1965 (deutsche Ausgabe), S. 349–400.
Vinke, Hermann: Die DDR. Eine Dokumentation mit zahlreichen Biografien und Abbildungen. Ravensburg 2008, S. 190.
Ast, Jürgen und Hübner, Martin: Tausche Ostagent gegen Westagent. Teil 1: Anwalt Vogels erster Coup. Deutschland 2004 (TV-Dokumentation für den MDR in zwei Teilen).
Diekmann (Hg.): Freigekauft, S. 139–144.
[638] Vgl. Pötzl: Basar der Spione, S. 47–49. Die westliche Seite hatte aufgrund der vielen Verhaftungen ihrer Agenten in der DDR durch das MfS ein frühzeitiges Interesse an Austauschaktionen. Vgl. Diekmann (Hg.): Freigekauft, S. 144.
[639] Vgl. Pötzl: Basar der Spione, S. 50.
Vgl. ebf. Diekmann (Hg.): Freigekauft, S. 144.
[640] Vgl. Pötzl: Basar der Spione, S. 529.

kus Wolf die systematische Förderung Vogels.[641] Auch in den folgenden Jahrzehnten war Vogel an einer Vielzahl von innerdeutschen und internationalen Austauschaktionen von Agenten beteiligt, wobei laut Pötzl auf diese Weise insgesamt rund 150 Agenten freikamen.[642]

Auch der sowjetische Bürgerrechtler Anatolij Schtscharanski wurde von der Sowjetunion im Rahmen eines Austauschs 1986 freigelassen.[643] Schtscharanski war zwar wegen Spionage von der sowjetischen Justiz verurteilt worden, er war aber eindeutig kein Agent. Schtscharanski hatte sich für Ausreiseantragsteller eingesetzt und deren Recht auf Ausreise aufgrund der KSZE-Schlussakte von 1975 herausgestellt. Ähnliche Situationen ergaben sich auch beim innerdeutschen Häftlingsfreikauf. Zahlreiche Inhaftierte waren aus westlicher Sicht keine Agenten, sie waren dies aber nach dem Verständnis der DDR. Folglich wurden immer wieder Häftlinge freigekauft, die wegen angeblicher Spionage in der DDR verurteilt worden waren.[644]

Beide Supermächte konnten den innerdeutschen Häftlingsfreikauf nutzen, um eigene Agenten auszulösen, und dabei selbst diskret im Hintergrund bleiben. Ein solches Beispiel war der Fall Felfe.[645] Felfe war sowohl Leiter des Referates »Gegenspionage« beim Bundesnachrichtendienst (BND) als auch Agent des sowjetischen Geheimdienstes KGB gewesen. Dieser Fall stellte wahrscheinlich die für den BND größte Blamage in der Geschichte des Kalten Krieges dar. Felfe wurde nach seiner Enttarnung 1961 noch im gleichen Jahr zu einer vierzehnjährigen Haftstrafe verurteilt. Die Sowjetunion hatte ein leicht nachvollziehbares Interesse, ihren Agenten so schnell wie möglich freizubekommen. Die Bundesrepublik, ganz besonders der BND, wollten Felfe jedoch seine volle Strafe verbüßen lassen. Hierbei sollte wohl auch ein Exempel statuiert werden. Zudem war nicht völlig auszuschließen, dass Felfe möglicherweise noch verwertbare »Insiderkenntnisse« besaß, die

---

[641] Vgl. Wolf, Markus: Spionagechef im geheimen Krieg. Erinnerungen. Berlin 2005 (Taschenbuch; 6. Auflage; 1. Auflage als Buch erschien 1997), S. 190 f. und S. 209. Der HVA-Chef Markus Wolf war ein Vertrauensmann des KGB, nicht Mielkes. Deshalb ergab es für Mielke machtpolitisch einen Sinn, eigene Vertrauensleute wie Volpert, Schalck-Golodkowski oder Vogel auch in Konkurrenz zur HVA zu fördern und in wichtige Positionen zu bringen.
[642] Zahl aus: Pötzl: Basar der Spione, S. 13.
[643] Vgl. Rehlinger: Freikauf, S. 206–233.
Vgl. ebf. Diekmann (Hg.): Freigekauft, S. 166 f. und S. 170–173.
[644] Vgl. BA Koblenz, B 209/1060 (Situationsbericht des UFJ vom 2.9.1964).
[645] Vgl. Whitney: Advocatus Diaboli, S. 126–135.
Vgl. ebf. Pötzl: Basar der Spione, S. 179–210.

er nach seiner Haftentlassung an die Sowjetunion hätte weitergeben können. In den Verhandlungen spielte Rechtsanwalt Vogel, der für Felfe das Mandat übernommen hatte, eine zentrale Rolle.[646] Er teilte der bundesdeutschen Seite mit, dass ohne eine Lösung des Falles Felfe sowohl der Häftlingsfreikauf als auch die Familienzusammenführung gestoppt werden würden.[647] Tatsächlich trat beim Häftlingsfreikauf und bei der Familienzusammenführung im Sommer 1968 eine totale Blockade ein; erst Anfang 1969 wurde beides wieder aufgenommen.[648] Ein prominenter Einzelfall hatte vorübergehend alles zum Erliegen gebracht. Hiermit wollte die DDR offensichtlich ihrer Forderung nach einer Freilassung Felfes Nachdruck verleihen, da die Bundesregierung in dieser Frage lange unnachgiebig geblieben war.[649]

Die Sowjetunion konnte in diesem Fall über die DDR und mit Hilfe des Häftlingsfreikaufs und der Familienzusammenführung Einfluss auf die Bundesrepublik nehmen und diese unter Druck setzen, um die Freilassung des KGB-Agenten zu erzwingen.[650] Der Bundesrepublik gelang es jedoch im Gegenzug, für Felfe insgesamt mehr als 20 inhaftierte Personen aus der DDR und der Sowjetunion – darunter befanden sich inhaftierte westliche Nachrichtendienstmitarbeiter in der DDR und drei in der Sowjetunion internierte Studenten – freizubekommen.[651] Felfe wurde schließlich im Februar 1969 ausgetauscht.[652] Häftlingsfreikauf und Familienzusammenführung wurden fortgeführt, was Vogel bereits Anfang Februar 1969 zugesagt hatte, nachdem er von Felfes Begnadigung erfahren hatte.[653] Auf der bundesdeutschen Seite hatte sich

---

[646] Vgl. Rehlinger: Freikauf, S. 83.
Vgl. ebf. Pötzl: Basar der Spione, S. 202–206.
[647] Vgl. BA Koblenz, B 137/16604 (Schreiben von Vogel an Stange vom 17.1.1967).
[648] Vgl. Meyer: Herbert Wehner, S. 318 f.
Vgl. ebf. BA Koblenz, B 137/16604 (Schreiben von Rehlinger an die Regierungsdirektoren Staab und Stern vom 1.4.1969).
[649] Vgl. Rehlinger: Freikauf, S. 83.
[650] Vgl. ebenda, S. 83. Der KGB-Chef Juri Andropow bedankte sich sogar persönlich bei Erich Mielke für die Auslösung Felfes und zweier weiterer Agenten. Vgl. Hammer (Bearbeiterin): Sonderedition »Besondere Bemühungen«, S. 637 (Dok. Nr. 409, Dankschreiben von Andropow an Mielke vom 31.7.1969).
[651] Zahlen aus: Pötzl: Basar der Spione, S. 206 und S. 209.
Vgl. zu den Austauschverhandlungen: Diekmann (Hg.): Freigekauft, S. 152–154.
[652] Vgl. Pötzl: Basar der Spione, S. 206 und S. 209.
Vgl. ebf. Diekmann (Hg.): Freigekauft, S. 138 und S. 154.
[653] Vgl. zur Fortführung des Häftlingsfreikaufs und der Familienzusammenführung: Meyer: Herbert Wehner, S. 319.
Vgl. zur Begnadigung Felfes: Pötzl: Basar der Spione, S. 206.

vor allem Herbert Wehner maßgeblich für die Freilassung Felfes verwendet, um mit diesem Zugeständnis den Häftlingsfreikauf und die Familienzusammenführung wieder in Gang zu bringen.[654] Der Fall Felfe und die totale Sperre bei Freikauf und Familienzusammenführung hatten Wehners ohnehin großes Engagement und seine Einflussnahme zusätzlich verstärkt. In ähnlicher Weise funktionierte 1969 der Austausch des in Südafrika verhafteten sowjetischen Agenten Jurij Loginow gegen zehn Geheimdienstmitarbeiter bundesdeutscher Nachrichtendienste und zwei Fluchthelfer aus DDR-Gefängnissen.[655] In diesen Kontext fügten sich auch Aktionen des sogenannten »Agenten-Ringtausches« ein, in die Geheimdienste zahlreicher Länder involviert waren.[656] Aufgrund der Vielzahl der hierbei beteiligten Akteure erwiesen sich solche Vereinbarungen als höchst komplex und für Außenstehende oft undurchschaubar. Entlassungen und Aktionen in verschiedenen Ländern auf zum Teil mehreren Kontinenten und unter Beteiligung zahlreicher Geheimdienste konnten jedoch der Weltöffentlichkeit nicht verborgen bleiben. Vor allem in der zweiten Hälfte der 1970er Jahre und in den 1980er Jahren kam es mehrfach zu solchen Vorgängen.

Auch die West-Alliierten konnten den Häftlingsfreikauf nutzen, um inhaftierte Agenten ihrer Dienste freizubekommen.[657] Aufgrund häufig unzureichender Ausbildung wurden viele dieser Mitarbeiter schnell vom MfS enttarnt und verhaftet.[658] Sowohl Ludwig Rehlinger als auch Jan Hoesch betonten, dass bundesdeutsche und verbündete Geheimdienste sich bei ihnen für ihre inhaftierten Agenten einsetzten, damit diese möglichst in den Freikauf einbezogen wurden.[659] Der ehemalige hochrangige amerikanische Diplomat Richard Barkley führte für die 1980er Jahre aus, dass sich die USA für ihre in der DDR inhaftierten deutschen Agenten verwendeten und hierbei eng mit dem BMB kooperierten.[660] Das Interesse der Sowjetunion und der West-Alliierten an ihren inhaftierten Agenten ließ sich also mit dem deutsch-deutschen

---

[654] Vgl. Meyer: Herbert Wehner, S. 318 f.
  Vgl. ebf. Diekmann (Hg.): Freigekauft, S. 153 f.
[655] Zahlen aus: Pötzl: Basar der Spione, S. 220.
[656] Vgl. zum »Agenten-Ringtausch«: Whitney: Advocatus Diaboli, S. 208–262.
[657] Vgl. Interview mit Jan Hoesch am 6.7.2009 in Berlin.
[658] Vgl. Interview mit Ludwig Rehlinger am 21.2.2009 in Eichwalde.
[659] Vgl. Interview mit Jan Hoesch am 6.7.2009 in Berlin.
[660] Vgl. Mail von Richard Barkley vom 2.6.2011. Richard Barkley stand dankenswerterweise für Rückfragen für diese Studie zur Verfügung. Er war 1982 bis 1985 in hoher Funktion in der US-Botschaft in Bonn und von 1988–1990 als Botschafter seines Landes in der DDR tätig.

Häftlingsfreikauf wiederholt sinnvoll verbinden. Daran schließt sich die Frage an, ob die Verbündeten in Ost und West eventuell noch ein weitergehendes Interesse am Häftlingsfreikauf hatten. General Wladimir Alexandrowitsch Krjutschkow, ehemaliger Chef des KGB, bestätigte in der Dokumentation »Die gekaufte Freiheit« ein gewisses Interesse der Sowjetunion am innerdeutschen Häftlingsfreikauf nur insoweit, als über diesen Weg eigene Agenten wie Felfe freizubekommen waren.[661] Ansonsten führte er zum deutsch-deutschen Häftlingsfreikauf aus: »*Ich denke nicht, dass die Stasi immer selbst entschieden hat, welche Personen freikamen. Sicher erhielt sie ihre Anweisungen. Aber Moskau übte diesbezüglich keinen Druck aus. Eine andere Sache ist, dass wir sie manchmal baten, uns behilflich zu sein, Agenten zu retten.*«[662] Bei der Aufnahme des Freikaufs dürfte jedoch eine Konsultation des mächtigen Verbündeten seitens der DDR erfolgt sein.[663] Auch der renommierte Deutschlandexperte und frühere Botschafter der Sowjetunion in der Bundesrepublik, Valentin Falin, verneinte ein größeres Interesse seines Landes am innerdeutschen Freikauf.[664] Bei einem Treffen zwischen Honecker und Breschnew 1974 wurden die Verhandlungen im humanitären Bereich zwischen den beiden deutschen Staaten, vor allem hinsichtlich der Familienzusammenführung, zwar kurz angesprochen.[665] Breschnew fragte jedoch an dieser Stelle bei Honecker nicht weiter nach. Honecker hatte zuvor mit einem gewissen Stolz gegenüber Breschnew ausgeführt, wie die Familienzusammenführung auch zur Abschiebung von Kriminellen in die Bundesrepublik genutzt werden konnte.

Ein weitergehender Einfluss der Sowjetunion auf den Häftlingsfreikauf – von den erwähnten Ausnahmen abgesehen – kann auch

---

[661] Vgl. Wladimir Alexandrowitsch Krjutschkow in: Ast: Die gekaufte Freiheit, Teil 1.
[662] Zitiert nach: Ebenda (Krjutschkow).
[663] Vgl. Diekmann (Hg.): Freigekauft, S. 21.
Vgl. allgemein zur Zusammenarbeit zwischen dem KGB und dem MfS: Borchert, Jürgen: Die Zusammenarbeit des Ministeriums für Staatssicherheit (MfS) mit dem sowjetischen KGB in den 70er und 80er Jahren. Ein Kapitel aus der Geschichte der SED-Herrschaft. Berlin 2006.
[664] Vgl. Mail von Valentin Falin vom 6.3.2010. Valentin Falin stand für diese Studie dankenswerterweise für Rückfragen zur Verfügung. Falin war zwischen 1971 und 1978 Botschafter seines Landes in der Bundesrepublik.
[665] Vgl. Hertle, Hans-Hermann und Jarausch, Konrad H. (Hg.): Risse im Bruderbund. Die Gespräche Honecker – Breschnew 1974 bis 1982. Berlin 2006, S. 87 (Mitteilung an Breschnew, dass die DDR auch Kriminelle im Rahmen der Familienzusammenführung abschob).

nicht durch schriftliche Quellen belegt werden, was für die Aussage Krjutschkows spricht. Auch Ludwig Rehlinger, Jan Hoesch, Edgar Hirt und Günter Wetzel sagten dazu aus, dass sie eine Einflussnahme der Sowjetunion auf den Freikauf niemals bemerkt hätten.[666] Hoesch nannte als Ausnahmen die Fälle Felfe und Loginow.[667] Alle Fakten sprechen dafür, dass der innerdeutsche Häftlingsfreikauf für die Sowjetunion politisch weitgehend irrelevant war. Ähnliches galt für die westlichen Verbündeten der Bundesrepublik, was durch Aussagen von Ludwig Rehlinger, Jan Hoesch und Günter Wetzel untermauert werden kann.[668] Rehlinger wies darauf hin, dass dies für die ganze Zeit des Freikaufs zutraf.[669] Keiner der dafür zuständigen Minister habe ihm jemals von einer besonderen Einflussnahme der Verbündeten berichtet.[670] Zudem bestätigten die ehemaligen amerikanischen Diplomaten Richard Barkley und Francis J. Meehan diese Einschätzung, wobei Barkley die Agentenfälle, in denen der Freikauf genutzt wurde, sinngemäß als Ausnahmen bezeichnete.[671] In den bundesdeutschen Quellen lässt sich ebenfalls keine entscheidende Rolle der westlichen Alliierten feststellen.

In den Akten des MfS gibt es aber Bezüge zu den westlichen Verbündeten der Bundesrepublik. In einem Bericht Volperts über ein Treffen mit Vogel wurden auch die westlichen Verbündeten der Bundesrepublik erwähnt.[672] Danach sollte sich Wolfgang Vogel Anfang 1963 mit Francis Meehan, dem damaligen amerikanischen Vertreter und späteren Botschafter in Ost-Berlin, und Werner Commichau, dem Leiter der Rechtsschutzstelle, in West-Berlin getroffen haben. Hierbei sei es angeblich um den geplanten innerdeutschen Häftlingsfreikauf gegangen, Meehan hätte diesen befürwortet. Meehan konnte sich auf Rückfrage

---

[666] Vgl. Interviews mit: Ludwig Rehlinger am 21.2.2009 in Eichwalde; Jan Hoesch am 6.7.2009 in Berlin; Günter Wetzel am 14.10.2009 in Darmstadt; Edgar Hirt am 7.7.2010 in Bonn.
[667] Vgl. Interview mit Jan Hoesch am 6.7.2009 in Berlin.
[668] Vgl. Interviews mit: Ludwig Rehlinger am 21.2.2009 in Eichwalde; Jan Hoesch am 6.7.2009 in Berlin; Günter Wetzel am 14.10.2009 in Darmstadt.
[669] Vgl. Interview mit Ludwig Rehlinger am 21.2.2009 in Eichwalde.
[670] Vgl. ebenda (Interview Rehlinger).
[671] Vgl. Mail von Richard Barkley vom 2.6.2011.
Vgl. ebf. Mail von Francis J. Meehan vom 17.4.2010. Meehan stand für diese Studie dankenswerterweise für Rückfragen zur Verfügung. Meehan war von 1985–1988 als Botschafter seines Landes in der DDR.
[672] Vgl. BStU, Archiv der Zentralstelle, MfS – AIM 5682/69, Band 8, S. 37 f. (Treffbericht Volperts vom 8.2.1963 über Treffen mit GM »Georg« vom 7.2.1963).

jedoch nicht an ein solches Gespräch erinnern.[673] Weiterhin machte Meehan deutlich, dass er damals in einer untergeordneten Position gewesen sei. Er hielt es für möglich, dass Volpert ein Interesse daran gehabt haben könnte, den westlichen Verbündeten der Bundesrepublik eine Zustimmung zum Häftlingsfreikauf zu unterstellen. Meehan war gegenüber der Quelle skeptisch, wollte aber ein solches Gespräch auch nicht völlig ausschließen.

Rainer Barzel ließ in seiner Aussage zur Dokumentation »Die gekaufte Freiheit« mindestens ein gewisses Interesse der westlichen Verbündeten durchblicken, ohne es jedoch weiter zu konkretisieren.[674] Wahrscheinlich wurden die West-Alliierten durch Barzel informiert und konsultiert.[675] Ludwig Rehlinger konnte dies jedoch nicht bestätigen.[676] Im Jahr 1966 informierte Vizekanzler Mende den amerikanischen Außenminister Rusk bei amerikanisch-bundesdeutschen Konsultationsgesprächen auch über den Häftlingsfreikauf; Rusk ging jedoch laut der bundesdeutschen Aufzeichnung nicht auf das Thema ein.[677] Hans-Dietrich Genscher führte im Interview aus, er könne sich nicht daran erinnern, dass er als Bundesaußenminister jemals von einem seiner westlichen Amtskollegen auf den Häftlingsfreikauf angesprochen worden wäre.[678]

---

[673] Vgl. Mail von Francis J. Meehan vom 17.4.2010.
[674] Rainer Barzel meinte hierzu: »Man darf nicht vergessen, wir hatten damals ja auch noch die Alliierten. Die wollten natürlich alles wissen. Und als sie spürten, die Deutschen fangen an zu mauscheln oder zu nuscheln und miteinander zu reden, in der Sprache, die keiner von uns so gut kann wie die selber, was machen die da?« Zitiert nach: Rainer Barzel in: Ast: Die gekaufte Freiheit, Teil 1.
[675] Vgl. Diekmann (Hg.): Freigekauft, S. 21.
[676] Vgl. Interview mit Ludwig Rehlinger am 21.2.2009 in Eichwalde.
[677] Vgl. Schwarz, Hans-Peter (Hauptherausgeber; herausgegeben im Auftrag des Auswärtigen Amts (AA) vom Institut für Zeitgeschichte): Akten zur Auswärtigen Politik der Bundesrepublik Deutschland (AAPD). 1966. Band II: 1. Juli bis 31. Dezember 1966. München 1997, Dokument 295, S. 1232 (Fernschreiben von Botschafter Freiherr von Braun, New York (UNO), an das AA vom 19.9.1966 über das Gespräch zwischen Mende und Rusk vom gleichen Tag. [Mende hatte über Zahlen zum Häftlingsfreikauf gesprochen.]).
Vgl. Schwarz, Hans-Peter (Hauptherausgeber; herausgegeben im Auftrag des AA vom Institut für Zeitgeschichte): AAPD. 1966. Band I: 1. Januar bis 30. Juni 1966. München 1997, Dokument 18, S. 66 f. (Aufzeichnung des Vortragenden Legationsrats I. Klasse Oncken vom 25.1.1966 über seinen Berlinaufenthalt vom 20.1. und 21.1.1966). (Bereits zu Jahresbeginn hatte Mende dem gesamtdeutschen Ausschuss detaillierte Informationen zum Häftlingsfreikauf übermittelt. Auch ein Vertreter des AA war über den Inhalt der Sitzung informiert worden.).
[678] Vgl. Interview mit Hans-Dietrich Genscher am 20.3.2009 in Wachberg-Pech.

Die westlichen Alliierten und die Sowjetunion akzeptierten den Häftlingsfreikauf, da dieser nichts an der jeweiligen Bündniszugehörigkeit der beiden deutschen Staaten und an den alliierten Vorbehaltsrechten änderte.[679] Deshalb konnte er relativ ungehindert und kontinuierlich über ein Vierteljahrhundert durchgeführt werden.[680] Die Bundesrepublik und die DDR setzten ihre Zusammenarbeit in politischen und humanitären Fragen auch in kritischen Phasen zwischen den USA und der Sowjetunion fort. Dies war zum Beispiel Ende der 1970er und Anfang der 1980er Jahre der Fall, als die internationalen Spannungen durch den NATO-Doppelbeschluss (1979), den sowjetischen Einmarsch in Afghanistan (1979) und die Verhängung des Kriegsrechts in Polen (1981) wieder zunahmen.[681] Anders sah es in den Politikfeldern aus, in denen die Supermächte ihre Interessen sehr viel stärker berührt sahen, etwa dann, wenn die alliierten Vorbehaltsrechte betroffen waren.[682]

Während in amerikanischen Quellen keine Hinweise auf den innerdeutschen Häftlingsfreikauf recherchiert werden konnten und mögliche sowjetische sowie französische Quellen noch gesperrt sind, konnten britische Quellen verwendet werden.[683] In der Anfangsphase des Häftlingsfreikaufs gab es auf amerikanischer und britischer Seite offenbar durchaus Skepsis gegenüber den deutsch-deutschen Verhandlungen. So wurden 1965 von den Briten regelmäßig Berichte über den Häftlingsfreikauf verfasst.[684] Den bezahlten Preis je Häftling gaben die

---

[679] Vgl. Ast: Die gekaufte Freiheit, Teil 1.
[680] Vgl. Stöver: Der Kalte Krieg 1947–1991, S. 410–436.
[681] Vgl. Potthoff: Bonn und Ost-Berlin 1969–1982, S. 63–90.
[682] Vgl. Garton Ash, Timothy: Im Namen Europas. Deutschland und der geteilte Kontinent. München und Wien 1993, S. 109 und S. 115.
Vgl. ebf. Wolfrum, Edgar: Die 90er Jahre. Wiedervereinigung und Weltkrisen. Darmstadt 2008, S. 12 f. (aus der Reihe: Deutschland im Fokus. Band 5).
Die alliierten Vorbehaltsrechte endeten erst 1990 mit dem »Vertrag über die abschließende Regelung in Bezug auf Deutschland«, der die deutsche Einheit und die volle Souveränität der Bundesrepublik Deutschland ermöglichte.
[683] Vgl. Mail von Christoph Ronge vom Deutschen Historischen Institut (DHI) in Washington vom 17.9.2009 über eine Recherche im »National Archives and Records Administration« in Washington.
Vgl. ebf. Mail von Matthias Uhl aus dem DHI Moskau vom 12.5.2009.
Vgl. ebf. Mail von Stefan Martens aus dem DHI Paris vom 4.5.2009.
Vgl. ebf. Mail von Kerstin Brückweh aus dem DHI London vom 7.5.2009.
Anmerkung: Alle genannten Personen bzw. Institute des DHI waren sehr hilfsbereit und kompetent.
[684] Vgl. The National Archives (TNA; britisches Nationalarchiv), FO 371/183166 (drei Schreiben aus Berlin über den innerdeutschen Häftlingsfreikauf von M. P.

Briten mit 40.000 DM pro Person an, was dem tatsächlichen Richtwert entsprach.[685] Zudem wurde zutreffend vermerkt, dass auch die Bundesrepublik Inhaftierte aus bundesdeutschen Gefängnissen, an deren Freilassung die DDR interessiert gewesen war, entlassen hatte.[686] Doch aus welchen Quellen hatten die Briten ihre Informationen erhalten? Offensichtlich hatten sie Telefonate abgehört.[687] Zusätzlich wurde angemerkt, dass diese Abhöraktion vor bundesdeutschen Stellen geheim gehalten werden sollte. Die Aktion war amerikanischen Stellen aber mitgeteilt worden.

Diese politisch heikle Vorgehensweise verdeutlicht einerseits das Informationsbedürfnis der West-Alliierten über den Häftlingsfreikauf, andererseits aber auch ein gewisses Misstrauen, das 1965 gegenüber der Bundesrepublik Deutschland bei innerdeutschen Verhandlungen bestand. Vor dem Hintergrund des Kalten Krieges sollten Abhöraktionen, auch gegenüber Verbündeten, nicht überraschen. Die westlichen Bündnispartner der Bundesrepublik wollten sich wahrscheinlich vergewissern, dass die beiden deutschen Staaten keine Abmachungen zu ihren Lasten aushandelten. Dafür sprach auch die Aussage des ehemaligen CIA-Mitarbeiters John Mapother in der Dokumentation »Die gekaufte Freiheit«: »*Beide, die Amerikaner und die Russen, waren besorgt, was daraus entstehen würde. Und die Sache, die keiner von beiden wollte, war die Auferstehung eines deutschen Nationalismus. Deswegen waren sie immer sehr vorsichtig, wenn es um deutsch-deutsche Interessen ging. Vorsichtiger, als es die Deutschen je ahnten.*«[688] Doch schließlich kamen die Verbündeten der beiden deutschen Staaten offensichtlich zu dem Schluss, dass der innerdeutsche Häftlingsfreikauf ihre Interessen nicht berührte.

---

Buxton (British Military Government Berlin) vom 6.7., 26.7. und 2.8.1965 an die Britische Botschaft in Bonn. Die Schreiben vom 26.7. und 2.8.1965 gingen in Kopie auch an das Foreign Office in London.).

[685] Vgl. The National Archives, FO 371/183166 (Schreiben von M. P. Buxton (British Military Government Berlin) an die Britische Botschaft in Bonn vom 6.7.1965).

[686] Vgl. ebenda (Schreiben vom 6.7.1965).

[687] Vgl. The National Archives, FO 371/183166 (Schreiben von M. P. Buxton (British Military Government Berlin) an die Britische Botschaft in Bonn und das Foreign Office in London vom 2.8.1965).

[688] Zitiert nach: John Mapother in: Ast: Die gekaufte Freiheit, Teil 1.

## 2.5 Humanitäres Engagement der Bundesregierung in Osteuropa

Die Bundesrepublik war in humanitären Fragen nicht nur in der DDR engagiert. Seit 1949 setzten sich die Bundesregierung und die Zentrale Rechtsschutzstelle des Bundesministeriums für Justiz (diese war ab 1953 dem Auswärtigen Amt zugeordnet worden) zusammen mit dem Deutschen Roten Kreuz (DRK) sowohl für deutsche Kriegsgefangene und Kriegsverurteilte als auch für die in Osteuropa lebenden Deutschen und Deutschstämmigen ein, die aus unterschiedlichen Gründen Hilfe benötigten.[689] Die humanitären Bemühungen der Bundesregierung für die Menschen in der DDR müssen daher – bei all ihren Besonderheiten und ihrer herausragenden politischen Bedeutung – in diesem größeren historischen und politischen Kontext gesehen werden.

Die Bundesrepublik war keineswegs in einer besseren Verhandlungsposition, nur weil sie den sozialistischen Ländern wirtschaftliche Gegenleistungen anzubieten hatte. Diese erwiesen sich oft als sehr unnachgiebig und nutzten ihren Verhandlungsvorteil, die Verfügungsgewalt über die internierten Menschen zu haben, konsequent aus. Sie konnten sich bei den Verhandlungen Zeit lassen, während die Bundesrepublik an einer schnellen Lösung der zum Teil drängenden menschlichen Härtefälle interessiert sein musste. Dieser Sachverhalt galt prinzipiell für alle humanitären Fragen, ob bei internierten Kriegsgefangenen oder politischen Häftlingen. So hatte sich die Bundesrepublik 1949/50 im Zusammenhang mit laufenden Verhandlungen über einen Handelsvertrag mit Jugoslawien bemüht, von der jugoslawischen Regierung die Freilassung der letzten deutschen Kriegsgefangenen zu erwirken, was jedoch misslang.[690] Vor allem Organisationen der deutschen Wirtschaft hatten gefordert, den

---

[689] Vgl. BA Koblenz, B 136/1879 (In der Akte sind die Bemühungen um deutsche Kriegsgefangene bzw. Kriegsverurteilte enthalten; eine Parallele zum Häftlingsfreikauf bestand darin, dass die Bundesregierung bei Entlassungen an Diskretion interessiert war, um weitere Freilassungen nicht zu gefährden.).
Vgl. ebf. BA Koblenz, B 137/338 (Beispiele aus den 1950er Jahren für die Zusammenarbeit zwischen der Bundesregierung und dem DRK in humanitären Fragen in Osteuropa).
[690] Vgl. die Protokolle der Bundesregierung zur 35. und 58. Kabinettssitzung am 13.1. bzw. 13.4.1950. In: Booms, Hans (Hg. für das Bundesarchiv): Die Kabinettsprotokolle der Bundesregierung. Band 2: 1950. Boppard am Rhein 1984, S. 131 (35. Sitzung) und S. 324 (58. Sitzung).

Handelsvertrag abzuschließen und die Verquickung mit der Frage der Kriegsgefangenen aufzugeben.[691]

Zur Freilassung der noch verbliebenen deutschen Kriegsgefangenen in der Sowjetunion wurde 1953 über Adenauers Staatssekretär Hans Globke ein Vorschlag an die Bundesregierung übermittelt, der aus der bundesdeutschen Wirtschaft gekommen war: »*Um die noch in russischer Kriegsgefangenschaft befindlichen Deutschen zurückzuholen, sei eine Reihe deutscher Industriebetriebe bereit, für die Dauer von mehreren Jahren einen Teil ihrer Produktion der Sowjetunion kostenlos zu Verfügung zu stellen.*« [692] Schließlich erfolgte ihre Freilassung 1955 über einen anderen Weg, nämlich durch einen Besuch Bundeskanzler Adenauers in Moskau und ein zentrales politisches Zugeständnis der Bundesregierung.[693] Die Sowjetunion hatte bereits vor den Verhandlungen beschlossen, die letzten Kriegsgefangenen freizulassen, sofern die Bundesregierung zur Aufnahme diplomatischer Beziehungen bereit wäre.[694] Für die Freilassung von knapp 10.000 Kriegsgefangenen und Kriegsverurteilten sowie rund 20.000 Zivilinternierten entsprach Adenauer der sowjetischen Forderung.[695]

Die Bundesrepublik engagierte sich auch nach der Freilassung der Kriegsgefangenen in humanitären Fällen in Osteuropa, so zum Beispiel Anfang der 1960er Jahre für zwei Studenten, die in der Sowjetunion wegen Spionage verurteilt worden waren.[696] Hierbei hatte die Bundesregierung 1962 sogar einen Austausch mit einem sowjetischen Agenten erwogen. Allerdings konnte für die vorzeitige Freilassung des Agenten im Juli 1962 zwar ein in der Sowjetunion inhaftiertes deutsches Ehepaar – beide waren Touristen – ausgelöst werden, aber nicht die Studenten.[697] Die Idee der Bundesregierung, für die Freilassung des Agenten

---

[691] Vgl. die Protokolle der Bundesregierung zur 35. und 58. Kabinettssitzung am 13.1. bzw. 13.4.1950. In: Booms, Hans (Hg. für das Bundesarchiv): Die Kabinettsprotokolle der Bundesregierung. Band 2: 1950. Boppard am Rhein 1984, S. 324 (58. Sitzung).

[692] Zitiert nach: BA Koblenz, B 136/1879 (Vermerk von Dr. Pühl aus dem Bundeskanzleramt vom 15.12.1953; Pühl beurteilte den Vorschlag jedoch kritisch.).

[693] Vgl. Kilian, Werner: Adenauers Reise nach Moskau. Freiburg im Breisgau 2005, S. 75–85.

[694] Vgl. ebenda, S. 81–85.

[695] Zahlen aus: Wolfrum: Die 50er Jahre, S. 45.

[696] Vgl. PA/AA, B 2, Band 145 (Aufzeichnung aus dem AA vom 21.5.1963 über das Gespräch von Staatssekretär Carstens mit Botschafter Smirnow vom 20.5.1963).

[697] Vgl. die Protokolle der Bundesregierung der 30. Kabinettssitzung am 30.5.1962 und der 35. Sitzung am 4.7.1962. In: Weber, Hartmut (Hg. für das Bundesarchiv): Die Kabinettsprotokolle der Bundesregierung. Band 15: 1962. München 2005, S. 279 (30. Sitzung) und S. 321 (35. Sitzung). Die Studenten kamen erst 1969 frei.

auch politische Häftlinge in der DDR auszulösen, führte schließlich zu keinem Ergebnis.[698] Damit hätte die Sowjetunion die DDR auch bloßgestellt. Ebenso wollte die Bundesregierung die Freilassung der in der Sowjetunion inhaftierten jungen Journalistin Martina Kischke erreichen.[699] Kischke konnte schließlich zusammen mit drei Häftlingen aus der DDR in einem Austausch gegen den Agenten Alfred Frenzel freikommen, der in der Bundesrepublik verurteilt worden war.[700] Frenzel war ein früherer SPD-Bundestagsabgeordneter, der zur Zusammenarbeit mit dem Geheimdienst der Tschechoslowakei gezwungen worden war, da dieser belastendes Material gegen ihn in der Hand hatte.[701] Erneut spielte Rechtsanwalt Vogel eine zentrale Rolle in den Verhandlungen, zumal er für Frenzel das Mandat übernommen hatte.[702]

Das DRK betreute über Jahre deutsche und deutschstämmige politische Gefangene in zahlreichen Ländern Osteuropas; vornehmlich wollte es die Haftumstände der Inhaftierten mildern.[703] Der Einsatz des DRK muss sehr gewürdigt werden. Trotz schwierigster Arbeitsbedingungen ließ es in seinem Engagement niemals nach. Auch bei der Ausreise von Personen deutscher Abstammung arbeitete die Bundesregierung eng mit dem DRK zusammen.[704] Die gemeinsamen Bemühungen der Bundesregierung und des DRK gingen bis in die 1950er Jahre zurück. Dabei handelte es sich um Länder mit einer größeren deutschen Minderheit, beispielsweise Rumänien, die Sowjetunion und Polen. Die Verhandlungen waren meistens schwierig und von großer Unsicherheit geprägt. Jahren mit einer vergleichsweise großzügigen Genehmigungspraxis folgten solche, in denen sich diese Länder sehr restriktiv verhielten. Die Entspannungspolitik der sozial-liberalen Koalition führte

---

[698] Vgl. die Protokolle der Bundesregierung der 30. Kabinettssitzung am 30.5.1962 und der 35. Sitzung am 4.7.1962, S. 261 (28. Sitzung) und S. 321 (35. Sitzung).
[699] Vgl. Whitney: Advocatus Diaboli, S. 130.
[700] Vgl. Pötzl: Basar der Spione, S. 178.
Vgl. ebf. zum Fall Frenzel: Diekmann (Hg.): Freigekauft, S. 146–149. Laut Diekmann wurden im Austausch gegen Frenzel neben Kischke noch zwei (S. 148) Häftlinge aus der DDR entlassen, laut Pötzl (S. 178) und Whitney (S. 130 und S. 132) waren es drei Inhaftierte aus der DDR.
[701] Vgl. Pötzl: Basar der Spione, S. 167.
[702] Vgl. ebenda, S. 169–178. Vogel wollte Frenzels Freilassung gegen einen in der Tschechoslowakei inhaftierten Studenten erreichen, was allerdings scheiterte. Dieser wurde jedoch im April 1966 ohne Gegenleistung aus der Haft entlassen. Vgl. ebenda, S. 173.
[703] Vgl. BA Koblenz, B 137/338 (Briefwechsel zwischen Weitz, DRK Bonn, und Ludwig, DRK Dresden, vom 17.10.1956 bzw. 24.10.1956).
[704] Vgl. PA/AA, B 85, Band 808 (Aufzeichnung von Referat 505 vom 22.6.1961).

bei einigen sozialistischen Staaten auch zu einer etwas konzilianteren Haltung. Beispielsweise gelang 1976 mit Polen ein Abkommen, so dass rund 125.000 deutschstämmige Polen in den folgenden Jahren ausreisen konnten.[705] Daneben wurde zwischen den beiden Regierungen ein Finanzkredit in Höhe von einer Milliarde DM und einer Laufzeit von 25 Jahren vereinbart, ohne den das polnische Zugeständnis wohl kaum erreicht worden wäre.[706] Als einer der wenigen Oppositionspolitiker der CDU/CSU-Fraktion stimmte Rainer Barzel den verschiedenen Vereinbarungen zu. Er wies bei seiner Stellungnahme in der Fraktion ausdrücklich auf seine Haltung als Minister für gesamtdeutsche Fragen zum innerdeutschen Häftlingsfreikauf hin, um so auch für die Verträge mit Polen zu werben.[707] Rumänien war bis 1989 ein besonders schwieriger Verhandlungspartner. Zwar hatten sich die Zentrale Rechtsschutzstelle des Auswärtigen Amtes und die von ihr beauftragten Rechtsanwälte wie Ewald Garlepp bereits in den 1950er und 1960er Jahren für Rumäniendeutsche eingesetzt, doch nur relativ wenig erreichen können.[708] Erst Ende der 1960er Jahre wurde ein Durchbruch erzielt – allerdings nur gegen wirtschaftliche Gegenleistungen.[709] So führte Erwin Wickert, früherer bundesdeutscher Botschafter in Rumänien, in seinen Erinnerungen aus, dass für einen Ausreisefall bis zu 11.000 DM (diese Summe galt für Akademiker) aufgebracht werden mussten, was je nach Ausbildung der ausreisewilligen Person aber variieren konnte.[710] In der Bundesrepublik wurden die ausgereisten Rumäniendeutschen sofort eingebürgert – genauso wie die Flüchtlinge und freigekauften politischen Häftlinge aus der DDR.[711]

Für diese diffizilen Verhandlungen war viele Jahre lang, von 1968 bis 1989, der Rechtsanwalt Heinz Günther Hüsch verantwortlich. Er erläuterte dazu, dass ab 1978 eine Pauschalierung von 4.000 DM pro Person vereinbart worden war. Diese Summe stieg 1983 auf 7.800 DM

---

[705] Zahl aus: Soell, Hartmut: Helmut Schmidt. Macht und Verantwortung. München 2008, S. 494.
[706] Zahlen aus: Ebenda, S. 494.
[707] Vgl. Barzel: Ein gewagtes Leben, S. 284.
[708] Vgl. telefonisches Interview mit Heinz Günther Hüsch am 5.11.2010.
[709] Vgl. ebenda (telefonisches Interview Hüsch).
[710] Zahl aus: Wickert, Erwin: Die glücklichen Augen. Geschichten aus meinem Leben. Stuttgart und München 2001, S. 501.
[711] Vgl. telefonisches Interview mit Heinz Günther Hüsch am 5.11.2010. Voraussetzung war, dass verifiziert werden konnte, dass sie tatsächlich deutscher Abstammung waren.

und 1988 auf 8.950 DM.[712] Die getroffenen Abkommen wurden formal als Privatverträge von Hüsch in seiner Eigenschaft als Rechtsanwalt geschlossen. Insgesamt konnten auf diesem Weg bis 1989 etwa 250.000 Menschen aus Rumänien ausreisen.[713] Hans-Dietrich Genscher unterstrich, dass die DDR und Rumänien seiner Erinnerung nach die einzigen beiden sozialistischen Länder gewesen waren, aus denen Menschen in größerer Anzahl gegen wirtschaftliche Gegenleistungen ausgelöst werden konnten.[714] Trotz eines gewissen Unbehagens war der frühere Bundesaußenminister von der Richtigkeit des Handelns der Bundesregierung überzeugt. Es sei darum gegangen, den betroffenen Menschen zu helfen.

Ein Zusammenhang zwischen dem innerdeutschen Häftlingsfreikauf und den Verhandlungen im humanitären Bereich mit Rumänien wurde schon 1964 vom Auswärtigen Amt hergestellt. Karl Carstens, damaliger Staatssekretär im Auswärtigen Amt und späterer Bundespräsident, hatte zum BMG Kontakt aufgenommen, um Näheres über den innerdeutschen Freikauf zu erfahren.[715] Offenbar war das Auswärtige Amt nur unzureichend hierüber informiert worden. Weiterhin befürchtete Carstens eine Präjudizierung der Ergebnisse des innerdeutschen Häftlingsfreikaufs auf die Verhandlungen mit Rumänien. Das BMG hatte die Gegenleistungen für das Jahr 1964 auf 32 Millionen DM beziffert, die der DDR in Form von Gütern für die Freilassung von etwa 900 Häftlingen zur Verfügung gestellt worden waren. Dieser Betrag erschien dem Auswärtigen Amt zu hoch, und es befürchtete Auswirkungen auf die Forderungen Rumäniens. Beide Sachverhalte wurden vom BMG zurückgewiesen. Die weitere Entwicklung schien Carstens aber Recht zu geben, da Rumänien unter Ceaușescu stets hohe Forderungen stellte.[716]

[712] Zahlen aus: Telefonisches Interview mit Heinz Günther Hüsch am 5.11.2010. Die rumänische Regierung verlangte ab 1983 zusätzlich die Zahlung von Reisekosten von 350 DM, ab 1988 von 390 DM pro Person. Hüsch war Landtags- und später Bundestagsabgeordneter der CDU. Seine guten politischen Kontakte waren sicher hilfreich bei seiner schwierigen Aufgabe als Verhandlungsführer.
[713] Zahl aus: Telefonisches Interview mit Heinz Günther Hüsch am 5.11.2010.
[714] Vgl. Interview mit Hans-Dietrich Genscher am 20.3.2009 in Wachberg-Pech.
[715] Vgl. Schwarz, Hans-Peter (Hauptherausgeber; herausgegeben im Auftrag des AA vom Institut für Zeitgeschichte): AAPD. 1964. Band II: 1. Juli bis 31. Dezember 1964. München 1995, Dokument 285, S. 1157 f. (Runderlass von Carstens vom 13.10.1964) und Dokument 300, S. 1197 f. (Schreiben von Carstens an Mende vom 29.10.1964).
[716] Vgl. Wickert: Die glücklichen Augen, S. 501. Zu dem Freikauf aus Rumänien zeigte die ARD am 13.1.2014 den Dokumentarfilm des MDR und RBB »Deutsche gegen Devisen – Ein Geschäft im Kalten Krieg« von Razvan Georgescu.

Die humanitären Bemühungen für die betroffenen Menschen in der DDR und damit auch der Häftlingsfreikauf fügten sich somit in einen größeren historischen Kontext ein, auch wenn sie für die Bundesrepublik aufgrund der Beziehungsgeschichte der beiden deutschen Staaten eine ganz besondere politische Bedeutung hatten.

# 3. Der institutionalisierte Häftlingsfreikauf

Die beachtliche Kontinuität im Häftlingsfreikauf kann nicht als selbstverständlich betrachtet werden. Der Freikauf war in seinen Anfangsjahren seitens der Bundesregierung keineswegs als eine »dauerhafte Einrichtung« im deutsch-deutschen Verhältnis geplant gewesen, sondern er sollte – zumindest für einige Entscheidungsträger, wie den amtierenden Minister Erich Mende – eigentlich nur eine zeitlich und quantitativ begrenzte Aktion sein.[717] Dennoch wurde der Freikauf schließlich bis 1989 durchgeführt. Auch der äußerst skeptische Staatssekretär Krautwig sprach sich beispielsweise 1965 trotz aller Bedenken für dessen Fortsetzung aus, soweit das die politische Lage zulasse.[718] Mit Recht kann deshalb ab 1964 im Ergebnis von einer Institutionalisierung des Häftlingsfreikaufs gesprochen werden. Zunächst mussten aber auf beiden Seiten zahlreiche praktische Probleme gelöst werden. Hierbei konnte auf die Erfahrungen, die bei der Freilassung der acht politischen Häftlinge 1963 gemacht worden waren, zurückgegriffen werden. Die Verhandlungen wurden weiterhin von den Rechtsanwälten Vogel und Stange geführt. Die beiden Anwälte waren jedoch keine Entscheidungsträger, sondern Unterhändler. Der Kreis der Entscheidungsträger wurde auf beiden Seiten klein gehalten. Allerdings mussten diverse weitere Instanzen für die Durchführung des Freikaufs eingebunden werden. In der Bundesrepublik waren mehr Institutionen und Personen mittelbar am Freikauf beteiligt, zum Beispiel indem sie dem BMG Hinweise auf in der DDR Inhaftierte gaben. Die wirtschaftliche Abwicklung wurde auf bundesdeutscher Seite einem Bevollmächtigten übertragen.[719] Lange Zeit übernahm Ludwig Geißel diese Aufgabe.[720]

---

[717] Vgl. Mende: Von Wende zu Wende 1962–1982, S. 141 f.
[718] Vgl. EZA Berlin, 742/277 (Vermerk Krautwigs vom 15.9.1965). Krautwig stand neben dem Häftlingsfreikauf auch Austauschaktionen prinzipiell skeptisch gegenüber. Vgl. Hammer (Bearbeiterin): Sonderedition »Besondere Bemühungen«, S. XVI (aus der Einleitung).
[719] Vgl. Deutscher Bundestag (Hg.): Drucksache 12/7600, S. 2718.
[720] Vgl. EZA Berlin, 742/277 (Vermerk von Krautwig vom 15.12.1964).
Vgl. ebf. Deutscher Bundestag (Hg.): Drucksache 12/7600, Dokument 673, S. 2718.

## 3.1 Die Entscheidungsträger

Von Anfang an machte die DDR völlige Diskretion zu einer zentralen Bedingung für die Durchführung des Häftlingsfreikaufs.[721] Offizielle Verhandlungen von staatlichen Vertretern konnten vor diesem Hintergrund kaum im Interesse der DDR liegen. Die Bundesregierung wollte wiederum alles vermeiden, was als staatliche Anerkennung der DDR hätte ausgelegt werden können, weshalb sie ebenfalls keine staatlichen Verhandlungsführer akzeptierte.[722] Darum wurde auch künftig auf Vogel und Stange, wie beim Freikauf von 1963, zurückgegriffen, zumal sie als Anwälte der Schweigepflicht unterlagen und bereits mit der Materie vertraut waren.[723] Eine weitere Überlegung auf bundesdeutscher Seite war, dass Anwälte wahrscheinlich weniger bürokratisch arbeiten würden als Behörden.[724]

Die Bundesregierung band die Rechtsschutzstelle eng in den Freikauf ein, da sich diese auf dem Gebiet der politischen Häftlinge in der DDR große Kenntnisse erworben und eine Vielzahl von entsprechenden Daten gesammelt hatte.[725] Sie war damit eine wichtige Anlaufstelle für die Angehörigen von Inhaftierten. Neben Vogel und Stange und ihren Kollegen und Mitarbeitern – in Vogels Kanzlei waren das beispielsweise Dieter Starkulla und Klaus Hartmann, bei Stange Herbert Taubert – waren auch die Rechtsanwälte Alfred Musiolik, Helmut Sehrig, Wolf-Egbert Näumann und Ülo Salm von der Rechtsschutzstelle am Häftlingsfreikauf beteiligt.[726] Besonders in den 1980er Jahren wirkten die Rechtsanwälte Wolf-Eckhard Jaeger und Barbara von der Schulenburg sowie der Nichtjurist Hans Jörgen Gerlach maßgeblich bei Familienzusammenführungen mit.[727] Über Jahrzehnte war außerdem Rechtsanwalt Gernot Preuß in Haft- oder Familienzusammenführungsfällen engagiert.[728]

[721] Vgl. Rehlinger: Freikauf, S. 65 f.
[722] Vgl. ebenda, S. 44 f.
[723] Vgl. ebenda, S. 31 und S. 45.
[724] Vgl. Hammer (Bearbeiterin): Sonderedition »Besondere Bemühungen«, S. 626 (Dok. Nr. 401, Bericht Rehlingers an Minister Wehner vom 30.5.1969).
[725] Vgl. Interview mit Jan Hoesch am 6.7.2009 in Berlin.
[726] Seit 1971 war Rechtsanwalt Sehrig mit seiner Kanzlei im Auftrag des BMB als »Zivilrechtsschutzstelle« mit Anbindung an das Gesamtdeutsche Institut tätig. Musiolik konzentrierte sich auf Häftlinge, Näumann und Salm kümmerten sich um strafrechtliche Fälle. Vgl. hierzu: Völkel: Die besonderen Bemühungen der Bundesregierung um Haftentlassung und Übersiedlung aus der DDR. Teil 1. In: Mitteilungen aus dem Bundesarchiv, Heft 1/2008, S. 40.
[727] Vgl. Interview mit Ludwig Rehlinger am 21.2.2009 in Eichwalde.
[728] Gernot Preuß stand für die Studie dankenswerterweise für Rückfragen in einer Mail vom 16.2.2010 und in einem telefonischen Interview am 16.10.2010 zur Verfügung.

Außer in seiner Funktion als Unterhändler betätigte sich Stange ebenso im Bereich der Familienzusammenführung und in strafrechtlichen Fällen. Stanges Schwerpunkt lag auf Anklagen nach Paragraf 249 (»Gefährdung der öffentlichen Ordnung durch asoziales Verhalten«) des DDR-Strafgesetzbuches.[729] Dieser Paragraf war 1979 mit dem 3. Strafrechtsänderungsgesetz geschaffen worden und brachte eine erhebliche Verschärfung des politischen Strafrechts in der DDR mit sich.[730] Aber noch im gleichen Jahr erließ Honecker eine Amnestie.[731] Das zeigt erneut, wie schwer es sowohl für die DDR-Bürger als auch für die Bundesregierung war, die Politik der SED richtig einzuschätzen. Deswegen waren die Rechtsschutzstelle und das 1969 gegründete Gesamtdeutsche Institut – Bundesanstalt für gesamtdeutsche Aufgaben (BfgA) mit ihren differenzierten Kenntnissen über die DDR für die bundesdeutsche Seite sehr wichtig.[732] Die Rechtsschutzstelle war auch für die Befragung der freigekauften Häftlinge im Bundesnotaufnahmelager Gießen verantwortlich, was von den Anwälten Musiolik und Näumann übernommen wurde.[733] Sie mussten die Identität der Häftlinge verifizieren, den politischen Hintergrund ihrer Verurteilung überprüfen und sich nach »Haftkameraden« erkundigen, die ebenfalls aus politischen Gründen in DDR-Gefängnissen einsaßen.

Norbert Lawrenz war in den 1980er Jahren innerhalb des BMB Ansprechpartner für die Betreuung und Beratung von Angehörigen der Häftlinge bzw. Ausreiseantragsteller.[734] Dieser Komplex stellte für das Ministerium eine besonders diffizile Aufgabe dar. Der Schriftverkehr bzw. auch die notwendigen Gespräche mit den Angehörigen wurden überwiegend von den Anwälten der Rechtsschutzstelle vorgenommen. Sie entlasteten das BMG auch dadurch, dass sie die notwendigen Kontakte zu den Korrespondenzanwälten in der DDR wahrnahmen. Seit 1964 wurde der institutionalisierte Häftlingsfreikauf mit der DDR aufgrund der hierfür notwendigen finanziellen Mittel allein von der Bundesregierung getra-

---

[729] Vgl. Völkel: Die besonderen Bemühungen der Bundesregierung um Haftentlassung und Übersiedlung aus der DDR. Teil 1. In: Mitteilungen aus dem Bundesarchiv, Heft 1/2008, S. 40.
[730] Vgl. Raschka: Justizpolitik im SED-Staat, S. 125–127.
[731] Vgl. ebenda, S. 181–187.
[732] Detlef Kühn, der ehemalige Präsident der BfgA, stand für diese Untersuchung dankenswerterweise in einem telefonischen Interview am 20.1.2010 für Rückfragen zur Verfügung.
[733] Vgl. telefonisches Interview mit Wolf-Egbert Näumann am 9.9.2009.
Vgl. ebf. Interview mit Jan Hoesch am 6.7.2009 in Berlin.
[734] Vgl. telefonisches Interview mit Norbert Lawrenz am 31.1.2011.

gen.⁷³⁵ Jedoch sollten die wirtschaftlichen Gegenleistungen an die DDR zukünftig nicht mehr in Form einer Bargeldübergabe, sondern durch Warenlieferungen erfolgen.⁷³⁶ Hierbei wurde die bundesdeutsche Seite im Wesentlichen von zwei Überlegungen geleitet: Der DDR sollten keine Devisen zur Verfügung gestellt werden, und außerdem sollten die gelieferten Güter möglichst der DDR-Bevölkerung zugutekommen.⁷³⁷

Der Häftlingsfreikauf und der gesamte humanitäre Bereich wurden vom BMG bzw. später BMB politisch verantwortet und koordiniert.⁷³⁸ Innerhalb des Ministeriums waren allerdings nur wenige Personen mit der heiklen und komplizierten Materie befasst, denn der Kreis der Beteiligten sollte auch hier möglichst klein gehalten werden.⁷³⁹ Dabei mussten viele Teilaufgaben allerdings delegiert werden. Rechtliche Fragen zur Rehabilitierung der Häftlinge nach dem Freikauf sowie zahlreiche Recherchen zur DDR übernahm dabei die BfgA, die dem Ministerium unterstand und von diesem finanziert wurde.⁷⁴⁰ Der DDR-Regierung missfiel die Existenz des BMG allein schon deshalb, weil es aus Sicht der SED-Führung für den gesamtdeutschen Anspruch der Bundesrepublik stand.⁷⁴¹ Das war für sie ein wesentlicher Grund, die Kontakte im Rahmen des Freikaufs möglichst geheim zu halten. Aber auch der Bundesrepublik war klar, dass sie indirekt mit dem MfS verhandelte, wenn sie erfolgreich politische Häftlinge aus den DDR-Gefängnissen freibekommen wollte. Dieses MfS hatte aber auch politisch motivierte Verhaftungen und Entführungen von Menschen zu verantworten, wie zum Beispiel von den beiden Juristen Walter

---

[735] Vgl. ADW, HG St 7814 (Vermerk von Geißel vom 20.7.1964).
[736] Vgl. Deutscher Bundestag (Hg.): Drucksache 12/7600, S. 309 f.
[737] Vgl. Rehlinger: Freikauf, S. 54 und S. 66.
[738] Vgl. Völkel: Die besonderen Bemühungen der Bundesregierung um Haftentlassung und Übersiedlung aus der DDR. Teil 1. In: Mitteilungen aus dem Bundesarchiv, Heft 1/2008, S. 38.
[739] Vgl. Interview mit Edgar Hirt am 7.7.2010 in Bonn.
Vgl. ebf. persönliches Gespräch mit Armin Volze am 3.3.2010 in Bonn.
Sowohl Edgar Hirt als auch Armin Volze standen dankenswerterweise für viele Rückfragen zur Verfügung.
[740] Vgl. Völkel: Die besonderen Bemühungen der Bundesregierung um Haftentlassung und Übersiedlung aus der DDR. Teil 1. In: Mitteilungen aus dem Bundesarchiv, Heft 1/2008, S. 38.
[741] Vgl. Meyer: Herbert Wehner, S. 305.

Linse[742] und Erwin Neumann[743], dem Journalisten Karl Wilhelm Fricke[744], dem Gewerkschafter Heinz Brandt[745], dem ehemaligen SED-Funktionär Robert Bialek[746], dem antikommunistischen Widerstandskämpfer Alfred Weiland[747] und weiteren Personen[748]. Die beiden deutschen Staaten mussten beim Freikauf also nicht nur mit dem Gegner im Kalten Krieg verhandeln, sondern auch noch mit Ministerien der Gegenseite, die bei den jeweiligen Verhandlungspartnern auf besonders große Ablehnung stießen. Das war ein weiterer Grund, Unterhändler einzusetzen.

In der DDR war vor allem aufgrund der gewünschten Geheimhaltung nur eine kleine Anzahl von Personen mit der direkten Abwicklung des Häftlingsfreikaufs befasst.[749] Allerdings mussten für einzelne Aspekte des Freikaufs dann doch diverse Instanzen herangezogen werden, was die Anzahl der Mitwisser in der DDR zwangsläufig immer weiter erhöhte. Um eine effektive und einigermaßen diskrete Zusammenarbeit zwischen beiden Staaten zu garantieren, war nachvollziehbar, dass beide Seiten an höchster Kontinuität bei den am Häftlingsfreikauf beteiligten Personen interessiert waren. Personalwechsel konnten immer mit Schwierigkeiten verbunden sein, was sich beispielsweise beim Ministerwechsel von Rainer Barzel zu Erich Mende gezeigt hatte. So brachte Barzel seine Unzufriedenheit über Mende in einem Brief von 1964 an Bundeskanzler Erhard zum Ausdruck, in dem er Mendes mangelnde Diskretion in Bezug auf den Häftlingsfreikauf kritisierte.[750] Auch Rehlinger äußerte sich ähnlich über Mende.[751] Die Kirchen kritisierten Mende ebenfalls, nachdem dieser

---

[742] Vgl. Schuller, Wolfgang: Walter Linse. In: Fricke; Steinbach und Tuchel (Hg.): Opposition und Widerstand in der DDR, S. 289–294.

[743] Vgl. Mampel, Siegfried: Der Untergrundkampf des Ministeriums für Staatssicherheit gegen den Untersuchungsausschuss Freiheitlicher Juristen in West-Berlin. Berlin 1999 (4. neubearbeitete und wesentlich erweiterte Auflage; 1. Auflage erschien 1994), S. 47–52.

[744] Vgl. Fricke, Karl Wilhelm: Akten-Einsicht. Rekonstruktion einer politischen Verfolgung. Berlin 1997 (4. Auflage; 1. Auflage erschien 1996), S. 41–52.

[745] Vgl. Posser: Anwalt im Kalten Krieg, S. 254–287.

[746] Vgl. Klier, Freya: Robert Bialek. In: Fricke; Steinbach und Tuchel (Hg.): Opposition und Widerstand in der DDR, S. 210–215.

[747] Vgl. Kubina, Michael: Alfred Weiland. In: Ebenda (Fricke; Steinbach und Tuchel), S. 56–60.

[748] Vgl. Leonhard, Wolfgang: Meine Geschichte der DDR. Reinbek bei Hamburg 2008 (Taschenbuchausgabe; Buch erschien 2007), S. 131–137.

[749] Vgl. Lippmann: Moderner Menschenhandel – Freikauf politischer Häftlinge aus der DDR. In: Conze; Gajdukowa und Koch-Baumgarten (Hg.): Die demokratische Revolution 1989 in der DDR, S. 68–71.

[750] Vgl. BA Koblenz, B 136/3203 (Schreiben von Barzel an Erhard vom 9.10.1964).

[751] Vgl. Brief von Ludwig Rehlinger vom 20.5.2009.

vor dem Ausschuss für gesamtdeutsche und Berliner Fragen vertrauliche Informationen zum Häftlingsfreikauf vorgetragen hatte, die anschließend an die Öffentlichkeit gelangt waren, und die Kirchen deshalb den Freikauf gefährdet sahen.[752] Trotz aller Schwierigkeiten wurde der Freikauf in der Amtszeit Mendes in einem größeren Umfang etabliert und bis zu seinem Ausscheiden aus dem Ministeramt Ende 1966 auch weitergeführt, bevor Herbert Wehner diese Aufgabe als verantwortlicher Minister übernahm.[753] Während seiner Amtszeit als Minister delegierte Mende Detailfragen zum Häftlingsfreikauf im Wesentlichen an Rehlinger, da dieser bereits unter Minister Barzel wichtige Erfahrungen gesammelt hatte.[754] Außerdem bearbeitete Karl-Friedrich Brodeßer, Mendes persönlicher Referent, viele Anfragen von verzweifelten Angehörigen von DDR-Bürgern, die sich in humanitären Notlagen befanden.[755] Um einen möglichst reibungslosen Ablauf des Freikaufs sicherzustellen, fanden in Bonn Anfang Juli 1964 Gespräche von Vertretern des BMG, des Bundeswirtschaftsministeriums, der Rechtsabteilung der Bundesregierung, sämtlicher im Deutschen Bundestag vertretenen Parteien, des Diakonischen Werkes bzw. der evangelischen Kirche, dem Generalbundesanwalt und den involvierten Rechtsanwälten statt.[756]

Zunächst mussten praktische Fragen geklärt werden: Wie sollten die Häftlinge überhaupt aus den DDR-Gefängnissen in den Westen gebracht werden? Welches Transportmittel sollte eingesetzt werden? Aus Kostengründen und im Interesse der Geheimhaltung schienen Busse besonders geeignet zu sein.[757] Sie mussten in keinen Fahr- oder Flugplan integriert werden. Bis 1987 hielt die DDR an diesem Ablauf fest, bevor es zu einer Veränderung kam. In den letzten zwei Jahren des Freikaufs erfolgte in den meisten Fällen die Entlassung der politischen Häftlinge aus dem Gefängnis zunächst in ihre früheren Heimatorte. Dort erhielten sie kurzfristig die Ausreisegenehmigung und durften

---

[752] Vgl. BA Koblenz, B 137/3332 (Schreiben von Kunst und Wissing an Mende vom 25.4.1966).
[753] Vgl. Rehlinger: Freikauf, S. 39–71 und S. 78.
[754] Vgl. telefonisches Interview mit Ludwig Rehlinger vom 30.9.2009.
[755] Vgl. Archiv des Liberalismus (AdL), A 24–97 (Aus dem Bestand von Wolfgang Mischnick; Vermerk von Mischnick an Brodeßer vom 15.12.1965 mit Anlage; Bittgesuch einer Angehörigen als Beispiel für Mischnicks humanitäres Engagement, der 1948 selbst aus der DDR geflohen war).
[756] Vgl. Kruse: Politik und deutsch-deutsche Wirtschaftsbeziehungen von 1945 bis 1989, S. 167.
[757] Vgl. zu den Bussen der Firma »Reicherts' Reisen«: Diekmann: Freigekauft, S. 48 f. und S. 59.

per Zug ausreisen.[758] Die Familienangehörigen der freigekauften politischen Häftlinge konnten in den 1980er Jahren im Normalfall ebenfalls zeitnah ausreisen.[759]

Bevor politische Häftlinge über den Freikauf ausreisen konnten, wurde ihre Strafe in der Regel vom zuständigen Gericht auf Bewährung ausgesetzt.[760] Ende der 1980er Jahre betrug diese Bewährungszeit normalerweise zwei Jahre, was aufgrund ihres Freikaufs in den Westen praktisch ohne jede Bedeutung war. Von der Staatsanwaltschaft wurde hierzu zunächst eine »Strafaussetzung auf Bewährung« nach Paragraf 349[761] der DDR-Strafprozessordnung beantragt. Das zuständige Gericht bzw. der beauftragte Richter verfügten meistens auf der Basis von Paragraf 45 des DDR-Strafgesetzbuches die entsprechende »Strafaussetzung auf Bewährung«. Besondere Ironie war hierbei, dass vom Gericht sinngemäß festgestellt wurde, der Inhaftierte könne deshalb auf Bewährung entlassen werden, weil der Strafzweck erfüllt sei. Teilweise wurde sogar betont, es könne damit gerechnet werden, dass der Verurteilte in Zukunft gewissenhaft seine Pflichten erfüllen werde. Hierbei handelte es sich um vorgegebene Verfahrensabläufe. Die Juristen hatten in Wirklichkeit keinen Einfluss auf den Freikauf.[762] Die politischen Häftlinge, die für eine Haftentlassung in den Westen vorgesehen waren, wurden seit der zweiten Hälfte der 1960er Jahre normalerweise zwischen ein bis vier Wochen – der Zeitunterschied ergab sich daraus, wie viele Modalitäten im jeweiligen Einzelfall noch zu regeln waren – in die Untersuchungshaftanstalt (UHA) des MfS in Karl-Marx-Stadt (heute wieder Chemnitz) gebracht.[763]

---

[758] Vgl. Lippmann: Moderner Menschenhandel – Freikauf politischer Häftlinge aus der DDR. In: Conze; Gajdukowa und Koch-Baumgarten (Hg.): Die demokratische Revolution 1989 in der DDR, S. 71.
[759] Vgl. BStU, Archiv der Zentralstelle, MfS – ZAIG 7513, S. 6 (MfS-Dienstanweisung (MfS-Nr. 7/89) vom 23.2.1989; »Ständige Ausreisen von Strafgefangenen in die BRD«).
[760] Vgl. Sächsisches Hauptstaatsarchiv Dresden, 12916//2959; 12916//2961; 12916//2966; 12916//3149 und 12916//3150 (In den genannten Signaturen sind Beispiele von 1987, 1988 und 1989 zu den beschriebenen Verfahrensabläufen enthalten.).
[761] Vgl. Schroeder: Das Strafrecht im realen Sozialismus, S. 155. Mindestens die Hälfte der Strafe musste verbüßt sein, bevor eine Aussetzung der Strafe erfolgen konnte.
[762] Rudi Beckert, ehemaliger Richter am Obersten Gericht der DDR, hatte eine durchaus kritische Einstellung zum Häftlingsfreikauf. Vgl. Beckert, Rudi: Glücklicher Sklave. Eine Justizkarriere in der DDR. Berlin 2011, S. 83. Er beantwortete dankenswerterweise Fragen für diese Studie in einem Brief vom 27.2.2011.
[763] Vgl. Lippmann: Moderner Menschenhandel – Freikauf politischer Häftlinge aus

Die große Masse der freigekauften politischen Häftlinge durchlief deshalb vor ihrer Entlassung die UHA in Karl-Marx-Stadt, nämlich etwa 30.000 Personen, was fast 90% aller Freigekauften entspricht.[764] Viele politische Häftlinge hofften deshalb, aus dem normalen DDR-Strafvollzug endlich nach Karl-Marx-Stadt auf den dortigen »Kaßberg« verlegt zu werden.[765] Hier befand sich das von den Häftlingen so bezeichnete »Vogel-Haus« bzw. der »Vogelkäfig«.[766] Das war der Gefängnistrakt, in dem die für den Freikauf vorgesehenen politischen Häftlinge untergebracht waren. Diese wurden von den Untersuchungshäftlingen, die in einem anderen Trakt einsaßen, strikt getrennt.[767] Innerhalb des Gefängnistraktes der für den Freikauf vorgesehenen politischen Häftlinge gab es jedoch im Regelfall keine Isolation mehr, sondern meistens einen für DDR-Verhältnisse relativ lockeren Umgang mit den Inhaftierten.[768] Für die UHA in Karl-Marx-Stadt bzw. generell für alle UHA in der DDR war die besonders linientreue Hauptabteilung XIV des MfS zuständig.[769]

der DDR. In: Conze; Gajdukowa und Koch-Baumgarten (Hg.): Die demokratische Revolution in der DDR 1989, S. 71.
Vgl. ebf. Wölbern, Jan Philipp: Mit dem Wunderbus nach Gießen. Der Häftlingsfreikauf und die Stasi-U-Haftanstalt in Karl-Marx-Stadt. In: Aris und Heitmann (Hg.): Via Knast in den Westen, S. 51.

[764] Zahlen aus: Wölbern: Der Häftlingsfreikauf aus der DDR 1962/63–1989, S. 479.
[765] Vgl. Schmidt, Helmuth und Weischer, Heinz: Zorn und Trauer. Als politischer Gefangener in Zuchthäusern der DDR. Essen 2006, S. 211.
Vgl. im Besonderen zum Gefängnis auf dem Kaßberg: Aris, Nancy und Heitmann, Clemens (Hg.): Via Knast in den Westen. Das Kaßberg-Gefängnis und seine Geschichte. Leipzig 2013; Gerber, Beate: DDR geheim: Vom Chemnitzer Kaßberg in den Westen. Deutschland 2012 (Dokumentarfilm für den MDR).
[766] »Vogel-Haus« zitiert nach: Lippmann: Moderner Menschenhandel – Freikauf politischer Häftlinge aus der DDR. In: Conze; Gajdukowa und Koch-Baumgarten (Hg.): Die demokratische Revolution 1989 in der DDR, S. 74.
»Vogelkäfig« zitiert nach: http://www.orte-der-repression.de (Homepage betrieben von der Stiftung Haus der Geschichte der Bundesrepublik Deutschland über Orte politischer Verfolgung in der SBZ/DDR). Auf dem Kaßberg soll eine Gedenkstätte entstehen (vgl. http://www.gedenkort-kassberg.de).
[767] Vgl. Aris, Nancy: Das Kaßberg-Gefängnis: Historischer Überblick und Verortung im Gefängnissystem der SBZ/DDR. In: Dieselbe und Heitmann (Hg.): Via Knast in den Westen, S. 25.
[768] Vgl. Wölbern: Mit dem Wunderbus nach Gießen. Der Häftlingsfreikauf und die Stasi-U-Haftanstalt in Karl-Marx-Stadt. In: Aris und Heitmann (Hg.): Via Knast in den Westen, S. 51.
[769] Vgl. Sélitrenny, Rita: Doppelte Überwachung. Geheimdienstliche Ermittlungsmethoden in den DDR-Untersuchungshaftanstalten. Berlin 2003. Der ehemalige politische Häftling Hans-Christian Maaß bestätigte, dass nach seinen Erfahrungen in Karl-Marx-Stadt besonders ideologisch gefestigtes Personal eingesetzt worden war. Vgl. persönliches Gespräch mit Hans-Christian Maaß am 19.4.2010

Für die Entscheidung, die politischen Häftlinge vor ihrem Freikauf in Karl-Marx-Stadt zu konzentrieren, waren wahrscheinlich Größe und bauliche Gegebenheiten maßgebend.[770] So war die UHA in Karl-Marx-Stadt die größte der DDR.[771] Zuvor waren die meisten Freigekauften vor ihrer Freilassung in der Strafvollzugsanstalt Berlin II (in der Magdalenenstraße) konzentriert worden; dort vorgenommene Baumaßnahmen hatten aber ein Ausweichen ohnehin notwendig gemacht.[772] Es ist leicht vorstellbar, dass die vielen Verlegungen von politischen Häftlingen in die UHA in Karl-Marx-Stadt sowohl beim Strafvollzugspersonal als auch bei den Inhaftierten Fragen und Gerüchte über den Freikauf aufkommen lassen mussten.[773] Dieser konnte auf die Dauer nicht verborgen bleiben.

In den meisten Fällen wurden die Häftlinge in Karl-Marx-Stadt neu eingekleidet und zudem besser verpflegt und medizinisch versorgt, als das im normalen Strafvollzug in den DDR-Gefängnissen der Fall war.[774] Aus Prestigegründen musste der DDR daran gelegen sein, dass die Häftlinge in einem möglichst guten körperlichen und äußeren Zustand in die Bun-

in Berlin. Hans-Christian Maaß stand dankenswerterweise für diese Studie für Rückfragen zur Verfügung.

[770] Vgl. Beleites, Johannes: Abteilung XIV: Haftvollzug. Berlin 2004, S. 63 (MfS – Handbuch, Teil III/9 aus der von der Abteilung Bildung und Forschung des BStU herausgegebenen Reihe: Anatomie der Staatssicherheit: Geschichte, Struktur und Methoden).

[771] Vgl. Lippmann: Moderner Menschenhandel – Freikauf politischer Häftlinge aus der DDR. In: Conze; Gajdukowa und Koch-Baumgarten (Hg.): Die demokratische Revolution 1989 in der DDR, S. 68.
Vgl. Wölbern: Mit dem Wunderbus nach Gießen. Der Häftlingsfreikauf und die Stasi-U-Haftanstalt in Karl-Marx-Stadt. In: Aris und Heitmann (Hg.): Via Knast in den Westen, S. 49.

[772] Vgl. ebf. derselbe (Wölbern): Mit dem Wunderbus nach Gießen. Der Häftlingsfreikauf und die Stasi-U-Haftanstalt in Karl-Marx-Stadt. In: Aris und Heitmann (Hg.): Via Knast in den Westen, S. 49.
Vgl. ebf. derselbe: Der Häftlingsfreikauf aus der DDR 1962/63–1989, S. 478.

[773] Vgl. Rehlinger: Freikauf, S. 56 f. Ein ehemaliger politischer Häftling schilderte, dass in Cottbus sogenannte »Transporthörner« existierten – Inhaftierte tröteten hierbei mit Blechkannen aus den Zellenfenstern – mit denen sie Verlegungen nach Karl-Marx-Stadt ankündigten. Vgl. Diekmann (Hg.): Freigekauft, S. 157. Die Häftlinge wurden zwischen den Gefängnissen meistens in Eisenbahnwaggons transportiert, die von den Inhaftierten ironisch »Grotewohl-Express« genannt wurden. Vgl. Diekmann (Hg.): Freigekauft, S. 93.

[774] Vgl Lippmann: Moderner Menschenhandel – Freikauf politischer Häftlinge aus der DDR. In: Conze; Gajdukowa und Koch-Baumgarten (Hg.): Die demokratische Revolution in der DDR 1989, S. 74. Im Stasi-Jargon war deshalb auch von der sogenannten »Peppelanstalt« (sic!; aus einem bei Diekmann abgedruckten MfS-Dokument) die Rede, zitiert nach: Diekmann (Hg.): Freigekauft, S. 76.

desrepublik entlassen wurden. Der Bundesregierung, den bundesdeutschen Medien oder Menschenrechtsorganisationen sollte möglichst kein Anhaltspunkt für schwere Menschenrechtsverletzungen oder schlechte Haftbedingungen in der DDR geboten werden.[775] Deshalb wurde vor der Ausreise immer eine ärztliche Untersuchung durchgeführt. Hierbei ging es allerdings mehr um die Feststellung, ob die Häftlinge ohne Bedenken in den Westen entlassen werden und die Busfahrt körperlich durchstehen konnten.

In Karl-Marx-Stadt wurden weiterhin die letzten Formalitäten geklärt, wie zum Beispiel die Bestätigung der Aktualität des Ausreiseantrags, die Entlassung aus der DDR-Staatsbürgerschaft und, falls notwendig, die Regelung noch ausstehender finanzieller Fragen.[776] Dabei konnte es sich um eine Regulierung noch vorhandener Schulden, die Einzahlung der eigenen Guthaben auf ein Devisenausländerkonto bei der Staatsbank der DDR oder den Umtausch von Mark der DDR in Waren handeln, da die DDR-Währung nicht in den Westen ausgeführt werden durfte.[777] Rehlinger erklärte hierzu, dass sich genau aus diesem Grund einer der ersten Busse verzögert hatte, da die DDR-Behörden diesen Aspekt zu spät bedacht hatten und kurzfristig ein zweiter Bus für die Waren geordert werden musste.[778] Sofern die Häftlinge Grundstücke oder Immobilien besaßen, mussten sie diese dem Staat vor ihrer Ausreise übereignen.[779] Auch eine abschließende Befragung des Häftlings zum gewünschten Ort bzw. dem Land der Entlassung wurde in der Regel vorgenommen, oft von den Rechtsanwälten Vogel oder Starkulla.[780] In ähnlicher Funktion war Rechtsanwalt Stange für die bundesdeutsche Seite tätig, in erster Linie im Fall von DDR-Entlassungen, um durch eine Befragung des Häftlings dessen freie Wahl zu überprüfen.[781]

---

[775] Vgl. Wölbern: Mit dem Wunderbus nach Gießen. Der Häftlingsfreikauf und die Stasi-U-Haftanstalt in Karl-Marx-Stadt. In: Aris und Heitmann (Hg.): Via Knast in den Westen, S. 51.
[776] Vgl. von Lindheim: Bezahlte Freiheit, S. 47.
[777] Vgl. Bedürftig: Geschichte der DDR, S. 152.
[778] Vgl. Rehlinger: Freikauf, S. 63–65. Deshalb baute das MfS hierfür sogar einen eigenen Einkaufsladen in der UHA auf. Vgl. Wölbern: Mit dem Wunderbus nach Gießen. Der Häftlingsfreikauf und die Stasi-U-Haftanstalt in Karl-Marx-Stadt. In: Aris und Heitmann (Hg.): Via Knast in den Westen, S. 53.
[779] Vgl. ebenda (Wölbern), S. 53.
[780] Vgl. BStU, Archiv der Zentralstelle, MfS – ZKG 9652, S. 1 f. (Befragungen durch Vogel und Starkulla vom März 1986). Vgl. zu Dieter Starkulla: Diekmann (Hg.): Freigekauft, S. 63.
[781] Vgl. EZA Berlin, 742/277 (Schreiben von Vogel an Stange vom 28.9.1965).

Das MfS führte die für den Freikauf vorgesehenen Häftlinge einem Offizier aus dem »Büro für Sonderaufgaben« (BfS) aus der Hauptabteilung IX vor, der ihre Einbeziehung in den Freikauf überprüfen und sie ggf. auf ihre Entlassung vorbereiten sollte.[782] Hierbei oblag ihm die Befragung zu allen dargelegten Formalitäten und auch zum Entlassungsort.[783] Letzteres überließ das MfS nicht allein den Rechtsanwälten.

An allen diesen Punkten konnte ein Freikauf doch noch scheitern. Eine Verlegung in die Abschiebehaft nach Karl-Marx-Stadt bedeutete damit nicht zwangsläufig die baldige Freilassung in den Westen bzw. überhaupt aus dem Strafvollzug. In einer Dienstanweisung verlangte Mielke in den Fällen die Rückverlegung in den normalen Strafvollzug, wenn in der Abschiebehaft sogenannte »Versagungsgründe« für eine Übersiedlung, beispielsweise die bislang nicht festgestellte enge Verbindung zu einem »Geheimnisträger«, bekannt geworden waren.[784] Weitere mögliche »Versagungsgründe« konnten nicht geregelte Grundstücksangelegenheiten, Schulden, ungeklärte Unterhaltszahlungen oder offene Sorgerechtsfragen sein.[785] In manchen Fällen handelte es sich auch um eine besonders perfide »Zersetzungsmaßnahe« des MfS gegen den Betroffenen.[786] Die Vorgehensweise, Personen, die kurz vor der vermeintlichen Entlassung in den Westen standen, wieder in ein normales DDR-Gefängnis zurückzuverlegen, gehörte wahrscheinlich zu den schlimmsten humanitären Härtefällen im Rahmen des gesamten Häftlingsfreikaufs.[787] Ein Beispiel ist der Fall von Bernd Eisenfeld[788] aus dem Jahr 1971, der schließlich erst 1975 aus der

---

Vgl. ebf. Interviews mit: Ludwig Rehlinger am 21.2.2009 in Eichwalde; Jan Hoesch am 6.7.2009 in Berlin.

[782] Vgl. Wölbern: Mit dem Wunderbus nach Gießen. Der Häftlingsfreikauf und die Stasi-U-Haftanstalt in Karl-Marx-Stadt. In: Aris und Heitmann (Hg.): Via Knast in den Westen, S. 51 f.

[783] Vgl. ebenda, S. 52 f.

[784] Vgl. BStU, Archiv der Zentralstelle, MfS – ZAIG 7513, S. 6 (MfS-Dienstanweisung (MfS-Nr. 7/89) vom 23.2.1989; »Ständige Ausreisen von Strafgefangenen in die BRD«).

[785] Vgl. zu Grundstücks-, Schuld- oder Unterhaltsfragen: von Lindheim: Bezahlte Freiheit, S. 83.
Vgl. als ein Beispiel für offene Sorgerechtsfragen den Fall der inhaftierten Jutta Gallus. Erst nachdem sie auf das Sorgerecht für ihre beiden Töchter verzichtete, genehmigte die DDR ihre Einbeziehung in den Freikauf. Vgl. Veith: Die Frau vom Checkpoint Charlie, S. 77–80.

[786] Vgl. Alisch, Steffen: Strafvollzug im SED-Staat. Das Beispiel Cottbus. Frankfurt am Main (u. a.) 2014, S. 140 f.

[787] Vgl. ebenda, S. 141.

[788] Vgl. zu Bernd Eisenfeld: Weißbach, Olaf: Bernd Eisenfeld. In: Fricke; Steinbach und Tuchel (Hg.): Opposition und Widerstand in der DDR, S. 157–161.

DDR ausreisen durfte.[789] Da er weiter entschlossen auf seinem Ausreisewunsch bestand, ließ ihn die DDR schließlich doch noch ausreisen. Nach ihrem Aufenthalt in Karl-Marx-Stadt wurden die freigekauften politischen Häftlinge mit Bussen in den Westen gebracht, wobei sie von Mitarbeitern des MfS bis zur Grenze begleitet wurden.[790] Der Abtransport aus Karl-Marx-Stadt erfolgte unter größtmöglicher Geheimhaltung durch das MfS.[791] Vogel und Stange fuhren teilweise selbst in den Bussen mit oder sie nahmen die Freigekauften direkt an der Grenze in Empfang.[792] Die Ausreise in den Bussen erfolgte oft, aber nicht immer, nach getrennten Geschlechtern. Ebenfalls inhaftierte Angehörige, vornehmlich die jeweiligen Ehepartner, durften in vielen Fällen im selben Bus ausreisen.[793] Nichtinhaftierte Angehörige hingegen konnten im Normalfall erst nach einigen Monaten nachkommen. Das konnte aber im Einzelfall, auch abhängig vom Zeitpunkt, beträchtlich variieren, wobei in besonders tragischen Ausnahmen niemals eine Ausreiseerlaubnis erteilt wurde.[794] In den Anfangsjahren musste der Bus noch im Grenzgebiet gewechselt werden, was in dem von den Häftlingen sogenannten »Wäldchen der Freiheit« geschah.[795] Seit 1976 wurde ein Bus aus dem Westen mit einem drehbaren Nummernschild ausgestattet, der die Häftlinge direkt in Karl-Marx-

---

[789] Vgl. Lippmann: Moderner Menschenhandel – Freikauf politischer Häftlinge aus der DDR. In: Conze; Gajdukowa und Koch-Baumgarten (Hg.): Die demokratische Revolution 1989 in der DDR, S. 71.
Die Bürgerrechtlerin Ingrid Poppe und der Bischof Heinrich Rathke, die beide für diese Studie dankenswerterweise Fragen beantworteten, schilderten einen umgekehrten Fall: Ein politischer Häftling, der sich bereits in Abschiebehaft befand, wollte nicht in den Westen ausreisen. Er war gegen seinen Willen in die Abschiebehaft gebracht worden und wurde deshalb weiterhin inhaftiert und später in die DDR entlassen. Vgl. Mail von Ingrid Poppe vom 1.2.2010 und Brief von Heinrich Rathke vom 12.4.2010.
[790] Vgl. Whitney: Advocatus Diaboli, S. 195.
[791] Vgl. Wölbern: Mit dem Wunderbus nach Gießen. Der Häftlingsfreikauf und die Stasi-U-Haftanstalt in Karl-Marx-Stadt. In: Aris und Heitmann (Hg.): Via Knast in den Westen, S. 53.
[792] Vgl. Storck: Karierte Wolken, S. 110.
Vgl. ebf. Rehlinger: Freikauf, S. 86.
[793] Vgl. Kittan, Tomas: Das Zuchthaus Cottbus. Die Geschichte des politischen Strafvollzugs. Cottbus 2010 (2., erweiterte Auflage; 1. Aufl. erschien 2009), S. 34. Inhaftierte Ehepaare sahen sich oft erst im Bus wieder.
[794] Vgl. Schmidt und Weischer: Zorn und Trauer, S. 214.
Vgl. ebf. Whitney: Advocatus Diaboli, S. 195 f.
Vgl. ebf. Veith: Die Frau vom Checkpoint Charlie, S. 79.
[795] Vgl. Rehlinger: Freikauf, S. 86.

Stadt aufnehmen durfte.⁷⁹⁶ Vogel und Stange machten den Häftlingen im Bus unmissverständlich klar, dass sie in der Bundesrepublik nichts über den Häftlingsfreikauf verlauten lassen dürften.⁷⁹⁷ Jede Veröffentlichung könnte den gesamten Häftlingsfreikauf gefährden und sich negativ auf die noch einsitzenden Haftkameraden auswirken.⁷⁹⁸ Dennoch wollten einige freigekaufte politische Häftlinge in der Bundesrepublik öffentlich über ihre eigene Geschichte und ihre Hafterlebnisse berichten.⁷⁹⁹ Die meisten freigekauften Häftlinge hielten sich aber mit solchen Äußerungen zurück, weil sie befürchteten, den noch auf ihren Freikauf wartenden Inhaftierten zu schaden.⁸⁰⁰ Die DDR drohte immer wieder damit, den Freikauf bei Veröffentlichungen im Westen einzustellen.⁸⁰¹ Trotzdem setzte sie ihn kontinuierlich fort. Im Nachhinein gesehen wurde wohl die Gefahr überschätzt, dass die DDR den Freikauf aufgrund von Medienberichten beenden könnte. Zum damaligen Zeitpunkt konnte das aber weder von den freigekauften politischen Häftlingen noch von den bundesdeutschen Verantwortlichen sicher beurteilt werden.

Die Busfahrten in den von vielen Häftlingen sogenannten »Wunderbussen«⁸⁰² verliefen in einer emotional aufgeladenen Atmo-

---

796 Vgl. Lippmann: Moderner Menschenhandel – Freikauf politischer Häftlinge aus der DDR. In: Conze; Gajdukowa und Koch-Baumgarten (Hg.): Die demokratische Revolution 1989 in der DDR, S. 72.
Vgl. ebf. Boysen: Das »weiße Haus« in Ost-Berlin, S. 194.
Vgl. ebf. Diekmann (Hg.): Freigekauft, S. 76.
797 Vgl. Wölbern: Mit dem Wunderbus nach Gießen. Der Häftlingsfreikauf und die Stasi-U-Haftanstalt in Karl-Marx-Stadt. In: Aris und Heitmann (Hg.): Via Knast in den Westen, S. 53 f.
Vgl. ebf. Rehlinger: Freikauf, S. 65.
798 Vgl. Lippmann: Moderner Menschenhandel – Freikauf politischer Häftlinge aus der DDR. In: Conze; Gajdukowa und Koch-Baumgarten (Hg.): Die demokratische Revolution 1989 in der DDR, S. 74.
Vgl. ebf. Schmidt und Weischer: Zorn und Trauer, S. 215.
Vgl. ebf. Meyer: Freikauf, S. 98.
799 Vgl. Welsch: Ich war Staatsfeind Nr. 1, S. 218–222.
800 Vgl. Lippmann: Moderner Menschenhandel – Freikauf politischer Häftlinge aus der DDR. In: Conze; Gajdukowa und Koch-Baumgarten (Hg.): Die demokratische Revolution 1989 in der DDR, S. 65 f.
Vgl. ebf. Tatjana Sterneberg in: Ast: Die gekaufte Freiheit, Teil 1. Tatjana Sterneberg stand für diese Studie dankenswerterweise am 13.2.2010 für ein telefonisches Interview zur Verfügung und vermittelte darüber hinaus weitere Zeitzeuginnen.
Vgl. zu Tatjana Sterneberg: Diekmann (Hg.): Freigekauft, S. 74 f.
801 Vgl. Rehlinger: Freikauf, S. 66.
802 Zitiert nach: Wölbern: Mit dem Wunderbus nach Gießen. Der Häftlingsfreikauf und die Stasi-U-Haftanstalt in Karl-Marx-Stadt. In: Aris und Heitmann (Hg.): Via Knast in den Westen, S. 55.

sphäre.[803] Die Freigekauften wurden in den meisten Fällen über den DDR-Grenzübergang Wartha bzw. Herleshausen auf der bundesdeutschen Seite, wo eine erste Verpflegung durch das Deutsche Rote Kreuz erfolgte, in das Bundesnotaufnahmelager Gießen gebracht.[804] Hier wurden sie von geschultem Personal erwartet, betreut und ärztlich untersucht.[805] Für die Bundesregierung war Heinz Lehmann der langjährige Vertreter, der die freigekauften politischen Häftlinge in Gießen stellvertretend begrüßte.[806] Zudem wurden sie von Heinz Dörr in Empfang genommen, dem Leiter des Notaufnahmelagers.[807] Die ersten Busse fuhren aber noch nicht nach Gießen, sondern nach Schloss Büdesheim, wahrscheinlich um die Aktion möglichst geheim zu halten, was sich jedoch als Fehleinschätzung herausstellte.[808] In Einzelfällen wurden politische Häftlinge direkt nach West-Berlin entlassen.[809]

Während des gesamten Häftlingsfreikaufs war, von diesen Ausnahmen einmal abgesehen, das Bundesnotaufnahmelager Gießen die zentrale Anlauf- und Aufnahmestelle für alle freigekauften politischen Häftlinge. Sie wurden nach dem Abschluss ihres Notaufnahmeverfahrens – für dieses war formal das Bundesministerium für Vertriebene, Flüchtlinge und Kriegsgeschädigte, ab Ende 1969 das Bundesministerium des Innern zuständig – nach einem Verteilungsschlüssel in die verschiedenen Bundesländer, auch nach West-Berlin, entlassen.[810] In Gießen erhielten

---

[803] Vgl. Wölbern: Mit dem Wunderbus nach Gießen. Der Häftlingsfreikauf und die Stasi-U-Haftanstalt in Karl-Marx-Stadt. In: Aris und Heitmann (Hg.): Via Knast in den Westen, S. 54 f.
[804] Vgl. telefonisches Interview mit Heinz Dörr, Leiter des Bundesnotaufnahmelagers in Gießen, am 9.9.2009.
Vgl. ebf. Heinz Dörr im Interview mit dem Projekt »Gedächtnis der Nation« von 2012. Auf: http://www.gedaechtnis-der-nation.de (Gemeinschaftsprojekt des ZDF mit diversen Förderern).
[805] Vgl. Rehlinger: Freikauf, S. 61.
[806] Vgl. Interview mit Heinz Lehmann am 3.3.2010 in Bonn. In Gießen erhielten die freigekauften politischen Häftlinge bis 1969 einen sogenannten »Wegweiser« vom Bundesministerium für Vertriebene, Flüchtlinge und Kriegsgeschädigte (BMVt), ab 1969 vom Bundesministerium des Innern (BMI).
[807] Vgl. telefonisches Interview mit Heinz Dörr, Leiter des Bundesnotaufnahmelagers in Gießen, am 9.9.2009.
Vgl. ebf. Wölbern: Mit dem Wunderbus nach Gießen. Der Häftlingsfreikauf und die Stasi-U-Haftanstalt in Karl-Marx-Stadt. In: Aris und Heitmann (Hg.): Via Knast in den Westen, S. 56.
[808] Vgl. telefonisches Interview mit Heinz Dörr am 9.9.2009.
[809] Vgl. telefonisches Interview mit Heinz Blobner am 9.4.2010.
[810] Vgl. Lippmann: Moderner Menschenhandel – Freikauf politischer Häftlinge aus der DDR. In: Conze; Gajdukowa und Koch-Baumgarten (Hg.): Die demokratische Revolution 1989 in der DDR, S. 72.

sie eine Vielzahl von Informationen, zum Beispiel zu gewährten Eingliederungshilfen, außerdem neue Kleidung, ihren Aufnahmeschein, einen vorläufigen bundesdeutschen Personalausweis und die Anerkennung als politischer Häftling.[811] Zu den besonders arbeitsintensiven Aufgaben gehörte die Erstellung der Listen, auf denen die politischen Häftlinge aufgeführt wurden, die von der Bundesregierung freigekauft werden sollten (sogenannte »H-Listen«).[812] Diese Arbeit kam dem BMG zu, das sich vor allem auf die Angaben der Rechtsanwälte der Rechtsschutzstelle, auf die Auskünfte von freigekauften Häftlingen im Bundesnotaufnahmelager Gießen und die Angaben der Rechtsanwälte Stange und Vogel stützte.[813] Aber auch Angehörige, Freunde oder Fürsprecher von Inhaftierten gaben oftmals entsprechende Hinweise an die Behörden weiter.[814]

Auch die westlichen Kirchen sowie deren Glaubensbrüder in der DDR – hier muss in erster Linie Manfred Stolpe genannt werden –, der West-Berliner Senat sowie die vom MfS besonders hart bekämpften Ostbüros der bundesdeutschen Parteien übermittelten dem BMG Namen von politisch Verfolgten.[815] Wichtige Hinweise kamen außerdem vom UfJ und seinem Rechtsnachfolger BfgA.[816] Mit der BfgA, die seit 1976 die »Vorschlagslisten« sowie die »Genehmigungslisten« der DDR überprüfte, erfolgte vom BMB ein regelmäßiger Datenabgleich.[817] Wei-

---

[811] Vgl. Wölbern: Mit dem Wunderbus nach Gießen. Der Häftlingsfreikauf und die Stasi-U-Haftanstalt in Karl-Marx-Stadt. In: Aris und Heitmann (Hg.): Via Knast in den Westen, S. 56.
[812] Vgl. Interview mit Ludwig Rehlinger am 21.2.2009 in Eichwalde.
Vgl. ebf. telefonisches Interview mit Norbert Lawrenz am 31.1.2011.
[813] Vgl. BA Koblenz, B 137/16604 (Vermerk Rehlingers vom 5.4.1967).
[814] Vgl. telefonisches Interview mit Norbert Lawrenz am 31.1.2011.
[815] Vgl. Interview mit Ludwig Rehlinger am 21.2.2009 in Eichwalde.
Vgl. ebf. BStU, Archiv der Zentralstelle, MfS – ZKG 9636, S. 1 (Bericht Vogels an Modrow und Krenz über den Freikauf vom 30.11.1989; Vogel nennt namentlich Kardinal Alfred Bengsch (katholische Kirche) und Konsistorialpräsident Manfred Stolpe (evangelische Kirche) als »stille Vermittler«.).
Vgl. ebf. Heinrich-Böll-Stiftung (Hg.; Redaktion: Neubert, Ehrhart): Abschlussbericht des Stolpe-Untersuchungsausschusses des Landtages Brandenburg. Köln 1994, S. 255.
Vgl. ebf. BA Koblenz, B 137/16604 (Vermerk Rehlingers vom 27.1.1967 zur Abstimmung des BMG mit dem West-Berliner Senat).
[816] Vgl. BA Koblenz, B 137/16604 (Vermerk Rehlingers vom 5.4.1967). Der UfJ, 1949 gegründet, war zunächst von der CIA, dann vom BMG finanziert worden. Er wollte die DDR-Justiz kritisch beleuchten und deren politische Urteile öffentlich dokumentieren. Der UfJ ging schließlich im BfgA auf.
[817] Vgl. Völkel: Die besonderen Bemühungen der Bundesregierung um Haftentlassung und Übersiedlung aus der DDR. Teil 1. In: Mitteilungen aus dem Bundesarchiv, Heft 1/2008, S. 43.

tere Angaben zu politischen Häftlingen oder Ausreiseantragstellern in der DDR kamen auch von Organisationen wie dem DRK, der »Vereinigung der Opfer des Stalinismus« (VOS), der »Internationalen Gesellschaft für Menschenrechte« (IGfM), über »Hilferufe von drüben« (Hvd), Mitglieder des »Kuratoriums Unteilbares Deutschland« (KUD) und von Amnesty International.[818] Auch die DDR-Bürgerin Melanie Weber, die als Invalidenrentnerin in den Westen reisen durfte, gab Daten von kranken politischen Häftlingen, die der Bundesregierung unbekannt waren, an den 1975 freigekauften Bernd Lippmann weiter, der inzwischen bei der BfgA arbeitete und somit die Namen an die zuständigen Stellen im BMB weiterleiten konnte.[819] Es erfolgten auch Hinweise vom Bundesamt für Verfassungsschutz (BfV) und vom Bundesnachrichtendienst (BND), beispielsweise über inhaftierte Bundesbürger (vom BfV) oder über verhaftete Mitarbeiter.[820] Die genannten Sicherheitsorgane und das Bundeskriminalamt wurden auch zur Überprüfung von Häftlingslisten einbezogen, um mögliche DDR-Agenten oder Kriminelle zu identifizieren.[821] Weiterhin muss berücksichtigt werden, dass viele Namen in den sogenannten »Vorschlagslisten« (Vl-Listen) von der DDR der Bundesrepublik unterbreitet wurden.[822] Ebenso wies die DDR nach Abschluss des Grundlagenvertrages auf inhaftierte Bundesdeutsche hin, die zum Beispiel im Transitverkehr verhaftet worden waren.[823] Auch Marianne (»Dora«) Fritzen, Otto Dinse und Rosemarie Springer konnten mit ihrem »Hilfswerk helfende

---

[818] Vgl. BA Koblenz, B 137/15559 (Schreiben von Amnesty International an Hoesch vom 17.1.1974).
Vgl. ebf. BA Koblenz, B 137/16604 (Vermerk Rehlingers vom 27.1.1967, Abstimmung mit dem DRK).
Vgl. ebf. Interview mit Jan Hoesch am 6.7.2009 in Berlin.
Vgl. ebf. Interview mit Ludwig Rehlinger am 21.2.2009 in Eichwalde.
[819] Vgl. Grimm, Peter: Die Häftlingsbotin. Deutschland 2005 (TV-Dokumentation für den MDR).
[820] Vgl. BA Koblenz, B 137/33029 (Vermerk von Plewa, Ministerialrat im BMB, vom 24.9.1975 über eine Besprechung vom 22.9.1975).
Vgl. ebf. BA Koblenz, B 137/16604 (Vermerk Rehlingers vom 5.4.1967).
Vgl. ebf. telefonisches Interview mit Volker Foertsch am 22.1.2010. Volker Foertsch war Direktor des BND. Er beantwortete für diese Studie dankenswerterweise Fragen zur Haltung des BND zum Freikauf.
[821] Vgl. Hammer (Bearbeiterin): Sonderedition »Besondere Bemühungen«, S. XVII (aus der Einleitung).
[822] Vgl. Völkel: Die besonderen Bemühungen der Bundesregierung um Haftentlassung und Übersiedlung aus der DDR. Teil 1. In: Mitteilungen aus dem Bundesarchiv, Heft 1/2008, S. 45.
[823] Vgl. Deutscher Bundestag (Hg.): Drucksache 12/7600, S. 307.

Hände« (HWHH) dem BMG wichtige Auskünfte geben.[824] Das Ministerium erhielt zudem eine große Anzahl von Bittgesuchen von Bundes-, Landes- oder Kommunalpolitikern, die für Inhaftierte eintraten, deren Fälle ihnen von Angehörigen oder Freunden der Betroffenen zugetragen worden waren.[825] Mitunter konnten diese Personen bei der Erstellung der bundesdeutschen Listen oder in den Verhandlungen mit der DDR als vorrangig eingestuft werden.[826] Allerdings war es keineswegs immer von Vorteil, wenn die Bundesregierung an der Freilassung oder Ausreise bestimmter Personen ein besonderes Interesse gegenüber der DDR-Seite erkennen ließ.[827] Generell musste die Bundesregierung immer davon ausgehen, dass sie niemals alle Inhaftierten freibekam, die sie gerne ausgelöst hätte.

Aus der Fülle der unterschiedlichen Angaben und Anliegen mussten die Beamten des BMG eine Prioritätenliste erstellen und zwangsläufig eine Auswahl unter den Inhaftierten treffen, die für den Freikauf vorgesehen werden sollten. Hierzu wurde eine Vielzahl von Leitbögen zu den Häftlingen erstellt und eine umfangreiche »H-Registratur« angelegt, die ständig aktualisiert werden musste.[828] Die Auswahl war für die Akteure, wie zum Beispiel Ludwig Rehlinger, Jan Hoesch, Klaus Plewa, Edgar Hirt und Walter Priesnitz, eine äußerst undankbare und diffizile Aufgabe. Aus welchen Gründen/Paragrafen saß der Häftling ein? Wie alt war er, wie war sein Gesundheitszustand und wie seine psychische Verfassung? Bestand möglicherweise Suizidgefahr?[829] Warteten auf ihn Angehörige und wie lange schon? Wie stellte sich die Situation der betroffenen Familien dar? Wie hoch war die Reststrafe des Häftlings, was war seine Gesamtstrafe? Wie lange hatte er schon im Gefängnis gesessen? Rehlinger beschrieb im Interview mit Jürgen Engert glaubhaft, welche psychische Belastung mit dieser Arbeit verbunden war.[830] Hinzu kam, dass oft

---

[824] Vgl. Brinkschulte; Gerlach und Heise: Freikaufgewinnler, S. 16.
[825] Vgl. BA Koblenz, B 137/16604 (Vermerk Rehlingers vom 27.1.1967).
[826] Vgl. telefonisches Interview mit Norbert Lawrenz am 31.1.2011.
[827] Vgl. Ludwig Rehlinger im »Spitzengespräch« mit Jürgen Engert (»Freikauf – das Geschäft der DDR mit politisch Verfolgten«) am 8.6.2011 in Berlin. In: Apelt (Hg.): Flucht, Ausreise, Freikauf, S. 94.
[828] Vgl. Völkel: Die besonderen Bemühungen der Bundesregierung um Haftentlassung und Übersiedlung aus der DDR. Teil 1. In: Mitteilungen aus dem Bundesarchiv, Heft 1/2008, S. 41–43.
[829] Vgl. BStU, Archiv der Zentralstelle, MfS – HA IX 1751, S. 39 (Einsatz der Bundesregierung durch Schreiben von Klaus Plewa vom 4.9.1989 für einen suizidgefährdeten Häftling).
[830] Vgl. Ludwig Rehlinger im »Spitzengespräch« mit Jürgen Engert (»Freikauf – das Geschäft der DDR mit politisch Verfolgten«) am 8.6.2011 in Berlin. In: Apelt (Hg.): Flucht, Ausreise, Freikauf, S. 92.

gerade diejenigen, an deren Entlassung die Bundesrepublik besonders interessiert war, von der DDR nicht freigegeben wurden.[831] Ludwig Rehlinger führte aus, dass die Bundesrepublik vor allem politische Häftlinge mit langen Haftstrafen bzw. sogar zu lebenslangen Haftstrafen Verurteilte freibekommen wollte, was anhand von Quellen bestätigt werden kann.[832] Umgekehrt war die DDR häufig nicht – oder nur zu höheren Gegenleistungen – bereit, diese Personengruppe zu entlassen.[833] Die Bundesrepublik achtete daher bewusst darauf, dass die DDR einen bestimmten Anteil an Verurteilten mit hohen Haftstrafen im Rahmen des Häftlingsfreikaufs berücksichtigte.[834] Aus Sicht der DDR war es leicht nachvollziehbar, dass die Freigabe von verurteilten Personen mit langen Haftstrafen deutlich schwerer fiel als von jenen mit kurzen Haftstrafen.

Die Namen der Häftlinge auf den Listen der Bundesrepublik erfolgten grundsätzlich in alphabetischer Reihenfolge, damit die DDR möglichst keinerlei Prioritäten erkennen konnte.[835] Es gab aber auch Fälle, in denen die Bundesrepublik eine besondere Dringlichkeit vermerkte, wenn sie beispielsweise einen Suizidversuch befürchtete oder wenn schwere gesundheitliche oder auch familiäre Probleme vorlagen.[836] Die DDR konnte ohnehin sehr schnell herausfinden, wen die Bundesrepublik vorrangig freibekommen wollte. Wenn diese wiederholt Personen, die von der DDR abgelehnt wurden, auf ihre Listen setzte, so war spätestens dann ihr besonderes Interesse offensichtlich. Im Verlauf der Jahre wurde es zur Regel, dass meistens über vier Listen pro Jahr verhandelt wurde.[837] Stange übergab die Listen des BMB in dreifacher Ausfertigung an Rechtsanwalt Vogel. Dieser reichte ein Exemplar an seine vorgesetzten Stellen weiter, also normalerweise an Volpert und damit an das MfS.[838] Die bundesdeutschen Listen, in denen die politischen Häftlinge benannt wurden, die die Bundesregierung gerne auslösen wollte, wurden als »H-Listen« bezeichnet.[839] Die

---

[831] Vgl. Interview mit Ludwig Rehlinger am 21.2.2009 in Eichwalde.
[832] Vgl. LA Berlin, B Rep. 002, Nr. 12295 (Vermerk von Völckers an Spangenberg vom 11.7.1967).
Vgl. ebf. Interview mit Ludwig Rehlinger am 21.2.2009 in Eichwalde.
[833] Vgl. LA Berlin, B Rep. 002, Nr. 12295 (Vermerk Stanges vom 16.8.1968).
[834] Vgl. telefonisches Interview mit Norbert Lawrenz am 31.1.2011.
Vgl. ebf. Interview mit Ludwig Rehlinger am 21.2.2009 in Eichwalde.
[835] Vgl. telefonisches Interview mit Norbert Lawrenz am 31.1.2011.
[836] Vgl. Interview mit Jan Hoesch am 6.7.2009 in Berlin.
[837] Zahl aus: Deutscher Bundestag (Hg.): Drucksache 12/7600, S. 308.
[838] Vgl. ebenda, S. 308.
[839] Vgl. ebenda, S. 308.

Vorschläge der DDR wurden hingegen »Vorschlagslisten« genannt, die meistens als »Vl-Listen« abgekürzt wurden.[840] Beide Seiten nahmen bei den Vorschlägen der Gegenseite immer wieder »Streichungen« vor, weil sie die von der jeweils anderen Seite aufgeführten Personen nicht in den Freikauf einbeziehen wollten.[841] Nachträglich in die Verhandlungen eingebrachte Fälle wurden auf sogenannten »Nachschiebelisten« aufgeführt.[842] Erst nach langwierigen Verhandlungen ergaben sich schließlich die »Transportliste(n)« für die Busse sowie die »Gesamtentlassungsliste« (GEL).[843] Die DDR erreichte, mindestens ist dies für die 1970er Jahre nachweisbar, dass etwa ein Drittel der Personen, die freigekauft wurden, auf ihren Vorschlägen basierte.[844]

Schon Ende 1964 schlug die DDR der Bundesrepublik vor, sie solle sogenannte »Mittäter« in den Häftlingsfreikauf einbeziehen, was die Bundesrepublik zunächst ablehnte.[845] Aber schon 1965 wurden Mittäter beim Freikauf berücksichtigt, da die DDR dies zur Bedingung gemacht hatte.[846] Die DDR begründete dies damit, dass der Bundesre-

---

[840] Vgl. Völkel: Die besonderen Bemühungen der Bundesregierung um Haftentlassung und Übersiedlung aus der DDR. Teil 1. In: Mitteilungen aus dem Bundesarchiv, Heft 1/2008, S. 45. Teilweise wurden diese Listen auch als »V-Listen« abgekürzt, zitiert nach: HGWS-HF 64 (Vereinbarung von Vogel und Hirt vom 23.3.1979 zur H-Aktion 1979).

[841] Vgl. BStU, Archiv der Zentralstelle, MfS HA IX 17268, S. 3 f. (Vermerk (ohne Verfasser) vom 30.3.1981 zur H-Aktion 1981 mit »Streichungen« von beiden Seiten).

[842] Vgl. hierzu als Beispiel: LA Berlin, B Rep. 002, Nr. 12295 (Schreiben von Stange an Minister Wehner vom 23.9.1969 mit verschiedenen Aufstellungen im Anhang, u. a. über Nachschiebelisten. Für spätere Jahre sind »Nachträge« (NT) in den Verhandlungen nachweisbar. Vgl. hierzu als Beispiel: BStU, Archiv der Zentralstelle, MfS HA IX 18031, S. 6 (Schreiben von Stange an Vogel und Starkulla vom 10.8.1978).

[843] Vgl. EZA Berlin, 742/275 (Schreiben von Stange an Kunst vom 1.6.1965).
Vgl. ebf. EZA Berlin, 742/280 (Vermerk von Stange vom 3.8.1967).
Vgl. ebf. BStU, Archiv der Zentralstelle, MfS HA IX 227, S. 46 (Vermerk von Plewa vom 6.3.1987).
Vgl. ebf. BStU, Archiv der Zentralstelle, MfS HA IX 17267, S. 150 (Vermerk von Stange zur H-Aktion 1974 vom 11.2.1975).

[844] Vgl. HGWS-HF 60 (Vermerk von Plewa an Hirt vom 26.5.1977).
Vgl. ebf. HGWS-HF 71 (Aufstellung von Plewa vom Februar 1977 über H-Aktionen von 1975 und 1976).

[845] Vgl. HGWS-HF 16 (Vermerk von Weichert vom 15.3.1967. Laut Vermerk hatte das Rehlinger Ende 1964 abgelehnt, zumal Mittäter mit Haftstrafen unter zwei Jahren benannt waren. ORR Hansjürgen Schierbaum, der 1965 im BMG für den Freikauf zuständig war, hatte ihrer Einbeziehung hingegen zugestimmt.).

[846] Vgl. HGWS-HF 16 (Vermerk von Weichert vom 15.3.1967).

publik offensichtlich nicht alle Fälle von Verurteilten bekannt seien. Es existierten Mittäter, die wegen des identischen Vorgangs einsaßen wie die auf der Liste angegebene Person.[847] Die Anzahl der freigekauften politischen Häftlinge erhöhte sich zwischen 1964 (888) und 1965 (1.541) deutlich, was vor allem mit der Einbeziehung der Mittäter erklärt werden kann.[848] Nachdem die DDR die Berücksichtigung von Mittätern förmlich erzwungen hatte, bestand sie nun zukünftig auf deren Freikauf durch die Bundesregierung.[849] So kam es besonders 1966 zu harten Verhandlungen, in denen die Bundesregierung bemüht war, eine »uferlose Ausdehnung« bei der Einbeziehung von Mittätern zu verhindern.[850] Die Mittäter wurden schließlich in sogenannten »Mittäter-Listen« (M-Listen)[851] zusammengefasst.[852]

Zwar gab es echte Fälle von Mittätern, die der Bundesregierung tatsächlich nicht bekannt gewesen waren, gerade im Zusammenhang mit gescheiterten Fluchtversuchen. Aber nicht selten war überhaupt keine Verbindung des angeblichen Mittäters zum politischen Häftling auf der bundesdeutschen Liste feststellbar.[853] Hier war es dann offensichtlich, dass die DDR jemand auf die Liste gesetzt hatte, den sie abschieben wollte. Das MfS praktizierte regelmäßig solche und ähnliche Täuschungsmanöver. Hierzu ge-

---

Vgl. ebf. EZA Berlin, 742/274 (Schreiben von Stange an Kunst vom 2.3.1965, u. a. über »Mittäter«).

Vgl. ebf. EZA Berlin, 742/276 (Schreiben von Stange an Kunst vom 23.7.1965, u. a. über »Mittäter«).

[847] Vgl. EZA Berlin, 742/274 (Schreiben von Stange an Kunst vom 2.3.1965, u. a. über »Mittäter«).

[848] Zahlen aus: Rehlinger: Freikauf, S. 279.

[849] Vgl. EZA Berlin, 742/278 (Schreiben von Vogel an Stange vom 3.8.1966, u. a. über die Einbeziehung von Mittätern als »conditio sine qua non« für die Fortsetzung des Freikaufs).

[850] Zitiert nach: Hammer (Bearbeiterin): Sonderedition »Besondere Bemühungen«, S. 406 (Dok. Nr. 255, Bericht Rehlingers an Minister Wehner vom 23.6.1967). Die Bundesregierung wollte möglichst nur Mittäter akzeptieren, die in Gruppenprozessen mindestens 3–4 Jahre Haft erhalten hatten. Solche Grundsätze ließen sich aber in der Verhandlungspraxis kaum durchhalten.

[851] Abkürzung »M-Listen« zitiert nach: HGWS-HF 30 (Schreiben von Stange an Vogel vom 29.10.1974).

[852] Vgl. Völkel: Die besonderen Bemühungen der Bundesregierung um Haftentlassung und Übersiedlung aus der DDR. Teil 1. In: Mitteilungen aus dem Bundesarchiv, Heft 1/2008, S. 43. Die Bundesregierung führte zu den Mittätern auch eine sogenannte »M-Kartei«. Vgl. ebenda, S. 43.

[853] Vgl. BStU, Archiv der Zentralstelle, MfS HA IX 18437, S. 1 (Stange an Vogel am 30.9.1970).

Vgl. ebf. BA Koblenz, B 137/16604 (Vermerk Rehlingers vom 6.1.1967).

hörte auch die Unterschiebung von Kriminellen oder die Verschleierung ihrer kriminellen Vorstrafen unter dem Deckmantel, dass sie angeblich »Mittäter« von politischen Häftlingen seien.[854] Namen wären versehentlich verwechselt worden.[855] Personen mit geringen Reststrafen wurden voll abgerechnet, sofern die Bundesrepublik diese Täuschung nicht bemerkte.[856] Selbst bereits aus der Haft Entlassene ließ sich die DDR noch bezahlen.[857] Als besonders dreist muss die Benennung von frei erfundenen Personen angesehen werden, die sich die DDR ebenfalls vergüten lassen wollte.[858] Die beiden zuletzt genannten Aspekte waren nur bei (angeblich über den Freikauf erfolgten) Entlassungen in die DDR möglich. Bei West-Entlassungen hätte dies noch in Gießen überprüft werden können. Wieso bemerkte die Bundesrepublik diese Vorgehensweise nicht? Das BMG war sich zwar frühzeitig der Tatsache bewusst, dass die DDR versuchte, die bundesdeutsche Seite zu täuschen.[859] Um diese Manöver der DDR aber wirksam unterbinden zu können, hätten vor allem die DDR-Entlassungen und die Einbeziehung der Mittäter in den Freikauf eingestellt werden müssen. Jede pauschale Herangehensweise der Bundesregierung hätte aber – beispielsweise gegenüber echten Mittätern oder »Geheimnisträgern«, die keine Chance hatten, in den Westen entlassen zu werden – nur neue humanitäre Härtefälle geschaffen.[860] Letztlich war das BMG somit gezwungen, verschiedene unangenehme Aspekte hinzunehmen, um möglichst viele politische Häftlinge freizubekommen. Im Verlauf des Häftlingsfreikaufs hatte die DDR dann aber weniger Möglichkeiten, die Bundesrepublik zu täuschen, auch weil die Anzahl der DDR-Entlassungen deutlich zurückging.[861]

Nach dem bundesdeutschen Ressortprinzip hatte das BMB für

---

[854] Vgl. BStU, Archiv der Zentralstelle, MfS HA IX 18030, S. 1 (Abrechnung der H-Aktion 1969; ohne Verfasser; Stand vom 14.1.1970).
[855] Vgl. EZA Berlin, 742/278 (Rehlinger an Stange vom 29.7.1966).
[856] Vgl. BStU, Archiv der Zentralstelle, MfS HA IX 18030, S. 2 (Abrechnung der H-Aktion 1969; ohne Verfasser; Stand vom 14.1.1970).
[857] Vgl. BStU, Archiv der Zentralstelle, MfS HA IX 18437, S. 41 (vorläufige Abrechnung der H-Aktion 1970; ohne Datum, ohne Verfasser).
[858] Vgl. BStU, Archiv der Zentralstelle, MfS HA IX 18437, S. 41.
[859] Vgl. EZA Berlin, 742/278 (Rehlinger an Stange vom 29.7.1966 mit Kritik an der DDR-Praxis).
[860] Bereits 1967 gab es in den Verhandlungen den Begriff der sogenannten »Häftlings-Härtefälle«, weil sich beide Seiten stritten, wer in den Häftlingsfreikauf eigentlich einbezogen werden sollte. Die »Mittäter« boten hierbei stets Anlass für Konflikte. Vgl. ebf. zum Aspekt der »Mittäter«: HGWS-HF 16 (Vermerk Weicherts vom 15.3.1967).
[861] Vgl. Hammer (Bearbeiterin): Sonderedition »Besondere Bemühungen«, S. 659 (Dok. Nr. 420, Bericht Hoeschs vom 2.10.1969).

den Häftlingsfreikauf die politische Zuständigkeit, die vom Ministerium auch nach dem Grundlagenvertrag sehr entschlossen verteidigt wurde. So wurde die StäV – diese wurde seit ihrer Einrichtung 1974 dem Kanzleramt zugeordnet – vom BMB aus dem Freikauf im Wesentlichen herausgehalten.[862] Die StäV konnte aber Informationen über bundesdeutsche Inhaftierte an das BMB weitergeben.[863] Die Bundesregierung versuchte dann, sofern die betroffenen Bundesbürger aus politischen Gründen im DDR-Gefängnis einsaßen, diese freizukaufen.[864] Das BMB musste dem Bundeskanzleramt gelegentlich über den Freikauf Bericht erstatten, zumal das Bundeswirtschaftsministerium die Auslieferungsbescheinigungen für die wirtschaftlichen Gegenleistungen an die DDR ausstellen und das Bundesfinanzministerium die finanziellen Mittel zur Verfügung stellen musste.[865] Aus dem Bundeskabinett und dem Plenum des Deutschen Bundestages wurde der Freikauf aber weitgehend herausgehalten, was sich mit der erwünschten Vertraulichkeit erklären lässt.[866] Auch der Bundestagsausschuss für gesamtdeutsche und Berliner Fragen wurde aus dem gleichen Grund nur zurückhaltend bzw. nur in sehr allgemein gehaltener Form informiert.[867]

---

[862] Vgl. Interview mit Jan Hoesch am 6.7.2009 in Berlin.
Vgl. ebf. Interview mit Edgar Hirt am 7.7.2010 in Bonn.
[863] Vgl. Boysen: Das »weiße Haus« in Ost-Berlin, S. 139.
[864] Vgl. dieselbe: »Ich wusste, wir werden nicht im Stich gelassen.« In: DA 6/2006 (39. Jahrgang), S. 1003, S. 1006 und S. 1011. Als betroffener Bundesbürger stand für diese Studie dankenswerterweise Jörg Kürschner in einem telefonischen Interview am 1.2.2010 für Rückfragen zur Verfügung.
[865] Vgl. Deutscher Bundestag (Hg.): Drucksache 12/7600, S. 309.
[866] Vgl. eine Ausnahme für das Kabinett: Protokoll der 139. Kabinettssitzung der Bundesregierung am 14.10.1964. In: Weber, Hartmut (Hg. für das Bundesarchiv): Die Kabinettsprotokolle der Bundesregierung. Band 17: 1964. München 2007, S. 438 (Staatssekretär Carstens aus dem AA hatte das Thema angesprochen. Minister Mende berichtete dann über die Freilassungsaktion. Carstens beschwerte sich über Medienberichte mit Einzelheiten zum Freikauf.).
Vgl. als eine Ausnahme für das Plenum des Deutschen Bundestages: Deutscher Bundestag (Hg.): Protokoll der 31. Sitzung der 9. Wahlperiode des Deutschen Bundestages am 9.4.1981, S. 1578 (Auszug aus einer Rede Minister Frankes; aus dem Bundesarchiv Koblenz).
[867] Vgl. Parlamentsarchiv des Deutschen Bundestages, Bestand 3105: Ausschuss für gesamtdeutsche und Berliner Fragen. A4/4–Prot. 42: Protokoll der 42. Sitzung des Ausschusses für gesamtdeutsche und Berliner Fragen vom 5.10.1964 (Mende spricht hier verschiedene Aspekte des Freikaufs an, u. a. die Zurückhaltung der Medien, die erreicht worden sei.).
Vgl. ebf. Parlamentsarchiv des Deutschen Bundestages, Bestand 3105: Ausschuss

Der Häftlingsfreikauf und der gesamte humanitäre Komplex wurden im Verlauf der Jahre für das BMB politisch immer bedeutsamer.[868] Letzten Endes wurde der humanitäre Bereich sogar Kernbestandteil des Ministeriums, dessen Auflösung häufig diskutiert und auch in den Medien immer wieder gefordert wurde. Dieser Aufgabenbereich wurde nun für das Ministerium politisch zu dem zentralen Argument, um seinen Fortbestand zu sichern. Die ersten drei Minister für gesamtdeutsche Fragen, die den Häftlingsfreikauf in den 1960er Jahren politisch zu verantworten hatten – Rainer Barzel (CDU), Erich Mende (FDP) und Herbert Wehner (SPD) – hatten noch jeweils zu den Spitzenpolitikern ihrer Partei gehört. In den späteren Jahren verlor das Ministerium an Bedeutung. Nach der Wiedervereinigung wurde es schließlich aufgelöst, da alle deutschlandpolitischen Fragen und damit auch der Häftlingsfreikauf und die Familienzusammenführung obsolet geworden waren. Die jeweiligen Minister für gesamtdeutsche Fragen übertrugen im Allgemeinen die Abläufe und Einzelheiten des Häftlingsfreikaufs ihren Staatssekretären, Ministerialdirektoren sowie weiteren Mitarbeitern des Ministeriums. Sowohl Dorothee Wilms, Ludwig Rehlinger als auch Hans-Georg Baumgärtel konnten bestätigen, dass während der Regierungszeit von Bundeskanzler Kohl die Minister für innerdeutsche Beziehungen diese Aufgaben an Staatssekretär Rehlinger delegiert hatten.[869] Rehlinger stimmte dieser Einschätzung sowohl für die Minister Rainer Barzel, Erich Mende und Johann Baptist Gradl[870] in den 1960er Jahren als auch für Rainer Barzel, Heinrich Windelen und Dorothee Wilms in den 1980er Jahren zu.[871] Für Barzel und Mende muss allerdings ergänzt werden, dass sie sich in einigen direkten Gesprächen mit den Rechtsanwälten Vogel oder Stange bei Bedarf auch persönlich einschalteten. Jan Hoesch und Edgar Hirt konnten für die 1970er Jahre

---

für gesamtdeutsche und Berliner Fragen. A5/4 – Prot. 10: Protokoll der 10. Sitzung des Ausschusses für gesamtdeutsche und Berliner Fragen vom 22.9.1966 (Mende geht hier u. a. kurz auf einige Häftlingsentlassungen durch den Freikauf ein.).

[868] Vgl. persönliches Gespräch mit Armin Volze am 3.3.2010 in Bonn.
[869] Vgl. Schriftverkehr mit Dorothee Wilms; Fax vom 10.9.2009.
Vgl. ebf. Interview mit Ludwig Rehlinger am 21.2.2009 in Eichwalde.
Vgl. ebf. telefonisches Interview mit Hans-Georg Baumgärtel am 16.2.2010.
[870] Gradl (CDU) war nach dem Ausscheiden der FDP aus der Bundesregierung Ende 1966 nur einen Monat im Amt, bevor die Große Koalition gebildet und Herbert Wehner Minister wurde.
[871] Vgl. Interview mit Ludwig Rehlinger am 21.2.2009 in Eichwalde.

ausführen, dass Egon Franke den Freikauf ebenfalls an seine Mitarbeiter im BMB delegierte.[872]

Eine große Ausnahme bildete zweifellos Herbert Wehner. Ludwig Rehlinger, Jan Hoesch und Günter Wetzel schilderten, dass sich Wehner mit großem Einsatz um Einzelfälle gekümmert habe.[873] Anhand von Vermerken kann belegt werden, dass sich Wehner mit der Materie sehr intensiv befasste – so mussten ihm u. a. Rehlinger und Stange, was den Spielraum des Letzteren erheblich einschränkte, ausführlich berichten – und der Minister eine Vielzahl von Entscheidungen persönlich traf.[874] Wehner war der bundesdeutsche Spitzenpolitiker, der sich am detailliertesten den humanitären Fragen widmete und auch nach seiner Ministerzeit hier aktiv blieb.[875] Laut Rehlinger, Wetzel und Hoesch war Wehner notfalls bereit, auch hohe Forderungen der DDR zu akzeptieren, um politische Häftlinge aus den DDR-Gefängnissen auslösen und Ergebnisse erzielen zu können.[876] Bürokratische und andere Hemmnisse oder diverse Bedenken räumte er hierbei mit Entschlossenheit aus. In Wehners Amtszeit wurden zudem Zuständigkeitsfragen gegenüber den beiden christlichen Kirchen und dem West-Berliner Senat zu Gunsten der Bundesregierung geregelt, was dieser eine stärkere Position gegenüber Rechtsanwalt Stange – obwohl dieser bis 1976 formal weiterhin von den Kirchen beauftragt wurde – sowie in den Berliner Fällen ermöglichte.[877]

Auf der DDR-Seite befassten sich zwei hierarchisch sehr hochgestellte Politiker eingehend mit der Abwicklung des Freikaufs, nämlich Erich Mielke und Erich Honecker. Mielke übertrug die Aufgabe innerhalb des MfS an Heinz Volpert, der das Vertrauen Mielkes genoss und außerdem für den GM »Georg« zuständig war.[878] Hinter »Georg«, das

---

[872] Vgl. Interviews mit: Jan Hoesch am 6.7.2009 in Berlin; Edgar Hirt am 7.7.2010 in Bonn.

[873] Vgl. Interviews mit: Ludwig Rehlinger am 21.2.2009 in Eichwalde; Jan Hoesch am 6.7.2009 in Berlin; Günter Wetzel am 14.10.2009 in Darmstadt.

[874] Vgl. Interview mit Ludwig Rehlinger am 21.2.2009 in Eichwalde.
Vgl. ebf. LA Berlin, B Rep. 002, Nr. 12295 (Notiz von Stange vom 17.7.1968 über Gespräch mit Wetzel).
Vgl. ebf. LA Berlin, B Rep. 002, Nr. 12295 (Notiz von Stange vom 6.7.1968 über Gespräch mit Wehner).

[875] Vgl. Meyer: Herbert Wehner, S. 395 f.

[876] Vgl. Interviews mit: Ludwig Rehlinger am 21.2.2009 in Eichwalde; Jan Hoesch am 6.7.2009 in Berlin; Günter Wetzel am 14.10.2009 in Darmstadt.

[877] Vgl. Hammer (Bearbeiterin): Sonderedition »Besondere Bemühungen«, S. XVIII und S. XXI (aus der Einleitung).

[878] Vgl. von Quillfeldt: Dissidenten für Devisen, S. 38.

wurde mehrfach bereits veröffentlicht und ist aktenkundig festgehalten, verbarg sich Rechtsanwalt Wolfgang Vogel.[879] Vogel führte nach der deutschen Einheit gegenüber dem SPIEGEL aus, dass es in der DDR eine kleine Kommission gab, die sich aus Mitarbeitern des MfS und des Innenministeriums sowie Staatsanwälten zusammensetzte und über die Haftentlassungen entschied.[880] Jedoch waren in der Regel Erich Mielke und dessen enger Vertrauter Heinz Volpert die wichtigen Entscheidungsträger.[881] Mielke erließ zum Freikauf mehrere Dienstanweisungen.[882] Politische Entscheidungen wurden hingegen von Erich Honecker getroffen, zum Beispiel im Jahr 1973, als er den Freikauf zunächst einstellen und dann wieder aufnehmen ließ.[883]

Die Entscheidungsträger der DDR waren somit im Kern Erich Honecker, Erich Mielke und Heinz Volpert, der nach seinem Tod 1986 durch Gerhard Niebling ersetzt wurde.[884] Auch Justizministerin Hilde Benjamin und Generalstaatsanwalt Josef Streit konnten politische Häftlinge von den Vorschlagslisten streichen.[885] Laut Vogel, der dies u. a. gegenüber Rehlinger äußerte, spielte Streit, der seit 1963 bis zu seinem Tod 1987 auch Mitglied des ZK der SED war, auch für die Aufnahme des Freikaufs eine wichtige Rolle.[886] Allerdings muss an dieser Stelle quellenkritisch bedacht werden, dass Vogel es sicher vermied, seine Kontakte zum MfS vor bundesdeutschen Gesprächspartnern zu erwähnen. Deshalb könnte er andere Beziehungen angeführt haben, um die für den Westen überraschenden Haftentlassungen gegen wirtschaftliche

---

[879] Vgl. Whitney: Advocatus Diaboli, S. 42.
[880] Vgl. Wolfgang Vogel im Interview (»Ich hätte mit dem Teufel paktiert«) mit dem SPIEGEL. In: DER SPIEGEL, Nr. 15/1990 vom 9.4.1990.
[881] Vgl. BStU, Archiv der Zentralstelle, MfS – HA IX 1789, S. 2 (Vermerk Volperts vom 13.8.1963).
Vgl. ebf. BStU, Archiv der Zentralstelle, MfS – BdL /Dok. 008273, S. 1 (MfS-Dienstanweisung (MfS-Nr. 43/86) zur »Übersiedlung von Strafgefangenen in die BRD« vom 5.5.1986).
Vgl. ebf. Deutscher Bundestag (Hg.): Drucksache 12/7600, S. 308.
[882] Vgl. BStU, Archiv der Zentralstelle, MfS – BdL /Dok. 008273, S. 1-3 (MfS-Dienstanweisung (MfS-Nr. 43/86) zur »Übersiedlung von Strafgefangenen in die BRD« vom 5.5.1986).
Vgl. ebf. BStU, Archiv der Zentralstelle, MfS – ZAIG 7513, S. 2-6 (MfS-Dienstanweisung (MfS-Nr. 7/89) vom 23.2.1989 über »Ständige Ausreisen von Strafgefangenen in die BRD«).
[883] Vgl. Meyer: Herbert Wehner, S. 402.
[884] Vgl. von Quillfeldt: Dissidenten für Devisen, S. 38 f.
[885] Vgl. Whitney: Advocatus Diaboli, S. 100.
[886] Vgl. Rehlinger: Freikauf, S. 27.

Gegenleistungen plausibel erklären zu können. Streits Bedeutung für den Häftlingsfreikauf soll nicht verneint, aber sie muss aufgrund des Einflusses des MfS relativiert werden.[887] Heinz Volpert nahm hingegen bis zu seinem plötzlichen Tod 1986 eine wichtige Stellung innerhalb des MfS ein, in der er mit dem Freikauf befasst war.[888] Seine Karriere war gerade durch die Erfolge Vogels und die Verstetigung des Häftlingsfreikaufs möglich geworden.[889] Volpert hatte ab 1969 sogar eine Sonderstellung und war ab 1972 direkt dem »Sekretariat des Ministers«, das von Mielkes »rechter Hand« Hans Carlsohn geleitet wurde, zugeordnet.[890] Als »Offizier für Sonderaufgaben« war er seit 1969 vor allem für den Häftlingsfreikauf und die Devisenbeschaffung zuständig.[891] Volpert war damit auch Führungsoffizier von Alexander Schalck-Golodkowski, der wiederum für das MfS als »Offizier im besonderen Einsatz« (OibE) tätig war und in dieser Funktion für die DDR möglichst viele Devisen generieren sollte.[892] Volperts Zuständigkeit für Vogel und Schalck-Golodkowski verdeutlicht zusätzlich dessen hervorgehobene Stellung innerhalb des MfS.[893] Auch die unbestreitbare Verknüpfung zwischen Häftlingsfreikauf und Devisenbeschaffung wird durch Volperts Funktion untermauert.

Zweifellos gehörte Volpert auf der DDR-Seite zu den Personen, die

---

[887] So sieht beispielsweise Reymar von Wedel in Josef Streit die treibende Kraft auf Seiten der DDR für den Freikauf an, was maßgeblich auf Vogels Aussagen beruhen dürfte. Streits Interesse an der Freilassung politischer Gefangener in der DDR – so von Wedel – sei auf seine Haftzeit im KZ zurückzuführen. Vgl. von Wedel, Die Entstehung der »Haftaktion«. Am 25.7.2012 auf: http://www.bpb.de/geschichte/zeitgeschichte/deutschlandarchiv/139629/die-entstehung-der-haftaktion. Da die SED-Führung politische Häftlinge in der DDR aber gar nicht als solche ansah, halte ich diese Vermutung für gewagt.
[888] Vgl. von Quillfeldt: Dissidenten für Devisen, S. 38 f. Volperts überraschender Tod in der Sauna gab Anlass für verschiedene Spekulationen. Eine war zum Beispiel, das MfS selbst könnte für den Tod verantwortlich sein. Vgl. Diekmann (Hg.): Freigekauft, S. 96. Vogel half Volperts Witwe Ingrid, indem er sie in seiner Kanzlei anstellte, wobei sie sich hier mit dem Häftlingsfreikauf befasste. Vgl. ebenda, S. 96.
[889] Vgl. Whitney: Advocatus Diaboli, S. 88 und S. 122.
[890] Vgl. von Quillfeldt: Dissidenten für Devisen, S. 38.
[891] Vgl. Winters, Peter Jochen: Ehrlicher Makler zwischen den Fronten . In: DA 5/2008 (41. Jahrgang), S. 776.
[892] Vgl. Pötzl: Basar der Spione, S. 440. Volpert und Schalck-Golodkowski verfassten zudem 1970 eine Dissertation über die Vermeidung wirtschaftlicher Risiken und die Möglichkeiten der Devisengewinnung für die DDR. Vgl. Diekmann (Hg.): Freigekauft, S. 59 und S. 62.
[893] Vgl. Müller-Enbergs, Helmut; Wielgohs, Jan; Hoffmann, Dieter und Herbst, Andreas (Hg.); (unter Mitarbeit von Olaf W. Reimann): Wer war wer in der DDR? Ein Lexikon ostdeutscher Biographien. Band 2, M–Z. Berlin 2006 (1. Auflage der vierten Ausgabe), S. 1046.

den Häftlingsfreikauf entscheidend beeinflusst und vorangetrieben haben.[894] Zudem erwies sich der Freikauf für Volpert als Karriereschub. So wurde er beispielsweise nach dem ersten Freikauf der Bundesregierung 1963, den er auf Seiten der DDR für diese abgewickelt hatte, von Mielke zum Oberstleutnant befördert.[895] Trotzdem sollte Volperts Bedeutung für den Häftlingsfreikauf auch nicht überschätzt werden. Er konnte in wichtigen Fragen nicht ohne eine Genehmigung von Minister Mielke handeln, dem er gegenüber rechenschaftspflichtig und damit von dessen Rückhalt abhängig war.[896] Die vielen Akteure in der Bundesrepublik, die politische Häftlinge aus der DDR auslösen wollten, kamen Volperts Interessenlage entgegen.[897] Er arbeitete beim Häftlingsfreikauf mit einer Einheit der Hauptabteilung (HA) IX und seit 1976 auch mit der gerade erst gegründeten Zentralen Koordinierungsgruppe (ZKG) zusammen.[898] Die ZKG befasste sich innerhalb des MfS dezidiert mit dem Thema Flucht und Ausreise, wobei ihre Aufgabe darin bestand, Flucht- und Ausreisebewegungen möglichst zu unterbinden und Ausreiseangelegenheiten zentral zu koordinieren.[899] Die HA IX überprüfte zunächst die politischen Inhaftierten, die freigekauft werden sollten.[900] Dafür waren in erster Linie Oberst Manfred Enke, der Leiter des »Selbständigen Referates Sonderaufgaben des Ministers« (SR S), und einige wenige Mitarbeiter zuständig. In der ZKG waren vor allem deren Leiter Gerhard Niebling und Oberst Manfred Flader, Leiter der »Abteilung 1: Übersiedlung und Rückkehrersuchen«, sowie einige wenige Mitarbeiter für den Häftlingsfreikauf verantwortlich. Die ZKG hatte den Auftrag, die Angehörigen und das weitere Umfeld der politischen Häftlinge zu überprüfen, ob beispielsweise sogenannte »Versagungsgründe« vorla-

---

[894] Vgl. Diekmann (Hg.): Freigekauft, S. 22 f.
[895] Vgl. ebenda, S. 30.
[896] Vgl. BStU, Archiv der Zentralstelle, MfS – BdL /Dok. 008273, S. 1 (MfS-Dienstanweisung (MfS-Nr. 43/86) zur »Übersiedlung von Strafgefangenen in die BRD« vom 5.5.1986).
Vgl. ebf. von Quillfeldt: Dissidenten für Devisen, S. 38.
Vgl. ebf. Diekmann (Hg.): Freigekauft, S. 22.
[897] Vgl. Whitney: Advocatus Diaboli, S. 73–102.
Vgl. ebf. Pötzl: Basar der Spione, S. 139–151.
[898] Vgl. Lippmann: Moderner Menschenhandel – Freikauf politischer Häftlinge aus der DDR. In: Conze; Gajdukowa und Koch-Baumgarten (Hg.): Die demokratische Revolution 1989 in der DDR, S. 68 und S. 71.
[899] Vgl. Eisenfeld: Die Zentrale Koordinierungsgruppe, S. 3–48.
[900] Vgl. Lippmann: Moderner Menschenhandel – Freikauf politischer Häftlinge aus der DDR. In: Conze; Gajdukowa und Koch-Baumgarten (Hg.): Die demokratische Revolution 1989 in der DDR, S. 68 und S. 71 (Quelle bis zum Ende des Absatzes).

gen, die einer Ausreise in den Westen entgegenstanden. Da die ZKG in Ausreisefragen der HA IX übergeordnet war, konnte sie letzten Endes auch politische Häftlinge von den Listen streichen. Die ZKG übte die leitende und zentral koordinierende Funktion in Ausreisefragen aus, einschließlich des Häftlingsfreikaufs.[901] Sie sammelte systematisch aus der ganzen DDR sämtliche Informationen über DDR-Bürger, die aus sogenannten »politisch-operativen Gründen« oder anderen Interessen der SED-Führung für eine Übersiedlung ins »nichtsozialistische Ausland«, abweichend von den sonst geltenden gesetzlichen Regelungen, infrage kamen.[902] Ab 1978 wurden die Kompetenzen der ZKG in allen Ausreisefragen – zu Ungunsten des Ministeriums des Innern (MdI) – erweitert.[903] Reibungen und Kompetenzstreitigkeiten zwischen dem MfS und dem MdI blieben nicht aus.[904] Zwar stellten Ausreiseantragsteller auch weiterhin ihre Anträge bei den für sie jeweils zuständigen Räten des Kreises bzw. Stadtbezirkes in den Abteilungen Inneres, die dem MdI unterstanden.[905] Aber die ZKG hatte ein Einspruchsrecht. Sie konnte Ausreisen veranlassen und damit Entscheidungen vornehmen, die bislang dem MdI vorbehalten waren.[906] Hieran zeigte sich sehr deutlich die Stärkung des MfS in der Ära Honecker. Allerdings wurde das MdI von der ZKG für die Abwicklung des Freikaufs benötigt, da dieses für den Haftvollzug in der DDR und somit auch für die Umsetzung der Haftentlassungsentscheidungen zuständig war.[907]

Die ZKG verfolgte eine klare Strategie, DDR-Bürger, die aus der Sicht

---

[901] Vgl. BStU, Archiv der Zentralstelle, MfS – BdL /Dok. 008273, S. 1 (MfS-Dienstanweisung (MfS-Nr. 43/86) zur »Übersiedlung von Strafgefangenen in die BRD« vom 5.5.1986).
[902] Vgl. Eisenfeld: Die Zentrale Koordinierungsgruppe, S. 6.
[903] Vgl. Bertram, Andreas; Planer-Friedrich, Jens und Sarstedt, Regine: Wein mit zuviel Wermut. Die soziale, individuelle und wirtschaftliche Situation der ehemaligen Antragsteller auf Ausreise aus der DDR und die Frage ihrer Identität. Berlin 2004, S. 14.
[904] Vgl. Wunschik, Tobias: Risse in der Sicherheitsarchitektur des SED-Regimes. Staatssicherheit und Ministerium des Innern in der Ära Honecker. In: DA 2/2011 (44. Jahrgang), S. 200–207.
[905] Vgl. Bertram; Planer-Friedrich und Sarstedt: Wein mit zuviel Wermut, S. 12 und S. 54.
Vgl. exemplarisch zum Umgang mit den Antragstellern eine Studie zum Kreis Halberstadt: Hürtgen, Renate: Ausreise per Antrag: Der lange Weg nach drüben. eine Studie über Herrschaft und Alltag in der DDR-Provinz. Göttingen 2014.
[906] Vgl. Booß, Christian: Sündenfall der organisierten Rechtsanwaltschaft. Die DDR-Anwälte und die Ausreiseantragsteller. In: DA 4/2011 (44. Jahrgang), S. 528.
[907] Vgl. Hammer (Bearbeiterin): Sonderedition »Besondere Bemühungen«, S. XIX (aus der Einleitung).

der SED nicht mehr in die sozialistische Gesellschaft zu integrieren waren, in den Westen übersiedeln zu lassen, wobei sie hier nach einer regelrechten Kosten-/Nutzenrechnung kalkulierte.[908] Mit der ZKG wurden die Bezirkskoordinierungsgruppen (BKG) in den MfS-Bezirksverwaltungen der einzelnen DDR-Bezirke gegründet, die der ZKG systematisch zuarbeiten sollten.[909] Die einzelne BKG musste vor allem rechtzeitig überprüfen, ob gegen die Ausreise von Antragstellern aus ihrem DDR-Bezirk »Versagungsgründe« vorlagen.[910] Solche Gründe konnten zum Beispiel auch von SED-Bezirksleitungen, Abteilungen des DDR-Innenministeriums oder auch vom Ministerium für Nationale Verteidigung (aktuelle oder frühere NVA-Angehörige) vorgebracht werden.[911]

Die endgültige Entscheidung wurde allerdings in der Zentrale getroffen.[912] Mielke hatte zu den Ausreisegenehmigungen klare Richtlinien erlassen: Aus »Staatsgründen« sollten zum Beispiel die Personen nicht in den Westen entlassen werden, bei denen es sich um sogenannte »Geheimnisträger« handelte oder die Angehörige hatten, die als »Geheimnisträger« angesehen wurden. So zum Beispiel, wenn sie ehemalige Mitarbeiter des MfS, frühere Angehörige der NVA oder Parteifunktionäre in gehobenen Funktionen waren.[913] Auch erlittene Schuss- oder Minenverletzungen bei einem Fluchtversuch oder Tätowierungen mit nationalsozialistischen (bzw. »faschistischen«) Symbolen konnten der Genehmigung zu einer Übersiedlung im Weg stehen, weil dies dem Ansehen der DDR hätte schaden können.[914]

[908] Vgl. Eisenfeld: Die Zentrale Koordinierungsgruppe, S. 37.
[909] Vgl. ebenda, S. 14 und S. 19.
[910] Vgl. BStU, Archiv der Zentralstelle, MfS – BdL /Dok. 008273, S. 2 (MfS-Dienstanweisung (MfS-Nr. 43/86) zur »Übersiedlung von Strafgefangenen in die BRD« vom 5.5.1986).
Vgl. ebf. BStU, Archiv der Zentralstelle, MfS – HA IX 2570, S. 14–23 und S. 28–33.
[911] Vgl. Deutscher Bundestag (Hg.): Drucksache 12/7600, S. 308.
[912] Vgl. Heitmann, Clemens: Der Gefangenenfreikauf aus der Sicht des MfS – ein Dokumentenbeispiel. In: Aris und Heitmann (Hg.): Via Knast in den Westen, S. 58.
[913] Vgl. BStU, Archiv der Zentralstelle, MfS – HA IX 16335, S. 16–29.
Vgl. ebf. Archiv der Sozialen Demokratie (AdsD), Ostbüro-Archiv, Band 212 (Schreiben von RA Stange an den Parteivorstand der SPD vom 16.11.1971 über die von der DDR verweigerte West-Entlassung eines sogenannten »Geheimnisträgers«).
Vgl. ebf. Raschka: Zwischen Überwachung und Repression – Politische Verfolgung in der DDR 1971 bis 1989, S. 124.
Vgl. zum DDR-Militärstrafvollzug: Wenzke, Rüdiger: Ab nach Schwedt! Die Geschichte des DDR- Militärstrafvollzugs. Berlin 2011.
[914] Vgl. Lochen, Hans-Hermann und Meyer-Seitz, Christian (Hg.): Die geheimen

Das Ministerium der Justiz, das Ministerium des Innern und fallweise das Ministerium für Nationale Verteidigung kooperierten mit der ZKG bezüglich der Freikauflisten.[915] Gleiches galt für verschiedene MfS-Hauptabteilungen, »MfS-intern« auch als »Linien« bezeichnet, wie zum Beispiel die HA VII, die sich mit den »rechtswidrigen« Ausreiseantragstellern befasste.[916] Die HA XIV war für die Überstellung der Häftlinge nach Karl-Marx-Stadt und für das dortige Gefängnis zuständig, wobei mitunter Konflikte mit der HA IX auftraten.[917] Dem Leiter der ZKG, Gerhard Niebling, wurden von Mielke erhebliche Kompetenzen übertragen, was die hervorgehobene Stellung der ZKG unterstreicht.[918] Mielke behielt sich aber ausdrücklich das Recht vor, über besondere Einzelfälle innerhalb des Freikaufs selbst zu entscheiden.[919] Der Minister für Staatssicherheit verfolgte hierbei konsequent die Strategie, über den Freikauf Personen aus der DDR, von denen er sich für die DDR keinen Nutzen mehr versprach, gegen wirtschaftliche Gegenleistungen abzuschieben.[920]

Auf der politischen Ebene wurden Häftlingsfreikauf und Vogels Gespräche mit Wehner von Honecker aus dem Ministerrat, dem Zentralkomitee (ZK) der SED und dem SED-Politbüro konsequent ferngehalten, da sich Honecker diesbezügliche Entscheidungen persönlich vorbehalten wollte.[921] Innerhalb des Politbüros war der Häftlingsfrei-

---

Anweisungen zur Diskriminierung Ausreisewilliger. Dokumente der Stasi und des Ministeriums des Innern. Köln 1992, S. 227 (MfS-Dienstanweisung Nr. 2/88 vom 10.12.1988).
Vgl. ebf. Faust, Siegmar: Dieter Dombrowskis Häftlings-Karriere unter Piecks und Gottes Segen. In: Aris und Heitmann (Hg.): Via Knast in den Westen, S. 127.

[915] Vgl. Deutscher Bundestag (Hg.): Drucksache 12/7600, S. 308.
[916] Vgl. Lippmann: Moderner Menschenhandel – Freikauf politischer Häftlinge aus der DDR. In: Conze; Gajdukowa und Koch-Baumgarten (Hg.): Die demokratische Revolution 1989 in der DDR, S. 71.
Vgl. ebf. Eisenfeld: Die Zentrale Koordinierungsgruppe, S. 16.
[917] Vgl. BStU, Archiv der Zentralstelle, MfS Abt. XIV 1890, S. 1–15 (zahlreiche Schreiben der HA XIV von 1986 mit Beschwerden über die HA IX und deren Arbeitsweise bei der Übersiedlung von Inhaftierten).
[918] Vgl. von Quillfeldt: Dissidenten für Devisen, S. 39.
[919] Vgl. Lippmann: Moderner Menschenhandel – Freikauf politischer Häftlinge aus der DDR. In: Conze; Gajdukowa und Koch-Baumgarten (Hg.): Die demokratische Revolution 1989 in der DDR, S. 68.
[920] Vgl. Wölbern: Mit dem Wunderbus nach Gießen. Der Häftlingsfreikauf und die Stasi-U-Haftanstalt in Karl-Marx-Stadt. In: Aris und Heitmann (Hg.): Via Knast in den Westen, S. 47.
[921] Vgl. Meyer: Herbert Wehner, S. 402.
Rehlinger meinte diesbezüglich: »Vogel erzählt mir mal: Am Dienstag ist immer Politbürositzung, und nach dem Politbüro spreche ich mit den Herren Mielke

kauf – der natürlich den Politbüromitgliedern wenigstens in Grundzügen bekannt sein musste – durchaus umstritten, was beispielsweise die kritischen Ausführungen Herbert Häbers zeigen.[922] Ähnlich ablehnend waren die Einlassungen des Politbüromitglieds Paul Verner gegenüber Egon Bahr von Ende 1972.[923] Doch war das wegen des geringen Einflusses des Politbüros in dieser Frage politisch kaum von Bedeutung. Sowohl SED-Generalsekretär Walter Ulbricht als auch sein Nachfolger Erich Honecker hatten diese Aufgabe Mielke übertragen, wobei sich Honecker im Gegensatz zu Ulbricht auch persönlich in den Freikauf regelmäßig einschaltete.[924] Honecker war zwar schon vor 1971 als das für Sicherheitsfragen zuständige Mitglied des Politbüros über den Freikauf informiert worden, aber erst als SED-Generalsekretär wurde er zum Entscheidungsträger.[925] In vielen Einzelfällen trafen Honecker und Mielke die Entscheidungen unter vier Augen.[926]

## 3.2 Die politischen Interessen der beiden deutschen Staaten

Es spricht sehr wenig dafür, dass die SED-Führung gleich zu Beginn des Häftlingsfreikaufs eine langfristige Strategie verfolgte. Gerade in den ersten Jahren konnte noch nicht klar sein, ob der Freikauf auch weiterhin durchgeführt werden würde.[927] Daher können für die DDR-Seite kurzfristige und längerfristige Interessen kaum voneinander getrennt werden. Mindestens bei einigen bundesdeutschen Akteuren – vor allem Rai-

---

und Honecker alles durch. Honecker sagt dann Ja oder Nein.« Zitiert nach: Ludwig Rehlinger im »Spitzengespräch« mit Jürgen Engert (»Freikauf – das Geschäft der DDR mit politisch Verfolgten«) am 8.6.2011 in Berlin. In: Apelt (Hg.): Flucht, Ausreise, Freikauf, S. 100.

[922] Vgl. Brief von Herbert Häber vom 13.2.2010.

[923] Vgl. DzD VI/2 (1971/72; Bahr-Kohl-Gespräche 1970–73); Dok. Nr. 216, S. 716 (Gespräch zwischen Bahr, Verner und DDR-Außenminister Winzer am 21.12.1972 in Berlin).

[924] Rehlinger hierzu: »Anders als seine Vorgänger hat sich Honecker in unserer ›Sache‹ sehr engagiert, er war auch sachkundig und bemüht, alles schnell abzuwickeln.« Zitiert nach: Ludwig Rehlinger im »Spitzengespräch« mit Jürgen Engert (»Freikauf – das Geschäft der DDR mit politisch Verfolgten«) am 8.6.2011 in Berlin. In: Apelt (Hg.): Flucht, Ausreise, Freikauf, S. 100.

[925] Vgl. Whitney: Advocatus Diaboli, S. 97 und S. 152.

[926] Vgl. Lippmann: Moderner Menschenhandel – Freikauf politischer Häftlinge aus der DDR. In: Conze; Gajdukowa und Koch-Baumgarten (Hg.): Die demokratische Revolution 1989 in der DDR, S. 68 f.

[927] Vgl. Rehlinger: Freikauf, S. 25.

ner Barzel und Herbert Wehner müssen diesbezüglich genannt werden – waren hingegen dezidiert längerfristige Zielsetzungen erkennbar.[928] Der enorme Devisenbedarf der DDR lässt ein erhebliches wirtschaftliches Interesse der DDR am Häftlingsfreikauf vermuten. Die Bundesrepublik konnte allerdings keineswegs beliebig viele politische Häftlinge auslösen, wenn sie der DDR nur möglichst hohe wirtschaftliche Gegenleistungen anbot.[929] Viele politische Häftlinge wurden, wenn überhaupt, erst nach vielen Jahren in den Freikauf einbezogen, obwohl sich die Bundesregierung besonders für sie eingesetzt hatte.[930] Diesbezüglich kann das tragische Beispiel von Bodo Strehlow angeführt werden, eines DDR-Flüchtlings aus der Volksmarine, der 1980 zu einer lebenslänglichen Haftstrafe verurteilt worden war.[931] Trotz aller Bemühungen der Bundesregierung konnte er nicht freigekauft werden; erst im Dezember 1989 wurde er vom Staatsrat der DDR begnadigt.[932]

Größte Schwierigkeiten bereitete auch der Freikauf von Fluchthelfern und Nachrichtendienstmitarbeitern, die in der Regel hohe Haftstrafen erhalten hatten.[933] In Fällen, in denen Häftlinge belastende Aussagen über die DDR im Westen hätten machen können, zum Beispiel über einen Selbstmord eines Inhaftierten, verweigerte die DDR oftmals deren Freilassung.[934] Auch ehemalige Privilegierte der DDR, die sich durch einen Fluchtversuch gegen das SED-Regime aufgelehnt hatten, mussten damit rechnen, von der Freikaufliste gestrichen zu werden.[935] Bei einem Freikauf dieser komplizierten Fälle hätte die DDR mitunter beträcht-

---

[928] Vgl. Meyer: Herbert Wehner, S. 319 f. und S. 403.
[929] Vgl. Ludwig Rehlinger im »Spitzengespräch« mit Jürgen Engert (»Freikauf – das Geschäft der DDR mit politisch Verfolgten«) am 8.6.2011 in Berlin. In: Apelt (Hg.): Flucht, Ausreise, Freikauf, S. 94.
[930] Vgl. Interview mit Ludwig Rehlinger am 21.2.2009 in Eichwalde.
[931] Vgl. Rehlinger: Freikauf, S. 261 f. Strehlow kam nach den Gefangenenunruhen in Bautzen II Ende 1989, die unter Einschaltung des bundesdeutschen Staatssekretärs Priesnitz beendet werden konnten, frei. Vgl. ebenda (Rehlinger), S. 262. Vgl. ebf. hierzu: Diekmann (Hg.): Freigekauft, S. 178–186.
Vgl. zu den Gefangenenunruhen in vielen Gefängnissen der DDR Ende 1989: Dölling, Birger: Strafvollzug zwischen Wende und Wiedervereinigung. Kriminalpolitik und Gefangenenprotest im letzten Jahr der DDR. Berlin 2009.
[932] Vgl. Fricke, Karl Wilhelm und Klewin, Silke: Bautzen II. Sonderhaftanstalt unter MfS-Kontrolle 1956–1989. Bericht und Dokumentation. Leipzig 2002 (2. durchgesehene Auflage; 1. Auflage erschien 2001), S. 180 f.
[933] Vgl. HGWS-HF 50 (Vermerk (mit Anlage) von Hoesch vom 15.1.1970).
[934] Vgl. Kittan, Tomas: Das »rote Elend« von Cottbus. In: DA 4/2010 (43. Jahrgang), S. 655. Kittan führt aus, dass der Freikauf aus dem Gefängnis in Cottbus Ende 1978 nach einem Selbstmord vorübergehend gestoppt wurde.
[935] Vgl. Ast: Die gekaufte Freiheit, Teil 2.

liche Erlöse erzielen können. Das bedeutet aber im Umkehrschluss, dass auf mögliche Einnahmen verzichtet wurde. Es wäre daher wissenschaftlich nicht korrekt und auch sachlich falsch, die DDR-Interessen bezüglich des Häftlingsfreikaufs ausschließlich mit der Beschaffung von Devisen oder benötigten Waren begründen zu wollen, auch wenn diese ökonomischen Interessen zweifellos eine wichtige Rolle spielten.

Die DDR sah nur die Personen für den Freikauf vor, die sie für ihr System verloren glaubte.[936] Generell sollte nur den DDR-Bürgern eine Übersiedlung genehmigt werden – dieser Grundsatz galt auch für Strafgefangene – bei denen alle Möglichkeiten einer Rückgewinnung angewendet und letztlich fehlgeschlagen waren.[937] Die HA IX sollte eine mögliche Rückgewinnung des Inhaftierten innerhalb des Ermittlungsverfahrens prüfen.[938] Das Strafvollzugspersonal sollte auch bereits verurteilte Häftlinge wieder von der DDR überzeugen, was aber nur geringe Erfolgsaussichten hatte.[939] Die diesbezügliche Motivation der Bediensteten dürfte entsprechend gering gewesen sein.[940] Es erschien daher plausibel, die Häftlinge, die sich nicht mehr in die sozialistische Gesellschaft integrieren wollten, in die Bundesrepublik ausreisen zu lassen. Jedoch unterminierte die SED damit ihre eigenen ideologischen Grundsätze, dass zum Beispiel der Strafvollzug die Inhaftierten »zu den Grundsätzen des Zusammenlebens der Bürger in der sozialistischen Gesellschaft« erziehen sollte.[941] Diesem Nachteil stand aber der Vorteil gegenüber, den eigenen Strafvollzugsapparat, der in der Regel durch die überbelegten Gefängnisse stets sehr beansprucht war, mit Hilfe des Häftlingsfreikauf kontinuierlich entlasten zu können.[942]

Vor dem Häftlingsfreikauf hatten viele ehemalige politische Häftlinge und politische Gegner der SED die offene Grenze über Berlin zur

---

[936] Vgl. BStU, Archiv der Zentralstelle, MfS – HA IX 3714, S. 33 f. (Plan für Maßnahmen der ZKG vom 24.7.1985).
[937] Vgl. BStU, Archiv der Zentralstelle, MfS – BdL /Dok. 007770, S. 33 (MfS-Dienstanweisung (MfS-Nr. 2/83) vom 13.10.1983).
[938] Vgl. BStU, Archiv der Zentralstelle, MfS – HA IX 2362, S. 112 (Arbeitsmaterial der ZKG vom 24.3.1987 nach einer Dienstbesprechung mit Minister Mielke, das der HA IX zur Verfügung gestellt wurde).
[939] Vgl. Alisch: Strafvollzug im SED-Staat, S. 140.
[940] Vgl. ebenda, S. 140.
[941] Zitiert nach: Finn: Politischer Strafvollzug in der DDR, S. 70.
[942] Vgl. Müller, Jörg: Strafvollzugspolitik und Haftregime in der SBZ und in der DDR. Sachsen in der Ära Ulbricht. Göttingen 2012, S. 246.
Vgl. ebf. Werkentin: Politische Strafjustiz in der Ära Ulbricht, S. 388. Werkentin ging sogar davon aus, dass die DDR ohne den Häftlingsfreikauf zwischen 1964 und 1989 mehr Amnestien hätte erlassen müssen, um den Strafvollzugsapparat zu entlasten. Müller teilte diese Einschätzung.

Flucht genutzt, was dem MfS durchaus gelegen kam.[943] Diese Fluchtmöglichkeit war aber mit dem Mauerbau weggefallen. Nun bot sich für die DDR die Chance, über den Freikauf missliebige Personen und Oppositionspotenzial in größerem Umfang in den Westen abzuschieben.[944] Hierbei war allerdings problematisch, dass die Busfahrten in den Westen kaum geheim bleiben konnten. Angehörige der freigekauften Häftlinge, Mithäftlinge, Anwohner in der Nähe der Gefängnisse, Strafvollzugsbedienstete, zufällige Zeugen und viele weitere Personen mussten zwangsläufig doch von diesen Vorgängen erfahren oder zumindest gerüchteweise davon hören.[945] Sofern die Angehörigen der freigekauften politischen Häftlinge ausreisen durften, konnte das wiederum deren Nachbarn, Arbeitskollegen und Freunden nicht verborgen bleiben. Noch weniger ließen sich auf die Dauer Berichte über den Freikauf in den West-Medien unterbinden.[946]

Die Strategie der DDR, unbequeme Personen aus »politisch-operativen Gründen« über den Häftlingsfreikauf in den Westen abzuschieben, traf grundsätzlich auch für genehmigte Ausreiseanträge außerhalb der Haft zu.[947] Erich Honecker brachte seine Denkweise in Bezug auf die

---

[943] Vgl. Gieseke: Die Stasi 1945–1990, S. 171.
Vgl. ebf. Neubert, Ehrhart: Geschichte der Opposition in der DDR 1949–1989. Bonn 2000, S. 141 (veröffentlicht von der Bundeszentrale für politische Bildung; 2., durchgesehene und erweiterte sowie korrigierte Auflage; 1. Auflage erschien 1997).
[944] Vgl. Ludwig Rehlinger im »Spitzengespräch« mit Jürgen Engert (»Freikauf – das Geschäft der DDR mit politisch Verfolgten«) am 8.6.2011 in Berlin. In: Apelt (Hg.): Flucht, Ausreise, Freikauf, S. 86.
Vgl. ebf. Müller: Strafvollzugspolitik und Haftregime in der SBZ und in der DDR, S. 246.
[945] Vgl. Hach, Oliver: Im Drehkreuz des Menschenhandels. Die geheimen Maßnahmen der Stasi und der Haftort im städtischen Gedächtnis. In: Aris und Heitmann (Hg.): Via Knast in den Westen, S. 69.
Im Frauengefängnis Hoheneck warteten die politischen Häftlinge auf die Ankunft der MfS-Mitarbeiter mit den Spitznamen »James« und »Daisy«. Wenn diese nachts Formalitäten bearbeiteten, war am Folgetag ein Freikauf zu erwarten. Dies wurde über den sog. »Buschfunk« bzw. »Knastfunk« schnell bekannt. Vgl. Neumann, Eva-Maria: Sie nahmen mir nicht nur die Freiheit. München und Zürich 2007, S. 238. Eva-Maria Neumann beantwortete für diese Studie dankenswerterweise Rückfragen in einer Mail vom 13.2.2010.
[946] Vgl. BStU, Archiv der Zentralstelle, MfS – ZAIG 9330, 9397 und 9398 (alle Signaturen haben jeweils vier Bände; hierin sind zahlreiche bundesdeutsche Zeitungsartikel zu den Themen Freikauf, Fluchten bzw. Ausreisen aus der DDR enthalten, die vom MfS gesammelt wurden.).
[947] Vgl. BStU, Archiv der Zentralstelle, MfS – BdL /Dok. 007770, S. 33 f. (MfS-Dienstanweisung (MfS-Nr. 2/83) vom 13.10.1983).

Ausreise von unliebsamen Personen in einem Gespräch mit dem ehemaligen Bundeskanzler Helmut Schmidt so zum Ausdruck: »*Wir haben dann Frieden in unserem Staat.*«[948] Obgleich die DDR-Behörden Ausreiseanträge bis auf wenige Ausnahmen zunächst ablehnten, kam es doch immer wieder zu regelrechten »Genehmigungswellen«, so zum Beispiel 1984, als plötzlich sehr viele Antragsteller ausreisen durften.[949] Erich Mielke vertrat außerdem die Auffassung, dass genehmigte Ausreisen in großen Schüben innerhalb von 48 Stunden umgesetzt werden sollten, da er glaubte, dass dies die Bundesrepublik in Schwierigkeiten bringen würde.[950] Mielke hatte außerdem in einer Dienstanweisung von 1983 klar vorgegeben, wann für das MfS »politisch-operative Gründe« für eine »Übersiedlung« vorlagen:[951]

Wenn Personen für die Sicherheit der DDR eine konkrete Gefahr darstellten.

Sofern mit der Ausreisegenehmigung Schaden für die DDR abgewendet werden konnte, zum Beispiel eine mögliche Selbsttötung verhindert wurde.

Wenn dadurch bedeutsame Vorteile für die DDR erreicht werden konnten.

Vgl. ebf. BStU, Archiv der Zentralstelle, MfS – BdL /Dok. 008273, S. 2 (MfS-Dienstanweisung (MfS-Nr. 43/86) zur »Übersiedlung von Strafgefangenen in die BRD« vom 5.5.1986).

[948] Zitiert nach: AdsD, Depositum Hans-Jochen Vogel, Ordner 2108 (Erich Honecker im Gespräch mit Helmut Schmidt am 5.9.1983 in Anwesenheit von Klaus Bölling und Honeckers Mitarbeiter Frank Joachim Hermann. Eine ähnliche Aussage Honeckers findet sich auch bei Garton Ash: »Ein Klassenfeind weniger.« Zitiert nach: Garton Ash: Im Namen Europas, S. 217. Hierzu passt ebenfalls der Kommentar der DDR-Nachrichten-Agentur ADN zur Fluchtwelle über Ungarn 1989, der auf Honecker zurückzuführen war: »Man sollte ihnen deshalb keine Träne nachweinen.« Zitiert nach: Malycha, Andreas und Winters, Peter Jochen: Die SED. Geschichte einer deutschen Partei. München 2009, S. 327.

[949] Vgl. BA Berlin, DO 1/16489 (Information über die Unterbindung und Zurückdrängung der Übersiedlung nach der BRD und West-Berlin. Berichtszeitraum 1.1.1972 bis 31.12.1984, S. 3).
Honecker wollte politische Gegner («Feinde«), Kriminelle und langjährige (»hartnäckige«) Antragsteller in den Westen ausreisen lassen und anschließend keine neuen Anträge mehr genehmigen. Vgl. Hanisch, Anja: Die DDR im KSZE-Prozess 1972–1985. Zwischen Ostabhängigkeit, Westabgrenzung und Ausreisebewegung. München 2012, S. 350.

[950] Vgl. BStU, Archiv der Außenstelle Dresden, MfS BV Ddn. Stellvertreter Operativ 255, Band 1, S. 35 (Ausführungen Mielkes vom 29.2.1984 durch Generalmajor Kienberg am 1.3.1984 in Dresden wiedergegeben).

[951] Vgl. Lochen und Meyer-Seitz (Hg.): Die geheimen Anweisungen zur Diskriminierung Ausreisewilliger, S. 120 (MfS-Dienstanweisung (MfS-Nr. 2/83) vom 13.10.1983).

Bei »Unverbesserlichen«, die aus einer »feindlich-negativen Einstellung« heraus »hartnäckig« ihre »Übersiedlung« anstrebten und bei denen keine Chance mehr bestand, sie noch »zurückzugewinnen«, da bereits alle Möglichkeiten vergeblich ausgeschöpft worden waren. Aus Sicht der SED bzw. des MfS sollten die Ausreiseantragsteller und politischen Häftlinge, die nicht mehr für die DDR-Gesellschaft zurückzugewinnen waren, möglichst das Land verlassen, damit sie andere DDR-Bürger nicht »negativ« beeinflussen konnten.[952] Doch genau der gegenteilige Effekt trat häufig ein. Die genehmigten Ausreisen – sowohl aus der Haft als auch außerhalb der Haft – zogen nicht selten neue Ausreiseanträge von Angehörigen oder Bekannten nach sich, wobei das MfS das Problem dieser sogenannten »Rückverbindungen« durchaus erkannte.[953] Im Regelfall wurden gegenüber den freigekauften politischen Häftlingen deshalb Einreisesperren in die DDR verhängt, um einen späteren Besuch bei Verwandten oder Freunden zu verhindern.[954] Ebenso wurden von der ZKG »Versagungsgründe« geltend gemacht, wenn durch die Ausreise eines politischen Häftlings eine Sogwirkung auf andere Personen, zum Beispiel auf dessen ehemalige Arbeitskollegen, befürchtet wurde.[955] Doch auch diese einschränkenden Maßnahmen änderten nichts an der Tatsache, dass jede genehmigte Ausreise bei anderen DDR-Bürgern, die ebenfalls das Land verlassen wollten, neue Hoffnungen wecken musste. Häftlingsfreikauf und Familienzusammenführung trugen damit längerfristig nicht dazu bei, den »Ausreisedruck« in der DDR abzubauen. Das genaue Gegenteil trat in der Praxis ein.[956]

[952] Vgl. BStU, Archiv der Zentralstelle, MfS – ZKG 86, S. 54 (Vermerk der ZKG vom 9.3.1984 bezüglich einer Anweisung Mielkes).
[953] Vgl. Baum: Die Integration von Flüchtlingen und Übersiedlern in die Bundesrepublik Deutschland. In: Deutscher Bundestag (Hg.): Materialien der Enquete-Kommission »Überwindung der Folgen der SED-Diktatur im Prozess der deutschen Einheit« (13. Wahlperiode des Deutschen Bundestages); Band VIII/1: Das geteilte Deutschland im geteilten Europa. Baden-Baden 1995, S. 568–575.
Vgl. ebf. Engelmann, Roger; Florath, Bernd; Heidemeyer, Helge; Münkel, Daniela; Polzin, Arno und Süß, Walter (Hg. im Auftrag der Abteilung Bildung und Forschung des BStU): Das MfS-Lexikon: Begriffe, Personen und Strukturen der Staatssicherheit der DDR. Berlin 2011, S. 252 f.
[954] Vgl. von Lindheim: Bezahlte Freiheit, S. 52 f.
Vgl. ebf. Schmidt und Weischer: Zorn und Trauer, S. 215.
Vgl. ebf. Zehrer, Eva-Maria: »Verraten und verkauft« – eine mutige Tat und ihre Folgen. In: Aris und Heitmann (Hg.): Via Knast in den Westen, S. 155.
[955] Vgl. von Lindheim: Bezahlte Freiheit, S. 85 f.
[956] Vgl. Schröder, Richard: Die wichtigsten Irrtümer über die deutsche Einheit. Frei-

Aus dem Freikauf erzielte die DDR einige Vorteile. Für die in die Bundesrepublik entlassenen politischen Häftlinge entfielen die Belastungen, die bei einer »Wiedereingliederung« in die DDR-Gesellschaft angefallen wären, zum Beispiel für die Bereitstellung einer Wohnung und eines Arbeitsplatzes.[957] Zusätzlich konnten diese Kosten sowie spätere Rentenzahlungen oder die medizinische Versorgung für kranke Häftlinge auf die Bundesrepublik, den »Klassenfeind«, abgewälzt werden.[958] Außerdem konnten die im Falle einer DDR-Entlassung üblichen Überwachungsmaßnahmen eingespart werden.[959] Darüber hinaus bekam die DDR mit jedem einzelnen Freikauf einen Teil ihrer Investitionen, die sie in die Schul- und Berufsausbildung ihrer Bürger gesteckt hatte, vom »Klassenfeind« als »Entschädigung« zurückerstattet.[960] Diese ideologische Rechtfertigung für den Häftlingsfreikauf war eigentlich nicht haltbar, denn für die Freilassung von Westdeutschen wurden ebenfalls wirtschaftliche Gegenleistungen gefordert.[961] Diesen Widerspruch versuchte die SED-Führung zu legitimieren, indem sie den Häftlingsfreikauf als eine »Wiedergutmachung« für die »Straftat« des Häftlings darzustellen versuchte.[962] Aus dieser Perspektive verkaufte die DDR vordergründig keine Inhaftierten an die Bundesrepublik, sondern sie bekam lediglich den durch diese Personen entstandenen ideellen Schaden materiell ersetzt, der für die Gesellschaft entstanden war.[963] Vogel betonte sinngemäß bereits 1976 im Interview mit Michel Meyer, dass diese Auffassung im Westen auf Unverständnis stoße und ideeller Schaden auch materiell wieder gutgemacht werden könne.[964]

burg im Breisgau; Basel und Wien 2007 (2. Auflage; 1. Auflage erschien ebenfalls 2007), S. 98.
[957] Vgl. Suckut, Siegfried (Hg.): Das Wörterbuch der Staatssicherheit. Definitionen zur »politisch-operativen Arbeit«. Berlin 1996, S. 418 f.
[958] Vgl. Volze, Armin: Geld und Politik in den innerdeutschen Beziehungen 1970–1989. In: DA 3/1990 (23. Jahrgang), S. 385.
Vgl. ebf. telefonisches Interview mit Walter Priesnitz am 16.2.2010.
[959] Vgl. Raschka: Zwischen Überwachung und Repression – Politische Verfolgung in der DDR 1971 bis 1989, S. 124–126.
[960] Vgl. Wolfgang Vogel im Interview (»Ich hätte mit dem Teufel paktiert«) mit dem SPIEGEL. In: DER SPIEGEL, Nr. 15/1990 vom 9.4.1990.
Vgl. ebf. Volze: Geld und Politik in den innerdeutschen Beziehungen 1970–1989. In: DA 3/1990 (23. Jahrgang), S. 385.
[961] Vgl. Interview mit Jan Hoesch am 6.7.2009 in Berlin.
[962] Vgl. Wolfgang Vogel im Interview mit Michel Meyer. In: Meyer: Freikauf, S. 214 f.
Vgl. ebf. Przybylski: Tatort Politbüro. Band 2: Honecker, Mittag und Schalck-Golodkowski, S. 389.
[963] Vgl. Wolfgang Vogel im Interview mit Michel Meyer. In: Meyer: Freikauf, S. 214 f.
[964] Vgl. ebenda, S. 215.

Der Freikauf schien von Beginn an auch eine Möglichkeit für die DDR zu sein, eigene Agenten als Gegenleistung für die Freilassung politischer Häftlinge oder westlicher Spione auszulösen.[965] So war die DDR 1963 sehr daran interessiert, den Verleger Günter Hofé, der in einem bundesdeutschen Gefängnis wegen Spionage einsaß, freizubekommen.[966] Tatsächlich kam es schon 1964 zum Austausch von Hofé gegen mehrere politische Häftlinge aus der DDR.[967] Die schnelle Freilassung Hofés war der Bundesrepublik unangenehm, weshalb sie von der DDR Diskretion verlangte, was diese aber ignorierte.[968] Ähnliche Austauschaktionen gelangen der DDR auch in den Jahren 1964, 1965 und 1966, als die Bundesrepublik inhaftierte DDR-Agenten aus bundesdeutschen Gefängnissen als Gegenleistung für die Freilassungen von politischen Häftlingen in der DDR freigeben musste.[969] Die vielen erreichten Freilassungen von DDR-Agenten in den Anfangsjahren des Freikaufs zeigen, dass das MfS ein vitales Eigeninteresse an einer Aufnahme des Häftlingsfreikaufs mit der Bundesrepublik hatte.

Die SED-Diktatur zeigte generell immer dann eine größere Bereitschaft, politische Häftlinge freizulassen, wenn die eigenen Gefängnisse überfüllt waren und deshalb eine Entlastung des Strafvollzugsapparates zweckmäßig erschien, was 1964 der Fall war.[970] Im Oktober 1964 erließ Ulbricht eine Amnestie zum 15. Jahrestag der DDR.[971] Unter den 7.680 Entlassenen befanden sich 1.500 bis 2.000 politische Häftlinge.[972] Drei Jahre nach dem Mauerbau sah die DDR-Führung offenbar ihre Machtposition als so stabil an, dass sie glaubte, die Entlassung so vieler Häft-

[965] Vgl. Diekmann (Hg.): Freigekauft, S. 22 f.
[966] Vgl. Stiftung Archiv der Parteien und Massenorganisationen der DDR im Bundesarchiv (SAPMO), DY 30/J IV 2/3/917 (Protokoll Nr. 57/63 der Sitzung des Sekretariats des ZK vom 9.10.1963).
Vgl. ebf. BStU, Archiv der Zentralstelle, MfS – AIM 5682/69, Band 8, S. 372–378 (Treffbericht Volperts vom 2.4.1964 über Treffen mit GM »Georg« vom 17.3., 20.3. und 26.3.1964 zum Fall Hofé).
[967] Vgl. Pötzl: Basar der Spione, S. 161.
Vgl. ebf. Hammer (Bearbeiterin): Sonderedition »Besondere Bemühungen«, S. 174 (Dok. Nr. 81, Vermerk Rehlingers vom 25.8.1964).
[968] Vgl. ebenda, S. 174 (Dok. Nr. 81, Vermerk Rehlingers vom 25.8.1964). Etwas zugespitzt lässt sich festhalten, dass beide deutsche Staaten in diesem Fall »die Rollen getauscht« hatten.
[969] Vgl. LA Berlin, B Rep. 002, Nr. 12295 (Notiz von Stange vom 28.7.1967 über Gespräch mit Vogel).
[970] Vgl. Werkentin: Politische Strafjustiz in der Ära Ulbricht, S. 271–280 und S. 384–388.
[971] Vgl. ebenda, S. 387.
Vgl. ebf. Fricke: Politik und Justiz in der DDR, S. 490. Fluchthelfer fielen nicht unter die Amnestie.
[972] Zahlen aus: Werkentin: Politische Strafjustiz in der Ära Ulbricht, S. 387.

linge politisch verkraften zu können. Von den in der Haft verbliebenen politischen Gefangenen konnten noch weitere 888 im gleichen Jahr von der Bundesregierung freigekauft werden.[973] Die beträchtliche Ausweitung des Häftlingsfreikaufs zwischen 1963 und 1964 macht deutlich, dass die DDR-Führung zur Bundesregierung zumindest ein gewisses Maß an Vertrauen gefasst hatte und jetzt an dessen Fortsetzung in einem größeren Rahmen interessiert war.[974] Dennoch konnten keinesfalls alle Fälle von der Bundesregierung gelöst werden, was eine Fortsetzung des Freikaufs bedingte. Laut Rehlinger hatte der Freikauf zwischen den beiden deutschen Staaten im größeren Umfang am 14. August 1964 mit der Auslösung von 50 Gefangenen begonnen.[975] Dieses Datum kann durchaus als der eigentliche Beginn des institutionalisierten Freikaufs angesehen werden. Durch diesen nahm die DDR 1964 von ihr benötigte Waren im Wert von immerhin 35 Millionen DM ein.[976] Aufgrund der Freilassung der etwa 1.500 bis 2.000 politischen Häftlinge im Rahmen der Amnestie hatte sie aber auch auf beträchtliche Einnahmen verzichtet, die sie über einen Freikauf hätte erzielen können. Dieser Sachverhalt widerspricht wiederum dem verbreiteten Klischee, die SED-Führung hätte mit dem Häftlingsfreikauf ausschließlich die Absicht verbunden, Devisen zu erwirtschaften. Ohne Zweifel spielten wirtschaftliche Aspekte eine Rolle, aber die Interessen der SED-Führung am Freikauf waren weitaus vielschichtiger.

Eine Quelle des MfS von 1963 spricht für eine weitere mögliche Überlegung auf Seiten der DDR. Laut Volpert hatte Vogel gegenüber dem bundesdeutschen Geschäftsmann Otto Dinse gefordert, dass die Bundesrepublik dringend etwas gegen Fluchthelfer unternehmen müsse.[977] Die DDR weigerte sich tatsächlich sehr oft, Fluchthelfer in den Häftlingsfreikauf einzubeziehen bzw. gab sie erst nach einer langen Haftzeit frei.[978] Diese erst

---

[973] Vgl. Rehlinger: Freikauf, S. 279.
[974] Vgl. Rehlinger im »Spitzengespräch« mit Jürgen Engert (»Freikauf – das Geschäft der DDR mit politisch Verfolgten«) am 8.6.2011 in Berlin. In: Apelt (Hg.): Flucht, Ausreise, Freikauf, S. 93.
In der Bundesrepublik war Erhard inzwischen Bundeskanzler geworden. Dieser Umstand mag der SED-Führung die Entscheidung etwas erleichtert haben, da Adenauer laut Ulbrichts Biograf Mario Frank für diesen »Feindbild Nr. 1« war. Zitiert nach: Frank: Walter Ulbricht, S. 330.
[975] Vgl. Rehlinger: Freikauf, S. 62 f.
[976] Zahl aus: Posser: Anwalt im Kalten Krieg, S. 354.
[977] Vgl. BStU, Archiv der Zentralstelle, MfS – AIM 5682/69, Band 8, S. 34 (Operative Information der Hauptabteilung V/5 vom 12.1.1963 über das Treffen von Vogel mit Dinse vom 7.1.1963).
[978] Vgl. HGWS-HF 50 (Vermerk Hoeschs vom 3.10.1969).
Vgl. ebf. Detjen: Ein Loch in der Mauer, S. 188.

dann freizulassen, wenn die Bundesregierung etwas gegen Fluchthelfer unternehmen würde, war daher eine naheliegende Schlussfolgerung. Jedoch sollte die DDR die Bundesregierung niemals dazu bewegen können, die Fluchthilfe zu unterbinden. Dies war nach dem Grundgesetz, in dem in Artikel 11 die Freizügigkeit als Grundrecht für alle Deutschen garantiert ist, rechtlich nicht möglich.[979]

Die DDR versuchte aber weiterhin, den Freikauf als politischen Hebel gegenüber der Bundesrepublik einzusetzen. Besonders augenfällig war 1983 die Drohung Vogels, dass die Bundesrepublik bei einer Umsetzung des NATO-Doppelbeschlusses Rückschläge im humanitären Bereich provozieren würde.[980] Dennoch wurde der NATO-Doppelbeschluss von der Bundesrepublik umgesetzt. Generell wurden von jeder Bundesregierung politische Forderungen, die von der DDR mit dem humanitären Komplex verknüpft wurden, abgelehnt.[981] In finanzieller Hinsicht hingegen war die Bundesrepublik viel eher zu Zugeständnissen bereit.[982] Die DDR übte auf die Bundesregierung dahingehend Druck aus, dass sie von ihr größte Verschwiegenheit und Geheimhaltung hinsichtlich der Freikaufaktionen verlangte.[983] Die Bundesregierung hatte vor dem Häftlingsfreikauf noch offen unterstützt, wenn Menschenrechtsverletzungen in der DDR vor den Gremien des Europarates oder der UNO behandelt bzw. verurteilt werden sollten.[984]

Seit der Etablierung des Häftlingsfreikaufs musste jede Bundesregierung bei derartigen Initiativen Rückschläge im humanitären Bereich befürchten. Ähnliches galt prinzipiell auch im Fall von öffentlicher Kritik an der Menschenrechtslage in der DDR. Auch der Beitritt der beiden deutschen Staaten zur UNO 1973 änderte nichts an diesem Dilemma.[985]

[979] Vgl. Detjen: Ein Loch in der Mauer, S. 240 und S. 293.
[980] Vgl. Vogel im Interview mit dem ARD-Magazin »Kontraste« am 17.10.1983.
[981] Vgl. Rehlinger: Freikauf, S. 22.
[982] Vgl. Interview mit Ludwig Rehlinger am 30.9.2009.
[983] Vgl. EZA Berlin, 742/278 (Schreiben von Vogel an Stange vom 3.8.1966).
[984] Vgl. BA Koblenz, B 137/1648 (Entschließung von 1960 gegen die politischen Inhaftierungen in der DDR und Bericht zur Aktion der Freilassung der politischen Gefangenen in Mittel- und Osteuropa von Anfang 1964; Beratende Versammlung des Europarates).
Vgl. ebf. BA Koblenz, B 137/1649 (Unterstützung des BMG für den Anfang der 1960er Jahre mehrfach gescheiterten Versuch des Internationalen Bundes Freier Gewerkschaften, die politischen Inhaftierungen weltweit, auch in der DDR, von den Gremien der UNO behandeln zu lassen).
[985] Vgl. Wentker, Hermann: 1973: Doppelter UN-Beitritt. Deutsch-deutsche Konkurrenz auf der internationalen Bühne. In: Wengst und Wentker (Hg.): Das doppelte Deutschland, S. 235–258.

Zudem wollte die Bundesregierung deutsch-deutsche Fragen als innerdeutsche Angelegenheit behandelt haben. Dies kam der DDR insofern entgegen, als sie unangenehme Themen, wie die Verletzung der Menschenrechte, aus den Gremien der UNO heraushalten wollte.[986] Die internationale Kritik an der DDR wegen des Häftlingsfreikaufs war relativ gering. Zwar gab es einige negative Stellungnahmen in internationalen Gremien der UNO oder des Europarats, sogar von Mitgliedern kommunistischer Parteien Westeuropas.[987] Doch dies waren Ausnahmen. Langfristig betrachtet musste die DDR den Freikauf deshalb vor allem innen-, jedoch kaum außenpolitisch fürchten.

Offenbar hatten aber weder Ulbricht noch später Honecker bezüglich des Freikaufs größere Bedenken. Im Gegenteil: Beim Freikauf konnte sich die DDR aus einer Position der relativen Stärke von einer vergleichsweise humanen und verbindlichen Seite zeigen.[988] So hatte die Bundesregierung schon 1968 festgestellt, dass es für sie schwieriger geworden war, die DDR international zu kritisieren, nachdem die SED-Diktatur schon viele verurteilte politische Häftlinge mit langen Haftstrafen über den Freikauf entlassen hatte.[989] Ulbrichts Nachfolger Honecker griff in den Freikauf deutlich öfter persönlich ein.[990] Er habe den Häftlingsfreikauf als »*humanitäres Ventil*« angesehen, meinte Rechtsanwalt Vogel in einem Interview von 1990.[991] Nach seiner Verhaftung Ende 1989 führte Honecker zu seinen Beweggründen an: »*Es ist bekannt und kann belegt werden, dass ich in meiner Tätigkeit an der Spitze von Partei und Staat humanitären Fragen große Aufmerksamkeit widmete ... Die Lösung hu-*

---

[986] Vgl. Ipsen, Knut: Die Selbstdarstellung der DDR vor internationalen Menschenrechtsorganisationen. In: Deutscher Bundestag (Hg.): Materialien der Enquete-Kommission »Aufarbeitung von Geschichte und Folgen der SED-Diktatur in Deutschland« (12. Wahlperiode des Deutschen Bundestages). Band IV: Recht, Justiz und Polizei im SED-Staat. Baden-Baden 1995, S. 547–583.

[987] Vgl. BStU, Archiv der Zentralstelle, MfS – ZAIG 9397, Band 2, S. 48 (Artikel in der Süddeutschen Zeitung vom 1.9.1979 »›Menschenverkauf‹ der DDR im UNO-Ausschuss angeprangert«, über die Kritik des britischen Vertreters im UNO-Unterausschuss für Menschenrechte in Genf).
Vgl. ebf. BStU, Archiv der Zentralstelle, MfS – ZAIG 9397, Band 3, S. 86 (Artikel der Berliner Morgenpost vom 11.10.1977 »Freikauf vor dem Europarat. Bundesregierung: Ausschließlich humanitäre Gründe«).

[988] Vgl. Garton Ash: Im Namen Europas, S. 216.

[989] Vgl Hammer (Bearbeiterin): Sonderedition »Besondere Bemühungen«, S. 531 (Dok. Nr. 332, Bericht Rehlingers an Minister Wehner vom 6.6.1968).

[990] Vgl. Garton Ash: Im Namen Europas, S. 216 f.

[991] Zitiert nach: Wolfgang Vogel im Interview (»Ich hätte mit dem Teufel paktiert«) mit dem SPIEGEL. In: DER SPIEGEL, Nr. 15/1990 vom 9.4.1990.

*manitärer Fragen, für die ich mich persönlich in vielerlei Hinsicht eingesetzt habe, gestaltete sich in dieser Zeit oft problematisch ... – Bitten von Bundestagsabgeordneten der BRD, die Fragen der Familienzusammenführung oder die Freilassung von Inhaftierten betrafen, wurden von mir positiv entschieden ... Bei vielen Begegnungen mit Staatsmännern anderer Staaten wurden mir oder meiner Begleitung Listen mit der Bitte um Prüfung humanitärer Angelegenheiten übergeben, die von mir alle positiv entschieden wurden. Bei der Klärung dieser Fragen musste mein Beauftragter Prof. Dr. Wolfgang Vogel oft Widerstände unserer zuständigen Stellen überwinden. Sein Mandat umfasste Probleme des Gefangenenaustauschs, der Begnadigung von Inhaftierten, auch solchen, die zu lebenslangen Freiheitsstrafen verurteilt waren, sowie Fragen der Familienzusammenführung. Prof. Vogel hatte mein volles Vertrauen und wurde von mir stets gebeten, seine Möglichkeiten, sein Mandat voll auszuschöpfen und sich an mich zu wenden, wenn er auf Widerstände im Apparat stoßen sollte. Prof. Vogel hat sich bei der Ausübung seines Mandats im Interesse menschlicher Erleichterungen unvergessene Verdienste erworben. Jährlich wurden z. B. für ca. 25.000 bis 35.000 Menschen – Eltern und Kinder – Entscheidungen zur Zusammenführung getroffen.«*[992]

Die Bundesrepublik hatte solche Entscheidungen tatsächlich immer wieder von Honecker gefordert.[993] Der wesentliche Unterschied bestand aber darin, dass die »freikaufende Seite« moralisch in einer weitaus besseren Position war als der »Verkäufer«. Diesen Unterschied erkannte Honecker wohl nicht, die verantwortlichen Akteure der Bundesrepublik aber durchaus.[994] Allerdings setzte der SED-Generalsekretär den Häftlingsfreikauf recht geschickt für seine persönlichen politischen Interessen ein, so zum Beispiel 1973, als er sich bei Herbert Wehner zu profilieren verstand, indem er die Fortsetzung des Häftlingsfreikaufs verfügte.[995] Ebenso gelang es Honecker, den Kontakt von Vogel und Wehner gezielt für sich zu nutzen, indem er über diese Schiene – am Politbüro, offiziellen diplomatischen Kanälen oder auch an Moskau vorbei – deutschlandpolitische Fragen besprach.[996] Vogels diskrete Kontakte auch für die Sondierung politischer Fragen

---

[992] Zitiert nach: Przybylski, Peter: Tatort Politbüro. Die Akte Honecker. Berlin 1991, S. 363 f.
[993] Vgl. Meyer: Herbert Wehner, S. 402.
[994] Vgl. Rainer Barzel im Interview mit Michel Meyer. In: Meyer: Freikauf, S. 183.
[995] Vgl. Meyer: Herbert Wehner, S. 402 f.
[996] Vgl. Potthoff: Bonn und Ost-Berlin, S. 39 und S. 106.
Vgl. ebf. Malycha und Winters: Die SED, S. 234.

zu nutzen, war für Honecker ebenfalls ein wichtiges Interesse, den Häftlingsfreikauf kontinuierlich fortzusetzen.

*»Jede Seite trug ihren Hintersinn und verfolgte Nebengedanken«.*[997] Mit diesem lakonischen Satz lässt Ludwig Rehlinger erahnen, dass auch die Bundesrepublik politische Interessen und Zielsetzungen mit dem Häftlingsfreikauf verband. Die bundesdeutschen Zeitzeugen Ludwig Rehlinger, Jan Hoesch, Hans-Dietrich Genscher, Egon Bahr, Klaus Schütz und Günter Wetzel hoben jedoch hervor, dass humanitäre Beweggründe für die Bundesregierung den Vorrang vor allen anderen Interessen hatten.[998] Sowohl die Bundesregierung als auch andere bundesdeutsche Akteure setzten sich schon frühzeitig sehr intensiv für politische Häftlinge in der DDR ein.[999] Mit dem Häftlingsfreikauf hatten sie nun endlich ein effektives Mittel gefunden, ihnen wirklich helfen zu können. Die Bundesrepublik verfolgte damit aber auch politische Interessen. Jan Hoesch wies darauf hin, dass die Bundesrepublik ihre Verpflichtung aus der Verfassung sehr ernst nahm, sich für die Deutschen aus der DDR ebenso einzusetzen wie für die aus der Bundesrepublik.[1000] Das galt dementsprechend gerade für die Menschen, die im anderen Teil Deutschlands aus politischen Gründen in Haft saßen, ob nun Bundesdeutsche oder DDR-Bürger. Hierbei handelte die Bundesregierung konsequent. Das widersprüchliche Verhalten der DDR lag hingegen gerade darin, dass sie zwar den Anspruch der Bundesrepublik permanent bestritt, für die Bürger der DDR auch politisch verantwortlich zu handeln,[1001] gleichzeitig ließ sie sich aber auf den Häftlingsfreikauf ein, der nur mit diesem bundesdeutschen Anspruch zu begründen war.

---

[997] Zitiert nach: Rehlinger: Freikauf, S. 47.
[998] Vgl. Interviews mit: Egon Bahr am 20.6.2007 in Berlin; Ludwig Rehlinger am 21.2.2009 in Eichwalde; Hans-Dietrich Genscher am 20.3.2009 in Wachberg-Pech; Klaus Schütz am 22.5.2009 in Berlin; Jan Hoesch am 6.7.2009 in Berlin; Günter Wetzel am 14.10.2009 in Darmstadt.
[999] Vgl. Deutscher Bundestag (Hg.): Drucksache 12/7600, S. 306.
[1000] Vgl. Interview mit Jan Hoesch am 6.7.2009 in Berlin.
[1001] Vgl. Rehlinger: Freikauf, S. 128.

Für die Bundesregierung fügte sich der Freikauf folgerichtig in das politische Gesamtkonzept ein, nämlich den Kontakt zu den Menschen in der DDR unbedingt aufrechterhalten zu wollen.[1002] Dazu zählten beispielsweise auch das Passierscheinabkommen, die Fortsetzung des innerdeutschen Handels, der Päckchen- und Postverkehr, in späteren Jahren auch der Telefon- und Telex-Verkehr sowie die Beziehungen in Sport und Kultur.[1003] Auch die Förderung der Bundesregierung von Patenschaften für Kirchengemeinden oder kirchliche Organisationen in der DDR durch bundesdeutsche Glaubensbrüder und die in den 1980er Jahren von Städten in beiden Teilen Deutschlands aufgenommenen Städtepartnerschaften dienten dem Ziel, die Mauer etwas »durchlässiger« zu machen.[1004] Es war hierbei immer die Absicht der verschiedenen Bundesregierungen, der Bevölkerung zu helfen und nicht die DDR »*leerzukaufen*«[1005]. Neben politischen Überlegungen ergab sich diese Haltung auch aus Eigeninteresse, da die Bundesrepublik nicht unbegrenzt DDR-Übersiedler in ihren Arbeits- oder Wohnungsmarkt hätte integrieren können.[1006] Entgegen der politischen Generallinie, dass DDR-Bürger möglichst in der DDR bleiben sollten, wollte die Bundesrepublik aber für jene Menschen die Ausreise erreichen, die dort politisch verfolgt, inhaftiert oder zumindest stark bedrängt wurden.[1007]

Im Jahr 1964 wurden die meisten freigekauften Häftlinge aber noch an ihren bisherigen Wohnort und sogenannten Lebensmittelpunkt entlassen, wo meistens auch die Angehörigen ersten Grades lebten.[1008] Daher gingen 1964 knapp 400 der etwa 900 freigekauften politischen Häftlinge zurück in ihre Heimatorte in der DDR, während die Bun-

---

[1002] Vgl. Potthoff: Im Schatten der Mauer, S. 32–34.
[1003] Vgl. Garton Ash: Im Namen Europas, S. 204–221.
[1004] Vgl. Wolfrum: Die geglückte Demokratie, S. 201.
[1005] Zitiert nach: Volze: Innerdeutsche Transfers. In: Deutscher Bundestag (Hg.): Materialien der Enquete-Kommission »Aufarbeitung von Geschichte und Folgen der SED-Diktatur in Deutschland« (12. Wahlperiode des Deutschen Bundestages); Band V/3: Deutschlandpolitik, innerdeutsche Beziehungen und internationale Rahmenbedingungen, S. 2780.
[1006] Vgl. Garton Ash: Im Namen Europas, S. 218.
[1007] Vgl. Rehlinger: Freikauf, S. 22.
[1008] Vgl. Hammer (Bearbeiterin): Sonderedition »Besondere Bemühungen«, S. 164 (Dok. Nr. 72, Vermerk Rehlingers vom 27.7.1964 zu einer Vereinbarung der Rechtsanwälte).
Vgl. ebf. BA Koblenz, B 137/16604 (Vermerk von Hansjürgen Schierbaum, damals Mitarbeiter im BMG, vom 7.12.1965; Schierbaum war im BMG für die H-Aktion von 1965 zuständig).
Vgl. ebf. telefonisches Interview mit Ludwig Rehlinger am 30.9.2009.

desbürger und West-Berliner in den Westen entlassen wurden.3.[1009] Vor dem Mauerbau waren viele politische Häftlinge nach ihrer Haftentlassung in den Westen geflohen, was nun nicht mehr möglich war.[1010] Die Überlegung, dass diese neue Situation für die Bundesregierung mit ein Grund für die Aufnahme des Häftlingsfreikaufs gewesen sein könnte, wurde von Rehlinger verneint.[1011] Die Probleme vieler ehemaliger politischer Häftlinge, die in die DDR entlassen worden waren, erkannte die Bundesregierung aber schon sehr früh. Seit 1965 setzte sie sich deshalb dafür ein, dass die politischen Häftlinge möglichst frei entscheiden konnten, ob sie in den Westen oder Osten entlassen werden wollten.[1012]

Eine weitere mögliche Überlegung der Bundesregierung, dass die DDR durch den Häftlingsfreikauf unterstützt werden könnte, innenpolitischen Druck abzubauen, wurde von Egon Bahr, Ludwig Rehlinger, Günter Wetzel und Jan Hoesch entschieden verneint.[1013] Tatsächlich wäre dieser Gedanke auch darauf hinausgelaufen, die SED-Diktatur mit dem Häftlingsfreikauf bewusst zu stabilisieren. Einige bundesdeutsche Akteure, denen der gewaltsam niedergeschlagene Aufstand des 17. Juni 1953 noch sehr gegenwärtig war, könnten eventuell so gedacht haben. So gingen der West-Berliner Journalist Jürgen Engert und der bundesdeutsche Diplomat Hans-Otto Bräutigam davon aus, dass solche Überlegungen für die Bundesrepublik beim Häftlingsfreikauf ebenfalls eine Rolle gespielt haben könnten.[1014] Hierzu wurden jedoch im Rahmen der Recherchen für diese Studie keinerlei schriftlichen Quellen gefunden.

Die Bundesrepublik war sich jedoch immer der Tatsache bewusst, dass die SED-Führung argumentativ Schwierigkeiten haben könnte, den Häftlingsfreikauf vor dem eigenen Partei- und Staatsapparat ideo-

---

[1009] Vgl. Hammer (Bearbeiterin): Sonderedition »Besondere Bemühungen«, S. 659 (Dok. Nr. 420, Bericht Hoeschs vom 2.10.1969).

[1010] Vgl. Gieseke: Die Stasi 1945–1990, S. 171.
Vgl. ebf. Neubert: Geschichte der Opposition in der DDR 1949–1989, S. 141.

[1011] Vgl. telefonisches Interview mit Ludwig Rehlinger am 30.9.2009. Die hohe Anzahl der DDR-Entlassungen im Jahr 1964 spricht eindeutig für Rehlingers Aussage.

[1012] Vgl. EZA Berlin, 742/274 (Schreiben Stanges an Kunst vom 24.2.1965).
Vgl. ebf. EZA Berlin, 742/277 (Schreiben von Vogel an Stange vom 28.9.1965).

[1013] Vgl. Interviews mit: Ludwig Rehlinger am 21.2.2009 in Eichwalde; Jan Hoesch am 6.7.2009 in Berlin; Günter Wetzel am 14.10.2009 in Darmstadt.
Vgl. ebf. telefonisches Interview mit Egon Bahr am 7.10.2009.

[1014] Vgl. Jürgen Engert und Hans Otto Bräutigam in: Ast: Die gekaufte Freiheit, Teil 2.

logisch zu rechtfertigen.[1015] So schwierig die Verhandlungsposition der Bundesrepublik beim Freikauf auch war, weil die DDR die politischen Häftlinge in ihrer Verfügungsgewalt hatte und diesen Fakt in den Verhandlungen rigoros ausnutzte, so günstig war aber gleichzeitig ihre Situation in politischer und moralischer Hinsicht. Einige dieser Aspekte erläuterte Ludwig Rehlinger auch in seinem Buch.[1016] Nun könnte zwar zynisch eingewendet werden, dass Moral in der Politik sehr oft keine entscheidende Größe ist. Aber die Bundesrepublik und die DDR lieferten sich eben auch einen ideologischen Kampf im Kalten Krieg. Vor diesem Hintergrund sollte daher nicht unterschätzt werden, welche Auswirkungen der Häftlingsfreikauf durch die Bundesrepublik auf die Bürger der DDR und deren Einstellung zur SED-Führung hatte. Im Interview wies Ludwig Rehlinger darauf hin, dass zwar das humanitäre Anliegen und die Verbundenheit zu den Menschen in der DDR für die Bundesrepublik im Vordergrund gestanden hätten.[1017] Doch vor allem Rainer Barzel und Herbert Wehner hätten auch noch politische Interessen verfolgt. Beide Minister hätten die Hoffnung gehegt, mit dem Freikauf der politischen Häftlinge vielleicht auch die Zusammenarbeit in anderen humanitären Fragen oder sogar in weiteren Politikbereichen möglich zu machen.[1018] So hatte Jürgen Weichert, Wehners Büroleiter und enger Mitarbeiter, tatsächlich in einem Vermerk von 1967 zum Häftlingsfreikauf und den daran beteiligten Anwälten festgehalten: »*Kontakte auf Anwaltsebene sollten vom Minister auch für andere Zwecke – politische Testversuche – genutzt werden.*«[1019]

Doch bewirkte diese Intention auch praktische Politik? Wehners Engagement innerhalb des Freikaufs ist für diese Studie von zentraler Bedeutung. Auf bundesdeutscher Seite zählte er zu den wichtigsten Akteuren. Bereits als Minister für gesamtdeutsche Fragen hatte Wehner einen engen Kontakt zu Rechtsanwalt Wolfgang Vogel geknüpft, den er auch nach seinem Ausscheiden aus dem Ministeramt Ende 1969 wei-

---

[1015] Vgl. BA Koblenz, N 1371/167 (Stichworte zu weiteren Bemühungen um die Freilassung von politischen Häftlingen in der SBZ vom 7.9.1964; ohne Verfasser, vermutlich aber Rehlinger selbst). Vgl. Hammer (Bearbeiterin): Sonderedition »Besondere Bemühungen«, S. 186 (Dok. Nr. 89 A, Vermerk Rehlingers vom 14.9.1964 mit gleichem Inhalt/Text). An diese Argumentation erinnerte sich auch Prälat Wissing. Vgl. Höller (Hg.): Wilhelm Wissing: Gott tut nichts als fügen, S. 157.
[1016] Vgl. Rehlinger: Freikauf, S. 56 f.
[1017] Vgl. Interview mit Ludwig Rehlinger am 21.2.2009 in Eichwalde.
[1018] Vgl. ebenda (Interview Rehlinger).
[1019] Zitiert nach: LA Berlin, B Rep. 002, Nr. 12295 (Vermerk von Völckers, Senatskanzlei, und Weichert, Ministerbüro, vom 28.4.1967).

terhin pflegte.[1020] Wehner und Vogel bearbeiteten hierbei das gesamte Spektrum der humanitären Fälle: Politische Häftlinge, Familienzusammenführung, Ausreisen von Kindern, sonstige Ausreisefälle oder Besuchsreisen in dringenden Familienangelegenheiten.[1021] Wehners Möglichkeiten, etwas für politisch Verfolgte in der DDR zu erreichen, veränderten sich durch den Wechsel an der SED-Führungsspitze von Ulbricht zu Honecker.[1022] Als ehemaliger Kommunist hatte sich Wehner bisher zahlreichen Verleumdungskampagnen der SED ausgesetzt gesehen.[1023] Ulbricht und Wehner waren außerdem in der KPD innerparteiliche Gegner gewesen.[1024] Honecker schätzte den älteren Wehner hingegen, da er ihn aus den 1930er Jahren in guter Erinnerung behalten hatte, als beide im Saarland für die KPD tätig gewesen waren.[1025] Dieser zwischenmenschliche Aspekt sollte nicht unterschätzt werden. Wahrscheinlich ermöglichte er in einer Vielzahl von humanitären Fällen Lösungen, wie sie das BMB oder andere bundesdeutsche Politiker kaum hätten erreichen können.[1026]

Das Verhältnis zwischen Honecker und Wehner sollte für den Häftlingsfreikauf und die deutsch-deutsche Beziehungsgeschichte noch an Bedeutung gewinnen.[1027] Dafür wurde im Mai 1973 mit dem Zusammentreffen von Honecker und Wehner in der Schorfheide der Grundstein gelegt.[1028] Vorausgegangen war, dass die DDR den Häftlingsfreikauf und die Familienzusammenführung eingestellt hatte.[1029] Die SED-Führung war über eine Initiative von Egon Bahr verstimmt gewesen, der nach Abschluss des Grundlagenvertrages alle humanitären Fragen einschließlich des Häftlingsfreikaufs auf offizieller Ebene regeln und die Rechtsanwälte von ihren bisherigen Aufgaben entbinden wollte.[1030] Wehner hatte sich deshalb im Mai 1973 mehrfach mit Vogel getroffen, der ihm deutlich gemacht hatte, dass in dieser verfahrenen Situation nur

---

[1020] Vgl. Meyer: Herbert Wehner, S. 396.
[1021] Vgl. ebenda, S. 320 und S. 396.
[1022] Vgl. ebenda, S. 398.
[1023] Vgl. ebenda, S. 273.
[1024] Vgl. ebenda, S. 62 f.
Vgl. ebf. Frank: Walter Ulbricht, S. 331–333.
[1025] Vgl. Meyer: Herbert Wehner, S. 398.
[1026] Vgl. ebenda, S. 400 f.
[1027] Vgl. ebenda, S. 403.
[1028] Vgl. Potthoff: Bonn und Ost-Berlin 1969–1982, S. 38 f.
[1029] Vgl. ebenda, S. 39 und S. 105.
Vgl. ebf. Meyer: Herbert Wehner, S. 397 f.
[1030] Vgl. ebenda (Meyer), S. 397.

von Honecker selbst eine Wiederaufnahme von Häftlingsfreikauf und Familienzusammenführung angeordnet werden könnte.[1031] Daraufhin ergriff Wehner die Initiative und fuhr in Begleitung seiner Stieftochter Greta Burmester Ende Mai 1973 zu einem Treffen mit Honecker in die DDR.[1032] An dem Gespräch zwischen Wehner und Honecker am 31. Mai 1973 nahm zeitweise auch der FDP-Fraktionsvorsitzende Wolfgang Mischnick teil, der wie Wehner aus Sachsen stammte und in deutschlandpolitischen Fragen sehr engagiert war.[1033]

Wehner konnte tatsächlich Honecker dazu bewegen, dass der Häftlingsfreikauf und die Familienzusammenführung gegen wirtschaftliche Gegenleistungen wieder fortgesetzt wurden.[1034] Die Rechtsanwälte blieben weiterhin am Häftlingsfreikauf beteiligt, Wolfgang Vogel sogar bis 1989.[1035] Die DDR wollte in diesem für sie sensiblen Bereich keine offiziellen Gespräche über die sogenannte »Verhandlungsebene«, zum Beispiel über die »Ständige Vertretung der Bundesrepublik« (StäV), akzeptieren.[1036] Darüber hinaus gingen Wehner und Honecker bei ihrem Treffen neben den humanitären Fragen auch auf andere politische Themen ein, zum Beispiel auf den Grundlagenvertrag und auf die vom Land Bayern gegen den Vertrag eingereichte Klage vor dem Bundesverfassungsgericht.[1037] Über den Kontakt Wehner/Vogel und die Verbindung zu Honecker konnten sowohl komplizierte humanitäre Fälle gelöst als auch so mancher politische Konflikt in innerdeutschen Fragen ausgeräumt werden, der auf der offiziellen Verhandlungsebene bis-

---

[1031] Vgl. Meyer: Herbert Wehner, S. 398.

[1032] Vgl. Wiegrefe, Klaus und Tessmer, Carsten: Deutschlandpolitik in der Krise. Herbert Wehners Besuch in der DDR 1973. In: DA 6/1994 (27. Jahrgang), S. 600–627.

[1033] Vgl. Potthoff: Bonn und Ost-Berlin 1969–1982, S. 38, S. 46 und S. 280–291 (auf S. 280–291 ist das DDR-Protokoll des Gesprächs abgedruckt.). Das Treffen zwischen Wehner und Honecker sorgte in der bundesdeutschen Öffentlichkeit für großes Aufsehen. Vgl. Meyer: Herbert Wehner, S. 402.

[1034] Vgl. ebenda (Meyer), S. 402.

[1035] Vgl. ebenda, S. 401–403.
Vgl. ebf. Pötzl: Basar der Spione, S. 232 f. und S. 525 f.

[1036] Vgl. Potthoff: Bonn und Ost-Berlin 1969–1982, S. 105.

[1037] Vgl. ebenda, S. 282–287 (aus dem DDR-Protokoll über das Gespräch von Wehner/Mischnick und Honecker am 31.5.1973). Nachträglich wurde spekuliert, Wehner und Honecker könnten auch über den im Mai 1973 vom BfV enttarnten Günter Guillaume – damals war es noch ein konkreter Verdacht gegen Guillaume, der sich schließlich als richtig erweisen sollte – gesprochen haben. Vgl. Diekmann (Hg.): Freigekauft, S. 154. Hierfür gibt es jedoch keinerlei Belege oder auch nur konkrete Hinweise.

lang nicht hatte geklärt werden können.[1038] Auf dieser Schiene wurden beispielsweise die Reduzierung des Mindestumtauschsatzes für Rentner in die Wege geleitet sowie die wesentlichen Vorklärungen zur Anbindung der Ständigen Vertretung StäV an das Bundeskanzleramt und zum Sportabkommen getroffen.[1039]

Wehners großes Engagement in humanitären Fragen stand nicht in Konkurrenz zum etablierten Häftlingsfreikauf. Sofern in den Verhandlungen Schwierigkeiten zu überwinden waren, wandten sich sowohl Mitarbeiter des BMB als auch die Rechtsanwälte immer wieder an Wehner.[1040] Er setzte sich vor allem in jenen Fällen persönlich ein, an denen das BMB, das seit 1969 von Egon Franke geführt wurde, gescheitert war.[1041] Laut Vogel besaßen die von Wehner eingereichten Listen bei Honecker absolute Priorität.[1042] Im Verlauf seiner langjährigen Tätigkeit konnte Wehner etwa 35.000 Menschen helfen, wobei Haftentlassungen und Familienzusammenführungen im Vordergrund standen.[1043] Wehners Stieftochter Greta Burmester und Vogels Ehefrau Helga waren in diese humanitären Bemühungen stark eingebunden.[1044] Ohne ihren Einsatz wäre die Bearbeitung so vieler Fälle wohl auch gar nicht möglich gewesen. Wehner half zudem auch bereits freigekauften politischen Häftlingen, wenn es darum ging, noch nicht erfolgte Familienzusammenführungen zu regeln oder bürokratische Schwierigkeiten mit bundesdeutschen Behörden zu überwinden.[1045]

Doch wieso engagierte sich Wehner als bundesdeutscher Spitzenpolitiker so außergewöhnlich für politische Häftlinge in der DDR bzw. für

---

[1038] Vgl. Potthoff: Bonn und Ost-Berlin 1969–1982, S. 106.
Vgl. ebf. Meyer: Herbert Wehner, S. 402 und S. 417.
[1039] Vgl. Potthoff: Bonn und Ost-Berlin 1969–1982, S. 43.
[1040] Vgl. Meyer: Herbert Wehner, S. 396. So beklagten sich beispielsweise 1970 die Anwälte bei Wehner über Probleme in den Verhandlungen, die angeblich durch die Ministerialbürokratie, die Bundesbank und den damaligen Bundesinnenminister Genscher verursacht würden.
[1041] Vgl. ebenda (Meyer), S. 395 f. und S. 453 f.
Zitat Wehners von 1973: »Humanitäre Akte sind wichtiger als Kraft-Akte.« Zitiert nach: Ebenda, S. 395.
[1042] Vgl. Boll: Sprechen als Last und Befreiung, S. 327.
[1043] Zahl aus: Ebenda, S. 327.
[1044] Vgl. Wehner, Greta: Erfahrungen. Aus einem Leben mitten in der Politik. Dresden 2004 (Hg. für die Herbert-und-Greta-Wehner-Stiftung: Christoph Meyer), S. 68.
[1045] Vgl. Interview mit Greta Wehner vom 26.6.2010 in Dresden. Sowohl Greta Wehner als auch Christoph Meyer standen dankenswerterweise für viele Rückfragen für diese Studie zur Verfügung.

den Freikauf? Bereits zu Zeiten der Weimarer Republik war es für Wehner ein wichtiges Anliegen gewesen, politisch Verfolgten Beistand zu leisten. Damals hatte sich Wehner als Anarchist und ab 1927 als Kommunist im Rahmen der sogenannten »Roten Hilfe« in erster Linie für inhaftierte Anarchisten oder Kommunisten verwendet.[1046] In der Bundesrepublik setzte er sich hingegen nun vehement für die politischen Gefangenen in der sozialistischen SED-Diktatur ein.[1047] Auf dem SPD-Bundesparteitag in Hamburg 1950 verlas Wehner außerhalb der Tagesordnung einen aus dem Gefängnis Bautzen geschmuggelten Brief von verzweifelten politischen Häftlingen, die dringend darum gebeten hatten, ihr Haftschicksal bekannt zu machen.[1048] Sechs Jahre später trug er ebenfalls die Probleme politischer Häftlinge in der DDR bei einem Treffen mit dem SED-Politiker Wilhelm Girnus und dem DDR-Journalisten Ernst Hansch in West-Berlin vor, wobei Wehner bei seinen Gesprächspartnern hierfür wenig Interesse fand.[1049] Wehner war sich in seinem Engagement für Inhaftierte also treu geblieben, aber die Häftlingsgruppen hatten sich mit seinem politischen Werdegang fundamental gewandelt. Wehners Leben war von politischer Verfolgung geprägt. Im Moskauer Exil im Hotel Lux hatte er als Kommunist die stalinistischen Verfolgungen hautnah miterleben müssen.[1050] Zudem war Wehner als Anarchist 1925 in Dresden sowie als Kommunist 1935 in Prag und von 1942 bis 1944 im schwedischen Exil inhaftiert worden, weshalb er eigene Hafterlebnisse hatte.[1051] Nach Ende des Zweiten Weltkrieges hatte Wehner mit dem Kommunismus gebrochen und sich deshalb in Hamburg niedergelassen, wobei er seiner Heimatstadt Dresden eng verbunden blieb.[1052] Diese Hintergründe erklären ebenfalls Wehners außergewöhnlich hohen Einsatz für die politischen Häftlinge in der DDR.

Wehners Berufung zum Bundesminister für gesamtdeutsche Fragen im Jahr 1966 hatte sich geradezu aufgedrängt. Als langjähriger Vorsitzender des Bundestagsausschusses für gesamtdeutsche und Berliner Fragen (1949 bis 1966) hatte er einen engen Bezug zu allen deutsch-

---

[1046] Vgl. Meyer: Herbert Wehner, S. 37 und S. 40 f.
[1047] Vgl. ebenda, S. 314–321, S. 317, S. 396–398, S. 401 f. und S. 417.
[1048] Vgl. Boll: Sprechen als Last und Befreiung, S. 327. Der Brief ist abgedruckt in: Rieke, Dieter (Hg.): Sozialdemokraten als Opfer im Kampf gegen die rote Diktatur. Arbeitsmaterialien zur politischen Bildung. Bonn 1994, S. 37–41.
[1049] Vgl. Meyer: Herbert Wehner, S. 193.
[1050] Vgl. ebenda, S. 66–85.
[1051] Vgl. ebenda, S. 34, S. 58 und S. 91–102.
[1052] Vgl. ebenda, S. 111, S. 363 und S. 485.

deutschen Themen.[1053] Aufgrund seiner Funktion wurde Wehner vom damaligen Minister Barzel 1963 vorzeitig über den geplanten ersten Häftlingsfreikauf informiert.[1054] Damit hatte Barzel sowohl den für ihn zuständigen Bundestagsauschuss als auch die SPD-Opposition geschickt und politisch umsichtig eingebunden. Während der Großen Koalition trat zudem ein besonderer Kabinettsausschuss für gesamtdeutsche Fragen zusammen, der sich u. a. auch mit dem Häftlingsfreikauf und der Familienzusammenführung befasste.[1055]

Als Bundesminister für gesamtdeutsche Fragen traf Wehner im Dezember 1966 zum ersten Mal mit Rechtsanwalt Vogel zusammen, wobei dieses Treffen von Sven Backlund, dem schwedischen Generalkonsul in West-Berlin und späteren schwedischen Botschafter in Bonn, angeregt worden war.[1056] Backlund war in humanitären Fragen sehr engagiert und mit Wehner befreundet.[1057] Über ihn lernte Wehner auch dessen einflussreichen Landsmann Carl Gustav Svingel kennen, der die erste Zusammenkunft von Wehner mit Vogel in Bonn arrangierte.[1058] Svingel verfügte über exzellente Kontakte zur Politik und zu den Kirchen, u. a. zu den Bischöfen Scharf und Kunst, was ihm bei seiner humanitären Arbeit im geteilten Berlin zugutekam.[1059] Er stellte seine Villa – das »Haus Victoria« – vielen hilfsbedürftigen Menschen, darunter auch vielen Flüchtlingen und ehemaligen politischen Häftlingen aus der DDR, als Unterkunft zur Verfügung. Darüber hinaus war Svingel selbst ein diskreter Vermittler bei zahlreichen Freikäufen politischer Häftlinge aus der DDR sowie bei vielen Austauschaktionen von Agenten.[1060] Svingel arbeitete ebenfalls besonders eng mit dem CDU-Politiker Heinrich Köppler zusammen; sie vermochten gemeinsam einige Freikäufe von politischen Häftlingen sowie Familienzusammenführungen durchzusetzen.

Beide waren erfolgreich bei der Durchsetzung von Freikäufen politischer Häftlinge sowie einigen Familienzusammenführungen. Auch in-

---

[1053] Vgl. Meyer: Herbert Wehner, S. 140 f.
[1054] Vgl. ebenda, S. 317.
[1055] Vgl. Hammer (Bearbeiterin): Sonderedition »Besondere Bemühungen«, S. XVI (aus der Einleitung).
[1056] Vgl. Meyer: Herbert Wehner, S. 317.
[1057] Vgl. ebenda, S. 282, S. 317 und S. 389.
[1058] Vgl. Pötzl: Basar der Spione, S. 191.
[1059] Vgl. o. A.: Der heimliche Botschafter. In: DER SPIEGEL, Nr. 13/1992 vom 23.3.1992.
[1060] Vgl. ebenda. Svingel vermittelte auch Freikäufe von nichtdeutschen Häftlingen aus der DDR. Da in diesen Fällen kein System von Warenlieferungen wie im innerdeutschen Freikauf existierte, wurde oft bar bezahlt.

nerdeutsche Verhandlungen, beispielsweise die von Karl Otto Pöhl und Alexander Schalck-Golodkowski 1974 über den Swing im innerdeutschen Handel, wurden in Svingels Villa durchgeführt. Hier trafen sich seit 1966 regelmäßig auch Wehner und Vogel, wobei der Schwede selbst an den Gesprächen teilnahm. Wenn Vogel vorübergehend keine Genehmigung für Reisen in den Westen erhielt, fungierte Svingel als Bote. Die beiden Schweden Backlund und Svingel spielten für den Häftlingsfreikauf und sogar für die gesamten deutsch-deutschen Beziehungen aufgrund ihrer Kontakte zu Wehner, Vogel und Schalck-Golodkowski eine durchaus beachtliche Rolle, die in ihrer Bedeutung bislang unterschätzt und nicht entsprechend gewürdigt wird.

Während der sozial-liberalen Koalition wurde Rechtsanwalt Vogel zunehmend als sogenannter »Briefträger« eingesetzt.[1061] Er überbrachte über Wehner nun zunehmend wichtige politische Botschaften von Honecker an Brandt, später auch an Bundeskanzler Helmut Schmidt, der Vogel sogar mehrfach persönlich empfing und ihm Nachrichten an Honecker übergab.[1062] Auch nach der Guillaume-Affäre wurde die Schiene Wehner/Vogel genutzt, um die deutsch-deutschen Beziehungen wieder zu entspannen und die Zusammenarbeit sowohl in humanitären als auch in politischen und wirtschaftlichen Fragen weiter fortzusetzen.[1063] Die Gipfeltreffen von Helmut Schmidt und Erich Honecker in Helsinki 1975 und in der Schorfheide bei Berlin und Güstrow 1981 wurden über den Kontakt zu Vogel vorbereitet. Auf bundesdeutscher Seite übernahm Gunter Huonker, damaliger Staatsminister beim Bundeskanzler, diese Aufgabe.[1064] Auch bei Themen wie dem Mindestumtausch für Bundesbürger bei DDR-Reisen übermittelte Vogel der Bundesrepublik die DDR-Position.[1065] Über die Verbindung zu Vogel konnten immer wieder Hindernisse in stockenden innerdeutschen Verhandlungen beseitigt werden.[1066] Rechtsanwalt Vogel war zudem bei wichtigen Spit-

---

[1061] Zitiert nach: Schmidt, Helmut: Die Deutschen und ihre Nachbarn. Menschen und Mächte II. Berlin 1990, S. 32. Die Verbindung zwischen Schmidt und Honecker über Vogel wurde als »Vogelfluglinie« bezeichnet. Zitiert nach: Winters: Ehrlicher Makler zwischen den Fronten. In: DA 5/2008 (41. Jahrgang), S. 777.
[1062] Vgl. Potthoff: Bonn und Ost-Berlin 1969–1982, S. 39, S. 42 f., S. 46–51, S. 56, S. 58 f., S. 65–71, S. 77–79, S. 81 f, S. 99 f. und S. 125.
Vgl. ebf. Meyer: Herbert Wehner, S. 450.
[1063] Vgl. Malycha und Winters: Die SED, S. 234 f.
[1064] Vgl. Potthoff: Im Schatten der Mauer, S. 160, S. 162, S. 167, S. 178, S. 184 und S. 187.
[1065] Vgl. derselbe: Bonn und Ost-Berlin 1969–1982, S. 49 f.
[1066] Vgl. ebenda, S. 38–51.

zengesprächen zwischen Schmidt und Honecker zugegen, was erneut das enorme Vertrauen widerspiegelt, das er mittlerweile auf beiden Seiten genoss.[1067] Helmut Schmidt schrieb über Vogel in seinem Buch »Die Deutschen und ihre Nachbarn«: »*Er war ein persönlicher Vertrauensmann Honeckers, aber auch Herbert Wehner und ich haben ihm ohne Einschränkung vertraut; man konnte sich auf seine Diskretion ebenso verlassen wie darauf, dass er die persönlichen Meinungen der beiderseitigen Chefs minutiös übermittelte.*«[1068]

Der enge Kontakt zwischen Wehner und Vogel im Rahmen des Häftlingsfreikaufs hatte damit auch eine Zusammenarbeit der beiden deutschen Staaten in anderen Politikfeldern begünstigt, woran beide Seiten aus unterschiedlichen Hintergründen interessiert waren. Auf der bundesdeutschen Seite war diese Entwicklung von Herbert Wehner ganz gezielt vorangetrieben worden.[1069] Kritisch bleibt hier jedoch anzumerken, dass sich, laut Vogels Biografen Whitney, Wehner manchmal bei Vogel sehr offen und negativ über Willy Brandt und Helmut Schmidt geäußert habe, was über Vogel auch Volpert und schließlich Honecker und Mielke erfahren hätten.[1070]

Auch die seit 1982 amtierende CDU/CSU-Bundesregierung arbeitete eng mit Vogel zusammen. So verwies Honecker bei seinem Besuch in Bonn 1987 Bundeskanzler Kohl für die Abwicklung von Details direkt an Vogel, als er Kohl zu einem Privatbesuch in die DDR einlud.[1071] Ein weiterer wichtiger Unterhändler der DDR war – bis zu seiner Absetzung 1985 – das SED-Politbüromitglied Herbert Häber, der jedoch nicht mit dem Häftlingsfreikauf befasst war.[1072] In den 1980er Jahren wurde aber zunehmend Alexander Schalck-Golodkowski der bedeutsamste Unterhändler der DDR in deutsch-deutschen Fragen.[1073] Schalck-Golodkowski hatte bereits in den 1960er Jahren – damals ver-

---

[1067] Vgl. Potthoff: Bonn und Ost-Berlin 1969–1982, S. 652.
[1068] Zitiert nach: Schmidt: Die Deutschen und ihre Nachbarn, S. 32.
[1069] Vgl. Potthoff: Bonn und Ost-Berlin 1969–1982, S. 38–51.
[1070] Vgl. Whitney: Advocatus Diaboli, S. 158 f. Ähnliche Vertrautheit gab es laut Detlev Nakath und Gerd-Rüdiger Stephan in den Gesprächen von Strauß mit Schalck-Golodkowski. Vgl. Nakath, Detlef und Stephan, Gerd-Rüdiger: Von Hubertusstock nach Bonn. Eine dokumentierte Geschichte der deutsch-deutschen Beziehungen auf höchster Ebene 1980–1987. Berlin 1995, S. 226–233.
[1071] Vgl. Zimmer, Matthias: Nationales Interesse und Staatsräson. Zur Deutschlandpolitik der Regierung Kohl 1982–1989. Paderborn (u. a.) 1992, S. 215.
[1072] Vgl. Brief von Herbert Häber vom 13.2.2010.
Vgl. ebf. Nakath: Deutsch-deutsche Grundlagen, S. 306.
[1073] Vgl. Potthoff: Im Schatten der Mauer, S. 220.

fügte er über enge Kontakte zum West-Berliner Wirtschaftssenator Karl König – in den innerdeutschen Beziehungen eine wichtige Rolle gespielt.[1074] In den 1970er Jahren nahm sein politisches Ansehen zu, als er mit Günter Gaus, dem ersten Leiter der Ständigen Vertretung der Bundesrepublik in Ost-Berlin, oder mit Karl Otto Pöhl, enger Vertrauter von Bundeskanzler Helmut Schmidt, wichtige Verhandlungen führte.[1075] Zwischen Strauß und Schalck-Golodkowski fanden in den 1980er Jahren zahlreiche Treffen statt.[1076] Während dieser Zeit verhandelten ebenfalls die Kanzleramtsminister Jenninger und Schäuble oft mit Schalck-Golodkowski.[1077] Für den humanitären Bereich blieb aber Vogel weiterhin der entscheidende Ansprechpartner für die Bundesrepublik. Doch auch Schalck-Golodkowski gab Listen mit humanitären Fällen von Strauß bzw. dessen Vertrauten Josef März zur Überprüfung an Erich Mielke weiter.[1078]

Laut Rehlinger verfolgte nicht nur Wehner, sondern auch Barzel die Intention, mit der DDR neben dem Häftlingsfreikauf auch in anderen Politikbereichen zu einer begrenzten Zusammenarbeit zu kommen.[1079] Entsprechend äußerte sich Barzel vor dem Deutschen Bundestag.[1080]

---

[1074] Vgl. Nakath: Deutsch-deutsche Grundlagen, S. 33.
[1075] Vgl. Potthoff: Bonn und Ost-Berlin 1969–1982, S. 39 und S. 65.
[1076] Vgl. derselbe: Die »Koalition der Vernunft«. Deutschlandpolitik in den 80er Jahren. München 1995, S. 19.
Vgl. ebf. Strauß, Franz Josef: Die Erinnerungen. Berlin 1989, S. 471–474 und S. 483.
Vgl. ebf. Schalck-Golodkowski, Alexander: Deutsch-deutsche Erinnerungen. Reinbek bei Hamburg 2000, S. 284–308.
[1077] Vgl. Nakath: Deutsch-deutsche Grundlagen, S. 33.
Bei Gesprächen mit Schäuble wurden auch die humanitären Fälle berührt. Vgl. als Beispiel: BA Berlin, DL 2/7743 (Vermerk von Schalck-Golodkowski vom 15.1.1985 über Gespräch mit Schäuble vom 14.1.1985, der an Mittag weitergeleitet wurde. Im Gespräch mit Schäuble hatte Schalck-Golodkowski Diskretion in der Bundesrepublik bezüglich der Familienzusammenführung angemahnt.).
[1078] Vgl. BA Berlin, DL 2/7710 (Schalck-Golodkowski an Mielke – Kopie ging an Volpert – am 6.2.1986).
Vgl. ebf. BA Berlin, DL 2/7750 (Schalck-Golodkowski an Mielke am 16.4. und am 6.5.1987).
[1079] Vgl. Interview mit Ludwig Rehlinger am 21.2.2009 in Eichwalde.
[1080] Vgl. Zeitzeugenaussage Rainer Barzels am 8.12.1993 in der 55. Sitzung der Enquete-Kommission »Aufarbeitung von Geschichte und Folgen der SED-Diktatur in Deutschland« zum Thema »Die Deutschlandpolitik und ihre Rahmenbedingungen in den siebziger Jahren«. In: Deutscher Bundestag (Hg.): Materialien der Enquete-Kommission »Aufarbeitung von Geschichte und Folgen der SED-Diktatur in Deutschland« (12. Wahlperiode des Deutschen Bundestages). Band V/1: Deutschlandpolitik, innerdeutsche Beziehungen und internationale Rahmenbedingungen, S. 1003 f.

Mit dem ersten erfolgreich abgewickelten Häftlingsfreikauf der Bundesregierung hatte er zweifellos das Fundament für weitere Freikäufe geschaffen, auf dem alle seine Nachfolger aufbauen konnten. In einem Interview mit Michel Meyer für dessen Buch »Freikauf« machte Barzel bereits 1976 sehr deutlich, welche Hoffnungen er noch mit dem Häftlingsfreikauf verbunden hatte: »... *Das hat den Strafvollzugsapparat demoralisiert, da haben sich dann Leute gesagt, die von der politischen Polizei waren, die andere Leute beobachtet haben, eingesperrt haben: Warum strengen wir uns eigentlich so an? Hinterher kommen die Westdeutschen, die zahlen ein paar tausend Mark. Das hat auf den ganzen Terrorapparat eine Wirkung gehabt.«* Michel Meyer: *»War das eine Art psychologischer Kampf?«* Rainer Barzel: *»Ja, der Unterdrückungsapparat war etwas demoralisiert. Das war mein politisches Argument. Natürlich ist Freiheit teuer, wir haben allerhand Geld bezahlt, aber ich finde, Freiheit ist teurer als Geld ...«*[1081]

Zusätzlich kann aus dem Nachlass Barzels eine bundesdeutsche Quelle angeführt werden, die diese Überlegungen schon für 1964 belegen.[1082] Weiterhin wurde hier angemerkt, dass eine Milderung des DDR-Strafvollzugs mit Hilfe des Häftlingsfreikaufs angestrebt werde. Aus einem Vermerk Stanges von 1967 für den West-Berliner Senat geht hervor, welche positiven Auswirkungen der Freikauf auf den Strafvollzug in der DDR angeblich schon 1964 gehabt habe.[1083] In einer Mitteilung von Jan Hoesch aus dem Jahr 1973 wurde festgehalten, dass die Bundesrepublik auch mit Hilfe des Häftlingsfreikaufs auf längere Sicht die DDR zu einer Liberalisierung der Strafverfolgung und des Strafvollzugs bewegen wollte.[1084] Mit der Entlassung der Häftlinge in den Westen ergab sich für die Bundesregierung zudem die Möglichkeit, Entwicklung und Veränderung im DDR-Strafvollzug anhand von Befragungen zu registrieren.[1085] Eventuelle Misshandlungen oder Urteile

---

[1081] Zitiert nach: Meyer: Freikauf, S. 183.
[1082] Vgl. BA Koblenz, N 1371/167 (Stichworte zu weiteren Bemühungen um die Freilassung von politischen Häftlingen in der SBZ vom 7.9.1964, ohne Verfasser, aber vermutlich Rehlinger).
Vgl. ebf. Hammer (Bearbeiterin): Sonderedition »Besondere Bemühungen«, S. 186 (Dok. Nr. 89 A, Vermerk Rehlingers vom 14.9.1964 mit gleichem Inhalt/Text).
[1083] Vgl. LA Berlin, B Rep. 002, Nr. 12295 (Vermerk Stanges vom 29.6.1967 über Auswirkungen auf den Strafvollzug durch den Häftlingsfreikauf).
[1084] Vgl. DzD VI/3 (1973/74); Dok. Nr. 44. München 2005, S. 176 (Aufzeichnung von Hoesch vom 7.6.1973).
[1085] Vgl. Interview mit Jan Hoesch am 6.7.2009 in Berlin.

aus politischen Gründen konnten bei der 1961 gegründeten »Zentralen Beweismittel- und Dokumentationsstelle der Landesjustizverwaltungen« (ZESt), der sogenannten »Erfassungsstelle Salzgitter«, aufgenommen werden.[1086] Jan Hoesch führte im Interview aus, dass das Ziel der Milderung des DDR-Strafvollzugs als Nebeneffekt des Freikaufs tatsächlich eine wichtige Rolle für dessen Durchführung gespielt habe.[1087] Zusammenfassend lässt sich festhalten, dass die Bundesregierung ihr primäres humanitäres Ziel, politischen Inhaftierten in der DDR helfen zu wollen, mit längerfristigen politischen Überlegungen geschickt verband.

## 3.3 Warenlieferungen statt Bargeldzahlungen

Der erste Freikauf von acht politischen Häftlingen 1963 konnte kein Muster für die Abwicklung zukünftiger Freikäufe sein. Eine andere Lösung zur Übergabe der wirtschaftlichen Gegenleistungen war dringend erforderlich, denn schon 1964 wurden über 35 Millionen DM für den Freikauf von 888 Häftlingen aufgewendet.[1088] Die Übergabe von Bargeld wäre bei diesen Summen nicht praktikabel gewesen. Außerdem gab es rechtliche und politische Bedenken gegen die Zahlung mit frei verfügbaren Devisen in größerem Umfang an die DDR, da diese zum Beispiel zum Kauf von Embargo-Gütern hätten verwendet werden können.[1089] Die Bundesrepublik musste allerdings bereit sein, der DDR einen wirtschaftlichen Gegenwert zukommen zu lassen, wenn sie Häftlingsentlassungen erreichen wollte. So war deshalb abzuwägen, in welcher Form diese Gegenleistungen gewährt werden sollten.

Als politisch beste Lösung und dazu gut durchführbar bot sich die Lieferung von Waren an. Diese durften aber nicht auf einer Vorbehaltsliste bzw. der sogenannten »CoCom-Liste« notiert sein. Das bedeutete, dass die gelieferten Güter nicht für militärische Zwecke wichtig oder

---

[1086] Vgl. Sauer, Heiner und Plumeyer, Hans-Otto: Der Salzgitter Report. Die Zentrale Erfassungsstelle berichtet über Verbrechen im SED-Staat. Esslingen und München 1991, S. 38 f. und S. 160.
[1087] Vgl. Interview mit Jan Hoesch am 6.7.2009 in Berlin.
[1088] Zahlen aus: Posser: Anwalt im Kalten Krieg, S. 353 f.
[1089] Vgl. Kruse: Politik und deutsch-deutsche Wirtschaftsbeziehungen von 1945 bis 1989, S. 167.
Vgl. ebf. EZA Berlin, 742/277 (Vermerk Krautwigs vom 15.12.1964 über die Beratung vom 14.12.1964 mit Bundeskanzler Erhard).
Vgl. ebf. Rehlinger: Freikauf, S. 43.

sicherheitspolitisch bedenklich sein durften.[1090] Auch technisch besonders innovative Produkte sollten nicht geliefert werden.[1091] Um eine bessere Geheimhaltung der Geschäfte zu gewährleisten, sollten sie zudem nicht über den innerdeutschen Handel abgewickelt werden. Die DDR war dringend auf Devisen, Waren oder Kredite aus dem Westen angewiesen.[1092] Besonders die 1966 gegründete Kommerzielle Koordinierung (KoKo), die formal dem DDR-Außenhandelsministerium unterstand, hatte die Aufgabe, die dringend benötigten westlichen Devisen zu generieren und technologisch hochwertige Güter und Know-how aus dem Westen für die DDR-Volkswirtschaft zu beschaffen.[1093] Der Häftlingsfreikauf war für die DDR nur eine von sehr vielen Einnahmequellen aus dem Westen.[1094] Die wirtschaftlichen Gegenleistungen des Freikaufs wurden von der KoKo als »Kirchengeschäft B«, »Sondergeschäft B« oder einfach nur »B-Geschäft« bezeichnet.[1095] Die Einnahmen aus dem Häftlingsfreikauf konnten nach seiner Institutionalisierung in den Jahresplänen der KoKo als feste Größe eingeplant werden, da mit der bundesdeutschen Seite Rahmenvereinbarungen für das Folgejahr geschlossen wurden.[1096] Alexander Schalck-Golodkowski, langjähriger Leiter der KoKo, wurde im Besonderen von seinem Stellvertreter Manfred Seidel maßgeblich unterstützt. Seidel wurde ab 1966 der wichtigste Verhandlungspartner von Ludwig Geißel.[1097] Er war im Gegensatz zu Horst Roigk, seinem Vorgänger bei den Kirchengeschäften mit Geißel, weniger ideologisch geprägt und stärker wirtschaftlich orientiert, wes-

---

[1090] Vgl. Rehlinger: Freikauf, S. 66.
[1091] Vgl. Krewer: Geschäfte mit dem Klassenfeind, S. 250–258.
Vgl. ebf. Behling, Klaus: Hightech-Schmuggler im Wirtschaftskrieg. Wie die DDR das Embargo des Westens unterlief. Berlin 2007, S. 21–28.
[1092] Vgl. Steiner, André: Von Plan zu Plan. Eine Wirtschaftsgeschichte der DDR. München 2004, S. 191–196.
[1093] Vgl. Buthmann, Reinhard: Die Arbeitsgruppe Bereich Kommerzielle Koordinierung. Berlin 2004 (2. Auflage; MfS – Handbuch, Teil III/11 aus der von der Abteilung Bildung und Forschung des BStU herausgegebenen Reihe: Anatomie der Staatssicherheit: Geschichte, Struktur und Methoden), S. 19.
[1094] Vgl. Volze: Innerdeutsche Transfers. In: Deutscher Bundestag (Hg.): Materialien der Enquete-Kommission »Aufarbeitung von Geschichte und Folgen der SED-Diktatur in Deutschland« (12. Wahlperiode des Deutschen Bundestages); Band V/3: Deutschlandpolitik, innerdeutsche Beziehungen und internationale Rahmenbedingungen, S. 2787.
[1095] »Kirchengeschäft B« und »B-Geschäft« zitiert nach: Deutscher Bundestag (Hg.): Drucksache 12/7600, S. 305.
»Sondergeschäft B« zitiert nach: Przybylski: Tatort Politbüro, S. 367.
[1096] Vgl. Deutscher Bundestag (Hg.): Drucksache 12/7600, S. 310.
[1097] Vgl. ebenda, S. 310.

halb sich das Verhandlungsklima nun verbesserte.[1098] Seidel vertrat die DDR-Interessen zwar verbindlich im Umgang, aber hart in der Sache. Er war an der Gründung des sogenannten »Leipziger Kreises« wesentlich beteiligt, ein Kreis aus Vertretern der KoKo, des Diakonischen Werkes und der beteiligten Vertrauensfirmen.[1099]

Die KoKo gewann im Laufe der Jahre für die DDR-Volkswirtschaft an Bedeutung.[1100] Sie wurde um die Jahreswende 1976/77 aus dem DDR-Außenhandelsministerium herausgelöst, blieb diesem aber formal verbunden, und wurde dem Sekretär des ZK der SED, Günter Mittag, unterstellt.[1101] Die KoKo agierte zwar einerseits relativ unabhängig, war aber andererseits mit ihren Maßnahmen in die zentrale Planung eingebunden, was ihre inhaltliche und rechtliche Sonderkonstruktion zum Ausdruck bringt.[1102] Die Einbindung der KoKo in die zentrale Planung bedeutet im Umkehrschluss, dass auch die Warenlieferungen des Häftlingsfreikaufs in diese eingebettet waren. Trotz aller Anstrengungen vermochte die KoKo niemals, die defizitäre Zahlungsbilanz der DDR nachhaltig zu verbessern.[1103] Die KoKo war für die DDR aber keinesfalls die alleinige Quelle für westliche Devisen. So erhielt die DDR zahlreiche Transferleistungen aus der Bundesrepublik, zum Beispiel aus dem Transitverkehr.[1104] Die massiven ökonomischen Probleme der DDR hatten grundsätzliche und systembedingte Ursachen. Sie waren durch den Erhalt westlicher Devisen oder Kredite höchstens vorübergehend abzuschwächen, jedoch nicht langfristig zu beseitigen.[1105] Aufgrund der ineffizienten Planwirtschaft, der fehlenden Eigenverantwortung der Beschäftigten und des technologischen Rückstands des Landes gegenüber dem Westen konnten die wirtschaftlichen Probleme

---

[1098] Vgl. Besier: Der SED-Staat und die Kirche. Der Weg in die Anpassung, S. 513 f.
[1099] Vgl. Diekmann (Hg.): Freigekauft, S. 62.
[1100] Vgl. Steiner: Von Plan zu Plan, S. 201. Nachdem 1976 im »nichtsozialistischen Wirtschaftsgebiet« noch weniger als 18 % am gesamten Außenhandelsumsatz »außerplanmäßig«, das heißt im Wesentlichen über die KoKo, abgewickelt wurde, lag der Höchstwert 1984 bei etwa 44 %.
[1101] Vgl. Buthmann: Die Arbeitsgruppe Bereich Kommerzielle Koordinierung, S. 8.
[1102] Vgl. ebenda, S. 19.
[1103] Vgl. Steiner: Von Plan zu Plan, S. 202.
[1104] Vgl. Volze: Innerdeutsche Transfers. In: Deutscher Bundestag (Hg.): Materialien der Enquete-Kommission »Aufarbeitung von Geschichte und Folgen der SED-Diktatur in Deutschland« (12. Wahlperiode des Deutschen Bundestages); Band V/3: Deutschlandpolitik, innerdeutsche Beziehungen und internationale Rahmenbedingungen, S. 2787.
[1105] Vgl. Steiner: Von Plan zu Plan, S. 198–203.

letzten Endes nie gelöst werden.[1106] Die SED-Führung konnte diese Problematik jedoch aus ideologischen Gründen niemals selbstkritisch und objektiv analysieren.[1107] Der Abstand zur ökonomisch deutlich erfolgreicheren Bundesrepublik wurde immer größer.[1108] Die DDR konnte daher auch niemals die Einnahmen aus West-Exporten erzielen, die sie zur Finanzierung eines höheren und mit der Bundesrepublik vergleichbaren Lebensstandards benötigt hätte.[1109] Deshalb musste sich die DDR, sofern sie eine Verbesserung der Lebensverhältnisse ihrer Bürger erreichen wollte, vor allem seit den 1970er Jahren im Westen permanent höher verschulden.[1110] Der Devisenbedarf stieg deshalb stetig an.[1111] Dies erklärt auch, warum die DDR selbst nach Abschluss des Grundlagenvertrages von 1972, dem Beitritt zur UNO 1973 sowie der KSZE-Schlussakte von Helsinki 1975 keine Freilassungen politischer Häftlinge oder andere humanitäre Zugeständnisse ohne wirtschaftliche Gegenleistungen vornehmen wollte.[1112]

Für die Haftentlassungen lieferte die Bundesregierung seit 1964 Waren als wirtschaftliche Gegenleistung an die DDR, während Bargeldzahlungen nur noch in Ausnahmefällen erfolgten.[1113] Da die EKD schon seit 1957 kontinuierlich Waren in die DDR geliefert hatte, konnte sich die Bundesregierung nun beim Häftlingsfreikauf auf diese Erfahrungen stützen.[1114] Das Diakonische Werk hatte beim Handel mit DDR-Firmen, der als »Kirchengeschäft A« bezeichnet wurde, bereits über viele Jahre Kontakte aufgebaut, die nun auch für den Häftlingsfreikauf genutzt werden konnten. Für die Bundesregierung hatte das zudem den Vorteil, dass sie nicht als direkter Verhandlungspartner der DDR auftreten musste.[1115] Nach dem Muster des »Kirchengeschäfts A« wurden nun auch die Warenlieferungen in-

---

[1106] Vgl. Steiner: Von Plan zu Plan, S. 196 und S. 207.
[1107] Vgl. ebenda, S. 222 f.
[1108] Vgl. Schroeder: SED-Staat, S. 178–183 und S. 219–223.
[1109] Vgl. Steiner: Von Plan zu Plan, S. 193.
[1110] Vgl. Bouvier, Beatrix: Die DDR – Ein Sozialstaat? Sozialpolitik in der Ära Honecker. Bonn 2002, S. 77–89 und S. 336.
[1111] Vgl. Steiner: Von Plan zu Plan, S. 192.
[1112] Vgl. Rehlinger: Freikauf, S. 81 f.
[1113] Vgl. Lippmann: Moderner Menschenhandel – Freikauf politischer Häftlinge aus der DDR. In: Conze; Gajdukowa und Koch-Baumgarten (Hg.): Die demokratische Revolution in der DDR 1989, S. 64.
[1114] Vgl. Geißel: Unterhändler der Menschlichkeit, S. 333.
[1115] Vgl. Judt, Matthias: Der Bereich Kommerzielle Koordinierung. Das DDR-Wirtschaftsimperium des Alexander Schalck-Golodkowski – Mythos und Realität. Berlin 2013, S. 126.

nerhalb des Häftlingsfreikaufs abgewickelt, wobei das Spektrum der gelieferten Güter breiter war.[1116]

Das Diakonische Werk war als Institution formal zwar nicht am Freikauf beteiligt, wohl aber einige seiner wichtigsten Mitarbeiter als Bevollmächtigte bzw. Treuhänder der Bundesregierung.[1117] Bis 1982 übernahm diese Funktion Ludwig Geißel, der im Diakonischen Werk als Direktor und seit 1972 als dessen Vizepräsident tätig war.[1118] Zudem war Geißel der Bevollmächtigte der westdeutschen Landeskirchen bei der Regierung der DDR, wobei er in dieser Funktion bereits maßgeblich das sogenannte »Kirchengeschäft A« abwickelte, was ihn für seine kommende Aufgabe beim Häftlingsfreikauf prädestinierte.[1119] Geißels Vollmacht war personenbezogen, wegen des hohen Geheimhaltungsgrades wurde sie nicht schriftlich fixiert.[1120] Seine Aufgabe bestand im Wesentlichen darin, in Ost-Berlin mit der DDR-Seite zunächst eine Generalvereinbarung abzuschließen sowie die Verbindungen zu den bundesdeutschen Firmen und zu den DDR-Betrieben zu pflegen, die miteinander die einzelnen Verträge für die Warenlieferungen im Rahmen des Häftlingsfreikaufs abschlossen.[1121] Geißel hatte außerdem den Ablauf zu überwachen.[1122] Für die einzelnen Aktionen erhielt er die entsprechenden Mittel von der Bundesregierung über die Bundesanstalt für gesamtdeutsche Aufgaben.[1123] Die Bundesregierung stellte die Gelder für alle humanitären Bemühungen auf wechselnden Etatposten in den Bundeshaushalt ein, was ebenfalls eine Veränderung gegenüber dem ersten Freikauf der Bundesregierung von 1963 bedeutete.[1124] Allerdings wurden sie bis 1977 nicht gesondert ausgewiesen.[1125] Das parlamentarische Kontrollgremium war hierbei bis 1983 nicht der komplette

---

[1116] Vgl. Judt: Der Bereich Kommerzielle Koordinierung, S. 127.
Vgl. ebf. Deutscher Bundestag (Hg.): Drucksache 12/ 7600, S. 310.
[1117] Vgl. ebenda (Deutscher Bundestag), S. 307 und S. 310. Hierzu gab der heutige Präsident des Diakonischen Werkes der EKD Johannes Stockmeier am 21.1.2013 ein Interview, in dem er das Engagement rechtfertigte. Vgl. http://www.diakonie.de/haeftlingsfreikauf-wurde-uns-aufgezwungen-11670.html
[1118] Vgl. Geißel: Unterhändler der Menschlichkeit, S. 328–334.
[1119] Vgl. Hammer (Bearbeiterin): Sonderedition »Besondere Bemühungen«, S. XIX (aus der Einleitung).
[1120] Vgl. Deutscher Bundestag (Hg.): Drucksache 12/ 7600, S. 307.
[1121] Vgl. ebenda, S. 310.
[1122] Vgl. BA Koblenz, B 137/16604 (Schreiben von Rehlinger an die Reg. Dir. Staab und Stern vom 1.4.1969).
[1123] Vgl. Geißel: Unterhändler der Menschlichkeit, S. 309.
[1124] Vgl. Barzel: Ein gewagtes Leben, S. 168.
[1125] Vgl. Deutscher Bundestag (Hg.): Drucksache 12/7600, S. 309.

Haushaltsausschuss, sondern der sogenannte »Dreier-Ausschuss«, dem jeweils ein Mitglied jeder Bundestagsfraktion angehörte.[1126] Geißel gab die von der DDR gewünschten Waren bei den sogenannten »Vertrauensfirmen« zu dem Wert in Auftrag, der ihm von der Bundesregierung als Gegenleistung für die von der DDR zur Entlassung vorgesehenen politischen Häftlinge genannt worden war.[1127]

Bischof Kunst hatte die Aufgabe, eine Transithandelsgenehmigung für Waren aus dem Ausland bzw. den für inländische Güter notwendigen Warenbegleitschein »U« beim Bundeswirtschaftsministerium zu beantragen, wobei beide Genehmigungen fast immer schnell erteilt wurden.[1128] Durch die langjährige Tätigkeit von Kunst und Geißel bürgerte sich ein, dass der Bevollmächtigte des Rates der EKD am Sitz der Bundesregierung in Bonn und ein hochrangiger Mitarbeiter des Diakonischen Werkes, der hierzu von der Bundesregierung bevollmächtigt wurde, für die Organisation der kommerziellen Abwicklung des Freikaufs zuständig waren.[1129] Geißel und seine Nachfolger mussten ihre Abrechnungen jährlich einer Überprüfung unterziehen lassen.[1130] Der Kreis der Prüfer wurde extrem klein gehalten. Das BMB nahm mittels Stichproben Kontrollen von den Verwendungsnachweisen Geißels vor. Nach einer Übereinkunft von 1963 zwischen Kunst und Volkmar Hopf, dem damaligen Präsidenten des Bundesrechnungshofes (BRH), erfolgte aber keine Prüfung durch Beamte des BRH bei der EKD, wie es eigentlich üblich gewesen wäre. Lediglich beim Ministerium kontrollierte der BRH die dort vorhandenen Unterlagen und Abrechnungen. Kunst erstattete dem Ministerium Bericht. Der Leiter des Oberrechnungsamtes der EKD in Hannover prüfte persönlich Geißels wirtschaftliche Tätigkeit. Seine Ergebnisse legte er nur dem Präsidenten des Bundesrechnungshofes vor, der diese

---

[1126] Vgl. Deutscher Bundestag (Hg.): Drucksache 12/7600, S. 309.

[1127] Vgl. ebenda, S. 310. Die Meldung der Bundesregierung an Geißel erfolgte hierbei im Regelfall telefonisch. Vgl. Diekmann (Hg.): Freigekauft, S. 76. Zum Ablauf bei der wirtschaftlichen Abwicklung des Freikaufs sind bei Diekmann verschiedene Dokumente abgedruckt. Vgl. ebenda, S. 188.

[1128] Vgl. ADW, HG St 7830 (Schreiben von Kunst an das BMWi vom 30.7.1973 und Antwort vom BMWi vom 10.8.1973; Beispiel für die Lieferung von Industriediamanten mit Transithandelsgenehmigung).
Vgl. ebf. ADW, HG St 7827 (Schreiben Binders an das BMWi vom 11.7.1977 und Antwort vom BMWi vom 19.7.1977; Beispiel für die Lieferung von Zink, Feinsilber und Kupfer mit Warenbegleitschein »U«).

[1129] Vgl. Deutscher Bundestag (Hg.): Drucksache 12/7600, S. 310.

[1130] Vgl. ebenda, S. 311.

ebenfalls persönlich einsah und gegenzeichnete. Dieses unübersichtliche und auch unübliche Kontrollverfahren war der von der DDR verlangten Geheimhaltung des Freikaufs geschuldet. Es kam zu keiner Zeit zu Beanstandungen gegenüber Geißel oder dessen Nachfolgern. Der KoKo-Untersuchungsausschuss des Deutschen Bundestages musste allerdings feststellen, dass 1978 von der Bundesregierung 5,8 Millionen DM nicht zweckgebunden für humanitäre Maßnahmen verwendet worden waren.[1131] Das Geld war von der DDR stattdessen für den Ausbau der Grenzübergangsstelle Marienborn ausgegeben worden. Damit hatte die DDR die Mittel auch für die dortige Grenzsicherungsanlage verwendet.

Zu den am Häftlingsfreikauf beteiligten bundesdeutschen Firmen gehörte ebenfalls nur ein kleiner Kreis.[1132] Viele Unternehmen wären in diese Geschäfte mit Sicherheit gerne eingebunden gewesen. Aus Gründen der Geheimhaltung und der Zuverlässigkeit wurden von Geißel jedoch über Jahrzehnte, ohne öffentliche Ausschreibung, die gleichen »Vertrauensfirmen« mit den Lieferaufträgen betraut.[1133] Hierbei sind zum Beispiel die Brenntag AG, die Essener Stahl- und Metallhandelsgesellschaft mbH und die Diedrich Kieselhorst/Seefahrt-Reederei zu nennen. Lediglich 1982 kam es zu einer kurzzeitigen Veränderung, die von Ministerialdirektor Hirt veranlasst worden war. Dieser hatte der Krupp-Handel GmbH als neuer »Vertrauensfirma« die Geschäfte mit den DDR-Firmen übertragen. Noch im gleichen Jahr wurde dieser Firmenwechsel von der neuen Bundesregierung jedoch wieder rückgängig gemacht. Die originären Firmen waren nun wieder zuständig. Nach Geißels Pensionierung 1982 konnten seine verschiedenen Nachfolger, wie zum Beispiel Norbert Helmes oder Karl-Heinz Neukamm, auf Geißels Vorarbeit und seine über Jahre bewährten Kontakte aufbauen.[1134] Nachdem Bischof Kunst als Bevollmächtigter des Rates der EKD am Sitz der Bundesregierung in Bonn 1977 aus dem Amt ausgeschieden war, wurde seine Tätigkeit im Rahmen des Freikaufs von seinem Amtsnachfolger Bischof Heinz-Georg Binder fortgeführt.[1135]

---

[1131] Zahl aus: Deutscher Bundestag (Hg.): Drucksache 12/7600, S. 311.
[1132] Vgl. ebenda, S. 2727 (Dokument 679).
[1133] Vgl. ebenda, S. 312 f.
[1134] Vgl. ebenda, S. 310. Karl-Heinz Neukamm stand für diese Studie dankenswerterweise für Rückfragen zur Verfügung.
[1135] Vgl. Binder, Heinz-Georg: Die Bedeutung des finanziellen Transfers und der humanitären Hilfe zwischen den Kirchen im geteilten Deutschland. In: Deutscher

Die Bundesregierung verband mit den Warenlieferungen ursprünglich auch die Hoffnung, die schlechte Versorgungslage der DDR-Bevölkerung verbessern zu können.[1136] Das ist glaubwürdig, wenn die Liste der 1964 gelieferten Waren betrachtet wird: So wurden in diesem Jahr zum größten Teil Lebensmittel oder Güter des täglichen Bedarfs – neben Kaffee und Mais beispielsweise auch Dünger oder Apfelsinen – geliefert.[1137] Die DDR forderte aber schon im Verlauf der 1960er Jahre immer weniger Lebensmittel und immer mehr Rohstoffe für die Industrie, die sie problemlos weiterveräußern konnte.[1138] Auf den weltweiten Märkten gab es immer genug Abnehmer für Erdöl, Kupfer, Wolfram, Industriediamanten, Quecksilber, Silber oder Gold; das waren genau die Waren, die im Rahmen des Häftlingsfreikaufs von der DDR regelmäßig angefordert wurden.[1139] Bestand anfangs noch ein Teil der Lieferungen aus Lebensmitteln, wurden in der Folgezeit fast ausschließlich Rohstoffe bevorzugt.[1140] Diese mussten von den bundesdeutschen Firmen oft erst im Ausland besorgt werden.[1141] Das war ein ganz wichtiger Unterschied zum innerdeutschen Handel, bei dem die Waren prinzipiell aus deutscher Herstellung stammen mussten.[1142] Die Bundesregierung verfolgte diese Entwicklung ablehnend und versuchte zunächst, manche Lieferung zu unterbinden.[1143] Letzten Endes nahm sie diese Entwicklung aber hin.[1144]

Bundestag (Hg.): Materialien der Enquete-Kommission »Aufarbeitung von Geschichte und Folgen der SED-Diktatur in Deutschland« (12. Wahlperiode des Deutschen Bundestages); Band VI/1: Rolle und Selbstverständnis der Kirchen in den verschiedenen Phasen der SED-Diktatur, S. 576.
[1136] Vgl. Ast: Die gekaufte Freiheit, Teil 1.
Vgl. ebf. Garton Ash: Im Namen Europas, S. 214.
[1137] Vgl. ADW, HG St 7814 (Vermerk von Geißel vom 20.7.1964).
Vgl. ebf. Judt: Der Bereich Kommerzielle Koordinierung, S. 126.
[1138] Vgl. Deutscher Bundestag (Hg.): Drucksache 12/7600, S. 310.
[1139] Vgl. ebenda, S. 313 f.
Vgl. ebf. Diekmann (Hg.): Freigekauft, S. 76.
[1140] Vgl. Deutscher Bundestag (Hg.): Drucksache 12/7600, S. 310.
Vgl. ebf. Judt: Der Bereich Kommerzielle Koordinierung, S. 128.
[1141] Vgl. Deutscher Bundestag (Hg.): Drucksache 12/7600, S. 313 f.
[1142] Vgl. Kruse: Politik und deutsch-deutsche Wirtschaftsbeziehungen von 1945 bis 1989, S. 38.
[1143] Vgl. EZA Berlin, 742/277 (Vermerk Krautwigs vom 20.5.1965; Krautwig hatte die von der DDR geforderte Lieferung von Gold abgelehnt, da dies einer Bargeldzahlung gleichkäme.).
[1144] Vgl. Deutscher Bundestag (Hg.): Drucksache 12/7600, S. 313.
Die ARD-Sendung »Panorama« berichtete am 24.8.1992 sehr kritisch über den Weiterverkauf der Waren im Häftlingsfreikauf. Gleiches galt für die Wochenzei-

Die »Intrac Handelsgesellschaft mbH« (Intrac HGmbH), eine Firma der KoKo, war der Handelspartner der bundesdeutschen Firmen innerhalb des Häftlingsfreikaufs.[1145] Spätestens seit 1968 wurden die im Rahmen des Häftlingsfreikaufs gelieferten Rohstoffe im Regelfall sofort an Warenterminbörsen weiterverkauft.[1146] Schließlich gelangten die Güter gar nicht mehr in die DDR, sondern wurden von der KoKo, die viele Geschäfte über die Briefkastenfirma »Elmsoka Establishment Internationale Import-Export Handels-Gesellschaft« in Liechtenstein abwickelte, bereits vorher weiterveräußert.[1147] An dieser Briefkastenfirma, die als Vorlieferant fungierte, war die Intrac zunächst mit 50 Prozent beteiligt; ab 1983 wurde sie sogar zu ihrer hundertprozentigen Tochtergesellschaft.[1148]

Die DDR hatte damit nicht nur einen Weg gefunden, die für den Häftlingsfreikauf erhaltenen Leistungen doch noch in Devisen umzuwandeln, was die Bundesregierung eigentlich hatte unterbinden wollen. Darüber hinaus kamen die gelieferten Güter auch nicht mehr der Versorgung der DDR-Bevölkerung zugute. Der Bundesregierung war bewusst, dass viele Waren die DDR überhaupt nie erreicht hatten und von der DDR direkt weiterveräußert worden waren.[1149] Doch wurde 1977 ein Ermittlungsverfahren der Oberfinanzdirektion Düsseldorf gegen beteiligte Firmen wegen möglicher Scheinlieferungen an Handelspartner in der DDR – wahrscheinlich nach einem Hinweis aus Bonn – sehr

tung DIE ZEIT. Vgl. Kleine-Brockhoff, Thomas und Schröm, Oliver: Das Kirchengeschäft B. In: DIE ZEIT 36/1992 vom 18.8.1992. Armin Volze verteidigte hingegen den Häftlingsfreikauf gegen die Kritik der ZEIT. Vgl. Volze, Armin: Eine Bananen-Legende und andere Irrtümer. In: DA 1/1993 (26. Jahrgang), S. 66.

[1145] Vgl. Deutscher Bundestag (Hg.): Drucksache 12/7600, S. 313.

[1146] Vgl. ebenda, S. 313.

Vgl. ebf. BA Berlin, DL 2/8088 (Analyse der KoKo über das Sondergeschäft B ab 1964 bis zum 25.6.1970; ohne Datum). Über die Einnahmen aus dem Häftlingsfreikauf und der Familienzusammenführung (»Sondergeschäft B«) wurde in den 1980er Jahren von Schalck-Golodkowski eine »Analyse« angefertigt, abgedruckt in: Przybylski: Tatort Politbüro, S. 367.

[1147] Vgl. BA Berlin, DL 2/7813 (Vernehmungsprotokoll von Manfred Seidel vom 10.1.1990).

Vgl. ebf. Deutscher Bundestag (Hg.): Drucksache 12/7600, S. 313 und S. 315 f. Die Intrac HGmbH stellte beispielsweise bei der Vermarktung von Rohstoffen Provisionen zwischen 0,75% und 0,85% in Rechnung. Zahlen aus: Ebenda, S. 313.

[1148] Vgl. ebenda, S. 313. Laut Diekmann kamen in den 1980er Jahren verschiedene Geschäftsführer von KoKo-Firmen bei mysteriösen Todesfällen ums Leben. Vgl. Diekmann (Hg.): Freigekauft, S. 90.

[1149] Vgl. Deutscher Bundestag (Hg.): Drucksache 12/7600, S. 315.

bald eingestellt.[1150] Die Bundesrepublik nahm beim Häftlingsfreikauf unangenehme Sachverhalte in Kauf.[1151] Der DDR die Waren vorschreiben zu wollen, die diese bestellen sollte, bzw. deren anschließenden Weiterverkauf zu verhindern, war auf Dauer in der Praxis kaum möglich.[1152] In einem wichtigen Punkt konnte sich die Bundesrepublik aber durchsetzen: Die DDR musste in Vorleistung treten, erst nach den Häftlingsentlassungen wurden in der Regel die wirtschaftlichen Gegenleistungen erbracht.[1153] Dadurch war es möglich, dass die Bundesrepublik ihre Zahlungen verweigern konnte, falls sich Kriminelle unter den entlassenen politischen Häftlingen befunden hatten, die nicht auf der an die DDR übergebenen Liste aufgeführt gewesen waren.[1154] Zudem machte die Bundesregierung den beteiligten Firmen klare Vorgaben bezüglich Warenwert und Abwicklungszeitraum. Damit wurde der DDR die Möglichkeit verwehrt, mit den westlichen Firmen diese Modalitäten direkt auszuhandeln.[1155]

Die Verträge über die Warenlieferungen zwischen den beteiligten bundesdeutschen und den DDR-Firmen waren deshalb ungewöhnlich formlos und knapp gehalten.[1156] Überhaupt wurde der Schriftverkehr zwischen allen Beteiligten am Häftlingsfreikauf auf ein Minimum re-

---

[1150] Vgl. Deutscher Bundestag (Hg.): Drucksache 12/7600, S. 315 f.
[1151] Vgl. Schmidt, Helmut: Zeitzeugenaussage am 8.12.1993 in der 55. Sitzung der Enquete-Kommission »Aufarbeitung von Geschichte und Folgen der SED-Diktatur in Deutschland« zum Thema »Die Deutschlandpolitik und ihre Rahmenbedingungen in den siebziger Jahren«. In: Deutscher Bundestag (Hg.): Materialien der Enquete-Kommission »Aufarbeitung von Geschichte und Folgen der SED-Diktatur in Deutschland« (12. Wahlperiode des Deutschen Bundestages). Band V/1: Deutschlandpolitik, innerdeutsche Beziehungen und internationale Rahmenbedingungen, S. 1025. Der ehemalige Bundeskanzler Schmidt bezeichnete die Einnahmen der DDR aus dem Freikauf ausdrücklich als unangenehmen Sachverhalt, den die Bundesregierung dabei habe in Kauf nehmen müssen.
[1152] Vgl. Interview mit Ludwig Rehlinger am 21.2.2009 in Eichwalde.
[1153] Vgl. Deutscher Bundestag (Hg.): Drucksache 12/7600, S 310.
Vgl. ebf. Interview mit Ludwig Rehlinger am 21.2.2009 in Eichwalde.
Vgl. ebf. BA Koblenz, B 137/16604 (Schreiben von Rehlinger an die Reg. Dir. Staab und Stern vom 1.4.1969).
[1154] Vgl. Interview mit Jan Hoesch am 6.7.2009 in Berlin.
[1155] Vgl. Deutscher Bundestag (Hg.): Drucksache 12/7600, S 310.
Vgl. ebf. Rehlinger: Freikauf, S. 67.
[1156] Vgl. ebenda (Rehlinger), S. 66 f.
Vgl. ebf. ADW, HG St 7820 (Vertrag Nr. 71/000/195/0 vom 23.8.1968 zwischen der Essener Stahl- und Metallhandelsgesellschaft mbH und der Intrac Handelsgesellschaft mbH über die Lieferung von ca. 10 t Silber im Wert von 3 Millionen DM).

duziert sowie telefonische Absprachen getroffen.[1157] Insgesamt konnte die DDR die Bundesrepublik bezüglich der Höhe der wirtschaftlichen Gegenleistungen immer wieder massiv unter Druck setzen. Rehlinger meinte hierzu: »*Man muss bei der Betrachtung des Häftlingsfreikaufs immer sehen, dass wir in der Situation waren, erpresst zu werden. Es ging immer nur um den Grad, in welchem Maße ließ sich der Westen erpressen.*«[1158] In den 1980er Jahren verbesserte sich allerdings die Verhandlungsposition der Bundesrepublik, da die DDR sowohl politisch als auch wirtschaftlich zunehmend in eine prekäre Lage geriet.[1159]

Auch bei den Familienzusammenführungen verlangte die DDR wirtschaftliche Gegenleistungen in Form von Warenlieferungen, die auf die gleiche Art und Weise wie beim Häftlingsfreikauf erfolgten.[1160] Die Anzahl der Häftlingsfreikäufe und Familienzusammenführungen stieg gegenüber den 1960er Jahren steil an, weshalb sich auch die Einnahmen der DDR erheblich erhöhten: So fielen von den insgesamt von der DDR über den Häftlingsfreikauf und die Familienzusammenführung eingenommenen rund 3,4 Milliarden DM nur etwa 226 Millionen DM auf die 1960er Jahre.[1161] In den Verhandlungen waren Häftlingsfreikauf und Familienzusammenführung eng miteinander verwoben und – trotz gelegentlichen Unterbrechungen – längst dauerhaft institutionalisiert worden.[1162] Das zeigte sich auch daran, dass beide Seiten miteinander sogenannte Jahresvereinbarungen schlossen und Gutschriften bzw. Guthaben einer Seite nach einer abgeschlossenen H-Aktion in Protokollen festgehalten und einfach auf das nächste Jahr übertragen und entsprechend verrechnet wurden.[1163] Die Unterschiede in den Abrechnungen der beiden Seiten ergaben sich auch daraus, dass es verschiedene Kategorien von humanitären Fällen gab, die finanziell unterschiedlich abgegolten wurden.[1164]

---

[1157] Vgl. Diekmann (Hg.): Freigekauft, S. 76 f.
[1158] Zitiert nach: Ludwig Rehlinger in Ast: Die gekaufte Freiheit, Teil 2.
[1159] Vgl. Steiner: Von Plan zu Plan, S. 195.
[1160] Vgl. BA Koblenz, B 137/16604 (Vermerk Rehlingers vom 6.1.1967).
[1161] Zahl aus: Hammer (Bearbeiterin): Sonderedition »Besondere Bemühungen«, S. XIII (aus der Einleitung).
[1162] Vgl. Interview mit Jan Hoesch am 6.7.2009 in Berlin.
[1163] Vgl. BStU, Archiv der Zentralstelle, MfS – HA IX 13661, S. 7 (Anlage 1 des Schreibens von Stange an Vogel vom 4.6.1973 über die Abrechnung für den Zeitraum 1971 bis zum 31.1.1973).
Vgl. ebf. Judt: Der Bereich Kommerzielle Koordinierung, S. 126 f.
[1164] Vgl. Deutscher Bundestag (Hg.): Drucksache 12/7600, S 309 und S. 317.

## 3.4 H-, F- und K-Fälle: Technokratische Begriffe für menschliche Schicksale

Generell muss im humanitären Bereich zwischen den sogenannten »H-Fällen« (Haftfällen), »F-Fällen« (Familienzusammenführungsfällen) und »K-Fällen« (Kinderfällen; Ausreisen von alleinstehenden Kindern) unterschieden werden.[1165] In dieser Studie liegt der Schwerpunkt folgerichtig auf den H-Fällen. In den ersten Jahren des Freikaufs wurden für einen politischen Häftling im Regelfall 40.000 DM pro Person in Form von Waren bezahlt.[1166] Hierbei unterschied die Bundesrepublik zwischen den sogenannten »Langstrafern« und »Kurzstrafern«.[1167] Die bundesdeutsche Seite stufte Inhaftierte als Langstrafer ein, wenn sie eine Haftstrafe von zunächst mindestens sechs, dann von mindestens fünf Jahren zu verbüßen hatten.[1168] Vor allem diese Gruppe wollte die Bundesregierung freikaufen.[1169] In erster Linie mussten besonders erfolgreiche Fluchthelfer und westliche Nachrichtendienstmitarbeiter mit langen Haftstrafen rechnen.[1170] Eine unterschiedliche Behandlung von Lang- und Kurzstrafen durch die Bundesrepublik wurde von der DDR aber formal nicht akzeptiert, was der Bundesregierung ihre Verhandlungsposition zusätzlich erschwerte.[1171] Mit der Zurückhaltung von Langstrafern hatte die DDR zudem ein potenzielles Druckmittel

---

[1165] Vgl. BA Koblenz, B 137/16604 (Vogel an Stange vom 17.1.1967; Entwurf Rehlingers für Minister Wehner vom 19.1.1967 zum Schreiben Vogels vom 17.1.1967).
[1166] Vgl. Deutscher Bundestag (Hg.): Drucksache 12/7600, S. 309.
[1167] Begriffe zitiert nach: Hammer (Bearbeiterin): Sonderedition »Besondere Bemühungen«, S. 184–186 (Dok. Nr. 89 A, Vermerk Rehlingers vom 14.9.1964). In anderen Vermerken ist von »Langstraflern« und »Kurzstraflern« (mit »l«) die Rede.
[1168] Zahlen aus: EZA Berlin, 742/277 (Stange an Kunst vom 12.9.1965 über H-Aktion 1965; Stange an Kunst vom 19.9.1965; mindestens sechs Jahre als Kriterium).
Hammer (Bearbeiterin): Sonderedition »Besonderen Bemühungen«, S. 316 (Dok. Nr. 183, Vermerk Stanges vom 7.6.1966 zur H-Aktion 1966; mindestens fünf Jahre als Kriterium).
BA Koblenz, B 137/16604 (Entwurf Rehlingers vom 6.3.1967; mindestens fünf Jahre als Kriterium).
Hammer (Bearbeiterin): Sonderedition »Besonderen Bemühungen«, S. 531 (Dok. Nr. 332, Bericht Rehlingers an Minister Wehner vom 6.6.1968; mindestens fünf Jahre als Kriterium).
[1169] Vgl. LA Berlin, B Rep. 002, Nr. 10987 (Schreiben Krautwigs an Minister Wehner vom 28.6.1967).
[1170] Vgl. Rehlinger: Freikauf, S. 261.
[1171] Vgl. LA Berlin, B Rep. 002, Nr. 10987 (Schreiben Krautwigs an Minister Wehner vom 28.6.1967).

in der Hand.[1172] Trotz der von ihr vorgenommenen Kategorisierung in Lang- und Kurzstrafer hielt sich die Bundesregierung beim Freikauf aber nicht starr an Abgrenzungskriterien, die sich ausschließlich nach der Höhe der verhängten Haftstrafe richteten.[1173] Neben der Gesamtstrafe eines Verurteilten musste auch dessen Reststrafe berücksichtigt werden.[1174] Diese konnte bei einem Kurzstrafer deutlich höher sein, wenn seine Verurteilung noch nicht lange zurücklag.[1175] Deshalb nahm die Bundesregierung auch Kurzstrafer – hierunter waren zum Beispiel Häftlinge mit gesundheitlichen Problemen, Inhaftierte mit besonderen familiären Schwierigkeiten und viele junge und idealistische Fluchthelfer, für die sich die Bundesregierung besonders verwendete – in ihre Freikauflisten auf.[1176] Mit dieser flexiblen Haltung, die allerdings innerhalb des BMB umstritten war, knüpfte die Bundesregierung an die Vorgehensweise der Kirchen an.[1177] Diese hatten laut Rehlinger schon vor der Übernahme des Freikaufs durch die Bundesregierung 1964 Häftlinge freigekauft, die in einzelnen Fällen »nur« Haftstrafen von bis zu drei Jahren erhalten hatten.[1178]

Die DDR war 1967 darum bemüht, bei Kurzstrafern die gleiche Summe, nämlich 40.000 DM pro Person, wie bei den Häftlingen mit langen Strafen zu erhalten.[1179] Da während der ersten Jahre des Freikaufs sehr viele Langstrafer freigekauft worden waren, war deren Anteil in den Gefängnissen erheblich zurückgegangen.[1180] Die Bundesrepublik wollte deshalb

---

[1172] Vgl. Hammer (Bearbeiterin): Sonderedition »Besondere Bemühungen«, S. 533 (Dok. Nr. 332, Bericht Rehlingers an Minister Wehner vom 6.6.1968).

[1173] Vgl. BA Koblenz, B 137/16604 (Vermerk Rehlingers vom 6.1.1967).
Vgl. ebf. LA Berlin, B Rep. 002, Nr. 10987 (Schreiben Krautwigs an Wehner vom 28.6.1967).

[1174] Deshalb wollte die Bundesregierung vornehmlich Langstrafer mit hoher Reststrafe freikaufen. Solche Grundsätze waren in der Praxis bei harten Schicksalen aber nur schwer durchzuhalten, weshalb auch Inhaftierte mit niedriger Reststrafe ausgelöst wurden.

[1175] Vgl. LA Berlin, B Rep. 002, Nr. 12295 (Vermerk von Völckers an Spangenberg vom 11.7.1967).

[1176] Vgl. LA Berlin, B Rep. 002, Nr. 10987 (Vermerk von Krautwig vom 3.7.1967).
Vgl. ebf. Wölbern: Der Häftlingsfreikauf aus der DDR 1962/63–1989, S. 191–196.

[1177] Vgl zu den unterschiedlichen Auffassungen im BMB: Ebenda (Wölbern), S. 219.

[1178] Zahl aus: Hammer (Bearbeiterin): Sonderedition »Besondere Bemühungen«, S. 185 (Dok. Nr. 89 A, Vermerk Rehlingers vom 14.9.1964).

[1179] Zahl aus: LA Berlin, B Rep. 002, Nr. 10987 (Schreiben Krautwigs an Wehner vom 28.6.1967).

[1180] Vgl. LA Berlin, B Rep. 002, Nr. 10987 (Schreiben von Krautwig an Wehner vom 28.6.1967).
Vgl. ebf. LA Berlin, B Rep. 002, Nr. 12295 (Vermerk Stanges vom 10.7.1967 nach Gespräch mit Vogel).

1967 einen deutlich niedrigeren Betrag für den Freikauf als im Vorjahr aufbringen. Die DDR hingegen wollte möglichst keinerlei Abstriche bei den Einnahmen machen, was die erhöhte Forderung für die Personen mit Kurzstrafen erklärt.[1181] Beide Seiten einigten sich nach langwierigen Verhandlungen für 1967 auf eine Pauschalvereinbarung in Höhe von etwa 32 Millionen DM für Häftlingsfreikauf und Familienzusammenführung.[1182] Dabei war es der Bundesregierung gelungen, den Gegenwert für einen politischen Häftling auf durchschnittlich unter 40.000 DM pro Person zu drücken, da überwiegend Häftlinge mit geringen Haftstrafen freigekauft worden waren, für die weniger bezahlt wurde.[1183]

Der an einer innerdeutschen Entspannung besonders interessierte West-Berliner Senat hatte sich während der stockenden Verhandlungen im Jahr 1967 bei der Bundesregierung für die Fortführung von Häftlingsfreikauf und Familienzusammenführung eingesetzt, wie ein Schreiben von Heinrich Albertz, Regierender Bürgermeister von West-Berlin, an Bundeskanzler Kurt Georg Kiesinger zeigt.[1184] Auch Minister Wehner wollte vor allem Ergebnisse bei den humanitären Bemühungen erzielen.[1185] Wehners Mitarbeiter Rehlinger befürchtete hingegen, dass die DDR bestrebt sein könnte, aus dem Freikauf ein *»Dauergeschäft«*[1186] zu machen. Zudem sollte nicht jeder Vorschlag der DDR angenommen werden, da sonst dem DDR-Repressionsapparat für jede Willkür *»Tür und Tor geöffnet«*[1187] werde. Rehlinger erinnerte sich, dass er beim Amtsantritt der Großen Koalition mit Wehner eine

---

Vgl. ebf. LA Berlin, B Rep. 002, Nr. 10987 (Schreiben Spangenbergs an Krautwig vom 26.7.1967).

[1181] Vgl. BA Koblenz, B 137/16604 (Entwurf Rehlingers für Wehner vom 19.1.1967 zu einem Schreiben von Vogel vom 17.1.1967).
Vgl. ebf. LA Berlin, B Rep. 002, Nr. 10987 (Schreiben von Spangenberg an Krautwig vom 26.7.1967).

[1182] Zahl aus: Posser: Anwalt im Kalten Krieg, S. 354.
Rehlinger war mit dem Ergebnis 1967 zufrieden, da insgesamt 542 Häftlinge hätten freigekauft werden können und die Durchschnittsstrafe bei über drei Jahren gelegen habe. Zahlen aus: BA Koblenz, B 137/16604 (Vorlage Rehlingers an Wehner vom 29.1.1968).

[1183] Vgl. Hammer (Bearbeiterin): Sonderedition »Besondere Bemühungen«, S. 495 (Dok. Nr. 308, Bericht Rehlingers an Minister Wehner vom 29.1.1968).

[1184] Vgl. BA Koblenz, B 137/16604 (Schreiben von Albertz an Kiesinger vom 15.3.1967)

[1185] Vgl. Meyer: Herbert Wehner, S. 317–319.

[1186] »Dauergeschäft« zitiert nach: BA Koblenz, B 137/16604 (Vermerk Rehlingers vom 6.1.1967).

[1187] »Tür und Tor geöffnet« zitiert nach: Ebenda (Vermerk Rehlingers vom 6.1.1967).

sehr schwierige Diskussion hatte, weil er im Gegensatz zu Wehner den Preisvorstellungen der DDR nicht nachgeben wollte.[1188] Auf bundesdeutscher Seite gab es immer wieder unterschiedliche Einschätzungen, wie weitreichend der DDR Zugeständnisse gemacht werden sollten. Hierfür sind die unterschiedlichen Standpunkte von Wehner und Rehlinger über die Honorierung der Kurzstrafer ein aussagekräftiges Beispiel. Minister Wehner setzte sich im Kern durch; das Preissystem wurde entsprechend neu strukturiert und ausdifferenziert.[1189] Wehner war vor allem an einer Verstetigung des Freikaufs gelegen.[1190]

In einem Vermerk des West-Berliner Senats vom März 1967 wurde ausführlich analysiert, dass die Unterscheidung in Kurz- und Langstrafer problematisch sei, was eigentlich auch dem BMG bekannt sein müsste.[1191] Dietrich Spangenberg schrieb daher im Juli des gleichen Jahres an Staatssekretär Krautwig, dass diese Kategorisierung für den Freikauf nicht maßgebend sein dürfe, sondern das individuelle Schicksal des Häftlings.[1192] Auch wenn die formale Einteilung in Kurz- und Langstrafer ab Ende der 1960er Jahre tatsächlich ad acta gelegt wurde, war die Bundesregierung auch in den folgenden Jahren besonders an politischen Häftlingen mit langen Haftstrafen interessiert.[1193] Sie setzte sich sogar mit Erfolg für Inhaftierte mit lebenslänglichen Haftstrafen ein (diese Personengruppe wurde in den Verhandlungen mit »LL«[1194] abgekürzt), die in einigen Fällen ebenfalls freigekauft werden konnten.[1195] Komplizierte Fälle – meistens handelte es sich um politische

---

[1188] Vgl. Interview mit Ludwig Rehlinger am 21.2.2009 in Eichwalde.
Vgl. ebf. Rehlinger: Freikauf, S. 78 f. Rehlinger sprach in seinem Buch davon, dass die DDR die Preise habe deutlich anheben wollen. Wahrscheinlich meinte er hiermit den dargelegten Sachverhalt.

[1189] Vgl. Wölbern: Der Häftlingsfreikauf aus der DDR 1962/63–1989, S. 219.

[1190] Vgl. ebenda, S. 219.

[1191] Vgl. LA Berlin, B Rep. 002, Nr. 10987 (Vermerk von Völckers vom 31.3.1967).
Bereits am 13.3.1967 hatte Völckers einen Vermerk zur Auslösung von Häftlingen verfasst, die zu kürzeren Haftstrafen verurteilt worden waren. Der Vermerk sollte Kunst und Krautwig nicht vorgelegt werden, da diese Anhänger der »5-Jahres-Grenze« seien. Der West-Berliner Senat hatte einige Berliner Fälle auf eigene Initiative selbst gelöst, wovon Minister Wehner aber unterrichtet worden war.
Vgl. LA Berlin, B Rep. 002, Nr. 10987 (Vermerk von Völckers vom 13.3.1967).

[1192] Vgl. LA Berlin, B Rep. 002, Nr. 10987 (Schreiben von Spangenberg an Krautwig vom 14.7.1967).

[1193] Vgl. HGWS-HF 64 (Vereinbarung zwischen Hirt und Vogel zur H-Aktion 1979 vom 23.3.1979).

[1194] Vgl. Pötzl: Basar der Spione, S. 358.

[1195] Vgl. HGWS-HF 64 (Vereinbarung zwischen Hirt und Vogel zur H-Aktion 1979 vom 23.3.1979).

Häftlinge mit langen Haftstrafen – wurden von der DDR erst einmal »zurückgestellt«. Im Schriftverkehr wurden diese Vorgänge als sogenannte »Z-Fälle« (»Z« für »Zurück«) bezeichnet.[1196] Bei bestimmten Personen weigerte sich die DDR, diese zu entlassen, wenn sie nach Auffassung des MfS der DDR »schweren Schaden« zugefügt bzw. eine »schwere Straftat« begangen hatten.[1197] Die vielen ungelösten Z-Fälle trugen in den Anfangsjahren zur Verstetigung des Freikaufs bei. Ein konkretes Beispiel für einen sogenannten Z-Fall war der Radrennfahrer Harry Seidel. Er hatte sich nach seiner Flucht in die Bundesrepublik in den 1960er Jahren als Fluchthelfer betätigt und war nach seiner Verhaftung 1962 zu einer lebenslänglichen Haftstrafe verurteilt worden.[1198] Erst auf Intervention Rehlingers wurde Seidel schließlich 1966 freigelassen, womit dieser besonders kontroverse Z-Fall gelöst werden konnte.[1199] Für Seidel hatten sich außerdem der CDU-Politiker Heinrich Köppler und der Schwede Carl Gustav Svingel verwendet.[1200] Ein weiterer schwieriger Z-Fall war der von Rudolf Reinartz, Vogels ehemaligem Vorgesetzten.[1201] Wolfgang Vogel hatte Ludwig Rehlinger darum gebeten, Reinartz auf die Liste der Bundesregierung zu setzen. Seine Freilassung war aber immer wieder blockiert worden, wobei sich vor allem Justizministerin Hilde Benjamin unerbittlich zeigte. Reinartz konnte erst 1966 als bereits gebrochener Mann freigekauft werden; er nahm sich 1972 das Leben.

Auch den 1961 wegen Brandstiftung inhaftierten Michael Garten-

---

Die Auslösung von lebenslänglich Verurteilten war auch schon in den 1960er Jahren gelungen. Vgl. BA Koblenz, B 137/16604 (Vorlage von Rehlinger an Wehner vom 29.1.1968).
[1196] Vgl. EZA Berlin, 742/280 (Schreiben von Vogel an Stange vom 22.5.1967).
[1197] Vgl. LA Berlin, B Rep. 002, Nr. 12295 (Schreiben von Stange an Wehner vom 23.9.1969).
[1198] Vgl. Rehlinger: Freikauf, S. 67 f.
Vgl. ebf. Detjen: Ein Loch in der Mauer, S. 188.
Bei einem Protest für die Freilassung Seidels und aller politischen Gefangenen in der DDR wurde 1965 der Bundesbürger Carl-Wolfgang Holzapfel nahe dem Checkpoint Charlie von DDR-Grenzposten auf der DDR-Seite verhaftet; er wurde 1966 freigekauft. Holzapfel protestierte weiterhin gegen die politischen Inhaftierungen in der DDR. Vgl. zu Holzapfel: Hammer (Bearbeiterin): Sonderedition »Besondere Bemühungen«, S. 328 (Dok. Nr. 193, Vermerk Rehlingers vom 4.8.1966).
[1199] Vgl. Rehlinger: Freikauf, S. 68 f.
[1200] Vgl. o. A.: Der heimliche Botschafter. In: DER SPIEGEL, Nr. 13/1992 vom 23.3.1992.
[1201] Vgl. Whitney: Advocatus Diaboli, S. 99–102.
Vgl. ebf. Pötzl: Basar der Spione, S. 163–165.

schläger – das Inbrandsetzen einer frei stehenden Scheune hatte ein Fanal gegen den Mauerbau sein sollen – konnte die Bundesrepublik erst 1971 nach jahrelangen Bemühungen aus der Haft auslösen.[1202] Gleichzeitig verdeutlicht der Fall Gartenschläger exemplarisch die Schwierigkeiten der Bundesrepublik beim Häftlingsfreikauf. Brandstiftung war natürlich auch in der Bundesrepublik ein strafbarer Tatbestand, was gegen einen möglichen Freikauf Gartenschlägers sprach. Er hatte aber aus politischen Gründen kurz nach dem Mauerbau als Jugendlicher sehr impulsiv gehandelt. Zudem statuierte die DDR-Justiz an ihm (und weiteren Jugendlichen) ein Exempel und verurteilte ihn in einem öffentlichen Schauprozess wegen »Diversion im schweren Fall in Tateinheit mit staatsgefährdenden Gewaltakten und staatsgefährdender Propaganda und Hetze« nach dem Erwachsenenstrafrecht zu einer lebenslangen Zuchthausstrafe. Da diese Verurteilung nicht mit rechtsstaatlichen Kriterien zu vereinbaren war, setzte sich die Bundesrepublik nachdrücklich für Gartenschlägers Freikauf ein. Gartenschläger sollte aber erst nach zehn Jahren Haft freikommen. Er engagierte sich auch in der Bundesrepublik gegen die SED-Diktatur, zunächst als Fluchthelfer, dann durch spektakuläre Aktionen. Zwei SM 70, die unter dem Begriff »Selbstschussanlagen« traurige Bekanntheit erlangt hatten, da sie bei vielen Flüchtlingen entsetzliche Verletzungen verursachten, wurden von Gartenschläger 1976 an der innerdeutschen Grenze in zwei verschiedenen Aktionen erfolgreich demontiert. Dadurch wurde das MfS alarmiert. Bei einem dritten Versuch, eine weitere SM 70 zu demontieren, wurde er 1976 an der innerdeutschen Grenze erschossen. Durch seinen Tod und einen weiteren Grenzzwischenfall wurde das deutsch-deutsche Verhältnis vorübergehend stark belastet. Bundeskanzler Helmut Schmidt sah sich zu einer kritischen Intervention bei Erich Honecker veranlasst.[1203]

Die DDR stufte meistens zu lebenslänglichen oder sehr langen Haftstrafen verurteilte Häftlinge als Z-Fälle ein.[1204] Hierbei handelte es sich häufig um Nachrichtendienstfälle sowie um Fluchthelfer

---

[1202] Vgl. als Quelle zu Michael Gartenschläger: Lienecke, Lothar und Bludau, Franz: Todesautomatik. Die Staatssicherheit und der Tod des Michael Gartenschläger. Frankfurt am Main 2008 (Taschenbuch; 2. Auflage; 1. Auflage als Taschenbuch erschienen 2003).
[1203] Vgl. Potthoff: Bonn und Ost-Berlin 1969–1982, S. 55 f.
[1204] Vgl. LA Berlin, B Rep. 002, Nr. 12295 (Stange an Wehner vom 23.9.1969, u. a. über Z-Fälle).
Vgl. ebf. EZA Berlin, 742/279 (Vermerk von Stange vom 7.8.1966 zur H-Aktion 1966; per Einschreiben an Kunsts enge Mitarbeiterin Gräfin von Rittberg übersendet).

aus Fluchthilfeorganisationen.[1205] Für die sofortige Lösung der noch ausstehenden Z-Fälle war Minister Wehner 1968 bereit, die doppelte wirtschaftliche Gegenleistung aufzubringen.[1206] Eine andere Möglichkeit ergab sich 1969, als für die Freilassung Felfes viele bislang von der SED-Diktatur zurückgestellte Häftlinge ausgelöst werden konnten.[1207] Von diesen äußerst komplizierten Z-Fällen sind jene Z-Fälle zu unterscheiden, in denen die DDR lediglich Entlassungen verweigerte bzw. zunächst einmal zurückstellte, weil die Verurteilung der betroffenen Personen erst kurze Zeit zurücklag.[1208] Die DDR hatte generell die Verhandlungstaktik, Häftlinge, die sie nicht freigeben wollte, möglichst durch Personen mit geringen Haftstrafen oder niedriger Reststrafe zu ersetzen.[1209]

Von dem ursprünglich für einen H-Fall ausgehandelten Richtwert von 40.000 DM wurde im Lauf der Jahre immer stärker abgegangen, ein neues Preissystem etablierte sich. Abweichungen wurden häufiger. So wurden je nach ausgesprochener Gesamtstrafe und Reststrafe, nach Schwere des Falles und Bedeutung der Person, teilweise auch abhängig von der (akademischen) Ausbildung des Häftlings, unterschiedliche Preise von der DDR verlangt und von der Bundesregierung auch bezahlt.[1210] Oftmals musste zum Beispiel bei einer sehr langen Haftstrafe der doppelte Preis aufgebracht werden.[1211] Umgekehrt verminderten sich die Zahlungen der Bundesrepublik auf die Hälfte, sofern der Inhaftierte nur noch eine geringe Reststrafe hatte.[1212] Auch das Land, in das der Häftling entlassen wurde, konnte die Summe beeinflussen. Bei

---

[1205] Vgl. LA Berlin, B Rep. 002, Nr. 12295 (Stange an Wehner vom 23.9.1969, u. a. über Z-Fälle).

[1206] Vgl. LA Berlin, B Rep. 002, Nr. 12295 (Bericht von Stange an Spangenberg vom 17.7.1967 über Rücksprache Stanges mit Staatssekretär Wetzel (im Beisein von Ministerialdirigent Gefaeller) vom 12.7.1967; Wetzel hatte diesbezüglich seine Direktive von Wehner.).

[1207] Vgl. LA Berlin, B Rep. 002, Nr. 12295 (Stange an Wehner vom 23.9.1969).

[1208] Vgl. ebenda (Stange an Wehner vom 23.9.1969).

[1209] Vgl. BStU, Archiv der Zentralstelle, MfS – HA IX 18030, S. 1 (Abrechnung der H-Aktion 1969 der HA IX; ohne Verfasser; Stand vom 14.1.1970).
Vgl. ebf. BStU, Archiv der Zentralstelle, MfS – HA IX 18437, S. 41 (Vorläufige Abrechnung zur H-Aktion 1970; ohne Verfasser).

[1210] Vgl. BStU, Archiv der Zentralstelle, MfS – HA IX 18437, S. 16–26 (Endabrechnung zur H-Aktion 1970; ohne Verfasser).

[1211] Vgl. LA Berlin, B Rep. 002, Nr. 12295 (Vermerk Stanges über den Sachstand vom 1.7.1968).

[1212] Vgl. BA Koblenz, B 137/16604 (Entwurf Rehlingers für Wehner vom 19.1.1967 zu einem Schreiben Vogels vom 17.1.1967).

einer DDR-Entlassung kurz vor Strafende verweigerte die Bundesregierung jegliche Zahlung.[1213]

Immer wieder versuchte die DDR, die Bundesrepublik zu täuschen, indem sie Häftlinge in den Freikauf einbezog, deren Haftstrafe ohnehin fast abgelaufen war.[1214] Die Bundesrepublik verweigerte aber Zahlungen für die Haftentlassungen von Personen, die nicht auf ihren Listen gestanden hatten, oder wenn sie der DDR falsche Angaben nachweisen konnte.[1215] In den Abrechnungen Anfang der 1970er Jahre wurde genau aufgeführt, wie viele Häftlinge für welchen Betrag freigekommen waren.[1216] Nach einer Quelle von 1970 wurden folgende Summen angegeben: doppelter Satz (80.000 DM), einfacher Satz (40.000 DM) und halber Satz (20.000 DM). Für einen F-Fall (»F« für Familienzusammenführung) wurden 12.000 DM pro Person angesetzt, und keine Bezahlung erfolgte bei Kriminellen.[1217] Die äußerst schwierigen Verhandlungen und das regelrechte »Feilschen« um den Wert eines Menschen waren für alle Beteiligten höchst unangenehm. Deshalb setzte sich in den Jahren 1972/73 vor allem Egon Bahr dafür ein, von der bislang praktizierten »Kopfpreispraxis« und den Verhandlungen über Anwälte Abstand zu nehmen.[1218] Zwar sollten letzten Endes seine Bemühungen scheitern, den Häftlingsfreikauf in seiner bisherigen Form zu beenden und die Verhandlungen auf eine staatliche Ebene zu übertragen.[1219] Aber nach dem Inkrafttreten des Grundlagenvertrages waren beide Seiten ernsthaft darum bemüht, sich auf eine Art Pauschale für

---

[1213] Vgl. BStU, Archiv der Zentralstelle, MfS – HA IX 3359, S. 7.
[1214] Vgl. HGWS-HF 75 (Schreiben von Stange an Vogel vom 24.7.1975).
[1215] Vgl. Interview mit Jan Hoesch vom 6.7.2009 in Berlin.
[1216] Vgl. BStU, Archiv der Zentralstelle, MfS – HA IX 18030, S. 62–65 (Stange an Vogel vom 27.1.1971 über die Abrechnung der länger strittigen H-Aktion von 1969). Vgl. ebf. BStU, Archiv der Zentralstelle, MfS – HA IX 18437, S. 16–26 (Abrechnung zur H-Aktion 1970).
[1217] Zahlen aus: BStU, Archiv der Zentralstelle, MfS – HA IX 18437, S. 16–21 und S. 24 (Endabrechnung zur H-Aktion 1970; ohne Verfasser).
Vgl. ebf. BStU, Archiv der Zentralstelle, MfS – HA IX 13661, S. 80 (Stange an Vogel zur H-Aktion 1971).
Vgl. ebf. BStU, Archiv der Zentralstelle, MfS – HA IX 18030, S. 75 f. (II. und III. Abrechnung der lange in der Bewertung umstrittenen H-Aktion von 1969; Anlage 2: Schreiben von Stange an Vogel vom 3.4.1971).
80.000 DM wurden mitunter mit dem Symbol »XX«, 40.000 DM mit »X«, 20.000 DM mit »(X)« und keine Bezahlung mit »o« hinter dem Namen gekennzeichnet. Vgl. Diekmann (Hg.): Freigekauft, S. 42.
[1218] Vgl. Interview mit Egon Bahr am 20.6.2007 in Berlin.
Vgl. ebf. Wölbern: Der Häftlingsfreikauf aus der DDR 1962/63–1989, S. 232–237.
[1219] Vgl. Bahr: Zu meiner Zeit, S. 436–439.

die zu erbringenden wirtschaftlichen Gegenleistungen zu einigen.[1220] Allerdings kann für 1976 belegt werden, dass noch eine Differenzierung vorgenommen wurde zwischen den sogenannten »normalen« Fällen, für die umgerechnet 41.404 DM pro Person aufgewendet werden mussten, und den sogenannten »gravierenden« Fällen, die mit 160.000 DM pro Person vergütet wurden.[1221] Hierbei überwogen die »normalen« Fälle.[1222] Die Einteilung richtete sich im Wesentlichen erneut nach der Haft- bzw. Reststrafe.[1223]

Schließlich wurde 1977 aber ein Pauschalpreis von 95.847 DM für jeden freigekauften politischen Häftling vereinbart; der Betrag ergab sich damals rein rechnerisch aus dem Durchschnittswert des Vorjahres.[1224] Nach Bestätigung von Edgar Hirt, Ludwig Rehlinger und Walter Priesnitz blieb dieser Pauschalpreis auch in den 1980er Jahren bestehen.[1225] Strafhöhe oder Ausbildung der Häftlinge spielten damit von nun an für die gezahlten wirtschaftlichen Gegenleistungen keine Rolle mehr. Trotz der Pauschalierung versuchte die Bundesrepublik weiterhin zu erreichen, dass Haftentlassungen, die nur wenige Wochen oder Tage vor dem regulären Entlassungstermin erfolgt waren, bei der Abrechnung entsprechend berücksichtigt bzw. häufig gar nicht hono-

---

[1220] Vgl. BStU, Archiv der Zentralstelle, MfS – HA IX 341, S. 22 (Schreiben Vogels an Stange vom 19.4.1974), S. 25–27 (Schreiben Stanges an Vogel vom 28.2.1974) und S. 141 (Abrechnung II. Pauschale 1974).

[1221] Vgl. BStU, Archiv der Zentralstelle, MfS – HA IX 17877, S. 39 (Abrechnung I. Folge 1976).

[1222] Vgl. ebenda, S. 39 (Abrechnung I. Folge 1976; Zahlenverhältnis »normal« zu »gravierend«: 370 zu 135).
Vgl. ebf. BStU, Archiv der Zentralstelle, MfS – HA IX 17943, S. 1 (Abrechnung III. Folge 1976; Zahlenverhältnis: 195 zu 97) und S. 3 (Abrechnung II. Folge 1976; Zahlenverhältnis: 232 zu 226).

[1223] Vgl. BStU, Archiv der Zentralstelle, MfS – HA IX 1748, S. 1 (Vorschlagsliste der DDR zu »gravierenden« Fällen aus dem Jahr 1975).

[1224] Zahl aus: Deutscher Bundestag (Hg.): Drucksache 12/7600, S. 309. Die Zahl basiert auf Aussagen der bundesdeutschen Verantwortlichen sowie der Zeugenvernehmung von Wolfgang Vogel vor dem 1. Untersuchungsausschuss der 12. Wahlperiode des Deutschen Bundestages (»Kommerzielle Koordinierung«; 2271-8).
Vgl. zu Vogels Zeugenvernehmung: Parlamentsarchiv des Deutschen Bundestags, stenografisches Protokoll der 90. Sitzung des 1. Untersuchungsausschusses am 8.10.1992.

[1225] Vgl. Interviews mit: Ludwig Rehlinger am 21.2.2009 in Eichwalde; Edgar Hirt am 7.7.2010 in Bonn.
Vgl. ebf. Brief von Walter Priesnitz vom 16.8.2009. Vgl. zu Walter Priesnitz: Diekmann (Hg.): Freigekauft, S. 181. Walter Priesnitz stand dankenswerterweise für diese Studie für viele Rückfragen zur Verfügung.

riert wurden.[1226] Hierbei handelte es sich um sogenannte »TE-Fälle«.[1227] Trotz des 1977 vereinbarten Pauschalbetrags von 95.847 DM pro Person gab es also Ausnahmen, in denen ein anderer Betrag gezahlt wurde. Das galt zum Beispiel auch bei den Häftlingen, die in den sogenannten »Weihnachtsaktionen« bzw. »Sonderaktionen« entlassen wurden. Ende der 1970er und Anfang der 1980er Jahre, meistens kurz vor Weihnachten, zeigte sich die DDR bereit, Inhaftierte, die als »besonders schwere Fälle« bisher nicht gelöst werden konnten, zu einem höheren Preis freizugeben.[1228] Hierbei kann von 200.000 DM pro Person ausgegangen werden.[1229] Ludwig Rehlinger erläuterte jedoch, dass diese Praxis von der neuen Bundesregierung wieder beendet wurde, weil sie ein Ausnutzen solcher Aktionen durch die DDR befürchtet habe.[1230]

Die Frage, ob es beim Freikauf ein nach der Ausbildung gestaffeltes Preissystem gegeben habe, wurde von allen für diese Untersuchung befragten ehemaligen Staatssekretären und Ministerialräten, die für den Freikauf zuständig gewesen waren, verneint.[1231] Jan Hoesch ergänzte zwar hierzu, dass zu seiner Zeit im BMB vor allem für Ärzte gelegentlich mehr gezahlt werden musste; aber ein Preissystem, bei dem Ausbildungskriterien die maßgebliche Rolle gespielt hätten, verneinte er ausdrücklich.[1232] Vogel erklärte vor dem sogenannten Untersuchungsausschuss »Kommerzielle Koordinierung« des Deutschen Bundestages,

---

[1226] Vgl. BStU, Archiv der Zentralstelle, MfS – HA IX 3359, S. 3 f. (Abrechnung der »TE-Fälle« vom 7.7.1987 zur 1. Folge 1987). Solche Fälle wurden von der Bundesregierung abgelehnt (Kürzel: »Abl.«).
Vgl. ebf. Völkel: Die besonderen Bemühungen der Bundesregierung um Haftentlassung und Übersiedlung aus der DDR. Teil 1. In: Mitteilungen aus dem Bundesarchiv, Heft 1/2008, S. 46.

[1227] Die »TE-Fälle« wurden von den »Normal-Fällen« abgegrenzt. Vgl. BStU, Archiv der Zentralstelle, MfS – ZKG 9640, S. 2 (vorläufige Abrechnung (ohne Verfasser) der III. Folge 1985, Stand 9.1.1986).
»TE« bedeutete »Termin der Entlassung«. Zitiert nach: Eiselt, Rainer (verantwortlicher Redakteur; im Auftrag der BStU): Abkürzungsverzeichnis. Häufig verwendete Abkürzungen und Begriffe des Ministeriums für Staatssicherheit. Berlin 2007 (8., völlig neu bearbeitete und erweiterte Auflage; 1. Auflage von 1993), S. 75.

[1228] Vgl. Rehlinger: Freikauf, S. 85.

[1229] Zahl aus: HGWS-HF 66 (20 Mio. DM für 100 Häftlinge bei einer Sonderaktion im Jahr 1978).

[1230] Vgl. Interview mit Ludwig Rehlinger am 21.2.2009 in Eichwalde.

[1231] Vgl. Interviews mit: Ludwig Rehlinger am 21.2.2009 in Eichwalde; Jan Hoesch am 6.7.2009 in Berlin; Günter Wetzel am 14.10.2009 in Darmstadt; Edgar Hirt am 7.7.2010 in Bonn.

[1232] Vgl. Interview mit Jan Hoesch am 6.7.2009 in Berlin.

dass vor der vereinbarten Pauschalierung der Freikauf eines Arztes erheblich teurer gewesen sei als der eines Arbeiters.[1233] In einem Interview von 1990 mit dem SPIEGEL wies er aber ein festes Preissystem, das strikt nach der Ausbildung des Häftlings gestaffelt gewesen wäre, entschieden zurück.[1234] Er betonte sogar, selbst vor der Pauschalierung habe sich der Preis nur nach der Strafhöhe gerichtet.[1235] Vor der Pauschalierung war der Preis für den Freikauf eines politischen Häftlings im Falle einer guten Ausbildung in diversen Fällen zwar tatsächlich höher angesetzt worden. Doch waren für die DDR im Regelfall die verhängte Gesamtstrafe sowie die noch abzusitzende Reststrafe des politischen Häftlings für die Höhe der Summe entscheidend.[1236] Die Ausbildung eines Häftlings besaß nach der Pauschalierung keine Bedeutung mehr. Da die DDR den Häftlingsfreikauf aber ideologisch auch damit zu rechtfertigen suchte, dass sie die in die Häftlinge investierten Erziehungs- und Ausbildungskosten erstattet bekommen wollte, konnte sich diese Legende von der Staffelung der gezahlten Leistungen – je nach Ausbildungsgrad des politischen Häftlings – wahrscheinlich so lange halten.[1237]

Die Pauschalierung brachte der DDR mehr Planungssicherheit über die zu erwartenden Erlöse. Außerdem erzielte sie damit Mehreinnahmen, da sie nun nicht mehr dazu gezwungen war, für jeden einzelnen Gefangenen eine möglichst hohe Summe erst aushandeln zu müssen.[1238] Auch die Abrechnungen und die Verhandlungen wurden erheblich erleichtert.[1239] Allerdings musste die Bundesregierung durch die Pauschalierung nun insgesamt deutlich mehr bezahlen. Da die Anzahl der freigekauften Häftlinge von Jahrzehnt zu Jahrzehnt immer weiter anstieg, erzielte die DDR den größten Teil ihrer Einnahmen in den 1980er Jahren, also in den letzten fünf bis zehn Jahren des Häftlingsfreikaufs.[1240]

---

[1233] Vgl. Deutscher Bundestag (Hg.): Drucksache 12/ 7600, S. 309.
[1234] Vgl. Wolfgang Vogel im Interview (»Ich hätte mit dem Teufel paktiert«) mit dem SPIEGEL. In: DER SPIEGEL, Nr. 15/1990 vom 9.4.1990.
[1235] Vgl. ebenda (Interview Vogels mit dem SPIEGEL).
[1236] Vgl. BStU, Archiv der Zentralstelle, MfS – HA IX 18030, S. 58 f. (Stange an Vogel vom 18.6.1971).
[1237] Vgl. Kruse: Politik und deutsch-deutsche Wirtschaftsbeziehungen von 1945 bis 1989, S. 175.
Vgl. ebf. Krenz, Egon: Herbst '89. Berlin 1999 (3. Aufl.; 1. Aufl. erschien ebf. 1999), S. 301.
[1238] Vgl. Posser: Anwalt im Kalten Krieg, S. 354.
[1239] Vgl. Wolfgang Vogel im Interview (»Ich hätte mit dem Teufel paktiert«) mit dem SPIEGEL. In: DER SPIEGEL, Nr. 15/1990 vom 9.4.1990.
[1240] Vgl. Posser: Anwalt im Kalten Krieg, S. 354.

Die Bundesfinanzminister zeigten sich hierbei gegenüber dem BMB recht kooperativ und stellten die notwendigen finanziellen Mittel bereit.[1241] Der Einigung auf den hohen Pauschalpreis (95.847 DM pro Person) in den 1970er Jahren standen jedoch auch Verhandlungserfolge der Bundesrepublik gegenüber, die in diesem Kontext nicht übersehen werden dürfen. So konnte die Bundesregierung beispielsweise durchsetzen, dass die freigekauften politischen Häftlinge jetzt fast alle in den Westen entlassen wurden.[1242]

Auch bei der Familienzusammenführung konnten nach der Ratifizierung des Grundlagenvertrages Fortschritte erzielt werden. Hier sanken nämlich die zu erbringenden wirtschaftlichen Gegenleistungen erheblich.[1243] Das verdeutlicht erneut, dass der Häftlingsfreikauf nicht isoliert von der Familienzusammenführung betrachtet werden kann. Freigekaufte politische Häftlinge baten darum, dass sie zusammen mit ihren Familien in die Bundesrepublik ausreisen durften. Sofern dies nicht direkt zu erreichen war, konnten die Angehörigen später nachkommen.[1244] Doch dies waren bei weitem nicht die einzigen erhofften Familienzusammenführungen. Vor dem Mauerbau kam es nicht selten vor, dass zunächst nur ein Elternteil allein in den Westen geflohen war.[1245] Die Kinder und der zweite Elternteil sollten möglichst nach einer erfolgreichen Existenzgründung und einer gelungenen Integration in die bundesdeutsche Gesellschaft folgen. Oftmals verzögerte sich das Nachholen der Familie, so dass durch den Mauerbau diese Planung in vielen Familien abrupt zunichte gemacht wurde. In anderen Fällen waren einzelne Familienmitglieder während einer Urlaubsreise, eines Familienbesuchs oder einer Dienstreise im Westen vom Mauerbau überrascht worden und spontan dort geblieben. Nun setzten sie alles daran, dass ihre Angehörigen, oftmals die in der DDR zurückgebliebenen Kinder, nachkommen konnten. Andere wollten ihren Angehörigen keine riskante Flucht zumuten, weshalb sie allein geflohen waren und nun versuchten, ihre Familie in den Westen zu holen.

[1241] Vgl. Interview mit Ludwig Rehlinger am 21.2.2009 in Eichwalde.
[1242] Vgl. HGWS-HF 71 (Aufstellung von Plewa vom Februar 1977 über H-Aktionen von 1975 und 1976).
Ab Mitte der 1970er Jahre kann von einem Anteil von mindestens 95 Prozent an West-Entlassungen ausgegangen werden.
[1243] Vgl. Deutscher Bundestag (Hg.): Drucksache 12/7600, S. 317.
[1244] Vgl. EZA Berlin, 742/280 (Schreiben von Stange an Kunst vom 15.6.1967).
[1245] Vgl. Rehlinger: Freikauf, S. 72.
Vgl. ebf. Interview mit Jan Hoesch am 6.7.2009 in Berlin.
(Quellen bis zum Ende des Absatzes).

Nach dem Mauerbau wurde die Familienzusammenführung damit zu einem vordringlichen humanitären Problem. Deshalb setzte sich die Bundesregierung seit 1965 erfolgreich für die Zusammenführung von Familien ein.[1246] Sie knüpfte hierbei – ähnlich wie beim Häftlingsfreikauf – an einzelne erfolgreiche Initiativen der christlichen Kirchen an und weitete die Anzahl der erreichten Familienzusammenführungen nun beträchtlich aus.[1247] Bei der Familienzusammenführung gab es sogenannte »F-Listen«, die vom Rechtsanwaltsbüro Vogel erstellt wurden.[1248] Vogel hatte dafür von bundesdeutscher Seite sogenannte »Leitbogenlisten« mit Personen erhalten, die die Bundesregierung in ihrer »F-Kartei« für Familienzusammenführungen registriert hatte.[1249] Die bundesdeutschen Vorschläge wurden von Rechtsanwalt Stange bzw. in späteren Jahren von Klaus Plewa, Referatsleiter im BMB, an Vogel übergeben.[1250] Die Listen wurden von beiden Seiten regelmäßig ausgetauscht, überarbeitet, ergänzt und neu verhandelt, wobei die Familienzusammenführung quantitativ immer mehr an Bedeutung gewinnen sollte.[1251] Wenn die DDR über einen bestimmten »F-Fall« nicht verhandeln wollte, wurde dieser von Vogel erst gar nicht auf die Liste für die vorgesehenen Ausreisen gesetzt.[1252] Nach erfolgter Abstimmung zwischen BMB und Rechtsanwalt Vogel wurde eine sogenannte »L-Liste«

---

[1246] Vgl. BA Koblenz, B 137/16604 (Schreiben von Rehlinger an die Reg. Dir. Staab und Stern vom 1.4.1969).

[1247] Vgl. Hammer (Bearbeiterin): Sonderedition »Besondere Bemühungen«, S. 275 (Dok. Nr. 156, Vermerk Krautwigs vom 15.9.1965).

[1248] Vgl. Völkel, Claudia: Die besonderen Bemühungen der Bundesregierung um Haftentlassung und Übersiedlung aus der DDR. Aus der Überlieferung des Bundesministeriums für innerdeutsche Beziehungen (B 137) – Teil 2. In: Mitteilungen aus dem Bundesarchiv, Heft 2/2008. 16. Jahrgang. Koblenz 2008, S. 20.

[1249] Vgl. ebenda, S. 20 f. Teilweise wurden Kinder (Kinder-Kartei) und Ehepartner (Ehepartner-Kartei) differenziert registriert. Vgl. ebenda, S. 18 f. Außerdem wurden »Ehepartnerlisten« (E-Listen) geführt. Vgl. ebenda, S. 22. Für Fälle, in denen sich Bundestagsabgeordnete eingesetzt hatten, gab es eine MdB-Kartei. Vgl. ebenda, S. 19.

[1250] Vgl. Deutscher Bundestag (Hg.): Drucksache 12/7600, S. 317.

[1251] Vgl. ebenda, S. 317.
Vgl. ebf. Völkel: Die besonderen Bemühungen der Bundesregierung um Haftentlassung und Übersiedlung aus der DDR. Teil 2. In: Mitteilungen aus dem Bundesarchiv, Heft 2/2008, S. 18–21.
Vgl. ebf. BA Koblenz, B 137/16604 (Schreiben von Rehlinger an die Reg. Dir. Staab und Stern vom 1.4.1969).
Vgl. ebf. Interview mit Jan Hoesch am 6.7.2009 in Berlin.

[1252] Vgl. Völkel: Die besonderen Bemühungen der Bundesregierung um Haftentlassung und Übersiedlung aus der DDR. Teil 2. In: Mitteilungen aus dem Bundesarchiv, Heft 2/2008, S. 20.

(Genehmigungsliste) erstellt, in der die Personen enthalten waren, die die DDR mit Genehmigung der Behörden verlassen sollten.[1253] Doch die Aufführung auf der »L-Liste« war nicht gleichbedeutend mit der Ausreise. Die DDR zog die Ausreisegenehmigung mitunter zurück, falls westliche Medien über den Fall berichtet hatten.[1254] Die über die Familienzusammenführung ausgereisten DDR-Bürger wurden auf »FA-Listen« (Ausreiselisten bei der Familienzusammenführung) festgehalten, die in der Regel aus 26 Personen bestanden.[1255] Besonders dringende Fälle, die aus humanitären Gründen möglichst schnell gelöst werden sollten, wurden von der Bundesregierung auf die sogenannten »FD-Listen« gesetzt.[1256]

Ähnlich wie beim Häftlingsfreikauf wurden schwierige Fälle der Familienzusammenführung von der DDR »zurückgestellt«.[1257] Oftmals war auch hier eine Lösung nur über sogenannte »Sonderaktionen« möglich, wie zum Beispiel im Jahr 1980. Damals wurden für 216 übersiedlungswillige DDR-Bürger drei Millionen DM in bar bezahlt, die von Stange an Vogel übergeben wurden.[1258] Bargeldzahlungen blieben aber die Ausnahme. Die wirtschaftlichen Gegenleistungen wurden auch bei der Familienzusammenführung in Form von Warenlieferungen abgewickelt.[1259] Dafür wurden die beim Häftlingsfreikauf etablierten Kontakte und Vertriebskanäle genutzt.[1260] Die materiellen Gegenleistungen, die für Familienzusammenführungen aufgebracht werden mussten, änderten sich aber häufiger. Lediglich die Zahl von 26 Personen pro FA-Liste blieb konstant.[1261]

In den 1960er Jahren und bis Anfang der 1970er Jahre musste die Bundesrepublik für die 26 Personen auf einer FA-Liste einen Gegenwert von 300.000 DM in Waren aufwenden.[1262] Das ergab (grob gerundet) ei-

---

[1253] Vgl. Völkel: Die besonderen Bemühungen der Bundesregierung um Haftentlassung und Übersiedlung aus der DDR. Teil 2. In: Mitteilungen aus dem Bundesarchiv, Heft 2/2008, S. 21.
[1254] Vgl. ebenda, S. 21.
[1255] Vgl. Deutscher Bundestag (Hg.): Drucksache 12/7600, S. 317.
[1256] Vgl. Völkel: Die besonderen Bemühungen der Bundesregierung um Haftentlassung und Übersiedlung aus der DDR. Teil 2. In: Mitteilungen aus dem Bundesarchiv, Heft 2/2008, S. 21.
[1257] Vgl. ebenda, S. 21.
[1258] Zahlen aus: Deutscher Bundestag (Hg.): Drucksache 12/7600, S. 317.
[1259] Vgl. ebenda, S. 317.
[1260] Vgl. ebenda, S. 317.
[1261] Zahl aus: Bögeholz, Hartwig: Wendepunkte – die Chronik der Republik. Der Weg der Deutschen in Ost und West. Reinbek bei Hamburg 1999 (Taschenbuch; erweiterte Neuausgabe von »Die Deutschen nach dem Krieg. Eine Chronik), S. 286.
[1262] Zahlen aus: Ebenda, S. 286.
BA Koblenz, B 137/16604 (Schreiben von Rehlinger an die Reg. Dir. Staab und

nen Betrag von etwa 12.000 DM pro Person. Anfang der 1970er Jahre mussten sogar kurzzeitig 500.000 DM pro FA-Liste bezahlt werden.[1263] In dieser Zeit konnten die wirtschaftlichen Gegenleistungen in F-Fällen teilweise sehr unterschiedlich ausfallen. So erinnerte sich zum Beispiel Jan Hoesch daran, dass bei Ärzten höhere Summen verlangt wurden.[1264] Im Gegensatz zum Häftlingsfreikauf konnte die Bundesrepublik nach dem Abschluss des Grundlagenvertrages aber erreichen, dass die Gegenleistungen für F-Fälle nun erheblich geringer wurden.[1265] So musste die Bundesrepublik zunächst nur noch 50.000 DM pro FA-Liste (pro Person also nur noch etwa 2.000 DM) aufbringen; seit 1977 für Listen mit sogenannten »Konfliktfällen« 100.000 DM.[1266] In den 1970er Jahren machten die Konfliktfälle etwa ein Zehntel aller Fälle aus.[1267] Nur sehr schwer oder gar nicht lösbar waren die Ausreisewünsche von Ehepaaren, gesamten Familien oder von Personen aus Berufen, in denen Fachkräftemangel herrschte.[1268] Ähnliches galt bei Ausreiseanträgen von Bürgern mit beruflichen oder privaten Verbindungen zum Staats- und Parteiapparat sowie bei Angehörigen von Flüchtlingen und von Personen, die bereits über die Familienzusammenführung ausgereist waren.[1269] Leistungssportler erhielten generell keine Ausreisegenehmigung.[1270]

In den 1980er Jahren kam es erneut zu Veränderungen. So musste für einen »normalen« F-Fall 4.500 DM pro Person aufgewendet werden, was aus Sicht der Bundesrepublik wieder eine Verschlechterung darstellte.[1271] »Konfliktfälle« wurden in »Sonderlisten« zusammen-

---

Stern vom 1.4.1969).
[1263] Zahl aus: Bögeholz: Wendepunkte – die Chronik der Republik, S. 286.
[1264] Vgl. Interview mit Jan Hoesch am 6.7.2009 in Berlin.
[1265] Vgl. Bögeholz: Wendepunkte – die Chronik der Republik, S. 286.
[1266] Zahlen aus: Ebenda, S. 286.
[1267] Zahl aus: Potthoff: Bonn und Ost-Berlin 1969–1982, S. 107.
  Allerdings mussten für diese Listen, mindestens ist dies für 1974 nachweisbar, 500.000 DM aufgebracht werden. Zahl aus: BStU, Archiv der Zentralstelle, MfS – HA IX 341, S. 19 (Schreiben von Stange an Vogel vom 21.6.1974 mit dem Betreff »Sonderaktion 1974«).
[1268] Vgl. DzD VI/5 (1977/78); Dok. Nr. 9, S. 35 (Vermerk von Stern, Ministerialdirigent im Bundeskanzleramt, vom 25.1.1977).
[1269] Vgl. ebenda (Vermerk von Stern, Ministerialdirigent im Bundeskanzleramt, vom 25.1.1977).
[1270] Vgl. Völkel: Die besonderen Bemühungen der Bundesregierung um Haftentlassung und Übersiedlung aus der DDR. Teil 2. In: Mitteilungen aus dem Bundesarchiv, Heft 2/2008, S. 21.
[1271] Zahl aus: Potthoff: Bonn und Ost-Berlin 1969–1982, S. 110.

gefasst und mussten mit 8.000 DM pro Person abgegolten werden.[1272] Die im Vergleich zu den 1960er und zum Anfang der 1970er Jahre für die Bundesrepublik insgesamt dennoch günstige Entwicklung in der Familienzusammenführung war maßgeblich auf Verpflichtungen der DDR zurückzuführen, die sich aus dem Grundlagenvertrag sowie aus internationalen Abkommen ergaben.[1273] Die Zahl der Familienzusammenführungen stieg im Verlauf der Jahrzehnte sehr stark an und erreichte in den 1980er Jahren schließlich mit insgesamt knapp 200.000 Menschen ihren Höhepunkt.[1274] Immer mehr Menschen, die die DDR aus unterschiedlichen Gründen verlassen wollten, wurde nun die Ausreise im Rahmen der Familienzusammenführung ermöglicht, obwohl es sich im engeren Sinn nicht um eine echte Familienzusammenführung handelte.[1275]

In den 1960er Jahren war die DDR bei der Erteilung von Ausreisegenehmigungen hingegen noch sehr restriktiv vorgegangen, was auf politische Gründe zurückzuführen war.[1276] Teilweise lag dies aber wohl auch an organisatorischen Schwierigkeiten.[1277] Die Zahl der Anträge sollte aber gegen Ende des Jahrzehnts stark ansteigen, nachdem sich herumgesprochen hatte, dass nicht nur getrennte Eheleute in die Familienzusammenführung einbezogen wurden.[1278] Die DDR betonte stets, dass die Familienzusammenführung nur ein Nebeneffekt der Häftlingsaktion sei; deren Abbruch würde daher auch das Ende der Familienzusammenführung bedeuten.[1279] Allerdings kann davon aus-

---

[1272] Zahl aus: Bögeholz, Wendepunkte – die Chronik der Republik, S. 286.
[1273] Vgl. Potthoff: Bonn und Ost-Berlin 1969–1982, S. 102.
Vgl. ebf. Raschka: Justizpolitik im SED-Staat, S. 89–100.
[1274] Zahl aus: Whitney: Advocatus Diaboli, S. 400.
[1275] Vgl. Volze: Innerdeutsche Transfers. In: Deutscher Bundestag (Hg.): Materialien der Enquete-Kommission »Aufarbeitung von Geschichte und Folgen der SED-Diktatur in Deutschland« (12. Wahlperiode des Deutschen Bundestages); Band V/3: Deutschlandpolitik, innerdeutsche Beziehungen und internationale Rahmenbedingungen, S. 2779.
[1276] Vgl. Hammer (Bearbeiterin): Sonderedition »Besondere Bemühungen«, S. 627 (Dok. Nr. 401, Bericht Rehlingers an Minister Wehner vom 30.5.1969). Deshalb durften in den 1960er Jahren auch nur etwa 2.600 Personen über die Familienzusammenführung ausreisen. Zahl aus: Ebenda, S. XIII (aus der Einleitung).
[1277] Vgl. ebenda, S. 616 (Dok. Nr. 396, Vermerk Rehlingers vom 3.4.1969).
[1278] Vgl. Hammer (Bearbeiterin): Sonderedition »Besondere Bemühungen«, S. 531 (Dok. Nr. 332, Bericht Rehlingers an Wehner vom 6.6.1968).
[1279] Vgl. BA Koblenz, B 137/16604 (Schreiben von Jan Hoesch vom 11.9.1970 an Unterabteilungsleiter II B über ein Telefongespräch mit Ministerialrat Staab am 2.9.1970 zur Familienzusammenführung. Hoesch hielt fest, dass die DDR bei der Familienzusammenführung so restriktiv sei, weil sie »Kettenreaktionen« von

gegangen werden, dass die DDR dies wohl aus verhandlungstaktischen Gründen derart zugespitzt formulierte. Die Bemühungen um die Ausreise der Angehörigen der freigekauften politischen Häftlinge waren für die gesamte Familienzusammenführung ein wichtiger Ausgangspunkt.[1280] Den engen Zusammenhang zwischen Häftlingsfreikauf und Familienzusammenführung hatte Staatssekretär Krautwig bereits 1965 festgehalten, als er vermerkte: »*Angesichts des engen Zusammenhanges, der zwischen der Aktion ›Entlassung politischer Häftlinge‹ und der Aktion ›Familienzusammenführung‹ besteht – beide Aktionen haben die gleiche Wurzel –, wurde die Familienzusammenführung nicht als besondere Aktion, sondern gewissermaßen als Appendix zur sogenannten Häftlingsaktion behandelt.*«[1281]

Ein weiteres humanitäres Problem waren die sogenannten »K-Fälle«, in denen sich die Bundesregierung ebenfalls bereits seit Mitte der 1960er Jahre nachhaltig einsetzte. Hierbei ging es um alleinstehende Kinder, deren Eltern in der Bundesrepublik lebten, weil sie beispielsweise aus der DDR geflohen waren.[1282] In der Regel wurde in diesen Fällen die Ausreise der zurückgelassenen Kinder grundsätzlich verweigert und den Eltern gleichzeitig das Sorgerecht entzogen.[1283] Für einige K-Fälle konnte deshalb auch keine Lösung herbeigeführt werden.[1284] Zukünftige Leistungsträger wollte die DDR – im Gegensatz zu Rentnern – keinesfalls ausreisen lassen. Kinder, die zusammen mit einem Elternteil zum anderen im Westen lebenden Elternteil aus der DDR übersiedeln wollten, galten nicht als K-, sondern als F-Fall.[1285] Bei den im BMG erstellten Listen zu den F- und K-Fällen erwies sich vor allem das DRK als außerordentlich

---

weiteren Ausreiseantragstellern befürchtete.).

[1280] Vgl. Interview mit Jan Hoesch am 6.7.2009 in Berlin.

[1281] Zitiert nach: EZA Berlin, 742/277 (Vermerk von Krautwig vom 15.9.1965; auch die Kirchen finanzierten einige Familienzusammenführungen.). Vgl. ebf. hierzu: Wölbern: Der Häftlingsfreikauf aus der DDR 1962/63–1989, S. 173–176.

[1282] Vgl. Interview mit Jan Hoesch am 6.7.2009 in Berlin.

[1283] Vgl. Rehlinger: Freikauf, S. 72 f.
Vgl. ebf. DzD VI/4 (1975/76); Dok. Nr. 156, S. 551 f. (Vermerk von Bräutigam, StäV, an das Bundeskanzleramt nach einem Gespräch mit DDR-Diplomat Seidel vom 22.12.1975)

[1284] Vgl. o. A.: Justiz: Angelika Kurtz: Zwei Mütter. In: DER SPIEGEL, Nr. 37/1965 vom 8.9.1965.

[1285] Vgl. DzD VI/3 (1973/74); Dok. Nr. 44, S. 172 und S. 174 (Aufzeichnung von Hoesch vom 7.6.1973).

hilfreich.[1286] Verdienste erwarb sich hierbei Kurt Wagner, der Leiter des DRK-Suchdienstes.[1287] Die DDR wollte jedoch direkte Verhandlungen zwischen dem DRK West und dem DRK Ost unterbinden.[1288] Die Bundesregierung vermutete, dass die DDR in den Verhandlungen die K-Fälle mit den H-Fällen verknüpfen wollte, indem sie für die Genehmigung der Ausreise von alleinstehenden Kindern als Gegenleistung die Einbeziehung von Mittätern in den Häftlingsfreikauf zu erreichen versuchte.[1289]

Bezüglich der K-Fälle erläuterte Jan Hoesch, dass trotz aller Schwierigkeiten viele Kinder schließlich doch in die Bundesrepublik oder nach West-Berlin ausreisen konnten, ohne dass dafür Waren oder andere wirtschaftliche Gegenleistungen geliefert werden mussten.[1290] Die DDR wollte sich offensichtlich nicht dem Vorwurf aussetzen, dass sie mit dem Schicksal von Kindern Handel betreiben und Devisen verdienen wollte.[1291] Minderjährige Personen, das galt für den Häftlingsfreikauf ebenso, wollte die DDR anscheinend nicht verkaufen.[1292] Jan Hoesch erläuterte, dass die Bundesrepublik zwar bei den K-Fällen nichts zusätzlich bezahlen musste, dafür aber auf bundesdeutschen Konten aufgelaufene und bisher zurückgehaltene »Mündelgelder«[1293] für die DDR freigegeben wurden.[1294] Erst durch dieses Zugeständnis der Bundesregierung waren viele Ausreisen von

---

[1286] Vgl. HGWS-HF 16 (Vermerk von Weichert vom 15.3.1967).
[1287] Vgl. BA Koblenz, B 137/16604 (Vermerk von Rehlinger vom 7.5.1968).
[1288] Vgl. HGWS-HF 16 (Vermerk von Weichert vom 15.3.1967).
[1289] Vgl. ebenda (Vermerk von Weichert vom 15.3.1967).
[1290] Vgl. Interview mit Jan Hoesch am 6.7.2009 in Berlin.
Vgl. ebf. Jan Hoesch in der Podiumsdiskussion »Bundesrepublik und DDR – Erfahrungen mit Spaltung und Repression« auf der Tagung »Freiheit und Unfreiheit als deutsche Erfahrung«, dem 20. Bautzen-Forum der Friedrich-Ebert-Stiftung (Büro Leipzig) am 7. und 8. Mai 2009. In: Friedrich-Ebert-Stiftung, Büro Leipzig (Hg.): Dokumentation des 20. Bautzen-Forums, S. 40.
[1291] Vgl. Hammer (Bearbeiterin): Sonderedition »Besondere Bemühungen«, S. 625 (Dok. Nr. 401, Bericht Rehlingers an Minister Wehner vom 30.5.1969).
Vgl. ebf. BA Koblenz, B 137/16604 (Schreiben von Rehlinger an die Reg. Dir. Staab und Stern vom 1.4.1969). Franz Jürgen Staab, damals im BMG, stand dankenswerterweise am 9.2.2010 für diese Studie für Rückfragen in einem telefonischen Interview zur Verfügung.
[1292] Nach meinen Recherchen waren die Häftlinge zum Zeitpunkt ihres Freikaufs mindestens 18 Jahre alt.
[1293] Der Begriff »Mündelgelder« ist formal nicht ganz korrekt, wurde aber so in den Vermerken verwendet.
[1294] Vgl. Interview mit Jan Hoesch am 6.7.2009 in Berlin.

alleinstehenden Kindern erreicht worden.[1295] Die Lösung orientierte sich an einem Vorgehen, das zuvor der West-Berliner Senat mit der DDR für die Berliner Fälle ausgehandelt hatte.[1296] Der SPIEGEL machte 1975 besonders tragische Fälle öffentlich, die unter dem Begriff der »Zwangsadoptionen« bekannt wurden.[1297] Diesem Thema wurde auch im Deutschen Bundestag Beachtung geschenkt.[1298] Speziell der tragische Fall der Familie Grübel erregte große Aufmerksamkeit.[1299] Die Eltern hatten mit ihren beiden Kindern im Sommer 1973 einen Fluchtversuch über die damalige Tschechoslowakei unternommen, der dann gescheitert war. Daraufhin wurde ihnen von den DDR-Behörden das Sorgerecht entzogen. Nach ihrer Verhaftung, Abschiebung in die DDR und ihrer anschließenden Verurteilung waren die Eltern schließlich von der Bundesregierung im Mai 1975 freigekauft worden. Die Kinder mussten jedoch in der DDR bei ihrer neuen Familie bleiben. Die leiblichen Eltern erfuhren niemals den Aufenthaltsort ihrer Kinder. Alle Verhandlungen waren ergebnislos abgebrochen worden. Besonders tragisch war auch der Fall der 1974 nach einem Fluchtversuch verhafteten Gisela Mauritz, deren Sohn zur Adoption freigegeben wurde.[1300] Frau Mauritz wurde nach ihrer Haft in die DDR entlassen, ihren Sohn bekam sie aber dennoch nicht zurück. Erst nach ihrer Ausreise im Jahr 1988 durfte auch ihr Sohn 1989 aus der DDR im Rahmen der Familienzusammenführung ausreisen.

Besondere Aufmerksamkeit in der Bundesrepublik wie international erfuhr auch das Schicksal von Jutta Gallus und ihren beiden Töchtern in den 1980er Jahren.[1301] Jutta Gallus war 1982 wegen eines gescheiterten Fluchtversuchs nach Paragraf 213 des DDR-Strafgesetzbuches verurteilt und von der Bundesrepublik 1984 freigekauft worden. Sie hatte versucht, mit ihren Kindern und ihrem Lebensgefährten über Rumänien zu fliehen, nachdem vorher insgesamt zwölf Ausreiseanträge von

---

[1295] Vgl. Hammer (Bearbeiterin): Sonderedition »Besondere Bemühungen«, S. 625 (Dok. Nr. 401, Bericht Rehlingers an Minister Wehner vom 30.5.1969).
[1296] Vgl. Interview mit Jan Hoesch am 6.7.2009 in Berlin.
[1297] Vgl. o. A.: DDR: »Die Kinder fest verwurzeln«. In: DER SPIEGEL, Nr. 52/1975 vom 22.12.1975.
[1298] Vgl. Whitney: Advocatus Diaboli, S. 184–186.
[1299] Vgl. o. A.: DDR: »Die Kinder fest verwurzeln«. In: DER SPIEGEL, Nr. 52/1975 vom 22.12.1975.
[1300] Vgl. Aretz und Stock: Die vergessenen Opfer der DDR, S. 48–77.
[1301] Vgl. Veith: Die Frau vom Checkpoint Charlie, S. 9 ff.
Vgl. ebf. Aretz und Stock: Die vergessenen Opfer der DDR, S. 184–203.

den DDR-Behörden abgelehnt worden waren. Die Kinder wurden nun zunächst dem leiblichen Vater zugesprochen. Sowohl bei den Verhandlungen zum Freikauf von Jutta Gallus im Jahr 1984 als auch bei den Verhandlungen über die Ausreise der Kinder war Rechtsanwalt Vogel beteiligt. Jutta Gallus machte durch zahlreiche öffentlichkeitswirksame Aktionen, zum Beispiel am Checkpoint Charlie in Berlin, aber auch durch Gespräche mit Papst Johannes Paul II. und Bundesaußenminister Genscher auf das Schicksal ihrer Kinder aufmerksam. Erst 1988 sollte schließlich die Ausreise der Kinder erfolgen, nachdem die DDR-Behörden dem Vater das Sorgerecht entzogen hatten. Die Kinder hatten zuvor einen Ausreiseantrag gestellt, der genehmigt wurde, obwohl nach der DDR-Gesetzeslage Minderjährige eigentlich gar keinen Ausreiseantrag stellen konnten. Außerdem hatten normalerweise geflüchtete bzw. ausgereiste DDR-Bürger das Sorgerecht für ihre Kinder dauerhaft an den anderen Elternteil verloren, der in der DDR geblieben war. Die DDR wollte den auch international im Fokus stehenden Fall offensichtlich endlich lösen, da er dem Ansehen des Landes schadete.

Die DDR war vor allem am Verkauf von politischen Häftlingen interessiert, da dieser für sie besonders profitabel war. Deshalb zeigte sie sich bei Familienzusammenführungen oft weniger zugänglich.[1302] Allerdings versuchte sie auch hier, durch Täuschungsmanöver zusätzliche Einnahmen zu erzielen: Zum Beispiel bezog sie Personen im rentenfähigen Alter ein, die sie honoriert haben wollte, obwohl diese Personengruppe ohnehin (aus-)reisen durfte.[1303] Die DDR nutzte die Familienzusammenführung wohl auch, um Dissidenten und ihr unliebsame Personen auf diese Weise abzuschieben, indem sie dann als F-Fall deklariert wurden.[1304] Somit handelte es sich nicht bei jedem F-Fall auch wirklich um eine Familienzusammenführung.

Die Bundesregierung setzte sich trotz solcher Probleme sowohl für F- als auch für K-Fälle kontinuierlich ein.[1305] Manches Entgegenkommen der Bundesrepublik bei den H-Fällen, wenn es sich beispielsweise um eine weitere Aufstockung der wirtschaftlichen Gegenleistungen handelte, muss deshalb auch unbedingt vor dem Hintergrund der gelösten F- und K-Fälle gesehen werden. Ein Streitpunkt zwischen beiden Seiten waren die 1967 von der DDR

---

[1302] Vgl. Rehlinger: Freikauf, S. 85 f. und S. 256 f.
[1303] Vgl. Hammer (Bearbeiterin): Sonderedition »Besondere Bemühungen«, S. 617 (Dok. Nr. 396, Vermerk Rehlingers vom 3.4.1969).
[1304] Vgl. Hertle und Jarausch (Hg.): Risse im Bruderbund, S. 87.
[1305] Vgl. Rehlinger: Freikauf, S. 75–77 und S. 256 f.

erstmals eingebrachten »HFZ-Fälle«[1306]: Hier wurden Häftlinge, meistens kurz vor ihrem Strafende, zu in den Westen geflohenen oder ausgereisten Angehörigen entlassen.[1307] Im Jahr 1967 gab es über diese Fälle lange Verhandlungen.[1308] Schließlich einigten sich beide Seiten auf 23.000 DM pro Person.[1309] Außerdem gab es sogenannte »FH-Fälle«, die 1968 von der DDR eingebracht wurden.[1310] H-, F- und K-Fälle waren die drei entscheidenden Kategorien in den humanitären Bemühungen. Sonderfälle, wie zum Beispiel die HFZ-Fälle, leiteten sich lediglich aus den H- und F-Fällen als spezifische Fallgruppen ab. Generell lässt sich sagen, dass die Verhandlungen im gesamten humanitären Bereich seit Mitte der 1970er Jahre zügiger verliefen.[1311] Das gegenseitige Vertrauen war inzwischen gewachsen.[1312] Auch die Verfahrensabläufe hatten sich längst eingespielt.[1313] Zu Beginn des Freikaufs waren schriftliche Verträge zwischen den beiden deutschen Staaten noch unmöglich gewesen.[1314] Nach der gegenseitigen staatlichen Anerkennung durch den Grundlagenvertrag sind aber auch schriftliche Vereinbarungen zum Freikauf, zum

---

[1306] Diese wurden teilweise auch als »FH-Fälle« bezeichnet. Zitiert nach: Hammer (Bearbeiterin): Sonderedition »Besondere Bemühungen«, S. 616 (Dok. Nr. 396, Vermerk Rehlingers vom 3.4.1969).

[1307] Vgl. Völkel: Die besonderen Bemühungen der Bundesregierung um Haftentlassung und Übersiedlung aus der DDR. Teil 1. In: Mitteilungen aus dem Bundesarchiv, Heft 1/2008, S. 38 und S. 43. Völkel verwies darauf, dass es sich hierbei 1975 um nichtpolitische Häftlinge gehandelt habe. Vgl. ebenda, S. 38. In den 1960er Jahren gab es aber HFZ-Fälle von politischen Häftlingen, zum Beispiel von Flüchtlingen oder Fluchthelfern. Vgl. hierzu: LA Berlin, B Rep. 002, Nr. 12295 (Fernschreiben von Völckers an Spangenberg vom 26.7.1967 über HFZ-Fälle 1966/67).

[1308] Vgl. BA Koblenz, B 137/16604 (Vorlage von Rehlinger an Wehner vom 29.1.1968).

[1309] Vgl. ebenda (Vorlage von Rehlinger an Wehner vom 29.1.1968). 1968 einigte man sich bei den HFZ-Fällen auf 10.000 DM pro Person (bei Häftlingen, deren Strafe voll verbüßt war), was dem damaligen Satz für einen F-Fall entsprach. Bei Inhaftierten, die noch rund fünf Monate Reststrafe hatten, wurde der doppelte Satz (20.000 DM pro Person) gezahlt. Zahlen aus: Hammer (Bearbeiterin), Sonderedition »Besondere Bemühungen«, S. 591 (Dok. Nr. 377, Bericht Rehlingers an Minister Wehner vom 16.12.1968).

[1310] Hierbei handelte es sich um Häftlinge, deren Freilassung bzw. Begnadigung im laufenden Jahr zu erwarten war; sie wurden in die Bundesrepublik entlassen und wie ein F-Fall honoriert.

[1311] Vgl. Potthoff: Bonn und Ost-Berlin 1969–1982, S. 109.

[1312] Vgl. Interview mit Edgar Hirt am 7.7.2010 in Bonn.

[1313] Vgl. Rehlinger: Freikauf, S. 86.

[1314] Vgl. Interview mit Ludwig Rehlinger am 21.2.2009 in Eichwalde.

Beispiel zwischen Hirt und Vogel, nachweisbar.[1315] Offenbar hatten beide Seiten gewisse Berührungsängste im Umgang miteinander abgelegt. Das änderte jedoch nichts daran, dass die DDR auch nach dem Abschluss des Grundlagenvertrages für die Bundesrepublik ein schwieriger Verhandlungspartner blieb.

In den 1970er und vor allem in den 1980er Jahren kam es immer häufiger vor, dass sich DDR-Bürger und Bundesbürger im Urlaub kennengelernt hatten und heiraten wollten. Diese Fälle wurden dann häufig im Rahmen einer Familienzusammenführung gelöst.[1316] Die Bundesrepublik half auch politisch Verfolgten in der DDR, die kurz vor einer Verhaftung standen. In diesen sogenannten »Ernstfällen« wollte die Bundesregierung durch einen Freikauf eine absehbare Inhaftierung und Verurteilung präventiv verhindern.[1317] Untersuchungshäftlinge konnten hingegen in der Regel nicht – von Lindheim nennt hierzu einige Ausnahmefälle[1318] – von der Bundesregierung freigekauft werden. Die DDR lehnte das grundsätzlich ab.[1319] Ihre Entscheidung war insofern logisch, da sie keinesfalls ein Interesse daran haben konnte, den Eindruck zu erwecken, die Untersuchungshäftlinge wären unschuldig und hätten später keine Strafe zu erwarten. Zudem hätte sich die Bundesregierung bei einem solchen Freikauf selbst in Schwierigkeiten gebracht. Sowohl ein politischer als auch ein möglicher krimineller Hintergrund des jeweiligen Untersuchungshäftlings wäre noch schwerer nachprüfbar gewesen als bei verurteilten Häftlingen. Die DDR musste auch aus ihrer Sicht darauf achten, dass durch die gefällten Urteile eine gewisse Abschreckungswirkung erhalten blieb. Die meisten freigekauften politischen Häftlinge sollten deshalb zumindest die Hälfte ihrer Haftzeit verbüßt haben.[1320] Die

---

[1315] Vgl. hierzu: HGWS-HF 64 (Vereinbarung von Vogel und Hirt vom 23.3.1979 zur H-Aktion 1979).

[1316] Vgl. BA Berlin, DO 1/16489 (Information über die Unterbindung und Zurückdrängung der Übersiedlung nach der BRD und West-Berlin. Berichtszeitraum 1.1.1984 bis 31.3.1988, S. 14).

[1317] Vgl. telefonisches Interview mit Karsten Dümmel am 27.4.2010. Karsten Dümmel stand dankenswerterweise für Rückfragen zur Verfügung.

[1318] Vgl. von Lindheim: Bezahlte Freiheit, S. 65 f. Als Ausnahmen nennt von Lindheim den Freikauf von Jenaer Oppositionellen aus der Untersuchungshaft im Jahr 1977.

[1319] Vgl. EZA Berlin, 742/280 (Schreiben von Stange an Kunst vom 3.8.1967).

[1320] Vgl. Lippmann: Moderner Menschenhandel – Freikauf politischer Häftlinge aus der DDR. In: Conze; Gajdukowa und Koch-Baumgarten (Hg.): Die demokratische Revolution 1989 in der DDR, S. 71.

Bundesregierung musste in der Regel erst eine Verurteilung und eine gewisse Haftdauer des Inhaftierten abwarten, bevor diese Fälle durch einen Freikauf eventuell gelöst werden konnten.[1321] Eine diesbezügliche Norm gab es jedoch nicht. Haftentlassungen über den Freikauf konnten auch kurz vor dem ohnehin vorgesehenen Strafende bzw. auch schon vor der Hälfte der verhängten Haftzeit erfolgen.[1322]

In den 1980er Jahren wollten immer mehr DDR-Bürger über die StäV in Ost-Berlin oder über bundesdeutsche oder westliche Botschaften in Osteuropa in den Westen fliehen.[1323] Besonders 1984 und dann wieder ab 1988 nahm diese Vorgehensweise stark zu.[1324] Diese Flüchtlinge wurden im Regelfall für den Gegenwert eines politischen Häftlings, also 95.847 DM, freigekauft.[1325] Die DDR hätte die Botschaftsflüchtlinge für ihre Flucht in eine ausländische Botschaft[1326] entsprechend ihrer Gesetze in der DDR eigentlich inhaftieren und verurteilen müssen.[1327] Hiervon wurde jedoch in den meisten Fällen Abstand genommen und gegen Entgelt der Bundesregierung die Ausreise in den Westen genehmigt.[1328] Viele Botschaftsflüchtlinge durften zwar nicht direkt ausreisen, sondern mussten in die DDR zurückkehren; dort konnten sie allerdings einen Ausreiseantrag stellen, der zügig genehmigt wurde.[1329] Nach diesem Verfahren wurde 1984 auch die Flucht ei-

---

[1321] Vgl. EZA Berlin, 742/280 (Schreiben von Vogel an Stange vom 21.8.1967).

[1322] Vgl. Lippmann: Moderner Menschenhandel – Freikauf politischer Häftlinge aus der DDR. In: Conze; Gajdukowa und Koch-Baumgarten (Hg.): Die demokratische Revolution 1989 in der DDR, S. 71.

[1323] Vgl. BStU, Archiv der Zentralstelle, MfS – ZKG 86, S. 34 (ZKG vom 23.2.1984 zur StäV) und S. 41 (ZKG vom 1.3.1984 über StäV und die bundesdeutsche Botschaft in Prag). Vgl. als Beispiele für Botschaftsflüchtlinge die Fälle von Bernhard Marquardt, Martin und Kathrin Siebert, Wolfgang Mayer und Silke Claus, in: Diekmann (Hg.): Freigekauft, S. 106 f., S. 112 f., S. 120 f., 132 f.

[1324] Vgl. ebenda (Diekmann): Freigekauft, S. 103–105, S. 109 f., S. 114, S. 116–118 und S. 122.

[1325] Zahl aus: Bräutigam, Hans Otto: Ständige Vertretung. Meine Jahre in Ost-Berlin. Hamburg 2009, S. 343.

[1326] Die Flucht von sechs DDR-Bürgern in die amerikanische Botschaft in Ost-Berlin im Januar 1984 hatte große Aufmerksamkeit erregt. Die sechs durften schnell ausreisen, da zwei Staatsbesuche von ausländischen Staatsgästen in der DDR bevorstanden. Das ermutigte 1984 und darüber hinaus viele Nachahmer. Vgl. Diekmann (Hg.): Freigekauft, S. 103 f.

[1327] Vgl. BStU, Archiv der Zentralstelle, MfS – ZKG 86, S. 107 (»Non-Paper« der DDR (ohne namentlichen Verfasser) vom 4.4.1984).

[1328] Vgl. Interview mit Edgar Hirt am 7.7.2010 in Bonn.
Vgl. ebf. Interview mit Ludwig Rehlinger am 21.2.2009 in Eichwalde.

[1329] Vgl. BStU, Archiv der Zentralstelle, MfS – ZKG 86, S. 19 (ZKG vom 3.2.1984 zu

ner Nichte von DDR-Ministerpräsident Stoph und ihrer Familie in die Prager Botschaft – der Fall hatte eine große mediale Aufmerksamkeit verursacht – gehandhabt.[1330]

Die DDR-Flüchtlinge in der Prager Botschaft im Herbst 1989 mussten zwar ebenfalls kurzfristig in die DDR zurückkommen, doch konnten sie ohne Zwischenstopp über die DDR direkt in die Bundesrepublik ausreisen.[1331] Die SED-Führung verhielt sich gegenüber den Botschaftsflüchtlingen keinesfalls einheitlich, sondern sie veränderte immer wieder situationsbedingt ihre Vorgehensweise.[1332] Doch weder diese wechselnden Taktiken noch die Gründung einer Einsatzgruppe zur Aktion »Botschaft« innerhalb der ZKG konnten das Problem lösen.[1333]

Die diplomatischen Konflikte zwischen der DDR und der Bundesrepublik waren bei den Botschaftsfällen erheblich, da die Bundesrepublik die Flüchtlinge als Deutsche behandelte und sie deshalb auch nicht aus der Botschaft verwies.[1334] Die DDR wollte hingegen erreichen, dass die bundesdeutschen Vertretungen die DDR-Bürger als Ausländer ansehen würden, die sie weder befragen noch registrieren oder beraten dürften und stattdessen sofort aus der Botschaft verweisen sollten.[1335]

---

Weisungen Mielkes).

[1330] Vgl. BStU, Archiv der Zentralstelle, ZAIG 9330, Band 2 (In dem Band sind viele bundesdeutsche Zeitungsartikel zum Fall von Stophs Nichte enthalten, die vom MfS gesammelt und aufbewahrt wurden.).
Vgl. ebf. Wolle, Stefan: Die heile Welt der Diktatur. Alltag und Herrschaft in der DDR 1971–1989. Bonn 1998, S. 288 (veröffentlicht von der Bundeszentrale für politische Bildung).

[1331] Vgl. Duisberg, Claus J.: Das deutsche Jahr. Einblicke in die Wiedervereinigung 1989/90. Berlin 2005, S. 50.
Vgl. ebf. Kohl, Helmut: Vom Mauerfall zur Wiedervereinigung. Meine Erinnerungen. München 2009, S. 61–63.
Vgl. ebf. Genscher, Hans-Dietrich: Erinnerungen. München 1997 (Taschenbuchausgabe; Buch erschien 1995), S. 23 f.

[1332] Vgl. BStU, Archiv der Zentralstelle, MfS – ZKG 86, S. 19 (Mielke wies laut der ZKG ganz bewusst ein differenziertes Vorgehen an; ZKG vom 3.2.1984).

[1333] Vgl. Diekmann (Hg.): Freigekauft, S. 105. Auch Wachposten des MfS vor der StäV schreckten viele DDR-Bürger nicht ab, diese aufzusuchen. Vgl. ebenda, S. 110. Ein Absperren der Ständigen Vertretung hätte internationalen Regeln widersprochen. Vgl. ebenda, S. 110. Umbauten an der StäV, die ein Eindringen von DDR-Bürgern erschweren sollten, änderten ebenfalls nichts am Kernproblem. Vgl. ebenda, S. 114.

[1334] Vgl. Rehlinger: Freikauf, S. 127–130, S. 134 f., S. 163–165 und S. 173 f.

[1335] Vgl. ebenda, S. 128 und S. 134.
Vgl. ebf. Diekmann (Hg.): Freigekauft, S. 105.

Politische Verstimmungen mit möglichen Rückwirkungen auf Häftlingsfreikauf und Familienzusammenführung waren hierbei nie ganz ausgeschlossen.[1336] Die Ausreisegenehmigungen für die Botschaftsflüchtlinge wurden bereits während der sozial-liberalen Koalition in den humanitären Komplex eingegliedert und der DDR am Jahresende in Form von Warenlieferungen vergütet.[1337]

Für die Botschaftsfälle war Wolfgang Vogel von Erich Honecker als DDR-Unterhändler eingesetzt worden.[1338] Die Ausreisen wurden in politisch besonders heiklen Fällen mit dem bekannt gewordenen Kürzel »*Einverstanden – E. H.*« von Honecker persönlich genehmigt, was Vogel als Vollmacht gegenüber seinen bundesdeutschen Verhandlungspartnern vorweisen konnte.[1339] Das waren in den 1980er Jahren vor allem Ludwig Rehlinger und Ende der 1980er Jahre Walter Priesnitz – Rehlinger war 1988 Justizsenator in West-Berlin geworden – aus dem BMB.[1340] Zwar unterstanden die Botschaften dem Bundesaußenministerium und die StäV dem Bundeskanzleramt. Aber das BMB hatte enge Kontakte zu Vogel und außerdem große Erfahrung in humanitären Notfällen. Zudem konnte auf diese Weise auch politisch betont werden, dass es sich hier um innerdeutsche und nicht um außenpolitische Probleme handelte.

Die Bundesrepublik erreichte 1989 eine deutliche Reduzierung der wirtschaftlichen Gegenleistungen für die Ausreise der Botschaftsflüchtlinge; so mussten ab Februar 1989 im Regelfall »nur noch« 10.000 DM pro Person aufgewendet werden.[1341] Staatssekretär Priesnitz vereinbarte mit Rechtsanwalt Vogel im August 1989 schließlich eine Pauschalierung der wirtschaftlichen Gegenleistungen in allen humanitären

---

[1336] Vgl. Mayer, Wolfgang: Fluchtpunkt Ständige Vertretung. Vor 15 Jahren schloss der sensibelste Außenposten der Bundesrepublik wegen der Besetzung durch Ausreisewillige seine Pforten. In: DA 5/2004 (37. Jahrgang), S. 824.
[1337] Vgl. Deutscher Bundestag (Hg.): Drucksache 12/7600, S. 312.
[1338] Vgl. Booß: Sündenfall der organisierten Rechtsanwaltschaft. In: DA 4/2011 (44. Jahrgang), S. 534.
[1339] Zitiert nach: Whitney: Advocatus Diaboli, S. 273.
[1340] Vgl. Interview mit Ludwig Rehlinger am 21.2.2009 in Eichwalde.
Vgl. ebf. Brief von Walter Priesnitz vom 16.8.2009.
Vgl. ebf. BStU, Archiv der Zentralstelle, MfS – ZKG 9644, S. 2 (Vereinbarung zwischen Priesnitz und Vogel, auch über »Botschaftsfälle« vom 1.2.1989; diese Vereinbarung wurde auf den 10.2.1989 umdatiert. Vgl. ebf. BStU, Archiv der Zentralstelle, MfS Rechtsstelle 203, S. 7 f.).
[1341] Vgl. BStU, Archiv der Zentralstelle, MfS Rechtsstelle 203, S. 10 (Stellungnahme vom 22.7.1989 der DDR-Seite zu den bundesdeutschen Vorschlägen zur Abrechnung der humanitären Fälle).

Fragen, da beide Seiten vom Vorwurf der Berechnung pro Kopf wegkommen wollten.[1342] Es wurden Gegenleistungen in Höhe von 75 Millionen DM zum 1. Oktober 1989 und von 65 Millionen DM zum 20. Dezember 1989 vereinbart.[1343] Die Bundesregierung stellte der DDR bei der letzten Zahlung zahlreiche Bedingungen, die den Freikauf von nun an obsolet machten. Hierzu zählten die Freilassung aller politischen Häftlinge aus den DDR-Gefängnissen und der Austausch der noch in der DDR inhaftierten westlichen Nachrichtendienstmitarbeiter gegen in der Bundesrepublik verurteilte Agenten der Gegenseite.

Im Spätsommer und Herbst 1989 weiteten sich die Fluchtversuche über bundesdeutsche Botschaften so stark aus, dass die Bundesrepublik im Verlauf des Jahres schließlich gar keine wirtschaftlichen Gegenleistungen mehr für die Ausreise der vielen Botschaftsflüchtlinge aufbringen musste.[1344] Im Nachhinein war somit die Übereinkunft über die Pauschalierung für die Bundesrepublik finanziell vorteilhaft. Die Bundesregierung hatte sich seit dem 1. April 1989 geweigert, weiterhin für politische Häftlinge zu bezahlen, die im Zusammenhang mit ihren Ausreisebemühungen – zum Beispiel nach den Paragrafen 214, 219 und 220 des DDR-Strafgesetzbuches – verurteilt worden waren.[1345] Hierbei konnte sich die Bundesrepublik auf das Schlussdokument der im Januar 1989 abgeschlossenen Wiener KSZE-Folgekonferenz berufen, dem auch die DDR – wenn auch erst auf Druck der Sowjetunion – zugestimmt hatte.[1346] Tatsächlich plante die Auswertungs- und Kontrollgruppe (AKG) der HA IX deshalb nun deutliche Einschränkungen in

---

[1342] Vgl. BStU, Archiv der Zentralstelle, MfS – ZKG 9636, S. 1 (Bericht Vogels an Modrow und Krenz über den Freikauf vom 30.11.1989).

[1343] Zahlen aus: BStU, Archiv der Zentralstelle, MfS – ZKG 9636, S. 1 (Bericht Vogels an Modrow und Krenz über den Freikauf vom 30.11.1989).

[1344] Vgl. Brief von Walter Priesnitz vom 16.8.2009. Die Ständige Vertretung war beispielsweise so mit DDR-Flüchtlingen überfüllt, dass sie im August 1989 ihre Tore schließen musste, was bereits 1984 schon mal erforderlich war. Vgl. Diekmann (Hg.): Freigekauft, S. 110 und S. 125.

[1345] Vgl. BStU, Archiv der Zentralstelle, MfS Rechtsstelle 203, S. 7 (aus der Vereinbarung zwischen Priesnitz und Vogel vom 10.2.1989).
Vgl. ebf. Rehlinger: Freikauf, S. 271 f. (aus dem Nachwort von Justus Vesting).
Vgl. ebf. Raschka: Justizpolitik im SED-Staat, S. 284.

[1346] Vgl. BStU, Archiv der Zentralstelle, MfS Rechtsstelle 203, S. 7 (aus der Vereinbarung zwischen Priesnitz und Vogel vom 10.2.1989).
Vgl. ebf. Raschka: Justizpolitik im SED-Staat, S. 280.
Vgl. zur Wiener KSZE-Konferenz: Crome, Erhard und Franzke, Jochen: Die SED-Führung und die Wiener KSZE-Konferenz 1986 bis 1989. In: DA 8/1993 (26. Jahrgang), S. 905–914.

der Strafverfolgung von Ausreiseantragstellern.[1347] Bereits nach diesen Paragrafen Verurteilte sollten ihre Strafe voll verbüßen und in die DDR entlassen werden.[1348] Die Entwicklungen des Jahres 1989 machten jedoch alle Planungen und Überlegungen des MfS ohnehin gegenstandslos. Auch eine Ende 1988 im Zusammenhang mit der Wiener KSZE-Folgekonferenz erlassene und Anfang 1989 in Kraft getretene neue Reiseverordnung und die Einrichtung einer Verwaltungsgerichtsbarkeit im Juli 1989 kamen zu spät, um noch eine Wirkung erzielen zu können.[1349]

Angesichts der enormen politischen Veränderungen des Jahres 1989 hatte sich die Verhandlungsposition der Bundesrepublik gegenüber der DDR in allen humanitären Fragen erheblich verbessert. Für die politischen Häftlinge, die nicht aufgrund ihrer Ausreisebemühungen, sondern aus anderen Gründen verurteilt worden waren, wollte die Bundesregierung nur noch eine reduzierte Pauschale von 50.000 DM pro Person aufbringen.[1350] In der Familienzusammenführung erbrachte die Bundesregierung nur noch dann eine Gegenleistung, wenn sie die Personen selbst benannt hatte.[1351] Aufgrund des enormen Ausreisedrucks hatte sich aber der Anteil der Menschen erheblich vergrößert, denen aus »politisch-operativen Gründen« von der DDR die Ausreise genehmigt wurde, ohne dass die Bundesregierung dies in jenen Fällen verlangt hatte. Dieser Anteil stieg von rund 20 auf etwa 50 Prozent.[1352] Damit hatte die Bundesregierung auch hier einen Erfolg in den Verhandlungen erzielen können.

Insgesamt waren die von den verschiedenen Bundesregierungen erzielten Ergebnisse im humanitären Bereich sehr beachtlich: Für rund

---

[1347] Vgl. BStU, Archiv der Zentralstelle, MfS – HA IX 8340, S. 4–16 und S. 24 (Papier der AKG der HA IX vom 6.2.1989 über die Folgen des Wiener KSZE-Abkommens).
Vgl. ebf. Raschka: Justizpolitik im SED-Staat, S. 284 f.

[1348] Vgl. BStU, Archiv der Zentralstelle, MfS – HA IX 4961, S. 204 f. (Vorschläge der AKG der HA IX vom 14.4.1989 im Zusammenhang mit dem abschließenden Dokument des Wiener KSZE-Treffens).
Vgl. ebf. Raschka: Justizpolitik im SED-Staat, S. 286 f.

[1349] Vgl. Raschka: Justizpolitik im SED-Staat, S. 280 und S. 289 f.
Vgl. ebf. Mayer: Flucht und Ausreise, S. 163.

[1350] Vgl. Rehlinger: Freikauf, S. 271 f. (aus dem Nachwort von Justus Vesting).

[1351] Vgl. BStU, Archiv der Zentralstelle, MfS Rechtsstelle 203, S. 7 (aus der Vereinbarung zwischen Priesnitz und Vogel vom 10.2.1989).

[1352] Zahlen aus: BStU, Archiv der Zentralstelle, MfS Rechtsstelle 203, S. 10 (Stellungnahme vom 22.7.1989 der DDR-Seite zu den bundesdeutschen Vorschlägen zur Abrechnung der humanitären Fälle).

3,4 Milliarden DM konnten nicht nur 31.775 politische Häftlinge freigekauft, sondern auch etwa 250.000 Menschen im Rahmen der Familienzusammenführung die Ausreise ermöglicht werden.[1353] Mehr als 280.000 Menschen konnte somit durch die humanitären Bemühungen der Bundesregierung geholfen werden. Zusätzlich hatte die Ausreise von mehreren tausend Kindern erreicht werden können.[1354] Die 3,4 Milliarden DM lassen sich hierbei nicht genau in Mittel für den Häftlingsfreikauf und Gelder für die Familienzusammenführung aufteilen, da beide Komplexe in der Praxis sehr eng miteinander verflochten waren.[1355] Schätzungsweise entfielen rund zwei Drittel der Ausgaben auf die knapp 32.000 freigekauften politischen Häftlinge.[1356] Dementsprechend mussten für die rund 250.000 Menschen, die im Rahmen der Familienzusammenführung ausreisen konnten, etwas mehr als eine Milliarde DM aufgebracht werden.

## 3.5 Die Unterhändler: Wolfgang Vogel und Jürgen Stange

*»Meine Wege waren nicht weiß, nicht schwarz, sie waren grau.«*[1357]

So beschrieb Wolfgang Vogel durchaus zutreffend seine Tätigkeit im Rahmen des Häftlingsfreikaufs und im gesamten humanitären Bereich. Der Rechtsanwalt wurde durch die Abwicklung des Häftlingsfreikaufs und der Familienzusammenführungen sowie durch zahlreiche Aus-

---

[1353] Zahlen aus:
Rehlinger: Freikauf, S. 279 (Zahl: 31.775).
Deutscher Bundestag (Hg.): Drucksache 12/7600, S. 317 (Zahl: Rund 250.000).
Weidenfeld, Werner und Korte, Karl-Rudolf (Hg.): Handbuch zur deutschen Einheit. 1949 – 1989 – 1999. Frankfurt am Main und New York 1999 (aktualisierte Neuausgabe), S. 446 f. (beide Zahlen enthalten).
[1354] Vgl. Interview mit Jan Hoesch am 6.7.2009 in Berlin.
Hoesch geht insgesamt von etwa 3.000 Fällen im Bundesgebiet und 800 »Berliner« Fällen aus. Zahlen aus: Jan Hoesch in der Podiumsdiskussion »Bundesrepublik und DDR – Erfahrungen mit Spaltung und Repression« auf der Tagung »Freiheit und Unfreiheit als deutsche Erfahrung«, dem 20. Bautzen-Forum der Friedrich-Ebert-Stiftung (Büro Leipzig) am 7. und 8. Mai 2009. In: Friedrich-Ebert-Stiftung, Büro Leipzig (Hg.): Dokumentation des 20. Bautzen-Forums, S. 40.
[1355] Vgl. Interview mit Edgar Hirt am 7.7.2010 in Bonn.
Vgl. ebf. Interview mit Jan Hoesch am 6.7.2009 in Berlin.
Vgl. ebf. Posser: Anwalt im Kalten Krieg, S. 352 und S. 354.
[1356] Vgl. Interview mit Jan Hoesch am 6.7.2009 in Berlin.
[1357] Zitiert nach: Friedrichsen, Gisela: Strafjustiz: Ein hochrangiges Werkzeug. Gisela Friedrichsen im Prozess gegen den ehemaligen DDR-Rechtsanwalt Wolfgang Vogel. In: DER SPIEGEL, Nr. 46/1994 vom 14.11.1994.

tauschaktionen von Agenten international sehr bekannt.[1358] Darüber hinaus gab es auf Vermittlung von Rechtsanwalt Vogel auch einige Freikaufaktionen von politischen Inhaftierten durch Privatleute, was aber nach Vogels Angaben mit insgesamt etwa 20 Fällen die Ausnahme bleiben sollte.[1359]

Vogel verstand es hervorragend, zu vollkommen unterschiedlichen Persönlichkeiten mit divergierenden Interessen in beiden deutschen Staaten ein Vertrauensverhältnis aufzubauen.[1360] Im Westen wurde er ebenfalls von vielen Gesprächspartnern geschätzt.[1361] Rehlinger führte dazu aus, dass er mit Vogel auf einer sachlichen Ebene gut zusammengearbeitet habe, politische Themen hätten beide bewusst ausgeklammert.[1362] Der DDR-Generalstaatsanwalt Josef Streit gab Vogel 1969 schließlich die schriftliche Vollmacht, im humanitären Bereich für die DDR mit der Bundesrepublik verhandeln zu dürfen. Diese Vollmacht hinterlegte Vogel beim Bundeskanzleramt, was auch die Abneigung der DDR gegenüber dem eigentlich zuständigen BMG veranschaulicht.[1363] Bezüglich ihres Einflusses auf die Haftentlassungen im Rahmen des Freikaufs hätte die Vollmacht von 1969 eher von Erich Mielke ausgestellt werden müssen. Aus Sicht der DDR war es aber wohl ein politisch kluger Schachzug, Mielke und das MfS im Hintergrund zu halten und offiziell Streit als Auftraggeber in den Vordergrund zu stellen.

Wolfgang Vogel wurde 1973 von SED-Generalsekretär Erich Honecker – nach dem Treffen Honeckers mit Herbert Wehner – sogar zum »Persönlichen Beauftragten für die Lösung humanitärer Probleme«[1364]

---

[1358] Vgl. Pötzl: Basar der Spione, S. 84–233 und S. 522–531.
[1359] Zahl aus: Whitney: Advocatus Diaboli, S. 191. Vogel führte hierzu aus, die Personen hätten meistens gute kirchliche oder politische Kontakte gehabt. Vgl. ebenda, S. 191.
[1360] Vgl. Whitney: Advocatus Diaboli, S. 96 f., 156, S. 158, S. 183 und S. 348–350.
[1361] Vgl. Interview mit Ludwig Rehlinger am 21.2.2009 in Eichwalde.
Vgl. ebf. telefonisches Interview mit Lothar Loewe am 17.2.2010.
Vgl. ebf. Mails von Fritz Pleitgen vom 26.5. und 4.6.2011.
Vgl. ebf. Mail von Peter Merseburger vom 7.6.2011.
Loewe, Pleitgen und Merseburger waren in ihrer Zeit als ARD-Korrespondenten in der DDR bemüht, politischen Häftlingen und Ausreiseantragstellern zu helfen und die Fälle an das BMB weiterzugeben. Sie hatten auch Kontakt zu Vogel. Vgl. Pötzl: Basar der Spione, S. 490.
[1362] Vgl. Ludwig Rehlinger im Interview am 21.2.2009 in Eichwalde.
Vgl. ebf. Diekmann (Hg.): Freigekauft, S. 92.
[1363] Vgl. Rehlinger: Freikauf, S. 50 f.
[1364] Zitiert nach: Müller-Enbergs; Wielgohs; Hoffmann und Herbst (Hg.): Wer war wer in der DDR? Ein Lexikon ostdeutscher Biographien. Band 2, M–Z, S. 1043.

ernannt, was eine erhebliche Aufwertung seiner Person bedeutete und auch als großer Vertrauensbeweis angesehen werden kann. Vogel traf aus diesem Anlass zum ersten Mal persönlich mit Honecker zusammen; auch Mielke war bei diesem Treffen in Honeckers Büro anwesend.[1365] Zukünftig fanden regelmäßig Zusammenkünfte von Vogel mit Honecker und Mielke statt.[1366] Vogel war gegenüber Honecker und der SED-Führung jahrzehntelang stets loyal.[1367] Erst am 13. Oktober 1989, kurz vor der Ablösung Erich Honeckers als SED-Generalsekretär, wandte sich Vogel mit einer öffentlichen Erklärung indirekt gegen Honecker und die SED-Führung.[1368] Der Rechtsanwalt sprach sich öffentlich dagegen aus, dass einerseits noch immer Menschen wegen des Versuchs eines »ungesetzlichen Grenzübertritts« in den DDR-Gefängnissen in Haft saßen, während andererseits gleichzeitig sehr viele DDR-Bürger über Ungarn oder Prag ausreisen konnten.

Nach der Ablösung Honeckers als SED-Generalsekretär am 18. Oktober 1989 behielt Vogel auch unter dem neuen SED-Generalsekretär Egon Krenz seine Funktionen in humanitären Fragen, allerdings jetzt ohne Anbindung an das MfS.[1369] Vogel legte auf Anregung Schalck-Golodkowskis Krenz und dem neuen Vorsitzenden des DDR-Ministerrates Hans Modrow am 30. November 1989 einen kurzen Bericht über die Geschichte des Häftlingsfreikaufs vor.[1370] Doch nach dem Rücktritt des gesamten Politbüros und des Zentralkomitees der SED am 3. Dezember 1989 verlor auch Vogel zunehmend an Rückhalt.[1371] Am 5. Dezember

---

[1365] Vgl. Meyer: Herbert Wehner, S. 401.
[1366] Vgl. Whitney: Advocatus Diaboli, S. 152.
Vgl. ebf. Ludwig Rehlinger im »Spitzengespräch« mit Jürgen Engert (»Freikauf – das Geschäft der DDR mit politisch Verfolgten«) am 8.6.2011 in Berlin. In: Apelt (Hg.): Flucht, Ausreise, Freikauf, S. 100. Rehlinger berichtete, dass Vogel ihm von regelmäßigen Dreier-Treffen mit Honecker und Mielke erzählt habe; diese hätten meistens dienstags nach den Politbüro-Sitzungen stattgefunden.
[1367] Vgl. Pötzl: Basar der Spione, S. 508.
[1368] Vgl. ebenda, S. 508 f. (Quelle bis zum Ende des Absatzes).
[1369] Vgl. ebenda, S. 512 f.
Vgl. ebf. BStU, Archiv der Zentralstelle, MfS – ZKG 9636, S. 1 f. (Bericht Vogels an Krenz und Modrow vom 30.11.1989. Auf den S. 4–11 wird ein Bericht Vogels über die Geschichte des Austauschs wiedergegeben.).
Vgl. ebf. BStU, Archiv der Zentralstelle, MfS – ZKG 9636, S. 12 (Vermerk Vogels vom 27.11.1989).
[1370] Vgl. Przybylski: Tatort Politbüro. Band 2: Honecker, Mittag und Schalck-Golodkowski, S. 389 (Der Bericht Vogels für Krenz und Modrow ist im Anhang des Buches vollständig abgedruckt.).
Vgl. ebf. Whitney: Advocatus Diaboli, S. 304 f.
[1371] Vgl. ebenda (Whitney), S. 305–307.

wurde er sogar kurzzeitig verhaftet, nachdem sein Mandant Alexander Schalck-Golodkowski – er hatte von Vogel Unterstützung erbeten, weil er seine Verhaftung befürchten musste – in den Westen geflohen war.[1372] Vogels Aufgaben in humanitären Fragen wurden mit den tiefgreifenden Veränderungen in der DDR infolge der friedlichen Revolution Ende 1989 und der deutschen Einheit 1990 schließlich obsolet.[1373]

Vogel und Stange hatten ihre Direktiven für die Verhandlungen in humanitären Fragen stets von den verantwortlichen Entscheidungsträgern in beiden deutschen Staaten erhalten.[1374] Trotzdem bewegten sie sich nur formal auf einer Ebene. So übernahmen in den 1970er Jahren auf der bundesdeutschen Seite teilweise die zuständigen Mitarbeiter des BMB auch direkt die Verhandlungen mit Vogel über den Freikauf.[1375] Umgekehrt war Vogel, der sich mit Erich Mende, Herbert Wehner und Helmut Schmidt zur Sondierung humanitärer und/oder politischer Fragen auch persönlich traf, für Stange auf der DDR-Seite der einzige Verhandlungspartner.[1376] Doch trotz dieses asymmetrischen Verhältnisses entstand durch die lange und intensive Zusammenarbeit zwischen Vogel und Stange eine enge Verbindung.[1377] Mit der Verstetigung des Häftlingsfreikaufs etablierte und konsolidierte

---

[1372] Vgl. Pötzl: Basar der Spione, S. 515.
[1373] Vgl. Menge, Marlies: Wolfgang Vogel. Ein glücklicher Arbeitsloser. Der »Austauschanwalt« versucht, die Vergangenheit hinter sich zu lassen. In: Dieselbe: Spaziergänge. Die Serie aus der Wochenzeitung DIE ZEIT. Mit Fotografien von Roger Melis. Berlin 2000, S. 147–154 (In der Wochenzeitung DIE ZEIT erschien der Artikel im Mai 1999).
[1374] Vgl. EZA Berlin, 742/277 (Vermerk Krautwigs vom 15.12.1964 über das Mandat Stanges, welches formal von den Kirchen erteilt wurde. Aber die Bundesregierung machte Stange Vorgaben, zumal sie der eigentliche Auftraggeber des Rechtsanwalts war und auch seine erbrachten Leistungen bezahlte.).
Vgl. ebf. BStU, Archiv der Zentralstelle, MfS – HA IX 13650, S. 117–120 (Plewa an Stange; Zwischenbericht zur H-Aktion 1978 mit Vorgaben Plewas an Stange vom Sommer 1978).
Vgl. ebf. BStU, Archiv der Zentralstelle, MfS – ZKG 9637, S. 1–3 (Instruktionen an Vogel (S. 1) vom Februar 1987 und anschließende Hinweise (S. 2 f.) der ZKG zum vorherigen Vermerk an den RA – also an Vogel – vom 20.2.1987).
Vgl. ebf. BStU, Archiv der Zentralstelle, MfS Rechtsstelle 203, S. 6 (zur Direktive für den RA (Vogel) für die anstehenden Verhandlungen im August 1989).
[1375] Vgl. Deutscher Bundestag (Hg.): Drucksache 12/7600, S. 308.
Vgl. ebf. Interview mit Edgar Hirt am 7.7.2010 in Bonn.
[1376] Vgl. Hammer (Bearbeiterin): Sonderedition »Besondere Bemühungen«, S. XXI (aus der Einleitung).
[1377] Vgl. Meyer: Freikauf, S. 213.

sich der sogenannte »Anwaltskanal« zwischen Vogel und Stange.[1378] Immer wieder stärkte Vogel hierbei Stanges Position auf der bundesdeutschen Seite. Er war besonders daran interessiert, dass die Bundesrepublik an Stange als verantwortlichem Unterhändler für den Häftlingsfreikauf festhielt und ihn nicht durch Posser ersetzen ließ, der diesbezüglich Ende 1964 sowohl bei Vogel als auch bei Gernot Windisch, dem stellvertretenden Generalstaatsanwalt der DDR und Vertreter Streits, vorsprach.[1379] Streit hatte Posser nicht empfangen und das seinem Vertreter überlassen.

Die meisten der für diese Studie befragten Zeitzeugen, zum Beispiel Ludwig Rehlinger oder Jan Hoesch, beschrieben Vogel als einen Menschen, der Stange intellektuell und auch im politisch-strategischen Denken überlegen war.[1380] Wegen seiner privilegierten Stellung und seiner ungewöhnlichen Rolle in der DDR stellte Vogel seinen westdeutschen Partner in der öffentlichen Wahrnehmung ohnehin deutlich in den Schatten. Mit seinem westlichen Habitus – er fuhr einen auffälligen goldfarbenen Mercedes – wirkte Vogel eher wie ein erfolgreicher Rechtsanwalt aus dem Westen.[1381] Darüber hinaus waren seine bürgerliche Herkunft, seine frühere Mitgliedschaft in der LDPD, sein sehr später Eintritt in die SED (erst 1982 auf Drängen Honeckers)[1382] und sein Festhalten am Katholizismus für einen wichtigen Funktionsträger in der DDR äußerst ungewöhnlich.[1383] Sein Glaube war ihm stets wichtig, und seine Empathie für viele politische Gefangene sollte auch vor diesem Hintergrund gesehen werden.[1384]

---

[1378] Vgl. Hammer (Bearbeiterin): Sonderedition »Besondere Bemühungen«, S. XXI (aus der Einleitung).

[1379] Vgl. EZA Berlin, 742/274 (Schreiben von RA von Wedel an Bischof Kunst vom 4.12.1964).
Vgl. ebf. EZA Berlin, 742/274 (Schreiben Possers an Windisch vom 17.12.1964).
Vgl. ebf. Hammer (Bearbeiterin): Sonderedition »Besondere Bemühungen«, S. 205–207 (Dok. Nr. 102, Vermerk Windischs vom 17.12.1964) und S. 207–209 (Dok. Nr. 103, Vermerk Possers vom 18.12.1964).
Vgl. ebf. BA Koblenz, B 137/16604 (Schreiben von Rehlinger an die Reg. Dir. Staab und Stern vom 1.4.1969). Helmut Schmidt meinte diesbezüglich 1975 sinngemäß, dass man akzeptieren müsse, dass die DDR aus einer Position der Stärke jenes Verhandlungs-Prozedere vorschreiben würde, das ihr am meisten behagt.
Vgl. Potthoff: Bonn und Ost-Berlin 1969–1982, S. 109.

[1380] Vgl. Interviews mit: Ludwig Rehlinger am 21.2.2009 in Eichwalde; Jan Hoesch am 6.7.2009 in Berlin.

[1381] Vgl. Whitney: Advocatus Diaboli, S. 198 f.

[1382] Vgl. ebenda, S. 14 f.

[1383] Vgl. Winters, Peter Jochen: Anwalt der Menschen zwischen den Fronten. Wolfgang Vogel zum 80. Geburtstag. In: DA 1/2006 (39. Jahrgang), S. 777.

[1384] Vgl. Whitney: Advocatus Diaboli, S. 96 f. .

Dass Vogel kein »typischer DDR-Vertreter« war, erleichterte ihm sicherlich die Kontaktaufnahme zu westlichen Gesprächspartnern. Sein großes Ansehen zeigte sich auch darin, dass ausländische Botschaften in Ost-Berlin Vogel als ihren Vertrauensanwalt engagierten, so zum Beispiel die schwedische Botschaft.[1385] Diese guten Verbindungen des Rechtsanwalts konnten bei Bedarf auch von der DDR erfolgreich genutzt werden. Vogels außergewöhnliche Karriere in der DDR war keinesfalls geradlinig verlaufen. Nach dem Aufstand am 17. Juni 1953 wurde Justizminister Fechner abgesetzt und verhaftet, was auch im DDR-Justizministerium Veränderungen nach sich zog.[1386] Vogel, der zu diesem Zeitpunkt im Ministerium beschäftigt war, hatte in seinem Chef Rudolf Reinartz einen wichtigen Förderer, der das Vertrauen Minister Fechners genossen hatte. Nach Fechners Verhaftung setzte sich der nun ebenfalls gefährdete Reinartz nach West-Berlin ab und forderte Vogel in einem Brief auf, ihm zu folgen. Reinartz stellte sich den Behörden in West-Berlin und dem UfJ zur Verfügung. Dabei bezog er öffentlich Stellung gegen die DDR. Diese Entwicklung setzte Vogel erheblich unter Druck. Er lieferte den Brief beim MfS ab.

Vogel hatte sich gegen eine Flucht entschieden und damit gleichzeitig für eine Zusammenarbeit mit dem MfS.[1387] Noch im gleichen Jahr verpflichtete er sich gegenüber dem MfS unter dem Decknamen »Eva« als »Geheimer Informator« (GI).[1388] Vogel war von Hauptmann Johde angeworben worden, der zunächst auch zu seinem Führungsoffizier bestimmt wurde.[1389] Der Deckname wurde 1955 in »Georg« umgeändert.[1390] Vogel wurde nun als »Geheimer Mitarbeiter« (GM) eingestuft, was eine Aufwertung bedeutete.[1391] Ende 1956 wurde Vogel der MfS-Hauptmann Heinz Volpert unter einem Pseudonym (»Krügeler«)[1392] vorgestellt, der

---

[1385] Vgl. o. A.: Der heimliche Botschafter. In: DER SPIEGEL, Nr. 13/1992 vom 23.3.1992.
[1386] Vgl. Whitney: Advocatus Diaboli, S. 32–37 (Quelle bis zum Ende des Absatzes).
[1387] Vgl. ebenda, S. 35–42.
[1388] Vgl. Pötzl: Basar der Spione, S. 30. Vogels damalige Ehefrau hieß Eva.
Vgl. zu Vogels Tätigkeit als »Eva« bzw. »Georg«:
BStU, Archiv der Zentralstelle, MfS – AIM 2088/57, Band A/1, Band A/2 und Band P.
BStU, Archiv der Zentralstelle, MfS – AIM 5682/69, Band 6, Band 7 und Band 8.
[1389] Vgl. Pötzl: Basar der Spione, S. 30, S. 34 und S. 38.
[1390] Vgl. Diekmann (Hg.): Freigekauft, S. 10.
[1391] Vgl. Pötzl: Basar der Spione, S. 43.
Vgl. ebf. Müller-Enbergs (Hg.): Inoffizielle Mitarbeiter des Ministeriums für Staatssicherheit. Teil 1: Richtlinien und Durchführungsbestimmungen, S. 77.
Nur etwa drei Prozent aller inoffiziellen Mitarbeiter des MfS wurden als »GM« eingestuft. Zahl aus: Ebenda, S. 77.
[1392] Zitiert nach: Diekmann (Hg.): Freigekauft, S. 31.

ab diesem Zeitpunkt Vogels Kontaktmann beim MfS wurde.[1393] Volpert war zu diesem Zeitpunkt innerhalb des MfS Leiter der Hauptabteilung V/5, die für die »Sicherung des Staatsapparates« und die Abwehr von »Terrorakten, Diversion, Attentaten und Putschversuchen« zuständig war und sich mit »Untergrundgruppen« und »Agentenzentralen« befasste.[1394] Außerdem kümmerte sich Volpert innerhalb des MfS-Apparates auch um die westlichen Kirchen und deren Verbindungen zur DDR.[1395]

Vogel verfasste meistens keine handschriftlichen Berichte, sondern er informierte Volpert mündlich über zahlreiche politische und juristische Vorgänge.[1396] Volpert fertigte über die Treffen mit Vogel schriftliche Berichte an, wobei er manchmal das Geschehen sehr subjektiv deutete und bisweilen auch Informationen manipulierte.[1397] Die einschlägigen Quellen aus der »Akte Georg« enden jedoch Mitte der 1960er Jahre, was auch der Untersuchungsausschuss »Kommerzielle Koordinierung« des Deutschen Bundestages später feststellen musste.[1398] Möglicherweise wurden spätere Berichte vernichtet, allerdings liegen hierzu keine gesicherten Erkenntnisse vor. Vogels private Unterlagen konnten für diese Studie nicht gesichtet werden. Dies war jedoch seinem Biografen Norbert F. Pötzl möglich.[1399] Die Zusammenarbeit von Volpert und Vogel ging nach Pötzls Darstellung bis zum Tod von Volpert im Jahr 1986 kontinuierlich weiter.[1400] Beide verband ein enges Vertrauensverhältnis.[1401] Vogels neuer Kontaktmann beim MfS wurde Gerhard Niebling, der Leiter der ZKG.[1402]

Um Vogels Vertrauensstellung zu verbessern, wurde die Verbindung des MfS zu Vogel 1957 zum Schein abgebrochen.[1403] Die »Akte Georg« wurde gleichzeitig von Volpert formal geschlossen.[1404] In Wirklichkeit erstattete Vogel Volpert aber auch weiterhin regelmäßig Bericht.[1405] Obwohl

---

[1393] Vgl. Pötzl: Basar der Spione, S. 51–57.
Vgl. ebf. Whitney: Advocatus Diaboli, S. 46 f.
[1394] Vgl. Pötzl: Basar der Spione, S. 52.
[1395] Vgl. Whitney: Advocatus Diaboli, S. 46.
[1396] Vgl. BStU, Archiv der Zentralstelle, MfS – AIM 5682/69, Band 6, Band 7 und Band 8.
[1397] Vgl. Pötzl: Basar der Spione, S. 57, S. 66 f., S. 127 und S. 141 f.
[1398] Vgl. Deutscher Bundestag (Hg.): Drucksache 12/7600, S. 319.
Vgl. ebf. Diekmann (Hg.): Freigekauft, S. 64.
[1399] Vgl. Pötzl: Basar der Spione, S. 11.
[1400] Vgl. ebenda, S. 439–441.
[1401] Vgl. Diekmann (Hg.): Freigekauft, S. 64.
[1402] Vgl. Pötzl: Basar der Spione, S. 441.
[1403] Vgl. Whitney: Advocatus Diaboli, S. 47.
[1404] Vgl. ebenda, S. 47.
[1405] Vgl. Pötzl: Basar der Spione, S. 56 f.

Volperts Notizen bei kritischer Quellenanalyse bezüglich ihres Wahrheitsgehaltes teilweise in Zweifel gezogen werden müssen, sind seine Berichte dennoch eine relevante Quelle, da sie Vogels Tätigkeit ausführlich beschreiben. Der Rechtsanwalt gab zuverlässig Auskunft über zahlreiche Mandanten und deren Fälle, über Kollegen in Ost-Berlin und deren Äußerungen, über Zusammentreffen mit westlichen Anwälten sowie deren Ansichten und Einschätzungen zur politischen Lage und weiteren Sachverhalten.[1406] Vogel wurde daher von Volpert systematisch weiter aufgebaut und besonders gefördert.[1407] In Abstimmung mit dem MfS übernahm Vogel Mandate in Ost und West.[1408] Bereits in den 1950er Jahren liefen schon einzelne Freikaufbemühungen von Firmen für ihre inhaftierten Mitarbeiter oder von Angehörigen für ihre internierten Familienmitglieder über Vogel. Laut eigener Zwischenbilanz, die Vogel für sich und seinen Kollegen Stange am 3. Juni 1964 anfertigte, hatten bis dahin mindestens drei Dutzend »*Begnadigungen im Austauschwege oder durch wirtschaftliche Gegenleistungen*« bewerkstelligt werden können.[1409]

Vogel wurde 1954 in das Ost-Berliner – sogenanntes »Großberliner« – Rechtsanwaltskollegium aufgenommen, und er erhielt eine eigene Anwaltspraxis.[1410] Ohne den Rückhalt des MfS und die Förderung durch Josef Streit, den späteren Generalstaatsanwalt der DDR und damaligen Leiter des Sektors Justiz beim ZK der SED, wäre dies nicht möglich gewesen.[1411] Vogel bekam 1957 auch die Zulassung für West-Berliner Gerichte, wo er beispielsweise angeklagte FDJ-Angehörige verteidigte; dass er noch eine klassische Juristenausbildung mit zwei Staatsexamen gemacht hatte, was in der DDR unüblich war, kam ihm hierbei sicherlich zugute.[1412] Gegenüber seinen westlichen Verhandlungspartnern musste Vogel seine enge

---

[1406] Vgl. als Beispiele: BStU, Archiv der Zentralstelle, MfS – AIM 5682/69, Band 6, S. 90–95 (Bericht von Unterleutnant Knoll vom 21.5.1957 über Treffen mit GM »Georg« in Anwesenheit von Volpert vom 20.5.1957); S. 285–289 (Bericht von Oberleutnant Sommer vom 29.4.1958 über Treffen mit GM »Georg« und Volpert am 25.4.1958); S. 388–394 (Bericht Oberleutnant Sommer vom 15.1.1959 über Treffen mit GM »Georg« vom 13.1.1959).
[1407] Vgl. Whitney: Advocatus Diaboli, S. 46 f.
[1408] Vgl. BStU, Archiv der Zentralstelle, MfS – AIM 5682/69, Band 6, S. 234–240 (Bericht von Leutnant Sommer vom 6.12.1957 über Treffen mit GM »Georg« in Anwesenheit Volperts vom 28.11.1957).
[1409] Zitiert nach: Pötzl: Basar der Spione, S. 147.
[1410] Vgl. Whitney: Advocatus Diaboli, S. 41.
[1411] Vgl. ebenda, S. 40 f.
[1412] Vgl. Winters, Peter Jochen: Ehrlicher Makler zwischen den Fronten. Zum Tod von Wolfgang Vogel (1925–2008). In: DA 5/2008 (41. Jahrgang), S. 776. Vgl. ebf. Pötzl: Basar der Spione, S. 15 f.

Anbindung an das MfS einerseits bewusst tarnen, konnte sie andererseits aber dann gezielt ausspielen, wenn politische Häftlinge freigelassen werden sollten.[1413] Mielke – seit 1957 Minister für Staatssicherheit – akzeptierte 1958 sogar die Entlassung eines Gefangenen in den Westen, um dort Vogels Ansehen gezielt zu stärken.[1414] Die Bundesregierung konnte nicht mit einer staatlichen Instanz, erst recht nicht mit dem MfS verhandeln. Dementsprechend musste ein enger Verbindungsmann zu verantwortlichen Entscheidungsträgern gefunden werden, um überhaupt etwas für die politischen Häftlinge in der DDR erreichen zu können. Alle westlichen Akteure mussten deshalb auch eine enge Verbindung Vogels zum MfS in Erwägung ziehen. Stange wusste hierbei sogar frühzeitig über Volpert und dessen Hintergrund Bescheid, wobei er diese Information – laut Whitney – auf Wunsch Vogels nicht an die bundesdeutsche Seite weitergab.[1415] Angesichts des engen Verhältnisses der beiden Rechtsanwälte ist diese Darstellung plausibel. Gleichzeitig wirft das aber einen Schatten auf Stange, der ja eigentlich die bundesdeutschen Interessen vertreten sollte.

Der Mauerbau führte auch dazu, dass Vogel vorübergehend nicht mehr nach West-Berlin fahren konnte, da ihm dies zunächst von der DDR verwehrt wurde.[1416] Doch trotz dieser vorübergehenden Einschränkung sollte Vogels Karriere Anfang der 1960er Jahre einen Schub erhalten. So war Vogel an Austauschaktionen von Agenten – teilweise wurden östliche Agenten auch gegen westliche Fluchthelfer ausgetauscht – als Unterhändler beteiligt.[1417] Durch seine Rolle im Fall Abel/Powers hatte er sich auch international, besonders bei der Sowjetunion, einen guten Ruf erworben.[1418]

Trotz seines Erfolges war Anfang der 1960er Jahre nicht etwa Vogel der bekannteste Rechtsanwalt der DDR, sondern Friedrich Karl Kaul, der auch über einen engen Kontakt zu Erich Mielke verfügte.[1419] Diesem berichtete Kaul ausführlich über seine Gespräche mit westlichen

---

[1413] Vgl. Whitney: Advocatus Diaboli, S. 96.
[1414] Vgl. Deutscher Bundestag (Hg.): Drucksache 12/7600, S. 319.
[1415] Vgl. Whitney: Advocatus Diaboli, S. 96.
[1416] Vgl. Diekmann (Hg.): Freigekauft, S. 11.
Vgl. ebf. Pötzl: Basar der Spione, S. 132. Sofern die DDR ein Interesse daran hatte, konnte sie Vogel jederzeit eine Reisegenehmigung in den Westen erteilen. Wenn Vogel nach dem Mauerbau aber frei hätte reisen können, hätte dies im Westen Verdacht über eine enge Anbindung an das MfS erregen können.
[1417] Vgl. Pötzl: Basar der Spione, S. 146 f. und S. 160.
[1418] Vgl. Whitney: Advocatus Diaboli, S. 48–69, S. 77 und S. 83.
[1419] Vgl. Rosskopf: Friedrich Karl Kaul, S. 136, S. 153 und S. 156.

Verhandlungspartnern.[1420] Deshalb war es keinesfalls selbstverständlich, dass Vogel der zuständige Unterhändler der DDR für den Häftlingsfreikauf werden würde. Laut seiner Biografin Annette Rosskopf hatte Kaul schon frühzeitig eine deutsch-deutsche Kommission angeregt, die u. a. Fragen des Austauschs von Inhaftierten behandeln sollte; der Vorschlag scheiterte jedoch.[1421] Eine ähnliche Idee wurde von Kaul 1963 gegenüber dem MfS und dem SED-Politbüro-Mitglied Albert Norden vorgebracht, als er die Einrichtung eines deutsch-deutschen Juristen-Gremiums vorschlug, allerdings ebenfalls ohne Ergebnis.[1422]

Aber auch Kaul war an verschiedenen Austauschaktionen beteiligt gewesen, wobei er vor allem mit den bundesdeutschen Rechtsanwälten Posser, von Winterfeld und dem ehemaligen Generalbundesanwalt Güde zusammenarbeitete.[1423] Posser schilderte beispielsweise ausführlich seine Zusammenarbeit mit Kaul im Fall des inhaftierten Fluchthelfers Benedikt Graf von und zu Hoensbroech.[1424] Zudem verhandelte Kaul mit von Winterfeld und Güde, der inzwischen Bundestagsabgeordneter der CDU war, auch in dem politisch bedeutsamen Fall des Verlegers Günter Hofé. Dieser war in der Bundesrepublik inhaftiert worden, wobei die DDR unbedingt seine Entlassung erzwingen wollte.[1425] Kaul wollte einen Austausch Hofés gegen Hoensbroech erreichen und damit beide Fälle lösen, was jedoch nicht gelang.[1426] Vogel und Kaul wurden in diesen Fällen zu Konkurrenten. Vogel konnte sich dank seiner besseren Rückendeckung bei der DDR-Führung schließlich durchsetzen. Die 1964 unabhängig voneinander erfolgten Haftentlassungen von Hoensbroech und Hofé liefen jeweils über Vogel.[1427]

---

[1420] Vgl. BStU, Archiv der Zentralstelle, MfS Sekretariat des Ministers (SdM) 1237, S. 157 f. (Bericht von Kaul an Mielke vom 3.8.1964, u. a. über ein Gespräch mit Posser über Austauschverhandlungen).
[1421] Vgl. Rosskopf: Friedrich Karl Kaul, S. 176.
[1422] Vgl. ebenda, S. 184 f.
[1423] Vgl. ebenda, S. 169–174.
[1424] Vgl. Posser: Anwalt im Kalten Krieg, S. 346 f. und S. 349.
Hoensbroech kam aus einer sehr angesehenen und wohlhabenden Familie und war mit Außenminister Heinrich von Brentano verwandt. Laut Whitney hoffte die DDR, von Brentano zu einem Brief zu Gunsten des Studenten veranlassen zu können, den sie dann als Anerkennung der DDR hätte auslegen können. Vgl. Whitney: Advocatus Diaboli, S. 122.
[1425] Vgl. BStU, Archiv der Zentralstelle, MfS Sekretariat des Ministers (SdM) 1237, S. 382–386 (Bericht von Kaul über eine Besprechung mit Güde und von Winterfeld am 7. und 8.4.1964 in Frankfurt am Main).
[1426] Vgl. Rosskopf: Friedrich Karl Kaul, S. 183.
[1427] Vgl. ebenda, S. 183 f.

Kaul war dennoch 1965 bemüht, die Verhandlungen im Häftlingsfreikauf 1965 zusammen mit dem bundesdeutschen Rechtsanwalt von Winterfeld zu übernehmen, wobei von Winterfeld den ehemaligen Bundesanwalt und Bundestagsabgeordneten Max Güde als Fürsprecher gewinnen wollte.[1428] Doch Güde und Bundesminister Mende zeigten sich ablehnend.[1429] Güde hatte bereits Ende 1963 mit Kaul Fragen des Gefangenenaustauschs und des Häftlingsfreikaufs sondiert und Mende davon berichtet.[1430] Staatssekretär Westrick aus dem Bundeskanzleramt hatte 1964 Rechtsanwalt von Winterfeld sogar beauftragt, mit Kaul über Häftlingsentlassungen zu verhandeln.[1431] Doch Kaul hatte sich mit scharfzüngigen Auftritten vor bundesdeutschen und West-Berliner Gerichten in der Bundesrepublik viele Gegner gemacht.[1432] Auch im Osten hatte Kaul zahlreiche Gegenspieler und Neider.[1433] Außerdem wurde Vogel in Gesprächen als geschickter und wesentlich diskreter eingeschätzt.[1434] Insofern war es von der DDR sicherlich ein strategisch kluger Schachzug, Vogel als Unterhändler einzusetzen. Angesichts der dargelegten Hintergründe dürfte dies auch zu diesem Zeitpunkt den Interessen der Bundesregierung entsprochen haben, zumal Kaul und von Winterfeld aufgrund ihres Verhaltens in Einzelfällen oder durch andere Aktivitäten in Bonn offenbar Misstrauen entgegenschlug.[1435]

Im Ergebnis erwies sich die Entscheidung für Vogel aufgrund dessen enger Verbindung zu Stange auch als eine Entscheidung für Letzteren, auch wenn die Bundesregierung offensichtlich lieber Rechtsanwalt Posser als Unterhändler gehabt hätte, der allerdings von Vogel abgewiesen wurde.[1436] Ein Treffen zwischen Bundesminister Mende und

---

[1428] Vgl. EZA Berlin 742/277 (Niederschrift von Winterfelds vom 2.12.1965 über ein Arbeitsessen vom 28.11.1965 zwischen Kaul und von Winterfeld (in Anwesenheit von Kauls Ehefrau und von Winterfelds Sekretärin) über eine neue und geänderte Abwicklung des Häftlingsfreikaufs. Von Winterfeld hatte die Niederschrift Güde zur Verfügung gestellt.).
[1429] Vgl. EZA Berlin, 742/277 (Schreiben Güde an Minister Mende vom 7.12.1965; Antwort Minister Mendes an Güde vom 23.12.1965).
[1430] Vgl. Hammer (Bearbeiterin): Sonderedition »Besondere Bemühungen«, S. 84–86 (Dok. Nr. 31, Vermerk Güdes vom 9.12.1963 für Minister Mende über das Gespräch von Güde mit Kaul vom 7.12.1963).
[1431] Vgl. ebenda, S. 140 (Dok. Nr. 54, Vermerk Rehlingers vom 22.5.1964).
[1432] Vgl. Rosskopf: Friedrich Karl Kaul, S. 145–168.
[1433] Vgl. ebenda, S. 184.
Vgl. ebf. Posser: Anwalt im Kalten Krieg, S. 346 f.
[1434] Vgl. Rosskopf: Friedrich Karl Kaul, S. 181.
[1435] Vgl. Hammer (Bearbeiterin): Sonderedition »Besondere Bemühungen«, S. XX (aus der Einleitung).
[1436] Vgl. ebenda, S. XX f. (aus der Einleitung).

Vogel kam nach Aussage Rehlingers am 12. Mai 1964 in Mendes West-Berliner Ministerbüro zustande.[1437] Nach Volpert hingegen waren hierbei neben Mende und Vogel auch Rehlinger, Brodeßer und Stange anwesend. Angeblich fand das Treffen laut Volpert am 15. Mai 1964 statt, wobei Mende und Rehlinger große Meinungsverschiedenheiten gehabt hätten, die sie zudem offen vor Vogel ausgetragen hätten, der Mende zudem äußerst negativ schilderte.[1438] Von entscheidender historischer Bedeutung für den Freikauf ist jedoch der von allen Quellen unbestrittene Sachverhalt, dass Mende Vogel persönlich empfangen hat, um sich so von ihm ein Bild machen zu können. Nach Mendes Ausführungen zu urteilen, trug das Treffen bei ihm zur Vertrauensbildung gegenüber Vogel und damit gegenüber der gesamten geplanten Aktion bei.[1439]

Trotzdem sollte Wolfgang Vogel in seiner Bedeutung für den Freikauf nicht überschätzt werden. Der Rechtsanwalt war sicherlich darum bemüht, mögliche Chancen für seine Mandanten auszuloten, um für diese erfolgreich wirken zu können.[1440] Er gehörte aber nicht zur Entscheidungsebene in der DDR, sondern nur zur Verhandlungsebene, über Haftentlassungen konnte er nicht befinden.[1441] Aber für das MfS hatte es aus taktischen Gründen durchaus manchmal Sinn, an Vogel herangetragene Bitten aus der Bundesrepublik zu erfüllen, um das Vertrauen in die Möglichkeiten des Rechtsanwalts im Westen zu stärken.[1442] Bereits vor der Aufnahme zwischenstaatlicher Beziehungen der beiden deutschen Staaten wurde Vogel gelegentlich zur Sondierung politischer Fragen eingesetzt.[1443] Nach dem Grundlagenvertrag gewann Vogel aufgrund seiner West-Kontakte und des großen Vertrauens, das ihm Honecker entgegenbrachte, sogar noch deutlich an politischer Bedeutung.[1444] Die Anzahl der Haft- und Familienzusammenführungsfälle, die Vogel zu bearbeiten hatte, nahm im

---

Vgl. ebf. ebenda, S. 200 f. (Dok. Nr. 99, Schreiben Vogels an Stange vom 4.12.1964).
[1437] Vgl. Mende: Von Wende zu Wende, S. 140. Nach Mendes Erinnerung war auch Stange anwesend.
Vgl. ebf. Rehlinger: Freikauf, S. 60.
[1438] Vgl. Volperts Bericht zum Treffen zwischen Mende und Vogel und zu weiteren Gesprächen Vogels in West-Berlin, u. a. auch mit Heinrich Albertz: BStU, Archiv der Zentralstelle, MfS – AIM 5682/69, Band 8, S. 519–541 (Treffbericht Volperts vom 17.5.1964 über Treffen mit GM »Georg« vom 15.5.1964).
[1439] Vgl. Mende: Von Wende zu Wende, S. 140.
[1440] Vgl. Whitney: Advocatus Diaboli, S. 183.
[1441] Vgl. Pötzl: Basar der Spione, S. 233.
[1442] Vgl. ebenda, S. 57 f.
[1443] Vgl. Meyer: Herbert Wehner, S. 316 und 319 f.
[1444] Vgl. Potthoff: Bonn und Ost-Berlin 1969–1982, S. 15 und S. 39.

Verlauf der Jahre beträchtlich zu.[1445] Seine Anwaltskanzlei in der Reiler Straße 4 in Ost-Berlin wurde seit dem Ende der 1970er Jahre zudem immer stärker zu einer Anlaufstelle für viele ausreisewillige DDR-Bürger, was Vogel allerdings deutlich missfiel.[1446] Aber die Möglichkeit des Freikaufs und der Anwalt Vogel waren inzwischen auch in der DDR sehr bekannt geworden.[1447] Vogels Ehefrau Helga arbeitete in seiner Kanzlei und half ihm bei der Bearbeitung der vielen humanitären Fälle.[1448] Vogel hatte seine spätere Ehefrau 1968 als damalige Bundesbürgerin kennengelernt, als sie sich für einen mit ihr bekannten in der DDR inhaftierten Bundesbürger einsetzte.[1449] Dieser wurde mit Unterstützung durch Wehner und Svingel schließlich im Mai 1969 ausgetauscht.[1450] Vogels spätere Ehefrau siedelte noch 1969 in die DDR über und heiratete Vogel 1974.[1451]

Vogel wurde von zahlreichen bundesdeutschen Anwälten, vor allem von jenen der Rechtsschutzstelle, mit Mandaten beauftragt.[1452] Dafür wurde er von der Bundesregierung bezahlt. Die Zahlungen erfolgten

---

[1445] Vgl. Whitney: Advocatus Diaboli, S. 190 und 400.
[1446] Vgl. ebenda, S. 192.
[1447] Vgl. ebenda, S. 191 f.
[1448] Vgl. Wehner: Erfahrungen, S. 68. Eine diesbezügliche Interviewanfrage bei Helga Vogel für diese Studie war nicht erfolgreich.
[1449] Laut Pötzl handelte es sich dabei um ihren früheren Verlobten. Vgl. Pötzl: Basar der Spione, S. 211 f. Laut einer am 27.7.2014 ausgestrahlten neuen Dokumentation des MDR über Vogel war die Verlobung jedoch nur eine Darstellung gegenüber den DDR-Behörden, um die Chancen auf eine Freilassung des Betroffenen aufgrund einer angestrebten Familienzusammenführung zu erhöhen. Vgl. Koshofer, Nina: Wolfgang Vogel – Der DDR-Anwalt mit dem goldenen Mercedes. Deutschland 2014 (für den MDR; Geschichte Mitteldeutschlands). Pötzl gab dem MDR zur neuen Dokumentation über Vogel auch ein Interview (vgl. http://www.mdr.de/geschichte-mitteldeutschlands/filme/vogel/norbert-poetzl-interview100.html) und stellte sich den Fragen der MDR-Zuschauer am 27.7.2014 in einem Chat (vgl. http://www.mdr.de/geschichte-mitteldeutschlands/filme/vogel/chatprotokoll652.html).
[1450] Vgl. ebenda, S. 212.
Vgl. ebf. o. A.: Der heimliche Botschafter. In: DER SPIEGEL, Nr. 13/1992 vom 23.3.1992.
[1451] Vgl. Pötzl: Basar der Spione, S. 213 f. und S. 355. Ohne Vogels Kontakte und seine wichtige Rolle für die DDR wären Einreise und Einbürgerung seiner späteren Ehefrau laut Pötzl wohl nicht bzw. nicht so schnell möglich gewesen. Vgl. ebenda, S. 214. Seiner ersten Ehefrau und seinen beiden Kindern aus erster Ehe hatte Vogel die Ausreise in den Westen ermöglicht, was allerdings geheim bleiben musste. Vgl. Koshofer: Wolfgang Vogel – Der DDR-Anwalt mit dem goldenen Mercedes. Auch dieser Sachverhalt verdeutlicht Vogels gute Kontakte.
[1452] Vgl. Deutscher Bundestag (Hg.): Drucksache 12/7600, S. 320.

hierbei auf einem West-Berliner Konto Vogels.[1453] Seine Aufwendungen im Rahmen des Freikaufs wurden von der Bundesregierung großzügig honoriert; seit 1984 erhielt er eine jährliche Pauschale von 360.000 DM.[1454] Die in den Rechtsschutz und Häftlingsfreikauf einbezogenen politischen Häftlinge mussten deshalb keine Kosten für Rechtsanwalt oder Freikauf aufbringen.[1455] Daneben behielt sich Vogel das Recht vor, auch private Mandate in Haft- oder Familienzusammenführungsfällen anzunehmen.[1456] Die DDR gewährte ihm laut Pötzl zudem erhebliche Steuervergünstigungen.[1457] Außerdem war der Rechtsanwalt in vielen Grundstücksangelegenheiten von Ausreiseantragstellern als Notar tätig, was ihm weitere Einnahmen einbrachte.[1458] Da zusätzlich zahlreiche Rechtsanwälte als bevollmächtigte Unteranwälte[1459] in Vertretung für Vogel agierten, erzielte er auch aus diesen Fällen Einkünfte.[1460] Vogel hatte somit zweifellos ein insbesondere für DDR-Verhältnisse außergewöhnlich hohes Einkommen.[1461]

Vogel erhielt neben ausländischen Orden 1975 auch den »Vaterländischen Verdienstorden in Gold«, den höchsten Orden der DDR.[1462] Zudem war ihm bereits 1969 von der Akademie für Staats- und Rechtswissenschaften »Walter Ulbricht« in Potsdam-Babelsberg ein Ehrendoktortitel (Dr. jur. h.c.) verliehen worden.[1463] Vogel wurde 1985 von der gleichen Fakultät sogar zum Professor für Strafprozessrecht ernannt.[1464] Weiterhin genoss er in späteren Jahren das Privileg, mit einem Diplomatenpass in den Westen reisen zu dürfen.[1465] Vogel strebte in Ost und West gleichermaßen nach einem hohen Ansehen.[1466] Die Bundes-

---

[1453] Vgl. Deutscher Bundestag (Hg.): Drucksache 12/7600, S. 308.
[1454] Vgl. ebenda, S. 308 und S. 320.
[1455] Vgl. ebenda, S. 308 und S. 321.
[1456] Vgl. Hammer (Bearbeiterin): Sonderedition »Besondere Bemühungen«, S. XXI (aus der Einleitung).
[1457] Vgl. Pötzl: Basar der Spione, S. 197 f.
[1458] Vgl. Deutscher Bundestag (Hg.): Drucksache 12/7600, S. 320 f.
[1459] Vgl. Booß: Sündenfall der organisierten Rechtsanwaltschaft. In: DA 4/2011 (44. Jahrgang), S. 531 f. Christian Booß hat hierbei den Fall eines Unteranwaltes aufgearbeitet, der als IM für das MfS tätig war.
[1460] Vgl. Deutscher Bundestag (Hg.): Drucksache 12/7600, S. 308.
[1461] Vgl. Whitney: Advocatus Diaboli, S. 190.
[1462] Vgl. o. A.: DDR: Faule Sache. In: DER SPIEGEL, Nr. 44/1975 vom 27.10.1975.
[1463] Vgl. Schmidthammer: Rechtsanwalt Wolfgang Vogel, S. 218.
[1464] Vgl. ebenda, S. 221.
[1465] Vgl. Winters: Anwalt der Menschen zwischen den Fronten. In: DA 1/2006 (39. Jahrgang), S. 778.
[1466] Vgl. Ludwig Rehlinger im »Spitzengespräch« mit Jürgen Engert (»Freikauf – das

regierung war ebenfalls darum bemüht, seinen Ruf zu verteidigen. So wurde ein kritischer Bericht der Illustrierten »Bunte«, der Vogels Identität infrage gestellt hatte – der echte Wolfgang Vogel sei angeblich im Zweiten Weltkrieg gefallen – von der Bundesregierung schnell dementiert, um eine mögliche Gefährdung des Freikaufs zu verhindern.[1467]

Vogels privilegierte Stellung und sein hohes Einkommen brachten ihm aber auch zahlreiche Gegner und/oder Neider im MfS, in der SED und allgemein unter den Funktionsträgern in der DDR ein.[1468] Er besaß jedoch Honeckers Rückendeckung, was unter diesen Umständen für den Rechtsanwalt von entscheidender Bedeutung war.[1469] Doch auch einige entschiedene Gegner der SED-Diktatur lehnten Vogel und seine Tätigkeit ab und griffen ihn mitunter deshalb auch öffentlich an. Vogel klagte hierbei auch gegen Personen oder Organisationen, wenn er sich und seinen Ruf verleumdet sah. Zum Beispiel ging er in einer Zivilklage gegen die IGfM vor, die gegen den Rechtsanwalt schwere Vorwürfe erhoben hatte.[1470] Auch der 1976 aus der DDR ausgebürgerte Liedermacher Wolf Biermann[1471] wurde von Vogel zum Widerruf verpflichtet, da er den Rechtsanwalt als »*die heilige Mutter Teresa des Menschenhandels*« verspottet und ihm außerdem seine Einkünfte aus seiner Tätigkeit im Freikauf vorgeworfen hatte.[1472] Geradezu prophetisch sagte Biermann 1988 über Vogel: »*Ich denke, lieber Rechtsanwalt, auch Sie unterliegen mit ihrem heiklen Geschäft dem*

---

Geschäft der DDR mit politisch Verfolgten«) am 8.6.2011 in Berlin. In: Apelt (Hg.): Flucht, Ausreise, Freikauf, S. 100.

[1467] Vgl. Diekmann (Hg.): Freigekauft, S. 92.

[1468] Vgl. Bölling, Klaus: Die fernen Nachbarn. Erfahrungen in der DDR. Hamburg 1983, S. 231 und S. 233 f.
Die ehemaligen DDR-Diplomaten Karl Seidel und Jürgen Nitz äußerten sich in ihren Büchern zu Vogel eher zurückhaltend, der de facto zu einer Konkurrenz für das DDR-Außenministerium geworden war, was die Einschätzung Böllings zusätzlich unterstreicht. Vgl. hierzu: Seidel, Karl: Berlin-Bonner Balance. Erinnerungen und Erkenntnisse eines Beteiligten. Berlin 2002, S. 256 f. Karl Seidel stand für diese Studie dankenswerterweise für Rückfragen zur Verfügung. Vgl. Brief vom 23.2.2010. Vgl. ebf. Nitz, Jürgen: Unterhändler zwischen Berlin und Bonn. Zur Geschichte der deutsch-deutschen Geheimdiplomatie in den 80er Jahren. Berlin 1998, S. 38–49.

[1469] Vgl. Whitney: Advocatus Diaboli, S. 158 und S. 183.

[1470] Vgl. von Wedel: Als Anwalt zwischen Ost und West, S. 42–44. Die IGfM konnte ihre Vorwürfe, Vogel liefere Mandanten an das MfS aus, nicht beweisen. Es kam zu einem Vergleich zu Gunsten Vogels.

[1471] Die Ausbürgerung Wolf Biermanns hatte in der DDR nachhaltige Verärgerung und Distanz zur SED-Führung unter Künstlern und Intellektuellen zur Folge. Vgl. Pleitgen, Fritz (Hg.): Die Ausbürgerung. Anfang vom Ende der DDR. München 2001.

[1472] Zitiert nach: Biermann, Wolf: Klartexte im Getümmel. 13 Jahre im Westen. Von der Ausbürgerung bis zur November-Revolution. Köln 1990, S. 70.

*geschichtlichen Wandel. Was gestern noch edel war, kann morgen schon mies sein. Will sagen: Mit den Verhältnissen ändert sich das moralische Urteil. Die Welt bewegt sich wieder. Ewig wird die DDR nicht gegen den neuen Kurs der Sowjetunion ansteuern können.«*[1473]
Nur wenige Jahre später, nach der deutschen Einheit, hatte sich das öffentliche Urteil über Vogel tatsächlich gewandelt. Zwar standen viele Personen – zum Beispiel sehr namhafte frühere bundesdeutsche Verhandlungs- und Gesprächspartner wie Helmut Schmidt, Hans-Dietrich Genscher, Richard von Weizsäcker oder Wilhelm Wissing sowie viele ehemalige Mandanten – weiterhin zu ihm.[1474] Vogel wurde aber auch von einigen ehemaligen DDR-Bürgern verklagt, die aus der DDR ausgereist waren.[1475] So war der Verkauf des Grundbesitzes seit 1977 eine Voraussetzung dafür, dass die Ausreise von den DDR-Behörden überhaupt genehmigt werden konnte.[1476] Nach der deutschen Einheit forderten einige Kläger den damals verkauften Grundbesitz wieder zurück, wobei sie Vogel Erpressung vorwarfen.[1477] Vogel stand nun wegen diesem und weiteren Anklagepunkten vor Gericht.[1478] Er wurde jedoch 1998 vom Bundesgerichtshof (BGH) von Erpressungsvorwürfen in letzter Instanz entweder freigesprochen oder die Verfahren gegen ihn wurden eingestellt; eine diesbezügliche vorherige Verurteilung des Landgerichts Berlin wurde vom BGH aufgehoben.[1479] Eine weitere Verurteilung des Landgerichts Berlin wegen Meineids zu 14 Monaten Freiheitsstrafe mit Bewährung und wegen Falschbeurkundung im Amt zu einer Geldstrafe wurde jedoch vom BGH bestätigt.[1480]

---

[1473] Zitiert nach: Biermann: Klartexte im Getümmel, S. 76.
[1474] Vgl. Whitney: Advocatus Diaboli, S. 349 f.
Vgl. ebf. Schmidt, Helmut: Weggefährten. Erinnerungen und Reflexionen. Berlin 1998 (3. Auflage; 1. Auflage erschien 1996), S. 372.
Vgl. ebf. Genscher: Erinnerungen, S. 311 und S. 643 f.
Vgl. ebf. Weizsäcker, Richard von: Der Weg zur Einheit. München 2009, S. 92 f.
Vgl. ebf. Höller (Hg.): Wilhelm Wissing: Gott tut nichts als fügen, S. 157 f.
[1475] Vgl. Pötzl: Basar der Spione, S. 526–528.
Vgl. ebf. Whitney: Advocatus Diaboli, S. 338–340.
Vgl. ebf. Diekmann (Hg.): Freigekauft, S. 191–193.
Prof. Peter Maser, der gegen Vogel Anzeige erstattet hatte, stand für diese Studie dankenswerterweise zu diesem Sachverhalt auch für Rückfragen zur Verfügung. Vgl. Schreiben vom 11.7.2011.
[1476] Vgl. Schroeder: Ursachen, Wirkungen und Folgen der Ausreisebewegung. In: Apelt (Hg.): Flucht, Ausreise, Freikauf, S. 52.
[1477] Vgl. Whitney: Advocatus Diaboli, S. 321.
[1478] Vgl. Pötzl: Basar der Spione, S. 526–528.
[1479] Vgl. Bundesgerichtshof (BGH) (Hg.): Pressemitteilung Nr. 61 vom 10.8.1998.
[1480] Vgl. ebenda (Pressemitteilung BGH).

Seine eigene schwierige Rolle beschrieb Vogel als eine »*Tätigkeit sui generis*«[1481]. Vogels Tätigkeit kann in einer abschließenden Bewertung kaum auf einen einfachen Nenner gebracht werden. Er verwendete sich durchaus erfolgreich für viele seiner Mandanten.[1482] In anderen Fällen blieb er hingegen erfolglos.[1483] Gleichzeitig sollte Vogel auf Anordnung Mielkes bei allen dem Rechtsanwalt bekannten Fällen als Hinweisgeber fungieren, wer eventuell in eine bundesdeutsche Botschaft fliehen könnte, um so seine Ausreise zu erzwingen.[1484] Unter den früheren politischen Häftlingen gehen bis heute die Meinungen über Vogel ganz erheblich auseinander: So äußerten sich beispielsweise Wolfgang Welsch, Carmen Rohrbach, Klaus Kordon, Ellen Thiemann und viele weitere ehemalige politische Häftlinge anerkennend über Vogels Empathie.[1485] Andere sahen Vogel oder die von ihm beauftragten Unteranwälte kritisch, zum Beispiel Jutta Fleck (ehemals Jutta Gallus), Helmut Meißner oder Matthias Storck.[1486] Letzterer betonte allerdings, dass nach seiner Erfahrung die Mehrheit der ehemaligen politischen Häftlinge Vogel positiv sehe.[1487]

[1481] Zitiert nach: Pötzl: Basar der Spione, S. 531.
[1482] Vgl. Beleites, Johannes und Joestel, Frank: »Agenten mit spezieller Auftragsstruktur«. Eine Erfindung des MfS und ihre Folgen. In: Horch und Guck. Heft 3/2008. Berlin 2008, S. 56–59.
[1483] Als besonders dramatisch kann der Fall des DDR-Bürgers Winfried Baumann gelten, der 1980 wegen seiner Arbeit für den BND hingerichtet wurde. Vogel hatte ihn zuerst verteidigt, dann wurde ihm jedoch der Fall entzogen. Mielke wollte wohl wegen der spektakulären Flucht des HVA-Mitarbeiters Werner Stiller von 1979 ein Exempel statuieren. Vgl. Diekmann (Hg.): Freigekauft, S. 160–162.
[1484] Vgl. Booß: Sündenfall der organisierten Rechtsanwaltschaft. In: DA 4/2011 (44. Jahrgang), S. 529 f.
[1485] Vgl. Mail von Wolfgang Welsch vom 2.12.2009 und Mail von Klaus Kordon vom 3.11.2009.
Vgl. ebf. telefonische Interviews mit: Carmen Rohrbach vom 19.1.2009; Ellen Thiemann vom 25.1.2010.
Vgl. ebf. Rohrbach, Carmen: Solange ich atme. Meine dramatische Flucht über die Ostsee ans Ende der Welt – ein Lebensbericht. München 2003, S. 277.
Vgl. ebf. Thiemann, Ellen: Der Feind an meiner Seite. Die Spitzelkarriere eines Fußballers. München 2005, S. 126–136. Vgl. ebf. von Ellen Thiemann zur DDR: Dieselbe: Stell dich mit den Schergen gut. Erinnerungen an die DDR. München und Berlin 1984; Dieselbe: Wo sind die Toten von Hoheneck? Neue Enthüllungen über das berüchtigte Frauenzuchthaus der DDR. München 2013.
[1486] Vgl. Interview mit Jutta Fleck am 10.2.2010 in Wiesbaden.
Vgl. ebf. telefonisches Interview mit Helmut Meißner am 29.1.2010.
Vgl. ebf. Interview mit Matthias Storck am 1.3.2010 in Wiesloch.
Ich bedanke mich bei allen in dieser und der vorhergehenden Fußnote genannten Zeitzeugen, dass sie für diese Studie für ein Interview zur Verfügung standen.
[1487] Vgl. ebenda (Interview Storck).

Vogel war zwar tatsächlich ein Rechtsanwalt mit Einfühlungsvermögen und Engagement für viele seiner Klienten. Aber als Unterhändler der DDR musste er in erster Linie die Interessen des SED-Staates loyal vertreten, was ihm vor allem im Fall einer divergierenden Interessenlage – wenn zum Beispiel die DDR einen Häftling keinesfalls freigeben wollte – immer klar sein musste. Nur diese Prioritätensetzung konnte ihm sein langjähriges Verbleiben in seinen Funktionen ermöglichen. Seine Mandanten konnten immer erst dann in den Westen ausreisen, wenn nicht nur sie die DDR verlassen wollten, sondern auch das MfS zu dem Ergebnis gekommen war, sie lieber gehen zu lassen.[1488] Auch in der veröffentlichten Meinung gehen deshalb bis heute die Urteile über Vogel weit auseinander. Während anlässlich seines Todes im Jahr 2008 Peter Jochen Winters einem Nachruf auf Vogel die Überschrift »*Ehrlicher Makler zwischen den Fronten*«[1489] gab, wählte Sven Felix Kellerhoff den Titel: »*Der Jurist, der mit Ostdeutschen handelte*«.[1490] Diese große Bandbreite zeigt die kontroverse Einschätzung von Rechtsanwalt Wolfgang Vogel und dessen Tätigkeit.

Über Vogel sind zahlreiche Biografien erschienen. Sein Leben und sein Wirken im Rahmen des Häftlingsfreikaufs wurden von unterschiedlichen Autoren und Medien ausführlich dargestellt. Hingegen wurde die Rolle von Jürgen Stange bislang noch kaum untersucht. Jürgen Stange hatte für die Bundesregierung bis 1983 die Aufgabe, die vom BMB erstellten H-Listen an Wolfgang Vogel zu übergeben und mit ihm in humanitären Fragen zu verhandeln.[1491] Seine Bestellung geschah 1964 zunächst durch die Bundesregierung, von 1965 bis 1976 dann durch die Kirchen. Erst seit 1976 hatte er einen schriftlichen Vertrag mit der Bundesregierung.[1492] Bis zur Aufhebung seines Vertrages im Jahr 1983 blieb Stange am Häftlingsfreikauf beteiligt.[1493] Seit den 1960er Jahren hatte Stange ausgezeichnete Kontakte zu Wolfgang Vogel aufgebaut.[1494] Mögliche Zweifel an Vogel wurden bei Stange schnell zerstreut, er hatte rasch Vertrauen zu seinem

---

[1488] Vgl. Passens, Katrin: MfS-Untersuchungshaft. Funktionen und Entwicklung von 1971–1989. Berlin 2012, S. 276.
[1489] Zitiert nach: Winters: Ehrlicher Makler zwischen den Fronten. In: DA 5/2008 (41. Jahrgang), S. 775.
[1490] Zitiert nach: Kellerhoff, Sven Felix: Wolfgang Vogel: Der Jurist, der mit Ostdeutschen handelte. Auf: »Welt Online« am 22.8.2008 (Homepage der Tageszeitung »Die Welt«).
[1491] Vgl. Deutscher Bundestag (Hg.): Drucksache 12/7600, S. 308.
[1492] Vgl. ebenda, S. 308.
[1493] Vgl. Pötzl: Basar der Spione, S. 279.
[1494] Vgl. ebenda, S. 129 und S. 132 f.

Ost-Berliner Kollegen gefasst.[1495] Das MfS förderte hierbei die Verbindung zwischen Vogel und Stange von Anfang an.[1496] Stange verfügte über gute Beziehungen zur Rechtsschutzstelle, die ihn oftmals als Mittelsmann einsetzte.[1497] Da Stange als Braunschweiger, im Gegensatz zu den West-Berliner Anwälten, einen bundesdeutschen Pass besaß, konnte er auch nach dem Mauerbau nach Ost-Berlin und in die DDR einreisen, was den West-Berliner Kollegen verwehrt war.[1498] Er hatte darüber hinaus sehr gute Verbindungen zum West-Berliner Senat, zum Bundesnachrichtendienst und zu den beiden christlichen Kirchen.[1499] Mit diesem Hintergrund schien er für die Rolle des bundesdeutschen Unterhändlers geradezu prädestiniert zu sein. Reymar von Wedel, der in dieser Funktion ebenfalls denkbar gewesen wäre, wurde von der Bundesregierung nicht berücksichtigt.[1500] Rechtsanwalt Diether Posser, später ein prominenter SPD-Politiker, wurde dagegen von Vogel als möglicher Verhandlungspartner zurückgewiesen, da Vogel nur ein Mandat für Verhandlungen mit Stange erteilt wurde.[1501] Deshalb einigten sich beide Seiten auf eine Führung der Verhandlungen durch das Tandem Vogel/Stange.[1502] Hierbei war Stange offensichtlich der Wunschpartner Vogels bzw. der DDR. Die damalige Bundesregierung war zwar gegenüber dieser Verbindung erkennbar skeptisch, was Ausführungen von Rechtsanwalt Posser nahelegen.[1503] Aber eine Verzögerung von Haftentlassungen durch

---

[1495] Vgl. Diekmann (Hg.): Freigekauft, S. 11 f.
[1496] Vgl. ebenda, S. 11 f.
[1497] Vgl. Rehlinger: Freikauf, S. 14 f.
[1498] Vgl. ebenda, S. 14.
Vgl. ebf. Diekmann (Hg.): Freigekauft, S. 11.
[1499] Vgl. Whitney: Advocatus Diaboli, S. 76 f.
Vgl. ebf. Schmidthammer: Rechtsanwalt Wolfgang Vogel, S. 91.
[1500] Vgl. EZA Berlin, 742/274 (Schreiben von Bischof Kunst an RA von Wedel vom 27.3.1965). Kunst hatte offenbar zu von Wedel selbst ein gespanntes Verhältnis und billigte daher dessen Nichtberücksichtigung. Vgl. ebf. zu von Wedels Nichtberücksichtigung: Hammer (Bearbeiterin): Sonderedition »Besondere Bemühungen«, S. 157 (Dok. Nr. 66, Vermerk Rehlingers vom 16.7.1964). Reymar von Wedel scheiterte 1967 auch mit einer von ihm befürworteten »Weihnachtsaktion« am Widerstand Stanges und des BMG. Vgl. Hammer (Bearbeiterin): Sonderedition »Besondere Bemühungen«, S. 468 f. (Dok. Nr. 296, Vermerk Stanges vom 23.11.1967).
[1501] Vgl. EZA Berlin, 742/274 (Bericht von Rechtsanwalt Posser vom Dezember 1964 über seine DDR-Reise und sein Zusammentreffen mit Staatsanwalt Windisch in Ost-Berlin vom 17.12.1964).
[1502] Vgl. von Wedel: Als Kirchenanwalt durch die Mauer, S. 63–66.
[1503] Vgl. EZA Berlin, 742/274 (Bericht von Rechtsanwalt Posser vom 18.12.1964 über seine DDR-Reise und sein Zusammentreffen mit Staatsanwalt Windisch in Ost-Berlin vom 17.12.1964).

einen Wechsel des Rechtsanwalts wollte die Bundesregierung auf keinen Fall riskieren.[1504] Prälat Wissing erinnerte sich bezüglich der westlichen Kirchen ebenfalls an Zweifel an Stange wegen dessen zu nachgiebiger Verhandlungsführung gegenüber der DDR, die zu der Überlegung geführt hätten, Stange auszutauschen.[1505]

Konflikte zwischen Rehlinger und Stange wurden 1966 deutlich. Rehlinger forderte von Stange in scharfer Form einen härteren Verhandlungskurs ein, gerade in Bezug auf die Einbeziehung von »Mittätern« in den Freikauf.[1506] Rehlinger sah den Gleichheitsgrundsatz verletzt, wenn die Bundesrepublik auf Vorschlag der DDR viele Mittäter mit kurzen Haftstrafen auslösen würde, während andere politische Häftlinge mit langen Haftstrafen seit Jahren vergeblich auf ihren Freikauf warten mussten.[1507] Ende der 1960er Jahre war es offenbar der neue Minister Wehner, der trotz wachsender Kritik an Stange festhielt. Das brachte Wehner – laut einer DDR-Quelle ohne Verfasser – bei einem Treffen am 11. Juni 1968 gegenüber dem GM »Georg« angeblich zum Ausdruck.[1508] Demnach gab es 1968 große Bestrebungen auf der bundesdeutschen Seite, Stange von seiner Aufgabe zu entbinden. Carl Krautwig, Hermann Kunst, Karl Carstens und der CSU-Politiker Karl Theodor zu Guttenberg[1509] hätten ihren Wunsch nach einer Entlassung Stanges damit begründet, dass er ihrer Meinung nach nicht hart genug mit der DDR verhandle. Da alle jedoch keine konkreten Fakten gegen Stange hätten vorbringen können, habe Wehner an diesem festgehalten. Zudem hätten sich der damalige Bundesaußenminister und SPD-Vorsitzende Willy Brandt und Dietrich Spangenberg für Stange verwendet. Der Untersuchungsausschuss »Kommerzielle Koordinierung« des Deutschen Bundestages hielt Volpert für den Verfasser der Quelle und Vogel für den »GM Georg« in der Quelle.[1510] Vogel bestritt jedoch entschieden, dass er Wehner an diesem Abend getroffen hatte.[1511] Wehner hatte für den 11. Juni 1968 auch tatsächlich ein

---

[1504] Vgl. EZA Berlin, 742/274 (Bericht von Rechtsanwalt Posser vom Dezember 1964 über seine DDR-Reise und sein Zusammentreffen mit Staatsanwalt Windisch in Ost-Berlin vom 17.12.1964).
[1505] Vgl. Höller (Hg.): Wilhelm Wissing: Gott tut nichts als fügen, S. 155.
[1506] Vgl. EZA Berlin, 742/278 (Rehlinger an Stange vom 29.7.1966).
[1507] Vgl. ebenda (Rehlinger an Stange vom 29.7.1966).
[1508] Vgl. Deutscher Bundestag (Hg.): Drucksache 12/7600, Dokument 702, S. 2800.
[1509] Karl Theodor zu Guttenberg war damals parlamentarischer Staatssekretär im Bundeskanzleramt. Er ist der Großvater des späteren Bundesverteidigungsministers.
[1510] Vgl. Deutscher Bundestag (Hg.): Drucksache 12/7600, S. 319.
[1511] Vgl. Pötzl: Basar der Spione, S. 201.
Vgl. ebf. o. A.: Unterlagen, die den Weltfrieden gefährden. Ost-West-Unterhändler Wolfgang Vogel unter Stasi-Verdacht. In: DER SPIEGEL, Nr. 13/1992 vom 23.3.1992.

anderes Treffen in seinem Terminkalender für abends eingetragen, nämlich mit Carl Gustav Svingel, der bestätigte, dass er sich an diesem Abend mit Wehner alleine getroffen habe.[1512] Vogel führte aber gegenüber Pötzl aus, dass der Vermerk die damalige Position korrekt wiedergebe, also auch die Haltung Wehners.[1513] Es sei möglich, dass Vogel von Svingel Informationen über das Gespräch erhalten hatte, die Vogel dann wiederum an Volpert weitergab. Angesichts der bereits dargelegten Manipulationen in Volperts Berichten ist Vorsicht angebracht. Inhaltlich kann der Vermerk allerdings als glaubwürdig gelten, nur die Frage der Quelle (Svingel oder Vogel) bleibt ungeklärt. Wehner besprach mit dem »GM Georg« genannten Gesprächspartner tatsächlich zahlreiche aktuelle politische Fragen, die weit über den humanitären Bereich hinausgingen, wie etwa den innerdeutschen Handel oder allgemeine deutschlandpolitische Fragen.[1514] Ein weiteres Thema war der bereits dargelegte Versuch der Ablösung Stanges. Nach dem Vermerk wurden auch die »Austauschsache Felfe« und der gesamte humanitäre Bereich behandelt. Laut Quelle missfiel Wehner die andauernde Kritik Krautwigs am »anwaltlichen Kanal«.[1515]

Auch andere Quellen zeigen Kritik an Stanges Arbeit.[1516] Krautwig hatte in Bezug auf die bundesdeutsche Interessenlage wohl den richtigen Instinkt, Stange entlassen zu wollen. Auch nach seinem Ausscheiden aus dem Amt des Staatssekretärs hatte Krautwig an seiner Kritik an der Verbindung Vogel/Stange festgehalten. So schrieb er in seiner Eigenschaft als Bevollmächtigter der Bundesrepublik Deutschland in Berlin an den neuen Staatssekretär Günter Wetzel, dass die Anwälte nicht sein Vertrauen hätten und außerdem ihr Verhalten nicht mit dem Standesrecht der Anwaltschaft vereinbar sei, was er allerdings nicht näher ausführte.[1517] Das waren zweifellos harte Vorwürfe, wobei Krautwig den Anwälten offensichtlich materielle Eigeninteressen als Handlungs-

---

[1512] Vgl. Pötzl: Basar der Spione, S. 202.
[1513] Vgl. ebenda, S. 201.
[1514] Vgl. Deutscher Bundestag (Hg.): Drucksache 12/7600, Dokument 702, S. 2798–2803.
[1515] Vgl. ebenda, S. 2799.
[1516] Vgl. EZA Berlin, 742/283 (Schreiben von Gräfin von Rittberg an Stange vom 8.8.1969).
Vgl. ebf. LA Berlin, B Rep. 002, Nr. 10987 (Schreiben von Staatssekretär Krautwig an Minister Wehner vom 28.6.1967).
Vgl. ebf. LA Berlin, B Rep. 002, Nr. 12295 (Vermerk von Völckers, Leiter der Senatskanzlei, vom April 1967).
[1517] Vgl. Hammer (Bearbeiterin): Sonderedition »Besondere Bemühungen«, S. 551 (Dok. Nr. 346, Schreiben Krautwigs an Wetzel vom 1.8.1968).

grund unterstellte. Rehlinger hielt 1969 in einem Bericht für Minister Wehner fest, dass die bundesdeutsche Seite lange Probleme gehabt habe, die Schiene Vogel/Stange zu akzeptieren, und deshalb nach Alternativen gesucht hätte, aber schließlich an den beiden Rechtsanwälten habe festhalten müssen.[1518] Wahrscheinlich war dies deshalb der Fall, weil die DDR sich geweigert hatte, eine andere Verbindung zu akzeptieren, was Rehlinger allerdings nicht explizit schrieb.

Auch nach dem Abschluss des Grundlagenvertrages blieb Stange weiterhin in seiner Funktion.[1519] Egon Bahr hatte zwar Ende 1972 eine Initiative gestartet, dass die Rechtsanwälte zukünftig lediglich bei Agentenaustauschaktionen eingeschaltet werden sollten,[1520] die gesamten Verhandlungen zu Häftlingsentlassungen und der Familienzusammenführung sollten zukünftig aber über staatliche Vertreter laufen.[1521] Hierfür wäre vor allem die StäV in Ost-Berlin infrage gekommen, die ihre Arbeit erst 1974 aufnehmen konnte, was aber um die Jahreswende 1972/73 so noch nicht absehbar gewesen war.[1522] Zunächst führte daher vorübergehend Bahr die Verhandlungen in humanitären Fragen, das BMB und die Rechtsanwälte verloren zu diesem Zeitpunkt ihre bisherige Zuständigkeit.[1523] Bahr führte aus, dass er 1972 vor allem den bisherigen Ablauf über die Anwälte aufgeben und zu geregelten Verfahren auf staatlicher Ebene kommen wollte; außerdem sollte die »Kopfpreispraxis« endlich beendet werden.[1524]

In einem Gespräch mit dem SED-Politbüromitglied Paul Verner und dem DDR-Außenminister Otto Winzer am 21. Dezember 1972 in Ost-Berlin konnte Bahr hierfür sogar deren Zustimmung erreichen, da Verner und Winzer dem Häftlingsfreikauf offenbar ablehnend gegenüberstanden.[1525] Laut bundesdeutschem Protokoll wurde vermerkt:

[1518] Vgl. Hammer (Bearbeiterin): Sonderedition »Besondere Bemühungen«, S. 626 (Dok. Nr. 401, Bericht Rehlingers an Minister Wehner vom 30.5.1969).
[1519] Vgl. Potthoff: Bonn und Ost-Berlin 1969–1982, S. 107 f.
[1520] Vgl. Meyer: Herbert Wehner, S. 397.
[1521] Vgl. Garton Ash: Im Namen Europas, S. 215.
[1522] Vgl. Boysen: Das »weiße Haus« in Ost-Berlin, S. 49–85.
[1523] Vgl. Interview mit Edgar Hirt am 7.7.2010 in Bonn.
Vgl. ebf. Meyer: Herbert Wehner, S. 397.
[1524] Vgl. Interview mit Egon Bahr am 20.6.2007 in Berlin. Egon Bahr stand für diese Studie dankenswerterweise für Fragen ausführlich zur Verfügung. Er betonte im telefonischen Interview, er hätte sich durchaus eine andere wirtschaftliche Abwicklung vorstellen können. Er habe vor allem die »Kopfpreispraxis« beenden wollen. »Kopfpreispraxis« zitiert nach: Telefonisches Interview mit Egon Bahr am 7.10.2009.
[1525] Vgl. DzD VI/2 (1971/72; Bahr-Kohl-Gespräche 1970–73); Dok. Nr. 216, S. 716 (Gespräch zwischen Bahr, Verner und Winzer am 21.12.1972 in Berlin).

»*Herr Bahr erklärte, er sei sich mit StS Kohl einig, dass der unwürdige Zustand der Zahlung von Kopfgeldern aufhören müsse.*« Nach weiteren Ausführungen Bahrs entstand laut Protokoll folgender Dialog: »*Herr Verner warf ein, man müsse mit diesen Sachen aufhören. Herr Bahr präzisierte, man müsse mit den Geldzahlungen aufhören. Herr Verner berichtigte, er meine, das müsse überhaupt aufhören* ...« Nach weiteren Ausführungen Verners und Bahrs zur Familienzusammenführung wurde im Protokoll auch eine Stellungnahme Winzers festgehalten: »*Herr Winzer warf ein, mit dem Anwaltskanal könne man aufhören, es gebe ja künftig Konsularabteilungen.*«[1526]

Bahrs Initiative wurde von Bundeskanzler Brandt und Horst Ehmke, dem Chef des Bundeskanzleramts, unterstützt, zumal die Verhandlungen bislang sehr ermutigend verlaufen waren.[1527] Es schien nun im Bereich des Möglichen zu liegen, humanitäre Fragen künftig über offizielle Kanäle und über Ausreisequoten ohne wirtschaftliche Gegenleistungen regeln zu können.[1528] Zudem hatte Michael Kohl, mit dem Bahr über den Grundlagenvertrag verhandelte, im November mitgeteilt, dass nach der Paraphierung des Grundlagenvertrages 305 Kinder ausreisen könnten.[1529] Damit sah es vorübergehend fast so aus, als könnten nun sämtliche humanitären Probleme weitgehend gelöst werden: Die meisten politischen Häftlinge waren nach der Amnestie freigelassen und die Ausreisen von alleinstehenden Kindern zugesagt worden. Die Familienzusammenführung würde zukünftig offiziell geregelt werden.[1530]

Trotz dieser scheinbar rundum positiven Entwicklung lehnten der Minister für innerdeutsche Beziehungen Egon Franke und sein enger Mitarbeiter Edgar Hirt den Vorstoß Bahrs entschieden ab.[1531] Sie befürchteten Rückschläge für den gesamten humanitären Bereich. Erschwerend kam noch hinzu, dass das BMB seine Kompetenzen in humanitären Fragen im Wesentlichen an die StäV in Ost-Berlin verloren hätte, was im BMB ebenfalls auf Widerspruch stoßen musste. Herbert Wehner lehnte Bahrs Initiative ebenfalls vehement ab, da er in seiner Ministerzeit bereits die Blockade der DDR bei Häftlingsfreikauf und

---

[1526] Zitiert nach: Ebenda, S. 716 (Gespräch zwischen Bahr, Verner und Winzer am 21.12.1972 in Berlin).
[1527] Vgl. Baring: Machtwechsel, S. 733.
[1528] Vgl. Pötzl: Erich Honecker, S. 167.
[1529] Zahl aus: Potthoff: Bonn und Ost-Berlin 1969–1982, S. 104. Vgl. dazu Bahrs Aufzeichnungen in: AdsD, Depositum Egon Bahr, Ordner 379.
[1530] Vgl. Potthoff: Bonn und Ost-Berlin 1969–1982, S. 103–105.
[1531] Vgl. Interview mit Edgar Hirt am 7.7.2010 in Bonn.

Familienzusammenführung von Sommer 1968 bis Anfang 1969 erlebt hatte und dies jetzt wieder befürchtete.[1532] Eine erfolgreiche Realisierung von Bahrs Vorschlägen hätte auch mit hoher Wahrscheinlichkeit die politische Bedeutung von Wehners Kontakt zu Rechtsanwalt Vogel beeinträchtigt. In dieser schwierigen Situation kam hinzu, dass sich die DDR über westliche Medienberichte zur genehmigten Ausreise von 25 »Bräuten« und einigen Kindern geärgert hatte, zumal Bahr und Franke die Ausreisen politisch herausgestellt hatten.[1533]

Die Befürchtungen Wehners und des BMB traten dann tatsächlich ein: Die Ausreisegenehmigungen von amnestierten Häftlingen sowie die von Angehörigen bereits übergesiedelter ehemaliger Häftlinge und zahlreiche bereits geplante und zugesagte Familienzusammenführungen wurden plötzlich von der DDR zurückgezogen bzw. gestoppt.[1534] Da viele der Betroffenen aber bereits ihr Eigenheim verkauft hatten, saßen sie nun buchstäblich auf gepackten Koffern, weshalb diese humanitär besonders drängenden Notfälle nun auch als sogenannte »Kofferfälle« bezeichnet wurden.[1535] Laut Raschka handelte es sich hierbei um 635 Erwachsene und 580 Kinder.[1536] Der Verantwortliche für diesen totalen Ausreisestopp war der SED-Generalsekretär Erich Honecker selbst, da nur er eine so tiefgreifende Entscheidung anordnen konnte.[1537] Bahr bzw. generell die Bundesregierung mussten nach diesem totalen Stillstand in den humanitären Fragen unbedingt wieder Fortschritte erreichen. Der Abwicklungsmodus stand deshalb nicht mehr im Vordergrund; notfalls wurde die Verbindung über die Anwälte wieder akzeptiert, was dann auch geschah.[1538]

---

[1532] Vgl. Meyer: Herbert Wehner, S. 318 f. und S. 397. Laut Bahr »explodierte« Wehner förmlich, als er hiervon während eines Treffens von Brandt mit Bahr zufällig erfuhr. Zitiert nach: Bahr: Zu meiner Zeit, S. 437.

[1533] Zahl aus: Potthoff: Bonn und Ost-Berlin 1969–1982, S. 105.

[1534] Vgl. BStU, Archiv der Zentralstelle, MfS – BdL /Dok. 001668, S. 1 f. (Telegramm Minister Mielkes an alle Leiter der Bezirksverwaltungen vom 14.11.1972. Laut Anweisung des Ministers des Innern waren alle Ausreisen im Rahmen der Familienzusammenführung und von Amnestierten sofort zu stoppen.).
Vgl. ebf. Raschka: Justizpolitik im SED-Staat, S. 62 f.

[1535] Zitiert nach: Ebenda, S. 63.
Vgl. ebf. zu den Kofferfällen: Wölbern: Der Häftlingsfreikauf aus der DDR 1962/63–1989, S. 281–289.

[1536] Zahlen aus: Raschka: Justizpolitik im SED-Staat, S. 62. Die Anzahl der »Kofferfälle« lässt sich nicht exakt beziffern. Vgl. Pötzl: Basar der Spione, S. 231.

[1537] Vgl. derselbe (Pötzl): Erich Honecker, S. 167.

[1538] Vgl. Bahr: Zu meiner Zeit, S. 438 f.
Vgl. ebf. BA Berlin (SAPMO), DY 30/11335 (Vermerk vom 29.6.1973 von Michael Kohl über die persönliche Unterredung mit Bahr).

Bahrs Initiative war damit gescheitert.[1539] Weder Honecker noch Mielke konnten auch ein Interesse daran haben, die aus ihrer Sicht erfolgreiche Verbindung Vogel/Stange zu beenden. Zudem wären offizielle Verhandlungen über staatliche Vertreter bei diesem heiklen Thema wohl kaum im Sinne der DDR gewesen, da die Geheimhaltung dann noch deutlich schwerer zu gewährleisten gewesen wäre. Auf dem Gebiet der inneren Sicherheit konnte die DDR Einmischungen der Bundesrepublik, was der Häftlingsfreikauf de facto war, nicht öffentlich zugeben. Die DDR wollte auch keinesfalls auf wirtschaftliche Gegenleistungen für Haftentlassungen und Familienzusammenführungen verzichten, die bei offiziellen Verhandlungen aber mindestens infrage gestanden hätten, falls diese in der Bundesrepublik öffentlich diskutiert worden wären. Auch mögliche Debatten in der bundesdeutschen Öffentlichkeit über politische Häftlinge in der DDR, die es nach Auffassung der SED-Führung gar nicht gab, konnten nicht im Interesse letzterer liegen.

Honecker war zudem aber auch persönlich daran interessiert, dass der enge Kontakt zwischen Wehner und Vogel aufrechterhalten blieb. Auf diesem Weg hatte er die Möglichkeit, allgemeine deutschlandpolitische Fragen mit der Bundesrepublik – am SED-Politbüro und an den sowjetischen Partnern vorbei – vorsichtig zu sondieren.[1540] Darüber hinaus konnte Honecker durch diese Vorgehensweise seine Machtposition demonstrieren. Der Vorgang zeigte sowohl intern, aber auch gegenüber der Bundesrepublik, wer in der DDR die entscheidende politische Autorität war. Honecker hatte deutlich gemacht, dass er allein die Möglichkeiten hatte, sämtliche humanitären Bemühungen einerseits einzustellen und dann auch wieder anlaufen zu lassen. Häftlingsfreikauf und Familienzusammenführung wurden nun wieder über die beiden Rechtsanwälte verhandelt.[1541] In der Bundesrepublik erhielt auch das BMB seine Zuständigkeit zurück.[1542] Nach Bahrs Misserfolg und den damit verbundenen schweren Rückschlägen in sämtlichen humanitären Fragen wagte keine Bundesregierung mehr einen vergleichbaren Vorstoß. Auch dies könnte durchaus ein Kalkül Honeckers gewesen sein, dessen machtpolitischer Instinkt nicht unterschätzt werden sollte.

Wolfgang Vogel war immer sehr darum bemüht, Stanges Position im Westen zu erhalten und diese möglichst noch zu stärken. So wies Vogel

---

[1539] Vgl. Garton Ash: Im Namen Europas, S. 215 f.
[1540] Vgl. Potthoff: Bonn und Ost-Berlin 1969–1982, S. 106.
[1541] Vgl. ebenda, S. 105–109.
[1542] Vgl. Interview mit Edgar Hirt am 7.7.2010 in Bonn.

zum Beispiel 1973 ausdrücklich darauf hin, dass er in allen Anfragen, die direkt oder indirekt den Häftlingsfreikauf und die Familienzusammenführung beträfen, ausschließlich die Vollmacht für entsprechende Verhandlungen mit Rechtsanwalt Stange habe.[1543] Auch 1974 war Vogel ein wichtiger Fürsprecher Stanges bei Herbert Wehner.[1544] Vogel setzte sich 1983 erneut vehement für Stange ein, als diesem, auf Betreiben Rehlingers, nun gekündigt wurde.[1545] Entgegen allen früheren Grundsätzen suchte Vogel deshalb sogar die bundesdeutsche Öffentlichkeit und verlangte über den SPIEGEL indirekt die Wiedereinsetzung Stanges, indem er ziemlich unverhohlen negative Konsequenzen für den Freikauf bei einem Festhalten an der Kündigung Stanges in Aussicht stellte.[1546] Zum ersten Mal jedoch zeigte sich die Bundesregierung in diesem Punkt unnachgiebig. Die Kündigung Stanges wurde vollzogen, die langjährige Zusammenarbeit zwischen den beiden Rechtsanwälten war damit beendet.[1547] Stanges unterschiedliche Aufgaben wurden aufgeteilt. Sie wurden von Wolf-Eckhard Jaeger, Wolf-Egbert Näumann, Barbara von der Schulenburg und von Ludwig Rehlinger bzw. dem Ministerium selbst übernommen.[1548] Diese personellen Veränderungen erwiesen sich für die Bundesrepublik dann auch als vorteilhaft.

Doch Vogel hatte nicht nur Stange jahrelang gestützt, sondern umgekehrt hatte er auch von ihm profitiert. So konnte Stange vor der Aufnahme des Freikaufs seitens der Bundesregierung frühzeitig Bedenken beim damaligen Minister Barzel über Vogels Kontakte zum MfS zerstreuen, obwohl ihm diese natürlich bekannt sein mussten.[1549] Beim Freikauf der ersten acht Häftlinge erhielt Stange von der Bundesregierung jeweils ein Fallhonorar.[1550] Im weiteren Verlauf des Freikaufs wurde seine Tätigkeit von der Bundesregierung aber über eine Pauschale abgerechnet, was ihm die Führung seiner Kanzlei ermöglichte.[1551] Darüber hinaus behielt sich Stange wie Vogel ebenfalls das

---

[1543] Vgl. BA Koblenz, B 137/15772 (Schreiben von Vogel an Stange vom 20.12.1973).
[1544] Vgl. Privatarchiv Helmut Schmidt, H. S. privat, DDR 1974–78, Band II (Schreiben von Wehner an Schmidt vom 17.11.1974 über Gespräch mit Vogel vom 14.11.1974).
Vgl. ebf. Potthoff: Bonn und Ost-Berlin 1969–1982, S. 107 f.
[1545] Vgl. Brief von Ludwig Rehlinger vom 20.5.2009.
[1546] Vgl. o. A.: Freikauf: Heikle Linie. In: DER SPIEGEL, Nr. 43/1983 vom 24.10.1983.
[1547] Vgl. Pötzl: Basar der Spione, S. 279.
[1548] Vgl. Interview mit Ludwig Rehlinger am 21.2.2009 in Eichwalde.
[1549] Vgl. Hammer (Bearbeiterin): Sonderedition »Besondere Bemühungen«, S. XX (aus der Einleitung).
[1550] Vgl. ebenda, S. XXI (aus der Einleitung).
[1551] Vgl. ebenda, S. XXI (aus der Einleitung).

Recht vor, auch private Mandate in Haft- oder Familienzusammenführungsfällen anzunehmen.[1552]

Rehlinger war mit Stanges Arbeitsweise, der aus seiner Sicht zu nachgiebigen Verhandlungsführung, aber vor allem auch mit seinem Verhalten beim Regierungswechsel 1982 unzufrieden gewesen.[1553] Rehlinger führte in seinem Buch aus, dass Stange falsche Angaben bei der sogenannten »Franke-Hirt-Affäre« gemacht habe.[1554] Unabhängig von Ludwig Rehlinger teilte auch Hans-Georg Baumgärtel, ebenfalls ein ehemaliger ranghoher Mitarbeiter des BMG, die kritische Einschätzung von Stanges geleisteter Arbeit bzw. von dessen Verhalten nach dem Regierungswechsel.[1555] In seinem Buch wies Rehlinger ausdrücklich auf die enge Bindung zwischen Vogel und Stange hin, die ihm in dieser Intensität sehr missfiel.[1556] Er beschrieb das Verhältnis von Stange und dessen damaligen Kanzleimitarbeitern zu Rechtsanwalt Vogel, das Rehlinger bei seinem ersten Treffen mit Vogel Anfang 1964 in Stanges Kanzlei in West-Berlin schon beobachten konnte, folgendermaßen: *»Es herrschte eine Atmosphäre vollständiger Vertrautheit, ja Intimität.«*[1557] Zu Stanges Verhandlungsführung äußerte Rehlinger sinngemäß im Interview, er habe mehr die Interessen der anderen als die der bundesdeutschen Seite vertreten.[1558]

Wie beurteilte die DDR-Seite Rechtsanwalt Stange? Laut Volpert hatten Stange und Vogel seit Anfang der 1960er Jahre ein Vertrauensverhältnis zueinander aufgebaut.[1559] In diversen Austauschfällen von Einzelpersonen arbeiteten sie eng zusammen.[1560] Vogel hatte seit Jahren Kontakte zu zahlreichen Anwälten aus West-Berlin, zum Beispiel zu Werner Commichau, dem Leiter der Rechtsschutzstelle, gepflegt.[1561] Dieser sollte sogar nach Plan des MfS möglichst als »Geheimer Mitarbeiter« (GM) angeworben werden, was aber nach seiner Ablösung als Leiter der Stelle nicht

---

[1552] Hammer (Bearbeiterin): Sonderedition »Besondere Bemühungen«, S. XXI (aus der Einleitung).
[1553] Vgl. Interview mit Ludwig Rehlinger am 21.2.2009 in Eichwalde.
[1554] Vgl. derselbe (Rehlinger): Freikauf, S. 95–99.
[1555] Vgl. telefonisches Interview mit Hans-Georg Baumgärtel am 16.2.2010.
[1556] Vgl. Rehlinger: Freikauf, S. 45.
[1557] Zitiert nach: Ebenda, S. 45.
[1558] Vgl. Interview mit Ludwig Rehlinger am 21.2.2009 in Eichwalde.
[1559] Vgl. BStU, Archiv der Zentralstelle, MfS – AIM 5682/69, Band 8, S. 35–39, S. 87–91 und S. 117–121 (verschiedene Berichte Volperts über vorangegangene Treffen von Vogel mit Stange).
[1560] Vgl. Hammer (Bearbeiterin): Sonderedition »Besondere Bemühungen«, S. XX (aus der Einleitung).
[1561] Vgl. Pötzl: Basar der Spione, S. 132.

weiterverfolgt wurde, da Commichau nun für die DDR uninteressant geworden war.[1562] Stange gewann hingegen im gleichen Zeitraum für Vogel und die DDR an Bedeutung.[1563] Ursprünglich war er von Commichau als Verbindungsmann zu Vogel eingesetzt worden. Nun stieg Stange sehr bald zu einem äußerst wichtigen Verhandlungspartner Vogels auf.[1564] Der enge Kontakt zwischen den beiden Rechtsanwälten basierte auch darauf, dass Vogel nach dem Mauerbau nicht mehr offiziell in den Westen reisen konnte, während Stange wegen seines bundesdeutschen Passes als einer der wenigen Anwälte in West-Berlin nach Ost-Berlin fahren durfte.[1565] Stange, Vogel, von Wedel und Volpert trafen sich in Häftlingsangelegenheiten häufiger gemeinsam.[1566]

Volperts Berichte deuten unmissverständlich darauf hin, dass Vogel und damit das MfS über Stange exzellente Informationen erhielten, die sich auf Überlegungen der bundesdeutschen Seite zu Themen bezogen, die die DDR betrafen.[1567] Bedeutsam ist auch die Beobachtung eines Zeugen der Treffen von Vogel und Stange, der an das MfS berichtete: »*Ich habe nicht den Eindruck, dass der Westberliner Anwalt auf Vogel einen negativen Einfluss ausübt, sondern ich glaube eher, dass Vogel Stange beeinflusst und mit diesem im Interesse der DDR in Westberlin arbeitet.*«[1568] Laut Volpert gewährte Stange Vogel sogar Einsicht in Schriftstücke.[1569] Außerdem gab er vertrauliche Informationen aus wichtigen Gesprächen mit Entscheidungsträgern in Bonn und West-Berlin an Vogel preis – zum Beispiel in der Entstehungsphase des Freikaufs –, die dieser dann an Volpert weitergab.[1570] Mit diesem Wissen hatten Vogel bzw. die DDR zweifellos die Gelegenheit erhalten, die Verhandlungstaktik der Bundesregierung in Fragen

---

[1562] Vgl. BStU, Archiv der Zentralstelle, MfS – AIM 5682/69, Band 7, S. 70 f. (Treffbericht Volperts vom 16.9.1960 über Treffen mit GM »Georg« vom 2.9.1960).

[1563] Vgl. BStU, Archiv der Zentralstelle, MfS – AIM 5682/69, Band 7, S. 457 (Treffbericht Volperts vom 24.4.1962 über Treffen mit GM »Georg« vom 16.4.1962).

[1564] Vgl. Pötzl: Basar der Spione, S. 132–136.

[1565] Vgl. ebenda, S. 132 f.

[1566] Vgl. von Wedel: Als Kirchenanwalt durch die Mauer, S. 48–50.

[1567] Vgl. BStU, Archiv der Zentralstelle, MfS – AIM 5682/69, Band 8, S. 54–57, S. 87–91 und S. 117–121 (Berichte Volperts über Treffen mit GM »Georg« und »Operative Informationen« von 1963).

[1568] Zitiert nach: BStU, Archiv der Zentralstelle, MfS – AIM 5682/69, Band 8, S. 393 (Bericht vom 12.5.1964 von der Quelle »Glühlampe« über Vogel).

[1569] Vgl. BStU, Archiv der Zentralstelle, MfS – AIM 5682/69, Band 8, S. 118 und S. 120 (Vermerk Volperts vom 20.6.1963).

[1570] Vgl. BStU, Archiv der Zentralstelle, MfS – AIM 5682/69, Band 8, S. 147–151 (Treffbericht Volperts vom 21.6.1963 über mehrere Treffen mit GM »Georg« im Juni 1963).

des Freikaufs zu unterlaufen. Auch aus den Jahren 1978 und 1980 finden sich interne Schreiben des BMB an Stange in den Akten des MfS wieder, die Aufschluss über die bundesdeutsche Verhandlungsposition gaben.[1571] Angesichts der großen Bedeutung dieser Ausführungen, die faktisch gegenüber Stange schwere Vorwürfe enthalten, stellt sich die Frage nach der Glaubwürdigkeit dieser Quellen. Entscheidend ist, dass sie in ihrer Kernaussage mit den bundesdeutschen Quellen übereinstimmen. Es können zusätzlich noch weitere Vermerke angeführt werden, in denen Stange immer wieder dafür eintrat, die DDR-Angebote anzunehmen.[1572] Auch Rehlinger erinnerte sich daran, dass Stange meistens dafür plädiert habe, die Bundesrepublik solle sich auf die Bedingungen Vogels bzw. der DDR einlassen und besser keine Nachverhandlungen riskieren.[1573] Hingegen wollte das BMG für die Bundesrepublik einseitige und unbefriedigende Resultate oft nachverhandeln lassen.[1574] Teilweise verhandelten die Anwälte Mitte der 1960er Jahre auch auf eigene Initiative, was die Bundesregierung zwar verärgerte, vom West-Berliner Senat aber gebilligt wurde.[1575]

Besonders gute Informationen über die Bundesrepublik lieferte Stange der DDR bzw. Vogel offensichtlich im April 1963.[1576] Barzel und Stange besprachen laut einem Bericht Volperts einen möglichen Häftlingsfreikauf unter vier Augen im »Hotel am Zoo«. Laut Aufzeichnung trafen Willy Brandt und sein Mitarbeiter Dietrich Spangenberg eben-

---

[1571] Vgl. BStU, Archiv der Zentralstelle, MfS – HA IX 13650, S. 117–120 (Schreiben von Plewa an Stange von Ende Juli 1978).
Vgl. ebf. BStU, Archiv der Zentralstelle, MfS – HA IX 17267, S. 3 f. (Schreiben von Plewa an Stange vom 16.9.1980).
[1572] Vgl. EZA Berlin, 742/275 (Schreiben von Stange an Kunst vom 7.5.1965).
Vgl. ebf. EZA Berlin, 742/280 (Schreiben von Stange an Kunst vom 20.7.1967).
[1573] Vgl. Interview mit Ludwig Rehlinger am 21.2.2009 in Eichwalde.
[1574] Vgl. EZA Berlin, 742/276 (Schreiben von Stange an Kunst vom 23.7.1965).
[1575] Vgl. LA Berlin, B Rep. 002, Nr. 12295 (Vermerk des West-Berliner Senats vom 30.7.1970 zu Anwaltskontakten und Austauschfällen; der Disput über die eigenmächtigen Verhandlungen der Rechtsanwälte bezog sich auf die H-Aktion 1967.).
Vgl. über die eigenmächtigen Verhandlungen der Anwälte: LA Berlin, B Rep. 002, Nr. 10987 (Schreiben von Staatssekretär Krautwig an Minister Wehner vom 28.6.1967). Inwiefern hinter dieser »eigenen Initiative« der Anwälte in Wirklichkeit die DDR stand, kann mit den für diese Studie vorliegenden Quellen nicht bewiesen werden.
[1576] Vgl. BStU, Archiv der Zentralstelle, MfS – AIM 5682/69, Band 8, S. 117 (Vermerk Volperts vom 20.6.1963). (Quelle für das Treffen Barzel/Stange.) Das Dokument ist ebenfalls abgedruckt in: Hammer (Bearbeiterin): Sonderedition »Besondere Bemühungen«, S. 26–28 (Dok. Nr. 14, Vermerk Volperts vom 20.6.1963).

falls dort ein. Der West-Berliner Senat hatte über Rechtsanwalt Stange zum gleichen Zeitpunkt eigene Bemühungen zu einem Austausch des Fluchthelfers Horst L. angestrengt, von denen Barzel bzw. die Bundesregierung nichts erfahren sollten. Gegensätze und Misstrauen zwischen dem West-Berliner Senat und der CDU-geführten Bundesregierung existierten damals durchaus.[1577] Insofern fügt sich alles glaubwürdig in diesen historischen Kontext ein. Am nächsten Tag wurde Stange laut Volpert zu Spangenberg gerufen.[1578] Dieser wollte wissen, ob Stange Minister Barzel etwas von den Bemühungen des West-Berliner Senats mitgeteilt habe, was dieser verneinte. Bestimmte Animositäten zwischen SPD und CDU wurden von Spangenberg gegenüber Stange auch offen ausgesprochen, die dann wohl von diesem an die DDR weitergegeben wurden.

Die Informationen, die Stange hier offensichtlich Vogel mitgeteilt hatte, waren ohne Ausnahme vertraulich. Stange verhielt sich also tatsächlich so, wie das sowohl der Zeuge der Treffen von Vogel und Stange als auch zahlreiche bundesdeutsche Verantwortliche vermutet hatten. Er agierte mehr zu Gunsten der DDR. Im Bericht Volperts ist ausdrücklich von einem »GM«, also einem »Geheimen Mitarbeiter« des MfS die Rede, der in Begleitung des Ministers war.[1579] Mit dem Minister kann nur Barzel, mit dem »GM« in diesem Fall eigentlich nur Stange gemeint sein, sofern es sich um keinen Schreibfehler Volperts handeln sollte. In der »Akte Georg« steht zwar die Bezeichnung »GM« normalerweise immer für Wolfgang Vogel.[1580] Doch das kann in diesem Fall nicht zutreffen. Barzel hatte sich mit Stange getroffen, nicht mit Vogel, der zudem 1963 Barzel in West-Berlin nicht hätte öffentlich treffen können. In seinem Buch »Es ist noch nicht zu spät« erläuterte Barzel, dass er in dieser Zeit häufiger mit Stange in der Nähe des Kurfürstendamms zusammentraf.[1581] Stange gab zudem laut dem Bericht weitere vertrauliche Informationen der bundesdeutschen Seite an Vogel weiter.[1582] Hierzu gehörte beispielsweise der polizeiliche Ermittlungs-

---

[1577] Vgl. PA/AA, B 130, Band 3693 A (Vermerk von Dirk Oncken, Legationsrat 1. Klasse, vom 13.2.1963).
[1578] Vgl. BStU, Archiv der Zentralstelle, MfS – AIM 5682/69, Band 8, S. 117 (Vermerk Volperts vom 20.6.1963).
[1579] Vgl. ebenda (Vermerk Volperts vom 20.6.1963), S. 117.
[1580] Vgl. Pötzl: Basar der Spione, S. 55–57.
Vgl. ebf. Whitney: Advocatus Diaboli, S. 44–47.
[1581] Vgl. Barzel: Es ist noch nicht zu spät, S. 38 f.
[1582] Vgl. BStU, Archiv der Zentralstelle, MfS – AIM 5682/69, Band 8, S. 118–120 (Vermerk Volperts vom 20.6.1963).

stand zu einem verhafteten DDR-Agenten in West-Berlin. Stange hatte laut Volperts Bericht Vogel annähernd den genauen Akteninhalt mitgebracht.

Die belastenden Belege aus verschiedenen Quellen legen die Frage nahe, ob der bundesdeutsche Unterhändler Jürgen Stange auch für die DDR gearbeitet hat. Diesbezügliche Recherchen führten jedoch zu keinem Ergebnis. Das Verhalten Stanges zu verschiedenen Anlässen und Zeitpunkten deutet aber auf eine große Nähe zur DDR hin. Zumindest muss seine Loyalität gegenüber der Bundesrepublik infrage gestellt werden. Damit erscheinen auch viele Sachverhalte in einem anderen Licht. Zahlreiche Erfolge der DDR bei ihren Täuschungsmanövern im Rahmen des Häftlingsfreikaufs lassen sich durch die Rolle Stanges plausibel erklären. Die DDR verbesserte mit Stanges Hilfe noch zusätzlich ihre ohnehin komfortable Verhandlungsposition. Allein aus diesem Grund musste Bahr 1972/73 mit seinem Anliegen scheitern, den Häftlingsfreikauf in seiner bisherigen Form zu beenden.[1583] Mielke und Honecker konnten überhaupt kein Interesse daran haben, die für sie erfolgreiche Zusammenarbeit des Tandems Vogel/Stange aufzugeben.

Die auffällige Offenheit der DDR gegenüber Stange, zum Beispiel die Tatsache, dass er schon in den 1960er Jahren politische Häftlinge in der DDR nach ihrem gewünschten Ort der Entlassung befragen durfte, kann deshalb kaum überraschen.[1584] Die große mediale Aufmerksamkeit für Wolfgang Vogel war ebenfalls für die DDR von Nutzen. Solange bundesdeutsche und andere westliche Medien sich mit ihrem Interesse vor allem auf Vogel konzentrierten, blieb Stange im Hintergrund. Dennoch wäre es eine vollkommen vorschnelle Analyse, den Häftlingsfreikauf wegen der fragwürdigen Rolle Stanges einseitig als Erfolg der SED-Führung und des MfS gegenüber der Bundesregierung zu bewerten. Diese Sichtweise wäre unvollständig, da eine solche Schlussfolgerung die langfristigen Auswirkungen des Häftlingsfreikaufs auf Teile der DDR-Gesellschaft und die erfolgreiche Hilfe der Bundesregierung für die politischen Häftlinge ausblenden würde.

---

[1583] Vgl. Garton Ash: Im Namen Europas, S. 215.
[1584] Vgl. EZA Berlin, 742/276 (Schreiben von Stange an Kunst vom 23.7.1965).
Vgl. ebf. EZA Berlin, 742/277 (Schreiben von Vogel an Stange vom 28.9.1965).

# 4. Die freigekauften Häftlinge

In der vorliegenden Studie gilt das zentrale Erkenntnisinteresse den staatlichen Akteuren und ihrem Handeln, nicht den politischen Häftlingen. Dennoch müssen sie und ihr zum Teil sehr unterschiedlicher politischer und sozialer Hintergrund betrachtet werden, um sich über den Häftlingsfreikauf ein umfassendes Bild machen zu können. Die freigekauften Häftlinge werden im folgenden Kapitel in verschiedene Gruppen unterteilt, um die wesentlichen Unterschiede deutlich zu machen. Dabei sind Überschneidungen unvermeidlich. Da es sich in der großen Mehrzahl um festgenommene Flüchtlinge und, verstärkt in den 1980er Jahren, auch um inhaftierte Ausreiseantragsteller handelte, liegt der Schwerpunkt des Kapitels auf diesen beiden Personengruppen. Sie prägten maßgeblich das Profil des freigekauften politischen Häftlings. Oppositionelle sowie Fluchthelfer spielten nur in der Anfangsphase des Freikaufs vom Umfang her eine wichtige Rolle, weshalb sie noch vor den Flüchtlingen betrachtet werden müssen. Darüber hinaus werden auch andere Gruppen von Inhaftierten beleuchtet, die von der Bundesregierung freigekauft bzw. von der DDR im Rahmen des Freikaufs abgeschoben wurden. Des Weiteren wird dem wichtigen Sachverhalt nachgegangen, dass nicht alle freigekauften politischen Häftlinge in die Bundesrepublik entlassen wurden, sondern in den Anfangsjahren auch viele in die DDR. Mögliche Fragestellungen zu Haftfolgen, Rehabilitierung, Anerkennung, Haftentschädigung, Eingliederung und Integration liegen außerhalb des Erkenntnisinteresses dieser Untersuchung zum Häftlingsfreikauf.[1585]

---

[1585] Vgl. hierzu:
Müller, Klaus-Dieter und Stephan, Annegret (Hg.): Die Vergangenheit lässt uns nicht los. Haftbedingungen politischer Gefangener in der SBZ/DDR und deren gesundheitliche Folgen. Berlin 1998;
Baum, Karl-Heinz: Die Integration von Flüchtlingen und Übersiedlern in die Bundesrepublik Deutschland. In: Deutscher Bundestag (Hg.): Materialien der Enquete-Kommission »Überwindung der Folgen der SED-Diktatur im Prozess der deutschen Einheit«. (13. Wahlperiode des Deutschen Bundestages). Band VIII/1: Das geteilte Deutschland im geteilten Europa. Baden-Baden 1995, S. 511–628;
Brecht, Christine: Integration in der Bundesrepublik: Der schwierige Neuanfang. In: Effner und Heidemeyer (Hg.): Flucht im geteilten Deutschland, S. 83–96;
Plogstedt, Sybille: Knastmauke. Das Schicksal von politischen Häftlingen der DDR nach der deutschen Wiedervereinigung. Gießen 2010 (Vgl. zu dieser Studie: Diekmann (Hg.): Freigekauft, S. 198 f.).

## 4.1 Politische Gegner der SED-Diktatur

Laut Ludwig Rehlinger war das Bemühen um politische Gegner der SED-Diktatur für die Bundesrepublik ausschlaggebend, den Häftlingsfreikauf im Jahr 1963 aufzunehmen.[1586] Diese Gruppe stellte er in seinem Buch den freigekauften politischen Häftlingen des Jahres 1983 gegenüber: »*Ich habe am Anfang dieses Berichts die Situation des Jahres 1963 beschrieben, aus welchen Gründen Menschen verurteilt worden waren, die in den Zuchthäusern der DDR einsaßen. Ich habe versucht aufzuzeigen, welches Unrecht ihnen geschehen war, und die Merkmale genannt, die sie als politische Häftlinge auswiesen und sie charakterisierten. Jetzt, 1983, hatte sich die Lage grundlegend verändert. Der Streiter gegen den Aufbau eines neuen totalitären Systems in der damaligen sowjetischen Besatzungszone, das verfolgte Mitglied einer Gruppe, die aus politischen Gründen zerschlagen werden sollte, der Landwirt, der freie Gewerbetreibende, der engagierte Kämpfer gegen die politische Einheitsfront, gegen den Aufbau des Sozialismus sowjetischer Prägung, gegen die Gleichschaltung der Gewerkschaften, der leidenschaftliche Christ, der um des Glaubens willen Widerstand leistete – sie alle waren inzwischen entlassen, in den Westen übergesiedelt oder hatten sich mehr oder minder in der DDR integrieren lassen.*«[1587]

Nach Hirschmanns Denkmodell – auf die DDR-Verhältnisse übertragen – hatten die von Rehlinger beschriebenen Häftlinge in den Anfangsjahren des Freikaufs »Voice« als eine Form des Widerstands gegen die SED-Diktatur gewählt und waren dafür inhaftiert worden.[1588] Sie waren im Land geblieben und hatten gegen das Regime protestiert. Im weiteren Verlauf des Häftlingsfreikaufs waren die freigekauften Inhaftierten jedoch zunehmend verurteilte Flüchtlinge und Ausreiseantragsteller.[1589] Sie hatten sich für »Exit« als eine Form der Ablehnung der DDR und ihrer Verhältnisse entschieden.[1590]

Die Verurteilung vieler politischer Gegner der SED in den 1950er Jahren erfolgte oft nach dem Artikel 6 der DDR-Verfassung, wobei den

---

[1586] Vgl. Rehlinger: Freikauf, S. 18–22.
[1587] Zitiert nach: Ebenda, S. 108 f.
[1588] Vgl. Hirschmann: Exit, Voice, and Loyalty, S. 30–43.
[1589] Vgl. Interviews mit: Ludwig Rehlinger am 21.2.2009 in Eichwalde; Jan Hoesch am 6.7.2009 in Berlin.
[1590] Vgl. Hirschmann: Exit, Voice, and Loyalty, S. 21–29.

Angeklagten sogenannte »Boykotthetze« vorgeworfen wurde.[1591] Seit 1968 gab es den Paragraf 106 (»Staatsfeindliche Hetze«), der zur Verurteilung vieler Oppositioneller bei regimekritischen Äußerungen oder Aktionen herangezogen wurde.[1592] Außerdem wurde gegen sie der Paragraf 107 (»Staatsfeindliche Gruppenbildung«, ab 1979 »Verfassungsfeindlicher Zusammenschluss«) herangezogen; nach diesem konnte jede der SED-Diktatur nicht genehme Gruppenbildung verfolgt und deren Mitglieder verurteilt werden.[1593] Politisch aktiv im engeren Sinne war jedoch nur eine kleine Minderheit der insgesamt mehr als 30.000 freigekauften politischen Häftlinge.[1594] Rehlinger charakterisierte diesen Sachverhalt folgendermaßen: »*Im Grunde artikulierte sich der Widerstand gegen das sozialistische System, die Ablehnung des Staates DDR, durch den Entschluss, das Land zu verlassen. Diese Erklärung bildete den Hintergrund für die Tatsache, dass der Kreis der politischen Häftlinge in der DDR 1983 sich fast nur noch aus Deutschen zusammensetzte, die wegen versuchter Republikflucht und damit im Zusammenhang stehenden Delikten verurteilt worden waren. Das Bild des politischen Häftlings hatte sich also – verglichen mit der Zeit um 1963 – grundlegend gewandelt.*«[1595]

Bei der Aufnahme des Häftlingsfreikaufs gab es zwischen den Parteien der Bundesrepublik und den beiden großen Kirchen einen breiten Konsens.[1596] Das ist vor allem darauf zurückzuführen, dass zum damaligen Zeitpunkt viele Menschen in DDR-Gefängnissen einsaßen, die in ihren Anschauungen und teilweise sogar organisatorisch – beispiels-

---

[1591] Vgl. Schuller: Geschichte und Struktur des politischen Strafrechts der DDR bis 1968, S. 111–121.

[1592] Vgl. Raschka: Zwischen Überwachung und Repression – Politische Verfolgung in der DDR 1971 bis 1989, S. 80 f.
Vgl. als ein Beispiel für eine Person, die nach dem § 106 verurteilt wurde, das Schicksal von Sabine Popp, in: Diekmann (Hg.): Freigekauft, S. 85.

[1593] Vgl. Franke, Uta: Sand im Getriebe. Die Geschichte der Leipziger Oppositionsgruppe um Heinrich Saar 1977 bis 1983. Leipzig 2007, S. 153.
Vgl. ebf. zu Uta Franke: Kowalczuk, Ilko-Sascha: Stasi konkret. Überwachung und Repression in der DDR. München 2013, S. 312–314; Diekmann (Hg.): Freigekauft, S. 82 f.; Hahne, Peter: Menschenhandel im Kalten Krieg: Vor 50 Jahren erster Freikauf von DDR-Gefangenen (ZDF-Sendung »Peter Hahne« vom 29.9.2013 mit Ludwig Rehlinger und Uta Franke; Moderation: Peter Hahne). Hierin wurde u. a. auch der politische Häftling Bob Bahra zu seiner Geschichte befragt.

[1594] Vgl. Lippmann: Moderner Menschenhandel – Freikauf politischer Häftlinge aus der DDR. In: Conze; Gajdukowa und Koch-Baumgarten (Hg.): Die demokratische Revolution 1989 in der DDR, S. 65 und S. 72.

[1595] Zitiert nach: Rehlinger: Freikauf, S. 110.

[1596] Vgl. ebenda, S. 15–17 und S. 21 f.

weise über die Ostbüros von SPD, CDU oder FDP – den Parteien, Institutionen oder Organisationen in der Bundesrepublik eng verbunden waren.[1597] Bei der Listenerstellung wurden deshalb 1964, als zum ersten Mal eine größere Anzahl von Häftlingen ausgelöst werden konnte, auch die Kirchen sowie die drei Bundestagsfraktionen mit einbezogen.[1598] Nur selten bewirkten nationale oder internationale Proteste, dass politische Häftlinge daraufhin freigelassen wurden. Ein Beispiel hierfür war aber 1964 die Freilassung des Gewerkschafters Heinz Brandt.[1599] Brandt war bis 1954 ein hochrangiger Funktionär der SED gewesen.[1600] Als Gegner Ulbrichts drohte ihm die Verhaftung, weshalb er 1958 aus der DDR geflohen war.[1601] Er wurde 1961 in die DDR entführt und in Bautzen II inhaftiert.[1602] Für Brandt hatten sich neben der IG Metall auch Amnesty International und deren damaliger Vorsitzender Paul Oestreicher sowie der Philosoph Bertrand Russell eingesetzt.[1603] Für die vielen unbekannten politischen Häftlinge – immerhin waren der Bundesregierung Anfang der 1960er Jahre knapp 12.000 Fälle bekannt – mussten vergleichbare Aktionen jedoch unrealistisch bleiben.[1604] Auch bei Brandt hatte es drei Jahre bis zu seiner Haftentlassung gedauert.[1605] Allein über politischen Druck bzw. öffentliche Appelle konnte die Vielzahl der Fälle offensichtlich nicht gelöst werden. Die Aufnahme des Häftlingsfreikaufs war deshalb dringend notwendig, um den vielen unbekannten Inhaftierten helfen zu können. Die ersten Freikaufaktionen müssen den betroffenen Häftlingen dabei geradezu unglaublich vorgekommen sein. Das änderte sich aber in den späteren Jahren, denn der Freikauf wurde innerhalb der DDR-Haftanstalten schnell bekannt.[1606] Die Zahl der politischen Gefangenen in den DDR-

---

[1597] Vgl. Rehlinger: Freikauf, S. 21.
[1598] Vgl. Hammer (Bearbeiterin): Sonderedition »Besondere Bemühungen«, S. 156 (Dok. Nr. 66, Vermerk Rehlingers vom 16.7.1964).
[1599] Vgl. Posser: Anwalt im Kalten Krieg, S. 254–287.
Vgl. ebf. Wilke, Manfred: Der SED-Staat. Geschichte und Nachwirkungen. Köln (u. a.) 2006, S. 77–89.
[1600] Vgl. Posser: Anwalt im Kalten Krieg, S. 257 f.
[1601] Vgl. ebenda, S. 255.
[1602] Vgl. ebenda, S. 254–256 und S. 278.
Vgl. ebf. Hannah-Arendt-Institut für Totalitarismusforschung an der TU Dresden (Hg.): MfS Sonderhaftanstalt Bautzen II. Dresden 1994, S. 43–45.
[1603] Vgl. Posser: Anwalt im Kalten Krieg, S. 278–282.
[1604] Zahl aus: Rehlinger: Freikauf, S. 18 und S. 24.
[1605] Vgl. Posser: Anwalt im Kalten Krieg, S. 254 und S. 281 f.
[1606] Vgl. die Diskussionsbeiträge von Bernd Eisenfeld im 14. Buchenwald-Gespräch der Konrad-Adenauer-Stiftung (KAS) am 22. und 23.11.2004 in Berlin (zum

Gefängnissen sollte im Verlauf der 1960er Jahre von 12.000 am Anfang des Jahrzehnts auf rund 6.000 am Ende der Dekade sinken.[1607] Von den 1964 freigekauften politischen Häftlingen konnte Kontakt zu Jörg Bilke, Heinz Blobner und Thomas Ammer hergestellt werden, die alle zum SED-Regime in Opposition gestanden hatten und damit auch repräsentativ für viele Freigekaufte der ersten Jahre waren.[1608] Unter den ersten freigekauften politischen Häftlingen war auch der CDU-Politiker Helmut Brandt (mit Heinz Brandt nicht verwandt).[1609] Er war 1950 unter einem Vorwand verhaftet worden und saß fast 14 Jahre im Gefängnis. Auf diese Weise sollte er politisch ausgeschaltet werden, da sich Brandt nicht der Ideologie der SED anpassen wollte. Brandt bewies besonders großen Mut, als er 1950 eine Revision der Waldheimer Prozesse forderte. Daraufhin wurde er inhaftiert und vier Jahre lang ohne Prozess festgehalten. Erst 1954 wurde er vom Obersten Gericht der DDR zu zehn Jahren Zuchthaus wegen angeblicher »staatsfeindlicher Tätigkeit« verurteilt. Brandt wurde nun der angeblichen »Verschwörer-Gruppe« um Georg Dertinger zugeordnet, was ein Vorwand war. Nach insgesamt acht Jahren Gefängnis wurde Brandt 1958 entlassen. Nur 36 Stunden danach wurde er erneut verhaftet, als er in den Westen fliehen wollte. Ein möglicher Auftritt vor westlichen Journalisten sollte so verhindert werden. Da Brandt nach seiner Freilassung weiter überwacht worden war, konnte er unmittelbar wieder verhaftet werden. Nun wurde er wegen des Versuchs eines »Verstoßes gegen das Passgesetz« festgenommen und zu weiteren zehn Jahren Haft verurteilt. Die sogenannte »Republikflucht« war bereits vor dem Mauerbau nach Pa-

---

Thema »Häftlingsfreikauf«). In: Buchstab (Hg.): Repression und Haft in der SED-Diktatur und die »gekaufte Freiheit«, S. 49 und S. 64–66.
[1607] Zahlen aus: Fricke: Politik und Justiz in der DDR, S. 549.
[1608] Vgl. telefonisches Interview mit Heinz Blobner am 9.4.2010.
Vgl. ebf. Mail von Thomas Ammer vom 23.1.2010.
Vgl. ebf. Mail von Jörg B. Bilke vom 28.8.2009. Jörg B. Bilke setzte sich auch 2007 in einem autobiografischen Aufsatz (»Der Hund des Odysseus«) mit dem Freikauf auseinander.
Vgl. zu Heinz Blobner: Seifert, Angelika: Heinz Blobner und Arno Seifert. In: Fricke; Steinbach und Tuchel (Hg.): Opposition und Widerstand in der DDR, S. 197-202.
Vgl zu Thomas Ammer: Mühlen, Patrik von zur: Thomas Ammer. In: Ebenda (Fricke; Steinbach und Tuchel), S. 152-156.
[1609] Vgl. Wentker, Hermann: Helmut Brandt. In: Ebenda (Fricke; Steinbach und Tuchel), S. 66–70.
Vgl. ebf. Fricke und Klewin: Bautzen II, S. 142 f.

ragraf 8 des Passgesetzes vom 11.12.1957 strafbar.[1610] Bis zu seinem Freikauf 1964 hatte Brandt also insgesamt 15 Jahre Haft absitzen müssen. In den Anfangsjahren des Häftlingsfreikaufs bestand die Mehrzahl der freigekauften Personen aus politischen Häftlingen, die zu hohen Haftstrafen verurteilt worden waren und schon viele Jahre im Gefängnis eingesessen hatten.[1611] Bei ihnen handelte es sich häufig um Menschen, die zwar in der DDR hatten leben wollen, aber dort politische Veränderungen angestrebt hatten, wie Helmut Brandt. Die gleichen Beweggründe galten auch für die Mitglieder von Bürgerrechtsgruppen Ende der 1970er und in den 1980er Jahren, die die DDR reformieren wollten.[1612] In den 1980er Jahren hofften viele Oppositionelle bei drohenden oder erfolgten Verhaftungen durch das MfS auf Solidarisierungsaktionen anderer Dissidenten.[1613] Andere hofften auf die Veröffentlichung von Verhaftungen oder Menschenrechtsverletzungen durch die West-Medien.[1614] Einige Bürgerrechtler machten deutlich, dass der Häftlingsfreikauf für ihre Überlegungen grundsätzlich keine entscheidende Rolle gespielt habe, da sie ohnehin in der DDR bleiben wollten.[1615] Dieser Sachverhalt erklärt auch, warum Rechtsanwalt Vogel nur für eine relativ kleine Zahl von Dissidenten Mandate übernommen hatte bzw. selten von diesen um Unterstützung gebeten wurde.[1616] Für sie war Vogel nicht der richtige Ansprechpartner.[1617] Dennoch wurden auch verurteilte Oppositionelle von der Bundesregierung aus DDR-Gefängnissen ausgelöst.[1618] Die nach dem Paragraf 106 des DDR-Strafgesetzbuches verurteilte Uta Franke beispielsweise, ein Mitglied

---

[1610] Vgl. Schuller: Geschichte und Struktur des politischen Strafrechts der DDR bis 1968, S. 215–217.
[1611] Vgl. LA Berlin, B Rep. 002, Nr. 12295 (Vermerk Stanges vom 10.7.1967 nach Gespräch mit Vogel).
[1612] Vgl. Mail von Gerd Poppe vom 12.3.2009.
Vgl. ebf. Mail von Rainer Eppelmann vom 24.3.2009.
[1613] Vgl. Mail von Gerd Poppe vom 12.3.2009.
[1614] Vgl. Neubert: Geschichte der Opposition in der DDR 1949–1989, S. 324.
Vgl. ebf. Fricke: Opposition und Widerstand in der DDR, S. 213.
[1615] Vgl. Mail von Gerd Poppe vom 12.3.2009.
Vgl. ebf. telefonisches Interview mit Martin Gutzeit am 20.3.2009.
Vgl. ebf. telefonisches Interview mit Stefan Hilsberg am 15.12.2009.
Alle genannten Zeitzeugen standen dankenswerterweise für Fragen zur DDR-Opposition zur Verfügung.
[1616] Vgl. Whitney: Advocatus Diaboli, S. 347.
[1617] Vgl. Kowalczuk: Stasi konkret, S. 313.
[1618] Vgl. Franke: Sand im Getriebe, S. 239–262.
Vgl. ebf. Fricke: Opposition und Widerstand in der DDR, S. 184.

der Gruppe um Heinrich Saar, wurde 1981 von der Bundesregierung freigekauft.[1619] Vor ihrer Haft wusste sie weder etwas vom Freikauf noch von Rechtsanwalt Vogel.[1620] Viele ihrer Mitgefangenen aber, die aufgrund eines gescheiterten Fluchtversuchs verurteilt worden waren, klärten Franke diesbezüglich auf.[1621]

Die Bundesregierung setzte sich stetig für inhaftierte Dissidenten ein.[1622] Jedoch waren politisch aktive Gegner der SED-Diktatur für den Häftlingsfreikauf zahlenmäßig nur während der ersten Jahre eine relevante Gruppe.[1623] Das Gros der freigekauften politischen Häftlinge waren eindeutig Personen, die aus unterschiedlichen Gründen die DDR verlassen wollten.[1624]

## 4.2 Fluchthelfer, Flüchtlinge und Ausreiseantragsteller

Zu Beginn des Häftlingsfreikaufs stellten Fluchthelfer eine wichtige Gruppe unter den freigekauften politischen Häftlingen dar, für die sich die Bundesregierung schon frühzeitig einsetzte.[1625] Ein Beispiel für den erfolgreichen Freikauf eines Fluchthelfers war der Fall von Manfred Görlach aus dem Jahr 1964.[1626] Die DDR sah in der Fluchthilfe ein schweres Verbrechen, das sie nach Paragraf 105, der sich auf den sogenannten »Staatsfeindlichen Menschenhandel« bezog, hart bestrafte.[1627] Die Fluchthelfer waren keineswegs eine einheitliche Gruppe,

[1619] Vgl. Franke: Sand im Getriebe, S. 242–245.
[1620] Vgl. telefonisches Interview mit Uta Franke vom 21.2.2011.
[1621] Vgl. dieselbe in der Podiumsdiskussion »Der Freikauf – eine historische Bewertung« am 8.6.2011 in Berlin. In: Apelt (Hg.): Flucht, Ausreise, Freikauf, S. 103.
[1622] Für diese Studie stand Rolf Schälike dankenswerterweise für Rückfragen zur Verfügung. Vgl. Mail von Rolf Schälike vom 27.4.2010. Schälike war als Marxist von der DDR 1984 verhaftet und 1985 in die Bundesrepublik entlassen worden. Die Bundesregierung hatte sich, auch auf Bitten Wolf Biermanns, für ihn eingesetzt. Vgl. Süß, Walter: Staatssicherheit am Ende. Warum es den Mächtigen nicht gelang, 1989 eine Revolution zu verhindern. Berlin 1999 (2. Auflage; 1. Auflage ebenfalls 1999), S. 139.
[1623] Vgl. Rehlinger: Freikauf, S. 108–110.
[1624] Vgl. ebenda, S. 110.
Vgl. ebf. Passens: MfS-Untersuchungshaft, S. 275.
[1625] Vgl. LA Berlin, B Rep. 002, Nr. 10987 (Vermerk Krautwigs vom 3.7.1967, u. a. über die frühzeitigen Bemühungen der Bundesregierung um jugendliche Fluchthelfer im Rahmen des Freikaufs).
[1626] Vgl. Detjen: Ein Loch in der Mauer, S. 188.
[1627] Vgl. Raschka: Zwischen Überwachung und Repression – Politische Verfolgung in der DDR 1971 bis 1989, S. 89.

auch wenn die DDR selbstverständlich nicht zwischen idealistischen und kommerziellen Fluchthelfern differenzierte.[1628]

Im Rahmen des Häftlingsfreikaufs war die Bundesregierung von Anfang an um die nichtkommerziellen und oft noch sehr jungen Fluchthelfer bemüht, die aus ideellen oder familiären Gründen gehandelt hatten, wobei Benedikt Graf von und zu Hoensbroech, Carsten Mohr oder Harry Seidel beispielhaft angeführt werden können.[1629] Gerade in den ersten Jahren nach dem Mauerbau gab es zahlreiche Idealisten unter den Fluchthelfern.[1630] Einige ehemalige politische Häftlinge oder Flüchtlinge aus der DDR sahen in der Fluchthilfe – neben dem oftmals familiären Motiv, Angehörige in den Westen holen zu wollen – auch eine Möglichkeit, der SED-Diktatur Schaden zuzufügen bzw. auf ihre Weise »gegen die Mauer« aufzubegehren.[1631] Diese Anstöße können bei Detlev Girrmann, Dieter Thieme, Bodo Köhler, Hasso Herschel, Harry Seidel, Burkhart Veigel, Wolfgang Fuchs, Wolfgang Kockrow, Michael Gartenschläger, Lothar Lienecke, Hartmut Richter[1632], Rainer Schubert und Wolfgang Welsch als wesentliche Beweggründe genannt werden.[1633]

Die kommerzielle Fluchthilfe wurde hingegen in der Bundesrepublik, im Besonderen von der seit 1969 amtierenden sozial-liberalen Bun-

---

[1628] Vgl. Detjen: Ein Loch in der Mauer, S. 163.
[1629] Vgl. zu von Hoensbroech: Rehlinger: Freikauf, S. 69 f.
Hoensbroech konnte 1964 freigekauft werden, wobei dessen Vater, laut Aussage von Rehlinger, zusätzlich 410.000 DM zu den 40.000 DM der Bundesregierung aufwenden musste.
Vgl. zu Carsten Mohr: Fricke, Karl Wilhelm: Carsten Mohr. In: Fricke; Steinbach und Tuchel (Hg.): Opposition und Widerstand in der DDR, S. 345–350. Mohr konnte 1964 freigekauft werden.
Vgl. zu Harry Seidel: Detjen, Marion: Harry Seidel. In: Ebenda (Fricke; Steinbach und Tuchel), S. 340–344. Vgl. ebf. zu Harry Seidel: Diekmann (Hg.): Freigekauft, S. 44 f. Harry Seidel stand mir am 19.2.2010 dankenswerterweise in einem telefonischen Interview für Fragen für diese Studie zur Verfügung.
[1630] Vgl. Detjen: Ein Loch in der Mauer, S. 82 f.
[1631] Vgl. ebenda, S. 277 f.
[1632] Hartmut Richter stand für diese Studie dankenswerterweise am 23.8.2009 in Berlin für ein persönliches Gespräch zur Verfügung.
[1633] Vgl. Detjen: Ein Loch in der Mauer, S. 99–103, S. 110 f., S. 130–134, S. 145 f., S. 237, S. 255 f. und S. 277 f.
Vgl. ebf. telefonisches Interview mit Lothar Lienecke am 3.2.2010.
Vgl. ebf. Nooke, Maria und Dollmann, Lydia (Hg.): Fluchtziel Freiheit. Berichte von DDR-Flüchtlingen über die Situation nach dem Mauerbau. Berlin 2011, S. 19–49.

desregierung, zunehmend kritisch betrachtet.[1634] Im Verlauf der Jahre wurde die Fluchthilfe allerdings immer stärker zu einem Geschäft.[1635] Zu den bekannten kommerziellen Fluchthelfern zählten Wolfgang Löffler, Hans Gehrmann, Kay Uwe Mierendorff und Hans Lenzlinger.[1636] Die Übergänge zwischen nichtkommerzieller und geschäftsmäßiger Fluchthilfe konnten allerdings – dies galt seit den 1970er Jahren – fließend sein, da auch die Aktionen der nichtkommerziellen Fluchthelfer mittlerweile sehr viel aufwendiger geworden waren.[1637] Der Bundesgerichtshof hielt zur kommerziellen Fluchthilfe 1977 schließlich fest, dass Fluchthilfeverträge – nach einem von Kay Uwe Mierendorff erstrittenen Urteil – grundsätzlich rechtswirksam seien.[1638]

Mit dem 1971 zwischen den beiden deutschen Staaten vereinbarten »Transitabkommen« wurde das MfS vor neue Herausforderungen gestellt.[1639] Der Transitverkehr konnte von den Fluchthelfern als Möglichkeit genutzt werden, da die Durchreisenden nicht kontrolliert werden durften, wenn kein dringender Tatverdacht vorlag.[1640] Die kommerzielle Fluchthilfe nahm nun deutlich zu.[1641] Einige Transitreisende wurden von verschiedenen kommerziellen Fluchthelfern für die Durchführung organisierter Fluchtaktionen regelrecht missbraucht.[1642] Sie wurden offenbar auch teilweise von ihren Auftraggebern damit angeworben, dass sie im Falle einer Verhaftung von der Bundesregierung schnell freigekauft würden.[1643] Diese neue Art kommerzieller Fluchthilfe brachte damit häufig sowohl die Flüchtlinge als auch die angeworbenen Helfer in Gefahr.[1644] Sie beschädigten damit zunehmend auch im Westen das Ansehen der gesamten Fluchthilfe.[1645]

Diese Problematik wurde sofort von der DDR für ihre Propaganda genutzt. Desinformationskampagnen wurden verstärkt und als poli-

---

[1634] Vgl. Detjen: Ein Loch in der Mauer, S. 293.
[1635] Vgl. ebenda, S. 253 f.
[1636] Vgl. ebenda, S. 258 f. und S. 272 f.
[1637] Vgl. ebenda, S. 280.
[1638] Vgl. ebenda, S. 132 f., S. 142, S. 280 und S. 302 f.
[1639] Vgl. ebenda, S. 264–274.
[1640] Vgl. ebenda, S. 268.
[1641] Vgl. ebenda, S. 254 und S. 270.
[1642] Vgl. ebenda, S. 254 und S. 282.
[1643] Vgl. ebenda, S. 273 und S. 282.
Vgl. BStU, Archiv der Zentralstelle, MfS HA IX 3909, S. 387 (Vermerk der HA IX vom 28.8.1975 über einen Haftbesuch eines Mitglieds der Ständigen Vertretung bei inhaftierten Bundesbürgern).
[1644] Vgl. Detjen: Ein Loch in der Mauer, S. 282 f.
[1645] Vgl. ebenda, S. 285–287.

tische Waffe gegen jegliche Fluchthilfe eingesetzt.[1646] Außerdem wurden drastische Urteile zur Abschreckung gefällt. Fluchthelfer, die als Angehörige in einem Einzelfall ohne Entgelt mitgewirkt hatten, erhielten meistens Strafen von einem bis zu fünf Jahren Haft nach Paragraf 213 des DDR-Strafgesetzbuches wegen »Beihilfe zum ungesetzlichen Grenzübertritt«.[1647] Mitglieder von Fluchthelferorganisationen mussten hingegen mit wesentlich höheren Haftstrafen von bis zu 15 Jahren Freiheitsentzug rechnen.[1648] Die DDR versuchte vergeblich, die Bundesregierung und den West-Berliner Senat dazu zu bewegen, die Fluchthilfe zu unterbinden und unter Strafe zu stellen.[1649] Die Bundesrepublik lehnte dieses Anliegen der DDR mit dem Hinweis auf Artikel 11 des Grundgesetzes, der die Freizügigkeit ausdrücklich garantiert, stets ab.[1650] Problematischer waren jene Fälle, bei denen die Fluchthilfe in Verbindung mit einem Delikt begangen wurde, wie zum Beispiel Passfälschung, das auch nach bundesdeutschem Recht zu ahnden war.[1651] Zeitweise weigerte sich die DDR generell, Fluchthelfer in den Häftlingsfreikauf einzubeziehen.[1652] Trotzdem gelang es der Bundesregierung nach langwierigen Verhandlungen immer wieder, nichtkommerzielle Fluchthelfer durch Freikauf oder Austausch freizubekommen.[1653] Viele Fluchthelfer fühlten sich nun durch die Möglichkeit des Freikaufs in ihrem Vorhaben ermutigt.[1654] So gab der Häftlingsfreikauf einigen bei einer Verhaftung Hoffnung.[1655] Jedenfalls war der Freikauf vielen Fluchthelfern bekannt. Mitarbeiter der StäV wurden regelmäßig, wenn sie inhaftierte Fluchthelfer in den DDR-Gefängnissen besuchten, auf die eventuelle Chance eines Freikaufs oder Austauschs direkt oder indirekt angesprochen.[1656]

Den heiklen Sachverhalt, dass sie den sogenannten »staatsfeindlichen

[1646] Vgl. Detjen: Ein Loch in der Mauer, S. 282.
[1647] Vgl. ebenda, S. 315.
[1648] Vgl. ebenda, S. 315.
[1649] Vgl. ebenda, S. 320–322.
[1650] Vgl. ebenda, S. 199 und S. 240.
[1651] Vgl. ebenda, S. 240–243, S. 287–292 und S. 322.
[1652] Vgl. HGWS-HF 50 (Vermerk Hoeschs vom 3.10.1969).
[1653] Vgl. Rehlinger: Freikauf, S. 68 f.
Vgl. ebf. Bath, Matthias: Gefangen und freigetauscht. 1197 Tage als Fluchthelfer in der DDR-Haft. Berlin 2007, S. 232–241.
[1654] Vgl. telefonisches Interview mit Lothar Lienecke am 3.2.2010.
[1655] Vgl. Detjen: Ein Loch in der Mauer, S. 186.
Vgl. ebf. telefonisches Interview mit Lothar Lienecke am 3.2.2010.
[1656] Vgl. Boysen: Das »weiße Haus« in Ost-Berlin, S. 139.
Vgl. ebf. Interview mit Jan Hoesch am 6.7.2009 in Berlin.

Menschenhandel« massiv anprangerte, aber gleichzeitig den Verkauf von politischen Häftlingen praktizierte, wollte die DDR offensichtlich nicht reflektieren. Jedenfalls befand sie sich in keiner glaubwürdigen Position, um anderen Akteuren »Menschenhandel« vorwerfen zu können. Hinter vorgehaltener Hand drängte sich deshalb der Vergleich zwischen dem »staatsfeindlichen Menschenhandel« (Fluchthilfe) und dem »staatsfreundlichen Menschenhandel« (Häftlingsfreikauf) geradezu auf. Die Existenz von Fluchthelfern war letzten Endes nur darauf zurückzuführen, dass viele Menschen die DDR verlassen wollten, was ihnen von der SED-Diktatur aber strikt verweigert wurde. Da Rentner seit 1964 in den Westen (aus-)reisen konnten, überwogen bei den Flüchtlingen deutlich die jüngeren Altersgruppen.[1657] Sie waren familiär und beruflich oft noch ungebunden und besaßen die notwendigen körperlichen Voraussetzungen, um dieses Wagnis einzugehen.[1658] Festgenommene Flüchtlinge, die Fluchthelfer in Anspruch genommen hatten, mussten mit höheren Haftstrafen rechnen als jene, die eine Flucht auf eigene Faust versucht hatten.[1659]

Nach dem Mauerbau starben viele Menschen oder wurden schwer verletzt bei dem riskanten Versuch, über die Berliner Mauer, die innerdeutsche Grenze, die Ostsee oder auch über sozialistische Länder wie die ČSSR, Ungarn, Rumänien oder Bulgarien in den Westen zu gelangen.[1660] Eine große Zahl wurde auch bei dem Versuch entdeckt und unmittelbar verhaftet.[1661] Nach Jugoslawien, von wo eine Flucht

---

[1657] Vgl. Nooke, Maria: Geglückte und gescheiterte Fluchten nach dem Mauerbau. In: Henke (Hg.): Die Mauer, S. 179.
[1658] Vgl. BA Koblenz, B 137/6405 (Untersuchung der Grenzschutzdirektion für das BMI vom 17.7.1969).
[1659] Vgl. Detjen: Ein Loch in der Mauer, S. 177.
[1660] Vgl. zur Zusammenarbeit der Warschauer-Pakt-Staaten zur Unterbindung der Fluchtversuche: Tantzscher, Monika: Die verlängerte Mauer. Die Zusammenarbeit der Sicherheitsdienste der Warschauer-Pakt-Staaten bei der Verhinderung von »Republikflucht«. Berlin 2001 (2. durchgesehene Auflage, aus der Reihe B: Analysen und Berichte Nr. 1/1998; herausgegeben von der Abteilung Bildung und Forschung des BStU).
[1661] Vgl. Filmer und Schwan (Hg.): Opfer der Mauer, S. 10, S. 15, S. 26 und S. 35–42.
Vgl. ebf. Hertle: Die Todesopfer an der Berliner Mauer 1961–1989, S. 18–20 und S. 502–508.
Vgl. ebf. Bohlken, Amanda: Die dritte Dimension der Tränen. DDR-Flucht – Haft und Trauma – Heilungswege. Leipzig 2007.
Vgl. ebf. Diekmann (Hg.): Freigekauft, S. 98 f.
Vgl. ebf. Beeger, Britta: Die Haft dauert an. Angelika Cholewa und Burkhardt Aulich, politische Gefangene der DDR, leiden noch heute unter ihrer Inhaftierung. In: Frankfurter Allgemeine Zeitung vom 9.11.2013.

in den Westen zwar nicht ungefährlich, aber doch vergleichsweise gut möglich war, durften die meisten DDR-Bürger erst gar nicht reisen.[1662] Vor allem die innerdeutsche Grenze wurde im Verlauf der Jahre durch eine Vielzahl von Minen, vor allem durch die »SM 70«, die sogenannten »Selbstschussanlagen«, sowie durch verdeckte Kontakt- und Stolperdrähte nahezu lückenlos gesichert.[1663]

Ab Ende der 1960er Jahre veränderten sich das Durchschnittsalter, die Haftgründe und die allgemeine Haftdauer der freigekauften politischen Häftlinge beträchtlich.[1664] Nachdem die Bundesregierung sich zunächst auf andere Personengruppen mit langen Haftstrafen fokussiert hatte, handelte es sich bei den freigekauften politischen Häftlingen Ende der 1960er und in den 1970er Jahren im Wesentlichen um inhaftierte Flüchtlinge.[1665] In einer Auswertung des BMI von 1970 wurde bei den freigekauften politischen Häftlingen eine durchschnittliche Haftdauer von etwa zwei Jahren festgestellt. Das Durchschnittsalter lag bei nur 30 Jahren.[1666] Nach Maria Nooke waren 90 Prozent aller Flüchtlinge unter 40 Jahre alt, 70 Prozent waren sogar nicht älter als 30 Jahre.[1667] Zwischen 1965 und 1988 waren insgesamt etwa 57.000 Menschen mit Fluchthintergrund in DDR-Gefängnissen inhaftiert worden.[1668] Bis Ende der 1980er Jahre wurden deshalb viele Menschen freigekauft, die eine Flucht gewagt hatten.[1669] Außerdem wurden mit

---

[1662] Vgl. Berger, Jörg: Meine zwei Halbzeiten. Ein Leben in Ost und West. Reinbek bei Hamburg 2009 (Beispiel für eine erfolgreiche Flucht über Jugoslawien).

[1663] Vgl. Grafe, Roman: Die Grenze durch Deutschland. Eine Chronik von 1945 bis 1990. München 2008, S. 151.

[1664] Vgl. BA Koblenz, B 137/16604 (Vermerk Rehlingers vom 29.1.1969).

[1665] Vgl. Interviews mit: Ludwig Rehlinger am 21.2.2009 in Eichwalde; Jan Hoesch am 6.7.2009 in Berlin.

[1666] Zahlen aus: BA Koblenz, B 106/29781 (Vermerk von Wolf (BMI) vom 1.12.1970).

[1667] Zahlen aus: Nooke: Geglückte und gescheiterte Fluchten nach dem Mauerbau. In: Henke (Hg.): Die Mauer, S. 179.

[1668] Zahl aus: Ebenda, S. 179. Vgl. zu den Ursachen für die Fluchtbewegung: Eisenfeld, Bernd: Gründe und Motive von Flüchtlingen und Ausreiseantragstellern aus der DDR. In: DA 1/2004 (37. Jahrgang), S. 93.

[1669] Vgl. als Beispiele aus den 1980er Jahren:
Juritza, Cliewe: Odyssee am Eisernen Vorhang. In: Knabe, Hubertus (Hg.): Die vergessenen Opfer der Mauer. Inhaftierte DDR-Flüchtlinge berichten. Berlin 2009, S. 313–332;
Röllig, Mario: Der gekaufte Bauer. In: Ebenda, S. 333–346. Mario Röllig stand für diese Studie dankenswerterweise auch für Rückfragen in einem telefonischen Interview am 11.2.2010 zur Verfügung. Auch Anne Klar und Manuela Polaszcyk beantworteten dankenswerterweise für diese Studie Fragen zu ihrem Freikauf in einem telefonischen Interview am 24.9.2010 (Anne Klar) bzw. in einer Mail

steigender Tendenz immer mehr Ausreiseantragsteller ausgelöst, die im Zusammenhang mit ihrem Ausreiseantrag inhaftiert worden waren.[1670] Auch diese Gruppe war im Durchschnitt, ähnlich wie die Flüchtlinge, sehr jung. Egon Krenz, damals im SED-Zentralkomitee und -Politbüro für Sicherheitsfragen zuständig, hatte im April 1988 Erich Honecker darüber informiert, dass 87 Prozent aller Ausreiseantragsteller im Alter zwischen 14 bis 40 Jahren waren.[1671] Offenbar wollten gerade junge Menschen die DDR verlassen. Diese Zahlen spiegeln sich im Altersdurchschnitt der politischen Häftlinge wider, der im Verlauf der Jahre tatsächlich immer niedriger wurde: So waren 1985 etwa 35 bis 40 Prozent der politischen Häftlinge – wobei es sich hierbei überwiegend um Männer handelte – zwischen 14 und 25 Jahre alt.[1672] Somit kann gefolgert werden, dass gegen Ende des Freikaufs ein freigegebener Häftling in der Regel ein junger Mann war, der die DDR über einen Ausreiseantrag und/oder durch eine Flucht hatte verlassen wollen.[1673]

Der Männeranteil kann für 1985, als besonders viele Gefangene ausgelöst werden konnten, auf etwa 80 bis 85 Prozent geschätzt werden.[1674] Für die gesamte Zeit des Häftlingsfreikaufs kann von einer ähnlich hohen Quote ausgegangen werden.[1675] Der Frauenanteil stieg aber tendenziell in den letzten Jahren des Freikaufs leicht an.[1676] Die freigekauften Männer kamen aus verschiedenen Gefängnissen der DDR, wobei der Anteil der politischen Häftlinge von Gefängnis zu Gefängnis stark differierte. Vor allem in Cottbus und in Bautzen II waren besonders viele politi-

---

vom 15.2.2010 (Manuela Polaszcyk). Beide waren nach gescheiterten Fluchten in den 1980er Jahren inhaftiert und freigekauft worden. Vgl. zu Manuela Polaszcyk: Dieselbe: DDR – Ein schwerer Weg. Herne 2007.

[1670] Vgl. Fricke, Karl Wilhelm: Zur Menschen- und Grundrechtssituation politischer Gefangener in der DDR. Analyse und Dokumentation. Köln 1988 (2. Auflage; 1. Auflage erschien 1986), S. 23. Die Zahlen basieren auf einer umfangreichen Befragung von ehemaligen politischen Häftlingen aus der DDR (über 1.000), die 1985 entlassen wurden. Das BMB stellte die Daten Fricke zur Verfügung.

[1671] Vgl. http://www.chronik-der-mauer.de (von der Bundeszentrale für politische Bildung, dem Deutschlandradio und dem Zentrum für Zeithistorische Forschung Potsdam erstellte Homepage; vgl. hier die Chronik zu 1988).

[1672] Zahlen aus: Fricke: Zur Menschen- und Grundrechtssituation politischer Gefangener in der DDR, S. 23.

[1673] Vgl. Hoffmann, Constantin: Ich musste raus. 13 Wege aus der DDR. Halle 2009, S. 173–184 (Beispiel eines 24-jährigen Mannes 1986).

[1674] Zahlen aus: Fricke: Zur Menschen- und Grundrechtssituation politischer Gefangener in der DDR, S. 23.

[1675] Vgl. Interview mit Ludwig Rehlinger am 21.2.2009 in Eichwalde.

[1676] Vgl. Rehlinger: Freikauf, S. 23.

sche Häftlinge interniert;[1677] ihr Anteil lag ab Ende der 1960er Jahre bei durchschnittlich 80 Prozent.[1678] Laut Tomas Kittan wurden aus Cottbus insgesamt mindestens 5.000 Personen freigekauft.[1679] Auch in Karl-Marx-Stadt, Naumburg oder Brandenburg-Görden waren politische Häftlinge inhaftiert.[1680] Sehr viele freigekaufte bundesdeutsche Inhaftierte, beispielsweise Fluchthelfer, hatten in Berlin-Rummelsburg oder Bautzen II einsitzen müssen, in denen die DDR-Staatsorgane ausländische Häftlinge konzentrierten.[1681] Die Haftanstalt Burg Hoheneck in Stollberg im Erzgebirge war das größte Frauengefängnis der DDR, es war für eine häufige Überbelegung und seine harten Haftbedingungen besonders berüchtigt.[1682] Weibliche politische Häftlinge aus anderen Gefängnissen wurden

[1677] Vgl. Kittan: Das Zuchthaus Cottbus, S. 32 f.
Vgl. ebf. Fricke und Klewin: Bautzen II, S. 67.
In Bautzen I (das »Gelbe Elend«) waren überwiegend Kriminelle inhaftiert. Vgl. hierzu: Heidenreich, Ronny: Aufruhr hinter Gittern: Das »Gelbe Elend« im Herbst 1989. Leipzig 2009, S. 28.

[1678] Zahl aus: Kittan: Das Zuchthaus Cottbus, S. 32. Siegmar Faust, als politischer Häftling in Cottbus inhaftiert, stand für diese Studie dankenswerterweise für Rückfragen in einer Mail vom 24.1.2009 zur Verfügung. Vgl. ebf. zu Siegmar Faust: Diekmann (Hg.): Freigekauft, S. 78. Aufschlussreich war auch ein Telefongespräch mit dem in Cottbus inhaftierten politischen Häftling Axel Reitel am 30.1.2010, der für MDR und RBB auch ein Radio-Feature zum Freikauf produzierte. Vgl. derselbe: Freigekauft – Die geheimen Geschäfte mit politischen Gefangenen in der DDR. Deutschland 2010.

[1679] Zahl aus: Kittan: Das Zuchthaus Cottbus, S. 33. Ein besonders bekannter freigekaufter politischer Häftling, der in Cottbus einsaß, ist der heutige Künstler Gunther von Hagen, der nach einem gescheiterten Fluchtversuch 1970 von der Bundesregierung ausgelöst werden konnte. Vgl. Diekmann: Freigekauft, S. 61.

[1680] Vgl. Raschka: »Für kleine Delikte ist kein Platz in der Kriminalitätsstatistik«, S. 12 f. Als Beispiel für einen aus Brandenburg-Görden freigekauften Häftling kann der ehemalige DDR-Staatsanwalt Lothar H. Cetti genannt werden. Vgl. zu Lothar H. Cetti: Fricke, Karl Wilhelm: DDR-Juristen im Konflikt zwischen Gehorsam, Verweigerung und Widerstand. In: Engelmann und Vollnhals (Hg.): Justiz im Dienste der Parteiherrschaft, S. 212 u. S. 215; Derselbe (Fricke): Politische Strafjustiz und »Tauwetter«-Politik 1956 in der DDR. In: Kahlert, Joachim (Hg.): Erinnern, Aufarbeiten, Gedenken. 1946–1996, 50 Jahre kommunistische Machtergreifung in Ostdeutschland. Widerstand und Verfolgung, Mahnung gegen das Vergessen. Dokumentation. Leipzig 1996, S. 70–79.

[1681] Vgl. zu Berlin-Rummelsburg: Finn: Politischer Strafvollzug in der DDR, S. 33.
Vgl. zu Bautzen II: Fricke und Klewin: Bautzen II, S. 69. Im ehemaligen Gefängnis Bautzen II ist heute eine Gedenkstätte (vgl. hierzu die Homepage: http://www.stsg.de/cms/bautzen/startseite).

[1682] Vgl. Schlicke, Birgit: Gefangen im Stasiknast. Tagebuch einer politischen Gefangenen im Frauenzuchthaus Hoheneck. Lage 2009, S. 295 f. Birgit Schlicke stand für diese Studie dankenswerterweise auch für Rückfragen zur Verfügung. Vgl. Mail vom 12.2.2010.

oft vor ihrem Freikauf nach Hoheneck verlegt, das für den Freikauf das zentrale Frauengefängnis war.[1683] Weitere wichtige Frauengefängnisse befanden sich in Hohenleuben, Leipzig und Halle.[1684] Bekannte Untersuchungsgefängnisse des MfS – wie das zentrale Untersuchungsgefängnis in Berlin-Hohenschönhausen[1685], der »Rote Ochse« in Halle, die U-Haft am Elbhang in Dresden oder das Gefängnis am Moritzplatz in Magdeburg – waren für den Häftlingsfreikauf hingegen weniger relevant. Politische Häftlinge waren aber, bevor sie aus dem regulären Strafvollzug freigekauft wurden, oftmals in diesen bekannten Untersuchungsgefängnissen inhaftiert gewesen.[1686] In der Anfangsphase des institutionalisierten Häftlingsfreikaufs wurden viele politische Häftlinge in der MfS-Untersuchungshaftanstalt in der Magdalenenstraße in Berlin-Lichtenberg aus allen DDR-Bezirken zusammengefasst.[1687] Erst ab Ende der 1960er Jahre erfolgte ihre Konzentrierung vor der Ausreise in Karl-Marx-Stadt, bevor sie endgültig in die Bundesrepublik ausreisen durften.[1688]

Es liegen keine gesicherten Daten darüber vor, aus welchen Regionen die freigekauften politischen Häftlinge stammten. Allerdings ist es sehr wahrscheinlich, dass die meisten Häftlinge aus den Bezirken

Vgl. allgemein zu Hoheneck: von Nayhauß, Dirk und Riepl, Maggie: Der dunkle Ort. 25 Schicksale aus dem DDR-Frauengefängnis Hoheneck. Berlin 2012. Außerdem bildete sich der »Frauenkreis der ehemaligen Hoheneckerinnen«, der unter http://www.frauenkreis-hoheneckerinnen.de auch eine Homepage erstellt hat. Dankenswerterweise vermittelte die Vereinigung auch Zeitzeuginnen für diese Studie.

[1683] Vgl. Schlicke: Gefangen im Stasiknast, S. 296.

[1684] Vgl. Raschka: »Für kleine Delikte ist kein Platz in der Kriminalitätsstatistik«, S. 13.

[1685] Bei mehreren Besuchen in der Gedenkstätte Berlin-Hohenschönhausen konnten für diese Studie dankenswerterweise Zeitzeugen befragt werden. Vgl. zur Gedenkstätte: http://www.stiftung-hsh.de

[1686] Vgl. Gursky, André und Vesting, Justus: Der »Rote Ochse« als Untersuchungshaftanstalt des Ministeriums für Staatssicherheit der DDR (1950–1989). In: Scherrieble, Joachim (Hg.): Der Rote Ochse Halle (Saale). Politische Justiz. 1933–1945/1945–1989. Berlin 2008, S. 356.
Vgl. ebf. Paul, Sigrid: Mauer durchs Herz. In: Knabe, Hubertus (Hg.): Gefangen in Hohenschönhausen. Stasi-Häftlinge berichten. Berlin 2007 (2. Auflage; 1. Auflage erschien 2007), S. 236–247.

[1687] Laut Reymar von Wedel konnten in den 1960er Jahren einige Freilassungen von politischen Häftlingen aus dem Gefängnis in der Magdalenenstraße nach Verhandlungen mit Wolfgang Vogel erreicht werden. Vgl. von Wedel: Die Entstehung der »Haftaktion«. Am 25.7.2012 auf: http://www.bpb.de/geschichte/zeitgeschichte/deutschlandarchiv/139629/die-entstehung-der-haftaktion

[1688] Vgl. Mail von Jörg Bernhard Bilke vom 29.8.2009 und Mail von Thomas Ammer vom 23.1.2010.

stammten, aus denen auch die meisten DDR-Bürger ausreisen bzw. fliehen wollten. Das waren vor allem die Bezirke Dresden[1689], Karl-Marx-Stadt und Leipzig, wobei besonders der Bezirk Dresden durch überdurchschnittlich viele Ausreiseanträge hervorstach. Dazu kam noch die Hauptstadt Berlin (Ost), die zwar formal kein DDR-Bezirk war, aber von der SED wie ein eigener Bezirk behandelt wurde.[1690] Die vielen Ausreiseanträge in der eigentlich stark privilegierten Hauptstadt Berlin überraschen vielleicht auf den ersten Blick, aber sie können mit der Nähe zum Westen und den vielen verwandtschaftlichen Bindungen in der geteilten Stadt plausibel erklärt werden. In den Bezirken mit einer hohen Anzahl von Ausreiseantragstellern häuften sich auch vergleichsweise jene »Straftaten« – zum Beispiel Kontaktaufnahme zu bundesdeutschen Stellen oder Organisationen –, die eine Übersiedlung in den Westen unterstützen sollten.[1691]

Waren nun eine Flucht oder ein Ausreiseantrag überhaupt ein politischer Akt? Handelte es sich bei den Flüchtlingen und Ausreiseantragstellern um politische Häftlinge? Diese Klassifizierung war gemäß der Parteiideologie der SED ausgeschlossen.[1692] Umso größer war die Überraschung im Westen, als im Amnestieerlass von 1972 plötzlich von »politischen und kriminellen Straftätern« die Rede war.[1693] Grundsätzlich verneinte die DDR aber weiterhin die Existenz von politischen Häftlingen, auch wenn Honecker in einem Interview von 1981 den Begriff verwendete und immerhin indirekt einräumte, dass es sie bis zur Amnestie 1979 in der DDR gegeben habe.[1694] Aber in den Gefängnissen der SED-Diktatur gab es natürlich auch nach 1979 viele politische Häftlinge, denn das System hatte sich nicht verändert.[1695] Im Strafvollzug wurden die politischen Häftlinge gegenüber Kriminellen in der Regel systematisch schlechter ge-

---

[1689] Vgl. als ein Beispiel für einen inhaftierten und von der Bundesregierung freigekauften Dresdner das Schicksal des Dirigenten Ulrich Backofen, in: Lorenzen, Jan: Der Turm – Die Dokumentation. Deutschland 2012. Vgl. ebf. als ein weiteres Beispiel für verhaftete Dresdner den Fall des Ehepaars Uhlmann, in: Diekmann (Hg.): Freigekauft, S. 88 f.
[1690] Vgl. BA Berlin, DO 1/16491 (Information über die Unterbindung und Zurückdrängung der Übersiedlung nach der BRD und West-Berlin. Berichtszeitraum 1.1.1972 bis 31.3.1988, S. 20 in Anlage 1, S. 25 in Anlage 3 und S. 28 f. in Anlage 6).
[1691] Vgl. BStU, Archiv der Zentralstelle, MfS HA IX 8709, S. 1 (»Straftaten« zur »Erzwingung« der Übersiedlung im Jahr 1988 nach DDR-Bezirken).
[1692] Vgl. Fricke: Politik und Justiz in der DDR, S. 582.
[1693] Vgl. Raschka: »Für kleine Delikte ist kein Platz in der Kriminalitätsstatistik«, S. 8.
[1694] Vgl. ebenda, S. 8.
[1695] Vgl. ebenda, S. 11–18.

stellt. Sie standen innerhalb der Gefängnishierarchie unterhalb der Häftlinge mit kriminellen Vergehen.[1696] Also machte die DDR praktisch sehr wohl einen Unterschied zwischen den verschiedenen Inhaftierten.

Nach dem Rechtsverständnis der Bundesrepublik handelte es sich bei inhaftierten Flüchtlingen und Ausreiseantragstellern eindeutig um politische Häftlinge.[1697] Doch was war die Selbsteinschätzung der Betroffenen? Diese Frage lässt sich nicht allgemeingültig beantworten. Für einen Ausreiseantrag oder eine Flucht konnten persönliche (zum Beispiel Verwandte im Westen), berufliche, politische und wirtschaftliche Gründe ausschlaggebend sein.[1698] Scheinbar rein private Motive, beispielsweise Frust über das unzureichende Warenangebot oder die für viele unbefriedigende Wohn- und Lebenssituation – viele Städte der DDR verfielen in den 1980er Jahren in ihrer Bausubstanz –, konnten oftmals nicht von den politischen und gesellschaftlichen Verhältnissen getrennt werden.[1699] Die Beweggründe für Fluchtversuche und Ausreiseanträge waren außerordentlich vielschichtig und konnten sich vielfach überschneiden. Daher sahen sich vielleicht auch nicht alle inhaftierten Flüchtlinge und Ausreiseantragsteller dezidiert als »politische Häftlinge«, obwohl sie dies nach Auffassung der Bundesrepublik waren. Dies galt auch dann, wenn sie sich selbst als eigentlich unpolitisch einschätzten. Aus ideologischer Sicht der SED hatten sowohl Fluchtversuche als auch Ausreiseanträge eine politische Dimension, da diese Bürger sich offensichtlich vom Sozialismus abgewandt hatten.[1700] Ein Fluchtversuch bzw. bereits dessen Planung waren zudem nach DDR-

---

[1696] Vgl. Ansorg: Politische Häftlinge im Strafvollzug der DDR: Die Strafvollzugsanstalt Brandenburg, S. 329–338.

[1697] Vgl. Rehlinger: Freikauf, S. 110.

[1698] Vgl. Bispinck: Motive für Flucht und Ausreise aus der DDR. In: Effner und Heidemeyer (Hg.): Flucht im geteilten Deutschland, S. 49–65.
Vgl. ebf. Mayer: Flucht und Ausreise, S. 124–129.

[1699] Vgl. Schröder, Dieter: Von Politik und dummen Fragen. Beobachtungen in Deutschland. Rostock 2002, S. 82. Dieter Schröder stand dankenswerterweise auch am 14.1.2010 in einem telefonischen Interview für Rückfragen zur Verfügung.
Vgl. ebf. zum Verfall der Städte in der DDR: Buck, Hannsjörg F.: Wohnungsversorgung, Stadtgestaltung und Stadtverfall. In: Kuhrt, Eberhard (Hg. in Verbindung mit Hannsjörg F. Buck und Gunter Holzweißig) im Auftrag des Bundesministeriums des Innern: Die wirtschaftliche und ökologische Situation der DDR in den achtziger Jahren. Opladen 1996, S. 67–109 (aus der Reihe: Am Ende des realen Sozialismus. Band 2).

[1700] Vgl. Mayer: Flucht und Ausreise, S. 80.

Gesetzen Straftaten.[1701] Ausreiseanträge zogen hingegen zwar noch keine direkten strafrechtlichen Konsequenzen nach sich; sie wurden aber von der SED bis 1983 prinzipiell als »rechtswidrig« angesehen.[1702] Genau genommen waren Ausreiseanträge in der DDR-Rechtsordnung bis 1983 nicht vorgesehen, obwohl die DDR-Verfassung von 1949 Freizügigkeit in Aussicht gestellt hatte.[1703] Einzelne Gesetze sowie die überarbeiteten Verfassungen von 1968 und 1974 schränkten diese aber drastisch ein oder nahmen sie ganz zurück.[1704]

Erst im Juli 1989 trat infolge der Vereinbarungen auf der Wiener KSZE-Konferenz ein Gesetz vom 14.12.1988 in der DDR in Kraft, das ein allgemeines Antragsrecht auf Ausreise vorsah.[1705] Bereits seit Januar 1989 galt zudem eine neue Reiseverordnung, die bei Ablehnungen das Rechtsmittel der Beschwerde ermöglichte.[1706] Ebenso bestand seit Juli 1989 die Möglichkeit, bei Ablehnung eines Ausreiseantrags eine Klage vor den inzwischen eingerichteten Verwaltungsgerichten vorzubringen.[1707] Doch alle diese Maßnahmen, die zudem aufgrund internationaler Vereinbarungen umgesetzt werden mussten und nicht der inneren Überzeugung der SED-Führung entsprachen, kamen viel zu spät, um noch eine politische Wirkung in der DDR erzielen zu können. Bis Ende 1989 hatten weit über 400.000 DDR-Bürger bei den zuständigen Behörden ihre Ausreise beantragt, was die wachsende Unzufriedenheit in der Bevölkerung deutlich widerspiegelt.[1708] Nach dem Mauerbau kann die Entwicklung der Ausreisen grob in drei Phasen eingeteilt werden:[1709] Eine restriktive Phase von 1962 bis 1983, eine Phase begrenzter Übersiedlung zwischen 1984 und 1989 und eine Phase unkontrollierbarer Ausreisen ab Sommer 1989 bis zum Mauerfall am 9. November desselben Jahres.

Die Ausreiseantragsteller verbanden ihre Gesuche oftmals mit der Bitte um eine Entlassung aus der Staatsbürgerschaft der DDR (gemäß Paragraf 10 des DDR-Staatsbürgergesetzes).[1710] Das MfS hatte die zuständigen Dienststellen prinzipiell angewiesen, die Anträge ohne

---

[1701] Vgl. Fricke: Politik und Justiz in der DDR, S. 417 f. und S. 489.
[1702] Vgl. Mayer: Flucht und Ausreise, S. 162.
[1703] Vgl. ebenda, S. 113.
[1704] Vgl. ebenda, S. 113.
[1705] Vgl. ebenda, S. 163.
[1706] Vgl. Raschka: Justizpolitik im SED-Staat, S. 289.
[1707] Vgl. Mayer: Flucht und Ausreise, S. 163.
[1708] Zahl aus: Ebenda, S. 113.
[1709] Vgl. ebenda, S. 162.
[1710] Vgl. ebenda, S. 163 f.

schriftliche Begründung abzulehnen.[1711] In »Aussprachen« sollte der Antragsteller möglichst davon »überzeugt« werden, seinen Antrag zurückzunehmen, wobei an diesem Prozess sehr viele Akteure mitwirken sollten, zum Beispiel auch der Betrieb, in dem der Antragsteller beschäftigt war.[1712] Vor allem in den 1980er Jahren waren die staatlichen Organe jedoch mit der stark ansteigenden Anzahl der Ausreiseantragsteller überfordert.[1713] Auch in den Gefängnissen stellten immer mehr politische Häftlinge einen Ausreiseantrag, womit sie gegenüber der Gefängnisleitung deutlich machten, dass sie mit der DDR abgeschlossen hatten.[1714] Bei einigen politischen Häftlingen hatten erst die Hafterlebnisse den endgültigen Bruch mit der DDR bewirkt und waren der Auslöser für ihren Ausreisewunsch gewesen.[1715] Ein vom politischen Häftling gestellter Ausreiseantrag war für den Freikauf zwar generell eine wichtige Voraussetzung, aber er war noch keinesfalls eine Garantie, dass die Ausreise von der DDR auch tatsächlich gewährt wurde.

Was waren die wesentlichen Unterschiede zwischen Flüchtlingen und Ausreiseantragstellern? Beide Personengruppen können eigentlich nicht streng voneinander getrennt werden. Sie hatten das gleiche Ziel, nämlich die DDR zu verlassen. Nur die verfolgte Vorgehensweise war unterschiedlich. Aber wenn der eingeschlagene Weg nicht funktionierte, dann blieb immer noch die jeweils andere Alternative. So wurden abgelehnte Ausreiseantragsteller häufig zu späteren Flüchtlingen und verhaftete Flüchtlinge oftmals schon während der Haft zu Ausreiseantragstellern. Der Fluchtversuch war allerdings mit einem höheren Risiko verbunden.[1716] Während der Vorbereitung der Flucht konnten zudem nicht einmal die engsten Verwandten und Freunde über das Vorhaben informiert werden, da sich jene strafbar gemacht hätten, wenn sie von den Plänen

---

[1711] Vgl. Lochen und Meyer-Seitz (Hg.): Die geheimen Anweisungen zur Diskriminierung Ausreisewilliger, S. 10.

[1712] Vgl. ebenda, S. 11.

[1713] Vgl. BA Berlin, DO 1/16491 (Information über die Unterbindung und Zurückdrängung der Übersiedlung nach der BRD und West-Berlin. Berichtszeitraum 1. Halbjahr 1989, S. 15).

[1714] Vgl. Wunschik: Selbstbehauptung und politischer Protest von Gefangenen im DDR-Strafvollzug. In: Neubert und Eisenfeld (Hg.): Macht – Ohnmacht – Gegenmacht, S. 275 f.

[1715] Vgl. Alisch: Strafvollzug im SED-Staat, S. 139.

[1716] Vgl. Mail von Cliewe Juritza vom 27.2.2010.
Vgl. ebf. telefonisches Interview mit Michael Bradler am 9.2.2010.
Vgl. zu Michael Bradler: Derselbe und Rothe, Michael: »Ich wollte doch nicht an der Mauer erschossen werden!« Berlin 2013 (3., überarbeitete Auflage; 1. Auflage erschien 2011).

erfahren und diese den Behörden nicht gemeldet hätten.[1717] Der Ausreiseantrag hingegen war eine öffentlich gemachte Absicht und noch keine Straftat. Er wurde ohnehin umgehend dem Betrieb mitgeteilt.

Seit Ende der 1970er Jahre wurden aber immer häufiger Ausreiseantragsteller verhaftet, die versucht hatten, durch öffentlichkeitswirksame Aktionen auf sich aufmerksam zu machen, mit denen sie ihrem Begehren Nachdruck verleihen wollten.[1718] Beispielsweise suchten sie den Kontakt zu westlichen Organisationen, um sich hier Beratung und Unterstützung für den gestellten Antrag zu holen.[1719] Wichtige Veränderungen im DDR-Strafrecht hatten für diese Strafverfolgung die Voraussetzung geschaffen: So wurde das DDR-Strafrecht durch drei »Strafrechtsänderungsgesetze« 1971, 1974 und 1979 wieder verschärft.[1720] Bezüglich des politischen Strafrechts traf das besonders auf das »3. Strafrechtsänderungsgesetz« von 1979 zu, in dem die Neufassungen von Paragraf 219 (»Ungesetzliche Verbindungsaufnahme«) und Paragraf 249 (»Gefährdung der öffentlichen Ordnung durch asoziales Verhalten«) des DDR-Strafgesetzbuches erfolgten. Beide Paragrafen wurden gegen Dissidenten und Ausreiseantragsteller angewendet.[1721] Diese Neufassung ermöglichte unter anderem, dass Ausreiseantragsteller, die Kontakt zu westlichen Hilfsorganisationen wie der IGfM oder der Hvd oder zu bundesdeutschen Institutionen aufgenommen hatten, von den DDR-Organen nach Paragraf 219 strafrechtlich verfolgt werden konnten.[1722] Die Weitergabe von Auskünften an den Westen, zum Beispiel zum eigenen Ausreiseverfahren, zog oftmals eine Bestrafung nach Paragraf 99 (»Landesverräterische Nachrichtenüber-

---

[1717] Vgl. Ebert, Dorothea und Proksch, Michael: Und plötzlich waren wir Verbrecher. Geschichte einer Republikflucht. München 2010, S. 25.
Ein Pfarrer wurde von einem aus dem Gefängnis geflohenen Häftling 1975 um Fluchthilfe gebeten. Da der Geflohene sich nicht stellen wollte, benachrichtigte der Pfarrer zusammen mit einem Kollegen die Polizei. Der Vorgang erfuhr in der Bundesrepublik große Aufmerksamkeit. 1977 wurde der Häftling freigekauft. Vgl. hierzu: Winter, Friedrich: Der Fall Defort. Drei Brandenburger Pfarrer im Konflikt. Eine Dokumentation. Berlin 1996.
[1718] Vgl. Raschka: Justizpolitik im SED-Staat, S. 95 und S. 97 f.
Vgl. ebf. hierzu als passendes Beispiel den Fall von Thomas Epperlein, den jener im Interview der Stiftung Haus der Geschichte der Bundesrepublik Deutschland schilderte (Auf: http://www.hdg.de).
[1719] Vgl. Sächsisches Hauptstaatsarchiv Dresden, 12916//3149 und 12916//3150 (In den beiden genannten Signaturen sind entsprechende Fälle enthalten.).
[1720] Vgl. Raschka: Justizpolitik im SED-Staat, S. 71–79, S. 105–117 und S. 148–181.
[1721] Vgl. ebenda, S. 173–175 und S. 180 f.
[1722] Vgl. Bertram; Planer-Friedrich und Sarstedt: Wein mit zuviel Wermut, S. 58.

mittlung«) nach sich.[1723] Zudem ging das MfS verstärkt gegen solche Ausreiseantragsteller strafrechtlich vor, von denen es befürchtete, dass diese öffentliche Aktionen planen könnten.[1724] Manche gerieten nur wegen eines getragenen Ansteckers, der den Ausreisewunsch dokumentierte, oder eines plakatierten »A« (für Ausreise) am Fenster in das Visier des MfS.[1725] Da Antragsteller auch noch Ende der 1980er Jahre durchschnittlich fast drei Jahre auf eine Ausreisegenehmigung warten mussten, gingen immer mehr Betroffene jetzt diesen Weg.[1726] Weiße Bändchen an der Autoantenne wurden hierbei für viele Ausreiseantragsteller zu einem Symbol.[1727]

Seit Mitte der 1970er und noch vermehrt in den 1980er Jahren organisierten sich Ausreiseantragsteller auch in Gruppen, um sich gegenseitig Rückhalt zu geben und um Informationen austauschen zu können.[1728] Die 1976 in Riesa gebildete Gruppe um den Arzt Karl-Heinz Nitschke, die sich in einer Petition auf die Menschenrechte und damit auch auf das Recht auf Reisefreiheit berief, oder die 1987 konstituierte »Arbeitsgruppe Staatsbürgerschaftsrecht« stellten hierfür besonders bekannte Beispiele dar.[1729] Seit Anfang der 1980er Jahre bildeten sich (zunächst in Jena) zunehmend sogenannte »Weiße Kreise«, bei denen sich Ausreiseantragsteller in weißer Kleidung auf einem öffentlichen Platz in einem Kreis aufstellten, um so auf ihr Anliegen aufmerksam zu machen.[1730] Auch überraschend genehmigte Ausreiseanträge ermu-

[1723] Vgl. Aretz und Stock: Die vergessenen Opfer der DDR, S. 238.
[1724] Vgl. Raschka: Zwischen Überwachung und Repression – Politische Verfolgung in der DDR 1971 bis 1989, S. 41 f.
[1725] Vgl. Sächsisches Hauptstaatsarchiv Dresden, 12916//2962 und 12916//3149 (In den beiden genannten Signaturen sind derartige Fälle enthalten.).
[1726] Zahl aus: Köhler, Anne: Ist die Übersiedlungswelle noch zu stoppen? Ursachen – Erfahrungen – Perspektiven. In: DA 3/1990 (23. Jahrgang), S. 426.
Vgl. zum Verhalten der Antragsteller: BA Berlin, DO 1/16491 (Information über die Unterbindung und Zurückdrängung der Übersiedlung nach der BRD und West-Berlin. Berichtszeitraum 1.1.1972 bis 31.3.1988, S. 8).
[1727] Vgl. Mayer: Flucht und Ausreise, S. 137.
[1728] Vgl. Hanisch: Die DDR im KSZE-Prozess 1972–1985, S. 169–174.
[1729] Vgl. zur Gruppe um Karl-Heinz Nitschke:
Fricke: Opposition und Widerstand in der DDR, S. 169–172. Fricke führte hierbei aus, dass Nitschke 1977 ohne Prozess unauffällig abgeschoben wurde, andere wurden freigekauft.
Vgl. zur »Arbeitsgruppe Staatsbürgerschaftsrecht«: Bertram; Planer-Friedrich und Sarstedt: Wein mit zuviel Wermut, S. 34–36. Von der »Arbeitsgruppe Staatsbürgerschaftsrecht« stand für diese Studie dankenswerterweise Antonin Dick für Rückfragen zur Verfügung, u. a. in einer Mail vom 28.1.2010.
[1730] Vgl. Pietzsch, Henning: Der »Weiße Kreis« in Jena – Beispiel für den Wandel

tigten häufig weitere DDR-Bürger, sich ebenfalls einer Gruppe anzuschließen oder einen Antrag zu stellen.[1731]

Es musste für die SED-Führung besonders schmerzhaft sein, dass vor allem die zukünftige Elite ihr Land verlassen wollte. Der Anteil von Antragstellern und Übersiedlern mit besonderer Qualifikation lag nach einer DDR-Aufstellung im Zeitraum zwischen 1972 und 1988 bei mehr als 70 Prozent.[1732] Viele gut ausgebildete junge Männer und Frauen sahen für sich im Westen ganz offensichtlich bessere Entwicklungsmöglichkeiten, was sie zu Ausreiseantragstellern, Flüchtlingen und damit häufig auch zu freigekauften politischen Häftlingen werden ließ. Unter den freigekauften politischen Häftlingen waren tatsächlich viele Facharbeiter und Akademiker.[1733] Besonders viele Ärzte wollten die DDR verlassen.[1734] Die Ausreise von Ärzten bzw. deren Freikauf aus dem Gefängnis konnte von der Bundesregierung aber oft nur nach schwierigen Verhandlungen erreicht werden, da die DDR einen Mangel an ausgebildeten Ärzten zu beklagen hatte.[1735] Bei der Familienzusammenführung hatte die bundesdeutsche Seite bereits 1970 in einem Vermerk festgehalten, dass Ärzte besondere Schwierigkeiten hatten, die Ausreise genehmigt zu bekommen.[1736] Ähnliches galt für Lehrer, Wissenschaftler und

---

der Protestformen. In: Ansorg, Leonore; Gehrke, Bernd; Klein, Thomas und Kneipp, Danuta (Hg.): »Das Land ist still – noch!« Herrschaftswandel und politische Gegnerschaft in der DDR (1971–1989). Köln; Weimar und Wien 2009, S. 291–302. Thomas Klein stand für diese Studie dankenswerterweise für Rückfragen zur DDR-Opposition zur Verfügung, u. a. in einer Mail vom 27.1.2010.

[1731] Vgl. BA Berlin, DO 1/16489 (Information über die Unterbindung und Zurückdrängung der Übersiedlung nach der BRD und West-Berlin. Berichtszeitraum 2. Quartal 1985, S. 6).
Vgl. ebf. Raschka: Justizpolitik im SED-Staat, S. 229.

[1732] Vgl. BA Berlin, DO 1/16491 (Information über die Unterbindung und Zurückdrängung der Übersiedlung nach der BRD und West-Berlin. Berichtszeitraum vom 1.1.1972 bis 31.3.1988, S. 2 und Anlage 1, S. 17 f.).

[1733] Vgl. Lippmann: Moderner Menschenhandel – Freikauf politischer Häftlinge aus der DDR. In: Conze; Gajdukowa und Koch-Baumgarten (Hg.): Die demokratische Revolution 1989 in der DDR, S. 66.

[1734] Vgl. als Beispiele für freigekaufte Mediziner:
Maltzahn, Dietrich von: Mein erstes Leben oder Sehnsucht nach Freiheit. München 2009. Dietrich von Maltzahn stand dankenswerterweise für Rückfragen zur Verfügung. Vgl. Mail vom 3.2.2010.
Garve, Roland: Unter Mördern. Ein Arzt erlebt den Schwerverbrecherknast. München 2000. Roland Garve stand dankenswerterweise für Rückfragen in einem telefonischen Interview am 22.2.2010 zur Verfügung.

[1735] Vgl. Interview mit Jan Hoesch am 6.7.2009 in Berlin.

[1736] Vgl. BA Koblenz, B 137/16604 (Schreiben von Jan Hoesch vom 11.9.1970 an den Unterabteilungsleiter II B über ein Telefongespräch mit Ministerialrat Staab am 2.9.1970 zur Familienzusammenführung).

Fachleute aus technischen Berufen.[1737] Funktionsträger der Partei, der Verwaltung, der NVA und anderer sicherheitsrelevanter Tätigkeitsbereiche mussten in der Regel mit einer Ablehnung ihres Antrags rechnen. Auch die Chance auf eine Ausreisegenehmigung für Angehörige früher geflohener DDR-Bürger war sehr gering.[1738] Die Behörden des Innenministeriums waren angehalten, die Ausreiseantragsteller zur Rücknahme ihres Antrags zu veranlassen.[1739] Das war aber allein aufgrund der Fülle der Anträge und des damit verbundenen hohen Arbeitsanfalls – besonders im Bezirk Dresden – von vornherein zum Scheitern verurteilt.[1740] Eine individuelle Auseinandersetzung mit den jeweiligen Antragstellern war unmöglich geworden.[1741] Besonders in der zweiten Hälfte der 1980er Jahre wurden die Behörden mit schriftlichen und mündlichen Beschwerden der Antragsteller geradezu überhäuft.[1742] Für Unmut unter den Antragstellern sorgte auch, dass von den Behörden des Innenministeriums gleich gelagerte Sachverhalte sehr unterschiedlich gehandhabt wurden.[1743] Ausschlaggebende Kriterien waren hierbei die politische Grundeinstellung, das Alter, der Gesundheitszustand sowie die berufliche Qualifikation des Antragstellers, wobei je nach Einzelfall und Interessenlage des Staates

---

[1737] Vgl. BA Koblenz, B 137/16604 (Schreiben von Jan Hoesch vom 11.9.1970).

[1738] Vgl. DzD VI/3 (1973/74); Dok. Nr. 44, S. 172 (Aufzeichnung von Hoesch vom 7.6.1973).

[1739] Vgl. BA Berlin, DO 1/16490 (Information über die Unterbindung und Zurückdrängung der Übersiedlung nach der BRD und West-Berlin. Berichtszeitraum 3. Quartal 1985, S. 7).

[1740] Vgl. BA Berlin, DO 1/16491 (Information über die Unterbindung und Zurückdrängung der Übersiedlung nach der BRD und West-Berlin. Berichtszeitraum 1. Halbjahr 1989, S. 1 und S. 3).

[1741] Vgl. BA Berlin, DO 1/16491 (Information über die Unterbindung und Zurückdrängung der Übersiedlung nach der BRD und West-Berlin. Berichtszeitraum 1. Halbjahr 1989, S. 13 und S. 15).

[1742] Vgl. BA Berlin, DO 1/16491 (Information über die Unterbindung und Zurückdrängung der Übersiedlung nach der BRD und West-Berlin. Berichtszeitraum 1. Quartal 1988, S. 8).
Vgl. ebf. BA Berlin, DO 1/16491 (Information über die Unterbindung und Zurückdrängung der Übersiedlung nach der BRD und West-Berlin. Berichtszeitraum 4. Quartal 1988, S. 7).

[1743] Vgl. BA Berlin, DO 1/16489 (Information über die Unterbindung und Zurückdrängung der Übersiedlung nach der BRD und West-Berlin. Berichtszeitraum 2. Quartal 1984, S. 6).
Vgl. ebf. BA Berlin, DO 1/16491 (Information über die Unterbindung und Zurückdrängung der Übersiedlung nach der BRD und West-Berlin. Berichtszeitraum 1. Quartal 1988, S. 10).

entschieden wurde.¹⁷⁴⁴ Mielke hatte außerdem ausdrücklich angeordnet, auf Erstantragsteller besonders intensiv einzugehen, wie die ZKG in einem Vermerk festgehalten hatte.¹⁷⁴⁵ Erst wenn sich die Einstellung eines Antragstellers als »verfestigt negativ« erwiesen hatte, war es für die ZKG sinnvoll, dessen Übersiedlung zu befürworten.¹⁷⁴⁶

Nach einem gestellten Ausreiseantrag wurden viele Antragsteller diskriminiert und teilweise sogar gesellschaftlich ausgegrenzt, was in vielen Fällen mit der Ausstellung eines Ersatzdokumentes, des sogenannten »PM 12«, anstelle eines vollwertigen Ausweises zum Ausdruck kam.¹⁷⁴⁷ Mit dem PM 12 waren selbst Reisen ins sozialistische Ausland unmöglich.¹⁷⁴⁸ Auch die Freizügigkeit innerhalb der DDR wurde für viele Ausreiseantragsteller stark eingeschränkt.¹⁷⁴⁹ Sie mussten zudem mit arbeitsrechtlichen Sanktionen rechnen.¹⁷⁵⁰ Oftmals wurde ihnen gemäß einer Verfügung Honeckers sogar das Arbeitsverhältnis gekündigt, obwohl dies nach dem DDR-Arbeitsrecht eigentlich nicht zulässig war.¹⁷⁵¹ Bei der Suche nach einem neuen Arbeitsplatz wurden sie häufig benachteiligt und durch zahlreiche Einstellungshürden diskriminiert.¹⁷⁵² Künstler erhielten nach Beantragung eines Ausreiseantrages in vielen Fällen de facto ein »Berufsverbot«, auch wenn dieses natürlich nicht so bezeichnet wurde.¹⁷⁵³

---

¹⁷⁴⁴ Vgl. Lochen und Meyer-Seitz (Hg.): Die geheimen Anweisungen zur Diskriminierung Ausreisewilliger, S. 388 und S. 397 (Ordnung Nr. 118/77 des Ministers des Innern und Chefs der Deutschen Volkspolizei, Bl. 8a und Bl. 11).
¹⁷⁴⁵ Vgl. BStU, Archiv der Zentralstelle, MfS ZKG 86, S. 54 (Vermerk der ZKG vom 9.3.1984 zu Mielke).
¹⁷⁴⁶ Vgl. BStU, Archiv der Zentralstelle, MfS BdL/Dok. 007770, S. 33 (MfS-Dienstanweisung Nr. 2/83 vom 13.10.1983).
¹⁷⁴⁷ Vgl. BStU, Archiv der Zentralstelle, MfS ZKG 86, S. 31 (Telegramm des Leiters der ZKG an alle Leiter der BV, den Leiter der HA VI und den Leiter der HA VII vom 16.2.1984).
¹⁷⁴⁸ Vgl. Raschka: Zwischen Überwachung und Repression – Politische Verfolgung in der DDR 1971 bis 1989, S. 124.
¹⁷⁴⁹ Vgl. ebenda, S. 124 f.
¹⁷⁵⁰ Vgl. derselbe (Raschka): Justizpolitik im SED-Staat, S. 92.
¹⁷⁵¹ Vgl. ebenda, S. 93.
Vgl. ebf. Meyer-Seitz, Christian: SED-Einfluss auf die Justiz in der Ära Honecker. In: DA 1/1995 (28. Jahrgang), S. 36.
¹⁷⁵² Vgl. Windmüller: Ohne Zwang kann der Humanismus nicht existieren ... – »Asoziale« in der DDR, S. 286 f.
¹⁷⁵³ Vgl. Kessler, Dietrich: Stasi-Knast. Berlin 2001, S. 77–89.
Vgl. ebf. Günter Jeschonnek in der Podiumsdiskussion »Vom Antrag im Osten bis zum Neuanfang im Westen – Ausreisebegehren und Ausreisefolgen« am 8.6.2011 in Berlin. In: Apelt (Hg.): Flucht, Ausreise, Freikauf, S. 69.

Anderen Ausreiseantragstellern hingegen, wenn sie beispielsweise aufgrund ihrer beruflichen Qualifikation in der DDR gehalten werden sollten, wurden seitens der DDR-Behörden bessere Lebensbedingungen nicht nur in Aussicht gestellt, sondern teilweise auch gewährt.[1754] Diese permanente Ungleichbehandlung der Antragsteller durch die staatlichen Organe musste aber neuen Unmut schüren. Tatsächlich verzeichneten die Berichte des Ministeriums des Innern im Verlauf der 1980er Jahre eine wachsende Spannung im Verhältnis zwischen Antragstellern und den zuständigen Behörden.[1755] Zunehmend mussten Rechtsanwälte eingesetzt werden, die die Ausreiseantragsteller zur Aufgabe ihres Vorhabens bewegen sollten.[1756] Nur in zwei Ausnahmefällen durften die Advokaten sie allerdings rechtlich vertreten: Wenn Antragsteller wegen ihrer Ausreisebemühungen strafrechtlich belangt worden waren oder falls Ausreisemodalitäten nach Genehmigung eines Ausreiseantrages abgewickelt werden mussten.[1757] Dazu hielt das MdJ fest, dass die politischen und ökonomischen Interessen der DDR besonders beachtet werden müssten.[1758]

In der Zeit von Mitte der 1970er Jahre bis Ende 1988 wurden etwa 20.000 Ermittlungsverfahren gegen Antragsteller eingeleitet, zum Beispiel wegen sogenannter »feindlicher Verbindungsaufnahme« nach Paragraf 219[1759] oder sogenannter »Beeinträchtigung staatlicher oder gesellschaftlicher Tätigkeit« nach Paragraf 214[1760] des DDR-Strafgesetzbuches, was in vielen Fällen schließlich zu einer Verurteilung der

---

[1754] Vgl. Lochen und Meyer-Seitz (Hg.): Die geheimen Anweisungen zur Diskriminierung Ausreisewilliger, S. 388 (Ordnung Nr. 118/77 des Ministers des Innern und Chefs der Volkspolizei, Bl. 8a).
Vgl. ebf. Raschka: Justizpolitik im SED-Staat, S. 94.
[1755] Vgl. BA Berlin, DO 1/16491 (Information über die Unterbindung und Zurückdrängung der Übersiedlung nach der BRD und West-Berlin. Berichtszeitraum 1. Quartal 1988, S. 6).
Vgl. ebf. BA Berlin, DO 1/16491 (Information über die Unterbindung und Zurückdrängung der Übersiedlung nach der BRD und West-Berlin. Berichtszeitraum 1. Halbjahr 1989, S. 11).
Anmerkung: Bezüglich des Themas der Ausreiseantragsteller bedanke ich mich bei Fabian Klabunde, der hierzu intensiv geforscht hat und wertvolle Hinweise für die Recherchen für diese Studie geben konnte.
[1756] Vgl. Booß: Sündenfall der organisierten Rechtsanwaltschaft. In: DA 4/2011 (44. Jahrgang), S. 530.
[1757] Vgl. ebenda, S. 532 f.
[1758] Vgl. ebenda, S. 533.
[1759] Vgl. Aretz und Stock: Die vergessenen Opfer der DDR, S. 243.
[1760] Vgl. ebenda, S. 245 f.

Betroffenen führte.[1761] In den 1980er Jahren gab es nach der KSZE-Folgekonferenz von Madrid (1980–1983) aber einige Veränderungen bei der Anwendung von Paragraf 219.[1762] Bei Verbindungsaufnahmen zu KSZE-Organen, zum Internationalen Roten Kreuz und auch zu westlichen Anwaltskanzleien, die mit der Kanzlei Wolfgang Vogels zusammenarbeiteten, wurde der Paragraf 219 nicht mehr angewendet. Dies traf bereits für die Fälle zu, in denen sich Antragsteller an die UNO gewandt hatten. Ab 1987 wurde der Paragraf 219 auch bei Kontaktaufnahmen zum Internationalen Gerichtshof in Den Haag, zum Europäischen Gerichtshof für Menschenrechte in Straßburg oder zu Amnesty International nicht mehr bzw. nur noch in Ausnahmefällen herangezogen. Im Verlauf der 1980er Jahre wurden dann auch immer weniger Personen nach diesem Paragrafen verurteilt. Weiterhin wurden jedoch Antragsteller bestraft, wenn sie sich an Organisationen wie die IGfM oder an das BMB oder an westliche Politiker gewandt hatten. Sofern die betreffenden Politiker aber ein bevorstehendes Treffen mit Erich Honecker oder anderen führenden DDR-Repräsentanten hatten, sollten dann wiederum keine Ermittlungsverfahren eingeleitet werden.

Insgesamt kann davon ausgegangen werden, dass »politische Straftaten« etwa 3 bis 5 Prozent aller Delikte in der DDR ausmachten.[1763] Der durchschnittliche Anteil der politischen Häftlinge an der Gesamtzahl der Gefängnisinsassen schwankte erheblich – zwischen zehn und maximal 50 Prozent.[1764] Der vergleichsweise hohe Anteil war darauf zurückzuführen, dass »politische Straftaten« fast immer mit Freiheitsstrafen geahndet wurden.[1765] Die meisten politischen Häftlinge wurden nach den Paragrafen 99, 100, 105, 106, 107, 213, 214, 219 und 220 des

---

[1761] Vgl. Schroeder: Ursachen, Wirkungen und Folgen der Ausreisebewegung. In: Apelt (Hg.): Flucht, Ausreise, Freikauf, S. 56.

[1762] Vgl. Eisenfeld: Reaktionen der DDR-Staatssicherheit auf Korb III des KSZE-Prozesses. In: DA 6/2005 (38. Jahrgang), S. 1004 (Quelle für folgenden Absatz). Zu dieser Entwicklung passt ebenso eine »Orientierung« Mielkes vom Mai 1984. Diese sah vor, dass keine DDR-Bürger mehr strafrechtlich belangt werden sollten, die sich in einer bundesdeutschen Botschaft bzw. in der Ständigen Vertretung der Bundesrepublik in Ost-Berlin als Ausreiseantragsteller hatten registrieren lassen, weil sie in die Familienzusammenführung einbezogen werden wollten. Vgl. Raschka: Justizpolitik im SED-Staat, S. 305.

[1763] Zahl aus: Fricke: Zur Menschen- und Grundrechtssituation politischer Gefangener in der DDR, S. 22.

[1764] Zahl aus: Finn: Politischer Strafvollzug in der DDR, S. 30.

[1765] Vgl. Fricke: Zur Menschen- und Grundrechtssituation politischer Gefangener in der DDR, S. 22.

DDR-Strafgesetzbuches verurteilt.[1766] Im Einzelnen waren demnach Flucht (Paragraf 213: »Ungesetzlicher Grenzübertritt«) oder Fluchthilfe (Paragraf 105: »Staatsfeindlicher Menschenhandel«) häufige Verurteilungsgründe. Demonstrationen oder Proteste von Ausreiseantragstellern wurden vielfach nach Paragraf 214 (»Beeinträchtigung staatlicher Tätigkeit«) oder 220 (»Staatsverleumdung«) geahndet. Die Verbindungsaufnahme zu bzw. Nachrichtenübermittlung an westliche Organisationen oder Institutionen, häufig im Zusammenhang mit dem eigenen Ausreiseantrag, wurden nach den Paragrafen 99 (»Landesverräterische Nachrichtenübermittlung«), 100 (»Landesverräterische Agententätigkeit«) und Paragraf 219 (»Ungesetzliche Nachrichtenübermittlung«) bestraft. Lediglich die Paragrafen 106 (»Staatsfeindliche Hetze«) und 107 (»Verfassungsfeindlicher Zusammenschluss«) wurden in erster Linie nicht gegen Flüchtlinge oder Ausreiseantragsteller angewendet. Alle anderen hier aufgeführten Paragrafen dienten vorwiegend der Verurteilung von Flüchtlingen oder Ausreiseantragstellern.

### 4.3 Haftentlassungen in die DDR

Nicht alle freigekauften politischen Häftlinge wurden in den Westen entlassen: Von den 1964 knapp 900 freigekauften Häftlingen gingen nur knapp 500 in den Westen, etwa 400 blieben in der DDR.[1767] Unter den Westentlassungen waren neben Bundesdeutschen und West-Berlinern auch einige DDR-Bürger, die aktive Gegner der SED-Diktatur gewesen waren.[1768] Im Jahr 1964 erfolgten die Haftentlassungen grundsätzlich aber noch nach dem letzten Wohnort vor der Verhaftung bzw. dem der engsten Angehörigen.[1769] Ab 1965 drängte die Bundesregierung die DDR, dass die politischen Häftlinge prinzipiell die freie Wahl

---

[1766] Vgl. Raschka: Zwischen Überwachung und Repression – Politische Verfolgung in der DDR 1971 bis 1989, S. 80–83 (Quelle zu den politischen Paragrafen; bis zum Ende des Absatzes).
[1767] Vgl. Hammer (Bearbeiterin): Sonderedition »Besondere Bemühungen«, S. 659 (Dok. Nr. 420, Bericht Hoeschs vom 2.10.1969).
[1768] Vgl. Mail von Jörg Bernhard Bilke vom 29.8.2009.
Vgl. ebf. Mail von Thomas Ammer vom 23.1.2010.
Vgl. ebf. telefonisches Interview mit Heinz Blobner am 9.4.2010.
Alle Zeitzeugen standen dankenswerterweise für Rückfragen zu 1964 zur Verfügung.
[1769] Vgl. BA Koblenz, B 137/16604 (Vermerk Schierbaums vom 5.12.1965). Oft wurde dann vom sogenannten »Lebensmittelpunkt« gesprochen.

haben sollten, wo sie nach der Entlassung leben wollten.[1770] Die freie Option wurde den Inhaftierten von der DDR in vielen Fällen jedoch nicht gewährt, da sie bestimmte Personengruppen, die sie als »Geheimnisträger« eingestuft hatte, nicht in den Westen entlassen wollte.[1771] In solchen Fällen wurden von der DDR immer wieder sogenannte »Ausschließungsgründe« oder »Versagungsgründe« gegen eine Entlassung in den Westen geltend gemacht, ohne diese gegenüber den Betroffenen oder der Bundesrepublik näher zu erläutern. Dabei wurden, wie bei der für diese Studie befragten Sigrid Paul, von den Behörden sogenannte »Staatsgründe« angeführt, was jedoch für die Betroffenen kaum aufschlussreicher war.[1772] Die bundesdeutschen Entscheidungsträger wie Ludwig Rehlinger wurden häufig von der DDR-Seite kaum besser informiert.[1773] Die Mitteilung, dass eine Haftentlassung und/oder Ausreise im betreffenden Fall aus »Staatsgründen« nicht möglich sei, war nichtssagend und sollte wohl weitere Diskussionen einfach unterbinden.[1774] Die Bundesregierung hakte in solchen Fällen dennoch häufig nach, da sie gerade diese schwierigen Fälle unbedingt lösen wollte.[1775] Die frühere Zugehörigkeit zu einer Einrichtung, die von der DDR als sicherheitsrelevant angesehen wurde, konnte mitunter zu einer Einordnung als »Geheimnisträger« und damit zu »Versagungsgründen« führen.[1776] Die umfassende Auslegung des Begriffs »Geheimnisträger« führte dazu, dass viele DDR-Bürger weder in den Westen übersiedeln noch überhaupt dorthin reisen durften.[1777] Deshalb gab es seitens der DDR auch keine feste Zusage an die Bundesrepublik, die Häftlinge über ihren Entlassungsort frei wählen zu lassen.[1778]

---

[1770] Vgl. BA Koblenz, B 137/16604 (Vermerk Schierbaums vom 5.12.1965). Vgl. ebf. BStU, Archiv der Zentralstelle, MfS – HA IX 370, Band 1, S. 10, S. 392–403 und S. 426–433 und Band 2, S. 26, S. 47–49, S. 169, S. 172 und S. 202 (Anträge von Inhaftierten auf Entlassung in den Westen).
[1771] Vgl. HGWS-HF 50 (Vermerk Hoeschs vom 15.1.1970).
[1772] Vgl. telefonisches Interview mit Sigrid Paul am 27.1.2010.
[1773] Vgl. Interview mit Ludwig Rehlinger am 21.2.2009 in Eichwalde.
[1774] Vgl. Ludwig Rehlinger im »Spitzengespräch« mit Jürgen Engert (»Freikauf – das Geschäft der DDR mit politisch Verfolgten«) am 8.6.2011 in Berlin. In: Apelt (Hg.): Flucht, Ausreise, Freikauf, S. 94.
[1775] Vgl. Interview mit Ludwig Rehlinger am 21.2.2009 in Eichwalde.
[1776] Vgl. Raschka: Zwischen Überwachung und Repression – Politische Verfolgung in der DDR 1971 bis 1989, S. 124.
[1777] Vgl. Interview mit Jan Hoesch am 6.7.2009 in Berlin.
[1778] Vgl. Wölbern: Mit dem Wunderbus nach Gießen. Der Häftlingsfreikauf und die Stasi-U-Haftanstalt in Karl-Marx-Stadt. In: Aris und Heitmann (Hg.): Via Knast in den Westen, S. 52.

Die höheren hierarchischen Ebenen, oft Mielke persönlich, entschieden alleinverantwortlich, ob Bedenken gegen eine Entlassung in den Westen bestanden.[1779] Die möglichen negativen Folgen für das MfS durch eine Entlassung in die DDR mussten gegen die Risiken einer West-Entlassung abgewogen werden. Diese Einschätzung erfolgte intern, wobei normalerweise nach reinen Nützlichkeitserwägungen entschieden wurde, die sich je nach Zeitpunkt manchmal ändern konnten. Ludwig Rehlinger und Jan Hoesch bestätigten, dass es sehr schwer war, ein System bei den von der DDR genehmigten Ausreisen zu erkennen, ob nun aus der Haft oder von außerhalb.[1780] Bitten der Bundesrepublik um eine bessere Aufklärung über die abgelehnten Fälle wurden von der DDR meistens übergangen.[1781] Die DDR sah die Genehmigung bzw. Ablehnung von Ausreisen als ihre souveräne Entscheidung an.[1782] Sicherlich gab es auch politische Häftlinge, die selbst aus familiären oder persönlichen Gründen wieder in die DDR entlassen werden wollten. Der Wunsch, in die Heimat und zu Familie und Freunden zurückkehren zu können, dürfte in solchen Fällen ausschlaggebend gewesen sein. Für die 1960er Jahre lässt sich daher folgende Bilanz ziehen: Bei insgesamt 5.015 freigekauften Häftlingen standen 2.694 West-Entlassungen 2.086 Ost-Entlassungen gegenüber.[1783] Hierbei muss allerdings unbedingt bedacht werden, dass das Jahr 1965 in jeder Hinsicht einen statistischen Ausreißer darstellte, und zwar sowohl bei der Anzahl der Gesamtentlassungen als auch bei der extrem hohen Anzahl von Ost-Entlassungen.[1784]

Die Bundesregierung engagierte sich bereits seit 1965 intensiv dafür, dass die in die DDR entlassenen politischen Häftlinge auch nachträglich ausreisen konnten, sofern sie dies wünschten.[1785] Sie wollte damit den Freigekauften helfen, die gegen ihren Willen in die DDR entlassen

---

[1779] Vgl. BStU, Archiv der Zentralstelle, MfS – BdL /Dok. 008273, S. 1 (MfS-Dienstanweisung (MfS-Nr. 43/86) zur »Übersiedlung von Strafgefangenen in die BRD« vom 5.5.1986).
[1780] Vgl. Interviews mit: Ludwig Rehlinger am 21.2.2009 in Eichwalde; Jan Hoesch am 6.7.2009 in Berlin.
Vgl. ebf. telefonisches Interview mit Barbara von der Schulenburg am 23.2.2010. Barbara von der Schulenburg stand dankenswerterweise für Rückfragen zur Verfügung.
[1781] Vgl. EZA Berlin, 742/278 (Schreiben von Rehlinger an Stange vom 29.7.1966).
Vgl. ebf. EZA Berlin, 742/278 (Schreiben von Vogel an Stange vom 3.8.1966).
[1782] Vgl. Interview mit Jan Hoesch am 6.7.2009 in Berlin.
[1783] Zahlen aus: Hammer (Bearbeiterin): Sonderedition »Besondere Bemühungen«, S. XIII (aus der Einleitung).
[1784] Vgl. ebenda, S. 659 (Dok. Nr. 420, Bericht Hoeschs vom 2.10.1969).
[1785] Vgl. BA Koblenz, B 137/16604 (Vermerk Rehlingers vom 5.5.1965).

worden waren und sich nicht mehr in die DDR integrieren konnten. Das galt auch für die politischen Häftlinge, die noch kurz vor Beginn des Häftlingsfreikaufs, nach Verbüßung ihrer Haftstrafe, aus dem Gefängnis in die DDR entlassen worden waren.[1786] Auch für die Zusammenführung der Familien der politischen Häftlinge setzte sich die Bundesregierung ein, wenn zum Beispiel die politischen Gefangenen in den Osten entlassen worden waren, die Angehörigen aber bereits im Westen lebten, weil sie zwischenzeitlich geflohen oder ausgereist waren.[1787] Um die Ausreise der Familienangehörigen der freigekauften politischen Häftlinge, die in den Westen entlassen worden waren, bemühte sich die Bundesregierung ebenfalls frühzeitig.[1788]

Doch die Möglichkeit eines Freikaufs, einer West-Entlassung und einer möglichen Ausreise der Familie konnte vielen politischen Häftlingen zu diesem frühen Zeitpunkt noch gar nicht bekannt sein.[1789] Es ist daher plausibel, dass einige politische Häftlinge es nicht wagten, um eine Entlassung in den Westen zu bitten. Eine offen gezeigte Präferenz für den Westen hätte unter normalen Umständen negative Konsequenzen im Strafvollzug nach sich ziehen können. In vielen Fällen hielt das MfS die Möglichkeit einer Westentlassung wohl auch bewusst vor den politischen Häftlingen geheim und täuschte sie.[1790] So ist es nicht verwunderlich, dass der Anteil der Entlassungen in die DDR zunächst hoch war: Er lag 1965 bei über 60 Prozent aller freigekauften politischen Häftlinge.[1791] In den Jahren 1966 und 1967 sank dieser Anteil jedoch bereits auf etwa ein Drittel.[1792]

---

[1786] Vgl. BA Koblenz, B 137/16604 (Vermerk Schierbaums vom 5.12.1965).
[1787] Vgl. Interview mit Jan Hoesch am 6.7.2009 in Berlin.
Vgl. ebf. EZA Berlin, 742/277 (Vermerk Krautwigs vom 20.5.1965).
[1788] Vgl. EZA Berlin, 742/276 (Stange an Kunst vom 23.7.1965 zur H-Aktion 1965, u. a. über die genehmigte Ausreise von Familienangehörigen der freigekauften Häftlinge ohne wirtschaftliche Gegenleistungen).
Vgl. ebf. EZA Berlin, 742/277 (Vogel an Stange am 24.9.1964, u. a. über Extraverrechnungen der Ausreise der Familienangehörigen von freigekauften Häftlingen im Jahr 1964; Vogel an Stange vom 21.12.1965, u. a. über die genehmigte Ausreise der Angehörigen von Freigekauften im Jahr 1965).
[1789] Vgl. Loest: Prozesskosten, S. 251 f. In den Anfangsjahren erfuhren viele der in die DDR entlassenen Häftlinge deshalb nicht einmal, dass die Bundesregierung sie freigekauft und so für ihre plötzliche Haftentlassung gesorgt hatte.
[1790] Vgl. Wölbern: Mit dem Wunderbus nach Gießen. Der Häftlingsfreikauf und die Stasi-U-Haftanstalt in Karl-Marx-Stadt. In: Aris und Heitmann (Hg.): Via Knast in den Westen, S. 52.
[1791] Vgl. Hammer (Bearbeiterin): Sonderedition »Besondere Bemühungen«, S. 659 (Dok. Nr. 420, Bericht Hoeschs vom 2.10.1969).
[1792] Vgl. ebenda, S. 659 (Dok. Nr. 420, Bericht Hoeschs vom 2.10.1969).

Ab Ende der 1960er Jahre waren die politischen Häftlinge über die Möglichkeiten eines Freikaufs und einer West-Entlassung zunehmend informiert, da sich der Freikauf innerhalb der Haftanstalten nicht geheim halten ließ.[1793] Bereits Anfang der 1970er Jahre gingen daher rund drei Viertel der freigekauften politischen Häftlinge in den Westen.[1794] Ab Mitte der 1970er Jahre traf dies sogar für mehr als 95 Prozent zu, eine Entlassung in die Bundesrepublik wurde die Regel.[1795] Gleichzeitig wurden in diesem Zeitabschnitt die meisten politischen Häftlinge freigekauft.[1796] Die DDR stufte nun offensichtlich weniger Bürger als »Geheimnisträger« ein, weshalb sich die Zahl der Ablehnungen von West-Entlassungen aus »Staatsgründen« erheblich reduzierte.[1797] Diese Entwicklung muss als Verhandlungserfolg der Bundesregierung gewertet werden, die damit eine Entlassung in den Westen als Regelfall hatte durchsetzen können. Die mittlerweile deutlich erhöhten wirtschaftlichen Gegenleistungen der Bundesregierung für den Häftlingsfreikauf sollten auch vor diesem Hintergrund gesehen werden. Zudem wuchs der Anteil von Flüchtlingen und später von Ausreiseantragstellern an den freigekauften politischen Häftlingen immer weiter an, was die bereits seit 1966 stark steigende Anzahl der West-Entlassungen ebenfalls plausibel erklärt.

Mit den zunehmenden West-Entlassungen sparte das MfS personelle Kapazitäten ein, die im Fall von DDR-Entlassungen für verschiedene Kontrollmaßnahmen, zum Beispiel Observierungen der ehemaligen Häftlinge, hätten eingesetzt werden müssen.[1798] Außerdem entfielen die

---

[1793] Vgl. die Ausführungen von Bernd Eisenfeld in einem Diskussionsbeitrag beim 14. Buchenwaldgespräch der KAS von 2004. In: Buchstab (Hg.): Repression und Haft in der SED-Diktatur und die »gekaufte Freiheit«, S. 65.

[1794] Vgl. BStU, Archiv der Zentralstelle, MfS – HA IX 18030, S. 22 (Schreiben von Vogel an Stange vom 7.6.1972 zur Häftlingsaktion 1971/72).

[1795] Vgl. HGWS-HF 71 (Aufstellung von Plewa vom Februar 1977 über H-Aktionen von 1975 und 1976).
Vgl. ebf. BStU, Archiv der Zentralstelle, MfS Abt. XIV 1890, S. 24 (West- und Ost-Entlassungen 1988, Stand 15.12.1988). Dankenswerterweise stand für diese Untersuchung der freigekaufte politische Häftling Gilbert Furian in einem Brief vom 26.1.2010 für Rückfragen zur Verfügung. Furian gehörte zu der Minderheit, die in den 1980er Jahren auf eigenen Wunsch in die DDR entlassen wurde. Vgl. ebf. von Gilbert Furian zur politischen Haft in der DDR: Derselbe: Mehl aus Mielkes Mühlen. Politische Häftlinge und ihre Verfolger. Erlebnisse, Briefe, Dokumente. Berlin 2008 (2. Auflage; 1. Auflage erschien 1991).

[1796] Vgl. Rehlinger: Freikauf, S. 279.

[1797] Vgl. BStU, Archiv der Zentralstelle, MfS – HA IX 341, S. 18 (Stange an Vogel am 21.6.1974 zur Sonderaktion 1974).

[1798] Vgl. Raschka: Zwischen Überwachung und Repression – Politische Verfolgung in der DDR 1971 bis 1989, S. 124–126.

Maßnahmen zur »Wiedereingliederung« der ehemaligen Inhaftierten in die DDR-Gesellschaft. Trotzdem wurde auch versucht, ehemalige politische Häftlinge wieder in die DDR-Gesellschaft zu integrieren. Diese Bemühungen wurden aber oftmals durch bürokratische oder ideologische Hindernisse erschwert. Überzogene Sicherheitsbedenken, die zu Diskriminierungen und Überwachungsmaßnahmen führten, hemmten alle Ansätze zur Integration. Nach ihrer Haftentlassung wurden ehemalige politische Häftlinge häufig von den Behörden schikaniert.[1799] Für viele war es eine besondere Demütigung, wenn ihnen anstelle des normalen Personalausweises ein Ersatzdokument, der sogenannte »PM 12«, ausgestellt wurde. Der PM 12 wies sie bei jeder Ausweiskontrolle und jedem Behördengang als vorbestraft aus; selbst Reisen ins sozialistische Ausland wurden unmöglich.

Die Befürchtungen der Bundesrepublik, dass viele der freigekauften politischen Häftlinge, die in die DDR entlassen worden waren, dort Probleme bekommen könnten, erwiesen sich damit als berechtigt.[1800] Die Bundesrepublik konnte aber erreichen, dass diesen Menschen gegen wirtschaftliche Gegenleistungen doch noch die Ausreise genehmigt wurde, wenn ihren Ausreiseanträgen keine vom MfS geltend gemachten »Staatsgründe« entgegenstanden. Damit konnte die DDR für die gleiche Person zweifach Einnahmen erzielen, indem sie sich zunächst die Haftentlassung in die DDR (als H-Fall) und später nochmals die Ausreise außerhalb der Haft (als F-Fall) bezahlen ließ. Die Bundesregierung war auch bereit, wirtschaftliche Gegenleistungen für die Ausreise von ehemaligen politischen Häftlingen aufzuwenden, die außerhalb des Häftlingsfreikaufs in die DDR entlassen worden waren, aber in vielen Fällen lieber in den Westen gegangen wären.[1801] Das war besonders nach den Amnestien von 1979 und 1987 der Fall, als fast alle Amnestierten in die DDR entlassen wurden und sich die Bundesregierung in vielen Fällen um die Ausreise der Betroffenen bemühen musste.[1802] So durften beispielsweise nach der Amnestie vom 24.9.1979 nur vier politische Häft-

---

[1799] Vgl. Wölbern: Der Häftlingsfreikauf aus der DDR 1962/63–1989, S. 242 f.
[1800] Vgl. Interview mit Jan Hoesch am 6.7.2009 in Berlin.
[1801] Vgl. Raschka: Justizpolitik im SED-Staat, S. 246.
[1802] Vgl. The Guardian vom 27.9.1979: »Hella Pick reports on an East German decision that shuts the back door: The prisoners who don't want an amnesty.« Enthalten in: Pressedokumentation des Deutschen Bundestages. Auch 1987 reagierten nicht wenige politische Häftlinge, die auf ihren Freikauf in den Westen gehofft hatten, auf die Amnestie nicht etwa erfreut, sondern ablehnend oder sogar entsetzt. Vgl. Raschka: Justizpolitik im SED-Staat, S. 246.

linge, unter ihnen die beiden bekannten Dissidenten Rudolf Bahro und Nico Hübner, in die Bundesrepublik ausreisen.[1803] Im Anschluss an die Amnestie beendete die DDR vorübergehend den Häftlingsfreikauf, was angeblich mit der mangelnden Bereitschaft der Bundesrepublik zu Austauschaktionen von Agenten, den internationalen Spannungen sowie mit westlicher Kritik an der DDR und der Freikaufpraxis zusammenhing.[1804] Im Oktober 1979 war der vorerst letzte Bus nach Gießen gefahren.[1805] Da die DDR den Freikauf aber ab März 1980 wieder fortsetzte und noch im gleichen Jahr immerhin 1.036 Häftlinge freigekauft werden konnten, war diese Maßnahme der DDR, die den damals noch inhaftierten Günter Guillaume unbedingt freibekommen wollte, eher ein taktisches Manöver.[1806] Nach einer Amnestie den Häftlingsfreikauf zu beenden, war zudem naheliegend. Es war ebenfalls logisch, ihn dann wieder aufzunehmen, sobald sich die Gefängnisse wieder gefüllt hatten.

Probleme bereiteten in den Verhandlungen die sogenannten »Phantomfälle«, die von beiden Seiten unterschiedlich bewertet wurden und deshalb für Konflikte sorgten; hierbei handelte es sich um angebliche DDR-Entlassungen, die angerechnet werden sollten, obwohl sie der Bundesregierung unbekannt waren.[1807] Es war für die Bundesregierung zudem sehr schwierig festzustellen, ob politische Häftlinge, die im Rahmen des Freikaufs nachweislich in die DDR entlassen worden waren, dies auch tatsächlich so gewünscht hatten.[1808] Die Entscheidungsfreiheit der Häftlinge sollte deshalb von den Rechtsanwälten Vogel und Stange kontrolliert werden, indem sie die Betroffenen befragen durften.[1809] Diese Überprüfung gewährte die DDR Rechtsanwalt Stange schon in den 1960er Jahren.[1810] Ob aber Stange diese Aufgabe wirklich im Sinne der Bundesregierung und vieler politischer Häftlinge angemessen und mit Nachdruck gegenüber der DDR erfüllte, kann wegen seiner nachgiebigen Verhandlungsführung durchaus bezweifelt wer-

---

[1803] Vgl. Whitney: Advocatus Diaboli, S. 193.
Vgl. ebf. Diekmann (Hg.): Freigekauft, S. 81.
[1804] Vgl. HGWS-HF 26 (Aktennotiz vom 7.12.1979 über Gespräch Dr. Vogel/MD Hirt am 4.12.1979).
[1805] Vgl. Whitney: Advocatus Diaboli, S. 193.
[1806] Vgl. ebenda, S. 194.
Zahl aus: Rehlinger: Freikauf, S. 279.
[1807] Vgl. BStU, Archiv der Zentralstelle, MfS – HA IX 17613, S. 81 und S. 83 (»Phantomfälle« auf Vorschlagslisten der DDR 1982).
[1808] Vgl. Interview mit Ludwig Rehlinger am 21.2.2009 in Eichwalde.
[1809] Vgl. EZA Berlin, 742/276 (Schreiben von Stange an Kunst vom 23.7.1965).
[1810] Vgl. EZA Berlin, 742/277 (Schreiben von Vogel an Stange vom 28.9.1965).

den. Nach Stanges Entlassung 1983 übernahm Rechtsanwalt Näumann diese Aufgabe.[1811]

## 4.4 Inhaftierte Agenten und die Rolle der Nachrichtendienste

In den DDR-Gefängnissen waren zahlreiche Mitarbeiter westlicher Geheimdienste – besonders des BND – inhaftiert, von denen einige freigekauft werden konnten.[1812] Der BND befragte in Gießen gezielt die freigekauften Häftlinge, die für den Nachrichtendienst von Interesse waren.[1813] Das galt natürlich vorwiegend für die eigenen Mitarbeiter, wobei der ehemalige BND-Chef Foertsch erläuterte, dass bei der Befragung auch den Ursachen nachgegangen wurde, die zu ihrer Verhaftung geführt hatten.[1814] Diese Informationen konnten dafür genutzt werden, andere Agenten vor einer möglichen Enttarnung zu schützen.[1815] Auch das Bundesamt für Verfassungsschutz (BfV) war mit der Vorprüfungsgruppe B I im Bundesnotaufnahmelager Gießen präsent; seine Hauptaufgabe lag darin, mögliche DDR-Agenten unter den freigekauften Häftlingen frühzeitig zu enttarnen.[1816] Solche nachrichtendienstlichen Befragungen im Rahmen ihres Notaufnahmeverfahrens empfanden sicherlich nicht wenige freigekaufte Häftlinge als unangenehm, da sie gerade erst viele Verhöre in der DDR hinter sich gelassen hatten.

Auf Seiten der DDR existierten für die Durchführung von Austauschaktionen keine ernsthaften rechtlichen Hindernisse, da sie sich zu keinem Zeitpunkt ausschließlich an ihre eigenen Gesetze halten musste, sofern ein abweichendes Vorgehen übergeordneten Zielen der

---

[1811] Vgl. telefonisches Interview mit Wolf-Egbert Näumann am 9.9.2009.
[1812] Vgl. Whitney: Advocatus Diaboli, S. 194. Anmerkung: Die bundesdeutschen Geheimdienste konnten für diese Studie leider kein Material zur Verfügung stellen. Schriftliche Absagen von: BfV, Mail vom 11.5.2009; BND, Mail vom 11.6.2009; MAD, Brief vom 25.3.2010. Deshalb mussten in diesem Unterkapitel viele Sachverhalte über Interviews, Pötzls »Basar der Spione« oder Diekmanns »Freigekauft« rekonstruiert werden.
[1813] Vgl. telefonisches Interview mit Volker Foertsch am 22.1.2010.
[1814] Vgl. ebenda (Interview Foertsch).
[1815] Vgl. ebenda (Interview Foertsch).
[1816] Vgl. BA Koblenz, B 106/29781 (»Maßnahmen bei Anlauf einer PH-Aktion«; Gießen, 25.2.1970).
Vgl. ebf. telefonisches Interview mit Wolf-Egbert Näumann am 9.9.2009.

Staatsführung diente.[1817] In der Praxis war deshalb vor allem die Zustimmung von Erich Mielke eine notwendige Voraussetzung für einen Austausch.[1818] Austauschaktionen von Agenten wurden allerdings dadurch erschwert, dass in der Regel deutlich mehr westliche Nachrichtendienstmitarbeiter in den östlichen Gefängnissen einsaßen, als umgekehrt östliche Agenten in westlichen Strafanstalten inhaftiert waren.[1819] Zudem war eine Begnadigung von verurteilten Agenten östlicher Geheimdienste in der Bundesrepublik, die für eine Freilassung und damit auch für einen Austausch eine unverzichtbare Voraussetzung war, ein politisch und rechtlich höchst komplizierter Vorgang.[1820]

Erst mit der Änderung der bundesdeutschen Strafprozessordnung, die auf Anregung von Max Güde 1968 durch die Einführung von Paragraf 153c erfolgte, bestand für solche Begnadigungen eine solide rechtliche Grundlage, was nun die Chancen für erfolgreiche Austauschaktionen mit der DDR erhöhte. Sowohl Ludwig Rehlinger als auch Jan Hoesch erklärten, dass eigene und befreundete westliche Nachrichtendienste den innerdeutschen Häftlingsfreikauf nutzten, um ihre inhaftierten Mitarbeiter auf die Listen setzen zu lassen, sofern diese nicht über einen Austausch ausgelöst werden konnten.[1821] Das kontinuierliche Engagement des BND für seine in der DDR inhaftierten Mitarbeiter kann anhand zahlreicher Quellen des BMB belegt werden, mit dem der BND deshalb in einem regelmäßigen Kontakt stand.[1822] Volker Foertsch kann sich auch daran erinnern, dass der BND zusätzlich befreundete Dienste gebeten habe, die Namen ihrer in der DDR inhaftierten Mitarbeiter an den BND weiterzugeben, der sie dann an das BMB weiterleitete.[1823] Doch gerade bei westlichen Nachrichtendienstmitarbeitern erwies sich die DDR, ähnlich wie bei Fluchthelfern, oft als sehr unnachgiebig.[1824]

---

[1817] Vgl. Pötzl: Basar der Spione, S. 418.
[1818] Vgl. Wolfgang Vogel im Interview (»Ich hätte mit dem Teufel paktiert«) mit dem SPIEGEL. In: DER SPIEGEL, Nr. 15/1990 vom 9.4.1990.
[1819] Vgl. Pötzl: Basar der Spione, S. 82, S. 208 f., S. 355 und S. 407.
[1820] Vgl. ebenda, S. 418. An diesem Punkt konnten bereits vereinbarte Austauschaktionen scheitern. Vgl. Diekmann (Hg.): Freigekauft, S. 145.
[1821] Vgl. HGWS-HF 66 (mögliche Entlassungen aus der Dringlichkeitsliste des BND im Jahr 1978).
Vgl. ebf. Interview mit Ludwig Rehlinger am 21.2.2009 in Eichwalde.
Vgl. ebf. Interview mit Jan Hoesch am 6.7.2009 in Berlin.
[1822] Vgl. BA Koblenz, B 137/16604 (Vermerk Rehlingers vom 5.4.1967).
Vgl. ebf. DzD VI/3 (1973/74); Dok. Nr. 44, S. 172 (Aufzeichnung Hoeschs vom 7.6.1973).
[1823] Vgl. Mail von Volker Foertsch vom 21.1.2010.
[1824] Vgl. BA Koblenz, B 137/16604 (Vermerk Rehlingers vom 29.1.1967).

Einige inhaftierte DDR-Bürger, die für amerikanische Dienste gearbeitet hatten, fanden laut Wolfgang Vogel und Lothar Loewe bei ihren Auftraggebern lange keine Unterstützung für ihre Freilassung.[1825] Vogel ließ deshalb über Loewe eine Liste mit inhaftierten deutschen Agenten amerikanischer Geheimdienste an die hierfür zuständigen Stellen übergeben, die sich diesbezüglich verwenden sollten.[1826] Mit der Verhaftung des Physikprofessors und DDR-Agenten Alfred Zehe 1983 in den USA sollten die Austauschverhandlungen dann in Gang kommen. Schließlich konnten am 11. Juni 1985 auf der Glienicker Brücke zwischen Potsdam und West-Berlin vier Ost-Agenten gegen insgesamt 25 West-Agenten ausgetauscht werden, was das internationale Ansehen Vogels erneut erhöhte.[1827] Hierbei handelte es sich um einen sogenannten »Agenten-Ringtausch«, an dem mehrere Geheimdienste aus Ost und West beteiligt waren.[1828] Da im sozialistischen Ostblock deutlich höhere Strafen für feindliche Agenten verhängt wurden als im Westen und zudem die inhaftierten Ost-Agenten oft auch besser ausgebildet waren als ihre westlichen Pendants, wurden bei manchen Austauschaktionen für nur wenige Ost-Agenten zahlreiche West-Agenten freigelassen.[1829]

Für Neuanwerbungen und zur Aufrechterhaltung der Motivation der eigenen Nachrichtendienstmitarbeiter war es unerlässlich, dass sich die Dienste für die eigenen Leute nach einer Inhaftierung nachhaltig einsetzten.[1830] Dieser Sachverhalt gilt grundsätzlich für alle Nachrichtendienste der Welt. Nicht wenige der angeworbenen westlichen Agenten machten sich nach einer Inhaftierung in der DDR aber völlig unrealistische Hoffnungen auf eine baldige Freilassung. Mitarbeiter der Ständigen Vertretung in Ost-Berlin wurden bei Besuchen von inhaftierten Bundesbürgern häufig mit der Frage nach einem Austausch oder Freikauf konfrontiert.[1831] Mitarbeiter des BND und Fluchthelfer mussten jedoch oft

---

[1825] Vgl. Pötzl: Basar der Spione, S. 359.
Vgl. ebf. telefonisches Interview mit Lothar Loewe am 17.2.2010.
[1826] Vgl. Pötzl: Basar der Spione, S. 359.
Vgl. ebf. Ast und Hübner: Tausche Ostagent gegen Westagent, Teil 2: Endstation Glienicker Brücke.
[1827] Vgl. Diekmann (Hg.): Freigekauft, S. 95 und S. 166.
Vgl. ebf. Pötzl: Basar der Spione, S. 407.
[1828] Vgl. ebenda (Pötzl), S. 355 und S. 407.
[1829] Vgl. ebenda, S. 371 und S. 394.
Vgl. ebf. Höller (Hg.): Wilhelm Wissing: Gott tut nichts als fügen, S. 156 f.
[1830] Vgl. Ast und Hübner: Tausche Ostagent gegen Westagent, Teil 2: Endstation Glienicker Brücke.
[1831] Vgl. Boysen: Das »weiße Haus« in Ost-Berlin, S. 139 f.

lange auf ihre Freilassung warten. In solchen Fällen stellt sich die Frage, inwiefern eventuell bei der Anwerbung durch die westlichen Nachrichtendienste zu optimistische Vorstellungen bezüglich eines schnellen Austauschs oder Freikaufs im Falle einer Verhaftung bei den Betroffenen geweckt worden waren.[1832] Viele der angeworbenen Mitarbeiter westlicher Dienste waren für ihren Einsatz in der DDR unzureichend ausgebildet, weshalb auch eine große Zahl vom MfS enttarnt wurde.[1833] Sicherlich hat die Unzufriedenheit in der DDR-Bevölkerung mit dazu beigetragen, dass die westlichen Dienste relativ leicht Mitarbeiter gewinnen konnten.[1834] Allerdings war nach dem Mauerbau die Anwerbung geeigneter Nachrichtendienstmitarbeiter in der DDR schwieriger geworden.[1835]

Die Bundesregierung musste oft zusätzlich Zahlungen leisten, damit ein Agentenaustausch überhaupt zustande kommen konnte.[1836] Ludwig Rehlinger erinnerte sich auch daran, dass verurteilte Agenten der DDR als Gegenleistung für entlassene politische Häftlinge und westliche Agenten freikamen und aus dem Westen in den Osten entlassen wurden. Dies kann anhand von Quellen des West-Berliner Senats nachgewiesen werden. So wurden 1964, 1965 und 1966 im Zusammenhang mit dem Häftlingsfreikauf auch Inhaftierte aus bundesdeutschen Gefängnissen in die DDR entlassen.[1837] Die DDR hatte gegenüber der Bundesregierung erfolgreich durchgesetzt, dass mindestens einmal pro Jahr ein derartiger Austausch durchgeführt werden sollte.[1838] Als 1967 Entlassungen von inhaftierten DDR-Agenten durch die Bundesregierung ausblieben, protestierte Vogel sofort.[1839] Häftlingsfreikauf und Agentenaustausch können also in sehr vielen Fällen nicht strikt voneinander getrennt werden, sondern sie waren oft direkt miteinander verknüpft. Das hatte die Bundesregierung sogar frühzeitig akzeptiert. Bereits im Dezember 1964 hatte ein Gremium unter

---

[1832] Vgl. diesbezüglich auch den Fall von Günther Schulz, in: Diekmann (Hg.): Freigekauft, S. 150 f.
[1833] Vgl. Pötzl: Basar der Spione, S. 160 und S. 361.
[1834] Vgl. Whitney: Advocatus Diaboli, S. 74.
[1835] Vgl. Münkel, Daniela: CIA, BND, MfS und der Mauerbau. In: Henke (Hg.): Die Mauer, S. 82.
[1836] Vgl. Pötzl: Basar der Spione, S. 276–279.
[1837] Vgl. LA Berlin, B Rep. 002, Nr. 12295 (Vermerk Stanges vom 28.7.1967 über Gespräch mit Vogel).
[1838] Vgl. Ludwig Rehlinger im »Spitzengespräch« mit Jürgen Engert (»Freikauf – das Geschäft der DDR mit politisch Verfolgten«) am 8.6.2011 in Berlin. In: Apelt (Hg.): Flucht, Ausreise, Freikauf, S. 98.
[1839] Vgl. LA Berlin, B Rep. 002, Nr. 12295 (Vermerk Stanges vom 28.7.1967 über Gespräch mit Vogel).

der Leitung von Bundeskanzler Erhard mit den zuständigen Fachministern beschlossen, dass die Bundesregierung prinzipiell zu Gegenleistungen bereit war. Für Freilassungen in der DDR wollte auch die Bundesrepublik Entlassungen von Inhaftierten, an denen die DDR interessiert war, vornehmen.[1840] Hierbei sollte das Bundesministerium der Justiz (BMJ) die federführende Rolle bei der Überprüfung übernehmen, wer freigelassen werden könnte.[1841] BMG und BMJ mussten jedoch unterschiedliche Interessen vertreten: Während das BMG vor allem an der Freilassung politischer Häftlinge in der DDR interessiert und deshalb eher zum Nachgeben gegenüber der DDR bereit war, wollte das BMJ in der Bundesrepublik nach rechtsstaatlichen Kriterien Verurteilte, darunter Ost-Agenten, im Regelfall nicht freigeben, sondern nur in absoluten Ausnahmefällen eine Begnadigung durch den Bundespräsidenten empfehlen.[1842] Konflikte zwischen den beiden Ministerien waren deshalb unausweichlich. Zudem war die bundesdeutsche Justiz unabhängig in ihrer Rechtsprechung, was die Durchführung eines Austauschs weiter erschwerte, zumal das BMJ und auch der Generalbundesanwalt diese Unabhängigkeit gemäß ihrem gesetzlichen Auftrag ausdrücklich verteidigen mussten. Auch die Einrichtung eines förmlichen Koordinierungsausschusses der gegensätzlichen Akteure konnte nichts an dem Grundsatzproblem ändern.

Handelte es sich bei den inhaftierten Agenten überhaupt um politische Häftlinge? Im engeren Sinn muss diese Frage zunächst verneint werden. Grundsätzlich werden Agenten eines feindlichen Geheimdienstes, die in einem Land operieren, in jedem Staat für ihre Tätigkeit verurteilt. Da jedoch jede legale politische Opposition in der DDR seit langem unmöglich geworden war, wurde die Arbeit für einen westlichen Nachrichtendienst oder für ein Ostbüro der bundesdeutschen Parteien manchmal von oppositionell eingestellten DDR-Bürgern als die einzige Möglichkeit angesehen, politischen Widerstand gegen das Regime zu leisten.[1843]

---

[1840] Vgl. EZA Berlin, 742/277 (Vermerk Krautwigs vom 15.12.1964 über die Beratung vom 14.12.1964).
An der Beratung nahmen der Bundesminister für gesamtdeutsche Fragen Mende und sein Staatssekretär Krautwig teil. Weiterhin nahmen noch die Bundesminister Westrick, Höcherl und Bucher teil.

[1841] Vgl. EZA Berlin, 742/277 (Vermerk Krautwigs vom 15.12.1964 über die Beratung vom 14.12.1964).

[1842] Vgl. Hammer (Bearbeiterin): Sonderedition »Besondere Bemühungen«, S. XVII (aus der Einleitung).

[1843] Vgl. Fricke, Karl Wilhelm: Spionage als antikommunistischer Widerstand. Zur Zusammenarbeit mit westlichen Nachrichtendiensten aus politischer Überzeugung. In: DA 4/2002 (35. Jahrgang), S. 565-578.

Auch viele von der Hauptverwaltung Aufklärung (HVA) angeworbene Bundesbürger hatten sicherlich politische Motive. Aber in der demokratischen Bundesrepublik bestand im Gegensatz zur DDR die Möglichkeit einer legalen politischen Oppositionstätigkeit. Auf beiden Seiten ließen sich mit Sicherheit aber viele Agenten einfach durch finanzielle Angebote für eine Mitarbeit gewinnen. Die Sichtweise ihrer eigenen nachrichtendienstlichen Tätigkeit war in Ost und West sehr ähnlich: »Spionage« für den jeweiligen Kontrahenten stand selbstverständlich unter Strafe. »Spione« hatte ausschließlich der jeweilige politische Gegner, während für die eigene Seite immer »Agenten«, »Mitarbeiter« oder »Kundschafter« arbeiteten, die nicht selten sogar als Helden verehrt wurden.[1844]

Von der Bundesrepublik wurden auch Menschen freigekauft, die in der DDR zwar offiziell wegen Spionage verurteilt worden waren, aber in Wirklichkeit niemals als Agenten gearbeitet hatten. Neben Verurteilten, denen West-Kontakte oder ähnliche Sachverhalte als Spionage ausgelegt wurden, wären hierbei auch Rückkehrer zu nennen, die aus familiären, sozialen oder beruflichen Gründen aus der Bundesrepublik in die DDR zurückgegangen waren.[1845] Sie mussten damit rechnen, dass ihre Aussagen vor westlichen Geheimdiensten in Aufnahmelagern wie Marienfelde[1846] oder Gießen von der DDR-Justiz als Spionage gewertet und deshalb hart bestraft werden konnten.[1847] Auch Ausreiseantragsteller mussten befürchten, wegen »Landesverräterischer Nachrichtenübermittlung« nach Paragraf 99 verurteilt zu werden, wenn sie Informationen aus Schreiben von DDR-Behörden, die ihren Ausreiseantrag betrafen, der IGfM oder dem BMB mitgeteilt hatten.[1848]

---

[1844] Vgl. Pötzl: Basar der Spione, S. 77–83.
[1845] Vgl. Röhlke, Cornelia: Entscheidung für den Osten. Die West-Ost-Migration. In: Effner und Heidemeyer (Hg.): Flucht im geteilten Deutschland, S. 97 f.
Vgl. ebf. Otto, Heike: Beim Leben meiner Enkel. Wie eine DDR-Flucht zum Familiendrama wurde. Hamburg 2011, S. 164 f.
Vgl. ebf. Stöver, Bernd: Zuflucht DDR. Spione und andere Übersiedler. München 2009, S. 117–119.
[1846] In Marienfelde hatte das MfS mit Götz Schlicht, der später auch am Gesamtdeutschen Institut spionierte, einen wichtigen Agenten, der an das MfS zahlreiche Berichte über Flüchtlinge lieferte. Vgl. Lippmann, Bernd: Die Anwerbung von Stasi-Spitzeln unter politischen Gefangenen und ihr Agieren in der Bundesrepublik. In: Aris und Heitmann (Hg.): Via Knast in den Westen, S. 90 f. Schlicht war ein ehemaliger politischer Häftling aus der DDR und 1957 vom MfS in der Haft angeworben worden.
[1847] Vgl. BA Koblenz, B 209/1060 (Erkenntnisse des UfJ über die DDR-Strafverfolgung in den 1960er Jahren).
[1848] Vgl. Raschka: Zwischen Überwachung und Repression – Politische Verfolgung in der DDR 1971 bis 1989, S. 80.

Inwiefern nutzte die DDR eventuell den Häftlingsfreikauf, um auf diesem Weg Agenten in die Bundesrepublik einzuschleusen, wie dies vom SPIEGEL vermutet wurde?[1849] In einem Vermerk von 1967 wurde hierzu festgehalten, dass bislang kein entsprechender Fall ermittelt werden konnte.[1850] Auch Rehlinger, Foertsch und der frühere Innenminister Genscher (1969–1974) betonten, dass der Häftlingsfreikauf für die Bundesrepublik keine wirkliche Gefahr, dadurch die Einschleusung von gefährlichen DDR-Agenten zu begünstigen, dargestellt habe.[1851] Die wahre Identität von Agenten hätte bereits in Gießen von anderen Häftlingen aufgedeckt werden können. Insofern war der Häftlingsfreikauf kaum ein geeigneter Weg für das MfS, um gut ausgebildete oder in der Haft angeworbene Agenten mit großer Perspektive in die Bundesrepublik einzuschleusen. Diese Einschätzung bestätigte auch Günter Bohnsack, ehemaliger Mitarbeiter der HVA.[1852] Zudem wurde die HVA aus dem Häftlingsfreikauf innerhalb des MfS ohnehin herausgehalten.[1853] Die freigekauften Häftlinge, die direkt überprüft worden waren, mussten auch noch mit späteren Befragungen in der Bundesrepublik rechnen. Das galt erst recht, wenn sie in sensiblen und sicherheitsrelevanten Bereichen arbeiten wollten.[1854]

Im Zuge der Flüchtlingswellen der 1950er Jahre konnten Agenten verhältnismäßig unauffällig in die Bundesrepublik eingeschleust werden. Nach dem Mauerbau hingegen, als kaum noch jemand die DDR verlassen konnte, war es für die HVA kaum sinnvoll, ausgerechnet unter den vergleichsweise wenigen Flüchtlingen oder freigekauften politischen Häftlingen, die sofort überprüft und befragt wurden, gut ausgebildete Agenten in die Bundesrepublik einzuschleusen. Ehemalige politische Häftlinge aus der DDR mussten aber – besonders, wenn sie sich als Fluchthelfer

---

[1849] Vgl. Bohr, Felix: Zeitgeschichte: Agenten statt Dissidenten. In: DER SPIEGEL, Nr. 37/2012 vom 10.9.2012.
Vgl. zu den West-Agenten der DDR und ihren Aufgaben: Müller-Enbergs, Helmut (Hg.): Inoffizielle Mitarbeiter des Ministeriums für Staatssicherheit. Teil 2: Anleitungen für die Arbeit mit Agenten, Kundschaftern und Spionen in der Bundesrepublik Deutschland. Berlin 1998.
[1850] Vgl. LA Berlin, B Rep. 002, Nr. 10897 (Vermerk von Völckers vom 31.3.1967).
[1851] Vgl. Interviews mit: Ludwig Rehlinger am 21.2.2009 in Eichwalde; Hans-Dietrich Genscher am 20.3.2009 in Wachberg-Pech.
Vgl. ebf. telefonisches Interview mit Volker Foertsch am 22.1.2010.
[1852] Vgl. telefonisches Interview mit Günter Bohnsack am 17.2.2010. Günter Bohnsack stand dankenswerterweise für diese Studie für Rückfragen zur HVA ausführlich zur Verfügung.
[1853] Vgl. Pötzl: Basar der Spione, S. 529.
Vgl. ebf. Meyer: Herbert Wehner, S. 401 f.
[1854] Vgl. Interview mit Hans-Dietrich Genscher am 20.3.2009 in Wachberg-Pech.

oder in DDR-kritischen Organisationen betätigt hatten – damit rechnen, dass die DDR auch in der Bundesrepublik Agenten auf sie ansetzte.[1855] Manchmal waren dies sogar vom MfS angeworbene freigekaufte Häftlinge.[1856] Eine spektakuläre Meldung der Zeitung »Welt am Sonntag« vom 19.7.1981, dass angeblich 24 freigekaufte Häftlinge als Agenten enttarnt worden seien, kann inhaltlich hingegen nicht verifiziert werden.[1857] Der Bericht ist äußerst fragwürdig. Viele Verdachtsmomente gegen freigekaufte Häftlinge erwiesen sich bei näherer Überprüfung als haltlos.

Insgesamt muss deshalb festgehalten werden, dass – trotz verschiedener Einzelfälle[1858] – die DDR nicht auf den Häftlingsfreikauf angewiesen war, um Agenten in die Bundesrepublik einzuschleusen. In den Fällen, in denen das MfS dies dennoch tat, erwiesen sich als Agenten angeworbene Häftlinge, die dann von der Bundesrepublik freigekauft wurden, im Westen oft als unzuverlässig, sobald sie nicht mehr im Machtbereich des MfS lebten.[1859] Die Anzahl der über den Freikauf eingeschleusten Agenten muss deshalb als relativ klein eingeschätzt werden.[1860] Für die HVA war es nach 1961 viel zweckmäßiger, Bundesbürger anzuwerben, die in Ministerien oder Firmen beschäftigt waren. Das MfS versuchte zum Beispiel auch im BMB Mitarbeiter für sich als Agenten zu gewinnen, was in Einzelfällen auch gelang.[1861] Die Anwerbungen von Bundesbürgern für Spionage im politischen Sektor oder für Wirtschaftsspionage waren für die Bundesrepublik

---

[1855] Vgl. Lippmann: Die Anwerbung von Stasi-Spitzeln unter politischen Gefangenen und ihr Agieren in der Bundesrepublik. In: Aris und Heitmann (Hg.): Via Knast in den Westen, S. 92 f.
Vgl. ebf. Welsch: Ich war Staatsfeind Nr. 1, S. 247.
Vgl. ebf. Monien, Thomas: Stasi-Gedenkstätte: Aufklärer mit Kommandoton (Artikel auf »Tagesspiegel Online«. Veröffentlicht am 28.7.2001. Auf: http://www.tagesspiegel.de).
[1856] Vgl. ebenda (Welsch), S. 247.
[1857] Vgl. BA Koblenz, B 137/15781 (Welt am Sonntag vom 19.7.1981: »Freigekaufte DDR-Häftlinge als Agenten enttarnt«; vom BMB archiviert).
[1858] Vgl. Sonntag, Marcus: Die Arbeitslager in der DDR. Essen 2011, S. 103.
Vgl. ebf. Lippmann: Die Anwerbung von Stasi-Spitzeln unter politischen Gefangenen und ihr Agieren in der Bundesrepublik. In: Aris und Heitmann (Hg.): Via Knast in den Westen, S. 88.
[1859] Vgl. ebenda (Lippmann), S. 88. Solange die angeworbenen Häftlinge noch im DDR-Gefängnis einsaßen, wurden sie vom MfS oft zur Bespitzelung ihrer Mitgefangenen eingesetzt. Das konnte dann wiederum als Erpressungsmaterial gegen sie verwendet werden, um sie zur Agententätigkeit im Westen zu zwingen. Vgl. ebenda, S. 84.
[1860] Vgl. ebenda, S. 88.
[1861] Vgl. BStU, Archiv der Zentralstelle, MfS – HA II 4319, S. 225 f. In der SIRA-Datenbank der HVA sind Eintragungen des betreffenden Agenten enthalten, der jedoch nicht mit dem Freikauf befasst war.

viel bedrohlicher, weil diese Personen kaum verdächtigt werden konnten, da bei ihnen kein offensichtlicher Zweifel oder DDR-Bezug vorlag. Das Misstrauen gegenüber ehemaligen DDR-Bürgern nahm hingegen nach dem Fall Guillaume[1862] spürbar zu. Günter Guillaume war 1956 von der HVA in die Bundesrepublik entsendet worden, wobei er als einer von insgesamt 279.189 Flüchtlingen, die 1956 die DDR verlassen hatten, eingeschleust wurde.[1863] Er machte in der SPD Karriere und stieg bis zum Mitarbeiter von Bundeskanzler Willy Brandt im Bundeskanzleramt auf, bevor er schließlich 1974 verhaftet wurde.[1864] Die DDR stellte den Häftlingsfreikauf und die Familienzusammenführung vorübergehend ein und drohte neben dieser Unterbrechung noch mehrfach mit deren Ende, wenn die Bundesrepublik den inhaftierten Guillaume nicht endlich freilassen würde.[1865] Umgekehrt hatte sich die Bundesregierung beharrlich einem Agentenaustausch Guillaumes verweigert, was wiederum die DDR verärgerte.[1866] Auch an diesem Beispiel zeigt sich, dass Häftlingsfreikauf, Familienzusammenführung und Agentenaustausch immer wieder miteinander verknüpft waren. Guillaume wurde schließlich im Oktober 1981 ausgetauscht, was die Spannungen in humanitären Fragen zwischen den beiden deutschen Staaten vorübergehend entschärfte.[1867]

Es sollte jedoch nicht der letzte Konflikt zwischen den beiden deutschen Staaten beim Agentenaustausch bleiben. Nachdem sich die DDR über Jahre hinweg beharrlich geweigert hatte, die aufgrund ihrer BND-Kontakte seit 1980 in der DDR inhaftierte Christa-Karin Schumann freizulassen, reagierte die Bundesregierung schließlich mit der Drohung, die Gespräche

---

[1862] Vgl. zu Günter Guillaume:
Michels, Eckard: Guillaume, der Spion. Eine deutsch-deutsche Karriere. Berlin 2013.
Pötzl: Basar der Spione, S. 234–239, S. 242–245, S. 250, S. 254 f., S. 264 und S. 267–273.
Diekmann (Hg.): Freigekauft, S. 154 f. und S. 158–160.
[1863] Zahl aus: Pötzl: Basar der Spione, S. 234.
[1864] Vgl. ebenda, S. 235 und S. 237.
[1865] Vgl. ebenda, S. 245 und S. 251–254.
Vgl. ebf. Diekmann (Hg.): Freigekauft, S. 158 f.
[1866] Vgl. Pötzl: Basar der Spione, S. 245 und S. 250–254.
Vgl. ebf. Diekmann (Hg.): Freigekauft, S. 158 f.
[1867] Laut Pötzl wurde Guillaume gegen acht inhaftierte westliche Agenten ausgetauscht, Zahl aus: Pötzl: Basar der Spione, S. 269 und S. 272. Laut Diekmann kamen für Guillaume und eine wegen Spionage verurteilte Sekretärin aus dem Bundesverteidigungsministerium sieben westliche Agenten frei. Außerdem seien noch rund 80 politische Häftlinge entlassen worden, Zahlen aus: Diekmann (Hg.): Freigekauft, S. 156 und S. 160. Guillaumes Ehefrau Christel, die mit ihrem Mann 1974 verhaftet worden war, war schon im März 1981 ausgetauscht worden. Vgl. Pötzl: Basar der Spione, S. 264 f.

über den Agentenaustausch ganz abzubrechen.[1868] Hierauf antwortete die DDR durch Vogel, dass dieses Verhalten nicht ohne Folgen für den Häftlingsfreikauf und die Familienzusammenführung bleiben werde, was die Bundesregierung vermeiden wollte.[1869] Bereits 1983 hatte der Konflikt um die inhaftierte Schumann mit dazu beigetragen, dass in diesem Jahr nur relativ wenige politische Häftlinge von der neuen Bundesregierung Kohl ausgelöst und ebenso weniger Familienzusammenführungen ermöglicht werden konnten.[1870] Christa-Karin Schumann wurde schließlich im August 1987 im Vorfeld des Honecker-Besuches in der Bundesrepublik ausgetauscht, u. a. gegen den KGB-Agenten Manfred Rotsch.[1871] Bereits im April 1987 hatte die Bundesregierung den MfS-Agenten Lothar-Erwin Lutze in einem Austausch in die DDR entlassen.[1872] An Lutzes Freilassung – dieser hatte der DDR wertvolle Informationen aus dem Bundesverteidigungsministerium geliefert – war die DDR besonders interessiert gewesen.[1873] Die Bundesregierung hatte sich jedoch lange strikt geweigert, Lutze in einen Austausch einzubeziehen.[1874] Das Nachgeben erleichterte der DDR die Haftentlassung von Schumann vier Monate später.[1875]

Der letzte deutsch-deutsche Agentenaustauch, der nach den »üblichen Modalitäten«[1876] vollzogen wurde, wurde kurz vor dem Mauerfall im Oktober 1989 durchgeführt.[1877] Bis zum Jahresende 1989 wurden auf Druck der Bundesregierung die in der DDR inhaftierten westlichen Agenten alle aus dem Gefängnis entlassen.[1878] Aber auch die Bundesrepublik begnadigte im Gegenzug im Dezember 1989 vier östliche Agenten.[1879] Hierunter war u. a. eine Mitarbeiterin des Bundespräsidialamtes, die einem sogenannten »Romeo«[1880] zum Opfer gefallen war und

---

[1868] Vgl. Diekmann (Hg.): Freigekauft, S. 174.
[1869] Vgl. ebenda, S. 174.
[1870] Vgl. Pötzl: Basar der Spione, S. 484.
[1871] Vgl. Diekmann (Hg.): Freigekauft, S. 174 f.
[1872] Vgl. ebenda, S. 174.
[1873] Vgl. Pötzl: Basar der Spione, S. 416 f.
[1874] Vgl. ebenda, S. 417.
[1875] Vgl. ebenda, S. 490–492.
[1876] Zitiert nach: Ebenda, S. 510.
[1877] Vgl. Diekmann (Hg.): Freigekauft, S. 175.
[1878] Vgl. ebenda, S. 175.
[1879] Vgl. Pötzl: Basar der Spione, S. 519.
[1880] Hierbei handelte es sich um Agenten östlicher Geheimdienste, in diesem Fall des KGB, die gezielt mit Mitarbeiterinnen in wichtigen Institutionen, zum Beispiel Bundesministerien, eine Beziehung eingingen, um sie dann für Agententätigkeiten ausnutzen zu können. Vgl. ebenda (Pötzl), S. 519.
Vgl. ebf. zu diesem Thema: Augustin, Katja: Verführerinnen und Verführte.

diesem zahlreiche geheime Papiere hatte zukommen lassen.[1881] Alle vier Begnadigten blieben nach ihrer Haftentlassung in der Bundesrepublik und gingen nicht in die bereits untergehende DDR.[1882] Der miteinander verwobene Komplex des Häftlingsfreikaufs, der Familienzusammenführung und des Agentenaustauschs war obsolet geworden.

## 4.5 Kriminelle unter den freigekauften Häftlingen

Für die Bundesrepublik war es oft nicht einfach zu überprüfen, ob ein freigekaufter Häftling eventuell einen kriminellen Hintergrund hatte. So ist es nicht verwunderlich, dass häufiger Häftlinge mit krimineller Vorgeschichte in das Aufnahmelager nach Gießen kamen.[1883] Wenn sich die bundesdeutsche Seite nach so einer Aufdeckung beschwerte, gingen die DDR oder Rechtsanwalt Vogel nicht darauf ein; stattdessen wurden ihr Vorhaltungen gemacht, um den Vorsatz zu verschleiern.[1884] Innerhalb des Strafvollzugs unterschieden die staatlichen Organe der DDR durchaus zwischen kriminellen und politischen Häftlingen, auch wenn offiziell nur kriminelle Häftlinge einsaßen.[1885] Informationen über Kriminelle gab die DDR entweder nicht oder nur unvollständig und häufig erst verspätet über Rechtsanwalt Vogel an die Bundesregierung weiter.[1886] Da diese sechs bis acht Wochen für eine Überprüfung aller Angaben benötigte, nutzte die DDR diesen Sachverhalt durch kurzfristige Angebote zum Freikauf von Häftlingen, darunter auch Kriminelle, die sie gerne abschieben wollte.[1887] Die Bundesrepublik versuchte stets, ihren Wissens-

---

Frauen und die Staatssicherheit. Film-Info: »Romeo«. Film-Info: »Vera – der schwere Weg der Erkenntnis«. In: Stiftung Haus der Geschichte der Bundesrepublik Deutschland und Zeitgeschichtliches Forum Leipzig (Hg.): Duell im Dunkel. Spionage im geteilten Deutschland. Köln; Weimar und Wien 2002, S. 98–109.
[1881] Vgl. Diekmann (Hg.): Freigekauft, S. 175.
[1882] Vgl. ebenda, S. 175.
[1883] Vgl. BA Koblenz, B 137/15772 (Vermerk von Kropla (BMI) vom 19.12.1972).
[1884] Vgl. EZA Berlin, 742/278 (Schreiben von Vogel an Stange vom 27.7.1966).
Vgl. ebf. EZA Berlin, 742/278 (Schreiben von Rehlinger an Stange mit Beschwerde über diese Vorgehensweise der DDR vom 29.7.1966).
Vgl. ebf. EZA Berlin, 742/278 (Schreiben von Vogel an Stange vom 3.8.1966).
[1885] Vgl. Ansorg: Politische Häftlinge im Strafvollzug der DDR: Die Strafvollzugsanstalt Brandenburg, S. 329–338.
[1886] Vgl. BA Koblenz, B 137/15779 (Schreiben von Plewa an Stange vom 6.10.1978).
Vgl. ebf. von Lindheim: Bezahlte Freiheit, S. 64–67.
[1887] Zahl aus: BStU, Archiv der Zentralstelle, MfS HA IX 13661, S. 78 (Schreiben von Stange an Vogel vom 4.2.1971).

stand mit Hilfe von Hinweisen beteiligter Akteure und Organisationen zu verbessern. Hierzu zählten zum Beispiel Auskünfte von Anwälten der Rechtsschutzstelle, der BfgA, von Mithäftlingen oder von Angehörigen.[1888] Kriminelle sollten so möglichst frühzeitig erkannt und vom Freikauf ausgeschlossen und damit von der Liste gestrichen bzw. gar nicht erst in diese aufgenommen werden. Für die Fälle, die der Bundesregierung bekannt geworden waren, wurde eine sogenannte »N-Kartei« (für nichtpolitisch Inhaftierte) angelegt.[1889] Ein gewisser Anhaltspunkt war für die Bundesregierung der Paragraf, nach dem der Häftling verurteilt worden war. Allerdings konnten gerade bei einer Flucht viele Delikte begangen worden sein, die auch nach bundesdeutschem Recht strafbar waren, beispielsweise Passfälschung, Autodiebstahl, Desertion, Gewaltanwendung oder der Gebrauch von Schusswaffen.[1890] Inhaftierte, die wegen »unerlaubten Grenzübertritts« nach Paragraf 213 verurteilt worden waren, konnten möglicherweise auch Vorstrafen wegen krimineller Delikte haben.[1891] Insofern musste die Bundesregierung hier immer wieder abwägen und Ermessensentscheidungen treffen.[1892]

Rückschlüsse bei der Auswahl der Häftlinge für den Freikauf ließen auch die unterschiedlichen Gefängnisse zu. So konzentrierte sich die Bundesregierung vor allem auf die Gefängnisse mit einem hohen Anteil von politischen Gefangenen, weniger auf Inhaftierte aus anderen Gefängnissen oder den sogenannten »Haftarbeitslagern«, da hier überwiegend Kriminelle interniert wurden.[1893] Auch aus Psychiatrien wurden von der Bundesregierung im Regelfall keine Personen freigekauft.[1894] Ein Sonderfall wird aber in der Autobiografie des politischen Häftlings Dietrich Koch

---

[1888] Vgl. Interview mit Jan Hoesch am 6.7.2009 in Berlin.
[1889] Vgl. Völkel: Die besonderen Bemühungen der Bundesregierung um Haftentlassung und Übersiedlung aus der DDR. Teil 1. In: Mitteilungen aus dem Bundesarchiv, Heft 1/2008, S. 43.
[1890] Vgl. Rehlinger: Freikauf, S. 116. Der Gebrauch von Schusswaffen bei einer Flucht aus der DDR wurde auch in der Bundesrepublik bestraft. Ein tragischer Fall ereignete sich 1975, als ein flüchtender DDR-Soldat zwei Grenzsoldaten erschoss. Er wurde in der Bundesrepublik hierfür verurteilt. Vgl. von Wedel: Als Anwalt zwischen Ost und West, S. 62–69.
[1891] Vgl. von Lindheim: Bezahlte Freiheit, S. 31.
[1892] Vgl. Interview mit Ludwig Rehlinger am 21.2.2009 in Eichwalde.
[1893] Vgl. Sonntag, Marcus: DDR-Arbeitslager – Orte der Schaffung eines »neuen Menschen«? In: DA 2/2011 (44. Jahrgang), S. 209.
Vgl. ebf. derselbe: Die Arbeitslager in der DDR, S. 102.
[1894] Vgl. BStU, Archiv der Zentralstelle, MfS – HA IX 17268, S. 6 (Vermerk vom 5.11.1980).

dargestellt.[1895] Die Bundesregierung machte somit immer wieder Ausnahmen aus humanitären Gründen. Die Schwierigkeiten der Bundesregierung, eindeutige Kriterien für die Einbeziehung von Häftlingen in den Freikauf aufzustellen, und die von beiden Seiten zugesagte Diskretion erleichterten sicherlich die Täuschungsmanöver der DDR. Diese bezog auch immer wieder gesellschaftlich schwer integrierbare Personen in den Häftlingsfreikauf ein.[1896] Nach Paragraf 249 des DDR-Strafgesetzbuches waren zahlreiche Häftlinge verurteilt worden, denen ein sogenanntes »asoziales Verhalten« von der DDR-Justiz vorgeworfen worden war.[1897] Dieser Paragraf wurde aber häufig sehr willkürlich angewendet, zum Beispiel auch gegen Ausreiseantragsteller. Das galt vor allem dann, wenn diese aufgrund ihres Ausreiseantrags ihre Arbeit verloren hatten und deshalb keine neue Anstellung mehr fanden oder sich aus politischen Gründen weigerten, unter den gegebenen Umständen eine andere Arbeit in der DDR anzunehmen.[1898] Mit der Verurteilung dieser Personengruppen nach Paragraf 249 konnten nicht nur politisch motivierte Urteile verdeckt, sondern die Betroffenen außerdem regelrecht demoralisiert werden.

Für die Bundesregierung kamen deshalb auch diese Inhaftierten für einen Freikauf infrage. Es kann aber nicht überraschen, dass unter den nach Paragraf 249 verurteilten und später freigekauften Häftlingen tatsächlich auch einige sozial schwer integrierbare Personen waren. Diese hatten dann in der Bundesrepublik ebenfalls große Probleme.[1899] Genau diesen Personenkreis sowie einschlägige Kriminelle wollte die DDR natürlich gerne in die Bundesrepublik abschieben. Dafür noch eine wirtschaftliche Gegenleistung zu erhalten, war ebenfalls sehr willkommen. Diese Personengruppen konnten darüber hinaus dem Ruf der tatsächlichen politischen Häftlinge in der Bundesrepublik schaden,

---

[1895] Vgl. BStU, Archiv der Zentralstelle, MfS – HA IX 13650, S. 56 (Stange an Vogel vom 8.3.1978).
Vgl. ebf. BA Koblenz, B 137/16604 (Vorlage von Rehlinger an Wehner vom 29.1.1968).
Vgl. Koch, Dietrich: Das Verhör. Zerstörung und Widerstand. Band 1, Band 2 und Dokumentation. Dresden 2000. Koch stand für diese Untersuchung dankenswerterweise in einer Mail vom 16.2.2010 für Nachfragen zur Verfügung.
[1896] Vgl. von Lindheim: Bezahlte Freiheit, S. 65.
[1897] Vgl. ebenda, S. 34.
[1898] Vgl. Windmüller: Ohne Zwang kann der Humanismus nicht existieren ... – »Asoziale« in der DDR, S. 285–287.
[1899] Vgl. Schumann, Karl F.: Die Lebenswege politischer Häftlinge nach Freikauf oder Ausreise. In: Derselbe; Dietz, Gerhard-Uhland; Gehrmann, Manfred; Kaspras, Heidi und Struck-Möbbeck, Olaf: Private Wege der Wiedervereinigung. Die deutsche Ost-West-Migration vor der Wende. Weinheim 1996, S. 343–348.

was der SED-Diktatur ebenfalls gelegen gekommen sein dürfte.[1900] Das Risiko der DDR bei den verschiedenen Täuschungsmanövern war nicht besonders groß. Sofern die betreffende Person ursprünglich auf den Listen der Bundesrepublik gestanden hatte, konnten die DDR bzw. Rechtsanwalt Vogel sofort darauf verweisen.[1901] Weiterhin hielt Vogel der Bundesrepublik in solchen Fällen vor, sie habe sich schlecht informiert und selbst die falschen Daten geliefert.[1902] Eigentlich hatte er aber viele Informationen zurückbehalten oder verspätet und unvollständig an die Bundesrepublik übermittelt.[1903] Ein gewisser Schutz bestand für die Bundesregierung darin, dass sie solche Fälle nur unter dem Kürzel »Mit Vorbehalt« (MV) akzeptierte.[1904] Außerdem verlangte sie Aufklärung »(Aufkl.)« über die von der DDR vorgeschlagenen Häftlinge.[1905] Eine kritische Überprüfung des Häftlings und seines genauen Hintergrunds konnten aber erst nach der vollzogenen West-Entlassung durchgeführt werden. In Gießen wurden die freigekauften Häftlinge im Rahmen ihres Notaufnahmeverfahrens von einer Sicherungsgruppe des Bundeskriminalamtes auf einen möglichen kriminellen Hintergrund überprüft.[1906] Wenn sich ein Verdacht bestätigte, dann entrichtete die Bundesregierung für diese Person keine wirtschaftliche Gegenleistung.[1907] Sie nahm in einem solchen Fall eine »Ablehnung« vor und verlangte »Ersatz«, also die Freilassung eines von ihr akzeptierten

---

[1900] Die Bundesregierung ging aber beim Freikauf nicht nach dem Ansehen der Person. So kaufte sie auch Punks frei. Vgl. Furian, Gilbert und Becker, Nikolaus: »Auch im Osten trägt man Westen.« Punks in der DDR – und was aus ihnen geworden ist. Berlin 2000, S. 115. Teilweise wurden auch Personen ausgelöst, die sich später in neonazistischen Gruppen engagierten. Vgl. o. A.: Grüne Stadt mit brauner Jugend. Wie im brandenburgischen Cottbus Neonazis zur drittstärksten Mitgliederpartei wurden. In: DER SPIEGEL, Nr. 48/1992 vom 23.11.1992.
[1901] Vgl. HGWS-HF 75 (Schreiben von Stange an Vogel vom 24.7.1975; Schreiben von Vogel an Stange vom 5.8.1975).
[1902] Vgl. BStU, Archiv der Zentralstelle, MfS – HA IX 13661, S. 72 f. (Vogel an Stange über die H-Aktion 1971 am 16.2.1971).
[1903] Vgl. von Lindheim: Bezahlte Freiheit, S. 65.
[1904] Vgl. BStU, Archiv der Zentralstelle, MfS HA IX 17613, S. 106 (aus einem Vermerk der bundesdeutschen Seite vom 28.9.1982 zur Vorschlagsliste III/82 der DDR).
[1905] Vgl. Völkel: Die besonderen Bemühungen der Bundesregierung um Haftentlassung und Übersiedlung aus der DDR. Teil 1. In: Mitteilungen aus dem Bundesarchiv, Heft 1/2008, S. 46.
[1906] Vgl. BA Koblenz, B 106/29781 (»Maßnahmen bei Anlauf einer PH-Aktion«; Gießen, 25.2.1970).
Vgl. ebf. Hammer (Bearbeiterin): Sonderedition »Besondere Bemühungen«, S. XVII (aus der Einleitung).
[1907] Vgl. Interview mit Jan Hoesch am 6.7.2009 in Berlin.

politischen Häftlings.[1908] Die Bundesregierung war also sehr darum bemüht, Kriminelle, die auf den DDR-Listen gestanden hatten, von den Listen zu streichen bzw. die Zahlung nachträglich zu verweigern, wenn die DDR sie einfach in die Busse gesetzt hatte. Sofern gegen diese Personen bundesdeutsche Haftbefehle vorlagen, wurden sie nun auch in der Bundesrepublik inhaftiert.

Zur heiklen Frage der von der DDR in den Freikauf einbezogenen Kriminellen nahm Jan Hoesch im Interview ausführlich Stellung.[1909] Er räumte hierbei offen ein, dass dieser Aspekt letzten Endes hingenommen werden musste, um den wirklichen politischen Häftlingen helfen zu können. Die Bundesregierung habe ohnehin keine Kriminellen in die DDR zurückschicken können, da sie laut Grundgesetz deutsche Staatsbürger waren. Dagegen habe keine »Abwehrmöglichkeit« bestanden, da das Grundgesetz gerade in diesem Punkt aus politischen Gründen nicht geändert werden sollte. Die bundesdeutsche Rechtsposition, DDR-Bürgern sofort die bundesdeutsche Staatsbürgerschaft zu geben, sofern sie diese wollten, sei dabei von der DDR ausgenutzt worden, obwohl sie sonst diese bundesdeutsche Haltung rigoros abgelehnt habe.

Eine weitere ironische Wendung innerhalb des Freikaufs war, dass Vogel selbst in Schreiben die Einbeziehung von Häftlingen in den Freikauf ablehnte, weil diese »kriminell« seien, zum Beispiel 1966 im Fall eines Flüchtlings, der einen Überfall begangen hatte.[1910] Im betreffenden Schreiben nannte Vogel aber gleich weitere 38 Personen, die die DDR aus diesen Gründen nicht in den Freikauf einbeziehen wollte.[1911] In solchen Fällen handelte es sich offensichtlich um Personen, die die DDR nicht freizugeben beabsichtigte. Auf jeden Fall kann als gesichert gelten, dass Vogel äußerst raffiniert verhandelte. Zudem legt das Beispiel nahe, dass die DDR mitunter der Bundesrepublik doch Hinweise auf Kriminelle gab, nämlich auf jene, die sie nicht freigeben wollte.

Die DDR missbrauchte also den Häftlingsfreikauf häufiger zur

---

[1908] Vgl. BStU, Archiv der Zentralstelle, MfS HA IX 341, S. 18 (Schreiben Stanges an Vogel vom 21.6.1974).
Vgl. ebf. BStU, Archiv der Zentralstelle, MfS HA IX 17267, S. 3 f. (Schreiben Plewas an Stange vom 16.9.1980).
[1909] Vgl. Interview mit Jan Hoesch am 6.7.2009 in Berlin (Quelle bis zum Ende des Absatzes).
[1910] Zitiert nach: EZA Berlin, 742/278 (Vogel an Stange vom 27.7.1966). Im gleichen Schreiben lehnt Vogel auch die Einbeziehung von zehn Personen ab, die Verbrechen in der Zeit der NS-Diktatur begangen hätten.
[1911] Zahl aus: Ebenda (Vogel an Stange vom 27.7.1966).

Abschiebung von Kriminellen.[1912] In den 1970er Jahren wurden vermehrt für DDR-Häftlinge mit kriminellen Vorstrafen wirtschaftliche Gegenleistungen erbracht.[1913] Nach dem Regierungswechsel von 1982 wurde die Überprüfung aber wieder verschärft.[1914] Die DDR sollte in diesen Fällen keine Gegenleistungen mehr erhalten, was eine Rückkehr zur früheren Praxis darstellte. In den 1980er Jahren war die Zahl der Personen mit kriminellem Hintergrund unter den Freigekauften auch wieder rückläufig. Neben der härteren Verhandlungslinie der Bundesregierung muss dies auch darauf zurückgeführt werden, dass immer mehr Menschen freigekauft wurden, deren Daten in der Bundesrepublik bereits vor ihrer Verhaftung bekannt waren. Viele ausreisewillige DDR-Bürger hatten nämlich in den 1980er Jahren vor einer möglichen Verhaftung ihre persönlichen Daten bundesdeutschen Stellen mitgeteilt oder über Angehörige oder Freunde im Westen überbringen lassen.[1915] Obwohl die Bundesrepublik sich in diesem Jahrzehnt insgesamt besser über die Häftlinge informieren konnte, war die Problematik, dass sich unter den Freigekauften auch Kriminelle befinden konnten, von der Bundesrepublik nie vollständig in den Griff zu bekommen. Die DDR war jedoch nicht darauf angewiesen, Kriminelle über den Freikauf abzuschieben. Viele wurden einfach über den Grenzübergang an der Friedrichstraße im geteilten Berlin ausgebürgert.[1916] Der Häftlingsfreikauf bot jedoch die Möglichkeit, derartige Aktionen ohne größeren Aufwand diskret durchzuführen und eventuell hierfür sogar noch wirtschaftliche Gegenleistungen zu erhalten. Bei einer Anerkennung als politischer Häftling nach dem Häftlingshilfegesetz (HHG) zahlte die Bundesrepublik ehemaligen politischen Häftlingen auch eine Haft-

---

[1912] Vgl. BA Koblenz, B 106/29781 (Schreiben von Priesnitz (damals BMI) an Rehlinger vom 24.5.1966).
[1913] Vgl. Rehlinger: Freikauf, S. 85 und S. 117.
Vgl. ebf. BStU, Archiv der Zentralstelle, MfS – HA IX 17613, S. 44 (Vogel am 28.1.1983 über eine Unterredung mit Rehlinger vom 26.1.1983, der diese eingebürgerte Praxis wieder beenden wollte).
[1914] Vgl. Rehlinger: Freikauf, S. 85.
Vgl. ebf. Diekmann: Freigekauft, S. 47 und S. 51.
[1915] Vgl. telefonische Interviews mit Wolf-Egbert Näumann am 9.9. und 4.11.2009.
Vgl. ebf. telefonisches Interview mit Alexander W. Bauersfeld vom 29.1.2010.
Vgl. ebf. derselbe (Bauersfeld): Freigekauft vor zwanzig Jahren. Rückschau eines Betroffenen. In: Die Politische Meinung (PM), Nr. 420/2004. Sankt Augustin 2004, S. 57–61. Der Artikel ist auch als Link auf der Homepage (http://www.ddr-aufarbeitung.de) des früheren DDR-Bürgers Hinrich Kley-Olsen zu finden, die sich u. a. auch mit dem Freikauf befasst.
[1916] Vgl. Rehlinger: Freikauf, S. 118 f.

entschädigung und verschiedene Eingliederungshilfen, was automatisch für Kriminelle den Anreiz erhöhte, sich als ehemalige politische Häftlinge auszugeben.[1917] Das schadete natürlich dem Ansehen der tatsächlichen politischen Häftlinge und dem Häftlingsfreikauf insgesamt. Ehemalige politische Inhaftierte mussten deshalb bei bundesdeutschen Behörden und in der Bevölkerung oftmals mit Misstrauen rechnen. Im Jahr 1972 gaben zudem viele der im Zuge der Amnestie in die Bundesrepublik entlassenen Kriminellen an, dass ihnen von den DDR-Behörden gesagt worden sei, sie sollten sich in der Bundesrepublik als politische Häftlinge ausgeben.[1918]

Von der Amnestie 1972 profitierten 99.422 Personen, darunter 25.351 Häftlinge.[1919] Rund 2.000 aus der Haft entlassene Gefangene durften in die Bundesrepublik übersiedeln.[1920] Der Anteil der Kriminellen betrug hierbei etwa 12 Prozent. Bei rund 20 Prozent der Ausgereisten lagen sogenannte »Mischtatbestände« aus kriminellen und politischen Straftaten vor. Damit waren etwa zwei Drittel aller 1972 ausgereisten Amnestierten politische Häftlinge im engeren Sinn. Bei den ausgelösten Inhaftierten zwischen 1969 bis 1972 lag der Anteil an Kriminellen hingegen bei nur etwa acht Prozent.[1921] Ludwig Rehlinger und Jan Hoesch bestätigten diese Größenordnung für den Häftlingsfreikauf insgesamt.[1922] Deshalb war es politisch klug, den Freikauf fortzusetzen, obwohl es immer wieder negative Schlagzeilen über Kriminelle unter den Freigekauften gab.[1923] Obwohl Kriminelle die Fortsetzung des Freikaufs nie ernsthaft gefährdeten, sollte der Häftlingsfreikauf trotzdem in den Streit um die neue Ost- und Deutschlandpolitik der sozialliberalen Bundesregierung hineingezogen werden, wobei auch der hohe Anteil an Kriminellen unter den Amnestierten zum Thema wurde.[1924]

[1917] Vgl. zum HHG: von Lindheim: Bezahlte Freiheit, S. 122–126.
[1918] Vgl. BA Koblenz, B 106/29783 (Vermerk von Kropla (Referat Vt III 4 im BMI) vom 19.12.1972).
[1919] Zahlen aus: Raschka: Justizpolitik im SED-Staat, S. 59. Fluchthelfer und Mitarbeiter westlicher Nachrichtendienste wurden von der Amnestie allerdings ausgenommen. Vgl. hierzu: DzD VI/3 (1973/74); Dok. Nr. 44, S. 175 (Aufzeichnung Hoeschs vom 7.6.1973).
[1920] Alle folgenden Zahlen aus: BA Koblenz, B 106/29783 (FS des BMI vom Juni 1973 an das BMB).
[1921] Zahl aus: BA Koblenz, B 137/15772 (Vermerk Stanges vom 14.11.1972).
[1922] Vgl. Interviews mit: Ludwig Rehlinger am 21.2.2009 in Eichwalde; Jan Hoesch am 6.7.2009 in Berlin.
[1923] Vgl. Wölbern: Der Häftlingsfreikauf aus der DDR 1962/63–1989, S. 463 f.
[1924] Vgl. BA Koblenz, B 106/29783 (Kleine Anfrage von Unionsabgeordneten vom 7.6.1973).

## 5. Der Freikauf und die Entspannungspolitik

Seit Mitte der 1960er Jahre entspannte sich das Verhältnis zwischen den beiden Supermächten und auch die Beziehungen zwischen den beiden deutschen Staaten verbesserten sich.[1925] In der Bundesrepublik gab es nun zahlreiche Denkansätze für eine neue Ost- und Deutschlandpolitik, wobei vor allem von der EKD – besonders mit ihrer sogenannten »Ostdenkschrift« von 1965 – starke Impulse ausgingen.[1926] Nach der Bundestagswahl am 28.9.1969 bildeten SPD und FDP eine Koalition unter dem neuen Bundeskanzler Willy Brandt, die in der Außen- und Deutschlandpolitik der Bundesrepublik wichtige Weichenstellungen und Veränderungen durchsetzen konnte.[1927] Die Formulierung »neue Ost- und Deutschlandpolitik« umschreibt die Ansätze am besten, da besonders die Außenpolitik gegenüber der Sowjetunion zu einem erheblichen Anteil auch deutschlandpolitische Zielsetzungen beinhaltete.[1928] Timothy Garton Ash fasste dies treffend in der Bemerkung zusammen: »*In gewissem Sinne war die gesamte Ostpolitik Deutschlandpolitik.*«[1929] In der Zeit der Großen Koalition hatten derartige politische Veränderungen vor allem wegen des Widerstands der CDU/CSU nicht umgesetzt werden können. Nun kam es zu teilweise harten innenpolitischen Auseinandersetzungen zwischen der SPD/FDP-Bundesregierung und der CDU/CSU-Opposition.[1930] Hiervon blieb auch der Häftlingsfreikauf nicht unberührt. Die neue Ost- und Deutschlandpolitik der sozial-liberalen Bundesregierung hatte jedoch durchaus Auswirkungen auf den Häftlingsfreikauf, weshalb sie im Folgenden detaillierter betrachtet werden muss.

---

[1925] Vgl. Garton Ash: Im Namen Europas, S. 48–75 und S. 189–198.
[1926] Vgl. Heck: EKD und Entspannung, S. 113–206.
[1927] Vgl. Bender, Peter: Die »Neue Ostpolitik« und ihre Folgen. Vom Mauerbau bis zur Wiedervereinigung. München 1996 (4. Auflage; gegenüber der Erstauflage erweiterte und überarbeitete Neuausgabe; die 1. Auflage erschien 1986 unter dem Titel: »Neue Ostpolitik. Vom Mauerbau bis zum Moskauer Vertrag«), S. 161–170 und S. 207.
[1928] Zitiert nach: Potthoff: Im Schatten der Mauer, S. 79.
[1929] Zitiert nach: Garton Ash: Im Namen Europas, S. 189.
[1930] Vgl. Baring: Machtwechsel, S. 472–482, S. 499–504 und S. 512–535.
Vgl. ebf. Bender: Deutschlands Wiederkehr, S. 162–165.

## 5.1 Die neue Ost- und Deutschlandpolitik der sozial-liberalen Koalition

Das deutsche-deutsche Verhältnis sollte sich ab 1969 deutlich verändern, was schon in sprachlichen Formulierungen zum Ausdruck kam. So benannte die sozial-liberale Koalition bereits bei ihrem Amtsantritt das Bundesministerium für gesamtdeutsche Fragen (BMG) in Bundesministerium für innerdeutsche Beziehungen (BMB) um. Dies sollte schon deutlich den geänderten Politikansatz der Bundesregierung Brandt signalisieren.[1931] Herbert Wehner gab sein Ministeramt ab und übernahm die Führung der SPD-Bundestagsfraktion. Egon Franke wurde neuer Bundesminister für innerdeutsche Beziehungen und war nun als Minister für den Freikauf verantwortlich. Er delegierte diese Aufgabe jedoch vor allem an seinen engen Mitarbeiter und Vertrauten Edgar Hirt.[1932] Trotz der neuen Ausrichtung in der Ost- und Deutschlandpolitik der Bundesrepublik blieb die DDR im gesamten humanitären Bereich aber weiterhin der gleiche schwierige Partner in den Verhandlungen. Es wurden nur mühsam Fortschritte erzielt. Immer wieder mussten Rückschläge hingenommen werden.[1933]

Bereits die erste Regierungserklärung von Willy Brandt am 28.10.1969 löste einen Disput zwischen Regierung und Opposition aus, weil der neue Bundeskanzler die DDR als »Staat« bezeichnet hatte.[1934] Bislang hatte jede Bundesregierung vermieden, die DDR als solchen anzuerkennen. Beispielsweise hatte Brandts Vorgänger Kiesinger in Bezug auf die DDR nebulös von einem »*Gebilde*« und einem »*Phänomen*« gesprochen.[1935] Brandt suchte nun unverzüglich Kontakt zur DDR-Regierung. Bereits im März 1970 fand ein Treffen mit dem Vorsitzenden des Ministerrates, Willi Stoph, in Erfurt statt.[1936] Bei der Begegnung brachte Brandt sehr vorsichtig auch humanitäre Anliegen vor.[1937] Greifbare politische Ergebnisse wurden dabei nicht

---

[1931] Vgl. Merseburger: Willy Brandt, S. 587.
[1932] Vgl. Potthoff: Bonn und Ost-Berlin 1969–1982, S. 102.
[1933] Vgl. ebenda, S. 102 und S. 104 f.
[1934] Vgl. Baring: Machtwechsel, S. 293–296.
[1935] Zitiert nach: Bender, Peter: Episode oder Epoche? Zur Geschichte des geteilten Deutschland. München 1996, S. 99.
[1936] Vgl. Schönfelder, Jan und Erices, Rainer: Willy Brandt in Erfurt. Das erste deutsch-deutsche Gipfeltreffen 1970. Berlin 2010 (Lizenzausgabe für die Landeszentrale für politische Bildung Thüringen), S. 189–246.
[1937] Vgl. DzD VI/1 (1969/70); Dok. Nr. 111, S. 416 (Gespräch Stophs mit Brandt am 19.3.1970).

erzielt, was auch so schnell kaum zu erwarten gewesen war.[1938] In Erfurt konnte die SED-Führung die Ovationen vieler DDR-Bürger für Willy Brandt nicht verhindern, weshalb nach Angaben des MfS insgesamt 119 Personen festgenommen wurden.[1939] Diese Sympathiebekundungen für einen bundesdeutschen Spitzenpolitiker, nach einem Vierteljahrhundert der Teilung, verdeutlichten aber die noch immer vorhandene tiefe Verbundenheit vieler Menschen in der DDR mit dem anderen Teil Deutschlands. Sicherlich waren sie auch ein Ausdruck der Hoffnung, die viele DDR-Bürger in Brandt und seine Politik setzten. Allerdings konnte die Bundesregierung in der Ostpolitik mit anderen sozialistischen bzw. kommunistischen Staaten des Warschauer Paktes schneller konkrete Ergebnisse vorweisen.[1940] Das galt vor allem für den mit der Sowjetunion ausgehandelten »Moskauer Vertrag«, der bereits 1970 abgeschlossen werden konnte und der einen gegenseitigen Gewaltverzicht und die »Unverletzlichkeit der Grenzen« beinhaltete.[1941] Die Bundesregierung legte dem Moskauer Vertrag noch einen sogenannten »Brief zur deutschen Einheit« bei. Die Sowjetunion akzeptierte – nach anfänglichen Bedenken – diesen Brief als einen Bestandteil des Vertrages. Eine friedliche Lösung der deutschen Frage und eine deutsche Einheit waren somit weiterhin möglich. Die Einigung mit der östlichen Supermacht war die notwendige Voraussetzung, um überhaupt Verträge mit Polen, der DDR oder der Tschechoslowakei abschließen zu können.[1942]

Noch 1970 wurde mit Polen der Warschauer Vertrag abgeschlossen, der u. a. die Anerkennung der Oder-Neiße-Linie als Grenze (unter dem Vorbehalt eines Friedensvertrages) sowie einen gegenseitigen Gewaltverzicht beinhaltete.[1943] Die sozial-liberale Bundesregierung wurde hierfür sowie für ihre gesamte neue Ost- und Deutschlandpolitik von der CDU/CSU, Vertriebenenverbänden und konservativen Zeitun-

---

[1938] Vgl. Schönfelder und Erices: Willy Brandt in Erfurt, S. 189.
[1939] Zahl aus: Ebenda, S. 247.
[1940] Vgl. Baring: Machtwechsel, S. 419–426.
[1941] Vgl. Bender: Die »Neue Ostpolitik« und ihre Folgen, S. 174–178.
Nach der Unterzeichnung des Moskauer Vertrages konnte ein sogenannter »back channel« eingerichtet werden; hierbei handelte es sich um einen vertraulichen Kontakt außerhalb der offiziellen Verbindungen, der sich in politischen Streitfragen als hilfreich erweisen sollte. Vgl. Bahr: Zu meiner Zeit, S. 263 f.
[1942] Vgl. Creuzberger, Stefan: Westintegration und Neue Ostpolitik. Die Außenpolitik der Bonner Republik. Berlin 2009, S. 111 f.
[1943] Vgl. zum Warschauer Vertrag: Bender: Die »Neue Ostpolitik« und ihre Folgen, S. 179–182.

gen – besonders aus dem Axel Springer Verlag – scharf kritisiert.[1944] Nach Meinung der Kritiker enthielten die sogenannten »Ostverträge« zu viele Zugeständnisse der Bundesrepublik, vor allem die Anerkennung der bestehenden Grenzen mit der Oder-Neiße-Linie. Das innenpolitische Klima in der Bundesrepublik verschlechterte sich. Die Anerkennung der Grenzen war ein außenpolitischer Erfolg der Sowjetunion und Polens, da diese damit ihre langjährigen Forderungen gegenüber der Bundesrepublik in wesentlichen Punkten hatten durchsetzen können.[1945] Die westlichen Verbündeten der Bundesrepublik begrüßten diese politische Entwicklung, da sich damit die Lage in Europa erheblich entspannte und sie außerdem gegen eine Revision der nach dem Zweiten Weltkrieg vereinbarten Oder-Neiße-Linie waren.[1946] Da die neue Außenpolitik der Bundesrepublik zudem in eine Phase der allgemeinen Entspannung zwischen den beiden Supermächten fiel, konnte auch eine Verbesserung der Lage im geteilten Berlin erreicht werden: Nach schwierigen Verhandlungen vereinbarten 1971 die Sowjetunion und die drei West-Alliierten das sogenannte »Viermächteabkommen über Berlin« (Berlinabkommen), das 1972 in Kraft trat.[1947] Dieses Abkommen gab West-Berlin nun eine deutlich größere politische Sicherheit. Die Sowjetunion erkannte West-Berlin in seiner Existenz an. Der freie Zugang der West-Alliierten nach West-Berlin wurde nun auch der Bundesrepublik und ihren Bürgern gewährt und der Transitverkehr nach Berlin garantiert. Auch die Bindungen des Westteils der Stadt an die Bundesrepublik wurden von der Sowjetunion, wenn auch mit Auflagen, hingenommen. Die Berlin-Frage wurde damit deutlich entschärft.

Mit dem sogenannten »Transitabkommen« von 1971, das Erleichterungen im Reise- und Güterverkehr nach West-Berlin ermöglichte, konnte auch ein erster Erfolg im deutsch-deutschen Verhältnis erreicht werden.[1948] Das Berlinabkommen hatte dafür die notwendige Voraussetzung geschaffen. Die Bundesregierung hatte gegenüber der Sow-

---

[1944] Vgl. Baring: Machtwechsel, S. 600 f., S. 605–607, S. 621, S. 624 f., S. 636–647 und S. 649–654.
[1945] Vgl. Bender: Die »Neue Ostpolitik« und ihre Folgen, S. 177 und S. 179–182.
[1946] Vgl. Creuzberger: Westintegration und Neue Ostpolitik, S. 111.
[1947] Vgl. Bahr: Zu meiner Zeit, S. 344–371 (Quelle zum Viermächteabkommen über Berlin).
[1948] Vgl. Creuzberger: Westintegration und Neue Ostpolitik, S. 115 f.
Vgl. zum Transitverkehr: Nawrocki, Joachim: Die Beziehungen zwischen den beiden Staaten in Deutschland. Entwicklungen, Möglichkeiten und Grenzen. Berlin 1986, S. 124.

jetunion das Junktim vertreten, dass eine Ratifikation des Moskauer Vertrages von einer Regelung für das geteilte Berlin abhängig gemacht würde.[1949] Trotz zahlreicher kontrovers geführter Bundestagsdebatten wurden der Warschauer und der Moskauer Vertrag 1972 ratifiziert; auch das Berlinabkommen trat nun in Kraft.[1950] Die Bundesregierung schloss noch im gleichen Jahr mit der DDR den Verkehrsvertrag ab, der die technische und praktische Abwicklung des Verkehrs (Straße, Schiene, Wasser) regelte.[1951] Von herausragender politischer Bedeutung war jedoch der maßgeblich von Egon Bahr und Michael Kohl ausgehandelte Grundlagenvertrag, der am 21. Dezember 1972 unterzeichnet wurde.[1952] In diesem erkannten sich die Bundesrepublik und die DDR gegenseitig als Staaten an. Sie sicherten sich gutnachbarliche Beziehungen auf gleichberechtigter Basis, die Respektierung ihrer jeweiligen Grenzen und gegenseitigen Gewaltverzicht zu. Der Alleinvertretungsanspruch wurde aufgegeben. Die Bundesrepublik hielt aber weiterhin am Ziel der Wiedervereinigung fest. Frühere Vereinbarungen oder die Rechte der vier Siegermächte sollten durch den Vertrag nicht berührt werden. Beide Seiten waren gewillt, der UNO beizutreten und bekannten sich zu deren Charta und zum Prinzip der Nichteinmischung in innere Angelegenheiten. Weiterhin waren Bemühungen zur Abrüstung sowie eine bessere Zusammenarbeit in Kultur, Wirtschaft und Wissenschaft vorgesehen. Die DDR sagte in einem dem Vertrag beigefügten Brief Erleichterungen bezüglich der Familienzusammenführung und der DDR-Reisen von Bundesbürgern aus grenznahen Gebieten zu. Der Häftlingsfreikauf wurde nicht erwähnt, aus verständlichen Gründen wurde dieses heikle Thema ausgeklammert.

Weiterhin wurde der Austausch von »Ständigen Vertretungen« vereinbart. Diese wurden von der DDR als »Botschaften« bezeichnet. Die Bundesrepublik wollte aber keinen »Botschafter« in die DDR entsenden, da sie die DDR nach wie vor nicht als Ausland anerkannte. Auch Ost-Berlin wurde von der Bundesrepublik, in völliger Übereinstimmung mit den drei Westmächten und dem Viermächtestatus Berlins, offiziell nicht als Hauptstadt der DDR akzeptiert. Der von der Bundesrepublik entsandte »Ständige Vertreter« wurde dem Bundeskanz-

---

[1949] Vgl. Bahr: Zu meiner Zeit, S. 353.
[1950] Vgl. ebenda, S. 512–535.
[1951] Vgl. ebenda, S. 381–393.
[1952] Vgl. als Quellen zum Grundlagenvertrag: Bahr: Zu meiner Zeit, S. 393–428 und S. 435 f.; Garton Ash: Im Namen Europas, S. 193–195; Potthoff: Bonn und Ost-Berlin 1969–1982, S. 31–37.

leramt und nicht dem Bundesaußenministerium zugeordnet. Die DDR unterstellte hingegen ihren »Botschafter« in Bonn dem Außenministerium, der jedoch in der Bundesrepublik mit dem Kanzleramt verkehren musste. Der DDR blieb somit die gewünschte völkerrechtliche Anerkennung als »Ausland« durch die Bundesrepublik versagt. Aus dem gleichen Grund konnten sich beide Seiten auch nicht in den Fragen der Staatsangehörigkeit einigen, da die Bundesrepublik die DDR-Bürger, entgegen dem Wunsch der DDR-Führung, nicht als Ausländer behandeln wollte. Genau dieser Grundsatz der Bundesregierung wurde in der Praxis gerade auch beim Häftlingsfreikauf angewendet, was die DDR in diesem Fall aber hinnahm. Viele Gegensätze in den Verhandlungen zum Grundlagenvertrag konnten nur durch Formelkompromisse oder komplette Ausklammerung der umstrittenen Sachverhalte gelöst werden.[1953] Die Sowjetunion war Anfang der 1970er Jahre an einer konsensorientierten Deutschlandpolitik der DDR interessiert, da die Ratifikation des Moskauer Vertrages durch die Bundesrepublik auf keinen Fall gefährdet werden sollte, weshalb sie die Verhandlungen über den Grundlagenvertrag unterstützte.[1954] Bahr brachte das politische Ergebnis des Vertrages lakonisch auf den Punkt: »*Bisher hatten wir keine Beziehungen, jetzt werden wir schlechte haben, und das ist der Fortschritt.*«[1955] Ergänzend muss hinzugefügt werden, dass inoffizielle Beziehungen, vor allem im Rahmen des Häftlingsfreikaufs, längst bestanden.

Der Grundlagenvertrag wurde 1973 von den beiden deutschen Staaten ratifiziert und konnte damit in Kraft treten.[1956] Nach dem Grundlagenvertrag nahmen die USA, Großbritannien und Frankreich mit der DDR diplomatische Beziehungen auf, was diese auch international aufwertete.[1957] Die DDR wurde zudem 1973 – zeitgleich mit der Bundesrepublik, was im Grundlagenvertrag verabredet worden war – in die UNO aufgenommen. Dies bedeutete für die DDR einen weiteren großen außenpolitischen Erfolg.[1958] Beide deutsche Staaten waren ab jetzt stärker in die internationale Gemeinschaft eingebunden.[1959] Das zeigte sich auch darin, dass die Bundesrepublik und die DDR an der Konferenz

---

[1953] Vgl. Garton Ash: Im Namen Europas, S. 193.
[1954] Vgl. ebenda, S. 119.
[1955] Zitiert nach: Bahr: Zu meiner Zeit, S. 424.
[1956] Vgl. Potthoff: Bonn und Ost-Berlin 1969–1982, S. 33.
[1957] Vgl. Wentker: Außenpolitik in engen Grenzen, S. 449–451.
[1958] Vgl. ebenda, S. 442.
[1959] Vgl. Scholtyseck, Joachim: Die Außenpolitik der DDR. München 2003, S. 32.

für Sicherheit und Zusammenarbeit in Europa (KSZE) gemeinsam teilnahmen und beide schließlich 1975 in Helsinki die sogenannte »KSZE-Schlussakte« unterschrieben.[1960] Bei diesem Gipfeltreffen begegneten sich auch der seit 1974 amtierende Bundeskanzler Schmidt[1961] und der SED-Generalsekretär Honecker zum ersten Mal, wobei sie, neben anderen Themen, auch über die Familienzusammenführung sprachen.[1962] Von längerfristiger Bedeutung sollte die von beiden deutschen Staaten unterschriebene KSZE-Schlussakte von Helsinki werden, die vor allem für die DDR in der Zukunft noch große Auswirkungen hatte.[1963]

## 5.2 Die Probleme der DDR durch ihre internationale Einbindung

Die gleichberechtigte Teilnahme am KSZE-Prozess, besonders aber an der abschließenden Konferenz von Helsinki, war für die DDR ein großer außenpolitischer Erfolg.[1964] Auch die Sowjetunion war mit der 1975 unterzeichneten KSZE-Schlussakte zufrieden, da sie gegenüber dem Westen wesentliche Forderungen, wie vor allem die im sogenannten »Korb I« enthaltene Anerkennung der Unverletzlichkeit der nach dem Zweiten Weltkrieg festgelegten Grenzen, einen allgemeinen Gewaltverzicht sowie den Grundsatz der Nichteinmischung in innere Angelegenheiten, hatte durchsetzen können.[1965] Eine friedliche Veränderung der Grenzen im gegenseitigen Einvernehmen blieb aber weiterhin möglich, was im Besonderen als Verhandlungserfolg der Bundesrepublik gegenüber der DDR gewertet werden muss.[1966] Im sogenannten »Korb II« bzw. im zweiten Kapitel wurde ein verstärkter wissenschaftlicher, wirtschaftlicher und technologischer Austausch vereinbart, was

---

[1960] Vgl. Potthoff: Bonn und Ost-Berlin 1969–1982, S. 51–53 und S. 55–57.
[1961] Vgl. ebenda, S. 43–45.
[1962] Vgl. ebenda, S. 53.
[1963] Vgl. Sewell, Mike: The Cold War. Cambridge 2002, S. 106.
Vgl. ebf. Bispinck, Henrik (Bearbeiter): Die DDR im Blick der Stasi 1977. Die geheimen Berichte an die SED-Führung. Göttingen 2012, S. 35 und S. 113 (aus der Reihe des BStU: Die DDR im Blick der Stasi. Die geheimen Berichte an die SED-Führung).
[1964] Vgl. Wentker: Außenpolitik in engen Grenzen, S. 448.
[1965] Vgl. Sewell: The Cold War, S. 106.
Vgl. ebf. Gaddis: Der Kalte Krieg, S. 232 f.
[1966] Vgl. Hacke: Die Außenpolitik der Bundesrepublik Deutschland, S. 244.
Vgl. ebf. Wentker: Außenpolitik in engen Grenzen, S. 446 f.

sich jedoch in der Praxis wegen der restriktiven Haltung der westeuropäischen EG-Staaten kaum auswirkte.[1967]
Von besonderem Interesse ist der sogenannte »Korb III« bzw. das vierte Kapitel des Vertrages (die Mittelmeeranrainer hatten erreicht, dass ein drittes Kapitel zum Mittelmeerraum eingeschoben wurde), in dem die Sowjetunion und die Staaten des Warschauer Paktes zahlreiche Zugeständnisse bezüglich der Zusammenarbeit in humanitären und anderen Bereichen machten.[1968] Sie bekannten sich prinzipiell zu den allgemeinen Menschenrechten (enthalten in Prinzip VII von Korb I)[1969] und damit auch zur Reisefreiheit.[1970] Zudem sollten die menschlichen und kulturellen Kontakte zwischen den Völkern gefördert werden, auch der Austausch von Medienvertretern wurde beschlossen.[1971] Insgesamt konnten sich die westlichen Staaten also beim »Korb III« dahingehend durchsetzen, dass die Rechte des Individuums herausgestellt wurden und nicht kollektive Rechte, wie sie von den sozialistischen Staaten des Ostblocks gefordert worden waren.[1972] Ihr Nachgeben ist vor dem Hintergrund zu sehen, dass die Körbe I und II in vielen Sachverhalten den politischen Zielen der Sowjetunion entsprachen. Deshalb war sie auch in anderen Punkten zu Zugeständnissen bereit.[1973]

Auch wenn der Korb III der KSZE-Schlussakte keineswegs rechtsverbindlich war, sondern es sich hierbei »nur« um eine unterschriebene Absichtserklärung handelte, so verursachte das Bekenntnis zu den hier proklamierten Menschenrechten mittel- und langfristig beträchtliche innenpolitische Probleme in zahlreichen Ländern des Warschauer Pak-

---

[1967] Vgl. Haftendorn: Deutsche Außenpolitik zwischen Selbstbehauptung und Selbstbeschränkung, S. 214.
[1968] Vgl. ebenda, S. 214.
Vgl. ebf. Schöllgen, Gregor: Die Außenpolitik der Bundesrepublik Deutschland. Von den Anfängen bis zur Gegenwart. München 2004 (3., erweiterte und aktualisierte Auflage), S. 136 f.
[1969] Vgl. ebenda (Schöllgen), S. 136.
[1970] Vgl. Raschka: Zwischen Überwachung und Repression – Politische Verfolgung in der DDR 1971 bis 1989, S. 37.
[1971] Vgl. Haftendorn: Deutsche Außenpolitik zwischen Selbstbehauptung und Selbstbeschränkung, S. 214.
[1972] Vgl. Bedürftig: Geschichte der DDR, S. 154.
[1973] Vgl. Gaddis: Der Kalte Krieg, S. 232 f.
Vgl. zur KSZE im Ost-West-Konflikt: Peter, Matthias und Wentker, Hermann (Hg.): Die KSZE im Ost-West-Konflikt. Internationale Politik und gesellschaftliche Transformation 1975–1990. München 2012.

tes.[1974] Das galt ganz besonders für die DDR.[1975] Diese verwehrte mit der Berliner Mauer und der verminten innerdeutschen Grenze ihren Bürgern auch weiterhin das Recht auf Reisefreiheit.[1976] Auch der Vorbehalt, dass im »Korb I« ausdrücklich die Souveränität der Teilnehmerstaaten sowie die Nichteinmischung in innere Angelegenheiten festgehalten war, konnte die für das SED-Regime äußerst problematische innenpolitische Entwicklung letzten Endes nicht verhindern.[1977] In zahlreichen Ländern Osteuropas bildeten sich nun sogenannte »Helsinki-Komitees« oder »Helsinki-Gruppen« (»Helsinki Watch Groups«).[1978] Zahlreiche Bürgerrechtler in sozialistischen Ländern beriefen sich nun auf das Schlussdokument und verlangten Redefreiheit, zum Beispiel in der 1977 veröffentlichten »Charta 77« in der Tschechoslowakei, einem Manifest, das von mehreren hundert Intellektuellen unterschrieben wurde.[1979] In der DDR wurde die KSZE-Schlussakte im Wortlaut in verschiedenen Zeitungen, auch in der führenden Tageszeitung »Neues Deutschland«, veröffentlicht.[1980] Sie ermutigte deshalb bereits in den 1970er Jahren und verstärkt in den 1980er Jahren viele DDR-Bürger, sich auf die darin enthaltenen Grundsätze zu berufen und die Ausreise aus der DDR zu beantragen.[1981] Die DDR-Behörden verwiesen jedoch gegenüber den Ausreiseantragstellern formaljuristisch darauf, dass die DDR ein souveräner Staat sei, der seine eigenen Gesetze erlassen könne, und die KSZE-Schlussakte nicht völkerrechtlich verbindlich sei, weshalb die Ausreiseanträge in der Regel abgelehnt wurden. Dennoch hatten die DDR-Behörden jetzt immer größere Probleme, ihre Bürger von Ausreiseanträgen abzuhalten.

Andere DDR-Bürger beriefen sich auf den 1976 in Kraft getretenen und auch von der DDR ratifizierten Internationalen Pakt über bürgerliche und politische Rechte. Hierin stand: »*Jedermann steht es frei, jedes*

---

[1974] Vgl. Haftendorn: Deutsche Außenpolitik zwischen Selbstbehauptung und Selbstbeschränkung, S. 215.
[1975] Vgl. Raschka: Justizpolitik im SED-Staat, S. 90 f.
[1976] Vgl. Wolfrum: Die Mauer, S. 97 f.
[1977] Vgl. Raschka: Justizpolitik im SED-Staat, S. 90.
[1978] Vgl. Sewell: The Cold War, S. 106.
[1979] Vgl. Haftendorn: Deutsche Außenpolitik zwischen Selbstbehauptung und Selbstbeschränkung, S. 215.
[1980] Vgl. Kuppe, Johannes: Die KSZE und der Untergang der DDR. In: DA 3/2005 (38. Jahrgang), S. 487 f.
Vgl. ebf. Schroeder: Der SED-Staat, S. 233.
[1981] Vgl. Raschka: Justizpolitik im SED-Staat, S. 89–100.

*Land, einschließlich seines eigenen, zu verlassen.*«[1982] Die Konvention war, im Gegensatz zur KSZE-Schlussakte von 1975, völkerrechtlich verbindlich.[1983] Allerdings machte die DDR auch hier Einschränkungen, um die in der Konvention festgehaltenen Bürgerrechte ihrer Bevölkerung auch weiterhin vorenthalten zu können und diese nicht umsetzen zu müssen.[1984] Nach KSZE-Konferenzen, auf denen die DDR bezüglich der Reise- bzw. Ausreisemöglichkeiten Zugeständnisse hatte machen müssen, stieg die Zahl der Ausreiseanträge jedes Mal beträchtlich an. Dies war sowohl 1975/76, nach der KSZE-Konferenz von Helsinki, als auch 1983/84, nach der KSZE-Folgekonferenz von Madrid, der Fall.[1985] Der gleiche Effekt trat 1988/89 sogar schon während der KSZE-Folgekonferenz in Wien verstärkt auf. Die Zahl der Ausreiseanträge explodierte nun förmlich.[1986] Außerdem erkannte die DDR in Wien die Einhaltung und Überprüfung diesbezüglicher völkerrechtlicher Verpflichtungen an.[1987] Die verschiedenen KSZE-Konferenzen ermutigten zweifellos viele DDR-Bürger, einen Ausreiseantrag zu stellen.[1988]

Die Einbindung der DDR in internationale Abkommen und die Mitgliedschaft in der UNO erwiesen sich für die SED-Führung somit als zweischneidig. Die DDR wurde einerseits nun international anerkannt und respektiert,[1989] aber andererseits geriet sie dadurch innenpolitisch stark unter Druck.[1990] Sie machte sich zunehmend unglaubwürdig, da sie sich in internationalen Organisationen und Abkommen zu Grundrechten bekannte, die sie der eigenen Bevölkerung nicht zugestehen wollte.

---

[1982] Zitiert nach: http://www.auswaertiges-amt.de (deutsche Übersetzung des Auswärtigen Amtes zur genannten Konvention der UNO).
[1983] Vgl. Raschka: Justizpolitik im SED-Staat, S. 91.
[1984] Vgl. ebenda, S. 90.
[1985] Vgl. Hanisch: Die DDR im KSZE-Prozess 1972–1985, S. 149 und S. 329 f. Auf der KSZE-Folgekonferenz in Belgrad hatte die DDR noch keine Zugeständnisse machen müssen, da sie von der Sowjetunion unterstützt wurde. Auf der Konferenz in Madrid war die Sowjetunion gegenüber dem Westen aber konzessionsbereiter, was auch die DDR nun zu Zugeständnissen zwang. Vgl. ebenda, S. 381 und S. 383–385. Honecker spielte das Problem der hohen Ausreiseantragszahlen lange herunter, indem er zum Beispiel die Ausreiseantragszahlen aus der DDR undifferenziert mit denen der Auswanderer aus der Bundesrepublik verglich. Vgl. Diekmann (Hg.): Freigekauft, S. 87.
[1986] Vgl. Raschka: Justizpolitik im SED-Staat, S. 274–296.
[1987] Vgl. ebenda, S. 281.
[1988] Vgl. ebenda, S. 91, S. 205 und S. 289.
Vgl. ebf. Hanisch: Die DDR im KSZE-Prozess 1972–1985, S. 149, S. 169 und S. 329 f.
[1989] Vgl. Wentker: Außenpolitik in engen Grenzen, S. 442 und S. 448.
[1990] Vgl. Raschka: Zwischen Überwachung und Repression – Politische Verfolgung in der DDR 1971 bis 1989, S. 37–39 und S. 134.

Daraus resultierten auch Konsequenzen für den Repressionsapparat. Dieser musste nun sehr viel vorsichtiger und zurückhaltender gegen potenzielle oder tatsächliche politische Gegner vorgehen. Das verursachte einen steigenden Personalbedarf des MfS.[1991] Die Zahl der hauptamtlichen Mitarbeiter des MfS wurde deshalb deutlich vergrößert; sie stieg von 32.912 im Jahr 1967 auf 81.495 im Jahr 1982 an.[1992] Innenpolitisch wurde das MfS zudem weiter aufgewertet, was 1976 mit der Berufung Erich Mielkes ins Politbüro deutlich zum Ausdruck kam.[1993]

Politische Gegner wurden vom MfS weiterhin verfolgt, aber vielfach jetzt mit anderen Methoden. Zum Teil wurden nun eine systematische Ausspähung von politischen Gegnern und die Unterwanderung kritischer Personengruppen vorgenommen. Für diese Maßnahmen mussten verstärkt auch die Betriebe und die Bildungseinrichtungen entsprechende Hilfsdienste übernehmen.[1994] Der politische »Feind« sollte durch die Methode der sogenannten »Zersetzung« bekämpft werden.[1995] Hierbei handelte es sich – gemäß der »Richtlinie 1/76 zur Entwicklung und Bearbeitung Operativer Vorgänge (OV)« des MfS vom Januar 1976 – um die systematische Bekämpfung tatsächlicher oder vermeintlicher politischer Gegner. Sie sollten beispielsweise durch die Herbeiführung beruflicher Nachteile oder durch das Streuen von Gerüchten gezielt geschädigt werden.[1996] Zahlreiche Dissidenten wurden einfach in den Westen abgeschoben oder unter Androhung langer Haftstrafen zur Ausreise gezwungen. Auf diese Weise sollte eine Inhaftierung vermieden werden, die dem Ruf der DDR hätte schaden können.[1997] Verhaftungen aus politischen Gründen wurden somit durch

---

[1991] Vgl. Fricke: Opposition und Widerstand in der DDR, S. 156.
[1992] Zahlen aus: Gieseke, Jens: Die hauptamtlichen Mitarbeiter der Staatssicherheit. Personalstruktur und Lebenswelt 1950–1989/90. Berlin 2000, S. 293. Laut Helmut Müller-Enbergs wurde aus dem gleichen Grund auch das Netz der informellen Mitarbeiter (IM) stark erweitert; Mitte der 1970er Jahre umfasste es angeblich sogar über 200.000 IM, 1989 laut Müller-Enbergs immer noch 189.000 IM. Zahlen aus: Müller-Enbergs, Helmut (Hg.): Inoffizielle Mitarbeiter des Ministeriums für Staatssicherheit. Teil 3: Statistiken. Berlin 2008, S. 216. Kowalczuk geht hingegen von deutlich niedrigeren Zahlen als Müller-Enbergs aus. Vgl. Kowalczuk: Stasi konkret, S. 235.
[1993] Vgl. Fricke: Opposition und Widerstand in der DDR, S. 156.
[1994] Vgl. Raschka: Zwischen Überwachung und Repression – Politische Verfolgung in der DDR 1971 bis 1989, S. 129.
[1995] Vgl. zur »Zersetzung«: Behnke, Klaus und Fuchs, Jürgen (Hg.): Zersetzung der Seele. Psychologie und Psychiatrie im Dienste der Stasi. Hamburg 1995.
[1996] Vgl. Raschka: Zwischen Überwachung und Repression – Politische Verfolgung in der DDR 1971 bis 1989, S. 25–28.
[1997] Vgl. Schroeder: Ursachen, Wirkungen und Folgen der Ausreisebewegung. In: Apelt (Hg.): Flucht, Ausreise, Freikauf, S. 56.

unterschiedliche Methoden teilweise umgangen. Sie wurden allerdings auch weiterhin durchgeführt und blieben deshalb für Dissidenten eine stetige reale Gefahr.[1998]

International wurden von der DDR zunehmend Konzessionen in humanitären Fragen – besonders bei der Familienzusammenführung – verlangt. In Madrid wurde 1983 ein entsprechendes Abkommen vereinbart, woraufhin die DDR eine neue Verordnung erließ, die Ausreisen in bestimmten Fällen in Aussicht stellte.[1999] Die Familienzusammenführung sollte hierbei aber auf die Zusammenführung von Ehegatten und Familien mit Kindern beschränkt bleiben.[2000] Weiterhin bestand kein Rechtsanspruch auf eine Ausreise.[2001] Dennoch beriefen sich viele DDR-Bürger auf dieses Abkommen, obwohl es in ihren Ausreiseanträgen oftmals nicht um die Zusammenführung mit engen Familienmitgliedern, sondern mit entfernten Verwandten ging.[2002] Mit ihrer Verordnung von 1983 hatte die DDR zum ersten Mal überhaupt eine Rechtsgrundlage für die Ausreise aus der DDR geschaffen.[2003] Trotz noch vorhandener Restriktionen in der Verordnung war dies ein Schritt, der längerfristig an Bedeutung gewinnen sollte. Die internationalen Konferenzen und Abkommen der 1970er und 1980er Jahre hatten also innenpolitisch für die SED-Führung nicht geahnte Auswirkungen. Insgesamt muss deshalb festgehalten werden, dass die Entspannungspolitik ideologisch für die SED bedrohlicher war als die Hochphase des Kalten Krieges.[2004] So hatte auch der DDR-Außenminister Otto Winzer bereits Bahrs Tutzinger Rede von 1963 und die hierin enthaltenen neuen deutschlandpolitischen Akzente misstrauisch als eine »*Aggression auf Filzlatschen*« tituliert.[2005]

Alle dargestellten Verträge und Abkommen, selbst der Grundlagenvertrag, hatten aber keine besonderen Auswirkungen auf den organisato-

---

Vgl. ebf. Scheer, Udo: Jürgen Fuchs: Ein literarischer Weg in die Opposition. Berlin 2007, S. 171–175 und S. 177 f. Zum Beispiel wurde 1977 der Dissident Jürgen Fuchs aus Jena zur Ausreise gezwungen.
Vgl. ebf. Vinke: Die DDR, S. 189.
Vgl. ebf. von Lindheim: Bezahlte Freiheit, S. 66.
[1998] Vgl. Raschka: Zwischen Überwachung und Repression – Politische Verfolgung in der DDR 1971 bis 1989, S. 129.
[1999] Vgl. Hanisch: Die DDR im KSZE-Prozess 1972–1985, S. 384.
[2000] Vgl. Raschka: Justizpolitik im SED-Staat, S. 217.
[2001] Vgl. ebenda, S. 217.
[2002] Vgl. ebenda, S. 284 und S. 288.
[2003] Vgl. ebenda, S. 217.
[2004] Vgl. Garton Ash: Im Namen Europas, S. 279–283.
[2005] Zitiert nach: Ebenda, S. 279.

rischen Ablauf des Häftlingsfreikaufs, der im Wesentlichen unverändert blieb.[2006] Gewisse Berührungsängste zwischen den beiden Seiten waren jedoch allmählich verschwunden, was sich schon während der Großen Koalition in der Ministerzeit Herbert Wehners abgezeichnet hatte.[2007] Die gravierenden weltpolitischen Veränderungen der 1970er Jahre wirkten sich allerdings auf den Umfang der Freikaufaktionen beträchtlich aus. Immer mehr Ausreiseantragsteller in der DDR, die sich auf die UNO-Charta oder die KSZE-Schlussakte berufen hatten, wurden nach der Ablehnung ihrer Anträge häufig verhaftet und zur Einschüchterung eventueller Nachahmer verurteilt, wenn sie den ablehnenden Bescheid nicht hinnehmen wollten.[2008] Viele Ausreiseantragsteller wurden nun zu politischen Häftlingen, die in der Folge dann vielfach von der Bundesrepublik freigekauft wurden.[2009] Insgesamt stieg seit den 1970er Jahren die Zahl der freigekauften politischen Häftlinge deutlich an. Während in den 1960er Jahren nur in einem Jahr – 1965 – mehr als 1.000 politische Gefangene ausgelöst werden konnten, wurde dieser Wert in den 1970er Jahren in sechs Jahren (1971, 1974, 1975, 1976, 1977 und 1978) und in den 1980er Jahren sogar in jedem Jahr überschritten.[2010] Die Entspannung zwischen den beiden deutschen Staaten hatte es bundesdeutschen Politikern auch ermöglicht, humanitäre Anliegen bzw. Einzelfälle ihren DDR-Gesprächspartnern direkt vorzutragen, was Politiker aller bundesdeutschen Parteien auch häufig taten.[2011] Auf wirtschaftliche Gegenleistungen für Freilassungen wollte die DDR allerdings weiterhin nicht verzichten, auch wenn dies einem permanenten Eingeständnis der ökonomischen Unterlegenheit gleichkam.

War der Freikauf nach den deutsch-deutschen Verträgen und den verschiedenen internationalen Abkommen noch zeitgemäß? Musste sich die DDR jetzt bei Ausreisen, Haftentlassungen, und Familienzusammenführungen nicht wesentlich konzilianter zeigen, nachdem sie international anerkannt und in die Staatengemeinschaft eingebunden war? Aus diesen Gründen wurde in den 1970er Jahren der Häftlingsfreikauf auch zunehmend zu einem Gegenstand der parteipolitischen Auseinandersetzung in der Bundesrepublik.

---

[2006] Vgl. Rehlinger: Freikauf, S. 81 f.
[2007] Vgl. Meyer: Herbert Wehner, S. 317 und S. 319 f.
[2008] Vgl. Hanisch: Die DDR im KSZE-Prozess 1972–1985, S. 351.
[2009] Vgl. telefonische Interviews mit: Ludwig Rehlinger am 30.9.2009; Wolf-Egbert Näumann am 9.9.2009.
[2010] Vgl. Rehlinger: Freikauf, S. 279.
[2011] Vgl. Potthoff: Bonn und Ost-Berlin, S. 110.

## 5.3 Innenpolitischer Streit um humanitäre Fragen in der Bundesrepublik

Egon Bahr (SPD), Ludwig Rehlinger (CDU) und Hans-Dietrich Genscher (FDP) betonten die gute Zusammenarbeit der bundesdeutschen Parteien bezüglich des Häftlingsfreikaufs, der zudem aus der innenpolitischen Auseinandersetzung herausgehalten worden sei.[2012] Das trifft grundsätzlich durchaus zu, jedoch gab es auch Ausnahmen. Erstmals wurde der Häftlingsfreikauf öffentlich in die Debatten der Parteien um die neue Ost- und Deutschlandpolitik der sozial-liberalen Bundesregierung hineingezogen. Der Wahlkampf für die Bundestagswahl im November 1972 wurde ungewöhnlich emotional geführt.[2013] Besonders der gescheiterte Misstrauensantrag der CDU/CSU-Bundestagsfraktion im April 1972 hatte zu einer Polarisierung der politischen Lager beigetragen.[2014]

Im Wahlkampf brachte die Bundesregierung die erreichten Ergebnisse im humanitären Bereich auch mit den Ostverträgen in Verbindung. Dies trug dazu bei, dass der Verleger Axel Springer seine bisher geübte öffentliche Zurückhaltung in Fragen des Freikaufs aufgab. In einem Interview im November 1972 berichtete der Verleger zum ersten Mal öffentlich über seine Rolle zum Beginn des Häftlingsfreikaufs im Jahr 1963 und würdigte hierbei die Verdienste Barzels.[2015] Das Thema Freikauf war nun endgültig zum Gegenstand innenpolitischer Auseinandersetzungen in der Bundesrepublik geworden. Bei der 7. Bundestagswahl am 19. November 1972 erhielten die sozial-liberale Koalition und Bundeskanzler Willy Brandt einen großen Vertrauensbeweis.[2016] Die SPD erzielte mit 45,8 Prozent das beste Ergebnis ihrer gesamten Parteigeschichte. Auch die FDP verbesserte sich mit 8,4 Prozent deutlich gegenüber 1969 (5,8 Prozent). Die CDU/CSU erreichte hingegen nur 44,9 Prozent, das schlechteste Ergebnis seit 1949. Da die neue Ost- und Deutschlandpolitik im Wahlkampf eine sehr wichtige Rolle ge-

---

[2012] Vgl. Interview mit Egon Bahr am 20.6.2007 in Berlin.
[2013] Vgl. Baring: Machtwechsel, S. 598 f.
[2014] Vgl. ebenda, S. 499–508.
Vgl. ebf. Wolfrum, Edgar: Die 70er Jahre. Republik im Aufbruch. Darmstadt 2007, S. 52 (aus der Reihe: Deutschland im Fokus. Band 3).
[2015] Vgl. Döpfner (Hg.): Axel Springer, S. 217–219 (Interview von Axel Springer mit der Kölnischen Rundschau vom 17.11.1972).
[2016] Vgl. Baring: Machtwechsel, S. 599.
Vgl. ebf. Brandt: Erinnerungen, S. 303.

spielt hatte, spiegelte das Wählervotum auch die große Zustimmung für die Politik der Regierung Brandt wider.[2017] Die Wahlbeteiligung bei dieser Bundestagswahl lag bei etwas über 91 Prozent, was bis heute einen Rekordwert darstellt.

In den Wochen vor der Bundestagswahl hatten sowohl die DDR als auch die Sowjetunion eine Vielzahl von Ausreisen und Familienzusammenführungen genehmigt.[2018] Darüber hinaus hatte die DDR am 7.10.1972 anlässlich des 23. Jahrestages ihrer Gründung eine Amnestie erlassen, bei der auch 200 Bundesbürger freigelassen wurden.[2019] Die klare Wahlniederlage der CDU/CSU verstärkte sicherlich deren Wunsch nach einer deutlich wahrnehmbaren Oppositionspolitik. Dafür gab es schon bald eine Gelegenheit, als es zu Rückschlägen beim Häftlingsfreikauf und in der Familienzusammenführung gekommen war. Die DDR verhielt sich hierbei plötzlich wieder äußerst restriktiv. Die Ausreisen von amnestierten Häftlingen, von Angehörigen bereits übergesiedelter Häftlinge und von zahlreichen schon zugesagten Familienzusammenführungen wurden abrupt gestoppt. Jetzt waren die sogenannten »Kofferfälle« entstanden.[2020] Darüber hinaus wurde publik, dass sich unter den Personen, die 1972 im Rahmen der Amnestie ausgereist waren, viele Kriminelle befunden hatten. Das veranlasste einige Abgeordnete der CDU schließlich zu einer »Kleinen Anfrage« im Deutschen Bundestag.[2021] Interne Aufstellungen des Bundesinnenministeriums bestätigten tatsächlich einen hohen Anteil von Kriminellen unter den nach der Amnestie ausgereisten Häftlingen.[2022]

In die Zeit der Auseinandersetzungen zwischen der SPD und der CDU/CSU um den Häftlingsfreikauf 1972/73 und um den Grundlagenvertrag und dessen noch ausstehende Ratifikation fiel die Initiative von Egon Bahr, den Häftlingsfreikauf in seiner bisherigen Form zu beenden.[2023] Gleichzeitig war auch noch eine Klage der Bayerischen Staatsregierung vor dem Bundesverfassungsgericht gegen den Grundlagenvertrag

---

[2017] Vgl. Wolfrum: Die geglückte Demokratie, S. 313.
[2018] Vgl. Penzlin, Carsten: »Menschliche Erleichterungen«. Ost-Berliner und Moskauer Wahlhilfe für die sozial-liberale Koalition im Bundestagswahlkampf von 1972. In: DA 6/2007 (40. Jahrgang), S. 1009–1011.
[2019] Vgl. ebenda, S. 1009.
[2020] Vgl. Raschka: Justizpolitik im SED-Staat, S. 62 f.
[2021] Vgl. BA Koblenz, B 106/29783 (Kleine Anfrage von Unionsabgeordneten vom 7.6.1973).
[2022] Vgl. BA Koblenz, B 106/29783 (Vermerk von Wolf (BMI) vom 23.11.1972).
[2023] Vgl. Merseburger: Willy Brandt, S. 697 f.

anhängig.[2024] Diese Klage wurde schließlich am 31. Juli 1973 abgewiesen. Bereits am 21. Juni 1973 war der Grundlagenvertrag – nach der Ratifizierung in Bundestag und Bundesrat – in Kraft getreten. Die Rückschläge in humanitären Fragen nach Abschluss des Grundlagenvertrages gaben der CDU/CSU-Opposition aber die Möglichkeit, die sozial-liberale Bundesregierung innenpolitisch anzugreifen. Auch aufgrund der sogenannten »Kofferfälle« von Ausreiseantragstellern stand die Bundesregierung im ersten Halbjahr 1973 zunehmend unter Handlungsdruck.[2025] Erst nach dem Treffen zwischen Wehner und Honecker und nach der Ratifizierung des Grundlagenvertrages stieg die Zahl der genehmigten Ausreisen aus der DDR im zweiten Halbjahr 1973 wieder deutlich an.[2026]

In der Bundesrepublik hatte diese dramatische Zuspitzung auch innerhalb des Führungspersonals der SPD zu großen Meinungsverschiedenheiten geführt. Hierbei standen sich Willy Brandt und Egon Bahr auf der einen und Herbert Wehner auf der anderen Seite mit unterschiedlichen Auffassungen gegenüber.[2027] Nach dem erfolgreichen Abschluss der Ostverträge mit verschiedenen sozialistischen bzw. kommunistischen Staaten Osteuropas und dem Grundlagenvertrag mit der DDR waren diesen Verträgen, nach Meinung Wehners, zu wenig politische Initiativen mit konkreten Ergebnissen gefolgt.[2028] Wehners Kritik an Brandt und Bahr galt im Besonderen den schweren Rückschlägen in den Verhandlungen mit der DDR in allen humanitären Fragen, die auf die von Bundeskanzler Brandt gebilligte Initiative Bahrs zur Beendigung des Häftlingsfreikaufs über den Anwaltskontakt Vogel/Stange gefolgt waren.[2029] Der Freikauf war somit sowohl zwischen als auch innerhalb der Parteien vorübergehend zu einem Streitthema geworden.

Führende Politiker der Union wie Rainer Barzel kritisierten in den

---

[2024] Vgl. Potthoff: Bonn und Ost-Berlin 1969–1982, S. 33.
Vgl. ebf. Siegler Verlag (Hg.): Archiv der Gegenwart. Deutschland 1949 bis 1999. Band 6. April 1970–November 1973. Sankt Augustin 2000, S. 6047–6049.
[2025] Vgl. Potthoff: Bonn und Ost-Berlin 1969–1982, S. 39 und S. 104 f.
Vgl. ebf. Meyer: Herbert Wehner, S. 397 f.
[2026] Vgl. DzD VI/3 (1973/74); Dok. Nr. 68, S. 284 (Aufzeichnung Hoeschs von 1973, ohne Datum).
[2027] Vgl. Meyer: Herbert Wehner, S. 397.
Vgl. ebf. Bahr: Zu meiner Zeit, S. 437 f.
Vgl. zum schwierigen Verhältnis zwischen Bahr und Wehner aus der Sicht Bahrs: Derselbe: »Das musst du erzählen.« Erinnerungen an Willy Brandt. Berlin 2013, S. 149–158.
[2028] Vgl. Meyer: Herbert Wehner, S. 404 f.
[2029] Vgl. ebenda, S. 314 f. und S. 397 f.

1970er Jahren, dass sich durch den Grundlagenvertrag in den humanitären Fragen nichts wesentlich verändert habe, da sich die DDR auch weiterhin nahezu jedes Zugeständnis bezahlen lasse.[2030] Der ehemalige Minister für gesamtdeutsche Fragen Erich Mende, der 1970 vor allem wegen der neuen Ost- und Deutschlandpolitik der sozial-liberalen Koalition zur CDU gewechselt war, verlangte 1978 sogar öffentlich die Einstellung des Häftlingsfreikaufs.[2031] Die hohen finanziellen Gegenleistungen der Bundesrepublik seien in den Zeiten der Entspannungspolitik und aufgrund der zahlreichen innerdeutschen und internationalen Vereinbarungen nicht mehr vertretbar. Der Häftlingsfreikauf wurde im Bundestagswahlkampf von 1980 vom Kanzlerkandidaten der CDU/CSU und bayerischen Ministerpräsidenten Franz Josef Strauß wenige Tage vor der Wahl kritisch aufgegriffen. Hierbei wurde der Freikauf indirekt mit dem Anschlag auf das Oktoberfest am 26. September 1980 in München, der wahrscheinlich von Rechtsextremisten verübt worden war – die Hintergründe konnten nie vollständig aufgeklärt werden –, in Verbindung gebracht.[2032] Die DDR schiebe bewusst Personen über den Häftlingsfreikauf in die Bundesrepublik ab, die sich dann in rechtsextremen Gruppen engagieren würden.[2033] Zwar gab es sicherlich auch solche Fälle, aber für einen Zusammenhang mit dem Anschlag hatte Strauß keinen Beweis. In einer aufgeheizten politischen Atmosphäre verloren Strauß, der stark polarisierte, und die CDU/CSU (44,5 Prozent) die Wahl am 5. Oktober 1980 deutlich gegen die Koalition aus SPD (42,9 Prozent) und FDP (10,6 Prozent).[2034] Nur zwei Jahre später kam es aber zum Bruch der sozial-liberalen Koalition und Helmut Kohl (CDU) wurde durch ein konstruktives Misstrauensvotum zum neuen Bundeskanzler gewählt.

---

[2030] Vgl. Rainer Barzel im Interview mit Michel Meyer. In: Meyer: Freikauf, S. 184 f.
[2031] Vgl. Archiv für Christlich-Demokratische Politik (ACDP), 01-269-001/3 (aus dem Bestand Erich Mende; Bericht Mendes vor dem Europarat von Mai 1978). Vgl. ebf. BStU, Archiv der Zentralstelle, MfS ZAIG 9397, Band 3, S. 4 (Frankfurter Rundschau mit Artikel (»Schwere Vorwürfe gegen DDR«) vom 26.4.1978 zu Mendes Bericht; vom MfS aufbewahrt).
[2032] Vgl. AdsD, Sammlung Personalia Franz Josef Strauß, Karton 9782 (Diese enthält zahlreiche Artikel zu Angriffen von Strauß im Wahlkampf von 1980, u. a. Frankfurter Rundschau vom 1.10.1980: »Straußens Stärke«.)
Auch das BMB archivierte zahlreiche Artikel zu den Behauptungen von Strauß im Wahlkampf von 1980. Vgl. BA Koblenz, B 137/15781.
[2033] Vgl. AdsD, Sammlung Personalia Franz Josef Strauß, Karton 9782 (Frankfurter Rundschau vom 1.10.1980: »Straußens Stärke«).
[2034] Zahlen aus: Wolfrum: Die geglückte Demokratie, S. 352.

Die Regierungsübernahme im BMB verlief 1982 jedoch nicht reibungslos. Ministerialdirektor Edgar Hirt, Minister Frankes engster Mitarbeiter im Ministerium, war die Organisation des Häftlingsfreikaufs im Wesentlichen übertragen worden.[2035] Er hatte teilweise auf die Methode von Bargeldzahlungen für Freikäufe zurückgegriffen, was die Bundesregierung eigentlich als Zahlungsweise strikt abgelehnt hatte.[2036] Ohne Wissen des Deutschen Bundestages war – neben den auf parlamentarischem Wege bewilligten Geldern – eine zusätzliche Kasse mit Bargeld geführt worden, die laut Edgar Hirt ausschließlich zur Lösung von humanitären Notfällen in der DDR verwendet worden sei.[2037] Offiziell handelte es sich bei den Geldern um Mittel, die der Caritas vom Deutschen Bundestag für Unterstützungsleistungen in der DDR bewilligt worden waren. Auf Initiative Hirts gab die Caritas von rund 10,9 Millionen DM aber 5,56 Millionen DM in bar an das BMB zurück. Als Geldbote fungierte hierbei u.a. Rechtsanwalt Stange. Die Caritas ging hierbei davon aus, dass dieser Sachverhalt mit dem Haushaltsausschuss des Bundestages abgeklärt und abgesprochen worden war, was aber nicht zutraf. Als die Caritas Ludwig Rehlinger nach dem Regierungswechsel fragte, ob diese Praxis nun fortgesetzt werden solle, wurde der Vorgang öffentlich. Rehlinger lehnte ab und verlangte von Franke, Hirt und Stange Rechenschaft über die Verwendung der Mittel. Diese konnten jedoch über den Verbleib des Geldes keine zufriedenstellende Auskunft geben. Der Verstoß gegen das Haushaltsrecht hätte wahrscheinlich noch vergleichsweise unproblematisch juristisch gelöst werden können. Aber die insgesamt 5,56 Millionen DM aus der Kasse waren nicht mehr auffindbar. Franke und Hirt beharrten darauf, die Gelder seien ausschließlich für humanitäre Notfälle verwendet worden.

Laut Rehlinger konnten zwar mit den übergebenen Akten alle Freikaufaktionen lückenlos belegt werden, für die der Deutsche Bundestag Mittel zur Verfügung gestellt hatte; über die Verwendung der Bargeldkasse gab es jedoch keine Belege.[2038] Der Deutsche Bundestag, der für den Häftlingsfreikauf zuständige Dreier-Ausschuss des Haushaltsausschusses

---

[2035] Vgl. Deutscher Bundestag (Hg.): Drucksache 12/7600, S. 305.
[2036] Vgl. Kruse: Politik und deutsch-deutsche Wirtschaftsbeziehungen von 1945 bis 1989, S. 168.
[2037] Vgl. Whitney: Advocatus Diaboli, S. 203–207.
Vgl. ebf. Pötzl: Basar der Spione, S. 277–280.
Vgl. ebf. Rehlinger: Freikauf, S. 95–107.
Vgl. ebf. Diekmann (Hg.): Freigekauft, S. 84 und S. 86.
[2038] Vgl. Rehlinger: Freikauf, S. 105.

und auch alle Bundesfinanzminister waren im Wesentlichen bei der Bereitstellung von Geldern für den humanitären Bereich stets kooperativ gewesen, weshalb viele Abgeordnete über dieses Vorgehen nun sehr verärgert waren.[2039] Frankes Immunität wurde daher auch gemäß der Empfehlung des Dreier-Ausschusses 1983 vom Deutschen Bundestag aufgehoben.[2040] Der ehemalige Minister musste sich nun mit Hirt zur Klärung des Sachverhaltes vor dem Bonner Landgericht verantworten.[2041] Aber auch in der Gerichtsverhandlung konnte der Verbleib der 5,56 Millionen DM aus der Barkasse sowie der von weiteren 460.000 DM nicht aufgeklärt werden. Hirt war nicht in der Lage, seine Darstellung über die Verwendung der Gelder zu belegen. Außerdem führte er aus, sich nicht mehr an alle Vorgänge und Details erinnern zu können, da er damals in sehr vielen Verhandlungen im humanitären Bereich tätig gewesen sei. Die beiden Angeklagten versicherten, das Geld ausschließlich für humanitäre Fälle verwendet zu haben. Das Bonner Landgericht ging 1986 in seinem Urteil davon aus, dass nur Hirt Kenntnis von der Kasse gehabt hatte, da er diese selbst angelegt hatte. Außerdem wurden Hirt die ebenfalls nicht auffindbaren 460.000 DM zur Last gelegt, die laut Hirt bei einem internationalen Agentenaustausch verwendet worden waren.[2042] Aber auch dafür konnte Hirt keinen Nachweis vorlegen, da er nach seiner Aussage alle Belege vernichtet hatte.[2043] Hirt verteidigte sich damit, Minister Franke habe ihn immer dazu angehalten, alle Unterlagen zu vernichten.[2044]

Franke, der sich von den Rechtsanwälten Helmut Neumann und

---

[2039] Vgl. telefonisches Interview mit Ludwig Rehlinger am 30.9.2009.
[2040] Vgl. telefonisches Interview mit Albert Nehm am 1.4.2010. Nehm, ehemaliger SPD-Bundestagsabgeordneter und Mitglied des damaligen Dreier-Ausschusses, erläuterte, dass er und seine verstorbenen Kollegen Lieselotte Berger (CDU) und Hans-Günter Hoppe (FDP) damals aus seiner Sicht keine andere Wahl hatten, als den Vorgang vor Gericht klären zu lassen. Die Bonner Staatsanwaltschaft teilte am 19.5.2010 in einem Schreiben mit, dass sie keine Aufhebung der Geheimhaltung der Prozessakten beantragen wird und somit für diese Studie keine Akteneinsicht gewähren kann.
[2041] Vgl. Whitney: Advocatus Diaboli, S. 203–207.
Vgl. ebf. Rehlinger: Freikauf, S. 95–107.
Vgl. ebf. Pötzl: Basar der Spione, S. 277–280.
[2042] Zahl aus: Ebenda (Pötzl), S. 277 f. Hierbei handelte es sich um einen Austausch mehrerer Agenten, an dem zahlreiche Geheimdienste aus Ost und West beteiligt waren. Hauptperson des Deals war der sowjetische KGB-Offizier Koslow, der in Südafrika verhaftet worden war. Vgl. ebenda, S. 276–278.
[2043] Vgl. Whitney: Advocatus Diaboli, S. 205 und S. 207.
[2044] Vgl. ebenda, S. 202, S. 205 und S. 207.

Hermann Höcherl vertreten ließ, wurde Ende 1986 vom Gericht in allen Anklagepunkten freigesprochen.[2045] Edgar Hirt wurde die gesamte juristische Verantwortung zugewiesen. Er wurde zu drei Jahren und sechs Monaten Haft wegen Untreue in Tateinheit mit Betrug verurteilt.[2046] Der Betrugsvorwurf gegen Hirt begründete sich darauf, dass er die Caritas zu falschen Verwendungsnachweisen über die zurückgeflossenen Gelder gedrängt habe, die als Bargeldrückzahlung an das Ministerium erfolgt waren. Das Gericht ging davon aus, dass Hirt zumindest Teile des Geldes in die eigene Tasche gewirtschaftet hatte, was jedoch nie bewiesen werden konnte.[2047] Unstrittig war, dass rund 6 Millionen DM nicht auffindbar waren.[2048] Trotz vieler Zeugenaussagen vor Gericht, auch von Vogel und Stange, blieb der Sachverhalt ungeklärt.[2049] Hirts Aussagen zur Verwendung der Gelder akzeptierte das Gericht jedoch nicht.[2050] Dieses hatte mit der juristischen Aufarbeitung der äußerst komplexen Affäre eine schwierige Aufgabe zu bewältigen gehabt. Der Bundesgerichtshof bestätigte 1987 das Urteil des Bonner Landgerichts in vollem Umfang.

Als ehemaliger politischer Häftling in der Zeit des Nationalsozialismus war Minister Franke an humanitären Fragen ehrlich interessiert.[2051] In der öffentlichen Wahrnehmung wurden die unbestreitbaren Verdienste Frankes und Hirts aber durch den jahrelangen Prozess überschattet. Die sogenannte Franke/Hirt-Affäre warf ein schlechtes Licht auf den gesamten Häftlingsfreikauf.[2052] Im Prozess wurden zudem erhebliche Mängel in der Amtsführung Minister Frankes aufgedeckt, der sein Ministerium offensichtlich am langen Zügel geführt und Hirt die Detailarbeit überlassen hätte.[2053] Das machte es auch für das Gericht glaubhaft, dass Franke von Hirts angelegter Kasse tatsächlich nichts gewusst haben könnte. Auch wenn die Presse oftmals vom Ver-

---

[2045] Helmut Neumann stand für diese Studie dankenswerterweise für viele Rückfragen zum Prozess zur Verfügung, darunter zweimal in ausführlichen persönlichen Gesprächen am 3.3. und 8.6.2010 in Bonn.
[2046] Vgl. Rehlinger: Freikauf, S. 107.
Vgl. ebf. persönliche Gespräche mit Rechtsanwalt Helmut Neumann am 3.3. und 23.6.2010 in Bonn.
[2047] Vgl. Whitney: Advocatus Diaboli, S. 207.
[2048] Zahl aus: Rehlinger: Freikauf, S. 107.
[2049] Vgl. Pötzl: Basar der Spione, S. 278.
[2050] Vgl. Whitney: Advocatus Diaboli, S. 207.
[2051] Vgl. ebenda, S. 201.
[2052] Vgl. Rehlinger: Freikauf, S. 107.
[2053] Vgl. Whitney: Advocatus Diaboli, S. 202 und S. 206 f.

fahren ausgeschlossen wurde, so fand in den bundesdeutschen Medien dennoch eine breite Berichterstattung über den Prozess und damit auch über den Häftlingsfreikauf statt.[2054] Das musste die DDR und deren Unterhändler Vogel beunruhigen.[2055] Warum hatte Egon Franke 13 Jahre lang Minister bleiben können? Der Bundesrechnungshof hatte an der Amtsführung Frankes und an der Buchführung seines Ministeriums bereits 1977 Kritik geübt.[2056] Dies irritierte auch das Bundeskanzleramt.[2057] Minister Franke wies die Einwände jedoch umgehend zurück.[2058] Doch trotz aller Vorwürfe blieb kein Minister für gesamtdeutsche Fragen bzw. für innerdeutsche Beziehungen auch nur annähernd so lange im Amt wie Egon Franke. Seine langjährige Amtszeit muss mit seinem großen Einfluss in der SPD-Fraktion erklärt werden. Franke war die Führungsperson der sogenannten »Kanalarbeiter«, einer sehr einflussreichen Gruppe innerhalb der SPD-Bundestagsfraktion, die maßgeblich den »rechten Parteiflügel« repräsentierte.[2059] Der mit dem »linken Parteiflügel« im ständigen Konflikt stehende Bundeskanzler Helmut Schmidt war seit seinem Amtsantritt 1974 auf den politischen Rückhalt der Gruppe um Franke aber angewiesen.[2060] Die erhebliche innerparteiliche und innerfraktionelle Bedeutung Frankes für Bundeskanzler Schmidt bestätigten Schmidts enge Mitarbeiter Klaus Bölling und Manfred Schüler.[2061]

Die Franke/Hirt-Affäre belastete den Wahlkampf der SPD für die Bundestagswahl.[2062] Der hohe Wahlsieg der CDU/CSU (48,8 Prozent) am 6. März 1983 hatte allerdings im Wesentlichen andere innenpolitische und vor allem auch außenpolitische Gründe.[2063] Franke hatte sein Ministeramt inzwischen längst verloren, weshalb dem Thema auch viel

---

[2054] Vgl. Ast: Die gekaufte Freiheit, Teil 2.
[2055] Vgl. Rehlinger: Freikauf, S. 106 f.
[2056] Vgl. AdsD, Helmut-Schmidt-Archiv (HSA) im AdsD (Depositum Helmut Schmidt), Mappe 9071 (»Die Welt« vom 28.6.1977: »Rechnungshof stellt chaotische Zustände in Frankes Haus fest«).
[2057] Vgl. ebenda (Mappe 9071) (Schreiben von Manfred Schüler, Chef des Bundeskanzleramtes, vom 6.7.1977 an Minister Franke).
[2058] Vgl. ebenda (Mappe 9071) (Meldung von ap/ru/uz vom 28.6.1977: »franke wehrt sich gegen vorwuerfe – abendmeldung«).
[2059] Vgl. o. A.: SPD: Canale grande. In: DER SPIEGEL, Nr. 26/1974 vom 24.6.1974.
[2060] Vgl. Soell: Helmut Schmidt, S. 528–540.
[2061] Vgl. telefonische Interviews mit: Klaus Bölling am 4.3.2010; Manfred Schüler am 27.3.2010.
[2062] Vgl. o. A.: SPD: Punkt und Komma. In: DER SPIEGEL, Nr. 8/1983 vom 21.2.1983.
[2063] Vgl. Wolfrum: Die geglückte Demokratie, S. 354–357 und S. 385 f.

von seiner unmittelbaren politischen Brisanz genommen worden war. Die seit Oktober 1982 amtierende und nun wiedergewählte Bundesregierung unter Bundeskanzler Helmut Kohl führte den Häftlingsfreikauf unverändert fort.[2064] Auch die Deutschlandpolitik der sozial-liberalen Bundesregierung wurde im Kern fortgesetzt.[2065] Ab 1982 wurden Barzel und Rehlinger mit ihren alten Aufgaben in humanitären Fragen betraut. Noch von der Vorgängerregierung getroffene Absprachen wurden nach dem Grundsatz »Pacta sunt servanda« eingehalten.[2066] Das machte auch den Willen des neuen Bundeskanzlers Kohl deutlich, gerade in diesem Politikfeld weiterhin konkrete Ergebnisse zu erzielen und hier nicht hinter die sozial-liberale Koalition zurückzufallen.

Allerdings gerieten 1983 die Verhandlungen über den Häftlingsfreikauf aus vielfältigen Gründen erneut ins Stocken. Die neue Bundesregierung verfolgte vor allem in Bezug auf die Einbeziehung von Kriminellen sowie wegen ihrer ablehnenden Haltung gegenüber den sogenannten »Weihnachtsaktionen« bzw. »Sonderaktionen« eine härtere und restriktivere Linie.[2067] Zusätzlich erschwerte die Berichterstattung über den Franke/Hirt-Prozess die Verhandlungen im humanitären Bereich. Auch die Abberufung Stanges wirkte sich belastend aus. Ein mögliches Ende der humanitären Aktionen kündigte Vogel auch für den Fall der Umsetzung des NATO-Doppelbeschlusses durch die Bundesrepublik an, der dennoch umgesetzt wurde.[2068] Zudem gab es zwischen den beiden Seiten Streit um die in der DDR inhaftierte Christa-Karin Schumann.[2069] Alle diese Konflikte führten dazu, dass 1983 deutlich weniger politische Häftlinge (1.105) als 1982 (1.491) freigekauft werden konnten.[2070] Doch bereits 1984 wurden zum ersten Mal mehr als 2.000 politische Häftlinge in einem Kalenderjahr aus den

---

[2064] Vgl. Rehlinger: Freikauf, S. 88–94 und S. 108–120.
[2065] Vgl. Potthoff: Die »Koalition der Vernunft«, S. 40 f.
Vgl. in konträrer Auffassung zu Potthoff auch eine kritische Analyse der angeblich gegenüber der DDR zu nachgiebigen Deutschlandpolitik der Bundesregierungen der 1970er und 1980er Jahre: Roth, Margit: Innerdeutsche Bestandsaufnahme der Bundesrepublik 1969–1989. Neue Deutung. Berlin 2013.
[2066] Vgl. Ludwig Rehlinger im Interview am 21.2.2009 in Eichwalde.
Vgl. ebf. Diekmann (Hg.): Freigekauft, S. 87.
[2067] Vgl. Rehlinger: Freikauf, S. 85 und S. 106 f.
Vgl. ebf. Diekmann (Hg.): Freigekauft, S. 90.
[2068] Vgl. Wolfgang Vogel im Interview mit dem ARD-Magazin »Kontraste« am 17.10.1983.
[2069] Vgl. Pötzl: Basar der Spione, S. 484. Die Auseinandersetzung wurde in Unterkapitel 4.4 dargestellt.
[2070] Alle Zahlen bis zum Ende des Absatzes aus: Rehlinger: Freikauf, S. 279.

DDR-Gefängnissen ausgelöst (2.236). Der Höchstwert wurde 1985 mit 2.669 freigekauften politischen Häftlingen erreicht.

Ergänzend zu dem schon lange etablierten Häftlingsfreikauf trugen in den 1970er und den 1980er Jahren zahlreiche bundesdeutsche Politiker bei Zusammentreffen mit SED-Politikern ebenfalls humanitäre Einzelfälle vor.[2071] Neben dem bereits dargestellten Engagement Herbert Wehners und den Kontakten von Franz Josef Strauß mit Alexander Schalck-Golodkowski waren noch weitere führende Politiker der Bundesrepublik im Bereich der humanitären Maßnahmen erfolgreich tätig. Hervorzuheben ist hier Hans-Jochen Vogel, der in den 1980er Jahren seine jährlichen Begegnungen mit Erich Honecker nutzte, um humanitäre Härtefälle vorzubringen.[2072] Hierbei setzte er Wehners Arbeit engagiert fort. Hans-Jochen Vogel wurde bei dieser Aufgabe durch seine Mitarbeiter Dieter Schröder, Irmtraud Bojahr und Karin Schulte nachhaltig unterstützt. Nur dadurch konnte er von 1983 bis 1989 nahezu 7.000 Menschen in der DDR helfen, wobei Familienzusammenführungen und Haftentlassungen sein besonderes Augenmerk hatten.[2073]

Da die SPD die weitere Finanzierung des Freikaufs in den 1980er Jahren loyal mittrug, gehörte der parteipolitische Streit über den Freikauf weitgehend der Vergangenheit an. Doch in der zweiten Hälfte der 1980er Jahre kam es zu einem erneuten politischen Disput zwischen den bundesdeutschen Parteien, der für die vorliegende Studie ebenfalls von Bedeutung ist. So entbrannte ein Konflikt zwischen der CDU/CSU und der SPD um die »Zentrale Beweismittel- und Dokumentationsstelle der Landesjustizverwaltungen« (ZESt), besser bekannt unter »Erfassungsstelle Salzgitter«.[2074] Freigekaufte politische Häftlinge konnten der ZESt nach ihrer Ankunft in der Bundesrepublik

---

[2071] Vgl. Potthoff: Bonn und Ost-Berlin 1969–1982, S. 110.
[2072] Vgl. Vogel, Hans-Jochen: Nachsichten. Meine Bonner und Berliner Jahre. München 1997 (ungekürzte Taschenbuchausgabe; 1. Auflage des Buches erschien 1996), S. 251.
Vgl. ebf. Potthoff: Die »Koalition der Vernunft«, S. 53 f.
[2073] Vgl. Boll: Sprechen als Last und Befreiung, S. 327.
[2074] Vgl. Sauer und Plumeyer: Der Salzgitter Report, S. 242–248.
Vgl. ebf. zur ZESt: Sammler und Jäger Filmproduktion GmbH: Das Archiv des Unrechts – Die Zentrale Erfassungsstelle in Salzgitter. Deutschland 2013 Vgl. ebf. zur ZESt: http://library.fes.de/pdf-files/netzquelle/01280.pdf (Dokumentation des 3. Bautzen-Forums der Friedrich-Ebert-Stiftung vom 16. bis 17.6.1992 über Probleme bei der strafrechtlichen Verfolgung von DDR-Unrecht, mit einem Beitrag von Hans-Jürgen Grasemann zur ZESt).

über Misshandlungen im Strafvollzug berichten.²⁰⁷⁵ Noch in der DDR einsitzende politische Häftlinge verwendeten das Wort »Salzgitter« mitunter sogar als Synonym und Druckmittel gegenüber dem DDR-Strafvollzugspersonal, um mögliche Misshandlungen oder Schikanen vorzubeugen.²⁰⁷⁶

Sowohl der Häftlingsfreikauf als auch die ZESt wurden von den bundesdeutschen Parteien lange Zeit im parteiübergreifenden Konsens getragen und finanziert. Beides sollte den Menschen in der DDR helfen. Die ZESt sollte Flüchtlinge vor Schüssen von Grenzsoldaten als auch politische Häftlinge vor Misshandlungen von Strafvollzugsbediensteten möglichst schützen.²⁰⁷⁷ Die ZESt war nach dem Mauerbau auf Initiative des Hamburger CDU-Vorsitzenden Erik Blumenfeld und des West-Berliner Senats unter dem Regierenden Bürgermeister Willy Brandt als eine Einrichtung der Bundesländer im niedersächsischen Salzgitter 1961 gegründet worden.²⁰⁷⁸ Sie sollte vor allem tödliche Schüsse an der innerdeutschen Grenze registrieren und entsprechende Vorermittlungen aufnehmen, um die Schützen nach einer deutschen Einheit strafrechtlich verfolgen zu können. Aber auch Misshandlungen in Gefängnissen der DDR, Denunziationen oder Urteile von DDR-Richtern, die rechtsstaatliche Prinzipien schwerwiegend verletzten, wurden von der Stelle aufgenommen.

Im Anschluss an die von der ZESt geleisteten Vorermittlungen wurden die Fälle normalerweise an die hierfür zuständigen Staatsanwaltschaften in der Bundesrepublik abgegeben. Misshandlungen in DDR-Gefängnissen konnten von der ZESt im Besonderen seit dem Häftlingsfreikauf aufgenommen werden, da nun viele freigekaufte politische Häftlinge entsprechende Aussagen machen konnten.²⁰⁷⁹ Zwar er-

---

[2075] Vgl. Sauer und Plumeyer: Der Salzgitter Report, S. 38 f.
[2076] Vgl. Raschka: Zwischen Überwachung und Repression – Politische Verfolgung in der DDR 1971 bis 1989, S. 121.
Vgl. ebf. Lippmann: Die Anwerbung von Stasi-Spitzeln unter politischen Gefangenen und ihr Agieren in der Bundesrepublik. In: Aris und Heitmann (Hg.): Via Knast in den Westen, S. 92.
[2077] Vgl. telefonisches Interview mit Hans-Jürgen Grasemann am 19.1.2009.
[2078] Vgl. Grasemann, Hans-Jürgen: Die Zentrale Erfassungsstelle Salzgitter. Entstehung, Arbeit, Abwicklung. In: Gehler, Michael und Pudlat, Andreas (Hg.) (unter Mitarbeit von Imke Scharlemann): Grenzen in Europa. Hildesheim; Zürich und New York 2009, S. 185–194 (Auf den Seiten S. 195–207 folgt ein Gespräch zwischen Hans-Jürgen Grasemann und Imke Scharlemann über die ZESt.).
Vgl. ebf. Sauer und Plumeyer: Der Salzgitter Report, S. 23–39.
[2079] Vgl. Raschka: Zwischen Überwachung und Repression – Politische Verfolgung in der DDR 1971 bis 1989, S. 121.

wies sich eine strafrechtliche Aufarbeitung der vielen Menschenrechtsverletzungen im geteilten Deutschland als weitgehend undurchführbar, da lediglich in vier Ausnahmefällen Täter verurteilt werden konnten, die die DDR verlassen hatten.[2080] Nach der deutschen Einheit konnten die Aufzeichnungen der Stelle allerdings tatsächlich als Beweismaterial in verschiedenen Strafprozessen verwendet werden.[2081] Die ZESt wurde von der DDR seit ihrem Bestehen politisch bekämpft.[2082] Sie empfand die ZESt als eine Einmischung in ihre inneren Angelegenheiten, weshalb sie deren Auflösung verlangte.[2083] Nach der Bundestagswahl am 5. Oktober 1980 hielt Honecker am 13. Oktober 1980 vor SED-Funktionären eine Rede in Gera, wo er vier bereits erhobene Forderungen der DDR gegenüber der Bundesrepublik in scharfer Form wiederholte:[2084]

- Die Anerkennung der Staatsbürgerschaft der DDR.
- Die Auflösung der »Zentralen Erfassungsstelle« in Salzgitter.
- Eine Neuregelung des Grenzverlaufs an der Elbe in der Strommitte statt am DDR-Ufer.
- Die Umwandlung der Ständigen Vertretungen in reguläre Botschaften.

Die SPD/FDP-Bundesregierung unter Bundeskanzler Helmut Schmidt erfüllte diese Forderungen jedoch nicht.[2085] Honecker hielt seine sogenannten »Geraer Forderungen« auch in den folgenden Jahren aufrecht.[2086] Die seit 1982 amtierende Bundesregierung aus CDU/CSU und FDP unter Bundeskanzler Helmut Kohl (CDU) lehnte sie aber ebenfalls ab.[2087] Nur bei der Elbegrenze gab es offenbar gewisse Unter-

---

[2080] Vgl. Sauer und Plumeyer: Der Salzgitter Report, S. 211–234.
[2081] Vgl. ebenda, S. 248–251.
Vgl. zur strafrechtlichen Aufarbeitung: Pfarr, Micha Christopher: Die strafrechtliche Aufarbeitung der Misshandlung von Gefangenen in den Haftanstalten der DDR. Berlin 2013.
[2082] Vgl. Sauer und Plumeyer: Der Salzgitter Report, S. 235–247.
[2083] Vgl. ebenda, S. 239 f.
[2084] Vgl. zu den Geraer Forderungen: Potthoff: Bonn und Ost-Berlin 1969–1982, S. 73; Bruns, Wilhelm: Deutsch-deutsche Beziehungen. Prämissen – Probleme – Perspektiven. Opladen 1982 (3., erweiterte und aktualisierte Auflage; 1. Auflage erschien ebenfalls 1982), S. 111–114.
[2085] Vgl. Potthoff: Bonn und Ost-Berlin 1969–1982, S. 73–78.
[2086] Vgl. Korte, Karl-Rudolf: Deutschlandpolitik in Helmut Kohls Kanzlerschaft. Regierungsstil und Entscheidungen 1982–1989. Stuttgart 1998, S. 217 (Geschichte der deutschen Einheit in vier Bänden. Band 1).
[2087] Vgl. ebenda, S. 217 f.

schiede zwischen der CDU/CSU und der FDP. Die Union zeigte sich in dieser Frage etwas kompromissbereiter als die FDP, es kam aber vor der deutschen Einheit zu keiner Veränderung mehr.[2088] Hans-Dietrich Genscher sagte im Interview, dass seine Partei alle vier »Geraer Forderungen« der DDR entschieden abgelehnt habe.[2089] Bei der Frage der Elbegrenze habe er befürchtet, dass die scheinbar harmlose Forderung der DDR, die Grenze in der Mitte des Flusses und nicht am östlichen Ufer festzulegen, der DDR ermöglichen könnte, Flüchtlinge ohne Grenzverletzung noch im Wasser zu beschießen oder festzunehmen.

Im Vergleich zur CDU/CSU und zur FDP – aber auch im Unterschied zur ablehnenden Haltung der Bundesregierung Schmidt – zeigte sich die SPD als Oppositionspartei gegenüber den »Geraer Forderungen« der DDR jetzt entgegenkommender, was auch eine veränderte Haltung zur ZESt beinhaltete, deren Tätigkeit die SPD jetzt möglichst beenden wollte.[2090] Diese Position setzte sich in der SPD durch, obwohl die Stelle einst maßgeblich auf Willy Brandts Initiative hin gegründet worden war.[2091] Verschiedene SPD-regierte Bundesländer stellten 1988 ihre jährlichen finanziellen Zuschüsse für die Stelle ein, die Bundesregierung übernahm dann jedoch diese Zahlungen.[2092] Allerdings musste die Bundesregierung hierbei nur einen Zuschuss von 100.000 DM (statt bisher 50.000 DM) aufbringen, was die extrem geringen Summen verdeutlicht, die zur Finanzierung der Stelle notwendig waren.[2093] Der spätere Bundeskanzler Schröder versprach Erich Honecker 1985, er wolle den Vertrag über die Stelle im niedersächsischen Salzgitter kündigen, sofern er die Landtagswahl 1986 in Niedersachsen gewinnen würde.[2094] Ohne die politische Unterstützung des eigenen Bundeslandes hätte die ZESt wohl geschlossen und in einem anderen Bundesland errichtet werden müssen. Dies lag daran, dass die ZESt von der Generalstaatsanwaltschaft beim Oberlandesgericht in Braunschweig betrieben wurde, die als ein Teil der Exekutive dem niedersächsischen Landesjustizministerium unterstand.[2095] Die bei der Landtagswahl 1986 im Amt bestätigte niedersächsische CDU/FDP-Landesregierung unter Ministerpräsident Ernst Albrecht sowie die CDU/CSU/

---

[2088] Vgl. Potthoff: Die »Koalition der Vernunft«, S. 17.
[2089] Vgl. Interview mit Hans-Dietrich Genscher am 20.3.2009 in Wachberg-Pech.
[2090] Vgl. Zimmer: Nationales Interesse und Staatsräson, S. 124.
[2091] Vgl. Sauer und Plumeyer: Der Salzgitter Report, S. 23.
[2092] Vgl. ebenda, S. 248.
[2093] Zahlen aus: Ebenda, S. 248.
[2094] Vgl. Potthoff: Die »Koalition der Vernunft«, S. 370.
[2095] Vgl. Sauer und Plumeyer: Der Salzgitter Report, S. 23 f.

FDP-Bundesregierung unter Bundeskanzler Helmut Kohl hielten aber weiter an der Stelle fest.[2096] Die Union kritisierte die SPD sowohl wegen dieser Haltung als auch in anderen deutschlandpolitischen Fragen.[2097] Nach Auffassung der Union wollte die SPD im Verlauf der 1980er Jahre der SED-Führung politisch zu weit entgegenkommen und ihr zu viele Zugeständnisse machen. Zur veränderten Haltung der SPD zur ZESt konnten Hans-Jochen Vogel, Egon Bahr und der ehemalige Bundesjustizminister Jürgen Schmude befragt werden.[2098] Sie argumentierten im Wesentlichen, dass aus damaliger Sicht der SPD die ZESt das Verhältnis zur DDR belastet habe, ohne juristisch etwas einzubringen. Die deutsche Einheit sei zu diesem Zeitpunkt ebenfalls nicht absehbar gewesen. Jürgen Schmude führte außerdem an, dass für die Abschaffung der ZESt auch humanitäre Erleichterungen als mögliche DDR-Gegenleistung hätten ausgehandelt werden können.[2099] Die 1961 unmittelbar nach dem Mauerbau gegründete ZESt schien der SPD nun nicht mehr in eine Zeit der Entspannungspolitik zu passen, in der Erich Honecker 1987 sogar zu einem offiziellen Besuch in der Bundesrepublik empfangen wurde.[2100] Die SPD traf damals mit ihrer veränderten Position zur ZESt eine politische Fehlentscheidung. Hans-Jochen Vogel reflektierte dies durchaus selbstkritisch.[2101]

Die Befürworter der ZESt vertraten vor allem die These, dass die Stelle ein Versuch sei, DDR-Grenzsoldaten vom Erschießen von Flüchtlingen abzuhalten und politische Häftlinge vor Misshandlungen oder Schikanen von DDR-Strafvollzugsbediensteten zu schützen.[2102] Die ZESt sollte eine Abschreckung darstellen, was der leitende Staatsanwalt Höse bereits 1965 öffentlich so zusammenfasste: »*Es ist wichtiger, auch nur einen Flüchtling zu retten, als später zehn Zonensoldaten wegen voll-*

---

[2096] Vgl. Potthoff: Die »Koalition der Vernunft«, S. 650.
Vgl. ebf. Sauer und Plumeyer: Der Salzgitter Report, S. 248.
[2097] Vgl. Zimmer: Nationales Interesse und Staatsräson, S. 124.
[2098] Vgl. telefonische Interviews mit: Hans-Jochen Vogel am 31.7.2009; Egon Bahr am 7.10.2010; Jürgen Schmude am 1.11.2010. Alle genannten Zeitzeugen standen dankenswerterweise für Rückfragen zur veränderten Haltung der SPD zur ZESt in den 1980er Jahren zur Verfügung.
[2099] Vgl. telefonisches Interview mit Jürgen Schmude am 1.11.2010.
[2100] Vgl. Vogel: Nachsichten, S. 250.
Vgl. ebf. Hoffmann, Dierk: 1987: Honecker in Bonn. Deutsch-deutsche Spitzentreffen 1947–1990. In: Wengst und Wentker (Hg.): Das doppelte Deutschland, S. 333 f. und S. 353–355.
[2101] Vgl. Vogel: Nachsichten, S. 251.
[2102] Vgl. Sauer und Plumeyer: Der Salzgitter Report, S. 29–31.

*endeter Tötung aburteilen zu lassen. Die Opfer kann man nicht wieder zum Leben erwecken.«* [2103] Wissenschaftliche Studien nach der deutschen Einheit erhärten die These, dass die ZESt tatsächlich politischen Häftlingen einen gewissen Schutz bot.[2104] Für die historische Bewertung der ZESt ist hierbei aber entscheidend, dass es überhaupt Fälle gab, in denen die ZESt bedrängten Menschen geholfen hat. Die ZESt hatte somit tatsächlich ihre von der Bundesregierung erhoffte Wirkung erfüllt. Freigekaufte politische Häftlinge konnten bis zum Ende der DDR über erlittene Misshandlungen in DDR-Gefängnissen aussagen.[2105] Auch Todesfälle bzw. Tötungsversuche an der innerdeutschen Grenze wurden weiterhin aufgenommen.[2106] Nach der friedlichen Revolution 1989 und der deutschen Einheit 1990 konnten die Unterlagen von der »Zentralen Ermittlungsgruppe für Regierungs- und Vereinigungskriminalität« (ZERV) und von der bundesdeutschen Justiz für die Strafverfolgung von SED-Unrecht verwendet werden.[2107] Bis zum Ende der SED-Diktatur wurden insgesamt etwa 30.000 Gewaltakte registriert.[2108]

---

[2103] Zitiert nach: Sauer und Plumeyer: Der Salzgitter Report, S. 236. Hans-Jürgen Grasemann bestätigte diese Einschätzung im telefonischen Interview am 19.1.2009.
[2104] Vgl. Raschka: Zwischen Überwachung und Repression – Politische Verfolgung in der DDR 1971 bis 1989, S. 121.
[2105] Vgl. ebenda, S. 121.
[2106] Vgl. Sauer und Plumeyer: Der Salzgitter Report, S. 104–109.
[2107] Vgl. Grafe, Roman: Deutsche Gerechtigkeit. Prozesse gegen DDR-Grenzschützen und ihre Befehlsgeber. München 2004, S. 15. Der letzte erschossene Flüchtling an der Berliner Mauer war im Februar 1989 der 20 Jahre alte Chris Gueffroy. Die verantwortlichen DDR-Grenzsoldaten mussten sich nach der deutschen Einheit hierfür vor Gericht verantworten. Vgl. hierzu: Ebenda (Grafe), S. 12–14 und S. 19–23.
[2108] Zahl aus: Schacht, Ulrich (Hg.): Hohenecker Protokolle. Aussagen zur Geschichte der politischen Verfolgung von Frauen in der DDR. Frankfurt am Main und Berlin 1989 (Taschenbuchausgabe; als Buch 1984 erschienen), S. 7. Vgl. zu einem Prozess gegen einen bei den politischen Häftlingen im Gefängnis Cottbus berüchtigten Strafvollzugsbediensteten, der nur »Roter Terror« genannt wurde: Diekmann (Hg.): Freigekauft, S. 189 und S. 191. Er kam jedoch mit einer relativ milden Strafe davon. Vgl. ebenda, S. 191.
Vgl. zu den Haftbedingungen in Cottbus die Autobiografie eines politisch Inhaftierten: Pieper, Bernd: Roter Terror in Cottbus. Siebzehn Monate in Gefängnissen der DDR. Berlin 1997.

# 6. Die Rolle der Medien

Aus der Fülle der Presseveröffentlichungen zum Freikauf sind nur wenige für diese Studie als Quellen verwendbar. Sehr viele Journalisten, die vor 1990 über dieses heikle Thema berichtet hatten, konnten ihre Quellen nicht offen angeben. Sie waren entweder relativ spärlich von Insidern darüber informiert worden oder sie durften solche Auskünfte nicht publizieren. Häufig mussten sie deshalb Mutmaßungen über den Freikauf anstellen, die sich später als unkorrekt herausstellten.[2109] Derartige Veröffentlichungen können somit keine solide Quellengrundlage für diese Studie sein. Aber jeder erschienene Artikel oder Fernsehbericht zum Häftlingsfreikauf – ob sachlich zutreffend oder nicht – konnte nicht im Interesse der DDR sein, die Diskretion beim Freikauf erwartete. Verschiedene Organisationen, wie die »Internationale Gesellschaft für Menschenrechte« (IGfM) oder »Hilferufe von drüben« (Hvd), benutzten sogar bewusst die Medien für ihre humanitären Anliegen. Sie wollten die DDR für Menschenrechtsverletzungen und Inhaftierungen aus politischen Gründen öffentlich anklagen und damit Druck auf die DDR-Regierung ausüben. Sie setzten damit dem MfS in den 1980er Jahren in einigen DDR-Bezirken – besonders in Dresden, wo viele Ausreiseantragsteller lebten – erheblich zu.[2110] Die genannten Organisationen suchten deshalb gerade die Publizität.

## 6.1 Das Bemühen um Diskretion

Die von der DDR an die Bundesregierung gestellte Forderung nach absoluter Diskretion zählte zu ihren unverzichtbaren Bedingungen für die Durchführung des Freikaufs.[2111] Nachdem 1964 einige Presseartikel über den Häftlingsfreikauf in der Bundesrepublik erschienen

---

[2109] Vgl. BStU, Archiv der Zentralstelle, MfS – ZAIG 9396, Band 2, S. 11 (»Die Welt« in einem Artikel vom 5.7.1983: »Politische Gefangene verbittert. 10 bis 20 Prozent der aus der ›DDR‹ freigekauften Häftlinge sind Kriminelle.« Der Artikel enthält u. a. auch falsche Zahlen, so wird über einen angeblichen Preisanstieg von 30.000 DM auf 60.000 DM pro Person berichtet.).
[2110] Vgl. BStU, Archiv der Außenstelle Dresden, MfS BV Dresden AKG 7940, S. 325–328 (Bezirksverwaltung (des MfS) Dresden vom 21.3.1985 über »Feindorganisationen«).
[2111] Vgl. Rehlinger: Freikauf, S. 65 f.

waren, reagierte die DDR sehr verärgert und drohte damit – was sich im Verlauf der Jahre noch häufiger wiederholen sollte –, den Freikauf zu beenden.[2112] Zahlreiche Medien hatten über die überraschenden Häftlingsentlassungen von 1964 – Mende hatte zuvor hierzu eine Pressekonferenz gegeben – berichtet.[2113] Daraufhin wurden die meisten Verleger und Redakteure vertraulich über die Hintergründe des Häftlingsfreikaufs von der Bundesregierung informiert und darum gebeten, die Bemühungen im humanitären Bereich nicht durch unbedachte Veröffentlichungen zu gefährden.[2114] Hierbei war sicherlich hilfreich, dass sich der einflussreiche Verleger Axel Springer bereits 1963 für die Aufnahme des Häftlingsfreikaufs persönlich eingesetzt hatte.[2115] Für seine Zeitungen sagte er deshalb die erwünschte Zurückhaltung zu.[2116]

Es war vor allem Vogels Aufgabe, die entlassenen Häftlinge zum Stillschweigen anzuhalten sowie die Bundesregierung zu drängen, die bundesdeutsche Presse zu mehr Diskretion zu bewegen.[2117] Diese Hoffnung der DDR musste aber letztendlich ebenso illusorisch bleiben wie die Vorstellung, den Häftlingsfreikauf gegenüber der eigenen Bevölkerung geheim halten zu können. Das BMG konnte nur immer wieder an die Verantwortung aller Beteiligten und der Medienvertreter appellieren. Insgesamt kann jedoch hervorgehoben werden, dass die bundesdeutschen Medien in den 1960er Jahren bei der Berichterstattung über den Freikauf noch zurückhaltend waren. Helmut Schmidt würdigte die diskrete Haltung der Medien bezüglich des Häftlingsfreikaufs.[2118] Allerdings wurde seit den 1970er Jahren deutlich häufiger darüber berichtet. Das kann anhand der großen Anzahl akribisch gesammelter westlicher Presseberichte aus den 1970er und besonders den 1980er Jahren in den Akten des MfS nachvollzogen werden.[2119] Mit dazu bei-

---

[2112] Vgl. Rehlinger: Freikauf, S. 66.
Vgl. ebf. EZA Berlin, 742/280 (Schreiben von Vogel an Stange vom 21.8.1967 als Beispiel für 1967).
[2113] Vgl. Whitney: Advocatus Diaboli, S. 95.
Vgl. ebf. o. A.: Bonn: Häftlings-Auslösung: Gegen Südfrüchte. In: DER SPIEGEL, Nr. 42/1964 vom 14.10.1964.
[2114] Vgl. Whitney: Advocatus Diaboli, S. 95.
Vgl. ebf. Rehlinger: Freikauf, S. 66.
[2115] Vgl. Barzel: Es ist noch nicht zu spät, S. 34 f.
Vgl. ebf. Diekmann (Hg.): Freigekauft, S. 16 f.
[2116] Vgl. Rehlinger: Freikauf, S. 66.
[2117] Vgl. ebenda, S. 65 f. und S. 106.
Vgl. ebf. Kowalczuk: Stasi konkret, S. 314.
[2118] Vgl. Schmidt, Helmut: Außer Dienst. Eine Bilanz. München 2008, S. 31.
[2119] Vgl. BStU, Archiv der Zentralstelle, MfS – ZAIG 9330, 9397 und 9398 (Alle Signa-

getragen haben könnte auch der in den bundesdeutschen Medien ausgetragene innenpolitische Streit über den Freikauf. Axel Springer gab 1972 ein Interview zum Häftlingsfreikauf, in dem er ausdrücklich die Gründe nannte, die ihn bewogen hatten, seine öffentliche Zurückhaltung aufzugeben.[2120] Danach konnten die Zeitungen aus seinem Verlag sehr viel offener über das Thema berichten.

Je länger der Häftlingsfreikauf fortgeführt wurde, umso geringer wurden die Bedenken der bundesdeutschen Journalisten, hierüber zu berichten.[2121] Auch internationale Medien zeigten sich zunehmend interessiert am innerdeutschen Freikauf.[2122] Einige freigekaufte politische Häftlinge wollten nach ihrer Ausreise mittels der bundesdeutschen Medien gerne ihre eigenen, persönlichen Erlebnisse erzählen.[2123] Entsprechend »spannende« Lebensgeschichten waren für die Zeitungen und viele westliche Leser häufig von wirklichem Interesse. Allerdings

turen haben jeweils vier Bände; hierin befinden sich zahlreiche bundesdeutsche Zeitungsartikel über Freikauf, Fluchten bzw. Ausreisen aus der DDR, die alle vom MfS gesammelt wurden.). Auch das BMB archivierte Artikel zum Freikauf. Vgl. als Beispiel: Höllen, Martin: Der innerdeutsche »Freikauf«. Ein schwieriges Geschäft zwischen Ideologie und Humanität. In: Der Monat 32 (1980), S. 62–69. In: BA Koblenz, B 137/15781.
Vgl. als weitere Beispiele für Veröffentlichungen mit direktem Bezug auf den Freikauf aus den 1980er Jahren zahlreiche SPIEGEL-Artikel: o. A.: Deutschlandpolitik: Schwarze Wolken. In: DER SPIEGEL, Nr. 12/1980 vom 17.3.1980; o. A.: Deutschlandpolitik: Was nicht geht. In: DER SPIEGEL, Nr. 10/1982 vom 8.3.1982; o. A.: Deutschlandpolitik: Leise Sohlen. In: DER SPIEGEL, Nr. 45/1982 vom 8.11.1982; o. A.: Außerhalb offizieller Regularien. In: DER SPIEGEL, Nr. 7/1983 vom 14.2.1983; o. A.: Affäre Franke: Via Caritas. In: DER SPIEGEL, Nr. 40/1984 vom 19.3.1984; o. A.: Unterhändler: Weniger als nichts. In: DER SPIEGEL, Nr. 40/1989 vom 2.10.1989.

[2120] Vgl. zum Interview: Döpfner (Hg.): Axel Springer, S. 217–219; Diekmann (Hg.): Freigekauft, S. 18 f.
[2121] Vgl. telefonisches Interview mit Friedrich Nowottny am 29.3.2010. Nowottny führte aus, dass er die bundesdeutschen Medien als nicht sehr zurückhaltend empfunden hätte, sondern durchaus berichtet wurde.
[2122] Vgl. BA Koblenz, B 137/15780 (vom BMB archiviert: Kieler Nachrichten vom 18.1.1979: »Der Menschenhandel ist ein Hohn auf alle internationalen Abkommen«; kritische britische Berichterstattung über den innerdeutschen Häftlingsfreikauf).
Vgl. ebf. BA Koblenz, B 137/15780 (vom BMB archiviert: Der Tagesspiegel vom 6.10.1978: »Menschenhandel mit DDR im schwedischen Fernsehen«; schwedischer Fernsehbericht zum Freikauf).
[2123] Vgl. BStU, Archiv der Zentralstelle, ZAIG 9336, Band 3, S. 100 (Berliner Morgenpost vom 6.9.1979: »Ost-Berliner Familie: ›Die Kinder sollten keine Kadetten werden.‹ Fluchtversuch, Haft, Freikauf, Zusammenführung – der lange Weg in die Freiheit«; vom MfS aufbewahrt).

war die Mehrzahl der freigekauften politischen Häftlinge mit Auskünften zurückhaltend. Das BMB war ebenfalls sehr vorsichtig bei der Weitergabe von Informationen über politische Häftlinge in der DDR und über den Freikauf. Diese gegenläufige Entwicklung – Zurückhaltung der Bundesregierung und gleichzeitig wachsende Medienberichterstattung – begünstigte die Legendenbildung über den Freikauf. Als Beispiel sei hier die angebliche Anwendung eines festen Preissystems genannt, das sich in erster Linie nach der beruflichen Ausbildung und dem Bildungsabschluss des Häftlings staffele.[2124]

Trotz aller Veröffentlichungen in der Bundesrepublik setzte die DDR den Häftlingsfreikauf bis 1989 fort. Sie wollte dennoch niemals akzeptieren, dass die Bundesrepublik in einer demokratischen Gesellschaft auf die Presseberichterstattung keinen direkten Einfluss nehmen, sondern höchstens um Zurückhaltung bitten konnte.[2125] In der DDR war es hingegen wegen der systematischen Kontrolle der Medien immer möglich, die Veröffentlichung von Themen, die der SED nicht genehm waren, zu unterbinden.[2126]

Auch die nach dem Grundlagenvertrag in der DDR zugelassenen Korrespondenten bundesdeutscher Medien konnten immer von den DDR-Behörden unter Druck gesetzt und notfalls auch ausgewiesen werden. Letzteres war beispielsweise beim SPIEGEL-Journalisten Jörg Mettke oder dem ZDF-Korrespondenten Lothar Loewe der Fall.[2127] Die DDR war natürlich weitgehend machtlos, wenn bundesdeutsche Journalisten außerhalb des Einflussbereiches der SED-Machthaber für sie unangenehme und heikle Themen kritisch beleuchteten.[2128] Nach

---

[2124] Vgl. BStU, Archiv der Zentralstelle, ZAIG 9397, Band 3, S. 16 (Zeitschrift Quick vom 16.3.1978: »Menschenverkauf. Ärzte sind teurer als Arbeiter« über angebliches Preissystem nach Ausbildung).
[2125] Vgl. Rehlinger: Freikauf, S. 65 f.
[2126] Vgl. Holzweißig, Gunter: Medien und Medienlenkung. In: Kuhrt, Eberhard (Hg.) (in Verbindung mit Hannsjörg F. Buck und Gunter Holzweißig) im Auftrag des Bundesministeriums des Innern: Die SED-Herrschaft und ihr Zusammenbruch. Opladen 1996, S. 51–81 (aus der Reihe: Am Ende des realen Sozialismus. Band 1).
[2127] Vgl. Chmel, Christian: Die DDR-Berichterstattung bundesdeutscher Massenmedien und die Reaktionen der SED (1972–1989). Berlin 2009, S. 155–163 (zur Ausweisung Jörg Mettkes) und S. 163–176 (zur Ausweisung Lothar Loewes). Vgl. ebf. zu Lothar Loewes Ausweisung: Derselbe: Abends kommt der Klassenfeind. Eindrücke zwischen Elbe und Oder. Frankfurt am Main; Berlin und Wien 1977, S. 124 f. und S. 137 f.
[2128] Vgl. BStU, Archiv der Zentralstelle, MfS – ZKG 9659, S. 2 (Vermerk der ZKG vom 31.5.1988, in dem Vogel aufgefordert wurde, den neuen bundesdeutschen Staatssekretär Priesnitz zur Diskretion anzuhalten).

den Amnestien von 1972 und 1979 rückten beispielsweise die politischen Häftlinge in den DDR-Gefängnissen vorübergehend in den Fokus bundesdeutscher Medien.[2129] In den 1980er Jahren erschienen aufgrund der wachsenden Krise in der DDR zahlreiche DDR-kritische Berichte in der bundesdeutschen Presse, wobei die West-Medien von einigen DDR-Oppositionellen auch zunehmend als Sprachrohr genutzt wurden.[2130] Das West-Fernsehen war außerdem fast die einzige Chance für DDR-Bürger, sich über ihr Land realistisch zu informieren. Insbesondere das ARD-Magazin »Kontraste«, für das der unter Gewaltanwendung abgeschobene Jenaer[2131] Oppositionelle Roland Jahn[2132] arbeitete, und der Deutschlandfunk mit Karl Wilhelm Fricke, einem Journalisten, Wissenschaftler und ehemaligem politischen Häftling in der DDR, sendeten viele kritische Berichte über die DDR.[2133]

Besonders problematisch waren für die DDR die Beiträge über den Häftlingsfreikauf im West-Fernsehen, zumal ARD und ZDF von den DDR-Bürgern sehr häufig gesehen wurden.[2134] Speziell das »ZDF-Magazin« mit den Moderatoren Gerhard Löwenthal und Fritz Schenk wurde zu einer wichtigen Informations- und Nachrichtenquelle über die politischen Häftlinge in der DDR.[2135] Auch der Häftlingsfreikauf

---

[2129] Vgl. als Beispiele für solche Veröffentlichungen:
o. A.: DDR/Amnestie: Schlechte Optik. In: DER SPIEGEL, Nr. 3/1973 vom 15.1.1973.
o. A.: Häftlingsfreikauf: Dann wohl cash. In: DER SPIEGEL, Nr. 45/1979 vom 5.11.1979.
[2130] Vgl. Fricke: Opposition und Widerstand in der DDR, S. 213.
Vgl. ebf. Neubert: Geschichte der Opposition in der DDR 1949–1989, S. 324.
[2131] Jena war in den Augen vieler Bürgerrechtler ein wichtiges Zentrum der SED-Opposition. Vgl. Pietzsch, Henning: Opposition und Widerstand: Die kirchliche Jugendarbeit »Offene Arbeit« in Jena zwischen 1970 und 1989. In: Timmermann, Heiner (Hg.): Agenda DDR-Forschung. Ergebnisse, Probleme, Kontroversen. Münster 2005, S. 73–98.
[2132] Vgl. zu Roland Jahn: Veen, Hans-Joachim; Eisenfeld, Peter; Kloth, Hans Michael; Knabe, Hubertus; Maser, Peter; Neubert, Ehrhart und Wilke, Manfred (Hg.): Lexikon: Opposition und Widerstand in der SED-Diktatur. Berlin und München 2000, S. 189 f.
[2133] Vgl. Fricke: Opposition und Widerstand in der DDR, S. 324.
[2134] Vgl. Hickethier: Das Fernsehen der DDR. In: Zahlmann (Hg.): Wie im Westen, nur anders, S. 120.
Vgl. ebf. zum DDR-Fernsehen: Dittmar, Claudia: Feindliches Fernsehen. Das DDR-Fernsehen und seine Strategie im Umgang mit dem westdeutschen Fernsehen. Bielefeld 2010; Steinmetz, Rüdiger und Viehoff, Reinhold (Hg.): Deutsches Fernsehen Ost. Eine Programmgeschichte des DDR-Fernsehens. Berlin 2008.
[2135] Vgl. Veith: Die Frau vom Checkpoint Charlie, S. 90 f.

wurde in der Sendung wiederholt angesprochen. So wurden beispielsweise der später sehr bekannt gewordene Fall der freigekauften Jutta Gallus und das Schicksal ihrer beiden Töchter ausführlich dargestellt. Die umfangreiche Berichterstattung über den Franke/Hirt-Prozess Anfang bis Mitte der 1980er Jahre brachte den Freikauf über einen längeren Zeitraum in Misskredit.[2136] Da Medien von der Teilnahme am Prozess ausgeschlossen worden waren, beruhten Artikel über den Prozess häufig nur auf Mutmaßungen.[2137]

Beiträge über amnestierte oder freigekaufte Häftlinge, die später in der Bundesrepublik kriminell geworden waren, sorgten ebenfalls für negative Schlagzeilen. Als Beispiele können hierfür erwähnt werden: eine Ohrfeige für Bundeskanzler Brandt durch einen Freigekauften 1971,[2138] der Mord an einem Taxifahrer 1973 in Hanau durch zwei bei der Amnestie von 1972 ausgereiste Häftlinge,[2139] ein Banküberfall 1979 in West-Berlin, bei dem alle fünf Täter aus der DDR freigekauft worden waren.[2140] Nach solchen oder ähnlichen Fällen musste das BMB mit Protestschreiben aus der bundesdeutschen Bevölkerung rechnen, die sich gegen den Häftlingsfreikauf aussprachen.[2141] Trotz jener kritischen Stimmen stand dessen Fortsetzung durch die Bundesregierung aber niemals ernsthaft infrage. Ohnehin ist davon auszugehen, dass der Freikauf von der Mehrheit der Bundesbürger weitgehend gleichgültig hingenommen wurde. Das traf aber natürlich nicht auf Angehörige oder Freunde der politischen Häftlinge und auf Menschenrechtsorga-

---

[2136] Vgl. o. A.: Franke-Prozess: Fester Glaube. In: DER SPIEGEL, Nr. 48/1985 vom 25.11.1985.
[2137] Vgl. persönliche Gespräche mit Rechtsanwalt Helmut Neumann am 3.3. und 8.6.2010 in Bonn.
Vgl. ebf. Interview mit Edgar Hirt am 7.7.2010 in Bonn.
[2138] Vgl. BA Koblenz, B 137/15780 (vom BMB archiviert: BILD-Zeitung vom 25.9.1971: »Willy Brandt auf der Straße geohrfeigt«). Brandt wurde wegen seiner Ost-Politik von einem NPD-Mitglied geohrfeigt, das vorher als Fluchthelfer freigekauft worden war.
[2139] Vgl. BA Koblenz, B 137/15772 (vom BMB archiviert: Kölner Express vom 8.3.1973: »Die DDR ließ nicht nur politische Häftlinge laufen: In den Westen und gemordet!«; über kriminelle Amnestierte).
[2140] Vgl. BStU, Archiv der Zentralstelle, MfS – ZAIG 9330, Band 3, S. 49 (Der Tagesspiegel vom 11.12.1979: »Mutmaßlicher Kaufhauserpresser als Zeuge im Bankraub-Prozess. Fünf freigekaufte DDR-Häftlinge vor Gericht – 12.000 Mark erbeutet«; vom MfS aufbewahrt).
[2141] Vgl. BA Koblenz, B 137/15772 (Protestschreiben von Bundesbürgern in den 1970er Jahren wegen der Ohrfeige für Bundeskanzler Brandt und dem Mord in Hanau; vom BMB archiviert).

nisationen zu, die an der Freilassung der politischen Häftlinge in der DDR ein großes Interesse hatten. Verschiedene Menschenrechtsorganisationen setzten zur Durchsetzung ihrer humanitären Anliegen sogar gezielt die Öffentlichkeit ein.

## 6.2 Öffentlichkeit als Druckmittel gegenüber der DDR

In der Bundesrepublik gab es zahlreiche Organisationen, die Menschenrechtsverletzungen in der DDR bewusst publizierten. Dazu zählte u. a. die 1972 gegründete »Gesellschaft für Menschenrechte« (GfM), die sich 1981 in »Internationale Gesellschaft für Menschenrechte« (IGfM) umbenannte. Weitere Verbände und Vereinigungen mit ähnlichen Zielsetzungen waren »Hilferufe von drüben« (Hvd), die »Hilfsaktion Märtyrerkirche«, die »Vereinigung der Opfer des Stalinismus« (VOS), das »Brüsewitz-Zentrum« oder die »Arbeitsgemeinschaft 13. August«. Mit öffentlichen Kampagnen und Anzeigen, in denen sie die Freilassung politischer Häftlinge forderten, setzten sie die DDR immer wieder gezielt unter Druck. Sie nutzten hierbei strategisch geschickt die bundesdeutsche und teilweise sogar die internationale Öffentlichkeit.[2142] Im Umgang mit diesen Organisationen agierte die Bundesregierung wegen des Freikaufs sehr zurückhaltend. IGfM und Hvd wurden von der SED-Diktatur als »Feindorganisationen« eingestuft und dementsprechend hart bekämpft.[2143] Das MfS war deshalb zum Teil erfolgreich darum bemüht, Agenten – hierunter angeworbene ehemalige Häftlinge – in DDR-kritische Organisationen einzuschleusen, die den Auftrag hatten, diese auszuhorchen, zu »zersetzen« oder durch provokative Aktionen deren Ruf in der Bundesrepublik zu schaden.[2144]

Der Häftlingsfreikauf hatte für die DDR den unerwünschten Nebeneffekt bekommen, dass einige freigekaufte politische Häftlinge in der Bundesrepublik die DDR öffentlich kritisierten und gegen sie

---

[2142] Vgl. Veith: Die Frau vom Checkpoint Charlie, S. 90 f. und S. 104–108.
[2143] Vgl. BStU, Archiv der Außenstelle Dresden, MfS BV Ddn. AKG 7940, S. 325–328 (Analyse der Bezirksverwaltung Dresden vom 21.3.1985, u. a. über die »Feindorganisationen« IGfM und Hvd und deren Unterstützung für Ausreiseantragsteller im Bezirk Dresden).
[2144] Vgl. Lippmann: Die Anwerbung von Stasi-Spitzeln unter politischen Gefangenen und ihr Agieren in der Bundesrepublik. In: Aris und Heitmann (Hg.): Via Knast in den Westen, S. 92–98.

politisch agierten.[2145] Einige engagierten sich hierbei auch in den genannten DDR-kritischen Gruppen.[2146] Die Mehrheit der freigekauften politischen Häftlinge war allerdings nach ihrem Freikauf politisch inaktiv.[2147] Die DDR-kritischen Organisationen waren zwar im Umgang miteinander nicht immer frei von Konflikten; dennoch starteten sie gelegentlich auch gemeinsame Aktionen. Beispielsweise wurden Einzelfälle von Ausreiseantragstellern in ganzseitigen Zeitungsanzeigen dargestellt, um so die DDR unter Druck zu setzen.[2148]

Die Organisationen verfolgten oft unterschiedliche Strategien. So engagierte sich die IGfM beispielsweise bei der UNO in Genf für politisch verfolgte DDR-Bürger. Sie bemühte sich hierbei, die DDR beim internationalen Gremium des Menschenrechtsrats der UNO mit Hilfe des sogenannten »1503-Verfahrens« von den Mitgliedsstaaten für Menschenrechtsverletzungen anklagen und verurteilen zu lassen.[2149] Nach der 1970 verabschiedeten Resolution 1503 des Wirtschafts- und Sozialrates der UNO hatte das internationale Gremium des UNO-Menschenrechtsrats die Möglichkeit, sich auch mit der Menschenrechtssituation innerhalb von Staaten zu befassen. Die sozialistischen Länder bemühten sich jedoch, alle derartigen Initiativen konsequent abzublocken. Beim »1503-Verfahren« mussten außerdem viele verfahrenstechnische Hürden in Kauf genommen werden.[2150] Die IGfM sah hierin dennoch eine Chance. Sie wollte erreichen, dass die DDR strittige Einzelfälle am besten durch Haftentlassungen oder Ausreisegenehmigungen selbst erledigte, bevor diese überhaupt bei der UNO und deren zuständigem Gremium als Menschenrechtsver-

---

[2145] Vgl. Gehrmann: Die Überwindung des »Eisernen Vorhangs«, S. 119–124.
Vgl. ebf. Welsch: Ich war Staatsfeind Nr. 1, S. 197–200, S. 203–214 und S. 217–235.
[2146] Vgl. Clausen, Claus Peter: Freunde und Helfer. In: Löwenthal, Gerhard; Kamphausen, Helmut und Clausen, Claus Peter: Hilferufe von drüben. Eine Dokumentation wider das Vergessen. Holzgerlingen 2002 (3. Auflage; 1. Auflage erschien 1993 unter dem Titel: »Feindzentrale Hilferufe von drüben«), S. 187.
[2147] Vgl. Lippmann: Moderner Menschenhandel – Freikauf politischer Häftlinge aus der DDR. In: Conze; Gajdukowa und Koch-Baumgarten (Hg.): Die demokratische Revolution 1989 in der DDR, S. 65 und S. 72.
[2148] Vgl. Clausen, Claus Peter: Hilferufe und die Politik. In: Löwenthal; Kamphausen und Clausen: Hilferufe von drüben, S. 205–211.
[2149] Vgl. persönliches Gespräch mit Karl Hafen von der IGfM am 29.9.2009 in Frankfurt am Main. Karl Hafen stand für diese Studie dankenswerterweise für Rückfragen zur IGfM zur Verfügung.
[2150] Vgl. Mail von Alfred Zayas vom 7.9.2009. Alfred Zayas war als Jurist bei der UNO in Genf in Fragen der Menschenrechte tätig. Er stand für diese Studie dankenswerterweise für Rückfragen zur Verfügung.

letzungen bearbeitet wurden bzw. diesem zur Kenntnis gelangten.[2151] Eine ähnliche Vorgehensweise über das »1503-Verfahren« wählte auch die ehemalige DDR-Bürgerin Brigitte Klump, die sich als Einzelperson ebenfalls für betroffene Häftlinge oder Ausreiseantragsteller in der DDR bei der UNO einsetzte.[2152] Das MfS sah sich durch ihre Tätigkeit immer wieder in Schwierigkeiten gebracht.[2153] Die Besorgnis der DDR um ihre internationale Reputation kam sowohl der IGfM als auch Brigitte Klump bei ihren Initiativen zugute. Die IGfM publizierte darüber hinaus auch Dokumentationen über politische Häftlinge in der DDR, um die SED-Diktatur auch auf diese Weise zum Handeln zu zwingen.[2154]

Die Vereinigung »Hilferufe von drüben« (Hvd) wählte eine andere Vorgehensweise, um politischen Häftlingen oder Ausreiseantragstellern in der DDR zu helfen. Sie profitierte hierbei vor allem von der Bekanntheit und der öffentlichen Präsenz des ZDF-Journalisten Gerhard Löwenthal in dessen Sendung »ZDF-Magazin«, die Löwenthal neben Fritz Schenk moderierte.[2155] In dieser Sendung, die vor allem Löwenthal prägte, wurden in der Rubrik »Hilferufe von drüben« sehr publikumswirksam Fälle von politischen Häftlingen oder Ausreiseantragstellern aufgegriffen. Darum war Löwenthal von den Betroffenen bzw. deren Angehörigen gebeten worden, so zum Beispiel auch im Fall von Rolf Mainz.[2156] DDR-Bürger, die sich hilfesuchend an Löwenthal gewandt hatten, mussten allerdings mit einer Inhaftierung und Verurteilung

---

[2151] Vgl. telefonisches Interview mit Wulf Rothenbächer am 1.2.2010. Wulf Rothenbächer stand dankenswerterweise für Rückfragen zur IGfM zur Verfügung.

[2152] Vgl. Klump, Brigitte: Freiheit hat keinen Preis. Ein deutsch-deutscher Report. München 1981, S. 223. Brigitte Klump stand dankenswerterweise für Rückfragen zur Verfügung, u. a. in einer Mail vom 5.8.2009.
Vgl. ebf. von Brigitte Klump: Dieselbe: Das rote Kloster – Eine deutsche Erziehung. Hamburg 1978.

[2153] Vgl. Eisenfeld, Bernd: Reaktionen der DDR-Staatssicherheit auf Korb III des KSZE-Prozesses. In: DA 6/2005 (38. Jahrgang), S. 1005.

[2154] Vgl. Rothenbächer, Wulf und Vemmer, Wilfried (Redaktion) für die Internationale Gesellschaft für Menschenrechte – Deutsche Sektion (Hg.): Politische Haft in der DDR. Befragung ehemaliger politischer Gefangener aus der DDR über ihre Inhaftierung in der DDR, Stand 1986. Frankfurt am Main 1986.

[2155] Vgl. Kamphausen, Helmut: Hvd im »ZDF-Magazin«. In: Löwenthal; Kamphausen und Clausen: Hilferufe von drüben, S. 41–109.

[2156] Vgl. Schmidt und Weischer: Zorn und Trauer, S. 126 f. (Bericht über Rolf Mainz). Rolf Mainz stand für diese Studie dankenswerterweise auch in einer Mail vom 25.2.2010 für Rückfragen zur Verfügung.

rechnen.[2157] Löwenthal attackierte in seinen Sendungen jene Sachverhalte in der DDR, die auch von allen im Deutschen Bundestag vertretenen Parteien abgelehnt und verurteilt wurden.[2158] Hierzu gehörten selbstverständlich die tödlichen Schüsse an der innerdeutschen Grenze, die Inhaftierung von DDR-Bürgern aus politischen Gründen sowie die Haftbedingungen in den DDR-Gefängnissen. Auch weitere die DDR anklagende Sachverhalte wurden offen und sehr direkt angesprochen. Dieses Sendeformat passte jedoch nach Auffassung vieler bundesdeutscher Entscheidungsträger in Politik und Medien nicht mehr in die Zeit der Entspannungspolitik. Zudem polarisierte Löwenthal die bundesdeutsche Öffentlichkeit auch deshalb, weil er nicht nur ein scharfzüngiger Kritiker der DDR, sondern auch der sozial-liberalen Koalition und ihrer Ost- und Deutschlandpolitik war.[2159]

Nach Meinung der SPD/FDP-Koalition schadete generell jede Form der Publizität den betroffenen Häftlingen bzw. Ausreiseantragstellern nur.[2160] Herbert Wehner, der hierbei von Bischof Scharf unterstützt wurde, hatte sich deshalb 1980 in einem Leserbrief in der »Frankfurter Allgemeinen Zeitung« (FAZ) dezidiert gegen die öffentliche Behandlung von Einzelfällen ausgesprochen.[2161] Hvd verwies hingegen auf Fälle, in denen die hergestellte Öffentlichkeit ihrer Meinung nach gerade den Betroffenen geholfen, zumindest aber nicht geschadet habe.[2162]

---

[2157] Vgl. Schmidt, Andreas: Leerjahre. Leben und Überleben im DDR-Gulag. Böblingen 1986, S. 131–140 und S. 144. Schmidt hatte durch das ZDF-Magazin vom Häftlingsfreikauf erfahren. Vgl. ebenda, S. 138. Andreas Schmidt stand für diese Studie dankenswerterweise auch in einem telefonischen Interview am 31.1.2010 für Rückfragen zur Verfügung.

[2158] Vgl. Kamphausen: Hvd im »ZDF-Magazin«. In: Löwenthal; Kamphausen und Clausen: Hilferufe von drüben, S. 41–109.

[2159] Vgl. Baring: Machtwechsel, S. 496.
Vgl. ebf. o. A.: Gestorben: Gerhard Löwenthal. In: DER SPIEGEL, Nr. 51/2002 vom 16.12.2002.

[2160] Vgl. AdsD, HSA im AdsD (Depositum Helmut Schmidt), Mappe 9071 (Brief von Löwenthal an Franke vom 26.4.1976; Brief von Franke an Löwenthal vom 10.5.1976). Der Schriftverkehr wurde Bundeskanzler Schmidt von Minister Franke zur Verfügung gestellt.
Vgl. ebf. Bundesministerium für innerdeutsche Beziehungen (Hg.): Zehn Jahre Deutschlandpolitik. Die Entwicklung der Beziehungen zwischen der Bundesrepublik Deutschland und der Deutschen Demokratischen Republik 1969–1979. Bericht und Dokumentation. Melsungen 1980, S. 53.

[2161] Vgl. Clausen: Hilferufe und die Politik. In: Löwenthal; Kamphausen und Clausen: Hilferufe von drüben, S. 198 f.
Vgl. ebf. Meyer: Herbert Wehner, S. 454.

[2162] Vgl. Kamphausen: Hvd im »ZDF-Magazin«. In: Löwenthal; Kamphausen und Clausen: Hilferufe von drüben, S. 46 und S. 65.

Laut Reinhard Appel, dem ehemaligen Chefredakteur des ZDF, befand sich das ZDF hierbei in einem echten Dilemma.[2163] Die Leitung des Senders war unsicher, ob Löwenthal mit seiner Sendung und besonders mit der Rubrik »Hilferufe von drüben« DDR-Bürgern eher half oder ihnen schadete, wie es von der damaligen Bundesregierung befürchtet wurde. Auf Frankes Intervention hin wurde 1978 die Rubrik »Hilferufe von drüben« abgesetzt. Dies führte zur Gründung des Vereins »Hilferufe von drüben« (Hvd).[2164] Der Verein profitierte hierbei zweifellos von der Bekanntheit Löwenthals, der nun in seinen Sendungen kontinuierlich über den Verein und dessen Arbeit berichtete.[2165] Hvd setzte sich auch für die Integration und die Rechte der ehemaligen politischen Häftlinge in der Bundesrepublik ein.[2166] Er publizierte darüber hinaus in jeder Ausgabe seiner Zeitschrift humanitäre Einzelfälle aus der DDR.[2167] Durch diese Berichterstattung blieb Löwenthals Sendung für die DDR ein ständiges Problem, da sie weiterhin Menschenrechtsverletzungen in der DDR authentisch offenlegte.[2168] Die meisten Beiträge über die harten Haftbedingungen in der DDR kamen hierbei von freigekauften politischen Häftlingen, über deren vom Verein organisierte Treffen das »ZDF-Magazin« regelmäßig berichtete.

Im Archiv des Axel Springer Verlages konnten für diese Studie eine Vielzahl von Unterlagen zu humanitären Fällen eingesehen werden, die von Gerhard Löwenthal und den Organisationen Hvd bzw. IGfM bearbeitet worden waren.[2169] Hvd und IGfM hatten eng mit Lutz Peter Naumann kooperiert, einem engagierten Journalisten des Axel Springer Verlages, der sich mit dem Thema der politischen Häftlinge in der DDR intensiv auseinandersetzte. In den Briefwechseln mit Naumann wurden viele humanitäre Fälle angesprochen. Löwenthal war immer

---

[2163] Vgl. Mail von Reinhard Appel vom 27.3.2010.
[2164] Vgl. Kamphausen: Hvd im »ZDF-Magazin«. In: Löwenthal; Kamphausen und Clausen: Hilferufe von drüben, S. 41 f.
[2165] Vgl. ebenda, S. 42 f.
[2166] Vgl. Harald Fiss in der Podiumsdiskussion »Vom Antrag im Osten bis zum Neuanfang im Westen – Ausreisebegehren und Ausreisefolgen« am 8.6.2011 in Berlin. In: Apelt (Hg.): Flucht, Ausreise, Freikauf, S. 76.
Vgl. ebf. o. A.: »Ein zweites Mal betrogen«. In: DER SPIEGEL, Nr. 23/1991 vom 3.6.1991.
[2167] Vgl. Clausen, Claus Peter: So entstand Hvd. In: Löwenthal; Kamphausen und Clausen: Hilferufe von drüben, S. 32 f.
[2168] Vgl. derselbe (Clausen): Hilferufe und die Politik. In: Ebenda (Löwenthal; Kamphausen und Clausen), S. 43–45.
[2169] Unternehmensarchiv der Axel Springer AG (Abkürzung: AS-UA): AS-UA, Bestand Naumann (Quelle bis zum Ende des Absatzes).

wieder von verzweifelten Menschen aus der DDR bzw. deren Angehörigen um Hilfe gebeten worden, ihre Fälle aufzugreifen und damit zu helfen. Meistens waren in diesen Beispielen bereits alle anderen Bemühungen vorher gescheitert.

Während die dargestellten Organisationen immer wieder die Öffentlichkeit suchten, hielt Minister Franke selbst öffentliche Anhörungen im Deutschen Bundestag über politische Häftlinge und die Haftbedingungen in der DDR für schädlich, da dadurch auch die Belange der Nachrichtendienste hätten berührt werden können.[2170] Das Verhältnis zwischen Minister Franke und dem von ihm geleiteten BMB sowie allgemein der sozial-liberalen Koalition zu den verschiedenen DDR-kritischen Organisationen wurde vor allem aufgrund dieses Gegensatzes immer angespannter.[2171] Erst mit dem Regierungswechsel von 1982 verbesserte sich das Verhältnis zwischen der Bundesregierung und zumindest einigen DDR-kritischen Organisationen wieder etwas. Rehlinger erläuterte hierzu, dass er trotz gelegentlicher Meinungsverschiedenheiten mit der Hvd insgesamt erfolgreich zusammengearbeitet habe.[2172] Das wurde von Claus Peter Clausen, der für die Hvd aktiv war, sinngemäß bestätigt.[2173] Die Hvd sollte sich hierbei möglichst auf die Fälle konzentrieren, die bisher durch die stillen Bemühungen der Bundesregierung nicht hatten gelöst werden können.[2174] Eine gute Zusammenarbeit gab es auch von Wolf-Egbert Näumann und Walter Priesnitz mit Brigitte Klump. Nach anfänglichen Schwierigkeiten sei eine weitgehend erfolgreiche Kooperation und Koordinierung der humanitären Einzelfälle erreicht worden.[2175]

Doch auch die CDU-geführte Bundesregierung trat nach Meinung der IGfM noch viel zu nachgiebig und zurückhaltend gegenüber der DDR

[2170] Vgl. AdsD, Herbert-Wehner-Archiv (HWA) im AdsD (Teilnachlass Herbert Wehner), Ordner HWA-1936 (Schreiben von Minister Franke an Mischnick vom 28.2.1980, das Wehner zur Verfügung gestellt wurde).
[2171] Vgl. Kamphausen: Hvd im »ZDF-Magazin«. In: Löwenthal; Kamphausen und Clausen: Hilferufe von drüben, S. 41 f.
Vgl. ebf. Clausen: Hilferufe und die Politik. In: Ebenda (Löwenthal; Kamphausen und Clausen), S. 198 f.
[2172] Vgl. telefonisches Interview mit Ludwig Rehlinger am 30.9.2009.
[2173] Vgl. telefonisches Interview mit Claus Peter Clausen am 1.2.2010.
[2174] Vgl. telefonische Interviews mit: Ludwig Rehlinger am 30.9.2009; Claus Peter Clausen am 1.2.2010. Sowohl Ludwig Rehlinger als auch Claus Peter Clausen standen dankenswerterweise diesbezüglich für Rückfragen zur Verfügung.
[2175] Vgl. Mail von Brigitte Klump vom 5.8.2009.
Vgl. ebf. telefonische Interviews mit: Wolf-Egbert Näumann am 9.9.2009; Walter Priesnitz am 16.2.2010.

und ihren Repräsentanten auf.[2176] Da alle Bundesregierungen den Häftlingsfreikauf mit der DDR keinesfalls gefährden wollten, war ihr Verhandlungsspielraum begrenzt.[2177] Die Drohung mit der Einschaltung der Öffentlichkeit konnte von der Bundesrepublik bestenfalls in Ausnahmefällen als Druckmittel gegenüber der DDR angewandt werden. Grundsätzlich hatte die Bundesrepublik schließlich eingewilligt, den Häftlingsfreikauf mit der DDR unter der Maßgabe der Diskretion durchzuführen. Deswegen gab es auch immer wieder Konflikte mit der internationalen Menschenrechtsorganisation Amnesty International, die sich öffentlich weltweit für politische Gefangene, auch in der DDR, verwendete.[2178] Dem Häftlingsfreikauf stand Amnesty International aus moralischen Gründen grundsätzlich ablehnend gegenüber, auch wenn die Organisation natürlich jede Haftentlassung begrüßte.[2179] Eine ähnliche Haltung hatten auch einige Oppositionelle aus der DDR, wie beispielsweise der 1977 aus der DDR unter Zwang ausgewiesene Jürgen Fuchs, der den Freikauf ebenfalls aus moralischen Gründen kritisierte.[2180]

Halfen Veröffentlichungen nun den Betroffenen oder schadeten sie eher? Mit einem klaren Ja oder Nein lässt sich diese Frage nicht beantworten. Jeder Fall muss im jeweiligen Kontext betrachtet werden. Welche Vorgehensweise für den Betroffenen hilfreicher war, konnte sehr unterschiedlich sein. Die wiederholten Aussagen der DDR, dass Veröffentlichungen einer erfolgreichen Lösung der Fälle nur schaden würden, gehörten ganz wesentlich zu ihrer Verhandlungstaktik. Jegliche kritische Publikation über die DDR oder den Freikauf sollte so möglichst im Keim

---

[2176] Vgl. Rehlinger: Freikauf, S. 177–179.
Vgl. ebf. Alisch: Strafvollzug im SED-Staat, S. 139.
[2177] Vgl. telefonisches Interview mit Ludwig Rehlinger am 30.9.2009.
[2178] Vgl. Mihr: Amnesty International in der DDR, S. 100–105.
[2179] Vgl. ebenda, S. 101. Der freigekaufte politische Häftling Bodo Walther vertrat in einem Diskussionsbeitrag auf dem 14. Buchenwald-Gespräch der KAS von 2004 hierzu eine gegensätzliche Auffassung. Er arbeitete nach seinem Freikauf bei AI mit. Er konnte sich nicht an eine kritische Haltung von AI zum Freikauf erinnern. Vgl. zu seinem Diskussionsbeitrag beim 14. Buchenwaldgespräch: Buchstab (Hg.): Repression und Haft in der SED-Diktatur und die »gekaufte Freiheit«, S. 57. Bodo Walther hat sich intensiv mit dem Häftlingsfreikauf, u. a. auch mit einer eigenen Homepage, auseinandergesetzt. Für diese Studie stand er dankenswerterweise für Rückfragen zum Freikauf sehr kenntnisreich zur Verfügung. Vgl. Mail von Bodo Walther vom 17.2.2010.
[2180] Vgl. Rathenow, Lutz: Jürgen Fuchs – die erste Biografie (Rezension zu Udo Scheers Biografie über Jürgen Fuchs). Abgedruckt in: Horch und Guck. Heft 1/2008. Berlin 2008, S. 76 f.
Vgl. ebf. Fuchs, Jürgen: Gedächtnisprotokolle. Reinbek bei Hamburg 1977.

erstickt werden. Die Berichterstattung in bundesdeutschen Medien oder auch nur die Drohung mit einer Veröffentlichung konnten gelegentlich aber eine Schutzfunktion für die betreffenden politischen Häftlinge oder Ausreiseantragsteller darstellen und den Druck auf die DDR erhöhen.[2181] Allerdings wurden von der DDR nach Veröffentlichungen von Menschenrechtsorganisationen auch tatsächlich Namen von den Freikauflisten gestrichen.[2182] Dies sprach wiederum gegen diese Vorgehensweise.

Die verschiedenen Initiativen von Amnesty International, der IGfM, von Brigitte Klump oder von Hvd waren meistens in den Fällen sinnvoll, in welchen bislang die »stillen Bemühungen« der Bundesregierung gescheitert waren. Sie waren aber dann kontraproduktiv, wenn die DDR ihr eigenes Prestige bedroht sah. In einigen Fällen halfen bis 1989 aber weder nationaler oder internationaler Druck noch ein Freikaufangebot der Bundesregierung.[2183] Manche DDR-Bürger wurden erst nach einer Kontaktaufnahme zu den verschiedenen DDR-kritischen Organisationen verhaftet und dann nach Paragraf 99 (»Landesverräterische Nachrichtenübermittlung«) oder Paragraf 219 (»Ungesetzliche Verbindungsaufnahme«) verurteilt.[2184] Diese Verurteilungen verstießen aber gegen rechtsstaatliche und völkerrechtliche Normen, da sie das Recht auf Reisefreiheit eklatant missachteten und somit einzig der SED-Diktatur und nicht den Organisationen angelastet werden müssen.[2185] Abschließend komme ich deshalb zu dem Ergebnis, dass die dargelegten Aktionen, Publikationen oder Kampagnen vielen betroffenen Menschen sicherlich geholfen haben. Sie waren aber vom Umfang her keine Alternative zu den erzielten Ergebnissen der Bundesregierung beim Freikauf und der Familienzusammenführung.

---

[2181] Vgl. Uta Franke in der Podiumsdiskussion »Der Freikauf – eine historische Bewertung« am 8.6.2011 in Berlin. In: Apelt (Hg.): Flucht, Ausreise, Freikauf, S. 104.
Vgl. ebf. Gerig, Uwe: Stiller Sieg nach neunzig Tagen. Protokoll einer Selbstbefreiung im geteilten Deutschland. Aachen 2013.
[2182] Vgl. BStU, Archiv der Zentralstelle, MfS – HA IX 3358, S. 21 (Streichung eines Häftlings von der Freikaufliste Ende der 1980er Jahre nach einer Presseveröffentlichung von Amnesty International).
[2183] Vgl. Rehlinger: Freikauf, S. 261 f.
[2184] Vgl. Raschka: Justizpolitik im SED-Staat, S. 164 f.
Vgl. ebf. BStU, Archiv der Zentralstelle, MfS – HA IX 3192, S. 3–13, S. 22–28, S. 31–57 und S. 59–70 (Beispiele für freigekaufte politische Häftlinge, die wegen Kontaktaufnahmen zwischen 1981–1987 verurteilt worden waren).
[2185] Vgl. Aretz und Stock: Die vergessenen Opfer der DDR, S. 245 f.

# 7. Die Folgen des Freikaufs in der DDR in den 1980er Jahren

Zweifellos verschaffte der Häftlingsfreikauf der DDR wirtschaftliche Vorteile. Gleichzeitig stellt sich aber die Frage, wie relevant die über den Verkauf von politischen Häftlingen erzielten Einnahmen für die DDR-Volkswirtschaft tatsächlich waren. Das lässt sich erst aussagekräftig beurteilen, wenn derartige Einkünfte mit den gesamten Deviseneinnahmen, die die DDR aus Geschäften mit der Bundesrepublik erzielt hat, verglichen werden. Weiterhin muss eine zentrale Forschungsfrage dieser Studie abschließend analysiert werden: Welche Auswirkungen hatte der Häftlingsfreikauf langfristig auf die DDR-Gesellschaft?

## 7.1 Die Einnahmen: Ein stabilisierender Faktor für die DDR-Volkswirtschaft?

Aus den humanitären Bemühungen der Bundesrepublik erzielte die DDR von 1964 bis 1989 Einnahmen von rund 3,4 Milliarden DM für die Entlassung von knapp 32.000 politischen Häftlingen und für die Ausreise von annähernd 250.000 Personen im Rahmen der Familienzusammenführung.[2186] Insgesamt wurden somit etwa 282.000 Menschen von der Bundesrepublik aus der DDR freigekauft. Dabei handelte es sich überwiegend um Menschen im erwerbsfähigen Alter, die der DDR als Arbeitskräfte verloren gingen.[2187] Es kann unterstellt werden, dass ein Großteil der ausgereisten Personen und Antragsteller mit dem Staat DDR innerlich bereits gebrochen hatte. Deshalb wäre wohl ein beachtlicher Teil von ihnen wahrscheinlich kaum noch für die SED zurückzugewinnen und in die DDR-Gesellschaft und ihre Volkswirtschaft erfolgreich zu integrieren gewesen. Der Weggang vieler gut ausgebildeter Arbeitskräfte hinterließ große Lücken und ein

---

[2186] Zahlen aus: Rehlinger: Freikauf, S. 263 und S. 279; Deutscher Bundestag (Hg.): Drucksache 12/7600, S. 317.

[2187] Vgl. Schumann: Flucht und Ausreise aus der DDR insbesondere im Jahrzehnt ihres Untergangs. In: Deutscher Bundestag (Hg.): Materialien der Enquete-Kommission »Aufarbeitung von Geschichte und Folgen der SED-Diktatur in Deutschland« (12. Wahlperiode des Deutschen Bundestages); Band V/3: Deutschlandpolitik, innerdeutsche Beziehungen und internationale Rahmenbedingungen, S. 2368.

spürbarer Schaden für die Wirtschaft musste zwangsläufig eine Folge sein.[2188] Auch die Arbeitsplätze der freigekauften politischen Häftlinge mussten wieder besetzt werden, was jene DDR-Gefängnisbetriebe bzw. DDR-Firmen, die diese Häftlinge beschäftigt hatten, wiederholt in Schwierigkeiten brachte.[2189] Auf der anderen Seite erzielte die DDR aber Einnahmen aus dem Freikauf, die diesem Verlust an Menschen im Arbeitsprozess gegenüberstanden. Doch waren die über den Häftlingsfreikauf generierten Deviseneinnahmen ausreichend, um wenigstens einen spürbaren Beitrag zu einer Stabilisierung der DDR-Wirtschaft leisten zu können? Dieser Aspekt muss im Folgenden untersucht werden.

Honeckers Konzept der »Einheit von Wirtschafts- und Sozialpolitik«[2190] hatte zum Ziel, der DDR-Bevölkerung zu einem deutlich höheren Lebensstandard zu verhelfen.[2191] Diese Politik war stark konsumorientiert, was zwar den Bürgern durchaus zugutekam, aber auch überzogene Erwartungen hinsichtlich der zukünftigen Entwicklung der DDR-Volkswirtschaft auslöste.[2192] Zudem standen diesen Verbesserungen für die Bevölkerung rigoros durchgeführte Verstaatlichungen privater und halbstaatlicher Betriebe gegenüber, die teilweise erhebliche Härten für die Betroffenen und Auswirkungen auf die Wirtschaftskraft mit sich brachten.[2193]

Diese ambivalente Politik Honeckers zeigte sich auch in anderen Politikfeldern. Einerseits ging die DDR in der Deutschlandpolitik in mancher Hinsicht auf die Bundesrepublik zu. Andererseits grenzte sie sich gerade wegen der für sie ideologisch problematischen Entspannungspolitik bewusst noch schärfer von der Bundesrepublik ab, was

---

[2188] Vgl. Schalck-Golodkowski: Deutsch-deutsche Erinnerungen, S. 167 f. Schalck-Golodkowski brachte laut eigener Aussage weder für Ausreiseantragsteller noch für freigekaufte Häftlinge Verständnis auf. Vgl. ebenda, S. 167.
[2189] Vgl. Mail von Frank Hiekel vom 25.1.2011. Frank Hiekel stand für diese Studie dankenswerterweise ausführlich und kompetent für Rückfragen zur Verfügung. Hiekel, ehemals im Rang eines Hauptmanns im DDR-Strafvollzug tätig, analysierte diesen sehr kritisch.
[2190] Vgl. Steiner: Von Plan zu Plan, S. 169.
[2191] Vgl. Bouvier, Beatrix: Die DDR – Ein Sozialstaat? Sozialpolitik in der Ära Honecker. Bonn 2002, S. 68–109.
Vgl. zum Zusammenhang zwischen Sozialstaat und Repression in der DDR: Burdumy, Alexander Bruce: Sozialpolitik und Repression in der DDR. Ost-Berlin 1971–1989. Essen 2013.
[2192] Vgl. Bouvier: Die DDR – Ein Sozialstaat?, S. 71–73.
[2193] Vgl. Fricke: Opposition und Widerstand in der DDR, S. 154–156.

von der DDR-Bevölkerung kritisch registriert wurde.[2194] In der Kulturpolitik wurde ebenfalls zunächst eine vorsichtige Liberalisierung eingeleitet.[2195] Diese wurde allerdings bald wieder rückgängig gemacht, was sich besonders anschaulich bei der Ausbürgerung des Liedermachers Wolf Biermann im November 1976 zeigte.[2196] Viele Künstler und Intellektuelle stellten sich nach der Ausbürgerung Biermanns offen gegen die SED.[2197] Einige von ihnen mussten ebenfalls das Land verlassen.[2198] Unter den Emigranten befand sich der Schriftsteller Rainer Kunze, der seit Längerem schikaniert worden war und 1977 regelrecht aus dem Land getrieben wurde.[2199]

Honeckers gesamte Politik war immer wieder äußerst kurzsichtig angelegt. Seine Wirtschaftspolitik stellte dabei keine Ausnahme dar. Die von Honecker propagierte »Einheit von Wirtschafts- und Sozialpolitik« hatte zur Folge, dass die DDR deutlich mehr Waren aus den westlichen Industrieländern importieren musste, als sie an DDR-Gütern exportieren konnte.[2200] Entsprechend war der Außenhandel der DDR durch hohe Importüberschüsse gekennzeichnet. Das Handelsdefizit betrug von 1975 bis 1980 (kumuliert) rund 20 Milliarden Valutamark, was 20 Milliarden DM entsprach.[2201] Damit war, bei anhaltend geringen Devisenreserven, eine wachsende Auslandsverschuldung der DDR gegenüber westlichen Lieferanten, Banken und Staaten verbunden.[2202] Westliche Kreditangebote im Zuge der Entspannungspolitik, die von der DDR gerne angenommen wurden, begünstigten zusätzlich

---

[2194] Vgl. Fricke: Opposition und Widerstand in der DDR, S. 157.
[2195] Vgl. ebenda, S. 158. Der neue Kurs überraschte, da Honecker besonders seit dem 11. ZK-Plenum der SED (sogenanntes »Kahlschlagplenum«) von 1965 als Vertreter einer rigiden Kulturpolitik galt. Vgl. Schroeder: Der SED-Staat, S. 177.
[2196] Vgl. Wolle, Stefan: Aufbruch in die Stagnation. Die DDR in den Sechzigerjahren. Bonn 2005, S. 117 (veröffentlicht von der Bundeszentrale für politische Bildung). Vgl. ebf. Fricke: Opposition und Widerstand in der DDR, S. 161.
[2197] Vgl. Roesler, Jörg: Geschichte der DDR. Köln 2012, S. 79 f.
[2198] Vgl. Fricke: Opposition und Widerstand in der DDR, S. 179–181.
[2199] Vgl. Bräutigam: Ständige Vertretung, S. 171–174. Hans Otto Bräutigam stand dankenswerterweise auch für Rückfragen zur Verfügung, u. a. in einem Brief vom 6.12.2009.
[2200] Vgl. Fricke: Opposition und Widerstand in der DDR, S. 191 und S. 193.
[2201] Zahl aus: Deutsche Bundesbank: Die Zahlungsbilanz der ehemaligen DDR 1975 bis 1989. Frankfurt am Main 1999, S. 49. Sogenannte »Valutamark« (VM) und sogenannte »Verrechnungseinheiten« (VE) waren wertmäßig DM, die DDR vermied jedoch diesen Begriff.
[2202] Vgl. Steiner: Von Plan zu Plan, S. 195 f.

diese Entwicklung.[2203] Die Auslandsverschuldung der DDR gegenüber dem westlichen Ausland stieg unter Erich Honecker kontinuierlich an. Sie betrug 1971 etwa 2 Milliarden Valutamark – der neue SED-Generalsekretär hatte seinen Vorgänger Ulbricht für diese hohe Verschuldung scharf kritisiert[2204] – und erreichte 1980 unter seiner Führung einen Stand von rund 23,6 Milliarden Valutamark; im Krisenjahr 1982 stieg der Wert sogar auf 25,1 Milliarden Valutamark.[2205]

Daraufhin versuchte die DDR, durch eine Steigerung ihrer Exporte in die westlichen Industrieländer die Verschuldung abzubauen, was aber nur zeitweise gelang.[2206] Ab 1987 entwickelte sich die Leistungsbilanz wieder negativ.[2207] Bis 1989 stieg die Verschuldung der DDR gegenüber dem westlichen Ausland wieder auf rund 20 Milliarden Valutamark an, was die politische und wirtschaftliche Abhängigkeit vom Westen erneut deutlich werden ließ.[2208] Das größte Problem der wachsenden Verschuldung war die drückende Zinslast, die den Spielraum der DDR stark einschränkte.[2209] In einer kritischen Analyse zur wirtschaftlichen Lage der DDR forderten deshalb 1989 Gerhard Schürer, Alexander Schalck-Golodkowski und weitere DDR-Wirtschaftsfachleute drastische Einschnitte zu Lasten des Lebensstandards der DDR-Bevölkerung.[2210] Diese Vorschläge wurden von der politischen Führung zurückgewiesen, da sie nicht bereit war, in diesem Bereich Abstriche zu machen.[2211]

Der Lebensstandard lag auch schon vor dem Krisenjahr 1989 deutlich unter dem Niveau der Lebensverhältnisse der Bundesbürger, mit denen sich die DDR-Bürger immer wieder verglichen.[2212] Trotz aller

---

[2203] Vgl. Steiner: Von Plan zu Plan, S. 198 f.
[2204] Vgl. Zatlin, Jonathan R.: The Currency of Socialism. Money and Political Culture in East Germany. Cambridge und New York 2007, S. 69.
[2205] Zahlen aus: Steiner: Von Plan zu Plan, S. 195.
[2206] Vgl. ebenda, S. 200.
[2207] Vgl. Deutsche Bundesbank: Die Zahlungsbilanz der ehemaligen DDR 1975 bis 1989, S. 49.
[2208] Zahl aus: Ebenda, S. 60.
[2209] Vgl. Steiner: Von Plan zu Plan, S. 192–195.
[2210] Vgl. Haendcke-Hoppe-Arndt, Maria: Außenwirtschaft und innerdeutscher Handel. In: Kuhrt (Hg.): Die wirtschaftliche und ökologische Situation der DDR in den achtziger Jahren, S. 63–65 (Anhang Nr. 1 zu Haendcke-Hoppe-Arndts Beitrag).
[2211] Vgl. ebenda, S. 60.
[2212] Vgl. Schneider, Gernot: Lebensstandard und Versorgungslage. In: Kuhrt (Hg.): Die wirtschaftliche und ökologische Situation der DDR in den achtziger Jahren, S. 111–136.

Anstrengungen der SED-Führung hatte sich diese Kluft aber stets weiter vergrößert.[2213] Die Hauptursache war in der mangelnden Wettbewerbsfähigkeit der DDR-Volkswirtschaft im Vergleich zu westlichen Staaten zu sehen.[2214] Diese insgesamt bedrückende ökonomische Entwicklung hat sicherlich zum späteren Zusammenbruch der DDR maßgeblich beigetragen.[2215] Hohe Auslandsverschuldung und drohende Zahlungsunfähigkeit müssen aber nicht zwangsläufig zum Ende eines politischen Systems führen.[2216] Noch entscheidender für den Niedergang der DDR dürften die politische und ökonomische Krise des gesamten »Ostblocks«, vor allem aber der Sowjetunion, und die wachsenden innenpolitischen Probleme der DDR gewesen sein.[2217] Die DDR war von der Sowjetunion sowohl politisch als auch ökonomisch – hier vor allem von den dringend benötigten Rohstofflieferungen – abhängig.[2218] Als die Sowjetunion 1981 ihre Erdöllieferungen an die DDR auch noch um zwei Millionen Tonnen verringerte, verschärfte das die wirtschaftlichen Probleme zusätzlich.[2219] Erschwerend kam hinzu, dass die DDR generell ihren Außenhandel und damit auch ihre Produktion nach den Interessen der Sowjetunion ausrichten musste, was die eigenen Spielräume zusätzlich einschränkte.[2220]

Die DDR-Volkswirtschaft war der bundesdeutschen Konkurrenz hinsichtlich Produktivität, Kapitalstock und industrieller Ausrüstung

---

[2213] Vgl. Buchheim, Christoph: Die Achillesferse der DDR – der Außenhandel. In: Steiner, André (Hg.): Überholen ohne einzuholen. Die DDR-Wirtschaft als Fußnote der deutschen Geschichte? Berlin 2006, S. 98–100.

[2214] Vgl. Ritter, Gerhard A.: Der Preis der deutschen Einheit. Die Wiedervereinigung und die Krise des Sozialstaats. München 2007 (2., erweiterte Auflage; 1. Auflage erschien 2006), S. 106 f.
Vgl. ebf. Steiner: Von Plan zu Plan, S. 207.

[2215] Vgl. ebenda (Steiner), S. 221–226.

[2216] Vgl. Volze: Innerdeutsche Transfers. In: Deutscher Bundestag (Hg.): Materialien der Enquete-Kommission »Aufarbeitung von Geschichte und Folgen der SED-Diktatur in Deutschland« (12. Wahlperiode des Deutschen Bundestages); Band V/3: Deutschlandpolitik, innerdeutsche Beziehungen und internationale Rahmenbedingungen, S. 2794 f.

[2217] Vgl. Steiner: Von Plan zu Plan, S. 221–226.

[2218] Vgl. Buchheim: Die Achillesferse der DDR – der Außenhandel. In: Steiner (Hg.): Überholen ohne einzuholen. Die DDR-Wirtschaft als Fußnote der deutschen Geschichte?, S. 97–99.

[2219] Vgl. Haendcke-Hoppe-Arndt, Außenwirtschaft und innerdeutscher Handel. In: Kuhrt (Hg.), Die wirtschaftliche und ökologische Situation der DDR in den achtziger Jahren, S. 65 f. (Anhang Nr. 2 zu Haendcke-Hoppe-Arndts Beitrag).

[2220] Vgl. Steiner: Von Plan zu Plan, S. 193.

deutlich unterlegen.[2221] Sie litt außerdem an der Ineffizienz ihres Systems der zentralen Planwirtschaft.[2222] Hierdurch bedingte teure Fehlinvestitionen, zum Beispiel in die international nicht wettbewerbsfähige DDR-Computerindustrie, verschärften die Probleme noch.[2223] Die andauernde wirtschaftliche Schwäche der DDR führte in einer weiteren Konsequenz zu einem rapiden Verfall ihrer Währung.[2224] Aus ökonomischer Sicht war es daher unbedingt notwendig, westliche Devisen zu »erwirtschaften«, was über die innerdeutschen Transfers auch gelang.[2225] Die Einnahmen aus dem humanitären Bereich stellten dabei jedoch nur einen geringen Teil aller Deviseneinkünfte der DDR aus innerdeutschen Transferleistungen dar. Andere Einnahmen waren wesentlich bedeutender. So konnte die DDR zum Beispiel durch das Transitabkommen von 1972 über den innerdeutschen Reiseverkehr deutlich höhere Einnahmen generieren. In den 1980er Jahren bezifferten sich die Deviseneinnahmen aus der festgesetzten Transitpauschale auf jährlich 525 Millionen DM.[2226] Aus dem humanitären Bereich hingegen konnte die DDR zwischen 1975 bis 1983 – die Schwelle von 100 Millionen DM war laut Posser 1974 zum ersten Mal überhaupt überschritten worden – nur rund 100 bis 170 Millionen DM pro Jahr erlösen.[2227] In den für die DDR profitabelsten

---

[2221] Vgl. Claßen, Horst: Das wirtschaftliche, insbesondere industrielle Entwicklungspotential in den neuen Bundesländern – eine Zwischenbilanz des Transformationsprozesses. In: Deutscher Bundestag (Hg.): Materialien der Enquete-Kommission »Überwindung der Folgen der SED-Diktatur im Prozess der deutschen Einheit« (13. Wahlperiode des Deutschen Bundestages). Band III, 1: Wirtschafts-, Sozial- und Umweltpolitik. Baden-Baden 1999, S. 239.

[2222] Vgl. Gutmann, Gernot und Buck, Hannsjörg F.: Die Zentralplanwirtschaft der DDR – Funktionsweise, Funktionsschwächen und Konkursbilanz. In: Kuhrt (Hg.), Die wirtschaftliche und ökologische Situation der DDR in den achtziger Jahren, S. 7–54.

[2223] Vgl. Maier, Charles S.: Dissolution: The crisis of Communism and the end of East Germany. Princeton 1997, S. 73–78.

[2224] Vgl. Haendcke-Hoppe-Arndt, Außenwirtschaft und innerdeutscher Handel. In: Kuhrt (Hg.), Die wirtschaftliche und ökologische Situation der DDR in den achtziger Jahren, S. 59.

[2225] Vgl. Volze, Innerdeutsche Transfers. In: Deutscher Bundestag (Hg.): Materialien der Enquete-Kommission »Aufarbeitung von Geschichte und Folgen der SED-Diktatur in Deutschland« (12. Wahlperiode des Deutschen Bundestages); Band V/3: Deutschlandpolitik, innerdeutsche Beziehungen und internationale Rahmenbedingungen, S. 2761–2797.

[2226] Zahl aus: Ebenda, S. 2781.

[2227] Zahlen aus (zu 1975 bis 1983): Ebenda, S. 2779.
Zahl aus (zu 1974):Posser: Anwalt im Kalten Krieg, S. 354. Laut Volze wurde die Schwelle von 100 Mio. DM erst 1975 zum ersten Mal überschritten, was aber für den Gesamtkontext unerheblich ist, ob 1974 oder 1975.

Jahren 1984 bis 1989 wurden allerdings auch diese jährlichen Einnahmen auf 200 bis 400 Millionen DM deutlich gesteigert.[2228] Trotzdem war die Transitpauschale für die DDR wesentlich lukrativer. Von 1972 bis 1989 machten die Zahlungen insgesamt rund 7,8 Milliarden DM aus.[2229] Sie übertrafen damit also die erzielten Einnahmen aus dem humanitären Bereich (3,4 Milliarden DM) um mehr als das Doppelte, obwohl der Freikauf bereits seit 1964 in größerem Umfang durchgeführt wurde. Selbst der sogenannte Mindestumtausch brachte der DDR mit rund 4,5 Milliarden DM zwischen 1964 und 1989 rund eine Milliarde DM mehr an Devisen ein als der Freikauf im gleichen Zeitraum.[2230] Aufgrund der seit den 1970er Jahren zunehmenden Besuche von Bundesbürgern und West-Berlinern in der DDR wurde diese Einnahmequelle immer bedeutsamer. Nach dieser Regelung mussten Bundesbürger bei ihrer Einreise in die DDR seit 1964 zwangsweise einen Mindestbetrag von fünf DM und West-Berliner von drei DM pro Tag je Person in Mark der DDR umtauschen. Dieser Betrag wurde mehrmals erhöht, 1980 letztmals auf 25 DM.

Bei den innerdeutschen Transferleistungen muss zwischen »Solidarleistungen« für DDR-Bürger und DDR-Einrichtungen (etwa 70 Milliarden DM) und »Transfers an den Staat DDR« (etwa 21 Milliarden DM, davon rund 3,4 Milliarden DM im humanitären Bereich) unterschieden werden.[2231] Diese sogenannten »Solidarleistungen« kamen nicht nur DDR-Bürgern und sozialen Einrichtungen in der DDR zugute, sondern entlasteten indirekt auch den Staatshaushalt und die DDR-Volkswirtschaft. Auf diese Weise konnte die DDR beispielsweise Devisen einsparen, die sie sonst für den Kauf von Gütern hätte aufwenden müssen.[2232] Den größten Einzelposten bildeten private Post- bzw. Paketsendungen im Wert von schätzungsweise 45 Milliarden DM.[2233] Rund 2,8 Milliarden DM entfielen auf die sogenannten »Kirchengeschäfte A und C« mit der evangelischen und der katholischen Kirche, wobei dem »Kirchengeschäft A« die größere Bedeutung zukam.[2234] Die DDR erhielt hierbei nicht nur Waren, sondern sie wurde auch von Aufgaben und Kosten entlastet, da kirchliche Einrichtungen – darunter Kinder-

---

[2228] Zahlen aus: Volze: Innerdeutsche Transfers, S. 2779.
[2229] Zahl aus: Ebenda, S. 2783.
[2230] Diese und alle folgenden Zahlen bis zum Ende des Absatzes aus: Ebenda, S. 2775.
[2231] Zahlen aus: Ebenda, S. 2787.
[2232] Zahlen aus: Ebenda, S. 2787.
[2233] Zahl aus: Ebenda, S. 2787.
[2234] Zahl aus: Ebenda, S. 2770.

gärten, Krankenhäuser oder Alten- und Behindertenheime – von westlichen Kirchen finanziert wurden.[2235] Das »Kirchengeschäft A« wurde seit Ende der 1960er Jahre beträchtlich ausgeweitet, als die KoKo dessen Abwicklung übernahm.[2236]

Von den direkten Transfers an den Staat DDR (rund 21 Milliarden DM) wurden 14,4 Milliarden DM von der öffentlichen Hand und 6,6 Milliarden DM von Privatpersonen aufgebracht.[2237] Der größte Einzelposten der öffentlichen Hand waren hierbei die Zahlungen, die mit dem innerdeutschen Reiseverkehr und dem Berlinverkehr im Zusammenhang standen. Neben den 7,8 Milliarden DM durch die sogenannte »Transitpauschale« erhielt die DDR von der Bundesrepublik weitere Transferleistungen aus Investitionsbeteiligungen an Straßenbauten in Höhe von 2,4 Milliarden DM. Die sogenannte »Straßenpauschale« mit knapp 0,5 Milliarden DM und Genehmigungsgebühren in Höhe von 0,3 Milliarden DM waren weitere Einnahmen. Von den von bundesdeutschen und West-Berliner Privatpersonen aufgewendeten 6,6 Milliarden DM an direkten Transferleistungen an den Staat DDR entfielen allein 4,5 Milliarden DM auf den Mindestumtausch bei Besuchsreisen. Rund eine Milliarde DM machten Straßenbenutzungsgebühren aus. Insgesamt beliefen sich die innerdeutschen Transferleistungen aus der Bundesrepublik, die der DDR bis 1989 zur Verfügung gestellt wurden, auf rund 91 Milliarden DM. Hierbei stammte der mit Abstand höchste Anteil der Transfers von Privatpersonen und nicht von der öffentlichen Hand. Bezogen auf die unmittelbar an den Staat DDR gehenden Transfers in Höhe von 21 Milliarden DM hatte der humanitäre Bereich mit 3,4 Milliarden DM einen Anteil von nur etwa 16 Prozent. Bezogen auf alle innerdeutschen Transferleistungen von insgesamt 91 Milliarden DM betrug der Anteil sogar nur 3,7 Prozent. Diese Zahlen relativieren somit die Bedeutung der Einnahmen der DDR aus dem Häftlingsfreikauf und der Familienzusammenführung ganz erheblich.

Eine ähnliche Schlussfolgerung muss auch gezogen werden, wenn die Einnahmen aus dem Häftlingsfreikauf den Leistungen und Vorteilen aus dem innerdeutschen Handel gegenübergestellt werden. Die DDR impor-

---

[2235] Vgl. Kruse: Politik und deutsch-deutsche Wirtschaftsbeziehungen von 1945 bis 1989, S. 171.
[2236] Vgl. Besier: Der SED-Staat und die Kirche. Der Weg in die Anpassung, S. 539 f.
[2237] Zahlen zu folgendem Absatz aus: Volze: Innerdeutsche Transfers. In: Enquete-Kommission »Aufarbeitung von Geschichte und Folgen der SED-Diktatur in Deutschland«. Band V/3: Deutschlandpolitik, innerdeutsche Beziehungen und internationale Rahmenbedingungen, S. 2787.

tierte deutlich mehr aus der Bundesrepublik, als sie umgekehrt dorthin exportierten konnte.[2238] Ende der 1980er Jahre erreichte der innerdeutsche Handel ein Volumen von mehr als 15 Milliarden sogenannter »Verrechnungseinheiten« (VE).[2239] Der innerdeutsche Handel ermöglichte der DDR, im großen Stil dringend benötigte »Kompensationsgeschäfte«[2240] zu tätigen; sie konnte Waren beziehen, ohne diese mit Geld bezahlen zu müssen, wozu sie ökonomisch längerfristig auch gar nicht in der Lage gewesen wäre.[2241] Darüber hinaus erhielt sie einen großzügigen Überziehungskredit, den sogenannten »Swing«.[2242] Durch dieses Übereinkommen konnte sich die DDR im innerdeutschen Handel gegenüber der Bundesrepublik hoch verschulden.[2243] Der gewährte Swing betrug Anfang der 1980er Jahre schließlich 850 Millionen VE pro Jahr; nach einer vorübergehenden Verringerung wurde er in den Jahren nach 1985 erneut auf diesen Wert heraufgesetzt.[2244]

In dem von der Bundesregierung abgeschlossenen EWG-Vertrag hielt die Bundesrepublik ausdrücklich fest, dass ihre Mitgliedschaft in der Europäischen Wirtschaftsgemeinschaft (EWG) an den besonderen Konditionen des innerdeutschen Handels, die sie der DDR gewährte, nichts verändern würde.[2245] Sie betrachtete die DDR weiterhin als Inland und den innerdeutschen Handel als Binnenhandel.[2246] Auch wenn die DDR von der Bundesrepublik stets als Ausland anerkannt werden wollte, so nahm sie diese wirtschaftliche Vergünstigung dennoch gerne an und unterlief damit ihre eigene grundsätzliche politische Linie.[2247]

Aufgrund ihres technologischen Rückstands waren die innerdeutschen Handelsbeziehungen für die DDR qualitativ wesentlich bedeutsamer, als

---

[2238] Vgl. Buchheim: Die Achillesferse der DDR – der Außenhandel. In: Steiner (Hg.): Überholen ohne einzuholen, S. 99.
[2239] Zahl aus: Krewer: Geschäfte mit dem Klassenfeind, S. 288.
[2240] Vgl. zu den Kompensationsgeschäften der DDR: Judt, Matthias: »Kompensationsgeschäfte der DDR – Instrumente einer europäischen Ost-West-Wirtschaftsintegration?« In: Jahrbuch für Wirtschaftsgeschichte, 2008/2. Berlin 2008, S. 117–138.
[2241] Vgl. Fäßler: Durch den »Eisernen Vorhang«, S. 96 f.
[2242] Vgl. Kruse: Politik und deutsch-deutsche Wirtschaftsbeziehungen von 1945 bis 1989, S. 40, S. 45–47, S. 123, S. 136 f. und S. 181–183.
[2243] Vgl. Fäßler: Durch den »Eisernen Vorhang«, S. 97.
[2244] Zahlen aus: Kruse: Politik und deutsch-deutsche Wirtschaftsbeziehungen von 1945 bis 1989, S. 181 und S. 183.
[2245] Vgl. Krewer: Geschäfte mit dem Klassenfeind, S. 114–116.
[2246] Vgl. ebenda, S. 116.
[2247] Vgl. ebenda, S. 117.

sie umgekehrt für die Bundesrepublik jemals sein konnten.[2248] Gleiches galt auch für das Handelsvolumen. So machte der innerdeutsche Handel beispielsweise in den 1960er Jahren für die DDR rund 12 bis 13 Prozent und ab den 1970er Jahren etwa ein Zehntel ihres gesamten Außenhandels aus.[2249] Bis 1990 blieb die Bundesrepublik für die DDR – mit wenigen kurzen Unterbrechungen – der zweitgrößte Handelspartner.[2250] Für die Bundesrepublik entsprach der innerdeutsche Handel in den 1960er Jahren annähernd zwei Prozent ihres gesamten Außenhandels.[2251] Auch in den folgenden Jahrzehnten blieb seine wirtschaftliche Bedeutung für die Bundesrepublik gering.[2252] Ökonomische Eigeninteressen spielten für die Bundesrepublik nur zu Beginn der 1950er Jahre eine Rolle, als sie selbst noch wirtschaftliche Probleme hatte.[2253] Die Bundesregierung verband mit dem innerdeutschen Handel vor allem politische und humanitäre Ziele.[2254] Er sollte aus bundesdeutscher Sicht vor allem die Kontakte zwischen den beiden deutschen Staaten und ihren Menschen aufrechterhalten.[2255] Weiterhin versuchte ihn die Bundesregierung als Hebel einzusetzen, um die DDR zur Gewährleistung eines reibungslosen Berlin-Verkehrs zu zwingen, der für die Bindungen zwischen der Bundesrepublik und West-Berlin unverzichtbar war.[2256] Doch dieses Anliegen konnte nicht allein mit wirtschaftspolitischen Maßnahmen erreicht werden.[2257] Erst mit dem 1972 in Kraft getretenen Viermächte-Abkommen (Berlinabkommen) sollte es gelingen, die Zugangswege von und nach West-Berlin zu sichern.[2258]

Wurden aber die Einnahmen aus dem Freikauf von der DDR sinnvoll genutzt? Die DDR genoss durch den Freikauf zunächst den Vorteil, dass sie die Güter auswählen durfte, die sie teilweise über den innerdeutschen Handel nicht beziehen konnte.[2259] Das betraf in erster Linie Waren nicht-

---

[2248] Vgl. Kruse: Politik und deutsch-deutsche Wirtschaftsbeziehungen von 1945 bis 1989, S. 78 und S. 178–184.
[2249] Zahlen aus: Ebenda, S. 78 f.
[2250] Vgl. ebenda, S. 78.
[2251] Zahl aus: Ebenda, S. 112. Die Bundesrepublik betrachtete den innerdeutschen Handel als Binnenhandel. Um den innerdeutschen Handel vergleichen zu können, wurde er in dieser Studie zum bundesdeutschen Außenhandel in Beziehung gesetzt.
[2252] Vgl. ebenda (Kruse), S. 128–137 und S. 178–184.
[2253] Vgl. Fäßler: Durch den »Eisernen Vorhang«, S. 103 f.
[2254] Vgl. ebenda, S. 159 f.
[2255] Vgl. Kruse: Politik und deutsch-deutsche Wirtschaftsbeziehungen von 1945 bis 1989, S. 112.
[2256] Vgl. ebenda, S. 33 und S. 279–283.
[2257] Vgl. ebenda, S. 282.
[2258] Vgl. ebenda, S. 128.
[2259] Vgl. Brinkschulte; Gerlach und Heise: Freikaufgewinnler, S. 102, S. 106 und S. 117.

deutschen Ursprungs, die innerhalb des innerdeutschen Handels nicht geliefert werden konnten, also beispielsweise Erdöl- und andere Rohstofflieferungen.[2260] Die im Rahmen des Häftlingsfreikaufs gelieferten Waren wurden in den 1960er Jahren meistens noch in den Warenfonds der Staatsreserve der DDR eingegliedert.[2261] Durch die 1966 gegründete KoKo, die die Aufgabe hatte, für die DDR Devisen zu beschaffen, verkaufte die DDR spätestens seit 1968 aber die über den Freikauf gelieferten Güter im Regelfall weiter.[2262] Hierbei konnte sie durch einen geschickt gewählten Zeitpunkt für den Weiterverkauf der Waren unter Umständen noch zusätzliche Spekulationsgewinne generieren.[2263] Durch den Weiterverkauf scheidet die mögliche These aus, dass die DDR-Volkswirtschaft durch die Lieferung von dringend benötigten Waren über den Freikauf nachhaltig gestärkt worden wäre. Die Beschaffung von Devisen zur eigenen Verfügung war wichtiger. Lediglich zu Beginn des Freikaufs wurden wirtschaftlich benötigte Güter, wie einige Lebensmittel, direkt verbraucht. Vor 1968 wurden die eingenommenen Waren aus dem humanitären Bereich überwiegend dem Warenfonds der Staatsreserve zugeführt.[2264] Seitdem die Waren ab 1968 weiterverkauft wurden, verbuchte die DDR die Einnahmen auf dem Konto 0528 bei der Deutschen Handelsbank. Dieses war für die KoKo von Erich Mielke (deshalb oft »Mielke-Konto« genannt) eingerichtet worden.[2265] Teilweise wurden diese Gelder für die Ausrüstung des MfS verwendet.[2266] Ebenso wurde damit u. a. die Finanzierung von Privilegien der staatlichen und der Partei-Nomenklatura bestritten.[2267]

Ab 1974 flossen 96 Prozent der Einnahmen aus dem Freikauf auf das eingerichtete Konto 0628 bei der Deutschen Handelsbank, das von bundesdeutschen Medien oft als »Honeckerkonto« oder »Gene-

---

[2260] Vgl. Volze: Innerdeutsche Transfers. In: Deutscher Bundestag (Hg.): Materialien der Enquete-Kommission »Aufarbeitung von Geschichte und Folgen der SED-Diktatur in Deutschland« (12. Wahlperiode des Deutschen Bundestages); Band V/3: Deutschlandpolitik, innerdeutsche Beziehungen und internationale Rahmenbedingungen, S. 2779.
[2261] Vgl. Judt: Häftlinge für Bananen? In: VSWG, Band 94, Heft 4 (2007), S. 420.
[2262] Vgl. Deutscher Bundestag (Hg.): Drucksache 12/7600, S. 313.
[2263] Vgl. Brinkschulte; Gerlach und Heise: Freikaufgewinnler, S. 113.
[2264] Vgl. Deutscher Bundestag (Hg.): Drucksache 12/7600, S. 314 f.
[2265] Vgl. ebenda, S. 314.
Vgl. ebf. Przybylski: Tatort Politbüro, S. 128 f.
[2266] Vgl. Deutscher Bundestag (Hg.): Drucksache 12/7600, S. 314 f. Laut Diekmann wurde dieses Material auch zur Spionage gegen die Bundesrepublik eingesetzt. Vgl. Diekmann: Freigekauft, S. 65.
[2267] Vgl. Deutscher Bundestag (Hg.): Drucksache 12/7600, S. 314 f.
Vgl. ebf. Judt: Häftlinge für Bananen? In: VSWG, Band 94, Heft 4 (2007), S. 421.

ralsekretärskonto« bezeichnet wurde.[2268] Dieses Konto stand aber nur nominell dem Generalsekretär der SED zur Verfügung, weshalb die Bezeichnung »Generalsekretärskonto« irreführend ist. In Wirklichkeit wurde es von Alexander Schalck-Golodkowski und Manfred Seidel verwaltet, die als zeichnungsberechtigte Treuhänder fungierten.[2269] Auf Honeckers Anweisung sollte auf dem Konto immer ein Mindestbetrag von 100 Millionen DM zur Verfügung stehen.[2270] Von März 1974 bis Januar 1990 gingen knapp 4,6 Milliarden DM auf diesem Konto ein, wobei annähernd 2,82 Milliarden DM, also fast zwei Drittel, aus den Einnahmen aus den humanitären Aktionen stammten.[2271] Über die erfolgten bzw. erwarteten Zahlungseingänge wurde Honecker von Schalck-Golodkowski informiert.[2272] Auf der Ausgabenseite des Kontos findet sich eine breite Vielfalt von Empfängern. Darunter waren u. a. Unterstützungsleistungen für Nicaragua unter Präsident Ortega in Höhe von insgesamt fast 62 Millionen DM zwischen 1981 und 1987 oder Hilfen für Polen und dessen bedrängte kommunistische Führung in Höhe von 80 Millionen DM im Jahr 1980.[2273] Auch die Bereiche Medizintechnik und Dopinganalytik profitierten offenbar davon, für die Geräte und Sportausrüstung im Wert von 51,5 Millionen DM zwischen 1974 und 1989 finanziert wurden.[2274] Zur Beschaffung von Konsumgütern für die eigene Bevölkerung wurden etwa 500 Millionen DM verwendet.[2275] Ebenso wurden aus diesem Topf Mittel in Höhe von 90 Millionen DM für die Feierlichkeiten zum 30. Jahrestag der DDR 1979 bereitgestellt.[2276]

---

[2268] Zahl aus: Judt: Häftlinge für Bananen? In: VSWG, Band 94, Heft 4 (2007), S. 423.
[2269] Vgl. ebenda, S. 420 f.
[2270] Zahl aus: Przybylski: Tatort Politbüro, S. 129.
[2271] Zahlen aus: Judt: Häftlinge für Bananen? In: VSWG, Band 94, Heft 4 (2007), S. 433.
[2272] Vgl. BA Berlin, DL 2/7717 (Schreiben von Schalck-Golodkowski an Honecker vom 26.4.1979).
[2273] Zahlen aus: BA Berlin, DL 2/7748 (Anlage über die Verwendung der Gelder auf dem Konto 0628 auf Weisung Honeckers; Anlage in einem Schreiben von Schalck-Golodkowski an Mittag vom 5.9.1988).
[2274] Zahl aus: Teichler, Hans Joachim: Schalck-Golodkowski und der Sport. Dopinganalytik aus Mitteln des Häftlingsfreikaufs. In: DA 4/2010 (43. Jahrgang), S. 626.
[2275] Zahl aus: Judt: Häftlinge für Bananen? In: VSWG, Band 94, Heft 4 (2007), S. 432 und S. 439.
[2276] Zahl aus: BA Berlin, DL 2/7748 (Anlage über die Verwendung der Gelder auf dem Konto 0628 auf Weisung Honeckers; Anlage in einem Schreiben von Schalck-Golodkowski an Mittag vom 5.9.1988).

Der größte Teil des Geldes sollte aber wegen der angespannten Wirtschaftslage als Devisenreserve zur Sicherung der eigenen Zahlungsfähigkeit bereitgehalten werden.[2277] Ende März 1990 wurden schließlich 2,3 Mrd. DM vom Konto 0628, das Ende 1989 ein Restguthaben von 2,61 Mrd. DM aufgewiesen hatte, an das Ministerium der Finanzen abgeführt.[2278] Es ist hierbei durchaus eine Ironie der Geschichte, dass somit wenigstens ein Teil der von der Bundesrepublik für den Freikauf aufgebrachten Mittel nun der ersten frei gewählten DDR-Regierung unter Lothar de Maizière (CDU) zur Verfügung stand.[2279]

Anfang der 1980er Jahre befand sich die DDR am Rande der Zahlungsunfähigkeit.[2280] Zu diesem Zeitpunkt bestand aufgrund der prekären wirtschaftlichen Lage der Ostblockländer ein Kreditboykott durch die westlichen Banken, der auch die DDR betraf.[2281] Bereits mit der sozial-liberalen Koalition hatte die DDR daher (allerdings erfolglos) über das sogenannte »Zürcher Modell« verhandelt.[2282] Dabei war der DDR von der Bundesrepublik ein dringend benötigter Kredit in Aussicht gestellt worden; im Gegenzug sollte die DDR das Rentenalter für Ausreisen in die Bundesrepublik herabsetzen. Die Devisenreserven auf dem Konto 0628, die eigentlich für derartige Notfälle vorgesehen waren, änderten somit nichts an der Einschätzung der westlichen Banken bezüglich der Kreditwürdigkeit der DDR. Das dringend benötige Kapital, um die Zahlungsfähigkeit der DDR wieder herzustellen, konnte aber aufgrund der Krise des gesamten Ostblocks eigentlich nur aus dem Westen kommen. Durch den Regierungswechsel von 1982 kam es mit der sozial-liberalen Bundesregierung nicht mehr zu einem Vertragsabschluss.

Die Regierung Kohl setzte dann unter Einschaltung des bayerischen Ministerpräsidenten Strauß die Sondierungen über einen Milliardenkredit fort.[2283] Nach Verhandlungen, vor allem zwischen Strauß und dem DDR-Unterhändler Schalck-Golodkowski, kam es sowohl 1983 als auch 1984 zur Vergabe von zwei Krediten an die DDR im Volumen

---

[2277] Vgl. Judt: Häftlinge für Bananen? In: VSWG, Band 94, Heft 4 (2007), S. 433.
[2278] Zahlen aus: Ebenda, S. 426 und S. 429.
[2279] De Maizière fand im Panzerschrank seines Dienstzimmers u. a. eine Akte zum Häftlingsfreikauf vor. Auf noch ausstehende Güterlieferungen der Bundesrepublik wollte die neue Regierung aber verzichten. Vgl. Stuhler, Ed: Die letzten Monate der DDR. Die Regierung de Maizière und ihr Weg zur deutschen Einheit. Berlin 2010, S. 39.
[2280] Vgl. Steiner: Von Plan zu Plan, S. 198.
[2281] Vgl. ebenda, S. 198.
[2282] Vgl. Potthoff: Im Schatten der Mauer, S. 218 f.
[2283] Vgl. ebenda, S. 18–21.

von jeweils etwa einer Milliarde DM (eine Milliarde DM 1983 und 950 Millionen DM im Jahr 1984) durch westdeutsche Landes- und Privatbanken.[2284] Die Kreditvergabe war aber nur möglich, weil die Bundesregierung entsprechende Bürgschaften übernommen hatte.[2285] Die Bundesregierung verband mit den beiden Milliardenkrediten wiederum vor allem das politische Ziel, das innerdeutsche Verhältnis zu verbessern.[2286] Besonders in humanitären Fragen konnten verschiedene Zugeständnisse erzielt werden.[2287] So wurden Kinder und Jugendliche bis 14 Jahre vom Mindestumtausch ausgenommen.[2288] Weiterhin wurden Reiseerleichterungen versprochen.[2289] Auch der bundesdeutschen Forderung zum Abbau von Selbstschussanlagen an der innerdeutschen Grenze wurde nachgegeben.[2290] Faktisch hatte sich die DDR hierzu aber bereits international verpflichtet, da sie 1981 eine Konvention der UNO unterzeichnet hatte, die im Dezember 1983 in Kraft treten sollte. Sie verbot u. a. den Einsatz von Minen gegen die Zivilbevölkerung.[2291] Außerdem konnten 1984 mit 2.236 und 1985 mit 2.669 Personen so viele politische Häftlinge wie noch nie zuvor freigekauft werden.[2292] Zusätzlich erhielten sehr viele Ausreiseantragsteller endlich die Genehmigung für ihre Ausreise und zahlreiche Familienzusammenführungen wurden ermöglicht.[2293] Der durch die vielen Ausreiseantragsteller ständig wachsende Druck auf die DDR-Behörden sollte auf diese Weise abgebaut werden.[2294] Auf ausdrücklichen Wunsch der DDR bestand jedoch kein Junktim zwischen den Milliardenkrediten und den humanitären Gegenleistungen, weshalb auch keine

---

[2284] Vgl. Zatlin: The Currency of Socialism, S. 140.
Vgl. ebf. Steiner: Von Plan zu Plan, S. 198.
[2285] Vgl. ebenda (Steiner), S. 198.
[2286] Vgl. Korte: Deutschlandpolitik in Helmut Kohls Kanzlerschaft, S. 161–184.
[2287] Vgl. Wolfrum, Edgar: Die 101 wichtigsten Fragen: Bundesrepublik Deutschland. München 2009, S. 66.
[2288] Vgl. Zimmer: Nationales Interesse und Staatsräson, S. 160.
[2289] Vgl. Wolfrum: Die 101 wichtigsten Fragen: Bundesrepublik Deutschland, S. 66.
[2290] Vgl. Potthoff, Heinrich: In den Fußstapfen der sozial-liberalen Deutschlandpolitik. Realität und Anspruch der CDU-Deutschlandpolitik unter Kanzler Kohl. In: Faulenbach, Bernd; Meckel, Markus und Weber, Hermann (Hg.): Die Partei hatte immer recht – Aufarbeitung von Geschichte und Folgen der SED-Diktatur. Essen 1994, S. 169.
[2291] Vgl. Schroeder: Der SED-Staat, S. 268.
[2292] Zahlen aus: Rehlinger: Freikauf, S. 279. Vgl. als Beispiele für 1985 freigekaufte politische Häftlinge die Fälle von Ralf Kotowski und Kirsten Israel, in: Diekmann (Hg.): Freigekauft, S. 91 und S. 94.
[2293] Vgl. Korte: Deutschlandpolitik in Helmut Kohls Kanzlerschaft, S. 179.
[2294] Vgl. Raschka: Justizpolitik im SED-Staat, S. 221.

schriftlichen Abmachungen erfolgten.[2295] Die Bundesregierung musste darauf vertrauen, dass die DDR im Anschluss dennoch die genannten Erleichterungen umsetzen würde, was diese tatsächlich auch erfüllte.[2296] Doch wie relevant waren die Milliardenkredite für die DDR-Volkswirtschaft? Nach der deutschen Einheit konnte überzeugend nachgewiesen werden, dass die Kredite als solche zur Stabilisierung der wirtschaftlichen Lage keinen allzu großen Beitrag hatten leisten können, da hierfür die Summen zu gering waren.[2297] Entscheidender für die DDR-Volkswirtschaft war jedoch, dass durch die nun möglich gewordene Umschuldung und die damit verbundene Signalwirkung der Kreditboykott der westlichen Banken erfolgreich durchbrochen worden war und die DDR zeitweise ihre Kreditwürdigkeit wiedererlangt hatte.[2298] Auch die von der KoKo erwirtschafteten Devisen und die in den Intershops oder über den Geschenkedienst »Genex« generierten Deviseneinnahmen trugen weiter zu einer Verbesserung der Zahlungsbilanz der DDR bei.[2299] Doch letzten Endes änderten alle ökonomischen Maßnahmen, sämtliche Kredite und alle innerdeutschen Transferleistungen nichts an den grundlegenden Problemen der DDR-Volkswirtschaft; sie linderten diese höchstens vorübergehend.[2300]

[2295] Vgl. Korte: Deutschlandpolitik in Helmut Kohls Kanzlerschaft, S. 171.
Vgl. ebf. Kittel, Manfred: 1983: Strauß' Milliardenkredit für die DDR. Leistung und Gegenleistung in den innerdeutschen Beziehungen. In: Wengst und Wentker (Hg.): Das doppelte Deutschland, S. 308 f.
[2296] Vgl. Korte: Deutschlandpolitik in Helmut Kohls Kanzlerschaft, S. 170 f., S. 174 und S. 178 f.
[2297] Vgl. Steiner: Von Plan zu Plan, S. 198 f.
[2298] Vgl. ebenda, S. 198 f.
Vgl. ebf. Schürer, Gerhard (ehemaliges SED-Politbüromitglied und früherer Vorsitzender der Staatlichen Plankommission beim Ministerrat der DDR): Zeitzeugenaussage am 3.3.1997 in der 29. Sitzung der Enquete-Kommission »Überwindung der Folgen der SED-Diktatur im Prozess der deutschen Einheit« mit dem Thema: »Bilanz der DDR – Wirtschaft – Zwischenbilanz Aufbau Ost. Anspruch und Wirklichkeit der Arbeits- und Sozialpolitik in der DDR – Die Gesellschaft in den neuen Bundesländern im Umbruch.« In: Deutscher Bundestag (Hg.): Materialien der Enquete-Kommission »Überwindung der Folgen der SED-Diktatur im Prozess der deutschen Einheit« (13. Wahlperiode des Deutschen Bundestages). Band III, 1: Wirtschafts-, Sozial- und Umweltpolitik, S. 182.
[2299] Vgl. Volze, Armin: Zur Devisenverschuldung der DDR – Entstehung, Bewältigung und Folgen. In: Kuhrt, Eberhard (Hg.) (in Verbindung mit Hannsjörg F. Buck und Gunter Holzweißig) im Auftrag des Bundesministeriums des Innern: Die Endzeit der DDR-Wirtschaft – Analysen zur Wirtschafts-, Sozial- und Umweltpolitik. Opladen 1999, S. 167 (aus der Reihe: Am Ende des realen Sozialismus. Band 4).
[2300] Vgl. Steiner: Von Plan zu Plan, S. 198–203.

Die Bedeutung der innerdeutschen Transferleistungen sollte aus heutiger Sicht nicht überbewertet werden. Beispielsweise wurden nach der deutschen Einheit pro Jahr höhere Summen von den alten in die neuen Bundesländer transferiert, als die DDR mit 91 Milliarden DM aus den innerdeutschen Transferleistungen insgesamt erhalten hatte.[2301] Selbst unter Berücksichtigung der Inflation relativiert dieser Vergleich die innerdeutschen Transferleistungen doch erheblich. Unabhängig davon waren die Einnahmen aus dem Häftlingsfreikauf und der Familienzusammenführung in Relation zu anderen innerdeutschen Transferleistungen ohnehin nicht hoch genug, um volkswirtschaftlich einen relevanten Beitrag leisten zu können.

## 7.2 Die Auswirkungen auf Bevölkerung und staatliche Institutionen

Die SED-Führung konnte sich nie sicher sein, inwieweit ihre ideologischen Rechtfertigungen für den Verkauf von politischen Häftlingen an die Bundesrepublik innerhalb des Partei- und Staatsapparates und in der Bevölkerung akzeptiert werden würden. Bereits 1964 wurde in einem internen Vermerk des MfS festgehalten, dass es zu Unmutsäußerungen innerhalb der Berliner Charité über den Häftlingsfreikauf gekommen war.[2302] Verschiedene Ärzte hatten sich hierbei despektierlich geäußert, als sie erfuhren, dass ein inhaftierter ehemaliger Kollege inzwischen aus der Haft entlassen worden war und in den Westen hatten ausreisen können. Viele der zurückgebliebenen Ärzte der Charité hätten offenbar gerne für sich selbst diese Lösung angestrebt. Einige ließen sogar sinngemäß Bemerkungen fallen, dass sie wohl eine Verhaftung an der Berliner Mauer provozieren müssten, um auf diesem Weg schließlich nach West-Berlin zu kommen.

Schon zu einem sehr frühen Zeitpunkt weckte der Häftlingsfreikauf also Begehrlichkeiten bei jenen DDR-Bürgern, die gegen ihren Willen weiter im Land bleiben mussten. Deshalb mussten sämtliche Haftentlas-

---

[2301] Zahl aus: Volze: Innerdeutsche Transfers. In: Deutscher Bundestag (Hg.): Materialien der Enquete-Kommission »Aufarbeitung von Geschichte und Folgen der SED-Diktatur in Deutschland« (12. Wahlperiode des Deutschen Bundestages); Band V/3: Deutschlandpolitik, innerdeutsche Beziehungen und internationale Rahmenbedingungen, S. 2796.
[2302] Vgl. BStU, Archiv der Zentralstelle, MfS HA IX 367, S. 215 (Informationsbericht vom 10.10.1964 der HA VIII, Abteilung II, über Unmutsäußerungen bei Ärzten).

sungen in die Bundesrepublik im Rahmen der »zentralen Maßnahmen« so diskret wie möglich ausgeführt werden. Doch in einem Bericht des MfS von 1976 ist nachweisbar, dass vor allem Mediziner sich offen über den Häftlingsfreikauf unterhielten und diesen als eine relativ sichere Chance ansahen, auf diese Weise in den Westen gelangen zu können, was die bewusste Inkaufnahme einer möglichen Inhaftierung ausdrücklich einschloss.[2303] Eine strikte Geheimhaltung des Häftlingsfreikaufs war gegenüber der Bevölkerung in Städten, in denen Gefängnisse waren, das galt ganz besonders für Karl-Marx-Stadt, kaum zu gewährleisten.[2304] Bedenken der SED-Führung, inwieweit der Freikauf vom eigenen Partei- und Staatsapparat akzeptiert werden würde, waren ebenfalls durchaus angebracht. So verwies Pötzl auf kritische Äußerungen zum Freikauf von Fritz Schröder, dem ehemaligen Stellvertreter Erich Mielkes und früheren Leiter der Hauptabteilung V; Schröder führte 1993 im Prozess gegen Wolfgang Vogel glaubhaft aus, dass er den Freikauf immer abgelehnt habe.[2305] Der Freikauf konnte schon deshalb Unverständnis und Irritationen im MfS auslösen, weil in der Mehrzahl der Fälle die Häftlinge sogar direkt zum »Klassenfeind« ausreisen durften. Tatsächlich kam es gleich zu Beginn des Freikaufs zu kritischen Stellungnahmen von nicht informierten Dienststellen des MfS aus verschiedenen DDR-Bezirken, die für sie unerklärliche Haftentlassungen bzw. Ausreisen in den Westen an ihre Zentrale meldeten und hierbei besonders Rechtsanwalt Wolfgang Vogel negativ erwähnten.[2306] Auch beim Personal in den DDR-Strafvollzugsanstalten stieß der Freikauf laut einem bundesdeutschen Vermerk vom August 1964 auf erheblichen Unmut.[2307] Die vielen Entlassungen im Rahmen des Häftlingsfreikaufs verursachten häufig zusätzliche organisatorische Probleme in den Haftanstalten, besonders dann, wenn die Gefängnisinsassen vorher in DDR-Betrieben gearbeitet hatten.[2308]

[2303] Vgl. Suckut, Siegfried (Bearbeiter): Die DDR im Blick der Stasi 1976. Die geheimen Berichte an die SED-Führung. Göttingen 2009, S. 39 und S. 145 f. (aus der Reihe des BStU: Die DDR im Blick der Stasi. Die geheimen Berichte an die SED-Führung).
[2304] Vgl. Ast: Die gekaufte Freiheit, Teil 2 (Ausführungen von Matthias Storck).
[2305] Vgl. Pötzl: Anmerkungen zu Jan Philipp Wölbern. In: DA 6/2008 (41. Jahrgang), S. 1033.
[2306] Vgl. zahlreiche Beispiele hierfür in: BStU, Archiv der Zentralstelle, MfS AIM 5682/69, Band 8, S. 635 f., S. 637 f, S. 662, S. 664 f. und S. 682.
[2307] Vgl. Hammer (Bearbeiterin): Sonderedition »Besondere Bemühungen«, S. 171 (Dok. Nr. 78, Vermerk Rehlingers vom 14.8.1964; angeblich sei ein stellvertretender Gefängnisleiter (in Rummelsburg) sogar am 13.8.1964 einem Herzinfarkt erlegen.).
[2308] Vgl. Kühn, Norbert: »Jeder verkaufte Häftling kostete fünfzigtausend Mark«.

Doch welche Auswirkungen hatte der Freikauf auf die noch verbliebenen politischen Häftlinge? Für die meisten politischen Häftlinge war der Freikauf das wichtigste Thema im Strafvollzug.[2309] Nach einer Studie zur Repression in der DDR, die von Johannes Raschka für das Bundesinnenministerium nach der Wiedervereinigung durchgeführt wurde, äußerten viele ehemalige politische Inhaftierte, dass ihnen der Freikauf in ihrer schwierigen Lage große Hoffnung gab.[2310] Da die Bundesrepublik besonderen Wert darauf legte, Häftlinge mit psychischen und physischen Problemen möglichst bald aus den Gefängnissen auszulösen, hat der Freikauf vermutlich auch dazu beigetragen, Menschenleben von suizidgefährdeten Gefangenen zu retten.[2311]

Trug der Freikauf eventuell zu einer Milderung des DDR-Strafvollzugs bei? Die Mehrheit der von Raschka befragten freigekauften politischen Häftlinge führte dazu aus, dass der Freikauf das Strafvollzugspersonal gegenüber den politischen Häftlingen eher noch aggressiver gemacht habe.[2312] Dagegen habe die Erfassungsstelle Salzgitter in vielen Fällen zu einer Mäßigung beigetragen.[2313] Raschka verwies aber zu Recht darauf, dass die Erfassungsstelle Salzgitter nur deshalb auf das Strafvollzugspersonal eine Wirkung entfalten konnte, weil es den Freikauf gab.[2314] Im Jahr 1977 wurde ein neues Strafvollzugsgesetz erlassen, dass nun zu einer relativen Verbesserung der Haftbedingungen in der DDR führte.[2315] Diese Entwicklung war vornehmlich auf die Einbindung der DDR in internationale Abkommen und Organisationen und auf ihren Wunsch

---

In: Gebert, Anke (Hg.): Im Schatten der Mauer. Erinnerungen, Geschichten und Bilder vom Mauerbau bis zum Mauerfall. Frankfurt am Main 2004 (Taschenbuchausgabe; 1. Auflage als Buch erschien 1999), S. 143 und S. 145.
Vgl. ebf. Mail von Frank Hiekel vom 25.1.2011.
[2309] Vgl. Wölbern: Mit dem Wunderbus nach Gießen. Der Häftlingsfreikauf und die Stasi-U-Haftanstalt in Karl-Marx-Stadt. In: Aris und Heitmann (Hg.): Via Knast in den Westen, S. 54. »Auf Transport gehen« wurde hierbei eine unter den politischen Häftlingen häufig verwendete Redewendung
[2310] Vgl. Raschka: Zwischen Überwachung und Repression – Politische Verfolgung in der DDR 1971 bis 1989, S. 122.
Vgl. ebf. Diekmann, Kai (Hg.): Die Mauer. Fakten. Bilder. Schicksale. München 2011, S. 117.
[2311] Vgl. Fax von Manfred Stolpe vom 27.10.2009.
Vgl. ebf. Interview mit Matthias Storck am 1.3.2010 in Wiesloch.
[2312] Vgl. Raschka: Zwischen Überwachung und Repression – Politische Verfolgung in der DDR 1971 bis 1989, S. 121.
[2313] Vgl. ebenda, S. 121 f.
[2314] Vgl. ebenda, S. 121.
[2315] Vgl. derselbe (Raschka): Justizpolitik im SED-Staat, S. 118–124.

nach internationaler Anerkennung zurückzuführen.[2316] Jede öffentliche Aussage von freigekauften politischen Häftlingen über schwere Menschenrechtsverletzungen in den Gefängnissen hätte der internationalen Reputation der DDR neuen Schaden zufügen können. Die DDR hatte deshalb ein elementares Interesse daran, dass freigekaufte Häftlinge möglichst wenig über negative Erlebnisse aus ihrer Haftzeit im Westen berichten konnten. Deshalb kann die Kombination von Häftlingsfreikauf und der ZESt in Salzgitter durchaus als Erfolg der Bundesrepublik in humanitären Fragen angesehen werden. Beide Maßnahmen ergänzten sich und trugen damit zu einer relativen Verbesserung im DDR-Strafvollzug bei.[2317] Auch die Haftbesuche durch Angehörige der StäV nach dem Abschluss des Grundlagenvertrages – meistens etwa halbjährlich – trugen sicherlich zusätzlich zu einer Milderung der Haftbedingungen bei.[2318] Die DDR konnte kein politisches Interesse daran haben, dass Vertreter der Bundesrepublik über gravierende Menschenrechtsverletzungen im DDR-Strafvollzug hätten berichten können. Inhaftierte DDR-Bürger durften von den Mitarbeitern der StäV allerdings nicht besucht werden, da dies von der DDR strikt abgelehnt wurde.[2319]

Von der ZKG wurden immer wieder Häftlinge auch dann in den Freikauf einbezogen, selbst wenn sich die Gefängnisleitungen oder das Strafvollzugspersonal explizit gegen deren Entlassung ausgesprochen hatten.[2320] Häufig vorgebrachte Einwände waren, dass der »Erziehungsauftrag« noch nicht erfüllt sei, da der Häftling zum Beispiel noch immer in den Westen ausreisen wolle. Deshalb könne er nicht vorzeitig entlassen werden. In diesen Einschätzungen kam der totalitäre Anspruch der SED und ihrer »Erziehungsdiktatur« zum Ausdruck.[2321]

[2316] Vgl. Raschka: Zwischen Überwachung und Repression – Politische Verfolgung in der DDR 1971 bis 1989, S. 134.
[2317] Vgl. ebenda, S. 121 f. Diese Einschätzung bezieht sich ausschließlich auf den Erwachsenenstrafvollzug, nicht auf den Jugendstrafvollzug, die Jugendwerkhöfe und die Arbeitserziehungslager, die für diese Studie zum Freikauf nur von untergeordneter Bedeutung sind. Vgl. zu diesen Themen: Reitel, Axel: Jugendstrafvollzug in der DDR am Beispiel des Jugendhauses Halle. Berlin 1996; Glocke, Nicole: Erziehung hinter Gittern. Schicksale in Heimen und Jugendwerkhöfen der DDR. Halle 2011.
[2318] Vgl. Boysen: Das »weiße Haus« in Ost-Berlin, S. 127.
[2319] Vgl. ebenda, S. 129.
[2320] Vgl. Sächsisches Hauptstaatsarchiv Dresden, 12916//3150 (Berichte der Strafvollzugseinrichtungen Hoheneck und Cottbus, jeweils vom 13.4.1987, gegen die geplante vorzeitige Entlassung bzw. Strafaussetzung der Betroffenen, die anschließend über den Freikauf in den Westen entlassen wurden).
[2321] »Erziehungsdiktatur« zitiert nach: Kowalczuk: Stasi konkret, S. 7.

Aber gerade ihre ablehnende Haltung zur DDR war für die ZKG ausschlaggebend, die betreffenden politischen Häftlinge in den Westen abzuschieben.[2322]
Welche Auswirkungen hatte der Häftlingsfreikauf auf das Verhalten des MfS? Wurden bewusst Menschen verhaftet, um sie später zu verkaufen? Rechtsanwalt Näumann verneinte nach seinen Erfahrungen diese Handlungsweise entschieden.[2323] Ludwig Rehlinger betonte, dass diese Möglichkeit ausführlich geprüft worden sei, sich aber nie bestätigt habe.[2324] Ähnlich äußerten sich Jan Hoesch, Günter Wetzel, Edgar Hirt und Walter Priesnitz.[2325] Auch andere schriftliche Quellen bestätigen die Einschätzung der Zeitzeugen. So belegen Akten des Bundesarchivs Berlin, dass sich die DDR-Behörden um die Rücknahme von Ausreiseanträgen und die sogenannte »Rückgewinnung« der Antragsteller bemühten.[2326] Michael Bradler und Cliewe Juritza erläuterten sogar, dass sie selbst noch während ihrer Haftzeit zurückgewonnen werden sollten; erst als diese Anstrengungen fehlgeschlagen waren, wurden beide in den Freikauf einbezogen.[2327] Bezüglich der Familienzusammenführung hatte die Bundesregierung bereits 1969 zutreffend festgestellt, dass die DDR im Regelfall nur dann die Ausreisegenehmigung erteilte, wenn die Betroffenen sich nicht mehr in die DDR integrieren ließen.[2328]

---

[2322] Vgl. BStU, Archiv der Zentralstelle, MfS HA IX 3714, S. 33 f. (Maßnahmeplan der ZKG vom 24.7.1985).

[2323] Vgl. telefonisches Interview mit Wolf-Egbert Näumann am 4.11.2009. Wolf-Egbert Näumann stand dankenswerterweise für eine Vielzahl von Rückfragen zur Verfügung.

[2324] Vgl. Ludwig Rehlinger im Interview am 21.2.2009 in Eichwalde.
Vgl. ebf. Ludwig Rehlinger im »Spitzengespräch« mit Jürgen Engert (»Freikauf – das Geschäft der DDR mit politisch Verfolgten«) am 8.6.2011 in Berlin. In: Apelt (Hg.): Flucht, Ausreise, Freikauf, S. 96 f.

[2325] Vgl. Interviews mit: Jan Hoesch am 6.7.2009 in Berlin; Günter Wetzel am 14.10.2009 in Darmstadt; Edgar Hirt am 7.7.2010 in Bonn.
Vgl. ebf. telefonisches Interview mit Walter Priesnitz am 16.2. 2010.
Allen genannten Zeitzeugen standen dankenswerterweise ausführlich für Rückfragen zur Verfügung.

[2326] Vgl. BA Berlin, DO 1/16488 (Information über die Unterbindung und Zurückdrängung der Übersiedlung nach der BRD und West-Berlin. Berichtszeitraum Februar bis Mai 1978, S. 2).
Vgl. ebf. BA Berlin, DO 1/16491 (Berichtszeitraum 1.1.1972–31.3.1988, S. 11 f.).

[2327] Vgl. Mail von Cliewe Juritza vom 27.2.2010.
Vgl. ebf. telefonisches Interview mit Michael Bradler am 9.2.2010.
Beide standen für diese Studie dankenswerterweise ausführlich für Fragen zur Verfügung.

[2328] Vgl. BA Koblenz, B 137/16604 (Schreiben von Rehlinger an die Regierungsdirektoren Staab und Stern vom 1.4.1969).

Dieses Muster war sowohl beim Häftlingsfreikauf als auch bei der Familienzusammenführung erkennbar. Als ihre wesentliche Aufgabe hatte die ZKG 1985 ausdrücklich festgehalten, »hartnäckige Personen«, die eine »feindlich-negative Grundeinstellung« hatten, kontinuierlich zur Übersiedlung vorzuschlagen.[2329] Das MfS unterschied hierbei grundsätzlich zwischen »feindlichen Personen«, »feindlich-negativen Personen« und »verfestigt feindlich-negativen Personen«.[2330] Die letzte Gruppe galt für die DDR-Gesellschaft als verloren.[2331] In diesen Fällen hatte eine Abschiebung über den Häftlingsfreikauf natürlich Sinn. Dies verdeutlicht aber im Umkehrschluss, dass die DDR in anderen Fällen sehr wohl ernsthaft an einer Rückgewinnung interessiert war. Derartige systematische Anstrengungen sprechen damit gegen eine regelrechte »Häftlingsproduktion zwecks Devisengewinnung«. Angesichts der hohen Unzufriedenheit innerhalb der DDR-Bevölkerung, besonders in den 1980er Jahren, hatte die DDR auch ohnehin nie einen »Mangel« an politischen Häftlingen. Zudem hätte sie fast zu jedem Zeitpunkt mehr politische Häftlinge an den Westen gegen Zahlung freigeben können, sofern sie das gewollt hätte. In vielen Fällen aber weigerte sie sich beharrlich, Inhaftierte in den Freikauf einzubeziehen, an denen die Bundesregierung besonders interessiert war und für die die DDR dann wirtschaftliche Gegenleistungen hätte erhalten können.[2332] Die Niebling zugeschriebene Aussage *»Genossen, wir brauchen Devisen, deswegen brauchen wir Häftlinge«*, die er angeblich 1987 vor MfS-Offizieren gemacht haben soll, halte ich vor diesem Hintergrund für wenig glaubhaft.[2333] Außerdem stellt sich die Frage, sofern diese Bemerkung je gefallen sein sollte, ob es sich dann

---

[2329] Vgl. BStU, Archiv der Zentralstelle, MfS HA IX 3714, S. 33 f. (Maßnahmeplan der ZKG vom 24.7.1985).
Vgl. ebf. hierzu die Schilderung der freigekauften Sibylle Schönemann: Dieselbe: Drei Affen, schuldlos. Eine offene Rechnung. In: Grafe, Roman (Hg.): Die Schuld der Mitläufer. Anpassen oder Widerstehen in der DDR. München 2009, S. 143 f.

[2330] Zitiert nach: Dümmel, Karsten: Die Überwachung. In: Derselbe und Schmitz, Christian (Hg.): Was war die Stasi? Einblicke in das Ministerium für Staatssicherheit der DDR (MfS). Sankt Augustin 2002, S. 21.

[2331] Vgl. ebenda, S. 21.

[2332] Vgl. Rehlinger: Freikauf, S. 68 und S. 262.

[2333] Zitiert aus einer Frage an Wolfgang Vogel in dessen Interview (»Ich war kein Top-Agent der Stasi.« Der frühere DDR-Anwalt Vogel über seine Rolle und über Herbert Wehner) mit dem SPIEGEL. In: DER SPIEGEL, Nr. 6/1994 vom 7.2.1994 (Das Interview wurde von den SPIEGEL-Redakteuren Georg Mascolo, Norbert F. Pötzl und Ulrich Schwarz geführt.).

um eine ernst gemeinte Anweisung oder nur einen zynischen und flapsigen Spruch im Stasi-Jargon gehandelt hat. Sowohl die 1987 erlassene Amnestie, die die Zahl der Häftlinge drastisch reduzierte, als auch die Tatsache, dass im Zeitraum zwischen 1986 und 1988 die Zahl der von der DDR »verkauften« Häftlinge rückläufig war, sprechen jedenfalls gegen eine solche Aussage.[2334] Erst 1989 stieg ihre Zahl wieder an. Sie blieb aber immer noch weit hinter den Maximalwerten der Jahre 1984 und 1985 zurück.[2335]

Die Vorstellung, die DDR könnte Bürger vorsätzlich inhaftieren und verurteilen, um sie dann anschließend an den Westen verkaufen zu können, wurde auch innerhalb der Bundesregierung sowie von Prälat Wissing diskutiert.[2336] Ludwig Rehlinger und Carl-Werner Sanne, ein hochrangiger Mitarbeiter des Bundeskanzleramts, kamen aber unabhängig voneinander zu dem Schluss, dass diese Befürchtung nicht zutraf.[2337] Auch der ehemalige Staatssekretär Priesnitz widersprach der These von einer systematischen »Häftlingsproduktion« durch das

---

[2334] Vgl. zur Amnestie von 1987: Raschka: Justizpolitik im SED-Staat, S. 239.
Vgl. zu den pro Jahr freigekauften Häftlingen: Rehlinger: Freikauf, S. 279.

[2335] Vgl. ebenda (Rehlinger), S. 279.

[2336] Vgl. Hammer (Bearbeiterin): Sonderedition »Besondere Bemühungen«, S. 627 (Dok. Nr. 401, Bericht Rehlingers an Minister Wehner vom 30.5.1969).
Wolfgang Schäuble meinte dazu: »Wir haben gelegentlich darüber diskutiert, wir müssen aufpassen, dass die sich nicht Devisen beschaffen, in der DDR, indem sie mehr Menschen einsperren, um mehr Umsatz im Freikauf zu machen. Also das haben wir in den internen Gesprächen und Kontakten, auch ich, gelegentlich gesagt, so geht's natürlich nicht.« Zitiert nach Wolfgang Schäuble in: Ast: Die gekaufte Freiheit, Teil 2.
Horst Ehmke meinte diesbezüglich: »Auch hinsichtlich der Modalitäten des Gefangenen-Freikaufs aus der DDR beklagte Wehner ›Engherzigkeiten‹. Wir durften der DDR aber keine zusätzlichen Anreize geben, ›Gefangene zu machen‹, um sie dann an uns ›verkaufen‹ zu können.« Zitiert nach: Ehmke, Horst: Mittendrin. Von der Großen Koalition zur Deutschen Einheit. Berlin 1994, S. 131.
Horst Ehmke stand für diese Studie dankenswerterweise am 5.4.2010 in einem telefonischen Interview zur Verfügung.
Vgl. ebf. Höller (Hg.): Wilhelm Wissing: Gott tut nichts als fügen, S. 156.

[2337] Vgl. Hammer (Bearbeiterin): Sonderedition »Besondere Bemühungen«, S. 627 (Dok. Nr. 401, Bericht Rehlingers an Minister Wehner vom 30.5.1969).
Vgl. ebf. Ludwig Rehlinger im Interview am 21.2.2009 in Eichwalde.
Vgl. ebf. derselbe im »Spitzengespräch« mit Jürgen Engert (»Freikauf – das Geschäft der DDR mit politisch Verfolgten«) am 8.6.2011 in Berlin. In: Apelt (Hg.): Flucht, Ausreise, Freikauf, S. 96.
Vgl. ebf. DzD VI/4 (1975/76); Dok. Nr. 132, S. 481 (Vermerk Sanne, damals Ministerialdirektor im Bundeskanzleramt, vom 24.11.1975).

MfS.[2338] Er machte allerdings eine bedeutsame Einschränkung: In den 1980er Jahren habe er den Eindruck gehabt, dass zunehmend Ausreiseantragsteller gezielt verhaftet und aus sehr fadenscheinigen Gründen kriminalisiert worden seien, worauf er auch Rechtsanwalt Vogel hingewiesen habe.[2339] Bei einem Freikauf aus der Haft konnte die DDR deutlich mehr einnehmen, als dies beispielsweise bei einer Ausreise im Rahmen der Familienzusammenführung ohne Inhaftierung möglich war.[2340] Bewusste Verhaftungen zwecks geplanter Einbeziehung in den Häftlingsfreikauf können also gerade bei Ausreiseantragstellern nicht ausgeschlossen werden. Vielmehr kamen sie tatsächlich vor; ein solcher Fall konnte von der Rechtswissenschaftlerin Heidrun Budde überzeugend aufgearbeitet werden.[2341] Auch die Ausführungen von Rolf Fister, dem Leiter der HA IX, von 1989 sprechen hierfür: *»Der bisher beschrittene Weg der sofortigen Einleitung eines Ermittlungsverfahrens, der Ausspruch einer Freiheitsstrafe und die ständige Ausreise des Strafgefangenen in die BRD ist nicht mehr gangbar. Die BRD lehnt seit Wien finanzielle Leistungen für die Entlassung von Strafgefangenen ab, die gemäß §§ 214, 219, 220 StGB verurteilt wurden.«*[2342]

Beeinflusste der Häftlingsfreikauf die DDR-Justiz und deren Rechtsprechung? In politischen Strafverfahren wurden die Anklageschrift und das Urteil dem Angeklagten meistens erst gar nicht ausgehändigt.[2343] Eine wirksame Verteidigung durch einen Anwalt war nicht möglich und von dem SED-Regime auch nicht gewünscht.[2344] In etwa 90 bis 95 Prozent aller politischen Prozesse wurde zudem die Öffentlichkeit ausgeschlossen.[2345] Der Richter folgte in politischen Strafver-

---

[2338] Vgl. telefonisches Interview mit Walter Priesnitz am 16.2.2010.
[2339] Vgl. ebenda (telefonisches Interview Priesnitz).
Vgl. ebf. zu diesem Aspekt: Diekmann (Hg.): Freigekauft, S. 81.
[2340] Vgl. Deutscher Bundestag (Hg.): Drucksache 12/7600, S. 309 und S. 317.
Vgl. ebf. Wölbern: Der Häftlingsfreikauf aus der DDR 1962/63–1989, S. 336.
[2341] Vgl. Budde, Heidrun: »Freikauf« im Zwielicht. In: Recht und Politik, 3/2010. Vierteljahreshefte für Rechts- und Verwaltungspolitik. 46. Jahrgang, 3. Quartal 2010. Berlin 2010, S. 157–163.
Vgl. ebf. dieselbe: Gestohlene Seelen. Norderstedt 2008, S. 225–282. Heidrun Budde stand dankenswerterweise auch für Rückfragen zur Verfügung.
[2342] Zitiert nach: Passens: MfS-Untersuchungshaft, S. 276.
[2343] Vgl. Fricke, Karl Wilhelm: Opposition und Widerstand in der DDR-Strafjustiz. In: Derselbe: Der Wahrheit verpflichtet, S. 335.
[2344] Vgl. Eisenfeld, Bernd: Rolle und Stellung der Rechtsanwälte in der Ära Honecker im Spiegel kaderpolitischer Entwicklungen und Einflüsse des MfS. In: Engelmann und Vollnhals (Hg.): Justiz im Dienste der Parteiherrschaft, S. 372 f.
[2345] Vgl. Werkentin: Politische Strafjustiz in der Ära Ulbricht, S. 298.

fahren in seinem Urteil normalerweise dem Antrag der Staatsanwaltschaft.[2346] Da beide ohnehin ihre Vorgaben hatten, konnte von einer unabhängigen Justiz keine Rede sein.[2347] Die DDR-Justiz war in politischen Strafsachen von den Vorgaben der SED und des MfS vollkommen abhängig.[2348] Die Anklageschrift wurde bereits vom MfS für die Staatsanwaltschaft vorbereitet, da es für die Ermittlungsverfahren in politischen Strafsachen als Untersuchungsorgan zuständig war.[2349] Eine spätere Freilassung eines Verurteilten aufgrund des Häftlingsfreikaufs musste deshalb einen Richter oder Staatsanwalt auch nicht so nachhaltig frustrieren, wie sich das Rainer Barzel im Interview von 1977 erhofft hatte.[2350] Die aus politischen Gründen Angeklagten machten sich über das DDR-Rechtssystem wenig Illusionen. So setzten viele schon während ihres Prozesses ihre Hoffnungen auf einen späteren Freikauf, da weder ihnen noch ihrem Anwalt eine wirksame Verteidigung vor Gericht möglich war.[2351]

Fällte die DDR-Justiz auch deshalb härtere Urteile, damit beim späteren Verkauf der Häftlinge an die Bundesrepublik höhere Erlöse generiert werden konnten? Dieser Verdacht lag in den 1960er und Anfang der 1970er Jahre nahe, da das Strafmaß für die Höhe des zu zahlenden Betrages für einen politischen Häftling von entscheidender Bedeutung war.[2352] Die Bundesrepublik löste deshalb schon von Be-

---

[2346] Vgl. Werkentin: Politische Strafjustiz in der Ära Ulbricht, S. 313.

[2347] Vgl. Weinke, Annette: Stasi und Strafrecht: Ein dunkles Kapitel. In: Timmermann, Heiner (Hg.): Die DDR – Recht und Justiz als politisches Instrument. Berlin 2000, S. 141–161.
Vgl. ebf. Drechsler, Ingrun: Recht und Justiz im SED-Staat. In: Dieselbe; Faulenbach, Bernd; Gutzeit, Martin; Meckel, Markus und Weber, Hermann (Hg.): Getrennte Vergangenheit, gemeinsame Zukunft. Ausgewählte Dokumente, Zeitzeugenberichte und Diskussionen der Enquete-Kommission »Aufarbeitung von Geschichte und Folgen der SED-Diktatur in Deutschland« des Deutschen Bundestages 1992–1994. Band I: Das Herrschaftssystem. München 1997, S. 225.

[2348] Vgl. Werkentin: Politische Strafjustiz in der Ära Ulbricht, S. 300–307.
Vgl. ebf. Raschka: Justizpolitik im SED-Staat, S. 25–35.

[2349] Vgl. Vollnhals, Clemens: »Die Macht ist das Allererste.« Staatssicherheit und Justiz in der Ära Honecker. In: Engelmann und Vollnhals (Hg.): Justiz im Dienste der Parteiherrschaft, S. 243 f.

[2350] Vgl. Meyer: Freikauf, S. 183.

[2351] Vgl. telefonisches Interview mit dem Rechtsanwalt Roland Lange (in der DDR als RA tätig) am 19.3.2012.

[2352] Vgl. Deutscher Bundestag (Hg.): Drucksache 12/7600, S. 309.
Vgl. ebf. BStU, Archiv der Zentralstelle, MfS HA IX 367, S. 48–59 und S. 139–143 (Angaben des MfS von 1964; bei beträchtlicher Strafhöhe aufgrund der »Schwere der Straftat« sowie langer Reststrafe wurden deutlich höhere Summen von der

ginn an Häftlinge mit vergleichsweise kurzen Haftstrafen ebenfalls aus, obwohl sie in den ersten Jahren des Freikaufs bevorzugt jene mit langjährigen Strafen freikaufen wollte.[2353] Der DDR-Justiz sollte damit kein Anreiz für höhere Urteile gegeben werden.[2354] Diese Befürchtung kann auch durch die tatsächliche Entwicklung des Freikaufs in den 1960er und Anfang der 1970er Jahre widerlegt werden. Zu Beginn der 1960er Jahre wurden im Durchschnitt noch deutlich höhere Urteile von der DDR-Justiz als in den 1970er Jahren gefällt.[2355] Diese Entwicklung wurde 1969 auch von der Bundesregierung so eingeschätzt. In einem Bericht Rehlingers an Minister Wehner wurde explizit festgehalten, dass der Häftlingsfreikauf nicht zu höheren Urteilen geführt habe.[2356] Diese Schlussfolgerung wird zusätzlich durch die Jahre 1966 und 1967 gestützt, denn das Zahlenverhältnis zwischen sogenannten »Langstrafern« und »Kurzstrafern« änderte sich beträchtlich: Während 1966 noch etwa 50 Prozent der freigekauften Häftlinge Langstrafer waren, so betrug laut einer Quelle von 1967 ihr Anteil an den politischen Häftlingen nur noch etwa 30 Prozent.[2357] Vor allem deshalb erzielte die DDR 1967 geringere Einnahmen aus dem Freikauf als 1966.[2358]

In den ersten Jahren des Freikaufs hatte die Bundesregierung viele Langstrafer – darunter viele besonders tragische Fälle – freikaufen können.[2359] In der Zwischenzeit hätte die DDR-Justiz genügend neue Urteile mit einem Strafmaß von mindestens fünf Jahren Haft fällen können, was jedoch ganz offensichtlich nicht der Fall war. Andere Faktoren müssen also für das Strafmaß entscheidend gewesen sein, nicht

DDR gefordert. Beispiel: Für einen Schlosser und eine Gärtnerin wurden je 370.000 DM verlangt (S. 139), was auf »Straftat« und Strafhöhe zurückzuführen sein muss.).

[2353] Vgl. LA Berlin, B Rep. 002, Nr. 10987 (Vermerk von Völckers vom 31.3.1967).
[2354] Vgl. ebenda (Vermerk von Völckers vom 31.3.1967).
[2355] Vgl. Werkentin: Politische Strafjustiz in der Ära Ulbricht, S. 250–280.
[2356] Vgl. Hammer (Bearbeiterin): Sonderedition »Besondere Bemühungen«, S. 627 (Dok. Nr. 401, Bericht Rehlingers an Minister Wehner vom 30.5.1969).
[2357] Zahlen aus: LA Berlin, B Rep. 002, Nr. 12295 (Besprechungspapier von Völckers für Spangenberg vom 11.7.1967).
[2358] Vgl. Posser: Anwalt im Kalten Krieg, S. 354 (Posser nennt rund 52,6 Millionen DM für 1966, während 1967 »nur« rund 32,3 Millionen DM aufgebracht werden mussten. Posser stützte sich auf Zahlen des Haushaltsausschusses des Deutschen Bundestages. Die Zahlen beinhalten die Familienzusammenführung.).
[2359] Vgl. LA Berlin, B Rep. 002, Nr. 12295 (Besprechungspapier von Völckers für Spangenberg vom 11.7.1967).
Vgl. ebf. Wölbern: Der Häftlingsfreikauf aus der DDR 1962/63–1989, S. 456–459.

die Möglichkeit des Häftlingsfreikaufs durch die Bundesrepublik. Diese Entwicklung wurde von der Bundesregierung genau registriert und darauf zurückgeführt, dass sich die SED-Diktatur inzwischen weitgehend stabilisiert habe, so dass sie mehrheitlich keine hohen Strafen als Abschreckung mehr aussprechen müsse.[2360] Spätestens seit dem 1977 festgesetzten Betrag von 95.847 DM für jeden freigekauften politischen Häftling hätte eine solche Vorgabe der DDR-Justiz mit Bezug auf den Freikauf keinen Sinn mehr ergeben. Dennoch kann diese Möglichkeit – besonders im Hinblick auf eventuell vernichtete Quellen oder mündliche Vorgaben – nicht ganz ausgeschlossen werden. So äußerte der ehemalige DDR-Rechtsanwalt Roland Lange beispielsweise vor der Enquete-Kommission des Deutschen Bundestages zur »Aufarbeitung von Geschichte und Folgen der SED-Diktatur in Deutschland« die Einschätzung, dass die DDR-Gerichte mitunter höhere Urteile mit Bezug auf den Häftlingsfreikauf gefällt hätten.[2361] Doch dürfte es sich dabei um Einzelfälle gehandelt haben. Unbestritten ist, dass das durchschnittlich verhängte Strafmaß in politischen Verfahren in den 1980er Jahren deutlich zurückging.[2362] Nach der Wiedervereinigung versuchte Oberstaatsanwalt Wolfram Klein aus Magdeburg zu beweisen, dass verschiedene DDR-Richter in den 1980er Jahren Urteile mit einer bestimmten Mindesthöhe für Ausreiseantragsteller gefällt und hierbei das Recht gebeugt hätten.[2363] Ein gewisses Strafmaß sei notwen-

---

[2360] Vgl. Hammer (Bearbeiterin): Sonderedition »Besondere Bemühungen«, S. 627 (Dok. Nr. 401, Bericht Rehlingers an Minister Wehner vom 30.5.1969).
[2361] Vgl. Lange, Roland J.: Einbindung und Behinderung der Rechtsanwälte. In: Deutscher Bundestag (Hg.): Materialien der Enquete-Kommission »Aufarbeitung von Geschichte und Folgen der SED-Diktatur in Deutschland« (12. Wahlperiode des Deutschen Bundestages). Band IV: Recht, Justiz und Polizei im SED-Staat, S. 638.
[2362] Vgl. Raschka: Justizpolitik im SED-Staat, S. 308.
[2363] Vgl. Deutscher Bundestag (Hg.): Drucksache 12/7600, S. 308.
Vgl. ebf. als Ergänzung auch Kleins Anhörung vor dem 1. Untersuchungsausschuss (»Kommerzielle Koordinierung«; 2271-8) der 12. Wahlperiode des Deutschen Bundestages: Parlamentsarchiv des Deutschen Bundestages, stenografisches Protokoll der 92. Sitzung des 1. Untersuchungsausschusses am 14.10.1992.
Vgl. ebf. telefonisches Interview mit Wolfram Klein vom 6.10.2009.
Der fraktionslose Bundestagsabgeordnete Ortwin Lowack stellte diesbezüglich eine »Mündliche Anfrage« am 8.1.1993, die in einer Fragestunde des Deutschen Bundestages am 14.1.1993 von Bernd Schmidbauer, Staatsminister im Bundeskanzleramt, dahingehend beantwortet wurde, dass die Bundesregierung hierüber keine Erkenntnisse habe. Vgl. Deutscher Bundestag (Hg.): Protokoll der 131. Sitzung der 12. Wahlperiode des Deutschen Bundestages am 14.1.1993, S. 11355 (aus dem Bundesarchiv Koblenz).

dig gewesen, damit Häftlinge von der Bundesregierung in den Freikauf einbezogen wurden.[2364] Das sei nach Aussage eines ehemaligen Schöffen erst dann der Fall gewesen, wenn eine Mindeststrafzeit von zwölf Monaten für politische Delikte vorgelegen hätte.[2365] Der Nachweis vor dem Magdeburger Landgericht gelang jedoch nicht. Dieses schloss sich nicht der Auffassung der Staatsanwaltschaft Magdeburg an.[2366]

Die Staatssekretäre Walter Priesnitz und Ludwig Rehlinger widersprachen ausdrücklich der Vermutung Kleins.[2367] Die Bundesrepublik habe gerade in den 1980er Jahren sehr viele Häftlinge freigekauft, die nur zu kurzen Haftstrafen verurteilt worden waren. Beide betonten, dass sie damals alle politischen Häftlinge, unabhängig vom Strafmaß, möglichst schnell aus den DDR-Gefängnissen herausholen wollten. Dies geht auch aus Quellen des MfS zu den von der Bundesregierung in den 1980er Jahren Freigekauften eindeutig hervor.[2368] Für DDR-Gerichte bestand insofern keine Notwendigkeit, ein bestimmtes Mindeststrafmaß zwecks später geplantem Freikauf zu verhängen. Die DDR-Justiz hatte in den 1980er Jahren vielmehr ein ganz anderes Problem: Viele DDR-Bürger, die die DDR verlassen wollten, ließen sich gerade aufgrund verringerter Haftstrafen und wegen des Freikaufs nicht mehr von einer eventuellen Verurteilung abschrecken.[2369] Immer mehr Personen nahmen für eine Übersiedlung in den Westen eine Verhaftung bewusst in Kauf.[2370]

Die politische Repression war in den 1980er Jahren insgesamt mil-

[2364] Vgl. telefonisches Interview mit Wolfram Klein vom 6.10.2009.
[2365] Vgl. Deutscher Bundestag (Hg.): Drucksache 12/7600, S. 308.
[2366] Vgl. ebenda, S. 308.
[2367] Vgl. telefonische Interviews mit: Ludwig Rehlinger am 30.9.2009; Walter Priesnitz am 27.4.2010.
[2368] Vgl. BStU, Archiv der Zentralstelle, MfS HA IX 17613, S. 47 (Stange an Vogel am 16.7.1982 über die H-Aktion 1982).
Vgl. ebf. BStU, Archiv der Zentralstelle, MfS HA IX 3358, S. 40 (Auswertung vom 28.6.1988 (zur HL II/88); 100 freigekaufte Personen hatten eine Haftstrafe von unter einem Jahr erhalten.).
[2369] Vgl. BStU, Archiv der Zentralstelle, MfS HA IX 2362, S. 11 und S. 44 (aus: Diskussionspapier »Gedanken zur künftigen Strafverfolgung von Straftaten, insbesondere im Zusammenhang mit Bestrebungen zur Wohnsitzverlegung ins Ausland« der HA IX vom 2.11.1987).
[2370] Vgl. BStU, Archiv der Zentralstelle, MfS HA IX 8340, S. 89 f. (aus dem vorbereiteten, aber schließlich nicht gehaltenen Diskussionsbeitrag von Generalmajor Rolf Fister, dem Leiter der HA IX, vom 9.2.1987 zum Thema: »Zur Zurückdrängung von Übersiedlungsersuchenden und zur Bekämpfung damit verbundener Straftaten durch die Linie XIV«). Vgl. hierzu ebf.: Raschka: Justizpolitik im SED-Staat, S. 288.

der geworden, was mit der Sorge der DDR um ihr internationales Ansehen zu erklären war.[2371] Ein viertes Strafrechtsänderungsgesetz, das ursprünglich geplant war, wurde beispielsweise nicht mehr erlassen.[2372] Gegen Ausreiseantragsteller sollten zudem seit 1984 anstelle der Staatsschutz-Paragrafen des 2. Kapitels des besonderen Teils des DDR-Strafgesetzbuches (StGB-DDR) in der Regel »nur noch« die Paragrafen des 8. Kapitels des besonderen Teils des StGB-DDR zur Anwendung kommen.[2373] Während zum 2. Kapitel die Paragrafen 96–111 gehörten, die für »Verbrechen gegen die DDR« harte Strafen vorsahen, waren für »Straftaten gegen die staatliche Ordnung« des 8. Kapitels, in dem die Paragrafen 210–250 enthalten waren, deutlich geringere Haftstrafen vorgesehen.[2374]

Nach einer Statistik der DDR-Generalstaatsanwaltschaft lag das verhängte Strafmaß zwischen 1971 und 1988 in über 90 Prozent der Urteile nach den Paragrafen 214 (»Beeinträchtigung staatlicher Tätigkeit«) und 220 (»Öffentliche Herabwürdigung«) unter zwei Jahren Haft.[2375] Beide Paragrafen wurden häufig gegen Ausreiseantragsteller angewendet.[2376] Im gleichen Zeitraum wurden auch bei verurteilten Flüchtlingen nach Paragraf 213 («Ungesetzlicher Grenzübertritt«) in gut vier Fünftel aller Fälle Haftstrafen von weniger als zwei Jahren ausgesprochen.[2377] Viele freigekaufte politische Häftlinge hatten also immer kürzere Haftzeiten hinter sich.[2378] Diese Entwicklung kann durch weitere Quellen untermauert werden. So waren beispielsweise laut einer Aufstellung der HA IX von 1980 von insgesamt 1.000 freigekauften Häftlingen 745 zu Haftstrafen zwischen 0 bis 3 Jahren verurteilt worden, 1981 waren es sogar 1.261 von insgesamt 1397 Freigekauften.[2379] Bei der sogenannten

---

[2371] Vgl. Raschka: Zwischen Überwachung und Repression – Politische Verfolgung in der DDR 1971 bis 1989, S. 134.
[2372] Vgl. derselbe: Justizpolitik im SED-Staat, S. 189–203.
[2373] Vgl. ebenda, S. 305.
[2374] Vgl. ebenda, S. 305 f. Vgl. zum DDR-Strafgesetzbuch von 1968 und seinen Paragrafen: Werkentin, Falco: Das sozialistische Strafgesetzbuch der DDR vom Januar 1968. In: DA 4/2008 (41. Jahrgang), S. 645–655.
[2375] Zahl aus: Raschka: Zwischen Überwachung und Repression – Politische Verfolgung in der DDR 1971 bis 1989, S. 89.
[2376] Vgl. ebenda, S. 81 und S. 89.
[2377] Zahl aus: Ebenda, S. 89.
[2378] Verurteilungen nach den seltener angewendeten Paragrafen 104 (»Staatsfeindlicher Menschenhandel«, also Fluchthilfe) und 105 (»Sabotage«) fielen allerdings weiterhin sehr hart aus. Vgl. ebenda, S. 89.
[2379] Vgl. BStU, Archiv der Zentralstelle, MfS HA IX 8509, S. 10 f. (Aufstellung der HA IX zu den H-Aktionen 1981 (S. 10) und 1980 (S. 11). Anmerkung: Die Zahlen in der Aufstellung weichen zu den Gesamtentlassungszahlen von Rehlinger für

»1. Folge« der H-Aktion 1986 hatten 89,5 Prozent der Freigekauften eine Haftstrafe von unter drei Jahren erhalten.[2380] Nachdem sich abzeichnete, dass deren Anteil bei der sogenannten »2. Folge« sogar bis auf 97,3 Prozent ansteigen würde, verlangte Ministerialrat Plewa vom BMB von Vogel, dass mehr Inhaftierte mit höheren Haftstrafen sowie ein Verurteilter mit einer lebenslänglichen Haftstrafe einbezogen werden müssten.

Welche Chancen hatten gesunde Erwerbstätige, die DDR eventuell doch noch verlassen zu können, nachdem ihre Ausreiseanträge permanent abgelehnt worden waren? Außer dem Risiko einer lebensgefährlichen Flucht über die innerdeutsche Grenze oder die eines anderen Landes im sozialistischen Osteuropa gab es nur noch eine Möglichkeit, die DDR verlassen zu können, nämlich den Häftlingsfreikauf. Das war zwar ebenfalls mit Opfern und Risiken verbunden. Der Freikauf stellte aber in diesen Fällen die letzte gangbare Option dar.[2381] Nutzten also verzweifelte Menschen gezielt diesen Weg, um doch noch aus der DDR ausreisen zu können? Das trifft für die 1980er Jahre eindeutig zu. Whitney hielt in seiner Biografie über Wolfgang Vogel fest, dass immer mehr Mandanten eine Verhaftung ganz bewusst in Kauf nahmen, um hinterher freigekauft zu werden.[2382] Im Falle einer gescheiterten Flucht war der Häftlingsfreikauf für sie eine Art Rückversicherung.[2383] Andere waren hingegen das Risiko einer Flucht gar nicht erst eingegangen, sondern hatten direkt eine Verhaftung provoziert, indem sie auf ihren Antrag mit öffentlichkeitswirksamen Aktionen aufmerksam machten.[2384]

Raschka befragte für seine Studie insgesamt 372 freigekaufte politische

---

1980 und 1981 ab. Vgl. Rehlinger: Freikauf, S. 279. Möglicherweise gab es noch Nachträge bei der HA IX. Inhaltlich geht es hier nur um die Strafhöhe.).

[2380] Zahlen und Inhalt aus: BStU, Archiv der Zentralstelle, MfS ZKG 9640, S. 21 f. (Plewa an Vogel am 16.5.1986 zur H-Aktion 1986; Plewa sprach hierbei von »Aufstockung«.).

[2381] Vgl. Raschka: Zwischen Überwachung und Repression – Politische Verfolgung in der DDR 1971 bis 1989, S. 122.

[2382] Vgl. Whitney: Advocatus Diaboli, S. 191 f. Bereits in den 1970er Jahren gab es solche Fälle. Vgl. Diekmann (Hg.): Freigekauft, S. 80.

[2383] Vgl. Juritza, Cliewe und Stolle, Hardburg: Als die Berliner Mauer noch kein Denkmal war. Norderstedt 2008, S. 102 f.
Vgl. ebf. Interview von Cliewe Juritza mit dem »Gedächtnis der Nation« von 2011. Auf: http://www.gedaechtnis-der-nation.de (Gemeinschaftsprojekt des ZDF mit diversen weiteren Förderern).

[2384] Vgl. Sächsisches Hauptstaatsarchiv Dresden, 12916//2966.
Vgl. ebf. telefonisches Interview mit Michael Bradler vom 9.2.2010.
(Beispiele für einkalkulierte Verhaftungen an Grenzübergängen, um später freigekauft zu werden).

Häftlinge aus der DDR, die in den 1970er und 1980er Jahren inhaftiert worden waren.[2385] Von den Befragten antworteten immerhin 36 Prozent, dass sie den Häftlingsfreikauf bereits vor ihrer Verhaftung durchaus als Option einkalkuliert hatten.[2386] Raschka bestätigte im Gespräch ausdrücklich, dass dabei der Prozentsatz in den 1980er Jahren sogar erheblich höher als in den 1970er Jahren lag und die 36 Prozent nur einen Mittelwert der beiden Jahrzehnte darstellten.[2387] Mehrere Zeitzeugen bestätigten ebenfalls die These, dass im Lauf der Jahre immer mehr politische Häftlinge in der DDR schon vor ihrer Verhaftung den späteren Freikauf einkalkuliert oder zumindest als Rückversicherung im Hinterkopf gehabt hätten.[2388] Auch Wolfgang Vogel stellte heraus, dass in den 1980er Jahren viele seiner Mandanten über den Häftlingsfreikauf einen Weg sahen, die DDR verlassen zu können.[2389] Diese Einschätzung wurde von seinem Kollegen Dieter Starkulla im Interview bekräftigt.[2390] Auch das Bundesverfassungsgericht bestätigte in einem Urteil aus dem Jahr 2000 – Verfahren über eine Verfassungsbeschwerde eines ehemaligen DDR-Richters – ausdrücklich die Einschätzung der Rechtsanwaltskammer Brandenburg, dass der Häftlingsfreikauf in »nicht wenigen Fällen« Bürger zu »Straftaten« in der DDR nach dem Paragrafen 213 ermutigt habe, die im Fall einer Verhaftung und Verurteilung freigekauft werden wollten.[2391] Offenbar trug der Freikauf bei vielen DDR-Bürgern, die das Land verlassen wollten, entscheidend dazu bei, ihnen ihre Ängste zu nehmen und entschlossener eine Übersiedlung in die Bundesrepublik anzustreben. Diese Personengruppe wuchs im Verlauf der 1980er Jahre ganz beträchtlich an und setzte dem

---

[2385] Zahl aus: Raschka: Zwischen Überwachung und Repression – Politische Verfolgung in der DDR 1971 bis 1989, S. 122.
[2386] Zahl aus: Ebenda, S. 122.
[2387] Zahlen aus: Telefonisches Interview mit Johannes Raschka am 12.2.2010.
[2388] Vgl. telefonische Interviews mit: Heinz Dörr am 9.9.2009; Wolf-Egbert Näumann am 9.9.2009; Ludwig Rehlinger am 30.9.2009; Walter Priesnitz am 16.2.2010; Norbert Lawrenz am 31.1.2011. Alle genannten Zeitzeugen waren für diese Studie sehr hilfreich, indem sie dankenswerterweise für viele Rückfragen kompetent zur Verfügung standen.
[2389] Vgl. Wolfgang Vogel im Interview (»Ich hätte mit dem Teufel paktiert«) mit dem SPIEGEL. In: DER SPIEGEL, Nr. 15/1990 vom 9.4.1990. Nach der deutschen Einheit stellte sich Vogel mehreren Interviews, u. a. mit Ernst Elitz: Wortwechsel. Stuttgart 1997 (vom SDR produziert).
[2390] Vgl. telefonisches Interview mit Dieter Starkulla am 19.2.2010.
[2391] Vgl. Bundesverfassungsgericht (BVerfG), 1 BVR 514/97 vom 21.9.2000, Absatz-Nr. 12 (Urteil über die Verfassungsbeschwerde eines ehemaligen DDR-Richters); auf: http://www.bundesverfassungsgericht.de/en/decisions/rk20000921_1bvr051497.html

MfS organisatorisch wie personell erheblich zu.[2392] Ihre Vorgehensweise band nicht nur zusätzliche Ressourcen des MfS und weiterer staatlicher Organe, sondern unterminierte auch deren Autorität.[2393] Ausreisen über den Häftlingsfreikauf provozierten somit weitere »Nachahmer«, die ihre Verhaftung bewusst in Kauf nahmen oder sogar gezielt herbeiführten.[2394] Einen solchen Fall stellte – neben weiteren Haftschicksalen – auch die Sonderausstellung der Erinnerungsstätte Notaufnahmelager Marienfelde »Freigekauft – Wege aus der DDR-Haft« dar.[2395]

Immer vehementer forderten die Ausreiseantragsteller ihr Recht auf Ausreise ein.[2396] Auch die Abschiebung zahlreicher Bürgerrechtler im Jahr 1988 nach einer Protestaktion im Zusammenhang mit der Luxemburg-Liebknecht-Demonstration löste aggressive Forderungen bei vielen Ausreiseantragstellern aus.[2397] Das MfS hatte die Oppositionsgruppen deutlich besser im Griff als die Masse der Ausreiseantragsteller. So ging das MfS im Mai 1989 von lediglich 150 lokalen Zusammenschlüssen und zehn überörtlichen Koordinationsnetzen der Opposition mit insgesamt rund 2.500 aktiven Mitgliedern aus.[2398] Manche Ausreiseantragsteller schlossen sich oppositionellen Gruppen an, weil sie hofften, damit die Genehmigung des eigenen Antrags beschleunigen zu können.[2399] Hieraus ergab sich mitunter ein Interessenkonflikt mit politisch aktiven Oppositionellen in der DDR, die Verhaftungen oder Abschiebungen, wie sie 1988 bei Freya Klier[2400], Stephan Krawczyk[2401], Bärbel Bohley,

---

[2392] Vgl. BA Berlin, DO 1/16491 (Information über die Unterbindung und Zurückdrängung der Übersiedlung nach der BRD und West-Berlin. 3. Quartal 1988, S. 6).

[2393] Vgl. Whitney: Advocatus Diaboli, S. 191–195.

[2394] Vgl. Passens: MfS-Untersuchungshaft, S. 276.

[2395] Die Ausstellung zeigt u. a. auch die Biografie von Renate Werwigk-Schneider, die hoffte, auf diese Weise die DDR endlich verlassen zu können (vgl. http://www.notaufnahmelager-berlin.de).

[2396] Vgl. BA Berlin, DO 1/16491 (Information über die Unterbindung und Zurückdrängung der Übersiedlung nach der BRD und West-Berlin, 1. Quartal 1988, S. 6 f.).

[2397] Vgl. Wunnicke, Christoph: Die Luxemburg-Liebknecht-Demonstration vom 17. Januar 1988 und ihre Folgen. In: Gutzeit, Martin (Hg.): Auf dem Weg zur Friedlichen Revolution? Ost-Berlin in den Jahren 1987/88. Berlin 2008, S. 61–67.

[2398] Zahlen aus: Gieseke: Die Stasi 1945–1990, S. 182.

[2399] Vgl. Bertram; Planer-Friedrich und Sarstedt: Wein mit zuviel Wermut, S. 29.
Vgl. ebf. Mail von Bärbel Bohley vom 7.2.2010.
Vgl. ebf. Mail von Ehrhart Neubert vom 1.2.2010.

[2400] Vgl. Klier, Freya: Ohne mich. Stachel im faulen Staatsfleisch. In: Grafe (Hg.): Die Schuld der Mitläufer, S. 122–132.

[2401] Vgl. Krawczyk, Stefan: Bei den Grundsätzen. Von Mitgehern, Mitläufern und Mittätern. In: Ebenda (Grafe), S. 133–144.

Ralf Hirsch, Vera Wollenberger und Wolfgang Templin und 1983 bei Roland Jahn[2402] vorgenommen wurden, verständlicherweise gerade vermeiden wollten.[2403] Für solche von der DDR erzwungenen Übersiedlungen wurde von der Bundesregierung nichts bezahlt.[2404]

Doch wie nahmen das MfS und die Behörden des DDR-Innenministeriums diese für sie bedrohliche Entwicklung in den 1980er Jahren wahr? Viele für die Ausreise zuständige Abteilungen, die dem MdI unterstanden, wurden immer stärker personell von den zahlreichen Ausreiseantragstellern gebunden.[2405] Das MdI ging davon aus, dass die Berichterstattung über den Häftlingsfreikauf in den bundesdeutschen Medien mit dazu beigetragen hatte, die Ausreiseantragsteller zu ermutigen.[2406] Höhere Risiken seien eingegangen und »Demonstrativhandlungen« verübt worden, um so schließlich die eigene Ausreise erzwingen zu können.[2407] Das MfS wollte solche Handlungen, das galt im Übrigen auch für das Verhalten der Inhaftierten in den Gefängnissen, immer unterbinden.[2408] Dazu gab es sogar einschlägige Dienstanweisungen.[2409]

Trotz kategorischer Ablehnung der Ausreiseanträge kam es immer wieder zu einzelnen Genehmigungen und 1984 sogar zu einer regelrechten »Ausreisewelle« mit insgesamt 48.000 Personen.[2410] Nach Miel-

---

[2402] Vgl. Neubert: Geschichte der Opposition in der DDR 1949–1989, S. 488 und S. 696–699. Jahn war als Journalist beim ARD-Politmagazin »Kontraste« tätig, das vom SFB produziert wurde.
[2403] Vgl. Mail von Uwe Schwabe vom 15.12.2009.
[2404] Vgl. telefonisches Interview mit Walter Priesnitz am 27.4.2010.
Vgl. ebf. die Zeitzeugenaussage von Heinrich Windelen am 3.11.1993 in der 52. Sitzung der Kommission zum Thema »Phasen der Deutschlandpolitik«. In: Deutscher Bundestag (Hg.): Materialien der Enquete-Kommission »Aufarbeitung von Geschichte und Folgen der SED-Diktatur in Deutschland« (12. Wahlperiode des Deutschen Bundestages). Band V/1: Deutschlandpolitik, innerdeutsche Beziehungen und internationale Rahmenbedingungen, S. 807 f.
[2405] Vgl. BA Berlin, DO 1/16491 (Information über die Unterbindung und Zurückdrängung der Übersiedlung nach der BRD und West-Berlin. Berichtszeitraum 1. Halbjahr 1989, S. 15).
[2406] Vgl. ebenda (Berichtszeitraum 1. Halbjahr 1989, S. 15).
[2407] Vgl. ebenda (Berichtszeitraum 1. Halbjahr 1989, S. 8 und S. 10).
[2408] Vgl. BStU, Archiv der Zentralstelle, MfS BdL/Dok. 007770, S. 20 (MfS-Dienstanweisung Nr. 2/83 vom 13.10.1983).
[2409] Vgl. BStU, Archiv der Zentralstelle, MfS BdL/Dok. 007770, S. 23 (Befehl Nr. 6/77 vom 18.3.1977).
[2410] Zahl aus: Wentker, Hermann: Rezension von: Jan Philipp Wölbern: Der Häftlingsfreikauf aus der DDR 1962/63–1989. Zwischen Menschenhandel und humanitären Aktionen. Göttingen 2014. In: sehepunkte 14 (2014), Nr. 7/8 (15.7.2014), URL: http://www.sehepunkte.de/2014/07/25061,html (Besuch der Homepage am 16.7.2014).

kes Vorgabe, die die ZKG umzusetzen hatte, sollte im Anschluss aber wieder sehr restriktiv mit Genehmigungen verfahren werden, um die Übersiedlungen endlich zu einem Stillstand zu bringen.[2411] Die vielen Ausreisen hatten aber längst neue Hoffnungen bei ihren Bürgern geweckt, weshalb die DDR mit ihrer widersprüchlichen Politik genau das Gegenteil ihrer Absicht erreichte.[2412] Gerade 1984 kam es deshalb zu zahlreichen Verhaftungen, da immer weniger DDR-Bürger die Ablehnung ihres Antrags akzeptierten.[2413] Das erklärt wiederum plausibel den Sachverhalt, warum 1984 besonders viele politische Häftlinge freigekauft wurden.[2414] Zwar warteten die meisten Antragsteller weiterhin geduldig auf eine Entscheidung der Behörden. Doch immer mehr DDR-Bürger artikulierten selbstbewusst und vehement ihren Willen zur Ausreise.[2415]

Der Häftlingsfreikauf hatte offensichtlich langfristig dazu beigetragen, dass viele DDR-Bürger ihre Angst vor dem Repressionsapparat der SED-Staatsmacht mehr und mehr verloren hatten. Das MfS hatte diese Entwicklung offenbar bereits 1983 erkannt, als Mielke verfügte, dass »Straftaten« mit dem Ziel einer Inhaftierung und der Hoffnung auf anschließende Übersiedlung in den Westen statistisch erfasst werden sollten.[2416] In einem Schreiben der ZKG an die HA IX vom 24. März 1987 wurde diesbezüglich betont: »*Außer bei Feinden – die als Feinde zu behandeln sind und gegen die mit der Strenge unseres sozialistischen Rechts vorgegangen wird – ist in der Operativen Perso-*

---

[2411] Vgl. BStU, Archiv der Zentralstelle, MfS ZKG 86, S. 93 (Niebling vom 28.3.1984).
Vgl. ebf. Eisenfeld, Bernd: Flucht und Ausreise – Macht und Ohnmacht. In: Kuhrt (Hg.): Opposition in der DDR von den 70er Jahren bis zum Zusammenbruch der SED-Herrschaft, S. 389 f.
[2412] Vgl. Mayer: Flucht und Ausreise, S. 120 f.
[2413] Vgl. Passens: MfS-Untersuchungshaft, S. 275.
[2414] Vgl. ebenda, S. 275.
[2415] Vgl. BA Berlin, DO 1/16491 (Information über die Unterbindung und Zurückdrängung der Übersiedlung nach der BRD und West-Berlin. Berichtszeitraum 1. Quartal 1988, S. 6 f.).
Vgl. ebf. BA Berlin, DO 1/16491 (Information über die Unterbindung und Zurückdrängung der Übersiedlung nach der BRD und West-Berlin. Berichtszeitraum 3. Quartal 1988, S. 6).
Vgl. ebf. BA Berlin, DO 1/16491 (Information über die Unterbindung und Zurückdrängung der Übersiedlung nach der BRD und West-Berlin. Berichtszeitraum 1. Halbjahr 1989, S. 8 f.).
[2416] Vgl. Lochen und Meyer-Seitz (Hg.): Die geheimen Anweisungen zur Diskriminierung Ausreisewilliger, S. 142 (Anlage 1 der MfS-Dienstanweisung Nr. 2/83 vom 13.10.1983).

*nenkontrolle, der Vorgangsbearbeitung, vor Einleitung des EV und im Verlauf des Ermittlungsverfahrens immer wieder die Möglichkeit der Rückgewinnung des Ersuchenden zu prüfen. Es sind alle Möglichkeiten zu nutzen und Maßnahmen zu realisieren, um ehrliche und dauerhafte Rücknahmen zu erreichen (z. B. auch vor Einleitung EV zeitliche Ausdehnung des Prüfungsstadiums). Dieser Gesichtspunkt ist, bei vorhandenen Ansatzpunkten und deren Nutzung für die Rückgewinnung auch bei Entscheidungen über Ermittlungsverfahren mit oder ohne Haft zu berücksichtigen. Letzteres umso mehr, weil in beachtlichem Umfang Übersiedlungsersuchende ihre Festnahme provozieren, um aus der Haft in die BRD entlassen zu werden.«*[2417]

In einem Diskussionspapier vom 2. November 1987 analysierte die HA IX zutreffend: *»Der Umstand, dass Genehmigungen zur Übersiedlung in die BRD bzw. nach Westberlin überwiegend trotz Fehlens der dafür gesetzlich geregelten Voraussetzungen erteilt werden, hat eine Sogwirkung erzeugt, zu deren Eindämmung die Schwelle strafrechtlicher Verantwortlichkeit für Forderungen nach weiteren derartigen Entscheidungen so weit abgesenkt wurde, dass der mit der Strafverfolgung verbundene Vorwurf der Begehung kriminellen Unrechts vielfach nicht akzeptiert wird, zumal über den Strafvollzug das angestrebte Ziel – die Übersiedlung – mit staatlichem Handeln gerade erreichbar wird.«*[2418]

---

[2417] Zitiert nach: BStU, Archiv der Zentralstelle, MfS HA IX 2362, S. 112 (Entwurf vom 24.3.1987 zur »Zurückdrängung« von Ausreiseanträgen; dem war eine Dienstbesprechung mit Minister Mielke am 12.2.1987 vorausgegangen; vom Leiter der ZKG an den Leiter der HA IX übermittelt).

[2418] Zitiert nach: BStU, Archiv der Zentralstelle, MfS HA IX 2362, S. 11 (aus: Diskussionspapier »Gedanken zur künftigen Strafverfolgung von Straftaten, insbesondere im Zusammenhang mit Bestrebungen zur Wohnsitzverlegung ins Ausland« der HA IX vom 2.11.1987).

# Schlussbetrachtung

Mit der Öffnung der innerdeutschen Grenze infolge der friedlichen Revolution in der DDR 1989 und dem Erreichen der deutschen Einheit im Jahr 1990 wurde der Häftlingsfreikauf obsolet. Das Gros der politischen Häftlinge wurde nach den vom DDR-Staatsrat erlassenen Amnestien im Oktober und Dezember 1989 aus den DDR-Gefängnissen entlassen.[2419] Am 19. Dezember 1989 konnte Bundeskanzler Helmut Kohl bei seinem Besuch in der DDR erreichen, dass weitere Inhaftierte freikamen, die nicht unter die Amnestien gefallen waren.[2420] Hierbei handelte es sich zum größten Teil um Mitarbeiter von westlichen Nachrichtendiensten oder um Fluchthelfer. Rechtsanwalt Vogel teilte der Bundesregierung in einem Fernschreiben vom 22. Dezember schließlich mit, dass es ab dem 24. Dezember 1989 in der DDR keinen politischen Häftling mehr geben werde.[2421] Letztmalig wurden gemäß der bereits im Sommer getroffenen Vereinbarungen am 18. Dezember 1989 und am 23. Januar 1990 Verträge unterschrieben, die die Lieferung von Südfrüchten (18. Dezember 1989) sowie von Kupfer, Erdöl und VW-Kleintransportern (23. Januar 1990) als Gegenleistungen für erfolgte Haftentlassungen vorsahen.[2422] Da auch beim ersten größeren Freikauf im Jahr 1964 Lebensmittel an die DDR geliefert worden waren, endete der Freikauf diesbezüglich ähnlich, wie er ein Vierteljahrhundert zuvor begonnen hatte.[2423]

Der Häftlingsfreikauf war von beiden Seiten institutionalisiert worden.[2424] Nur deshalb konnte er, trotz vorübergehender Unterbrechungen, bis zum Ende der SED-Diktatur stetig fortgesetzt werden. Rainer

---

[2419] Vgl. Rehlinger: Freikauf, S. 261.
[2420] Vgl. ebenda, S. 262 f.
Vgl. ebf. DzD, Deutsche Einheit 1989/90. Dok. Nr. 129, S. 671 f. (Gespräch zwischen Kohl und Modrow in Dresden am 19.12.1989 im erweiterten Kreis).
Vgl. zu Peter Naundorf, einem der im Dezember 1989 Entlassenen: Diekmann (Hg.): Freigekauft, S. 184 f.
Den Haftentlassungen waren heftige Proteste der Inhaftierten vorausgegangen, da sie nicht unter die vorherigen Amnestien gefallen waren. Vgl. ebenda, S. 178–186.
[2421] Vgl. Pötzl: Basar der Spione, S. 520.
[2422] Vgl. Deutscher Bundestag (Hg.): Drucksache 12/7600, S. 310.
Vgl. ebf. Diekmann (Hg.): Freigekauft, S. 179.
[2423] Vgl. Judt: Der Bereich Kommerzielle Koordinierung, S. 127.
[2424] Die wichtigsten Ergebnisse der verschiedenen Kapitel werden in der Schlussbetrachtung aufgezeigt, die entsprechenden Quellenhinweise – wenn schon früher angeführt – aber in der Regel nicht mehr angegeben.

Barzel kommt das historische Verdienst zu, dass er als Minister für gesamtdeutsche Fragen 1963 den Grundstein dafür legte. Zu diesem Zeitpunkt konnte niemand ahnen, was sich aus dem ersten Freikauf einer Bundesregierung entwickeln würde und wie viele Menschen insgesamt im Verlauf der Jahre würden ausgelöst werden können. Der Häftlingsfreikauf zwischen den beiden deutschen Staaten hatte sich zu einem außergewöhnlichen Kapitel der deutsch-deutschen Beziehungsgeschichte entwickelt. Von 1963 bis 1989 konnten insgesamt nahezu 32.000 politische Häftlinge aus den Gefängnissen des SED-Staates freigekauft werden.[2425]

Ein Verlust von 32.000 Menschen über einen Zeitraum von gut 25 Jahren war für die DDR zwar zu verkraften. Doch dabei darf die sehr enge Verknüpfung von Häftlingsfreikauf und Familienzusammenführung nicht unberücksichtigt bleiben. Über den Häftlingsfreikauf und die Familienzusammenführung konnten insgesamt mehr als 280.000 DDR-Bürger ihre Heimat verlassen.[2426] Diese Größenordnung kann aber in einer historischen Betrachtung der DDR nicht mehr vernachlässigt werden. Von den knapp 900.000 DDR-Bürgern, die von 1964 bis 1989 in die Bundesrepublik übersiedelten, entfiel damit etwa ein Drittel auf den Häftlingsfreikauf und die Familienzusammenführung.[2427] Vor dem Hintergrund, dass Rentner in diesem Zeitraum ohnehin die DDR verlassen konnten, muss das zahlenmäßige Ergebnis der humanitären Bemühungen der Bundesregierung als beachtlicher Erfolg gewertet werden. Das gilt umso mehr, da das Jahr 1989 einen unbedingten Sonderfall mit fast 350.000 Übersiedlern darstellte, denn die Mehrzahl von ihnen hatte in diesem Jahr fliehen oder auf anderen Wegen die DDR verlassen können.[2428]

Der Verlust von über 280.000 Menschen bedeutete sicherlich einen Schaden für die DDR-Volkswirtschaft. Doch noch viel entscheidender war, dass die massenhaften Ausreisen wahrnehmbare Lücken in der DDR-Gesellschaft hinterlassen hatten, die zu kritischen Fragen bei den zurückgebliebenen Angehörigen, Freunden, Nachbarn und Arbeitskollegen führen mussten.[2429] Diese »Rückverbindungen« ausge-

[2425] Zahl aus: Rehlinger: Freikauf, S. 279 (vgl. auch die Tabelle im Anhang).
[2426] Zahl aus: Deutscher Bundestag (Hg.): Drucksache 12/7600, S. 317.
[2427] Zahl (rund 900.000) aus: Judt (Hg.): DDR-Geschichte in Dokumenten, S. 545 f.
[2428] Zahl von fast 350.000 gerundet aus: Ebenda, S. 546.
[2429] Vgl. Kukutz, Irena: Jede Weggegangene hinterließ eine Lücke. In: BStU (Hg.): Ausreisen oder dableiben? Regulierungsstrategien der Staatssicherheit. Berlin 1998, S. 29-31 (2. Auflage; in der von der Abteilung Bildung und Forschung des

reister DDR-Bürger stellten für das MfS immer mehr ein schwerwiegendes Problem dar, das es niemals wirklich beherrschte. Der Effekt der Rückverbindungen zählt zu den wesentlichen Auswirkungen des Häftlingsfreikaufs und der Familienzusammenführung, weshalb er in seiner Bedeutung herausgestellt werden muss.

Die Gesamtzahl aller politischen Häftlinge in der DDR zwischen 1949 und 1989 wird auf etwa 200.000 geschätzt.[2430] Da der Häftlingsfreikauf erst 1964 im größeren Umfang begann, konnten von der Bundesregierung in der Regierungszeit Ulbrichts nur etwa 6.000 politische Häftlinge ausgelöst werden.[2431] Von den schätzungsweise 62.000 politischen Häftlingen in der Ära Honecker (1971–1989) konnten hingegen etwa 26.000 Personen, das sind etwa 42 Prozent der politischen Häftlinge jener Zeit, von der Bundesregierung freigekauft werden.[2432] Raschka geht davon aus, dass in Honeckers Regierungszeit im Jahresmittel immer etwa 3.000 Menschen aus politischen Gründen inhaftiert waren.[2433] Von diesen wurden in den 1970er Jahren rund 1.000 und in den 1980er Jahren etwa 1.500 pro Jahr freigekauft, während es in den 1960er Jahren etwas mehr als 800 politische Häftlinge pro Jahr waren.[2434] Damit wurden im letzten Jahrzehnt des Freikaufs jährlich fast doppelt so viele politische Häftlinge freigekauft wie im ersten Jahrzehnt. Gleichzeitig geht aus den genannten Zahlen hervor, dass die Chancen in den 1980er Jahren für einen politischen Häftling erheblich angestiegen waren, von der Bundesregierung freigekauft zu werden. Zudem waren die Haftzeiten im Durchschnitt deutlich gesunken. Weiterhin kann eine Milderung der Haftbedingungen des DDR-Strafvollzugs festgestellt werden, die teilweise auch auf den Freikauf zurückgeführt werden kann.

Mit der deutlichen Zunahme der Freikäufe wurde auch zwangsläufig mehr über die Schicksale der politischen Gefangenen, ihrer Angehörigen und über die Haftbedingungen publik. Jede Aussage eines freigekauften politischen Häftlings über katastrophale Haftumstände hätte das internationale Prestige der DDR beschädigen können, das der

---

BStU herausgegebenen Reihe B: Analysen und Berichte, Nr. 1/97; abgedruckte öffentliche Veranstaltung vom 26. Oktober 1995 aus der Veranstaltungsreihe des BStU).
[2430] Zahl aus: Raschka: »Für kleine Delikte ist kein Platz in der Kriminalitätsstatistik«, S. 13.
[2431] Zahl aus: Rehlinger: Freikauf, S. 279.
[2432] Zahl aus: Raschka: Justizpolitik im SED-Staat, S. 308.
[2433] Zahl aus: Derselbe: »Für kleine Delikte ist kein Platz in der Kriminalitätsstatistik«, S. 45.
[2434] Zahl aus: Rehlinger: Freikauf, S. 279.

SED-Führung wichtig war. Diese unterschiedlichen Gründe trugen dazu bei, dass das Risiko nach einer Verhaftung im letzten Jahrzehnt des Freikaufs kalkulierbarer wurde.

Die SED-Führung war politisch und wirtschaftlich in den 1980er Jahren in einer äußerst prekären Situation. Die Krisensymptome in Wirtschaft und Gesellschaft wurden immer offensichtlicher.[2435] Dafür waren DDR-spezifische Faktoren verantwortlich, aber auch die internationale Lage trug dazu bei.[2436] Die Verbitterung weiter Teile der Bevölkerung über die unbefriedigende politische und ökonomische Situation wuchs stetig.[2437] Da die Probleme von der SED-Führung weitgehend ignoriert wurden, waren zunehmend auch viele SED-Mitglieder beunruhigt und verunsichert.[2438] Ein Zusammenbruch der DDR-Volkswirtschaft zeichnete sich in den 1980er Jahren immer deutlicher ab.[2439] Der technologische Rückstand gegenüber dem Westen vergrößerte sich eklatant.[2440] Versorgungsengpässe gehörten zum Alltag der DDR-Bürger.[2441]

Die Ablehnung von Gorbatschows Reformkurs durch die SED-Führung steigerte zusätzlich die Unzufriedenheit.[2442] Da Gorbatschow die sogenannte »Breschnew-Doktrin« widerrief, die eine direkte Einmischung der Sowjetunion in Angelegenheiten der sozialistischen »Bruderländer« vorgesehen hatte, musste die SED-Führung für ihren reformunwilligen Kurs nun die volle politische Verantwortung gegenüber der eigenen Bevölkerung übernehmen.[2443] Die gegensätzliche

---

[2435] Vgl. Joestel, Frank (Bearbeiter): Die DDR im Blick der Stasi 1988. Die geheimen Berichte an die SED-Führung. Göttingen 2010, S. 270–274 (aus der Reihe des BStU: Die DDR im Blick der Stasi. Die geheimen Berichte an die SED-Führung). Vgl. ebf. Kowalczuk: Endspiel, S. 24.

[2436] Vgl. Dalos, György: Lebt wohl, Genossen! Der Untergang des sowjetischen Imperiums. München 2011.

[2437] Vgl. Gieseke, Jens: »Seit Langem angestaute Unzufriedenheit breitester Bevölkerungskreise« – Das Volk in den Stimmungsberichten des Staatssicherheitsdienstes. In: Henke, Klaus-Dietmar (Hg.): Revolution und Vereinigung 1989/90. Als in Deutschland die Realität die Phantasie überholte. München 2009, S. 130 f.

[2438] Vgl. Malycha und Winters: Die SED, S. 290 f.

[2439] Vgl. Steiner, André: Die DDR-Volkswirtschaft am Ende. In: Henke (Hg.): Revolution und Vereinigung 1989/90, S. 113–129.

[2440] Vgl. Ritter, Gerhard A.: Wir sind das Volk! Wir sind ein Volk! Geschichte der deutschen Einigung. München 2009, S. 107 f.
Vgl. ebf. Kowalczuk: Endspiel, S. 113 f.

[2441] Vgl. ebenda (Kowalczuk), S. 108 und S. 128–134.

[2442] Vgl. Gieseke: »Seit Langem angestaute Unzufriedenheit breitester Bevölkerungskreise« – Das Volk in den Stimmungsberichten des Staatssicherheitsdienstes. In: Henke (Hg.): Revolution und Vereinigung 1989/90, S. 137–139.

[2443] Vgl. Rödder, Andreas: Deutschland einig Vaterland. Die Geschichte der Wiedervereinigung. München 2009, S. 52 f.

Position der SED-Führung zu den Bestrebungen Gorbatschows zeigte sich symptomatisch am Verbot der sowjetischen Zeitschrift »Sputnik« in der DDR. Diese Maßnahme sorgte in der Bevölkerung und selbst bei loyalen SED-Anhängern und Parteimitgliedern für großes Unverständnis.[2444] Die ständige staatliche Zensur veranlasste viele kritische DDR-Bürger, sich »illegale« Lektüre und verbotene Schriften zu beschaffen. Schriften des sogenannten »Samisdat« und »Tamisdat« waren deshalb in oppositionellen Kreisen weit verbreitet.[2445] Besonders frustrierend war aber für die DDR-Bürger, dass ihnen permanent die Reisefreiheit verwehrt wurde, was einer Entmündigung durch die SED-Führung gleichkam. Seit 1987 gab es in der DDR jährlich weit über 100.000 ausreisewillige Antragsteller.[2446] Die Entscheidungen Ungarns vom Mai bzw. August 1989, die Grenzsperranlagen nach Österreich abzubauen und schließlich sogar das Grenzsperrgebiet nach Österreich ganz aufzuheben, setzten die DDR zusätzlich unter Druck, da viele DDR-Bürger diese neue Möglichkeit zur Flucht in den Westen nutzen konnten.[2447] Mit diesen Entscheidungen Ungarns, die in ihrer historischen Bedeutung nachhaltig gewürdigt werden müssen, brach das ausgefeilte Grenzsystem der sozialistischen Staaten regelrecht zusammen.[2448] Das hatte vor allem für die DDR schwerwiegende Konsequenzen, da die Zahl der Flüchtlinge, die über Ungarn die DDR verließen, jetzt rasant zunahm.[2449] Hinzu kam, dass 1989 sehr viele DDR-Bürger über die bundesdeutschen Botschaften in Osteuropa und über die Ständige Vertretung in Ost-Berlin fliehen wollten.[2450] Der Ansturm auf die Botschaften in Prag und Warschau – die Ständige Vertretung war

---

[2444] Vgl. Kowalczuk: Endspiel, S. 74–81.
[2445] Vgl. Neubert: Geschichte der Opposition in der DDR 1949–1989, S. 718 f. und S. 752–770.
»Samisdat« (»Selbstverlag«) war bei Dissidenten der Oberbegriff für aus politischen Gründen verbotene Schriften, die »illegal« im Land gedruckt worden waren. »Tamisdat« stand für im westlichen Ausland gedruckte Schriften von Autoren aus Ländern des Ostblocks, die »illegal« eingeführt worden waren.
[2446] Zahl aus: Mayer: Flucht und Ausreise, S. 119.
[2447] Vgl. Dalos, György: Der Vorhang geht auf. Das Ende der Diktaturen in Osteuropa. München 2009, S. 62–97.
Vgl. ebf. Neubert, Ehrhart: Unsere Revolution. Die Geschichte der Jahre 1989/90. München 2008, S. 55.
[2448] Vgl. Meyer, Michael: The Year that Changed the World. The Untold Story Behind the Fall of the Berlin Wall. London (u. a.) 2009, S. 113–116.
[2449] Vgl. Dalos: Der Vorhang geht auf, S. 92–94.
[2450] Vgl. Duisberg: Das deutsche Jahr, S. 27–61.

bereits wegen Überfüllung geschlossen worden[2451] – vergrößerte sich noch, als Reisen nach Ungarn in vielen Fällen nicht mehr genehmigt wurden.[2452]

Ende September 1989 wurden die Grenzen nach Ungarn von den tschechoslowakischen Behörden strenger kontrolliert, um die Flucht von DDR-Bürgern über ihr Land nach Ungarn und dann in den Westen einzudämmen.[2453] Das erklärt auch, warum sich Ende September und Anfang Oktober schließlich Tausende von DDR-Bürgern in die bundesdeutsche Botschaft in Prag flüchteten, die nach zähen Verhandlungen schließlich per Zug über das Staatsgebiet der DDR ausreisen durften.[2454] Rechtsanwalt Vogel war hierbei erneut tätig geworden, wobei er aufgrund der Vielzahl der Fälle von seinem Anwaltskollegen Gregor Gysi nach Prag begleitet und von ihm unterstützt worden war. Der visafreie Verkehr in die Tschechoslowakei – das letzte Land, das von DDR-Bürgern bis dahin noch ohne Visum besucht werden konnte – wurde als Folge der Fluchtwelle im Oktober ausgesetzt, um die Fluchtmöglichkeiten in die Botschaft der Bundesrepublik in Prag zu unterbinden.[2455] In der gesamten DDR hatten sich währenddessen verschiedene Bürgerrechts- und politische Oppositionsgruppen formiert, die offen für die Einhaltung der Menschenrechte eintraten und eine Demokratisierung und Liberalisierung in der DDR einforderten.[2456] Diese Entwicklung war über Jahre in einem schleichenden Prozess geschehen: Schon Ende der 1970er Jahre hatten sich in der DDR einzelne Menschenrechtsgruppen formiert.[2457] Anfang der 1980er Jahre kam eine vorwiegend christlich geprägte Friedensbewegung, die sich

---

[2451] Vgl. Boysen: Das »weiße Haus« in Ost-Berlin, S. 191.
Vgl. ebf. Mayer: Fluchtpunkt Ständige Vertretung. In: DA 5/2004 (37. Jahrgang), S. 821–827.
[2452] Vgl. http://www.chronik-der-mauer.de (vgl. hier den 12.9.1989).
[2453] Vgl. ebenda (vgl. hier den 24.9.1989).
[2454] Vgl. Duisberg: Das deutsche Jahr, S. 47–61. Besonders in Dresden versuchten viele DDR-Bürger auf die Züge aus Prag aufzuspringen, was zu schweren Straßenschlachten mit der Deutschen Volkspolizei führte. Vgl. Diekmann (Hg.): Freigekauft, S. 135. Neben Prag hatten sich viele DDR-Bürger auch in die bundesdeutsche Botschaft in Warschau geflüchtet; auch sie durften ausreisen. Vgl. Duisberg: Das deutsche Jahr, S. 60.
[2455] Vgl. Bahrmann, Hannes und Links, Christoph: Chronik der Wende. Die Ereignisse in der DDR zwischen 7. Oktober 1989 und 18. März 1990. Berlin 1999 (überarbeitete Neuauflage der Bücher »Chronik der Wende« von 1994 und »Chronik der Wende 2« von 1995), S. 7.
[2456] Vgl. Kowalczuk: Endspiel, S. 232–297 und S. 492.
[2457] Vgl. Neubert: Geschichte der Opposition in der DDR 1949–1989, S. 314–316.

unter dem Symbol »Schwerter zu Pflugscharen« sammelte, hinzu.[2458] Sie wandte sich nicht nur gegen die NATO-Nachrüstung, sondern auch gegen die sowjetischen SS-20-Raketen, was der SED-Führung und dem MfS Probleme bereitete.[2459] Einige evangelische Kirchengemeinden stellten ihre Räume für regimekritische Diskussionen und für Treffen von oppositionellen Gruppen zur Verfügung.[2460]

Die zunehmende Auflehnung gegenüber der SED-Diktatur zeigte sich im Verlauf der 1980er Jahre gerade bei der jungen Generation immer deutlicher, was sich auch in einer von der FDJ unabhängigen Jugendkultur widerspiegelte.[2461] Beispielsweise wurden Bluesmessen in Kirchen immer häufiger besucht, besonders jene von Pfarrer Rainer Eppelmann in der Ost-Berliner Samariterkirche.[2462] Es entstanden allerdings auch einige Subkulturen in der DDR, wie die Punk- und Neonazi-Szene.[2463] Die völlig unterschiedlichen oppositionellen Gruppen und Initiativen ließen alle eines klar erkennen: Ihre Existenz war der Beleg dafür, dass die SED-Führung mehr und mehr die Kontrolle über das Land verlor. Mit der Oppositionsgruppe »Initiative für Frieden und Menschenrechte« (IFM) konstituierte sich 1985/86 erstmals eine Kraft, die den relativ geschützten Raum der Kirche bewusst nicht in Anspruch nehmen wollte.[2464] Im Jahr 1987 fand mit dem »Olof-Palme-Friedensmarsch« die erste legale Demonstration der Opposition in vielen Orten der DDR statt.[2465] Zunehmend machten außerdem verschiedene Um-

---

[2458] Vgl. Neubert: Geschichte der Opposition in der DDR 1949–1989, S. 398–404.

[2459] Vgl. Fricke: Opposition und Widerstand in der DDR, S. 189 f. und S. 193–201.

[2460] Vgl. Schroeder: Der SED-Staat, S. 468.

[2461] Vgl. Kowalczuk: Endspiel, S. 153–175.

[2462] Vgl. Moldt, Dirk: Massenansturm auf einen Jugendgottesdienst. Die Blues-Messen (1979–1986). In: DA 1/2008 (41. Jahrgang), S. 40–48.
Vgl. ebf. Boyens, Armin: »Geteilter Friede – Anmerkungen zur Friedensbewegung in den 80er Jahren«. In: Timmermann, Heiner (Hg.): Diktaturen in Europa im 20. Jahrhundert – der Fall DDR. Berlin 1996, S. 429.

[2463] Vgl. Fulbrook, Mary: Ein ganz normales Leben. Alltag und Gesellschaft in der DDR. Darmstadt 2008, S. 158 f. (deutsche Ausgabe; die englische Originalausgabe erschien 2005 unter dem Titel: »The People s State. East German Society from Hitler to Honecker«).
Vgl. ebf. Dennis, Mike und LaPorte, Norman: Sub-cultures: Punks, Goths and Heavy Metallers. In: Dieselben: State And Minorities In Communist East Germany. New York und Oxford 2011, S. 153–169.
Vgl. ebf. LaPorte, Norman: Skinheads and Right Extremism in an Anti-fascist State. In: Ebenda (Dennis und LaPorte), S. 170–194.

[2464] Vgl. Schroeder: Ursachen, Wirkungen und Folgen der Ausreisebewegung. In: Apelt (Hg.): Flucht, Ausreise, Freikauf, S. 63.

[2465] Vgl. Neubert: Geschichte der Opposition in der DDR 1949–1989, S. 690–693.

weltgruppen auf die gravierenden ökologischen Probleme in der DDR aufmerksam.[2466] Diese Entwicklung konnte auch durch Verhaftungen, wie sie beispielsweise bei der »Umweltbibliothek« an der Zionskirche 1987 vorgenommen wurden, nicht mehr unterdrückt werden.[2467]

Das gewachsene Selbstbewusstsein vieler Oppositioneller zeigte sich dann in den Protesten gegen die Wahlfälschungen bei den Kommunalwahlen im Mai 1989, die auf einen relativ breiten Rückhalt in der unzufriedenen DDR-Bevölkerung stießen.[2468] Die Ausreisebewegung und die Flüchtlingswelle mit zahlreichen Besetzungen von bundesdeutschen Botschaften stellten 1989 aber den wahrscheinlich entscheidenden destabilisierenden Faktor für die SED-Diktatur dar, da sie wie Katalysatoren für die Proteste innerhalb der DDR wirkten.[2469] Die Montagsdemonstrationen in Leipzig, im direkten Anschluss an die Friedensgebete in der Nikolaikirche, zeigten sowohl die große Verbitterung, aber auch den wachsenden Mut großer Teile der DDR-Bevölkerung und deren zunehmende Bereitschaft, Veränderungen zu erzwingen.[2470] In der DDR wurde plötzlich vieles möglich, was bislang streng verboten und von der Staatsmacht systematisch verhindert worden war. Alle diese Gründe trugen zur Erosion der SED-Diktatur bei. Auch der von Egon

---

[2466] Vgl. Fricke: Opposition und Widerstand in der DDR, S. 202–204.
Vgl. zu den wachsenden Umweltproblemen in der DDR: Buck, Hannsjörg F.: Umweltpolitik und Umweltbelastung. Das Ausmaß der Umweltbelastung und Umweltzerstörung beim Untergang der DDR 1989/90. In: Kuhrt (Hg.): Die wirtschaftliche und ökologische Situation der DDR in den achtziger Jahren, S. 223–266.

[2467] Vgl. Rüddenklau, Wolfgang: Störenfried: DDR-Opposition 1986–1989. Mit Texten aus den »Umweltblättern«. Berlin 1992, S. 151–157 und S. 158 f.

[2468] Vgl. Schroeder: Der SED-Staat, S. 468.
Vgl. ebf. Fricke, Karl Wilhelm: Die Kommunalwahl 1989. In: Kuhrt (Hg.): Opposition in der DDR von den 70er Jahren bis zum Zusammenbruch der SED-Herrschaft, S. 467–505.

[2469] Vgl. zur Einschätzung der Lage im August 1989 durch das MfS u. a. eine Dienstbesprechung Mielkes mit einem Generalmajor der Bezirksverwaltung Berlin vom 31.8.1989. In: Friedel (Hg.): Von der Teilung zur Wiedervereinigung, S. 252–254.

[2470] Vgl. Neubert: Geschichte der Opposition in der DDR 1949–1989, S. 416.
Vgl. ebf. Schwabe, Uwe: Die Entwicklung der Leipziger Opposition in den achtziger Jahren am Beispiel der Friedensgebete. In: Heydemann, Günther; Mai, Gunther und Müller, Werner (Hg.): Revolution und Transformation in der DDR 1989/90. Berlin 1999, S. 170–172.
Neben Leipzig wurde auch in zahlreichen anderen Städten der DDR demonstriert. Vgl. Kowalczuk: Endspiel, S. 394. Besonders die sächsische Stadt Plauen spielte hierbei eine wichtige Vorreiterrolle, da sie eine Hochburg der Opposition war und sich deshalb hier besonders viele Menschen an Demonstrationen beteiligten. Vgl. ebenda, S. 395.

Krenz und seinen Vertrauten erzwungene Rücktritt Erich Honeckers konnte den Untergang der SED-Diktatur nicht mehr aufhalten.[2471] Die deutsche Einheit muss dementsprechend als logische Folge dieser politischen Entwicklung gesehen werden, denn die Trennung in zwei deutsche Staaten ergab politisch keinen Sinn mehr.[2472]

Diese enorme historische Zäsur der Jahre 1989/90 wurde durch die dargelegten politischen und wirtschaftlichen Entwicklungen eingeleitet. Für das Ende der DDR waren also in erster Linie andere Faktoren ausschlaggebend, nicht der Häftlingsfreikauf. Gleichwohl hat sich der Häftlingsfreikauf im Jahrzehnt der größten politischen und wirtschaftlichen Krise der DDR auf das SED-Regime zusätzlich destabilisierend ausgewirkt und sicherlich auch einen Beitrag zum Ende der DDR geleistet. Eine sehr entschlossene Minderheit von ausreisewilligen DDR-Bürgern, die zahlenmäßig im Verlauf der 1980er Jahre immer mehr an Bedeutung gewann, nutzte den Häftlingsfreikauf gezielt als Möglichkeit, sich der SED-Diktatur zu entziehen. Der Häftlingsfreikauf löste somit aus der Sicht des MfS und der SED-Führung Fehlanreize aus. Risikobereitschaft und Selbstbewusstsein von vielen Ausreiseantragstellern nahmen spürbar zu und setzten die DDR-Behörden unter Druck. Immer mehr personelle Ressourcen des MfS und des Innenministeriums wurden gebunden. Die Masse der Anträge konnte kaum noch bewältigt werden.

Die Stabilität einer Diktatur ist vor allem dann gefährdet, wenn der Unterdrückungsapparat in seiner Wirksamkeit geschwächt, ja teilweise lahmgelegt wird, und eine wachsende Zahl von entschlossenen Bürgern zunehmend ihre Angst vor der Staatsmacht verliert. Genau zu diesem Effekt leistete der Häftlingsfreikauf einen spürbaren Beitrag. Tatsächlich löste er eine gewisse Frustration innerhalb des Staats- und Repressionsapparates der DDR aus. Von einigen bundesdeutschen Akteuren war dies vielleicht beabsichtigt, zumindest aber erhofft worden. Aufgrund des nachhaltigen Engagements der vielen unterschiedlichen Bundesregierungen beim Häftlingsfreikauf ist es

---

[2471] Vgl. Neubert: Geschichte der Opposition in der DDR 1949–1989, S. 419–536. Egon Krenz wurde neuer SED-Generalsekretär als Nachfolger Erich Honeckers, Hans Modrow wurde neuer Vorsitzender des DDR-Ministerrates als Nachfolger von Willi Stoph. Noch am 7. Oktober hatte die DDR mit Honecker als SED-Generalsekretär in Anwesenheit Gorbatschows ihren 40. Jahrestag mit großem Aufwand gefeiert. Die Feierlichkeiten waren allerdings von zahlreichen Protesten und Demonstrationen von DDR-Bürgern, die Reformen eingefordert hatten, überschattet worden. Vgl. Kowalczuk: Endspiel, S. 386–401.

[2472] Vgl. Wolfrum, Edgar: Die 80er Jahre. Globalisierung und Postmoderne. Darmstadt 2007, S. 41 (aus der Reihe: Deutschland im Fokus. Band 4).

glaubwürdig, dass für die verantwortlichen bundesdeutschen Akteure primär die humanitären Interessen im Vordergrund standen. Diese Argumentation wird dadurch gestützt, dass sich die Bundesregierung für die politischen Häftlinge in der DDR schon Anfang der 1950er Jahre eingesetzt hatte. Bereits 1951 war der Häftlingsfreikauf in seinen Grundzügen von der Rechtsschutzstelle konzipiert worden. Dies veranschaulicht auch, dass die Rechtsschutzstelle und deren Impulse für den Häftlingsfreikauf in ihrer Bedeutung bis heute noch unterschätzt werden. Mit dieser Erkenntnis konnte ein Desiderat der historischen Forschung geschlossen werden.

Die Bundesrepublik sah sich sowohl beim Häftlingsfreikauf als auch in der Familienzusammenführung vielfach dazu gezwungen, für sie ungewollte Begleitumstände zu akzeptieren, um die humanitären Bemühungen nicht zu gefährden. Dazu zählten beispielsweise auch der Weiterverkauf der gelieferten Waren und der entsprechende Umtausch in Devisen durch die KoKo. Aber auch die von der DDR geforderte Zurückhaltung hinsichtlich der Berichterstattung über den Freikauf in der Bundesrepublik muss hier genannt werden. Jede Bundesregierung war deshalb bei der öffentlichen Beurteilung der Menschenrechtsverletzungen in der DDR eher zurückhaltend. Die finanziellen Aufwendungen für die humanitären Bemühungen waren – gemessen am gesamten Bundeshaushalt – von der Bundesrepublik hingegen leicht zu verkraften. Auf die bundesdeutsche Gesellschaft hatte der Häftlingsfreikauf keine nennenswerten Auswirkungen, selbst wenn manchmal Kriminelle und schwer integrierbare oder unerwünschte Personen unter den Freigekauften waren. Über den Häftlingsfreikauf und die Familienzusammenführung kamen andererseits auch viele leistungsfähige und gut ausgebildete Arbeitskräfte in die Bundesrepublik.[2473] Daneben löste die Bundesrepublik aber ebenso psychisch und physisch kranke Menschen aus der SED-Diktatur aus, die dort zum Teil erhebliches Leid und große Qualen erlitten hatten.[2474]

Durch Haftentlassungen in den Westen konnte die DDR jene Kosten einsparen, die sie für Haftunterbringung und Unterhalt, spätere Renten sowie Maßnahmen zur »Wiedereingliederung« der Häftlinge in die DDR-Gesellschaft und mögliche Überwachungsmaßnahmen hätte aufbringen müssen. Ein ähnlicher Ansatz lag der Entscheidung der SED-

---

[2473] Vgl. Fricke: Zur Menschen- und Grundrechtssituation politischer Gefangener in der DDR, S. 23.
[2474] Vgl. von Lindheim: Bezahlte Freiheit, S. 124 und S. 126.

Führung von 1964 zugrunde, Rentnern das Reisen in den Westen zu gestatten.[2475] Sofern diese dann im Westen blieben, wurden die Aufwendungen für Renten eingespart und auf die Bundesrepublik abgewälzt.

Die DDR vertrat offiziell stets die Auffassung, dass sich keine politischen Häftlinge in ihren Gefängnissen befinden würden. Diese Position wurde nur zwei Mal von ihr aufgegeben, nämlich in der Bekanntmachung der Amnestie von 1972 und in einem Interview von Erich Honecker mit Robert Maxwell 1981.[2476] Die Angehörigen dieser angeblich gar nicht existierenden Personengruppe verkaufte die DDR aber an die Bundesrepublik für wirtschaftliche Gegenleistungen. Der damit verbundene Verlust an Glaubwürdigkeit gegenüber der eigenen Bevölkerung wurde hingenommen. Mit dem Verkauf von politischen Häftlingen degradierte die DDR ihre eigenen Bürger de facto zu einer Ware. Genau das warf die DDR in ihrem marxistischen Selbstverständnis aber der Bundesrepublik und allgemein allen kapitalistischen Staaten vor, nämlich dass sich dort Menschen samt ihrer Arbeitskraft verkaufen müssten und wirtschaftlich ausgenutzt würden. Jedoch war der Verkauf von politischen Häftlingen eine besonders perfide Form der Ausbeutung von Menschen. Das trifft auch auf die schlecht bezahlte Zwangsarbeit der Strafgefangenen in den DDR-Haftanstalten zu, die Produkte zu niedrigsten Löhnen für den Westexport herstellen mussten.[2477]

Die SED-Führung beurteilte den einzelnen Menschen vor allem nach seinem Nutzen für die DDR-Gesellschaft. Die DDR wollte zudem aus dem Verkauf der eigenen Bürger einen möglichst hohen wirt-

---

[2475] Vgl. Besier: Der SED-Staat und die Kirche. Der Weg in die Anpassung, S. 578.
[2476] Vgl. Raschka: »Für kleine Delikte ist kein Platz in der Kriminalitätsstatistik«, S. 8.
[2477] Vgl. derselbe: Zwischen Überwachung und Repression – Politische Verfolgung in der DDR 1971 bis 1989, S. 112.
Vgl. ebf. Finn: Politischer Strafvollzug in der DDR, S. 84–88.
Vgl. ebf. Schmidt, Karin: Zur Frage der Zwangsarbeit im Strafvollzug der DDR. Die »Pflicht zur Arbeit« im Arbeiter- und Bauernstaat. Hildesheim; Zürich; New York 2011, S. 309.
Vgl. ebf. Vesting, Justus: Zwangsarbeit im Chemiedreieck. Strafgefangene und Bausoldaten in der Industrie der DDR. Berlin 2012, S. 118.
Vgl. ebf. die TV-Dokumentation für den MDR: Worst, Anne: Westware aus dem Ostknast. Deutschland 2012.
Vgl. ebf. Wunschik, Tobias: Knastware für den Klassenfeind. Häftlingsarbeit in der DDR, der Ost-West-Handel und die Staatssicherheit (1970-1989). Göttingen 2014.
Vgl. ebf. Sachse, Christian: Das System der Zwangsarbeit in der SED-Diktatur. Die wirtschaftliche und politische Dimension. Leipzig 2014.

schaftlichen Ertrag erzielen. Sie sah die Zahlungen für die Freigabe der Häftlinge als Wiedergutmachung an der Gesellschaft an und als Ausgleich für deren Erziehungs- und Ausbildungskosten. Diese Denkweise musste aber längerfristig das Verhältnis zwischen der SED-Führung und dem wachsenden Teil der DDR-Bevölkerung, dem der Freikauf bekannt geworden war, belasten. Zudem offenbarte sie damit ein zynisches Menschenbild, das konträr zu den öffentlich propagierten Idealen des Sozialismus stand. Auch interne Dokumente des MfS spiegeln dieses Bild wider, indem beispielsweise die Haftentlassungen und genehmigten Ausreisen von Menschen als »Leistungen« und die bundesdeutschen Gutschriften für Menschen als »Gegenleistungen« bezeichnet wurden.[2478] Damit handelte die DDR im Rahmen des Freikaufs sehr viel stärker als die Bundesrepublik nach einem Kosten-Nutzen-Denken. Mit dem Häftlingsfreikauf konnte die DDR ihren stark beanspruchten Strafvollzugsapparat zwar regelmäßig entlasten. Die SED-Diktatur wollte aber eigentlich die Inhaftierten zu »*vollwertigen aktiven Bürgern der sozialistischen Menschengemeinschaft*« erziehen.[2479] Der Häftlingsfreikauf konterkarierte eklatant diesen Vorsatz. Es gelang zumindest einem Teil der DDR-Bürger, sich der SED-Diktatur und ihrem umfassenden ideologischen Anspruch auf verschiedenen Wegen zu verweigern und mit Erfolg zu entziehen, u. a. auch durch den Freikauf. Alle genehmigten Ausreisen – ob aus der Haft oder von außerhalb – bedeuteten letzten Endes für die SED und das MfS, dass die betreffenden DDR-Bürger für das sozialistische System nicht mehr zurückzugewinnen waren. Allein deshalb ist es auch nachvollziehbar, dass der Freikauf möglichst geheim gehalten werden sollte.

Die DDR untersagte ihren Bürgern das Reisen bzw. die Ausreise in den Westen und kriminalisierte und verurteilte sie in vielen Fällen dafür, wenn sie sich dennoch darum bemühten und dieses Ziel weiterhin verfolgten. Die freigekauften Inhaftierten hatten über einen Sonderweg – Lohr nannte den Freikauf »Schattenverkehr«[2480] – ihre ursprüngliche Absicht aber doch noch erreicht. Sie gelangten nämlich in die Bundesrepublik, wenn auch erst nach einer oft beschwerlichen Haft-

---

[2478] Zitiert nach: BStU, Archiv der Zentralstelle, MfS Rechtsstelle 203, S. 9 (Stellungnahme vom 22.7.1989 zum bundesdeutschen Vorschlag bezüglich einer Pauschalierung).

[2479] Zitiert nach: Finn: Politischer Strafvollzug in der DDR, S. 23.

[2480] Zitiert nach: Lohr, Karlheinz: Die geopolitischen Grenzbelange und die Verkehrsbeziehungen zwischen den beiden deutschen Staaten 1970–1990. Hintergründe, Analysen, Kommentare und Folgerungen. Berlin 1998, S. 229.

zeit und nur gegen ein Entgelt der Bundesregierung. Diese eigenwillige und absolut widersprüchliche Logik konnte die SED-Führung sowohl der eigenen Bevölkerung als auch ihrem Partei- und Staatsapparat niemals wirklich überzeugend vermitteln. Gleichzeitig ergab sich hieraus die Ironie, dass beim Freikauf eines Inhaftierten, der nicht mehr in die DDR zu integrieren war, der politische Häftling, die Bundesregierung und die SED-Diktatur mit der Ausreise des Betroffenen aus der Haft in den Westen im Prinzip das gleiche Ziel verfolgten. Allerdings waren die Motive hierfür vollkommen unterschiedlich.

Der Freikauf wurde vor allem in den 1980er Jahren in der DDR immer bekannter. Dazu trugen zweifellos auch DDR-kritische Organisationen, aber vor allem die in der DDR gern gesehenen bundesdeutschen Fernsehsender ARD und ZDF maßgeblich bei. Außerdem kamen in den 1970er und 1980er Jahren besonders jüngere Menschen immer häufiger mit dem Westen in Berührung, zum Beispiel bei Urlaubsreisen in Ostblockländern oder bei Besuchen von bundesdeutschen Verwandten.[2481] Der hohe Anteil von jüngeren Menschen unter 30, vielfach sogar unter 20 Jahren bei den freigekauften politischen Häftlingen ist jedenfalls auffallend.[2482] Die Entspannungspolitik und die zunehmenden Kontakte zwischen Ost und West wurden für die SED-Führung zweifellos zu einem ernsten Problem. Offenbar hatte sie die innenpolitischen Folgen der Entwicklung, insbesondere die Konsequenzen durch ihre Unterschrift unter die KSZE-Schlussakte von Helsinki, stark unterschätzt.[2483] Darin kann durchaus eine Parallele zum Häftlingsfreikauf gesehen werden, dessen langfristige Auswirkungen von der SED-Führung ebenfalls falsch beurteilt worden waren. Die vielen Ausreisen in den 1980er Jahren über Häftlingsfreikauf, Familienzusammenführung oder nach Fluchten in die bundesdeutschen Botschaften hatten längst viele Nachahmer gefunden. Es war eine Eigendynamik ausgelöst worden, die nicht mehr kontrolliert werden konnte. Der erhoffte Abbau des »Ausreisedrucks« durch den Häftlingsfreikauf – etwa 15.700 politische Häftlinge wurden in den 1980er Jahren von der DDR freigegeben – erzeugte schließlich durch Familienzusammenführung und weitere genehmigte Ausreisen mittel- und langfristig eine gegenteilige Wirkung.[2484]

---

[2481] Vgl. Fricke: Opposition und Widerstand in der DDR, S. 156 f.
[2482] Vgl. derselbe: Zur Menschen- und Grundrechtssituation politischer Gefangener in der DDR, S. 23.
[2483] Vgl. Eisenfeld: Die Zentrale Koordinierungsgruppe, S. 22 f.
[2484] Zahl aus: Rehlinger: Freikauf, S. 279.

Der Häftlingsfreikauf lässt sich unter verschiedenen Gesichtspunkten betrachten. So erzielte die SED-Führung dadurch die mehrfach dargelegten politischen und ökonomischen Vorteile, die keinesfalls bestritten werden sollen. Für eine historische Gesamtbewertung des Häftlingsfreikaufs müssen deshalb die für diese Studie gebildeten zwei Analyseebenen herangezogen werden, nämlich die Verhandlungsseite mit ihren eher kurzfristigen Aspekten einerseits und die langfristigen politischen und gesellschaftlichen Folgen andererseits. Die reine Verhandlungsposition der DDR war günstig, da sie die Häftlinge in ihrer Verfügungsgewalt hatte. Sie war damit auch bei der Festlegung der wirtschaftlichen Gegenleistungen in einer komfortablen Situation. Die Bundesregierung hingegen befand sich unter moralischen Gesichtspunkten in einer besseren Position. Gerade dieser Aspekt verfehlte über die langen Jahre des Freikaufs nicht seine Wirkung auf große Teile der DDR-Bevölkerung. Dies sollte im Nachhinein nicht verkannt werden. Ironischerweise profitierte die Bundesregierung hierbei langfristig auch von der wachsenden Berichterstattung in westlichen Medien über den Freikauf, die sie eigentlich weitgehend unterbinden wollte, um die humanitären Aktionen nicht zu gefährden.

Erich Honecker nutzte den Freikauf auch zu seiner persönlichen Profilierung, insbesondere bei direkten Zusammentreffen mit westlichen Politikern. Er konnte nach innen und nach außen seine Macht demonstrieren, indem er beispielsweise Häftlingsentlassungen verfügte oder – wie 1973 – die weitere Fortsetzung des Häftlingsfreikaufs anordnete. Dabei wurden das Politbüro und andere Gremien des Partei- und Staatsapparates bewusst übergangen. Erich Mielke wurde oftmals eng in diesbezügliche Entscheidungen eingebunden. Honecker setzte außerdem die Kontakte zwischen Wehner und Vogel politisch geschickt für sich ein, um auf diesem Weg weitergehende politische Fragen am SED-Politbüro, aber auch an Moskau vorbei zu sondieren und abklären zu können. Honeckers politischer Instinkt und sein Gespür für Macht sollten hierbei nicht unterschätzt werden.

Die in dieser Studie herausgearbeitete Rolle von Rechtsanwalt Stange bietet eine plausible Erklärung für die gesamte Verhandlungsstrategie der DDR. Sie macht zum Beispiel verständlich, warum die DDR auch nach dem Grundlagenvertrag auf der Fortsetzung der »Anwaltsschiene« in unveränderter personeller Besetzung bestand. Durch die Zusammenarbeit von Vogel und Stange wurde die ohnehin komfortable Verhandlungsposition der DDR zusätzlich verbessert. Aufgrund der Kooperation der beiden Rechtsanwälte vermochte die DDR diskret vorzufühlen und früh in Erfahrung zu bringen, wie weit die Bundesrepublik für die Entlassungen von politischen Häftlingen in ihren Gegenleistungen zu gehen bereit war. Dies ist auch der Grund für den guten Informationsstand der DDR über die bundesdeutsche Seite. Rechtsanwalt Stange hat offensichtlich sehr viele Informationen an die DDR weitergegeben.

Die Bundesregierung lehnte politische Zugeständnisse an die DDR als Gegenleistung für Häftlingsentlassungen prinzipiell ab. Aber ihre Zurückhaltung hinsichtlich der Kritik gegenüber Menschenrechtsverletzungen in der DDR bedeutete auch ein politisches Entgegenkommen. Die Bundesrepublik war jedoch zu keinem Zeitpunkt gewillt, jeden politischen Preis für Häftlingsentlassungen oder Familienzusammenführungen zu bezahlen. Diese Haltung vertrat sie über die gesamte Zeit des Freikaufs sehr beharrlich. Finanziell zeigte sie sich gegenüber der DDR hingegen immer wieder großzügig und nachgiebig, um humanitäre Lösungen durchzusetzen. Insofern war die Bundesrepublik beim Häftlingsfreikauf bis zu einem gewissen Grad tatsächlich durch die DDR erpressbar. Darauf musste sie sich aber einlassen, wenn sie diesen weiterhin durchführen wollte. Auf der bundesdeutschen Seite gingen die Meinungen auseinander, wie weit man der DDR entgegenkommen sollte. Bei stockenden Verhandlungen setzten sich, oftmals auf Veranlassung der Rechtsanwälte, die Kirchen oder der West-Berliner Senat wirkungsvoll für die Annahme der DDR-Forderungen ein. Angesichts der permanenten Devisennöte waren die Einnahmen aus dem Häftlingsfreikauf und der Familienzusammenführung der DDR höchst willkommen. Diese positiven Effekte konnten aber langfristig nicht die mit den Freikaufaktionen verbundenen negativen gesellschaftlichen Folgen für die SED-Führung aufwiegen. Das finanzielle Volumen von Häftlingsfreikauf und Familienzusammenführung war aufgrund der großen ökonomischen Probleme der DDR-Volkswirtschaft bei weitem nicht ausreichend, um diese nachhaltig zu stabilisieren. Hierfür waren die Einnahmen, verglichen mit anderen Transferleistungen aus der Bundesrepublik oder weiteren Einnahmequellen für westliche Devisen, viel zu gering. Die SED-Führung hätte sogar durchaus mehr politische Häftlinge verkaufen können, wenn sie dies gewollt hätte. Darüber hinaus hatte sie bei vielen später freigekauften politischen Inhaftierten vorher vergeblich versucht, diese von ihrem politischen System zu überzeugen und sie für die DDR zurückzugewinnen. Das widerspricht der These von einer »regelrechten Häftlingsproduktion«, um auf diese Weise mehr Deviseneinnahmen zu erzielen. In den 1980er Jahren wurden allerdings auch gezielte Verhaftungen von fest entschlossenen Ausreiseantragstellern vorgenommen. Da diese Bürger für die DDR unwiderruflich verloren waren, ergab es für das MfS in seiner zynischen Logik Sinn, sie über den Häftlingsfreikauf gegen ein deutlich höheres Entgelt und nicht über eine Ausreise außerhalb der Haft in die Bundesrepublik übersiedeln zu lassen. Die These, dass der Freikauf zu einer Erhöhung des Strafmaßes bei Urteilen in politischen Prozessen beigetragen hätte, ist nicht haltbar. Die Strafhöhe in politischen Schuldsprüchen hatte in der DDR im Verlauf der Jahrzehnte – das galt besonders im Vergleich der 1980er mit den 1970er Jahren – erheblich abgenommen. Ebenso wenig ist die stark verbreitete Vorstellung richtig, der Häftlingsfreikauf sei durch ein Preissystem geprägt gewesen, das sich in erster Linie nach dem Ausbildungsgrad des freigekauften politischen Häftlings gerichtet habe. Die Ausbildung spielte in den meisten Fällen nur eine untergeordnete Rolle. Sehr viel wichtiger waren bei der Preisfestsetzung Strafhöhe und Reststrafe des Inhaftierten. Seit der in den 1970er Jahren vereinbarten Pauschalierung hatte die jeweilige Ausbildung ohnehin keine Bedeutung mehr, da nun ein fester Betrag pro Person gezahlt wurde, der von 1977 bis zum Ende des Freikaufs im Regelfall 95.847 DM betrug.[2485]

Die SED-Führung sowie die zuständigen Teile des MfS verfolgten beim Häftlingsfreikauf eine konsequente Generallinie: Aus »politisch-operativen« Gründen sollten nur diejenigen Inhaftierten in die »zentralen Maßnahmen« einbezogen werden, die eine »verfestigt negative Haltung« gegenüber der DDR aufwiesen und sich absolut nicht mehr in die eigene sozialistische Gesellschaftsordnung integrieren ließen. Zudem wurde befürchtet, dass sie im Falle einer Haftentlassung in die DDR weitere Bürger »negativ« beeinflussen könnten. Dies galt dementsprechend auch bei vielen genehmigten Ausreisen im Rahmen der Familienzusammenführung. Die SED-Führung und das ZKG handelten hierbei absolut kalkuliert. Trotzdem wurden die Entscheidungen für die Erteilung von Ausreisegenehmigungen oft nach völlig unterschiedlichen Kriterien vorgenommen, so dass sie für die DDR-Bürger in keiner Weise vorhersehbar, nicht berechenbar und niemals transparent sein konnten. Die von der SED-Führung offiziell postulierte »Gleichheit der Bürger« vor dem Gesetz wurde immer wieder unterlaufen.[2486] Eine Rechtssicherheit war damit niemals vorhanden. Mit einer solchen Politik konnte die DDR bei ihren Bürgern kein Gefühl des Vertrauens in das Rechtssystem aufbauen. Die SED-Diktatur wollte ihre Bürger zwar durchaus für die DDR (zurück-)gewinnen; aber sie vertraute ihnen nicht. Allein deshalb konnte dieses Vorhaben nicht gelingen. Alle diese Auswirkungen gehören zur zweiten Analyseebene, nämlich den

---

[2485] Zahl aus: Deutscher Bundestag (Hg.): Drucksache 12/7600, S. 309.
[2486] Vgl. Werkentin: Politische Strafjustiz in der Ära Ulbricht, S. 302.

langfristigen Konsequenzen des Häftlingsfreikaufs und der Familienzusammenführung auf die DDR-Gesellschaft.

Ein ähnlicher Prozess wie beim Häftlingsfreikauf kann auch für zwei vergleichbare historische Beispiele festgehalten werden, nämlich für den nicht mehr zu bewältigenden Ansturm zahlreicher Flüchtlinge auf die bundesdeutschen Botschaften seit 1984, ganz besonders in den Jahren 1988 und 1989, und für die Öffnung des Grenzübergangs Bornholmer Straße in Berlin am Abend des 9. November 1989.[2487] In beiden Fällen verursachten Maßnahmen zur Entspannung der Lage das Gegenteil. So ermutigte jede Ausreise von Botschaftsflüchtlingen weitere DDR-Bürger, diesen Weg ebenfalls zu gehen. Am 9. November 1989 wollten sehr viele DDR-Bürger die Gelegenheit nutzen, direkt in den Westen zu reisen. Die Grenzübergänge blieben aber zunächst alle geschlossen, auch der Grenzübergang Bornholmer Straße. Einige DDR-Bürger, die besonders lautstark protestierten, durften aber plötzlich den Grenzübergang passieren, wobei sie allerdings ohne ihr Wissen durch einen Stempel im Ausweis ausgebürgert wurden. Der Großteil der hier wartenden Menschenmenge forderte nun ebenfalls vehement, in den Westen gelassen zu werden. Noch am Abend des 9. November 1989 kam es deshalb zur Öffnung des Grenzübergangs Bornholmer Straße, gefolgt von weiteren Grenzöffnungen an anderen Übergängen.

Beim Häftlingsfreikauf war eine ähnliche Entwicklung feststellbar. Diese vollzog sich jedoch sehr viel langsamer in einem schleichenden Prozess. Wahrscheinlich ließ sich das MfS, vor allem Minister Erich Mielke, hierbei durch die »operativen« Erfolge, die beim Freikauf durch die Abschiebung »feindlich-negativer Personen« gegen wirtschaftliche Gegenleistungen erzielt wurden, zu lange blenden. Eine eingehende Reflexion Erich Honeckers über den Häftlingsfreikauf und dessen langfristige Folgen ist ohnehin sehr unwahrscheinlich, da Honecker allgemein gegenüber Problemen eine starke Ignoranz zeigte.

Für DDR-Bürger lag bei Konflikten mit dem politischen und gesellschaftlichen System in einem geteilten Land der Gedanke an eine Flucht oder einen Ausreiseantrag meistens näher als der kontinuierliche Einsatz für politische Veränderungen innerhalb der DDR. Deshalb hatte der Häftlingsfreikauf für viele Flüchtlinge und Ausreiseantragsteller auch eine

---

[2487] Vgl. Mayer: Flucht und Ausreise, S. 317–335, S. 347–364, S. 374–409, S. 419–421 und S. 427–465.
Vgl. ebf. Hertle, Hans-Hermann: Chronik des Mauerfalls. Die dramatischen Ereignisse um den 9. November 1989. Berlin 2006 (10. Auflage; 1. Auflage erschien 1996), S. 157–168 (Quelle zur Bornholmer Straße bzw. zur Grenzöffnung).

hohe Bedeutung. Das galt allerdings nicht für die meisten Mitglieder der Oppositionsgruppen, die im Regelfall in der DDR bleiben wollten und deshalb im Fall einer Verhaftung auf andere Schutzmechanismen hofften. Die mögliche These, dass der Häftlingsfreikauf die Entstehung einer Oppositionsbewegung in der DDR behindert habe, kann nur sehr bedingt geteilt werden. Unbestritten baute die SED-Führung über den Häftlingsfreikauf zwar tatsächlich Oppositionspotenzial ab. Für die Abschiebung von Dissidenten war die SED-Diktatur allerdings nicht auf den Häftlingsfreikauf angewiesen. Wolf Biermann wurde beispielsweise einfach ausgebürgert.[2488] Andere wurden gegen ihren Willen aus der DDR abgeschoben. Zwar hatten andere sozialistische Länder – wie die Tschechoslowakei mit der Charta 77 oder Polen mit der unabhängigen Gewerkschaft Solidarność – verglichen mit der DDR in den 1970er und 1980er Jahren aktivere Bürgerrechtsbewegungen.[2489] Aber kein Land des sozialistischen Ostblocks hatte umgekehrt eine so starke Ausreisebewegung wie die DDR.[2490] Doch genau diese wurde von der SED-Führung mit dem Häftlingsfreikauf und der Familienzusammenführung zusätzlich noch gestärkt. Da die enorme Zahl der Antragsteller die SED-Diktatur zunehmend destabilisierte und viele Ausreisen praktisch erzwang, kann die Ausreisebewegung in ihrem Ergebnis sogar als eine erfolgreiche Bürgerrechtsbewegung angesehen werden.[2491] Auch wenn die meisten Antragsteller bei ihrem Ausreiseantrag sicherlich vor allem persönliche Motive im Blick hatten und keine übergeordneten politischen Ziele verfolgten, so ändert das im Resultat nichts an dieser Schlussfolgerung.

Die Entwicklung, dass immer mehr DDR-Bürger Ausreiseanträge stellten, war jedoch von der Bundesregierung so nicht beabsichtigt gewesen.[2492] Sie hatte vielmehr ein größeres Interesse daran, dass die DDR-Bürger möglichst in ihrem Land bleiben sollten. Die DDR sollte zu keinem Zeitpunkt

---

[2488] Vgl. Fricke: Opposition und Widerstand in der DDR, S. 156–161.
[2489] Vgl. Schroeder: Der SED-Staat, S. 463.
[2490] Vgl. Mayer: Flucht und Ausreise, S. 113–141.
Vgl. ebf. derselbe: Flucht und Ausreise als Form des Widerstandes gegen die politische Verfolgung in der DDR. In: Timmermann, Heiner (Hg.): Historische Erinnerung im Wandel. Neuere Forschungen zur deutschen Zeitgeschichte unter besonderer Berücksichtigung der DDR-Forschung. Berlin 2007, S. 265–280.
Vgl. ebf. Süß, Walter: Die Staatssicherheit im letzten Jahrzehnt der DDR. Geschichte der Staatssicherheit, Teil III. Berlin 2009, S. 29–32 (MfS – Handbuch, aus der von der Abteilung Bildung und Forschung des BStU herausgegebenen Reihe: Anatomie der Staatssicherheit: Geschichte, Struktur und Methoden).
[2491] Vgl. Schroeder: Der SED-Staat, S. 460–465.
[2492] Vgl. Garton Ash: Im Namen Europas, S. 218.

»leergekauft« werden, was auch utopisch gewesen wäre.[2493] Der Häftlingsfreikauf wurde von den unterschiedlichen Bundesregierungen zwischen 1963 und 1989 und von allen führenden bundesdeutschen Parteien mitgetragen. Die politische Elite der Bundesrepublik zeigte über die gesamten Jahre der Existenz zweier deutscher Staaten eine enge Verbundenheit mit den Menschen in der DDR. Ganz besonders nach dem Mauerbau sollten die humanitären Folgen der Teilung gelindert und die Bindungen zu den Bürgern der DDR möglichst weiterhin erhalten bleiben. Um dieses Anliegen zu stärken, wurden der innerdeutsche Handel, Passierscheinabkommen, Verkehrsverträge, der Besuchsverkehr, der Post- und Paketverkehr, die Lieferung von Medikamenten, Telefonverbindungen und in den 1980er Jahren auch Städtepartnerschaften gefördert. Gerade der Häftlingsfreikauf und die Familienzusammenführung waren für die deutsch-deutschen Beziehungen von großer Bedeutung. Mit dem Häftlingsfreikauf unterlief die Bundesrepublik indirekt das Anliegen der DDR, als Ausland eingestuft zu werden, denn mit der Akzeptanz des Freikaufs billigte diese ungewollt den Einsatz der Bundesregierung für DDR-Bürger. Die für die SED-Diktatur gefährliche Eigendynamik des Freikaufs und auch dessen gesamtdeutsche Symbolik wurden dabei von der SED-Führung ganz offensichtlich unterschätzt.

Alle ideologischen Abgrenzungsversuche gegenüber der Bundesrepublik wurden durch die zahlreichen Verflechtungen der beiden deutschen Staaten in der Praxis durchkreuzt. Mit dem Freikauf ließ die DDR de facto sogar eine Einmischung in ihre inneren Angelegenheiten zu. Beide deutsche Staaten hatten eine Art ungeschriebene Übereinkunft, ihre Streitfragen nicht vor der UNO oder sonstigen internationalen Einrichtungen behandeln zu lassen. Nach dem Willen der Bundesregierung sollten diese möglichst diskret durch die deutsch-deutschen Beziehungen geregelt werden. Dazu zählten auch der Häftlingsfreikauf, die Familienzusammenführung oder generelle Menschenrechtsfragen in der DDR. Obwohl diese Vorgehensweise der DDR politisch entgegenkam, hätte sie sich am gesamtdeutschen Ansatz der Bundesrepublik eigentlich stören müssen. Jedoch war die DDR nicht nur bei diesem Aspekt auf den eher kurzfristigen Vorteil bedacht.

Der Häftlingsfreikauf hat aufgrund der durch ihn entstandenen Kon-

---

[2493] Vgl. Volze: Innerdeutsche Transfers. In: Deutscher Bundestag (Hg.): Materialien der Enquete-Kommission »Aufarbeitung von Geschichte und Folgen der SED-Diktatur in Deutschland« (12. Wahlperiode des Deutschen Bundestages); Band V/3: Deutschlandpolitik, innerdeutsche Beziehungen und internationale Rahmenbedingungen, S. 2780.

takte einen wichtigen Beitrag zu einer verbesserten deutsch-deutschen Zusammenarbeit auch in anderen humanitären und politischen Fragen geleistet. Hierfür ist die Familienzusammenführung das erste wichtige Beispiel. Später wurde die von Herbert Wehner gezielt hergestellte Verbindung zu Rechtsanwalt Wolfgang Vogel von beiden Seiten auch für Sondierungen in zahlreichen weiteren politischen Fragen genutzt. Über diesen Kontakt konnten besonders seit 1973 viele Hindernisse in politischen Streitfragen ausgeräumt werden. Diese durch den Freikauf beförderte Entwicklung ist umso bemerkenswerter, da beide deutsche Staaten völlig konträre Wertvorstellungen und Menschenbilder hatten und außerdem mit dem Häftlingsfreikauf vollkommen unterschiedliche politische Interessen verfolgten. Beide waren jedoch immerhin an einer begrenzten Zusammenarbeit und verbindlichen Absprachen interessiert. Diesbezüglich trug der Freikauf wesentlich zur Vertrauensbildung zwischen den handelnden Personen bei, was die Klärung weiterer offener Fragen in anderen Politikbereichen langfristig erleichterte. Die humanitären Aspekte beim Freikauf behielten aber neben den politischen Fragen für jede Bundesregierung immer ihre hohe Priorität. Auch die ab 1982 amtierende Bundesregierung unter Bundeskanzler Helmut Kohl setzte den Freikauf deshalb in den 1980er Jahren pragmatisch fort. In diesem Jahrzehnt wurden sogar mit Abstand die meisten Menschen aus der DDR ausgelöst.

Häftlingsfreikauf und Familienzusammenführung stellten faktisch eine kontinuierliche »Ausreisewelle« aus der DDR dar. An einer entscheidenden Nahtstelle der beiden feindlichen Militärblöcke erfolgte dabei die sogenannte »Abstimmung mit den Füßen« bzw. »Abstimmung mit dem Ausreiseantrag«.[2494] So verließen zwischen 1949 und 1990 mehr als dreieinhalb Millionen DDR-Bürger ihr Land in Richtung Bundesrepublik.[2495] In der Gegenrichtung waren es hingegen nur etwa 600.000 Menschen, wobei es sich hierbei mehrheitlich um Rückkehrer handelte, die aus dem Westen – meistens aus persönlichen Gründen – in die DDR zurückgegangen waren.[2496] Die bestehenden Machtverhältnisse und

---

[2494] Zitiert nach (»Abstimmung mit den Füssen«): Brandt, Willy: »Abstimmung mit den Füßen«. SPIEGEL-Gespräch der Redakteure Conrad Ahlers und Georg Wolff mit dem Regierenden Bürgermeister von Berlin, Willy Brandt. In: DER SPIEGEL, Nr. 6/1959 vom 4.2.1959.
Zitiert nach (»Abstimmung mit dem Ausreiseantrag«): Schroeder: Der SED-Staat, S. 467.
[2495] Zahl aus: Judt (Hg.): DDR-Geschichte in Dokumenten, S. 545 f.
[2496] Zahl aus: Brecht: Wege in den Westen. In: Effner und Heidemeyer (Hg.): Flucht im geteilten Deutschland, S. 97.

Bündnissysteme blieben durch den Häftlingsfreikauf unberührt. Das erklärt auch die Spielräume, die die Siegermächte ihren jeweiligen deutschen Bündnispartnern innerhalb des Häftlingsfreikaufs zugestanden. Zudem konnte der innerdeutsche Freikauf von ihnen gelegentlich für gewünschte Haftentlassungen und/oder Austauschaktionen eigener Agenten genutzt werden.[2497] Zwar konnten Spannungen im deutsch-deutschen Verhältnis die humanitären Bemühungen der Bundesregierung gefährden. Die internationalen Konflikte der beiden Machtblöcke beeinträchtigten sie dagegen wenig. Für die USA und die Sowjetunion waren der deutsch-deutsche Häftlingsfreikauf und die Familienzusammenführung kein Streitthema. Innerhalb des Kalten Krieges zwischen den beiden Supermächten war der innerdeutsche Häftlingsfreikauf deshalb – trotz seiner Bedeutung für die Historie im geteilten Deutschland – wohl nur eine Fußnote.[2498] Aber, wie Ilko-Sascha Kowalczuk treffend anmerkte: »*Fußnoten haben allerdings in historischen Betrachtungen eine ganz wichtige Funktion.*«[2499]

Das große Selbstbewusstsein der Bundesrepublik zeigte sich gerade beim Häftlingsfreikauf. Kontinuierlich politische Häftlinge aus den Gefängnissen der Gegenseite auszulösen, war sicherlich ein ungewöhnlicher Schritt mit hoher Symbolkraft. Aber auch die DDR glaubte, sich nach dem Mauerbau auf den Freikauf einlassen zu können. Durch diese systematische Abriegelung zum Westen hatte sie zunächst an politischer und wirtschaftlicher Stabilität gewonnen. Doch die SED-Führung konnte sich weiterhin zu keinem Zeitpunkt des Rückhalts ihrer Bürger sicher sein, da ihr jede demokratische Legitimität fehlte. Die anhaltende Unsicherheit der SED-Führung und das Misstrauen gegenüber der eigenen Bevölkerung spiegelte sich darin wider, den Freikauf unbedingt geheim halten zu wollen. Da viele DDR-Bürger mit den Verhältnissen sehr unzufrieden waren, wollten sie das Land verlassen. Genau aus diesem Grund hatte die SED-Diktatur 1961 die Berliner Mauer errichten müssen, deren Fall sie im November 1989 politisch nicht überlebte. Der Häftlingsfreikauf und die Familienzusammenführung hatten aber bereits zuvor ausgerechnet die scheinbar undurchdringbare Mauer sehr viel »durchlässiger« gemacht.

---

[2497] Vgl. Pötzl: Basar der Spione, S. 206.
[2498] Vgl. Kowalczuk, Ilko-Sascha: Die 101 wichtigsten Fragen: DDR. München 2009, S. 156.
[2499] Zitiert nach: Ebenda, S. 156.

# Quellen- und Literaturverzeichnis

## Quellenverzeichnis

### Archivalien

Archiv des Diakonischen Werkes (ADW)
B St 250
HG St 7814
HG St 7820
HG St 7827
HG St 7830
ZBB 2577

Archiv für Christlich-Demokratische Politik (ACDP)
01-269-001/3

Archiv der sozialen Demokratie (AdsD)
Depositum Egon Bahr, Ordner 379
Depositum Hans-Jochen Vogel, Ordner 2108
Helmut-Schmidt-Archiv (HSA) im AdsD (Depositum Helmut Schmidt), Mappe 9071
Herbert-Wehner-Archiv (HWA) im AdsD (Teilnachlass Herbert Wehner), Ordner HWA-1936 Ostbüro-Archiv, Band 212
Sammlung Personalia Franz Josef Strauß, Karton 9782

Archiv des Liberalismus
A 24-97

Bundesarchiv Berlin
DL 2/7710
DL 2/7717
DL 2/7743
DL 2/7748
DL 2/7750
DL 2/7813
DL 2/8088
DO 1/16488
DO 1/16489
DO 1/16490
DO 1/16491

Stiftung der Parteien und Massenorganisationen der DDR im Bundesarchiv (SAPMO)
DY 30-11335
DY 30-IV 2-2.039-348

Bundesarchiv Koblenz
B 102/600238
B 106/29781
B 106/29783
B 136/1879
B 136/3203
B 136/3789
B 137/338
B 137/1648
B 137/1649
B 137/1742
B 137/1745
B 137/1746
B 137/1747
B 137/3332
B 137/6405
B 137/15559
B 137/15772
B 137/15779
B 137/15780
B 137/15781
B 137/16604
B 137/33029
B 209/1060
N 1253/50
N 1371/51
N 1371/167

Der Bundesbeauftragte für die Unterlagen der Staatssicherheit (BStU)
Archiv der Zentralstelle
MfS – Abt. XIV 1890
MfS – AIM 2088/57, Band A/1, Band A/2 und Band P
MfS – AIM 5682/69, Band 6, 7 und 8
MfS – BdL/Dok. 001668
MfS – BdL/Dok. 007770
MfS – BdL/Dok. 008273
MfS – HA II 4319
MfS – HA IX 227
MfS – HA IX 341

MfS – HA IX 367
MfS – HA IX 368
MfS – HA IX 370 Band 1 und Band 2
MfS – HA IX 1748
MfS – HA IX 1751
MfS – HA IX 1789
MfS – HA IX 2257
MfS – HA IX 2362
MfS – HA IX 2570
MfS – HA IX 3192
MfS – HA IX 3357
MfS – HA IX 3358
MfS – HA IX 3359
MfS – HA IX 3714
MfS – HA IX 3909
MfS – HA IX 4961
MfS – HA IX 8340
MfS – HA IX 8509
MfS – HA IX 8709
MfS – HA IX 13650
MfS – HA IX 13661
MfS – HA IX 16046
MfS – HA IX 16335
MfS – HA IX 17267
MfS – HA IX 17268
MfS – HA IX 17613
MfS – HA IX 17877
MfS – HA IX 17943
MfS – HA IX 18030
MfS – HA IX 18031
MfS – HA IX 18437
MfS – Rechtsstelle 203
MfS – SdM 1237
MfS – ZAIG 7513
MfS – ZAIG 9330, Band 1–4
MfS – ZAIG 9336, Band 3
MfS – ZAIG 9396, Band 2
MfS – ZAIG 9397, Band 1–4
MfS – ZAIG 9398, Band 1–4
MfS – ZAIG 27884
MfS – ZKG 86
MfS – ZKG 9627
MfS – ZKG 9636
MfS – ZKG 9637
MfS – ZKG 9640
MfS – ZKG 9644

MfS – ZKG 9652
MfS – ZKG 9659

Archiv der Außenstelle Dresden
MfS – BV Ddn. Stellvertreter Operativ 255, Band 1
MfS – BV Dresden AKG 7940

Evangelisches Landeskirchliches Archiv in Berlin (ELAB)
37/21

Evangelisches Zentralarchiv (EZA) Berlin
742/274
742/275
742/276
742/277
742/278
742/279
742/280
742/283
742/294
742/296
742/304
742/305

Herbert-und-Greta-Wehner-Stiftung (HGWS)

HF 16
HF 26
HF 30
HF 50
HF 60
HF 64
HF 66
HF 71
HF 75

Landesarchiv (LA) Berlin

B Rep. 002, Nr. 7943
B Rep. 002, Nr. 10987
B Rep. 002, Nr. 12295
B Rep. 003, Nr. 597

Parlamentsarchiv des Deutschen Bundestages
Bestand 3105: Ausschuss für gesamtdeutsche und Berliner Fragen. A4/4–Prot.
42: Protokoll der 42. Sitzung des Ausschusses für gesamtdeutsche und Berliner Fragen vom 5.10.1964.
Bestand 3105: Ausschuss für gesamtdeutsche und Berliner Fragen. A5/4–Prot.
10: Protokoll der 10. Sitzung des Ausschusses für gesamtdeutsche und Berliner Fragen vom 22.9.1966.
Stenografisches Protokoll der 90. Sitzung des 1. Untersuchungsausschusses des Deutschen Bundestages (12. Wahlperiode) am 8.10.1992 (Aussage von Wolfgang Vogel vor dem Untersuchungsausschuss »Kommerzielle Koordinierung«).
Stenografisches Protokoll der 92. Sitzung des 1. Untersuchungsausschusses (12. Wahlperiode) am 14.10.1992 (Aussage von Wolfram Klein vor dem Untersuchungsausschuss »Kommerzielle Koordinierung«).

Politisches Archiv des Auswärtigen Amts (PA/AA)
B 85, Band 808
B 130, Band 3497
B 130, Band 3522 A
B 130, Band 3693 A
B 2, Band 145

Privatarchiv von Helmut Schmidt
H.S. privat, DDR 1966–1974, Band I
H.S. privat, DDR 1974–1978, Band II
H.S. privat, DDR 1978–1981, Band III

Sächsisches Hauptstaatsarchiv Dresden
12916//2959
12916//2961
12916//2962
12916//2966
12916//3149
12916//3150

The National Archives (TNA; britisches Nationalarchiv)
FO 371/183166

Unternehmensarchiv der Axel Springer AG (Abkürzung: AS-UA)
AS–UA (Bestand Naumann)

## Quelleneditionen

### Akten zur Auswärtigen Politik der Bundesrepublik Deutschland (AAPD)
Schwarz, Hans-Peter (Hauptherausgeber; herausgegeben im Auftrag des AA vom Institut für Zeitgeschichte): AAPD. 1964. Band II: 1. Juli bis 31. Dezember 1964. München 1995.
Schwarz, Hans-Peter (Hauptherausgeber; herausgegeben im Auftrag des AA vom Institut für Zeitgeschichte): Akten zur Auswärtigen Politik der Bundesrepublik Deutschland (AAPD). 1966. Band II: 1. Juli bis 31. Dezember 1966. München 1997.
Schwarz, Hans-Peter (Hauptherausgeber; herausgegeben im Auftrag des AA vom Institut für Zeitgeschichte): AAPD. 1966. Band I: 1. Januar bis 30. Juni 1966. München 1997.

### Kabinettsprotokolle der Bundesregierung
Booms, Hans (Hg. für das Bundesarchiv): Die Kabinettsprotokolle der Bundesregierung. Band 2: 1950. Boppard am Rhein 1984.
Friedrich P. (Hg. für das Bundesarchiv): Die Kabinettsprotokolle der Bundesregierung. Band 9: 1956. München 1998.
Weber, Hartmut (Hg. für das Bundesarchiv): Die Kabinettsprotokolle der Bundesregierung. Band 15: 1962. München 2005.
Weber, Hartmut (Hg. für das Bundesarchiv): Die Kabinettsprotokolle der Bundesregierung. Band 17: 1964. München 2007.

### Dokumente zur Deutschlandpolitik (DzD): Herausgegeben vom Bundesministerium des Innern und dem Bundesarchiv
DzD VI. Reihe/Band 1: 21. Oktober 1969 bis 31. Dezember 1970. München 2002.
DzD VI. Reihe/Band 2: 1. Januar 1971 bis 31. Dezember 1972 (1971/72; Bahr-Kohl Gespräche 1970–73). Erster Teilband. München 2004.
DzD VI. Reihe/Band 3: 1. Januar 1973 bis 31. Dezember 1974. München 2005.
DzD VI. Reihe/Band 4: 1. Januar 1975 bis 31. Dezember 1976. München 2007.
DzD VI. Reihe/Band 5: 1. Januar 1977 bis 31. Dezember 1978. München 2011.
DzD Deutsche Einheit 1989/90. (Sonderedition aus den Akten des Bundeskanzleramts 1989/90). München 1998.

### Akten deutscher Bischöfe seit 1945
Schulte-Umberg, Thomas (Bearbeiter): Akten deutscher Bischöfe seit 1945. DDR 1957–1961. Paderborn (u. a.) 2006.

### Enquete-Kommissionen des Deutschen Bundestages
*Deutscher Bundestag (Hg.): »Aufarbeitung von Geschichte und Folgen der SED-Diktatur in Deutschland«. 12. Wahlperiode des Deutschen Bundestages 1990–1994. Neun Bände in 18 Teilbänden. Baden-Baden 1995.*

*Band IV: Recht, Justiz und Polizei im SED-Staat*
Ipsen, Knut: Die Selbstdarstellung der DDR vor internationalen Menschenrechtsorganisationen, S. 547–583.
Lange, Roland: Einbindung und Behinderung der Rechtsanwälte, S. 605–653.
*Band V/1: Deutschlandpolitik, innerdeutsche Beziehungen und internationale Rahmenbedingungen*
Windelen, Heinrich: Zeitzeugenaussage am 3.11.1993 in der 52. Sitzung der Kommission zum Thema: »Phasen der Deutschlandpolitik«, S. 806–811.
Barzel, Rainer: Zeitzeugenaussage am 8.12.1993 in der 55. Sitzung der Kommission zum Thema: »Die Deutschlandpolitik und ihre Rahmenbedingungen in den siebziger Jahren«, S. 1001–1017 und S. 1064–1067.
Schmidt, Helmut: Zeitzeugenaussage am 8.12.1993 in der 55. Sitzung der Kommission zum Thema: »Die Deutschlandpolitik und ihre Rahmenbedingungen in den siebziger Jahren«, S.1018–1028.
*Band V/3: Deutschlandpolitik, innerdeutsche Beziehungen und internationale Rahmenbedingungen*
Volze, Armin: Innerdeutsche Transfers, S. 2761–2797.
Schumann, Karl F.: Flucht und Ausreise aus der DDR insbesondere im Jahrzehnt ihres Untergangs, S. 2359–2405.
*Band VI/1 und Band VI/2: Rolle und Selbstverständnis der Kirchen in den verschiedenen Phasen der SED-Diktatur*
Binder, Heinz-Georg: Zeitzeugenaussage am 21.1.1994 in der 59. Sitzung der Kommission mit dem Thema: »Die Beziehungen zwischen den Kirchen im geteilten Deutschland und die deutsche Frage«, S. 339 f.
Derselbe: Die Bedeutung des finanziellen Transfers und der humanitären Hilfe zwischen den Kirchen im geteilten Deutschland, S. 559–582.

## Quellenedition zu dieser Enquete-Kommission und zugehörige Publikationen

Drechsler, Ingrun; Faulenbach, Bernd; Gutzeit, Martin; Meckel, Markus und Weber, Hermann (Hg.): Getrennte Vergangenheit, gemeinsame Zukunft. Ausgewählte Dokumente, Zeitzeugenberichte und Diskussionen der Enquete-Kommission »Aufarbeitung von Geschichte und Folgen der SED-Diktatur in Deutschland« des Deutschen Bundestages 1992–1994. Vier Bände (Das Herrschaftssystem; Opfer, Opposition und Widerstand; Wandlungen der Deutschlandpolitik; Das SED-Regime in vergleichender Perspektive und die Bedeutung seiner Aufarbeitung). München 1997.
Drechsler, Ingrun: Recht und Justiz im SED-Staat. In: Band I: Das Herrschaftssystem. München 1997, S. 164–227.
Faulenbach, Bernd: Die Diskussion über Phasen und Probleme der Deutschlandpolitik 1945–1990. In: Band III: Wandlungen der Deutschlandpolitik. München 1997, S. 11–268.
Faulenbach, Bernd: Das SED-System in vergleichender Perspektive und die Bedeutung seiner Aufarbeitung. In: Band IV: Das SED-Regime in vergleichender Perspektive und die Bedeutung seiner Aufarbeitung. München 1997, S. 11–125.

Gutzeit, Martin: Möglichkeiten und Formen abweichenden und widerständigen Verhaltens und oppositionellen Handelns und die friedliche Revolution im Herbst 1989. In: Band II: Opfer, Opposition und Widerstand. München 1997, S. 114–123.

Enquete-Kommission Deutscher Bundestag (Hg.): »Überwindung der Folgen der SED-Diktatur im Prozess der deutschen Einheit.« *13. Wahlperiode des Deutschen Bundestages 1994–1998. Acht Bände in 14 Teilbänden. Baden-Baden 1999.*
Band III/1: Wirtschafts-, Sozial- und Umweltpolitik
Claßen, Horst: Das wirtschaftliche, insbesondere industrielle Entwicklungspotential in den neuen Bundesländern – eine Zwischenbilanz des Transformationsprozesses, S. 237–248.
Schürer, Gerhard: Zeitzeugenaussage am 3.3.1997 in der 29. Sitzung der Kommission mit dem Thema: »Bilanz der DDR – Wirtschaft – Zwischenbilanz Aufbau Ost. Anspruch und Wirklichkeit der Arbeits- und Sozialpolitik in der DDR – Die Gesellschaft in den neuen Bundesländern im Umbruch«, S. 162–169 und S. 182–184.
Band VIII/1: Das geteilte Deutschland im geteilten Europa
Baum, Karl-Heinz: Die Integration von Flüchtlingen und Übersiedlern in die Bundesrepublik Deutschland, S. 511–706.

## Berichte, Dokumentationen, Erinnerungen (u. a.)

Apelt, Andreas H. (Hg.): Flucht, Ausreise, Freikauf. (Aus-)Wege aus der DDR. Halle 2011 (Publikation des Symposiums »Flucht, Ausreise, Freikauf – (Aus-) Wege aus der DDR« der Deutschen Gesellschaft am 8.6.2011 in Berlin, mit zahlreichen Zeitzeugen).
Aretz, Jürgen und Stock, Wolfgang: Die vergessenen Opfer der DDR. 13 erschütternde Berichte mit Original-Stasi-Akten. Bergisch-Gladbach 1997.
Bahr, Egon: »Das musst du erzählen.« Erinnerungen an Willy Brandt. Berlin 2013.
Bahr, Egon: Zu meiner Zeit. Berlin 1999 (Jubiläumsausgabe von 1999; Originalausgabe von 1996).
Bahrmann, Hannes und Links, Christoph: Chronik der Wende. Die Ereignisse in der DDR zwischen 7. Oktober 1989 und 18. März 1990. Berlin 1999 (überarbeitete Neuauflage der Bücher »Chronik der Wende« von 1994 und »Chronik der Wende 2« von 1995).
Barzel, Rainer: Es ist noch nicht zu spät. München und Zürich 1976.
Barzel, Rainer: Ein gewagtes Leben. Erinnerungen. Stuttgart und Leipzig 2001.
Bath, Matthias: Gefangen und freigetauscht. 1197 Tage als Fluchthelfer in der DDR Haft. Berlin 2007.
Bauersfeld, Alexander W.: Freigekauft vor zwanzig Jahren. Rückschau eines Betroffenen. In: Die Politische Meinung (PM), Nr. 420/2004. Sankt Augustin 2004, S. 57–61.

Beckert, Rudi: Glücklicher Sklave. Eine Justizkarriere in der DDR. Berlin 2011.
Beleites, Johannes: Abteilung XIV: Haftvollzug. Berlin 2004. (MfS – Handbuch, Teil III/9 aus der von der Abteilung Bildung und Forschung des BStU herausgegebenen Reihe: Anatomie der Staatssicherheit: Geschichte, Struktur und Methoden).
Berger, Jörg: Meine zwei Halbzeiten. Ein Leben in Ost und West. Reinbek 2009.
Berndt, Karsten (Autor) und Baumgartl, Susan (Hg.): Der Rumtreiber. Wenn ich groß bin, haue ich ab. Eine deutsch-deutsche Grenzerfahrung 1976–1994. Essen 2013.
Biermann, Wolf: Klartexte im Getümmel. 13 Jahre im Westen. Von der Ausbürgerung bis zur November-Revolution. Köln 1990.
Bögeholz, Hartwig: Wendepunkte – die Chronik der Republik. Der Weg der Deutschen in Ost und West. Reinbek bei Hamburg 1999 (Taschenbuch; erweiterte Neuausgabe von »Die Deutschen nach dem Krieg. Eine Chronik«).
Bohlken, Amanda: Die dritte Dimension der Tränen. DDR-Flucht – Haft und Trauma – Heilungswege. Leipzig 2007.
Bölling, Klaus: Die fernen Nachbarn. Erfahrungen in der DDR. Hamburg 1983.
Bradler, Michael und Rothe, Michael: »Ich wollte doch nicht an der Mauer erschossen werden!« Berlin 2013 (3., überarbeitete Auflage; 1. Auflage erschienen 2011).
Brandt, Willy: Erinnerungen. Berlin 1999 (Jubiläumsausgabe; Originalausgabe erschien 1989).
Bräutigam, Hans Otto: Ständige Vertretung. Meine Jahre in Ost-Berlin. Hamburg 2009.
BStU (Hg.): Ausreisen oder dableiben? Regulierungsstrategien der Staatssicherheit. Berlin 1998 (2. Auflage). (In der von der Abteilung Bildung und Forschung des BStU herausgegebenen Reihe B: Analysen und Berichte, Nr. 1/97; abgedruckte öffentliche Veranstaltung vom 26. Oktober 1995 aus der Veranstaltungsreihe des BStU).
Buchstab, Günter (Hg.): Repression und Haft in der SED-Diktatur und die »gekaufte Freiheit«. Dokumentation des 14. Buchenwald-Gesprächs vom 22. bis 23.11.2004 in Berlin zum Thema »Häftlingsfreikauf«. Sankt Augustin 2005.
Bundesgerichtshof (BGH) (Hg.): Pressemitteilung Nr. 61 vom 10.8.1998.
Bundesministerium für innerdeutsche Beziehungen (Hg.): Zehn Jahre Deutschlandpolitik. Die Entwicklung der Beziehungen zwischen der Bundesrepublik Deutschland und der Deutschen Demokratischen Republik 1969–1979. Bericht und Dokumentation. Melsungen 1980.
Buthmann, Reinhard: Die Arbeitsgruppe Bereich Kommerzielle Koordinierung. Berlin 2004 (2. Auflage; MfS – Handbuch, Teil III/11 aus der von der Abteilung Bildung und Forschung des BStU herausgegebenen Reihe: Anatomie der Staatssicherheit: Geschichte, Struktur und Methoden).
Clausen, Claus Peter: So entstand Hvd. In: Löwenthal, Gerhard; Kamphausen, Helmut und Clausen, Claus Peter: Hilferufe von drüben. Eine Dokumentation wider das Vergessen. Holzgerlingen 2002 (3. Auflage; 1. Auflage erschien 1993 unter dem Titel: »Feindzentrale Hilferufe von drüben«), S. 21–40.
Clausen, Claus Peter: Freunde und Helfer. In: Ebenda, S. 184–197.
Clausen, Claus Peter: Hilferufe und die Politik. In: Ebenda, S. 198–224.

David, Reiner: Meine Akte – DDR 1969 bis 1975. Berlin 2012.
Deutsche Bundesbank (Hg.): Die Zahlungsbilanz der ehemaligen DDR 1975 bis 1989. Frankfurt am Main 1999.
Deutscher Bundestag (Hg.): Drucksache 12/7600. Abschlussbericht des 1. Untersuchungsausschusses 12. Wahlperiode (1990–1994). Bonn 1994 (Untersuchungsausschuss »Kommerzielle Koordinierung« des Deutschen Bundestages).
Deutscher Bundestag (Hg.): Protokoll der 131. Sitzung der 12. Wahlperiode des Deutschen Bundestages am 14.1.1993, S. 11355. (Im Bundesarchiv Koblenz eingesehen.)
Deutscher Bundestag (Hg.): Protokoll der 31. Sitzung der 9. Wahlperiode des Deutschen Bundestages am 9.4.1981, S. 1578. (Im Bundesarchiv Koblenz eingesehen.)
Döpfner, Mathias (Hg.): Axel Springer. Neue Blicke auf den Verleger. Berlin 2005. (Vgl. hierbei besonders das Interview von Axel Springer zum Freikauf vom 17.11.1972 mit der Kölnischen Rundschau; auf den Seiten 217–219 des Buches abgedruckt).
Duisberg, Claus J.: Das deutsche Jahr. Einblicke in die Wiedervereinigung 1989/90. Berlin 2005.
Ebert, Dorothea und Proksch, Michael: Und plötzlich waren wir Verbrecher. Geschichte einer Republikflucht. München 2010.
Ehmke, Horst: Mittendrin. Von der Großen Koalition zur Deutschen Einheit. Berlin 1994.
Eiselt, Rainer (verantwortlicher Redakteur; im Auftrag der BStU): Abkürzungsverzeichnis. Häufig verwendete Abkürzungen und Begriffe des Ministeriums für Staatssicherheit. Berlin 2007 (8., völlig neu bearbeitete und erweiterte Auflage; 1. Auflage von 1993).
Eisenfeld, Bernd: Die Zentrale Koordinierungsgruppe. Bekämpfung von Flucht und Ausreise. Berlin 1996 (2. Auflage; MfS – Handbuch, Teil III/17 aus der von der Abteilung Bildung und Forschung des BStU herausgegebenen Reihe: Anatomie der Staatssicherheit: Geschichte, Struktur und Methoden).
Eisenfeld, Bernd: Freikauf politischer Häftlinge. In: Buchstab, Günter (Hg.): Repression und Haft in der SED-Diktatur und die »gekaufte Freiheit«. Dokumentation des 14. Buchenwald-Gesprächs vom 22. bis 23.11.2004 in Berlin zum Thema »Häftlingsfreikauf«. Sankt Augustin 2005, S. 11–35.
Fiss, Harald; Jeschonnek, Günter und Schroeder, Klaus: Vom Antrag im Osten bis zum Neuanfang im Westen – Ausreisebegehren und Ausreisefolgen. (Podiumsdiskussion der genannten Teilnehmer am 8.6.2011 in Berlin unter der Moderation von Angela Elis). In: Apelt, Andreas H. (Hg.): Flucht, Ausreise, Freikauf. (Aus-) Wege aus der DDR. Halle 2011, S. 69–84.
Flocken von, Jan und Klonovsky, Michael: Stalins Lager in Deutschland 1945–1990. Dokumentation. Zeitzeugenberichte. Berlin und Frankfurt am Main 1991.
Franke, Uta: Sand im Getriebe. Die Geschichte der Leipziger Oppositionsgruppe um Heinrich Saar 1977 bis 1983. Leipzig 2007.
Friedel, Mathias (Hg.): Von der Teilung zur Wiedervereinigung. Dokumente zur Deutschen Frage in der Zeit des Kalten Krieges (1945–1989/90). Wiesbaden 2006 (veröffentlicht von der Hessischen Landeszentrale für politische Bildung).

Friedrich-Ebert-Stiftung, Büro Leipzig (Hg.): Freiheit und Unfreiheit als deutsche Erfahrung. 20. Bautzen-Forum der Friedrich-Ebert-Stiftung (Büro Leipzig), 7. und 8.5.2009. Dokumentation. Leipzig 2009. (Vgl. hier im Besonderen die Ausführungen von Jan Hoesch, ehemals BMB, auf der Podiumsdiskussion »Bundesrepublik und DDR – Erfahrungen mit Spaltung und Repression«.)
Frölich, Jürgen (Hg.): Schollwer, Wolfgang: »Gesamtdeutschland ist uns Verpflichtung.« Aufzeichnungen aus dem FDP-Ostbüro. Bremen 2004.
Fuchs, Jürgen: Gedächtnisprotokolle. Reinbek bei Hamburg 1977.
Furian, Gilbert und Becker, Nikolaus: »Auch im Osten trägt man Westen.« Punks in der DDR – und was aus ihnen geworden ist. Berlin 2000.
Furian, Gilbert: Mehl aus Mielkes Mühlen. Politische Häftlinge und ihre Verfolger. Erlebnisse, Briefe, Dokumente. Berlin 2008 (2. Auflage; 1. Auflage erschien 1991).
Gabert, Josef (Hg.): Zur Entlassung werden vorgeschlagen. Wirken und Arbeitsergebnisse der Kommission des Zentralkomitees zur Überprüfung von Angelegenheiten von Parteimitgliedern 1956. Dokumente. Berlin 1991.
Garve, Roland: Unter Mördern. Ein Arzt erlebt den Schwerverbrecherknast. München 2000.
Gebert, Anke (Hg.): Im Schatten der Mauer. Erinnerungen, Geschichten und Bilder vom Mauerbau bis zum Mauerfall. Frankfurt am Main 2004 (Taschenbuchausgabe; 1. Auflage als Buch erschien 1999).
Geißel, Ludwig: Unterhändler der Menschlichkeit. Erinnerungen. Stuttgart 1991.
Genscher, Hans-Dietrich: Erinnerungen. München 1997 (vollständige Taschenbuchausgabe; Buch erschien 1995).
Gerig, Uwe: Stiller Sieg nach neunzig Tagen. Protokoll einer Selbstbefreiung im geteilten Deutschland. Aachen 2013.
Grafe, Roman: Die Grenze durch Deutschland. Eine Chronik von 1945 bis 1990. München 2008.
Grafe, Roman (Hg.): Die Schuld der Mitläufer. Anpassen oder Widerstehen in der DDR. München 2009.
Heinrich-Böll-Stiftung e. V. (Hg.; Redaktion: Neubert, Ehrhart): Abschlussbericht des Stolpe-Untersuchungsausschusses des Landtages Brandenburg. Köln 1994.
Hertle, Hans-Hermann und Jarausch, Konrad (Hg.): Risse im Bruderbund. Die Gespräche Honecker-Breschnew 1974 bis 1982. Berlin 2006.
Hertle, Hans-Hermann und Nooke, Maria (Hg. für das Zentrum für Zeithistorische Forschung Potsdam bzw. die Stiftung Berliner Mauer): Die Todesopfer an der Berliner Mauer 1961–1989. Ein biografisches Handbuch. Berlin 2009.
Hertle, Hans-Hermann: Chronik des Mauerfalls. Die dramatischen Ereignisse um den 9. November 1989. Berlin 2006 (10. Auflage; 1. Auflage erschien 1996).
Hoffmann, Constantin: Ich musste raus. 13 Wege aus der DDR. Halle 2009.
Horchem, Hans Josef: Auch Spione werden pensioniert. Herford; Berlin und Bonn 1993.
Jeschonnek, Friedrich; Riedel, Dieter und Durie, William: Alliierte in Berlin 1945–1994. Ein Handbuch zur Geschichte der militärischen Präsenz der Westmächte. Berlin 2007 (2. überarbeitete und um einen Index erweiterte Auflage; 1. Auflage erschien 2002).

Judt, Matthias: DDR-Geschichte in Dokumenten. Beschlüsse, Berichte, interne Materialien und Alltagszeugnisse. Berlin 1998 (2. durchgesehene Auflage; 1. Auflage erschien 1985).

Juritza, Cliewe und Stolle, Hardburg: Als die Berliner Mauer noch kein Denkmal war. Norderstedt 2008.

Juritza, Cliewe: Odyssee am Eisernen Vorhang. In: Knabe, Hubertus (Hg.): Die vergessenen Opfer der Mauer. Inhaftierte DDR-Flüchtlinge berichten. Berlin 2009.

Kaiser, Regine und Karlstedt, Uwe: Zwölf heißt: Ich liebe Dich. Der Stasi-Offizier und die Dissidentin. München 2004.

Kamphausen, Helmut: Hvd im »ZDF-Magazin«. In: Löwenthal, Gerhard; Kamphausen, Helmut und Clausen, Claus Peter: Hilferufe von drüben. Eine Dokumentation wider das Vergessen. Holzgerlingen 2002, S. 41–109.

Keil, Gerhard: Verraten und Verkauft – Gegen das Vergessen. Berlin 2012.

Kessler, Dietrich: Stasi-Knast. Berlin 2001.

Klier, Freya: Ohne mich. Stachel im faulen Staatsfleisch. In: Grafe, Roman (Hg.): Die Schuld der Mitläufer. Anpassen oder Widerstehen in der DDR. München 2009.

Klump, Brigitte: Das rote Kloster – Eine deutsche Erziehung. Hamburg 1978.

Klump, Brigitte: Freiheit hat keinen Preis. Ein deutsch-deutscher Report. München 1981.

Knabe, Hubertus (Hg.): Gefangen in Hohenschönhausen. Stasi-Häftlinge berichten. Berlin 2007 (2. Auflage; 1. Auflage erschien auch 2007).

Koch, Dietrich: Das Verhör. Zerstörung und Widerstand. Band 1, Band 2 und Dokumentation. Dresden 2000.

Kohl, Helmut: Vom Mauerfall zur Wiedervereinigung. Meine Erinnerungen. München 2009.

Krawczyk, Stefan: Bei den Grundsätzen. Von Mitgehern, Mitläufern und Mittätern. In: Grafe, Roman (Hg.): Die Schuld der Mitläufer. Anpassen oder Widerstehen in der DDR. München 2009.

Krenz, Egon: Herbst '89. Berlin 1999 (3. Aufl.; 1. Aufl. erschien ebf. 1999).

Kühn, Detlef: Häftlingsfreikauf. In: DA 3/2011 (44. Jahrgang), S. 381 f.

Kühn, Norbert: »Jeder verkaufte Häftling kostete fünfzigtausend Mark«. In: Gebert, Anke (Hg.): Im Schatten der Mauer. Erinnerungen, Geschichten und Bilder vom Mauerbau bis zum Mauerfall. Frankfurt am Main 2004 (Taschenbuchausgabe; 1. Auflage erschien als Buch 1999), S. 131–149.

Kukutz, Irena: Jede Weggegangene hinterließ eine Lücke. In: BStU (Hg.): Ausreisen oder dableiben? Regulierungsstrategien der Staatssicherheit. Berlin 1998 (2. Auflage), S. 29–31 (in der von der Abteilung Bildung und Forschung des BStU herausgegebenen Reihe B: Analysen und Berichte, Nr. 1/97; abgedruckte öffentliche Veranstaltung vom 26. Oktober 1995 aus der Veranstaltungsreihe des BStU).

Leonard, Wolfgang: Meine Geschichte der DDR. Reinbek bei Hamburg 2008 (Taschenbuchausgabe; Buch erschienen 2007).

Lienecke, Lothar und Bludau, Franz: Todesautomatik. Die Staatssicherheit und der Tod des Michael Gartenschläger. Frankfurt am Main 2008 (Taschenbuch; 2. Auflage; 1. Auflage als Taschenbuch erschienen 2003).

Lochen, Hans-Hermann und Meyer-Seitz, Christian (Hg.): Die geheimen Anweisungen zur Diskriminierung Ausreisewilliger. Dokumente der Stasi und des Ministeriums des Innern. Köln 1992.
Loest, Erich: Prozesskosten. Bericht. Göttingen 2007.
Loewe, Lothar: Abends kommt der Klassenfeind. Eindrücke zwischen Elbe und Oder. Frankfurt am Main; Berlin und Wien 1977.
Löwenthal, Gerhard; Kamphausen, Helmut und Clausen, Claus Peter: Hilferufe von drüben. Eine Dokumentation wider das Vergessen. Holzgerlingen 2002 (3. Auflage).
Löwenthal, Gerhard: Rainer Bäurichs Manifest. In: Ebenda, S. 110–137.
Maltzahn, Dietrich von: Mein erstes Leben oder Sehnsucht nach Freiheit. München 2009.
Mende, Erich: Von Wende zu Wende. 1962–1982. München und Berlin 1986.
Mork, Lothar und Wimberg, Ludger: Ohne mich ...! Blick zurück im Zorn. Gedemütigt und Verraten – Gefangen und Befreit. Lübbenau 2009.
Nakath, Detlef und Stephan, Gerd-Rüdiger: Von Hubertusstock nach Bonn. Eine dokumentierte Geschichte der deutsch-deutschen Beziehungen auf höchster Ebene 1980–1987. Berlin 1995.
Nayhauß, Dirk von und Riepl, Maggie: Der dunkle Ort. 25 Schicksale aus dem DDR-Frauengefängnis Hoheneck. Berlin 2012.
Neubert, Ehrhart: Unsere Revolution. Die Geschichte der Jahre 1989/90. München 2008.
Neumann, Eva-Maria: Sie nahmen mir nicht nur die Freiheit. München und Zürich 2007.
Nitz, Jürgen: Unterhändler zwischen Berlin und Bonn. Zur Geschichte der deutsch-deutschen Geheimdiplomatie in den 80er Jahren. Berlin 1998.
Nooke, Maria und Dollmann, Lydia (Hg.): Fluchtziel Freiheit. Berichte von DDR-Flüchtlingen über die Situation nach dem Mauerbau. Berlin 2011.
Nooke, Maria und Hertle, Hans-Hermann: DDR-Fluchten – Ursachen, Wirkungen, Folgen. (Podiumsdiskussion der genannten Teilnehmer am 8.6.2011 in Berlin unter der Moderation von Alesch Mühlbauer). In: Apelt, Andreas H. (Hg.): Flucht, Ausreise, Freikauf. (Aus-)Wege aus der DDR. Halle 2011, S. 31–45.
Österreich, Tina: Ich war RF. Ein Bericht. Stuttgart-Degerloch 1978 (4. Auflage; 1. Auflage erschien 1977).
Otto, Heike: Beim Leben meiner Enkel. Wie eine DDR-Flucht zum Familiendrama wurde. Hamburg 2011.
Paul, Sigrid: Mauer durchs Herz. In: Knabe, Hubertus (Hg.): Gefangen in Hohenschönhausen. Stasi-Häftlinge berichten. Berlin 2007 (2. Auflage), S. 236–247.
Pieper, Bernd: Roter Terror in Cottbus. Siebzehn Monate in Gefängnissen der DDR. Berlin 1997.
Pleitgen, Fritz (Hg.): Die Ausbürgerung. Anfang vom Ende der DDR. München 2001.
Polaszcyk, Manuela: DDR – Ein schwerer Weg. Herne 2007.
Posser, Diether: Anwalt im Kalten Krieg. Deutsche Geschichte in politischen Prozessen 1951–1968. Bonn 2000.
Potthoff, Heinrich: Die »Koalition der Vernunft«. Deutschlandpolitik in den 80er Jahren. München 1995.

Potthoff, Heinrich: Bonn und Ost-Berlin 1969–1982. Dialog auf höchster Ebene und vertrauliche Kanäle. Darstellung und Dokumente. Bonn 1997.
Przybylski, Peter: Tatort Politbüro. Band 1: Die Akte Honecker. Berlin 1992.
Przybylski, Peter: Tatort Politbüro. Band 2: Honecker, Mittag und Schalck-Golodkowki. Berlin 1992.
Rehlinger, Ludwig A.: Freikauf. Die Geschäfte der DDR mit politisch Verfolgten 1963–1989. Halle 2011 (Neuauflage; 1. Auflage erschien 1991).
Rehlinger, Ludwig A:. Zu Thomas von Lindheim, Juristische Probleme beim Freikauf von politischen Häftlingen. In: DA 1/2011 (44. Jahrgang), S. 88.
Rehlinger, Ludwig A.: Freikauf – das Geschäft der DDR mit politisch Verfolgten. (»Spitzengespräch« mit Jürgen Engert am 8.6.2011 in Berlin). In: Apelt, Andreas H. (Hg.): Flucht, Ausreise, Freikauf. (Aus-)Wege aus der DDR. Halle 2011, S. 85–100.
Rehlinger, Ludwig A.; Franke, Uta; Hammer, Elke-Ursel und Pötzl, Norbert F.: Der Freikauf – eine historische Bewertung. (Podiumsdiskussion der genannten Teilnehmer unter der Moderation von Jürgen Engert am 8.6.2011 in Berlin). In: Apelt, Andreas H. (Hg.): Flucht, Ausreise, Freikauf. (Aus-)Wege aus der DDR. Halle 2011, S. 101–115.
Reinhold, Jürgen: Erinnerungen. Essen 2000.
Rohrbach, Carmen: Solange ich atme. Meine dramatische Flucht über die Ostsee ans Ende der Welt – ein Lebensbericht. München 2003.
Röllig, Mario: Der gekaufte Bauer. In: Knabe, Hubertus (Hg.): Die vergessenen Opfer der Mauer. Inhaftierte DDR-Flüchtlinge berichten. Berlin 2009, S. 333–346.
Rothenbächer, Wulf und Vemmer, Wilfried (Redaktion) für die Internationale Gesellschaft für Menschenrechte – Deutsche Sektion (Hg.): Politische Haft in der DDR. Befragung ehemaliger politischer Gefangener aus der DDR über ihre Inhaftierung in der DDR, Stand 1986. Frankfurt am Main 1986.
Rüddenklau, Wolfgang: Störenfried: DDR-Opposition 1986–1989. Mit Texten aus den »Umweltblättern«. Berlin 1992.
Schacht, Ulrich (Hg.): Hohenecker Protokolle. Aussagen zur Geschichte der politischen Verfolgung von Frauen in der DDR. Frankfurt am Main und Berlin 1989 (Taschenbuchausgabe; als Buch 1984 erschienen).
Schalck-Golodkowski, Alexander: Deutsch-deutsche Erinnerungen. Reinbek bei Hamburg 2000.
Schlicke, Birgit: Gefangen im Stasiknast. Tagebuch einer politischen Gefangenen im Frauenzuchthaus Hoheneck. Lage 2009. (Das Buch wurde 2011 unter dem Titel »Knast-Tagebuch« neu aufgelegt).
Schmidt, Andreas: Leerjahre. Leben und Überleben im DDR-Gulag. Böblingen 1986.
Schmidt, Helmut (Hg.): Willy Brandt. Bundestagsreden. Bonn 1972.
Schmidt, Helmut: Außer Dienst. Eine Bilanz. München 2008.
Schmidt, Helmut: Die Deutschen und ihre Nachbarn. Berlin 1990.
Schmidt, Helmut: Weggefährten. Erinnerungen und Reflexionen. Berlin 1998 (3. Auflage; 1. Auflage erschien 1996).
Schmidt, Helmuth und Weischer, Heinz: Zorn und Trauer. Als politischer Gefangener in Zuchthäusern der DDR. Essen 2006.

Schneider, Herbert: Politische Verfolgung – Häftlingsfreikauf im kalten Krieg – Menschenwürde und die Demokratie. Friedberg 2012.

Schönemann, Sybille: Drei Affen, schuldlos. Eine offene Rechnung. In: Grafe, Roman (Hg.): Die Schuld der Mitläufer. Anpassen oder Widerstehen in der DDR. München 2009, S. 141–144.

Schröder, Dieter: Von Politik und dummen Fragen. Beobachtungen in Deutschland. Rostock 2002.

Schroeder, Klaus: Ursachen, Wirkungen und Folgen der Ausreisebewegung. In: Apelt, Andreas H. (Hg.): Flucht, Ausreise, Freikauf. (Aus-)Wege aus der DDR. Halle 2011, S. 46–68.

Seidel, Karl: Berlin-Bonner Balance. Erinnerungen und Erkenntnisse eines Beteiligten. Berlin 2002.

Siegler Verlag (Hg.): Archiv der Gegenwart. Deutschland 1949 bis 1999. Band 6. April 1970–November 1973. Sankt Augustin 2000.

SPD-Bundestagsfraktion (Hg.): »Wir konnten vielen helfen.« Dokumentation. Humanitäre Hilfe zwischen 1983 und 1989 in der DDR und der UdSSR. Berichte aus der SPD-Bundestagsfraktion. Bonn 1993.

Storck, Matthias: Karierte Wolken. Lebensbeschreibungen eines Freigekauften. Moers 1994.

Süß, Walter: Die Staatssicherheit im letzten Jahrzehnt der DDR. Geschichte der Staatssicherheit, Teil III. Berlin 2009, S. 29–32 (MfS – Handbuch, aus der von der Abteilung Bildung und Forschung des BStU herausgegebenen Reihe: Anatomie der Staatssicherheit: Geschichte, Struktur und Methoden).

Tantzscher, Monika: Die verlängerte Mauer. Die Zusammenarbeit der Sicherheitsdienste der Warschauer-Pakt-Staaten bei der Verhinderung von »Republikflucht«. Berlin 2001 (2. durchgesehene Auflage; aus der Reihe B: Analysen und Berichte Nr. 1/1998; herausgegeben von der Abteilung Bildung und Forschung des BStU).

Thiel, Heinz Dietrich: Aufgaben und Handlungsspielräume der Hauptvertretung des Deutschen Caritasverbandes in Berlin. In: Christoph Kösters (Hg.): Caritas in der SBZ/DDR 1945–1989. Erinnerungen, Berichte, Forschungen. Paderborn (u. a.) 2001, S. 71–86.

Thiemann, Ellen: Der Feind an meiner Seite. Die Spitzelkarriere eines Fußballers. München 2005.

Thiemann, Ellen: Stell dich mit den Schergen gut. Erinnerungen an die DDR. München und Berlin 1984.

Thiemann, Ellen: Wo sind die Toten von Hoheneck? Neue Enthüllungen über das berüchtigte Frauenzuchthaus der DDR. München 2013.

Uhl, Matthias und Wagner, Arnim (Hg.): Ulbricht, Chruschtschow und die Mauer. Eine Dokumentation. München 2003.

Veith, Ines: Die Frau vom Checkpoint Charlie. Der verzweifelte Kampf einer Mutter um ihre Töchter. München 2006.

Vinke, Hermann: Die DDR. Eine Dokumentation mit zahlreichen Biografien und Abbildungen. Ravensburg 2008.

Vogel, Hans-Jochen: Nachsichten. Meine Bonner und Berliner Jahre. München 1997 (ungekürzte Taschenbuchausgabe; 1. Auflage des Buches erschien 1996).

Vogel, Wolfgang: Erinnerungen an meine anwaltlichen Kontakte zum Deutschen Caritasverband. In: Kösters, Christoph (Hg.): Caritas in der SBZ/DDR 1945–1989. Erinnerungen, Berichte, Forschungen. Paderborn (u. a.) 2001.

Völkel, Claudia: Die besonderen Bemühungen der Bundesregierung um Haftentlassung und Übersiedlung aus der DDR. Aus der Überlieferung des Bundesministeriums für innerdeutsche Beziehungen (B 137) – Teil 1. In: Mitteilungen aus dem Bundesarchiv. Heft 1/2008. 16. Jahrgang. Koblenz 2008.

Völkel, Claudia: Die besonderen Bemühungen der Bundesregierung um Haftentlassung und Übersiedlung aus der DDR. Aus der Überlieferung des Bundesministeriums für innerdeutsche Beziehungen (B 137) – Teil 2. In: Mitteilungen aus dem Bundesarchiv. Heft 2/2008. 16. Jahrgang. Koblenz 2008.

Wedel, Reymar von: Als Kirchenanwalt durch die Mauer. Erinnerungen eines Zeitzeugen. Berlin 1994.

Wedel, Reymar von: Als Anwalt zwischen Ost und West. Prozesse – Gefangene – Aktionen. Berlin 2005.

Wedel, Reymar von: Kurt Scharf. Kämpfer und Versöhner. Kleinmachnow 2010.

Wedel, Reymar von (Hg.): Wolfgang Vogel. Eine Festgabe. Berlin 2005.

Wedel, Reymar von: Stellungnahme. In: DA 6/2008 (41. Jahrgang), S. 1035 f.

Wedel, Reymar von: Anmerkung: In: DA 3/2009 (42. Jahrgang), S. 475.

Wedel, Reymar von: Die Entstehung der »Haftaktion«. Am 25.7.2012 erschienen auf: http://www.bpb.de/geschichte/zeitgeschichte/deutschlandarchiv/139629/die-entstehung-der-haftaktion (Betreiber der Homepage: Bundeszentrale für politische Bildung).

Wedel, Reymar von: Kurt Scharf – Initiator des Häftlings-Freikaufs. In: Jahrbuch für Berlin-Brandenburgische Kirchengeschichte 69/2013, S. 205–213.

Wehner, Greta: Erfahrungen. Aus meinem Leben mitten in der Politik. Dresden 2004 (Hg. für die Herbert- und Greta-Wehner-Stiftung: Christoph Meyer).

Weidenfeld, Werner und Korte, Karl-Rudolf (Hg.): Handbuch zur deutschen Einheit. 1949 – 1989 – 1999. Frankfurt am Main und New York 1999 (aktualisierte Neuausgabe).

Weizsäcker, Richard von: Der Weg zur Einheit. München 2009.

Welsch, Wolfgang: Ich war Staatsfeind Nr. 1. Als Fluchthelfer auf der Todesliste der Stasi. München 2004 (3. Auflage als Taschenbuch; 1. Auflage erschien 2003; 1. Auflage als Buch erschien 2001).

Wickert, Erwin: Die glücklichen Augen. Geschichten aus meinem Leben. Stuttgart und München 2001.

Winkler, Karl: Made in GDR. Jugendszenen aus Ost-Berlin. Berlin 1983.

Winter, Friedrich: Der Fall Defort. Drei Brandenburger Pfarrer im Konflikt. Eine Dokumentation. Berlin 1996.

Wolf, Markus: Spionagechef im geheimen Krieg. Erinnerungen. Berlin 2005 (Taschenbuch; 6. Auflage; 1. Auflage als Buch erschien 1997).

Zentner, Christian: Die DDR. Eine Chronik Deutscher Geschichte. St. Gallen 2003.

## In Zeitungen/Zeitschriften oder auf deren Homepages veröffenlichte Artikel und Interviews

DER SPIEGEL

(In chronologischer Reihenfolge sortiert.)

Brandt, Willy: »Abstimmung mit den Füßen«. Gespräch der Redakteure Conrad Ahlers und Georg Wolff mit Willy Brandt, Regierender Bürgermeister von Berlin. Nr. 6/1959 vom 4.2.1959.

o. A.: Bonn: Häftlings-Auslösung: Gegen Südfrüchte. In: Nr. 42/1964 vom 14.10.1964.

o. A.: Justiz: Angelika Kurtz: Zwei Mütter. In: Nr. 37/1965 vom 8.9.1965.

o. A.: DDR/Amnestie: Schlechte Optik. In: Nr. 3/1973 vom 15.1.1973.

o. A.: SPD: Canale Grande. In: Nr. 26/1974 vom 24.6.1974.

o. A.: DDR: Faule Sache. In: Nr. 44/1975 vom 27.10.1975.

o. A.: DDR: »Die Kinder fest verwurzeln«. In: Nr. 52/1975 vom 22.12.1975.

o. A.: Häftlingsfreikauf: Dann wohl cash. In: Nr. 45/1979 vom 5.11.1979.

o. A.: Deutschlandpolitik: Schwarze Wolken. In: Nr. 12/1980 vom 17.3.1980.

o. A.: Deutschlandpolitik: Was nicht geht. In: Nr. 10/1982 vom 8.3.1982.

o. A.: Deutschlandpolitik: Leise Sohlen. In: Nr. 45/1982 vom 8.11.1982.

o. A.: Außerhalb offizieller Regularien. In: Nr. 7/1983 vom 14.2.1983.

o. A.: SPD: Punkt und Komma. In: Nr. 8/1983 vom 21.2.1983.

o. A.: Freikauf: Heikle Linie. In: Nr. 43/1983 vom 24.10.1983.

o. A.: Affäre Franke: Via Caritas. In: Nr. 12/1984 vom 19.3.1984.

o. A.: Franke-Prozess: Fester Glaube. In: Nr. 48/1985 vom 25.11.1985.

o. A.: Unterhändler: Weniger als nichts. In: Nr. 40/1989 vom 2.10.1989.

Vogel, Wolfgang: »Ich hätte mit dem Teufel paktiert«. SPIEGEL-Interview mit dem Ost-Berliner Anwalt Wolfgang Vogel über die deutsch-deutschen Freikäufe. In: DER SPIEGEL, Nr. 15/1990 vom 9.4.1990. (Das Interview wurde von den Redakteuren Ulrich Schwarz und Georg Bönisch geführt.)

o. A.: »Ein zweites Mal betrogen«. In: Nr. 23/1991 vom 3.6.1991.

o. A.: Unterlagen, die den Weltfrieden gefährden: Ost-West-Unterhändler Wolfgang Vogel unter Stasi-Verdacht. In: Nr. 13/1992 vom 23.3.1992.

o. A.: Der heimliche Botschafter. In: Nr. 13/1992 vom 23.3.1992.

o. A.: Grüne Stadt mit brauner Jugend: Wie im brandenburgischen Cottbus Neonazis zur drittstärksten Mitgliederpartei wurden. In: Nr. 48/1992 vom 23.11.1992.

Vogel, Wolfgang: »Ich war kein Top-Agent der Stasi«. Der frühere DDR-Anwalt Vogel über seine Rolle und über Herbert Wehner. In: DER SPIEGEL, Nr. 6/1994 vom 7.2.1994. (Das Interview wurde von den Redakteuren Georg Mascolo, Norbert F. Pötzl und Ulrich Schwarz geführt.)

Friedrichsen, Gisela: Strafjustiz: Ein hochrangiges Werkzeug. Gisela Friedrichsen im Prozess gegen den ehemaligen DDR-Rechtsanwalt Wolfgang Vogel. In: Nr. 46/1994 vom 14.11.1994.

o. A.: Gestorben: Gerhard Löwenthal. In: Nr. 51/2002 vom 16.12.2002.

Bohr, Felix: Zeitgeschichte: Agenten statt Dissidenten. In: Nr. 37/2012 vom 10.9.2012.

einestages: Zeitgeschichten auf SPIEGEL ONLINE
Iken, Katja: Häftlingsdeals mit der DDR. Menschen gegen Maisladungen. Veröffentlicht am 24.10.2011. Auf: http://einestages.spiegel.de
Iken, Katja: Aktion Weißer Strich an der Berliner Mauer. Protest auf Augenhöhe. Veröffentlicht am 29.7.2011. Auf: http://einestages.spiegel.de

DIE ZEIT
Kleine-Brockhoff, Thomas und Schröm, Oliver: Das Kirchengeschäft B. In: Nr. 36/1992 vom 28.8.1992.

Frankfurter Allgemeine Zeitung
Wölbern, Jan Philipp: Für unsere Republik. Veröffentlicht am 4.8.2011.
Beeger, Britta: Die Haft dauert an. Angelika Cholewa und Burkhardt Aulich, politische Gefangene der DDR, leiden noch heute unter ihrer Inhaftierung. Veröffentlicht am 9.11.2013.

»Tagesspiegel Online«
Monien, Thomas: Stasi-Gedenkstätte: Aufklärer mit Kommandoton. Veröffentlicht am 28.7.2001. Auf: http://www.tagesspiegel.de

»Welt Online«
Kellerhoff, Sven Felix: Wolfgang Vogel: Der Jurist, der mit Ostdeutschen handelte. Veröffentlicht am 22.8.2008. Auf: http://www.welt.de

Weitere vom MfS, dem BMB, dem AdsD oder der Pressedokumentation des Deutschen Bundestages gesammelte Artikel, Interviews oder Pressemeldungen
In: AdsD, Sammlung Personalia Franz Josef Strauß, Karton 9782:
Frankfurter Rundschau vom 1.10.1980 (»Straußens Stärke«).
In: AdsD, Helmut-Schmidt-Archiv (HSA) im AdsD (Depositum Helmut Schmidt), Mappe 9071:
Meldung von ap/ru/uz vom 28.6.1977 (»franke wehrt sich gegen vorwuerfe – abendmeldung«); Die Welt vom 28.6.1977 (»Rechnungshof stellt chaotische Zustände in Frankes Haus fest«).
In: BA Koblenz, B 137/15772:
Kölner Express vom 8.3.1973 (»Die DDR ließ nicht nur politische Häftlinge laufen: In den Westen und gemordet!«).
In: BA Koblenz, B 137/15780:
Bild Zeitung vom 25.9.1971 (»Willy Brandt auf der Straße geohrfeigt«); Interview von Bischof Scharf mit dem Evangelischen Pressedienst (epd) am 1.10.1975; Kieler Nachrichten vom 18.1.1979 (»Der Menschenhandel ist ein

Hohn auf alle internationalen Abkommen«); Der Tagesspiegel vom 6.10.1978 (»Menschenhandel mit DDR im schwedischen Fernsehen«).
In: BA Koblenz, B 137/15781:
Höllen, Martin: Der innerdeutsche »Freikauf«. Ein schwieriges Geschäft zwischen Ideologie und Humanität. In: Der Monat 32 (1980), S. 62–69; Welt am Sonntag vom 19.7.1981 (»Freigekaufte DDR-Häftlinge als Agenten enttarnt«).
In: BStU, Archiv der Zentralstelle, MfS – ZAIG 9330, Band 3, S. 49:
Der Tagesspiegel vom 11.12.1979 (»Mutmaßlicher Kaufhauserpresser als Zeuge im Bankraub-Prozess. Fünf freigekaufte DDR-Häftlinge vor Gericht – 12.000 Mark erbeutet«).
In: BStU, Archiv der Zentralstelle, MfS – ZAIG 9396, Band 2, S. 11:
Die Welt in einem Artikel vom 5.7.1983 (»Politische Gefangene verbittert. 10 bis 20 Prozent der aus der ›DDR‹ freigekauften Häftlinge sind Kriminelle«).
In: BStU, Archiv der Zentralstelle, ZAIG 9336, Band 3, S. 100:
Berliner Morgenpost vom 6.9.1979 (»Ost-Berliner Familie: ›Die Kinder sollten keine Kadetten werden.‹ Fluchtversuch, Haft, Freikauf, Zusammenführung – der lange Weg in die Freiheit«).
In: BStU, Archiv der Zentralstelle, ZAIG 9397, Band 3, S. 16:
Zeitschrift Quick vom 16.3.1978 (»Menschenverkauf. Ärzte sind teurer als Arbeiter«).
In: BStU, Archiv der Zentralstelle, MfS ZAIG 9397, Band 3, S. 4:
Frankfurter Rundschau vom 26.4.1978 (»Schwere Vorwürfe gegen DDR«).
In: Pressedokumentation des Deutschen Bundestages:
»Hella Pick reports on an East German decision that shuts the back door: The prisoners who don't want an amnesty«. Guardian vom 27.9.1979.

## Homepages mit relevanten Dokumenten oder Interviews

http://www.auswaertiges-amt.de
(Betreiber: Auswärtiges Amt)
http://www.bundesstiftung-aufarbeitung.de/veranstaltungsnachlese-2012-3180.html?id=1921
(Betreiber: Bundesstiftung zur Aufarbeitung der SED-Diktatur)
http://www.bundesverfassungsgericht.de/en/decisions/rk20000921_1bvr051497.html
(Betreiber: Bundesverfassungsgericht)
http://www.chronik-der-mauer.de
(Betreiber: Bundeszentrale für politische Bildung, Deutschlandradio und das Zentrum für Zeithistorische Forschung Potsdam aus Anlass des 40. Jahrestages des Mauerbaus)
http://www.ddr-aufarbeitung.de
(Betreiber: Hinrich Kley-Olsen)
http://www.diakonie.de/haeftlingsfreikauf-wurde-uns-aufgezwungen-11670.html
(Betreiber: Diakonie Deutschland – Evangelischer Bundesverband)
http://www.erzbistum-koeln.de/erzbistum/institutionen/historischesarchiv/archivschaetze4/redemptio.html
(Betreiber: Erzbistum Köln)

http://www.flucht-und-ausreise.de
(Betreiber: Wolfgang Mayer)
http://www.frauenkreis-hoheneckerinnern.de
(Betreiber: Ehemalige politische Häftlinge aus Hoheneck)
http://www.gedaechtnis-der-nation.de
(Betreiber: Gemeinschaftsprojekt des ZDF mit diversen weiteren Förderern)
http://www.gedenkort-kassberg.de
(Betreiber: Lern- und Gedenkort Kaßberg-Gefängnis e.V.)
http://www.hdg.de
(Betreiber: Stiftung Haus der Geschichte der Bundesrepublik Deutschland)
http://library.fes.de/pdf-files/netzquelle/01280.pdf
Dokumentation des 3. Bautzen-Forums der Friedrich-Ebert-Stiftung vom 16. bis 17.6.1992 über Probleme bei der strafrechtlichen Verfolgung von DDR-Unrecht mit einem Beitrag von Hans-Jürgen Grasemann zur ZESt.
(Betreiber: Friedrich-Ebert-Stiftung)
http://www.mdr.de/geschichte-mitteldeutschlands/filme/vogel/norbert-poetzl-interview100.html und http://www.mdr.de/geschichte-mitteldeutschlands/filme/vogel/chatprotokoll652.html
(Betreiber: MDR)
http://mediathek.rbb-online.de
(Betreiber: RBB)
http://www.notaufnahmelager-berlin.de
(Betreiber: Erinnerungsstätte Notaufnahmelager Marienfelde)
http://www.orte-der-repression.de
(Betreiber: Stiftung Haus der Geschichte der Bundesrepublik Deutschland)
http://www.stiftung-hsh.de
(Betreiber: Gedenkstätte Berlin-Hohenschönhausen)
http://www.stsg.de/cms/bautzen/startseite
(Betreiber: Stiftung Sächsische Gedenkstätten)
http://www.unric.org/de/
(Betreiber: Regionales Informationszentrum der UNO für Westeuropa)

Film-, Fernseh- und Radiodokumentationen/-beiträge:

Adler, Peter: Die Frau vom Checkpoint Charlie. Dokumentation. Deutschland 2007.
Ast, Jürgen: Die gekaufte Freiheit. Häftlingsfreikauf im geteilten Deutschland. Teil 1 und Teil 2. Deutschland 2004. (TV-Dokumentation in zwei Teilen; für den RBB).
Ast, Jürgen und Hübner, Martin: Tausche Ostagent gegen Westagent. Deutschland 2004. (TV-Dokumentation in zwei Teilen; für den MDR).
Bauder, Marc und Franke, Dörte: Jeder schweigt von etwas anderem. Deutschland 2006. (Kinodokumentarfilm).
Georgescu, Razvan: Menschen gegen Devisen – Ein Geschäft im Kalten Krieg. Deutschland 2014. (Dokumentarfilm für den MDR und RBB).
Gerber, Beate: DDR geheim: Vom Chemnitzer Kaßberg in den Westen. Deutschland 2012. (Dokumentarfilm für den MDR).

Grimm, Peter: Die Häftlingsbotin. Deutschland 2005. (TV-Dokumentation für den MDR; Geschichte der DDR-Bürgerin Melanie Weber).
Hahne, Peter (Moderation): Menschenhandel im Kalten Krieg: Vor 50 Jahren erster Freikauf von DDR-Gefangenen. (ZDF-Sendung »Peter Hahne« vom 29.9.2013).
Haberbusch, Kuno: Kritischer Bericht der ARD-Sendung »Panorama« über den Weiterverkauf der Waren im Rahmen des Häftlingsfreikaufs vom 24.8.1992.
Humboldt-Gymnasium Eichwalde: Die doppelte Mauer. Deutschland 2008/09.
Koshofer, Nina: Wolfgang Vogel – Der DDR-Anwalt mit dem goldenen Mercedes. Deutschland 2014. (Dokumentarfilm für den MDR).
Lorenzen, Jan: Der Turm – Die Dokumentation. Deutschland 2012.
Reitel, Axel: Freigekauft – Die geheimen Geschäfte mit politischen Gefangenen in der DDR. Deutschland 2010. (Radio-Feature für MDR und RBB).
Sammler und Jäger Filmproduktion GmbH: Das Archiv des Unrechts – Die Zentrale Erfassungsstelle in Salzgitter. Deutschland 2013.
Vogel, Wolfgang: Interview mit dem ARD-Magazin »Kontraste« am 17.10.1983.
Weinert, Christoph und Ast, Jürgen: Geheimsache Mauer. Geschichte einer deutschen Grenze. Deutschland 2011. (TV-Dokumentation; produziert von der LOOKS Film & TV GmbH mit dem RBB, dem MDR, Astfilm, La Station Animation und ARTE).
Weinert, Stefan: »Gesicht zur Wand«. Fünf Geschichten vom Traum der Freiheit. Deutschland 2009. (Kinodokumentarfilm).
Wolfgang Vogel mit Ernst Elitz: Wortwechsel. Stuttgart 1997. (Vom SDR produziert).
Worst, Anne: Westware aus dem Ostknast. Deutschland 2012. (Vom MDR produziert).

## Interviews/Zeitzeugenbefragungen[2500]

### Persönliche Interviews und Gespräche

Bahr, Egon (Interview am 20.6.2007 in Berlin)
Diederich, Hugo (persönliches Gespräch am 25.8.2009 in Berlin)
Fleck, Jutta (ehemals Jutta Gallus); (Interview am 10.2.2010 in Wiesbaden)
Genscher, Hans-Dietrich (Interview am 20.3.2009 in Wachberg-Pech)
Hafen, Karl (persönliches Gespräch am 29.9.2009 in Frankfurt am Main)
Hirt, Edgar (Interview am 7.7.2010 in Bonn)
Hoesch, Jan (Interview am 6.7.2009 in Berlin)
Lehmann, Heinz (Interview am 3.3.2010 in Bonn)
Maaß, Hans-Christian (persönliches Gespräch am 19.4.2010 in Berlin)
Neumann, Helmut (persönliche Gespräche am 3.3. und 8.6.2010 in Bonn)
Rehlinger, Ludwig A. (Interview am 21.2.2009 in Eichwalde)
Richter, Hartmut (persönliches Gespräch am 23.8.2009 in Berlin)

[2500] Ich bedanke mich ausdrücklich bei allen genannten Zeitzeugen und auch jenen ehemaligen politischen Häftlingen, die mir für Gespräche oder für schriftliche Antworten zur Verfügung standen, aber nicht in die Studie aufgenommen werden konnten.

Schütz, Klaus (Interview am 22.5.2009 in Berlin)
Storck, Matthias (Interview am 1.3.2010 in Wiesloch)
Volze, Armin (persönliches Gespräch am 3.3.2010 in Bonn)
Wedel, Reymar von (Interview am 13.2.2009 in Kleinmachnow bei Berlin)
Wehner, Greta (Interview am 26.6.2010 in Dresden)
Wetzel, Günter (Interview am 14.10.2009 in Darmstadt)

Telefonische Interviews
Bahr, Egon (7.10.2009)
Bauersfeld, Alexander W. (29.1.2010)
Baumgärtel, Hans-Georg (16.2.2010)
Blobner, Heinz (9.4.2010)
Bohnsack, Günter (17.2.2010)
Bölling, Klaus (4.3.2010)
Bradler, Michael (9.2.2010)
Clausen, Claus Peter (1.2.2010)
Dörr, Heinz (9.9.2009)
Dümmel, Karsten (27.4.2010)
Ehmke, Horst (5.4.2010)
Foertsch, Volker (22.1.2010)
Franke, Uta (21.2.2011)
Garve, Roland (22.2.2010)
Grasemann, Hans-Jürgen (19.1.2009)
Gutzeit, Martin (20.3.2009)
Hilsberg, Stefan (15.12.2009)
Hüsch, Heinz Günther (5.11.2010)
Kalinna, Hermann (4.2.2010)
Klar, Anne (24.9.2010)
Klein, Wolfram (6.10.2009)
Kühn, Detlef (20.1.2010)
Kürschner, Jörg (1.2.2010)
Lange, Gerhard (21.6.2011)
Lange, Roland (19.3.2012)
Lawrenz, Norbert (31.1.2011)
Lienecke, Lothar (3.2.2010)
Loewe, Lothar (17.2.2010)
Meißner, Helmut (29.1.2010)
Näumann, Wolf-Egbert (9.9. und 4.11.2009)
Nehm, Albert (1.4.2010)
Neukamm, Karl Heinz (7.4.2010)
Nowottny, Friedrich (29.3.2010)
Paul, Sigrid (27.1.2010)
Preuß, Gernot (16.10.2010)
Priesnitz, Walter (16.2. und 27.4.2010)
Puschmann, Hellmut (18.6.2010)

Raschka, Johannes (Telefonat am 12.2.2010 über dessen Studie zu politischen Häftlingen)
Rehlinger, Ludwig A. (30.9.2009)
Reinhold, Jürgen (9.7.2010)
Reitel, Axel (30.1.2010)
Rohrbach, Carmen (19.1.2009)
Röllig, Mario (11.2.2010)
Rothenbächer, Wulf (1.2.2010)
Schmidt, Andreas (31.1.2010)
Schmude, Jürgen (1.11.2010)
Schröder, Dieter (14.1.2010)
Schüler, Manfred (27.3.2010)
Schulenburg, Barbara von der (23.2.2010)
Seidel, Harry (19.2.2010)
Staab, Franz-Jürgen (9.2.2010)
Starkulla, Dieter (19.2.2010)
Steinke, Roland (22.6.2011)
Sterneberg, Tatjana (13.2.2010)
Thiemann, Ellen (25.1.2010)
Vogel, Hans-Jochen (31.7.2009)

## Schriftliche Befragungen

Ammer, Thomas (Mail vom 23.1.2010)
Appel, Reinhard (Mail vom 27.3.2010)
Barkley, Richard (Mail vom 2.6.2011)
Beckert, Rudi (Brief vom 27.2.2012)
Bilke, Jörg B. (Mail vom 29.8.2009)
Bohley, Bärbel (Mail vom 7.2.2010)
Bölling, Klaus ( Brief vom 27.2.2010)
Bräutigam, Hans Otto (Brief vom 6.12.2009)
Dick, Antonin (Mail vom 28.1.2010)
Eppelmann, Rainer (Mail vom 24.3.2009)
Falin, Valentin (Mail vom 6.3.2010)
Faust, Siegmar (Mail vom 13.2.2010)
Foertsch, Volker (Mail vom 21.1.2010)
Furian, Gilbert (Brief vom 26.1.2010)
Häber, Herbert (Brief vom 13.2.2010)
Hiekel, Frank (Mail vom 4.8.2009)
Juritza, Cliewe (Mail vom 27.2.2010)
Klein, Thomas (Mail vom 27.1.2010)
Klump, Brigitte (Mail vom 5.8. und Brief vom 28.8.2009)
Koch, Dietrich (Mail vom 16.2.2010)
Kordon, Klaus (Mail vom 3.11.2009)
Lawrenz, Norbert (Mail vom 1.2.2011)

Mainz, Klaus (Mail vom 25.2.2010)
Maltzahn, Dietrich von (Mail vom 3.2.2010)
Maser, Peter: (Schreiben vom 11.7.2011)
Meehan, Francis J. (Mail vom 17.4.2010)
Neubert, Ehrhart (Mail vom 1.2.2010)
Neumann, Eva-Maria (Mail vom 13.2.2010)
Pleitgen, Fritz (Mails vom 26.5. und 4.6.2011)
Polaszczyk, Manuela (Mail vom 15.2.2010)
Poppe, Gerd (Mail vom 12.3.2009)
Poppe, Ulrike (Mail vom 1.2.2010)
Pötzl, Norbert (Mail vom 23.11.2009)
Preuß, Gernot (Mail vom 16.2.2010)
Priesnitz, Walter (Brief vom 16.8.2009)
Rathke, Heinrich (Brief vom 12.4.2010)
Rehlinger, Ludwig A. (Brief vom 20.5.2009)
Reitel, Axel (Mail vom 14.2.2010)
Schälike, Rolf (Mail vom 27.4.2010)
Schlicke, Birgit (Mail vom 12.2.2010)
Schwabe, Uwe (Mail vom 15.12.2009)
Seidel, Karl (Brief vom 23.2.2010)
Stolpe, Manfred (Fax vom 27.10.2009)
Walther, Bodo (Mail vom 17.2.2010)
Welsch, Wolfgang (Mail vom 2.12.2009)
Wilms, Dorothee (Fax vom 10.9.2009)
Zayas, Alfred (Mail vom 7.9.2009)

## Literaturverzeichnis

Alisch, Steffen: Strafvollzug im SED-Staat. Das Beispiel Cottbus. Frankfurt am Main (u. a.) 2014.
Ansorg, Leonore: Politische Häftlinge im Strafvollzug der DDR: Die Strafvollzugsanstalt Brandenburg. Berlin 2005.
Ansorg, Leonore; Gehrke, Bernd; Klein, Thomas und Kneipp, Danuta (Hg.): »Das Land ist still – noch!« Herrschaftswandel und politische Gegnerschaft in der DDR (1971–1989). Köln; Weimar und Wien 2009.
Aris, Nancy und Heitmann, Clemens (Hg.): Via Knast in den Westen. Das Kaßberg-Gefängnis und seine Geschichte. Leipzig 2013.
Aris, Nancy: Das Kaßberg-Gefängnis: Historischer Überblick und Verortung im Gefängnissystem der SBZ/DDR. In: Ebenda, S. 13–35.
Augustin, Katja: Verführerinnen und Verführte. Frauen und die Staatssicherheit. Film-Info: »Romeo«. Film Info: »Vera« – der schwere Weg der Erkenntnis«. In: Stiftung Haus der Geschichte der Bundesrepublik Deutschland und Zeitgeschichtliches Forum Leipzig (Hg.): Duell im Dunkel. Spionage im geteilten Deutschland. Köln; Weimar und Wien 2002, S. 98–109.

Baring, Arnulf: Machtwechsel. Die Ära Brandt-Scheel. Berlin 1998. (Neuauflage als Taschenbuch 1998; 1. Auflage erschien 1982).
Bästlein, Klaus; Rosskopf, Annette und Werkentin, Falco: Beiträge zur juristischen Zeitgeschichte der DDR. Berlin 2000.
Bauerkämper, Arnd: Die Sozialgeschichte der DDR. München 2005. (Enzyklopädie Deutscher Geschichte, Band 76).
Beattie, Andrew H.: »Sowjetische KZs auf deutschem Boden«. Die sowjetischen Speziallager und der bundesdeutsche Antikommunismus. In: Mählert, Ulrich; Bayerlein, Bernhard H.; Dähn, Horst; Faulenbach, Bernd; Neubert, Ehrhart; Steinbach, Peter; Troebst, Stefan und Wilke, Manfred (Hg. im Auftrag der Bundesstiftung zur Aufarbeitung der SED): Jahrbuch der Kommunismusforschung (2011). Berlin 2011, S. 119–137.
Bedürftig, Friedemann: Die Geschichte der DDR. Wissen auf einen Blick. 100 Bilder. 100 Fakten. Köln 2007.
Behling, Klaus: Hightech-Schmuggler im Wirtschaftskrieg. Wie die DDR das Embargo des Westens unterlief. Berlin 2007.
Behnke, Klaus und Fuchs, Jürgen (Hg.): Zersetzung der Seele. Psychologie und Psychiatrie im Dienste der Stasi. Hamburg 1995.
Beleites, Johannes und Joestel, Frank: »Agenten mit spezieller Auftragsstruktur«. Eine Erfindung des MfS und ihre Folgen. In: Horch und Guck. Heft 3/2008. Berlin 2008, S. 56–59.
Bender, Peter: Die »Neue Ostpolitik« und ihre Folgen. Vom Mauerbau bis zur Wiedervereinigung. München 1996. (4. Auflage; gegenüber der Erstauflage erweiterte und überarbeitete Neuausgabe; die 1. Auflage erschien 1986 unter dem Titel: »Neue Ostpolitik. Vom Mauerbau bis zum Moskauer Vertrag«).
Bender, Peter: Deutsche Parallelen. Anmerkungen zu einer gemeinsamen Geschichte zweier getrennter Staaten. Berlin 1989.
Bender, Peter: Deutschlands Wiederkehr. Eine ungeteilte Nachkriegsgeschichte 1945–1990. Stuttgart 2007. (Das Buch erschien 2009 unter dem Titel: »Zweimal Deutschland. Eine ungeteilte Nachkriegsgeschichte 1945–1990« in neuer Auflage).
Bender, Peter: Episode oder Epoche? Zur Geschichte des geteilten Deutschland. München 1996.
Bertram, Andreas; Sarstedt, Jens; Planer-Friedrich, Friedrich: Wein mit zuviel Wermut. Die soziale, individuelle und wirtschaftliche Situation der ehemaligen Antragsteller auf Ausreise aus der DDR und die Frage ihrer Identität. Berlin 2004.
Besier, Gerhard: Der SED-Staat und die Kirche. Der Weg in die Anpassung. München 1993.
Besier, Gerhard: Der SED-Staat und die Kirche 1969–1990. Die Vision vom »Dritten Weg«. Berlin und Frankfurt am Main 1995.
Bigger, Philip J.: Negotiator. The Life and the Career of James B. Donavan. Cranbury (New Jersey) 2006.
Bispinck, Henrik (Bearbeiter): Die DDR im Blick der Stasi 1977. Die geheimen Berichte an die SED-Führung. Göttingen 2012. (Aus der Reihe des BStU: Die DDR im Blick der Stasi. Die geheimen Berichte an die SED-Führung).
Bispinck, Henrik: Motive für die Flucht und Ausreise aus der DDR. In: Effner,

Bettina und Heidemeyer, Helge (Hg.): Flucht im geteilten Deutschland. Erinnerungsstätte Notaufnahmelager Marienfelde. Berlin 2005, S. 49–66.

Blumenwitz, Dieter; Fricke, Karl Wilhelm und Greiner, Christian (Hg.): Die Deutschlandfrage vom 17. Juni 1953 bis zu den Genfer Viermächtekonferenzen von 1955. Berlin 1990.

Bogner, Claus: Historische Grundlagen und Vorbereitung der »Waldheimer Prozesse«. In: Haase, Norbert und Pampel, Bert (Hg.): Die »Waldheimer Prozesse« – fünfzig Jahre danach. Dokumentation der Tagung der Stiftung Sächsische Gedenkstätten am 28. und 29. September 2000 in Waldheim. Baden-Baden 2001.

Boll, Friedhelm: Sprechen als Last und Befreiung. Holocaust-Überlebende und politisch Verfolgte zweier Diktaturen. Bonn 2001.

Booß, Christian: Sündenfall der organisierten Rechtsanwaltschaft. Die DDR-Anwälte und die Ausreiseantragsteller. In: DA 4/2011 (44. Jahrgang), S. 525–535.

Borchert, Jürgen: Die Zusammenarbeit des Ministeriums für Staatssicherheit (MfS) mit dem sowjetischen KGB in den 70er und 80er Jahren. Ein Kapitel aus der Geschichte der SED-Herrschaft. Berlin 2006.

Bouvier, Beatrix: Ausgeschaltet! Sozialdemokraten in der sowjetischen Besatzungszone und in der DDR 1945–1953. Bonn 1996.

Bouvier, Beatrix: Die DDR – Ein Sozialstaat? Sozialpolitik in der Ära Honecker. Bonn 2002.

Boysen, Jacqueline: Das »weiße Haus« in Ost-Berlin. Die Ständige Vertretung der Bundesrepublik bei der DDR. Berlin 2010.

Boysen, Jacqueline: »Ich wusste, wir werden nicht im Stich gelassen«. In: DA 6/2006 (39. Jahrgang), S. 1003–1012.

Boyens, Armin: »Geteilter Friede – Anmerkungen zur Friedensbewegung in den 80er Jahren«. In: Timmermann, Heiner (Hg.): Diktaturen in Europa im 20. Jahrhundert – der Fall DDR. Berlin 1996, S. 421–436.

Brauburger, Stefan: Die Nervenprobe. Schauplatz Kuba: Als die Welt am Abgrund stand. Frankfurt am Main 2002.

Brecht, Christine: Wege in den Westen. In: Effner, Bettina und Heidemeyer, Helge (Hg.): Flucht im geteilten Deutschland. Erinnerungsstätte Notaufnahmelager Marienfelde. Berlin 2005, S. 67–82.

Brecht, Christine: Integration in der Bundesrepublik: Der schwierige Neuanfang. In: Ebenda, S. 83–96.

Brinkschulte, Wolfgang; Heise, Hans Jörgen; Gerlach, Thomas: Freikaufgewinnler. Die Mitverdiener im Westen. Frankfurt am Main und Berlin 1993.

Bruns, Wilhelm: Deutsch-deutsche Beziehungen. Prämissen – Probleme – Perspektiven. Opladen 1982. (3., erweiterte und aktualisierte Auflage; 1. Auflage erschien ebenfalls 1982).

Brunner, Detlev; Grashoff, Udo und Kötzing, Andreas (Hg.): Asymmetrisch verflochten? Neue Forschungen zur gesamtdeutschen Nachkriegsgeschichte. Berlin 2013.

Buchheim, Christoph: Die Achillesferse der DDR – der Außenhandel. In: Steiner, André (Hg.). In: Überholen ohne einzuholen. Die DDR-Wirtschaft als Fußnote der deutschen Geschichte? Berlin 2006, S. 91–103.

Buck, Hannsjörg F.: Wohnungsversorgung, Stadtgestaltung und Stadtverfall. In:

Kuhrt, Eberhard (Hg.) (in Verbindung mit Hannsjörg F. Buck und Gunter Holzweißig) im Auftrag des Bundesministeriums des Innern: Die wirtschaftliche und ökologische Situation der DDR in den achtziger Jahren. Opladen 1996, S. 67–109. (Aus der Reihe: Am Ende des realen Sozialismus. Band 2).

Buck, Hannsjörg F.: Umweltpolitik und Umweltbelastung. Das Ausmaß der Umweltbelastung und Umweltzerstörung beim Untergang der DDR 1989/90. In: Kuhrt, Eberhard (Hg.) (in Verbindung mit Hannsjörg F. Buck und Gunter Holzweißig) im Auftrag des Bundesministeriums des Innern: Die wirtschaftliche und ökologische Situation der DDR in den achtziger Jahren. Opladen 1996, S. 223–266. (Aus der Reihe: Am Ende des realen Sozialismus. Band 2).

Budde, Heidrun: Gestohlene Seelen. Norderstedt 2008.

Budde, Heidrun: »Freikauf« im Zwielicht. In: Recht und Politik, 3/2010. Vierteljahreshefte für Rechts- und Verwaltungspolitik. 46. Jahrgang. 3. Quartal 2010. Berlin 2010.

Burdumy, Alexander Bruce: Sozialpolitik und Repression in der DDR. Ost-Berlin 1971–1989. Essen 2013.

Buschfort, Wolfgang; Wachs, Philipp-Christian und Werkentin, Falco: Vorträge zur deutsch-deutschen Nachkriegsgeschichte. Berlin 2007. (2. durchgesehene Auflage; 1. Auflage erschien 2001).

Chmel, Christian: Die DDR-Berichterstattung bundesdeutscher Massenmedien und die Reaktionen der SED (1972–1989). Berlin 2009.

Conze, Eckart; Gajdukowa, Katharina und Koch-Baumgarten, Sigrid (Hg.): Die demokratische Revolution 1989 in der DDR. Köln; Weimar und Wien 2009.

Creuzberger, Stefan: Kampf für die Freiheit. Das gesamtdeutsche Ministerium und die politische Kultur des Kalten Krieges 1949–1969. Düsseldorf 2008.

Creuzberger, Stefan: Westintegration und Neue Ostpolitik. Die Außenpolitik der Bonner Republik. Berlin 2009.

Crome, Erhard und Franzke, Jochen: Die SED-Führung und die Wiener KSZE-Konferenz 1986 bis 1989. In: DA 8/1993 (26. Jahrgang), S. 905–914.

Dalos, György: Der Vorhang geht auf. Das Ende der Diktaturen in Osteuropa. München 2009.

Dalos, György: Lebt wohl, Genossen! Der Untergang des sowjetischen Imperiums. München 2011.

Dennis, Mike: The Stasi: Myth and Reality. London 2003.

Dennis, Mike und LaPorte, Norman: State And Minorities In Communist East Germany. New York und Oxford 2011.

Dennis, Mike und LaPorte, Norman: Sub-cultures: Punks, Goths and Heavy Metallers. In: Dieselben: State And Minorities In Communist East Germany. New York und Oxford 2011, S. 153–169.

Detjen, Marion: Ein Loch in der Mauer. Die Geschichte der Fluchthilfe im geteilten Deutschland 1961–1989. München 2005.

Detjen, Marion: Harry Seidel. In: Fricke, Karl Wilhelm; Steinbach, Peter und Tuchel, Johannes (Hg.): Opposition und Widerstand in der DDR. Politische Lebensbilder. München 2002, S. 340–344.

Diekmann, Kai (Hg.): Die Mauer. Fakten. Bilder. Schicksale. München 2011.

Diekmann, Kai (Hg.): Freigekauft. Der DDR-Menschenhandel. Fakten. Bilder. Schicksale. München 2012.

Dittmar, Claudia: Feindliches Fernsehen. Das DDR-Fernsehen und seine Strategie im Umgang mit dem westdeutschen Fernsehen. Bielefeld 2010.

Dölling, Birger: Strafvollzug zwischen Wende und Wiedervereinigung. Kriminalpolitik und Gefangenenprotest im letzten Jahr der DDR. Berlin 2009.

Donavan, James B.: Der Fall des Oberst Abel. Frankfurt am Main 1965. (Deutsche Ausgabe; amerikanische Originalausgabe von 1964).

Dümmel, Karsten: Die Überwachung. In: Derselbe und Schmitz, Christian (Hg.): Was war die Stasi? Einblicke in das Ministerium für Staatssicherheit der DDR (MfS). Sankt Augustin 2002.

Eckert, Rainer: Antitotalitärer Widerstand und kommunistische Repression. Leipzig 2006.

Effner, Bettina und Heidemeyer, Helge (Hg.): Flucht im geteilten Deutschland. Erinnerungsstätte Notaufnahmelager Marienfelde. Berlin 2005.

Effner, Bettina und Heidemeyer, Helge: Die Flucht in Zahlen. In: Ebenda, S. 27–32.

Ehm, Martin: Die kleine Herde – die katholische Kirche in der SBZ und im sozialistischen Staat DDR. Münster 2007.

Eisenfeld, Bernd: Flucht und Ausreise – Macht und Ohnmacht. In: Kuhrt, Eberhard (Hg.) (in Verbindung mit Hannsjörg F. Buck und Gunter Holzweißig) im Auftrag des Bundesministeriums des Innern: Opposition in der DDR von den 70er Jahren bis zum Zusammenbruch der SED-Herrschaft. Opladen 1999, S. 381–424. (Aus der Reihe: Am Ende des realen Sozialismus. Band 3).

Eisenfeld, Bernd: Rolle und Stellung der Rechtsanwälte in der Ära Honecker im Spiegel kaderpolitischer Entwicklungen und Einflüsse des MfS. In: Engelmann, Roger und Vollnhals, Clemens (Hg.): Justiz im Dienste der Parteiherrschaft. Rechtspraxis und Staatssicherheit in der DDR. Berlin 1999, S. 347–373.

Eisenfeld, Bernd: Gründe und Motive von Flüchtlingen und Ausreiseantragstellern aus der DDR. In: DA 1/2004 (37. Jahrgang), S. 89–105.

Eisenfeld, Bernd: Reaktionen der DDR-Staatssicherheit auf Korb III des KSZE-Prozesses. In: DA 6/2005 (38. Jahrgang), S. 1000–1008.

Eisenfeld, Bernd und Engelmann, Roger: 13.8.1961: Mauerbau. Fluchtbewegung und Machtsicherung. Bremen 2001.

Eisenfeld, Bernd und Schickedanz, Peter: Bausoldaten in der DDR. Die »Zusammenführung« feindlich-negativer Kräfte« in der NVA. Berlin 2011.

Eisert, Wolfgang: Die Waldheimer Prozesse. Der stalinistische Terror. Ein dunkles Kapitel der DDR-Justiz. Esslingen und München 1993.

Engelmann, Roger (Bearbeiter): Die DDR im Blick der Stasi 1953. Die geheimen Berichte an die SED-Führung. Göttingen 2013. (Aus der Reihe des BStU: Die DDR im Blick der Stasi. Die geheimen Berichte an die SED-Führung).

Engelmann, Roger und Vollnhals, Clemens (Hg.): Justiz im Dienste der Parteiherrschaft. Rechtspraxis und Staatssicherheit in der DDR. Berlin 1999.

Engelmann, Roger; Florath, Bernd; Heidemeyer, Helge; Münkel, Daniela; Polzin, Arno und Süß, Walter (Hg. im Auftrag der Abteilung Bildung und Forschung des BStU): Das MfS Lexikon: Begriffe, Personen und Strukturen der Staatssicherheit der DDR. Berlin 2011.

Fäßler, Peter E.: Durch den »Eisernen Vorhang«. Die deutsch-deutschen Wirtschaftsbeziehungen 1949–1969. Köln (u. a.) 2006.

Fäßler, Peter E.: Zwischen »Störfreimachung« und Rückkehr zum Tagesgeschäft.

Die deutsch-deutschen Wirtschaftsbeziehungen nach dem Mauerbau (1961–1969). In: DA 2/2012 (45. Jahrgang), S. 294–304.

Faulenbach, Bernd; Meckel, Markus und Weber, Hermann (Hg.): Die Partei hatte immer recht – Aufarbeitung von Geschichte und Folgen der SED-Diktatur. Essen 1994.

Faulenbach, Bernd und Jelich, Franz-Josef (Hg.): »Asymmetrisch verflochtene Parallelgeschichte?« Die Geschichte der Bundesrepublik und der DDR in Ausstellungen, Museen und Gedenkstätten. Essen 2005.

Faust, Siegmar: Dieter Dombrowskis Häftlings-Karriere unter Piecks und Gottes Segen. In: Aris, Nancy und Heitmann, Clemens (Hg.): Via Knast in den Westen. Das Kaßberg-Gefängnis und seine Geschichte. Leipzig 2013, S. 120–133.

Fey, Felice: Roger Loewig. Künstler im geteilten Deutschland. Eine Biographie. Berlin 2011.

Filmer, Werner und Schwan, Heribert: Opfer der Mauer. Die geheimen Protokolle des Todes. München 1991.

Finn, Gerhard (unter Mitarbeit von Karl Wilhelm Fricke): Politischer Strafvollzug in der DDR. Köln 1981.

Finn, Gerhard: Buchenwald 1936–1950. Geschichte eines Lagers. Bonn 1985.

Finn, Gerhard: Sachsenhausen 1936–1950. Geschichte eines Lagers. Bonn 1985.

Finn, Gerhard: Die politischen Häftlinge in der Sowjetzone 1945–1959. Köln 1989. (Reprint; Erstauflage von 1960).

Flemming, Thomas: Berlin im Kalten Krieg. Der Kampf um die geteilte Stadt. Berlin 2008.

Florath, Bernd: Robert Havemann. In: Fricke, Karl Wilhelm; Steinbach, Peter und Tuchel, Johannes (Hg.): Opposition und Widerstand in der DDR. Politische Lebensbilder. München 2002, S. 242–247.

Frank, Mario: Walter Ulbricht. Eine deutsche Biografie. Berlin 2001. (2. Auflage; 1. Auflage erschien 2000).

Fricke, Karl Wilhelm: Opposition und Widerstand in der DDR. Ein politischer Report. Köln 1984.

Fricke, Karl Wilhelm: Die DDR-Staatssicherheit. Entwicklung, Strukturen, Aktionsfelder. Köln 1984. (2. Auflage; 1. Auflage erschien 1982).

Fricke, Karl Wilhelm: Zur Menschen- und Grundrechtssituation politischer Gefangener in der DDR. Analyse und Dokumentation. Köln 1988. (2. Auflage; 1. Auflage erschien 1986).

Fricke, Karl Wilhelm: Politik und Justiz in der DDR. Zur Geschichte der politischen Verfolgung 1945–1968. Bericht und Dokumentation. Köln 1990. (2. Auflage; 1. Auflage erschien 1979).

Fricke, Karl Wilhelm: MfS intern. Macht, Strukturen, Auflösung der DDR-Staatssicherheit. Köln 1991.

Fricke, Karl Wilhelm: Akten-Einsicht. Rekonstruktion einer politischen Verfolgung. Berlin 1997. (4. Auflage; 1. Auflage erschien 1996).

Fricke, Karl Wilhelm: Der Wahrheit verpflichtet. Texte aus fünf Jahrzehnten zur Geschichte der DDR. Berlin 2000. (2. Auflage; 1. Auflage erschien ebf. 2000).

Fricke, Karl Wilhelm: Der »Tag X« und die Staatssicherheit. 17. Juni 1953. Reaktionen und Konsequenzen im DDR-Machtapparat. Bremen 2003.

Fricke, Karl Wilhelm: Der Arbeiteraufstand – Vorgeschichte, Verlauf, Folgen. In:

Spittmann, Ilse und Fricke, Karl Wilhelm (Hg.): 17. Juni 1953. Arbeiteraufstand in der DDR. Edition Deutschland Archiv. Köln 1982, S. 5–22.
Fricke, Karl Wilhelm: Juni-Aufstand und Justiz. In: Ebenda, S. 70–86.
Fricke, Karl Wilhelm: Politische Strafjustiz und »Tauwetter«-Politik 1956 in der DDR. In: Kahlert, Joachim (Hg.): Erinnern, Aufarbeiten, Gedenken. 1946–1996, 50 Jahre kommunistische Machtergreifung in Ostdeutschland. Widerstand und Verfolgung, Mahnung gegen das Vergessen. Dokumentation. Leipzig 1996, S. 70–79.
Fricke, Karl Wilhelm: Die Kommunalwahl 1989. In: Kuhrt, Eberhard (Hg.) (in Verbindung mit Hannsjörg F. Buck und Gunter Holzweißig) im Auftrag des Bundesministeriums des Innern: Opposition in der DDR von den 70er Jahren bis zum Zusammenbruch der SED-Herrschaft. Opladen 1999, S. 467–505. (Aus der Reihe: Am Ende des realen Sozialismus. Band 3).
Fricke, Karl Wilhelm: DDR-Juristen im Konflikt zwischen Gehorsam, Verweigerung und Widerstand. In: Engelmann, Roger und Vollnhals; Clemens (Hg.): Justiz im Dienste der Parteiherrschaft. Rechtspraxis und Staatssicherheit in der DDR. Berlin 1999, 205–226.
Fricke, Karl Wilhelm: Spionage als antikommunistischer Widerstand. Zur Zusammenarbeit mit westlichen Nachrichtendiensten aus politischer Überzeugung. In: DA 4/2002 (35. Jahrgang), S. 565–578.
Fricke, Karl Wilhelm: Carsten Mohr. In: Derselbe (Fricke); Steinbach, Peter und Tuchel, Johannes (Hg.): Opposition und Widerstand in der DDR. Politische Lebensbilder. München 2002, S. 345–350.
Fricke, Karl Wilhelm und Engelmann, Roger: »Konzentrierte Schläge«. Staatssicherheitsaktionen und politische Prozesse in der DDR 1953–1956. Berlin 1998.
Fricke, Karl Wilhelm und Klewin, Silke: Bautzen II. Sonderhaftanstalt unter MfS-Kontrolle 1956–1989. Bericht und Dokumentation. Leipzig 2002. (2. durchgesehene Auflage; 1. Auflage erschien 2001).
Fricke, Karl Wilhelm; Steinbach, Peter und Tuchel, Johannes (Hg.): Opposition und Widerstand in der DDR. Politische Lebensbilder. München 2002.
Fulbrook, Mary: A History of Germany 1918–2008. The Divided Nation. Oxford 2009. (3. Auflage; 1. Auflage erschien ebf. 2009).
Fulbrook, Mary: Anatomy of a Dictatorship: Inside the GDR, 1949–1989. Oxford 1995.
Fulbrook, Mary: Ein ganz normales Leben. Alltag und Gesellschaft in der DDR. Darmstadt 2008. (deutsche Ausgabe; die englische Originalausgabe erschien 2005 unter dem Titel: »The People's State. East German Society from Hitler to Honecker«).
Gaddis, John Lewis: Der Kalte Krieg. Eine neue Geschichte. München 2008.
Garton-Ash, Timothy: Im Namen Europas. Deutschland und der geteilte Kontinent. München und Wien 1993.
Gehler, Michael und Pudlat, Andreas (Hg.) (unter Mitarbeit von Imke Scharlemann): Grenzen in Europa. Hildesheim; Zürich und New York 2009.
Gehrmann, Manfred: Die Überwindung des »Eisernen Vorhangs«. Die Abwanderung aus der DDR in die BRD und nach West-Berlin als innerdeutsches Migranten-Netzwerk. Berlin 2009.
Gieseke, Jens: Die hauptamtlichen Mitarbeiter der Staatssicherheit. Personalstruktur und Lebenswelt 1950–1989/90. Berlin 2000.

Gieseke, Jens: Die DDR-Staatssicherheit. Schild und Schwert der Partei. Bonn 2001. (Veröffentlicht von der Bundeszentrale für politische Bildung).

Gieseke, Jens: Die Stasi 1945–1990. München 2011.

Gieseke, Jens (Hg.): Staatssicherheit und Gesellschaft. Studien zum Herrschaftsalltag in der DDR. Göttingen 2007.

Gieseke, Jens: »Seit Langem angestaute Unzufriedenheit breitester Bevölkerungskreise« – Das Volk in den Stimmungsberichten des Staatssicherheitsdienstes. In: Henke, Klaus-Dietmar (Hg.): Revolution und Vereinigung 1989/90. Als in Deutschland die Realität die Phantasie überholte. München 2009, S. 130–148.

Glocke, Nicole: Erziehung hinter Gittern. Schicksale in Heimen und Jugendwerkhöfen der DDR. Halle 2011.

Goeckel, Robert F.: Thesen zu Kontinuität und Wandel in der Kirchenpolitik der SED. In: Vollnhals, Clemens (Hg.): Die Kirchenpolitik von SED und Staatssicherheit. Eine Zwischenbilanz. Berlin 1996, S. 29–58.

Grafe, Roman: Deutsche Gerechtigkeit. Prozesse gegen DDR-Grenzschützen und ihre Befehlsgeber. München 2004.

Graffius, Klaus-Peter und Hennig, Horst (Hg.): Zwischen Bautzen und Workuta. Totalitäre Gewaltherrschaft und Haftfolgen. Leipzig 2004. (2. erweiterte Auflage; 1. Auflage erschien ebf. 2004).

Grasemann, Hans-Jürgen: Die Zentrale Erfassungsstelle Salzgitter. Entstehung, Arbeit, Abwicklung. In: Gehler, Michael und Pudlat, Andreas (Hg.) (unter Mitarbeit von Imke Scharlemann): Grenzen in Europa. Hildesheim; Zürich und New York 2009, S. 185–194. (Auf den Seiten 195–207 folgt ein Gespräch über die ZESt zwischen Hans-Jürgen Grasemann und Imke Scharlemann).

Greiner, Bernd: Die Kuba-Krise. Die Welt an der Schwelle zum Atomkrieg. München 2010.

Gursky, Andre: Rechtspositivismus und konspirative Justiz als politische Strafjustiz in der DDR. Frankfurt am Main 2011.

Gursky, André und Vesting, Justus: Der »Rote Ochse« als Untersuchungshaftanstalt des Ministeriums für Staatssicherheit der DDR (1950–1989). In: Scherrieble, Joachim (Hg.): Der Rote Ochse Halle (Saale). Politische Justiz. 1933–1945/1945–1989. Berlin 2008, S. 351–361.

Gutmann, Gernot und Buck, Hannsjörg F.: Die Zentralplanwirtschaft der DDR – Funktionsweise, Funktionsschwächen und Konkursbilanz. In: Kuhrt, Eberhard (Hg.) (in Verbindung mit Hannsjörg F. Buck und Gunter Holzweißig) im Auftrag des Bundesministeriums des Innern: Die wirtschaftliche und ökologische Situation der DDR in den achtziger Jahren. Opladen 1996, S. 7–54. (Aus der Reihe: Am Ende des realen Sozialismus. Band 2).

Gutzeit, Martin (Hg.): Auf dem Weg zur friedlichen Revolution? Ost-Berlin in den Jahren 1987/88. Berlin 2008.

Haase, Norbert und Pampel, Bert (Hg.): Die »Waldheimer Prozesse« – fünfzig Jahre danach. Dokumentation der Tagung der Stiftung Sächsische Gedenkstätten am 28. und 29. September 2000 in Waldheim. Baden-Baden 2001.

Hach, Oliver: Im Drehkreuz des Menschenhandels. Die geheimen Maßnahmen der Stasi und der Haftort im städtischen Gedächtnis. In: Aris, Nancy und Heitmann, Clemens (Hg.): Via Knast in den Westen. Das Kaßberg-Gefängnis und seine Geschichte. Leipzig 2013, S. 69–80.

Hacke, Christian: Die Außenpolitik der Bundesrepublik Deutschland. Von Konrad Adenauer bis Gerhard Schröder. Frankfurt am Main und Berlin 2003. (1. Auflage der aktualisierten Neuausgabe; 1. Auflage des Buches erschien bereits 1993).

Haendcke-Hoppe-Arndt, Maria: Außenwirtschaft und innerdeutscher Handel. In: Kuhrt, Eberhard (Hg.) (in Verbindung mit Hannsjörg F. Buck und Gunter Holzweißig) im Auftrag des Bundesministeriums des Innern: Die wirtschaftliche und ökologische Situation der DDR in den achtziger Jahren. Opladen 1996, S. 55–66. (Aus der Reihe: Am Ende des realen Sozialismus. Band 2).

Haftendorn, Helga: Deutsche Außenpolitik zwischen Selbstbeschränkung und Selbstbehauptung. 1945–2000. Stuttgart und München 2001.

Hahn, Anne und Willmann, Frank (Hg.): Der weiße Strich – Vorgeschichte und Folgen einer Kunstaktion an der Berliner Mauer. Berlin 2011.

Hanisch, Anja: Die DDR im KSZE-Prozess 1972–1985. Zwischen Ostabhängigkeit, Westabgrenzung und Ausreisebewegung. München 2012.

Hannah-Arendt-Institut für Totalitarismusforschung an der TU Dresden (Hg.): MfS-Sonderhaftanstalt Bautzen II. Dresden 1994.

Harrison, Hope M.: Driving the Soviets Up the Wall. Soviet-East German Relations, 1953–1961. Princeton 2003.

Harrison, Hope M.: Walter Ulbrichts »dringender Wunsch« In: Aus Politik und Zeitgeschichte. 50 Jahre Mauerbau. 61. Jahrgang. 31–34/2011, S. 8–15.

Haus der Geschichte Baden-Württemberg in Verbindung mit der Landeshauptstadt Stuttgart (Hg.): Politische Gefangene in Südwestdeutschland. Tübingen 2001.

Heck, Thomas E.: EKD und Entspannung: Die Evangelische Kirche in Deutschland und ihre Bedeutung für die Neuformulierung der Ost- und Deutschlandpolitik bis 1969. Frankfurt am Main 1996.

Heidenreich, Ronny: Aufruhr hinter Gittern: Das »Gelbe Elend« im Herbst 1989. Leipzig 2009.

Heitmann, Clemens: Der Gefangenenfreikauf aus der Sicht des MfS – ein Dokumentenbeispiel. In: Aris, Nancy und Heitmann, Clemens (Hg.): Via Knast in den Westen. Das Kaßberg-Gefängnis und seine Geschichte. Leipzig 2013, S. 57–68.

Henke, Klaus-Dietmar (Hg.): Die Mauer. Errichtung, Überwindung, Erinnerung. München 2011.

Henke, Klaus-Dietmar: Die Berliner Mauer. In: Derselbe (Hg.): Die Mauer. Errichtung, Überwindung, Erinnerung. München 2011, S. 11–31.

Henke, Klaus-Dietmar (Hg.): Revolution und Vereinigung 1989/90. Als in Deutschland die Realität die Phantasie überholte. München 2009.

Henke, Klaus-Dietmar und Engelmann, Roger (Hg.): Aktenlage. Die Bedeutung der Unterlagen des Staatssicherheitsdienstes für die Zeitgeschichtsforschung. Berlin 1995.

Henneberg, Hellmuth: Meuterei vor Rügen – Was geschah auf der »Seebad Binz«? Der Prozess gegen die junge Gemeinde 1961 in Rostock. Rostock 2002.

Hertle, Hans-Hermann und Wolle, Stefan: Damals in der DDR. Der Alltag im Arbeiter- und Bauernstaat. München 2006. (1. Taschenbuchauflage; 1. Auflage als Buch erschien 2004).

Hertle, Hans-Hermann: Die Berliner Mauer – Monument des Kalten Krieges. Berlin 2007.

Heydemann, Günther: Die Innenpolitik der DDR. München 2003.
Heydemann, Günther; Mai, Gunther und Müller, Werner (Hg.): Revolution und Transformation in der DDR 1989/90. Berlin 1999.
Hickethier, Knut: Das Fernsehen der DDR. In: Zahlmann, Stefan (Hg.): Wie im Westen, nur anders. Medien in der DDR. Berlin 2010.
Hirschmann, Albert O.: Exit, Voice, and Loyalty. Responses to Decline in Firms, Organizations, and States. Cambridge (Massachusetts) und London 1970.
Hoffmann, Dierk: Die DDR unter Ulbricht. Gewaltsame Neuordnung und gescheiterte Modernisierung. Zürich 2003.
Hoffmann, Dierk: 1987: Honecker in Bonn. Deutsch-deutsche Spitzentreffen 1947–1990. In: Wengst, Udo und Wentker, Hermann (Hg.). Das doppelte Deutschland. 40 Jahre Systemkonkurrenz. Berlin 2008, S. 333–356.
Höller, Karl R. (Hg.): Wilhelm Wissing: Gott tut nichts als Fügen. Erinnerungen an ein Leben in bewegter Zeit. Mainz 2001.
Holzweißig, Gunter: Ein engagierter Deutschlandpolitiker. Ludwig A. Rehlinger zum 80. Geburtstag. In: Deutschland Archiv 6/2007 (40. Jahrgang), S. 971 f.
Holzweißig, Gunter: Medien und Medienlenkung. In: Kuhrt, Eberhard (Hg.) (in Verbindung mit Hannsjörg F. Buck und Gunter Holzweißig) im Auftrag des Bundesministeriums des Innern: Die SED-Herrschaft und ihr Zusammenbruch. Opladen 1996, S. 51–81. (Aus der Reihe: Am Ende des realen Sozialismus. Band 1).
Horster, Maximilian: The Trade in Political Prisoners between the Two German States, 1962–1989. In: Journal of Contemporary History, Vol. 39 (3) 2004. London (u. a.) 2004.
Hürter, Johannes: 1976: Die Ausbürgerung Wolf Biermanns. Künstler und Intellektuelle zwischen den Stühlen. In: Wengst, Udo und Wentker, Hermann (Hg.): Das doppelte Deutschland. 40 Jahre Systemkonkurrenz. Berlin 2008, S. 283–306.
Hürtgen, Renate: Ausreise per Antrag: Der lange Weg nach drüben. Eine Studie über Herrschaft und Alltag in der DDR. Göttingen 2014.
Jacobi, Claus: Der Verleger. Axel Springer. Eine Biographie aus der Nähe. München 2005. (2. Auflage; 1. Auflage erschien ebf. 2005).
Jenkis, Helmut: Der Freikauf von DDR-Häftlingen. Der deutsch-deutsche Menschenhandel. Berlin 2012.
Jenkis, Helmut: Der Warenkreditwunsch der DDR von 1962. Erschienen am 25.7.2012 auf: http://www.bpb.de/geschichte/zeitgeschichte/deutschlandarchiv/139628/der-warenkreditwunsch-der-ddr-von-1962 (Betreiber: Bundeszentrale für politische Bildung).
Joestel, Frank (Bearbeiter): Die DDR im Blick der Stasi 1988. Die geheimen Berichte an die SED-Führung. Göttingen 2010. (Aus der Reihe des BStU: Die DDR im Blick der Stasi. Die geheimen Berichte an die SED-Führung).
Joestel, Frank und Wurche, Susanna: Unterlagen zu Gefangenen des Ministeriums für Staatssicherheit (MfS) im DDR-Bezirk Karl-Marx-Stadt. In: Aris, Nancy und Heitmann, Clemens (Hg.): Via Knast in den Westen. Das Kaßberg-Gefängnis und seine Geschichte. Leipzig 2013, S. 237–254.
Judt, Matthias: Der Bereich Kommerzielle Koordinierung. Das DDR-Wirtschaftsimperium des Alexander Schalck-Golodkowski – Mythos und Realität. Berlin 2013.
Judt, Matthias: Häftlinge für Bananen? In: Vierteljahresschrift für Sozial- und Wirtschaftsgeschichte, Band 94, Heft 4 (2007). Stuttgart 2007.

Judt, Matthias: Kompensationsgeschäfte der DDR – Instrumente einer europäischen Ost-West-Wirtschaftsintegration? In: Jahrbuch für Wirtschaftsgeschichte, 2008/2. Berlin 2008.
Jürgs, Michael: Der Verleger. Der Fall Axel Springer. München 2001. (2. Auflage; 1. Auflage erschien 1995).
Kahlert, Joachim (Hg.): Erinnern, Aufarbeiten, Gedenken. 1946–1996, 50 Jahre kommunistische Machtergreifung in Ostdeutschland. Widerstand und Verfolgung, Mahnung gegen das Vergessen. Dokumentation. Leipzig 1996.
Käppner, Joachim: Berthold Beitz. Eine Biographie. Berlin 2010.
Katzer, Nikolaus: Die Berliner Viermächtekonferenz von 1954 und die Deutsche Frage. In: Blumenwitz, Dieter; Fricke, Karl Wilhelm und Greiner, Christian (Hg.): Die Deutschlandfrage vom 17. Juni 1953 bis zu den Genfer Viermächtekonferenzen von 1955. Berlin 1990, S. 49–74.
Kielmansegg, Peter Graf: Das geteilte Land. Deutsche Geschichte 1945–1990. München 2007. (aktualisierte Neuausgabe des Buches von 2000: »Nach der Katastrophe. Eine Geschichte des geteilten Deutschlands!«).
Kilian, Werner: Adenauers Reise nach Moskau. Freiburg 2005.
Kittan, Tomas: Das Zuchthaus Cottbus. Die Geschichte des politischen Strafvollzugs. Cottbus 2010. (erweiterte Auflage; 1. Auflage erschien 2009).
Kittan, Tomas: Das »rote Elend« von Cottbus. In: DA 4/2010 (43. Jahrgang), S. 651–659.
Kittel, Manfred: 1983: Strauß' Milliardenkredit für die DDR. Leistung und Gegenleistung in den innerdeutschen Beziehungen. In: Wengst, Udo und Wentker, Hermann (Hg.). Das doppelte Deutschland. 40 Jahre Systemkonkurrenz. Berlin 2008, S. 307–331.
Kleßmann, Christoph: Arbeiter im »Arbeiterstaat« DDR. Deutsche Traditionen, sowjetisches Modell, westdeutsches Magnetfeld (1945 bis 1971). Bonn 2007.
Kleßmann, Christoph: Die doppelte Staatsgründung. Deutsche Geschichte 1945–1955. Göttingen 1991. (5. Auflage; 1. Auflage erschien 1982).
Kleßmann, Christoph (Hg.): Kinder der Opposition. Berichte aus Pfarrhäusern in der DDR. Gütersloh 1993.
Kleßmann, Christoph: Spaltung und Verflechtung – Ein Konzept zur integrierten Nachkriegsgeschichte 1945 bis 1990. Bonn 2005. (Veröffentlicht von der Bundeszentrale für politische Bildung).
Kleßmann, Christoph: Zwei Staaten, eine Nation. Deutsche Geschichte 1955–1970. Bonn 1997.
Kleßmann, Christoph und Lautzas, Peter: Teilung und Integration. Die doppelte deutsche Nachkriegsgeschichte als wissenschaftliches und didaktisches Problem. Bonn 2005. (Veröffentlicht von der Bundeszentrale für politische Bildung).
Kleßmann, Christoph: Die Geschichte der Bundesrepublik und der DDR – Erfolgs- contra Misserfolgsgeschichte? In: Faulenbach, Bernd und Jelich, Franz-Josef (Hg.): »Asymmetrisch verflochtene Parallelgeschichte?« Die Geschichte der Bundesrepublik und der DDR in Ausstellungen, Museen und Gedenkstätten. Essen 2005, S. 15–31.
Kleßmann, Christoph: Die Akten schließen? Der schwierige Umgang mit der Vergangenheit – zwei Diktaturen in Deutschland. Dossier Geschichte und Erinnerung. (Für die Bundeszentrale für politische Bildung am 22.4.2008 auf www.bpb.de).

Klier, Freya: Robert Bialek. In: Fricke, Karl Wilhelm; Steinbach, Peter und Tuchel, Johannes (Hg.): Opposition und Widerstand in der DDR. Politische Lebensbilder. München 2002, S. 210–215.

Koch, Alexander: Die Rolle der Kirchen im deutsch-deutschen Häftlingsfreikauf. In: Mitteilungen zur Kirchlichen Zeitgeschichte, 7/2013, S. 169–180. (Herausgegeben von Claudia Lepp und Harry Oelke im Auftrag der Evangelischen Arbeitsgemeinschaft für Kirchliche Zeitgeschichte).

Köhler, Henning: Adenauer. Eine politische Biografie. Band 1. Frankfurt am Main und Berlin 1997. (Ungekürzte Ausgabe in 2 Bänden; 1. Auflage erschien 1994).

Köhler, Anne: Ist die Übersiedlungswelle noch zu stoppen? Ursachen – Erfahrungen – Perspektiven. In: DA 3/1990 (23. Jahrgang), S. 425–431.

König, Karin: Hermann Flade. In: Fricke, Karl Wilhelm; Steinbach, Peter und Tuchel, Johannes (Hg.): Opposition und Widerstand in der DDR. Politische Lebensbilder. München 2002, S. 140–145.

Korte, Karl-Rudolf: Deutschlandpolitik in Helmut Kohls Kanzlerschaft. Regierungsstil und Entscheidungen 1982–1989. Stuttgart 1998. (Geschichte der deutschen Einheit in vier Bänden. Band 1).

Kösters, Christoph: Staatssicherheit und Caritas 1950–1989. Zur politischen Geschichte der katholischen Kirche in der DDR. Paderborn (u. a.) 2001.

Kösters, Christoph (Hg.): Caritas in der SBZ/DDR 1945–1989. Erinnerungen, Berichte, Forschungen. Paderborn (u. a.) 2001.

Kowalczuk, Ilko-Sascha: 17.6.1953: Volksaufstand in der DDR. Ursachen – Abläufe – Folgen. Berlin 2003.

Kowalczuk, Ilko-Sascha: Das bewegte Jahrzehnt. Geschichte der DDR von 1949 bis 1961. Bonn 2003. (Veröffentlicht von der Bundeszentrale für politische Bildung).

Kowalczuk, Ilko-Sascha: Endspiel. Die Revolution von 1989 in der DDR. München 2009.

Kowalczuk, Ilko-Sascha: Die 101 wichtigsten Fragen: DDR. München 2009.

Kowalczuk, Ilko-Sascha: Stasi konkret. Überwachung und Repression in der DDR. München 2013.

Kowalczuk, Ilko-Sascha: 17. Juni 1953. München 2013.

Kowalczuk, Ilko-Sascha; Wolle, Stefan und Mitter, Armin (Hg.): Der Tag X – 17. Juni 1953. Die »Innere Staatsgründung« der DDR als Ergebnis der Krise 1952/54. Berlin 1995.

Krewer, Peter: Geschäfte mit dem Klassenfeind. Die DDR im innerdeutschen Handel 1949–1989. Trier 2008.

Kruse, Michael: Politik und deutsch-deutsche Wirtschaftsbeziehungen von 1945 bis 1989. Berlin 2005.

Kubina, Michael: Alfred Weiland. In: Fricke, Karl Wilhelm; Steinbach, Peter und Tuchel, Johannes (Hg.): Opposition und Widerstand in der DDR. Politische Lebensbilder. München 2002, S. 56–60.

Kubina, Michael: Die SED und ihre Mauer. In: Henke, Klaus-Dietmar (Hg.): Die Mauer. Errichtung, Überwindung und Erinnerung. München 2011, S. 83–95.

Kuhrt, Eberhard (Hg.) (in Verbindung mit Hannsjörg F. Buck und Gunter Holzweißig) im Auftrag des Bundesministeriums des Innern: Am Ende des realen Sozialismus. Bände 1–5. Opladen 1996 bzw. 1999 bzw. 2001.

Kuppe, Johannes: Die KSZE und der Untergang der DDR. In: DA 3/2005 (38. Jahrgang), S. 488–493.
LaPorte, Norman: Skinheads and Right Extremism in an Anti-fascist State. In: Dennis, Mike und LaPorte, Norman: State And Minorities In Communist East Germany. New York und Oxford 2011, S. 170–194.
Lemke, Michael: Die Berlin-Krise 1958 bis 1963. In: Henke, Klaus Dietmar (Hg.): Die Mauer. Errichtung, Überwindung, Erinnerung. München 2011, S. 32–48.
Lepp, Claudia: Tabu der Einheit? Die Ost-West-Gemeinschaft der evangelischen Christen und die deutsche Teilung (1945–1969). Göttingen 2005.
Lepp, Claudia: Vom Mauerbau bis zur Kirchentrennung (1961–1969). In: Lepp, Claudia und Nowak, Kurt (Hg.): Evangelische Kirche im geteilten Deutschland (1945–1989/90). Göttingen 2001.
Lindheim, Thomas von: Zur Auslegung von § 1 des Häftlingshilfegesetzes. Berlin 1989.
Lindheim, Thomas von: Bezahlte Freiheit. Der Häftlingsfreikauf zwischen den beiden deutschen Staaten. Baden-Baden 2011.
Lindheim, Thomas von: Juristische Probleme beim Freikauf von politischen Häftlingen, 1963–1989. In: DA 6/2010 (43. Jahrgang), S. 1002–1007.
Lindheim, Thomas von: Stellungnahme zu den Anmerkungen von Ludwig A. Rehlinger. In: DA 1/2011 (44. Jahrgang), S. 88.
Lippmann, Bernd: Moderner Menschenhandel – Freikauf politischer Häftlinge aus der DDR. In: Conze, Eckart; Gajdukowa, Katharina und Koch-Baumgarten, Sigrid (Hg.): Die demokratische Revolution 1989 in der DDR. Köln; Weimar und Wien 2009, S. 64–77.
Lippmann, Bernd: Die Anwerbung von Stasi-Spitzeln unter politischen Gefangenen und ihr Agieren in der Bundesrepublik. In: Aris, Nancy und Heitmann, Clemens (Hg.): Via Knast in den Westen. Das Kaßberg-Gefängnis und seine Geschichte. Leipzig 2013, S. 81–98.
Lohr, Karlheinz: Die geopolitischen Grenzbelange und die Verkehrsbeziehungen zwischen den beiden deutschen Staaten 1970–1990. Hintergründe, Analysen, Kommentare und Folgerungen. Berlin 1998.
Mählert, Ulrich (Hg.): Der 17. Juni 1953. Ein Aufstand für Einheit, Recht und Freiheit. Bonn 2003.
Mählert, Ulrich: Kleine Geschichte der DDR. München 2004. (4. überarbeitete Auflage; 1. Auflage erschien 1998).
Mählert, Ulrich; Bayerlein, Bernhard H.; Dähn, Horst; Faulenbach, Bernd; Neubert, Ehrhart; Steinbach, Peter; Troebst, Stefan und Wilke, Manfred (Hg. im Auftrag der Bundesstiftung zur Aufarbeitung der SED): Jahrbuch der Kommunismusforschung (2011). Berlin 2011.
Maibaum, Werner: Geschichte der Deutschlandpolitik. Bonn 1998.
Maier, Charles S.: Dissolution: The crisis of Communism and the end of East Germany. Princeton 1997.
Malycha, Andreas und Winters, Peter Jochen: Die SED. Geschichte einer deutschen Partei. München 2009.
Mampel, Siegfried: Der Untergrundkampf des Ministeriums für Staatssicherheit gegen den Untersuchungsausschuss Freiheitlicher Juristen in West-Ber-

lin. Berlin 1999. (4. neu bearbeitete und wesentlich erweiterte Auflage; 1. Auflage erschien 1994).

Marxen, Klaus: »Recht« im Verständnis des Ministeriums für Staatssicherheit der DDR. In: Engelmann, Roger und Vollnhals, Clemens (Hg.): Justiz im Dienste der Parteiherrschaft. Rechtspraxis und Staatssicherheit in der DDR. Berlin 1999, S. 15–24.

Mayer, Wolfgang: Flucht und Ausreise. Botschaftsbesetzungen als Form des Widerstands gegen die politische Verfolgung in der DDR. Berlin 2002.

Mayer, Wolfgang: Fluchtpunkt Ständige Vertretung. Vor 15 Jahren schloss der sensibelste Außenposten der Bundesrepublik wegen der Besetzung durch Ausreisewillige seine Pforten. In: DA 5/2004 (37. Jahrgang), S. 821–827.

Mayer, Wolfgang: Flucht und Ausreise als Form des Widerstandes gegen die politische Verfolgung in der DDR. In: Timmermann, Heiner (Hg.): Historische Erinnerung im Wandel. Neuere Forschungen zur deutschen Zeitgeschichte unter besonderer Berücksichtigung der DDR-Forschung. Berlin 2007, S. 265–280.

Menge, Marlies: Spaziergänge. Die Serie aus der Wochenzeitung »DIE ZEIT«. Mit Fotografien von Roger Melis. Berlin 2000.

Menge, Marlies: Wolfgang Vogel. Ein glücklicher Arbeitsloser. Der »Austauschanwalt« versucht, die Vergangenheit hinter sich zu lassen. In: Dieselbe: Spaziergänge. Die Serie aus der Wochenzeitung DIE ZEIT. Mit Fotografien von Roger Melis. Berlin 2000, S. 147–154.

Merseburger, Peter: Willy Brandt, 1913–1992. Visionär und Realist. Stuttgart und München 2002.

Meyer, Christoph: Herbert Wehner. Biografie. München 2006.

Meyer, Michael: The Year that Changed the World: The Untold Story Behind the Fall of the Berlin Wall. London (u. a.) 2009.

Meyer, Michel: Freikauf. Menschenhandel in Deutschland. Wien und Hamburg, 1978.

Meyer-Seitz, Christian: SED-Einfluss auf die Justiz in der Ära Honecker. In: DA 1/1995 (28. Jahrgang), S. 32–42.

Michels, Eckard: Guillaume, der Spion. Eine deutsch-deutsche Karriere. Berlin 2013.

Mihr, Anja: Amnesty International in der DDR. Der Einsatz für Menschenrechte im Visier der Stasi. Berlin 2002.

Mitter, Armin und Wolle, Stefan: Untergang auf Raten. Unbekannte Kapitel der DDR-Geschichte. München 1995. (1. Taschenbuchauflage; 1. Auflage als Buch erschien 1993).

Mitter, Armin: Der »Tag X« und die »Innere Staatsgründung« der DDR. In: Kowalczuk, Ilko-Sascha; Mitter, Armin und Wolle, Stefan (Hg.): Der Tag X – 17. Juni 1953. Die »Innere Staatsgründung« der DDR als Ergebnis der Krise 1952/54. Berlin 1995, S. 9–30.

Moldt, Dirk: Massenansturm auf einen Jugendgottesdienst. Die Blues-Messen (1979–1986). In: DA 1/2008 (41. Jahrgang), S. 40–48.

Möller, Frank und Mählert, Ulrich (Hg.): Abgrenzung und Verflechtung. Das geteilte Deutschland in der zeithistorischen Debatte. Berlin 2008.

Möller, Horst: 1949: Zwei deutsche Staaten, eine Nation? Zum nationalen Selbstverständnis in den Verfassungen der Bundesrepublik Deutschland und der DDR.

In: Wengst, Udo und Wentker, Hermann (Hg.) In: Das doppelte Deutschland. 40 Jahre Systemkonkurrenz. Berlin 2008, S. 15–33.
Morsch, Günter und Ley, Astrid (Hg.): Das Konzentrationslager Sachsenhausen 1936–1945: Ereignisse und Entwicklungen. Berlin 2008.
Mühlen, Patrik von zur: Thomas Ammer. In: Fricke, Karl Wilhelm; Steinbach, Peter und Tuchel, Johannes (Hg.): Opposition und Widerstand in der DDR. Politische Lebensbilder. München 2002, S. 152–156.
Müller, Klaus-Dieter und Stephan, Annegret (Hg.): Die Vergangenheit läßt uns nicht los. Haftbedingungen politischer Gefangener in der SBZ/DDR und deren gesundheitliche Folgen. Berlin 1998.
Müller, Jörg: Strafvollzugspolitik und Haftregime in der SBZ und in der DDR. Sachsen in der Ära Ulbricht. Göttingen 2012.
Müller-Enbergs, Helmut (Hg.): Inoffizielle Mitarbeiter des Ministeriums für Staatssicherheit. Teil 1: Richtlinien und Durchführungsbestimmungen. Berlin 2001 (3. Aufl.; 1. Aufl. erschien 1996).
Müller-Enbergs, Helmut (Hg.): Inoffizielle Mitarbeiter des Ministeriums für Staatssicherheit. Teil 2: Anleitungen für die Arbeit mit Agenten, Kundschaftern und Spionen in der Bundesrepublik Deutschland. Berlin 1998.
Müller-Enbergs, Helmut (Hg.): Inoffizielle Mitarbeiter des Ministeriums für Staatssicherheit. Teil 3: Statistiken. Berlin 2008.
Müller-Enbergs, Helmut; Wielgohs, Jan; Hoffmann, Dieter und Herbst, Andreas (Hg.); (unter Mitarbeit von Olaf W. Reimann): Wer war wer in der DDR? Ein Lexikon ostdeutscher Biographien. Band 2, A–L. Berlin 2006. (1. Auflage der vierten Ausgabe).
Müller-Enbergs, Helmut; Wielgohs, Jan; Hoffmann, Dieter und Herbst, Andreas (Hg.); (unter Mitarbeit von Olaf W. Reimann): Wer war wer in der DDR? Ein Lexikon ostdeutscher Biographien. Band 2, M–Z. Berlin 2006 (1. Auflage der vierten Ausgabe).
Münkel, Daniela (Bearbeiterin): Die DDR im Blick der Stasi 1961. Die geheimen Berichte an die SED-Führung. Göttingen 2011. (Aus der Reihe des BStU: Die DDR im Blick der Stasi. Die geheimen Berichte an die SED-Führung).
Münkel, Daniela: CIA, BND, MfS und der Mauerbau. In: Henke, Klaus-Dietmar (Hg.): Die Mauer. Errichtung, Überwindung und Erinnerung. München 2011, S. 67–82.
Nakath, Detlef: Deutsch-deutsche Grundlagen: Zur Geschichte der politischen und wirtschaftlichen Beziehungen zwischen der DDR und der Bundesrepublik in den Jahren 1969 bis 1982. Schkeuditz 2002.
Nawrocki, Joachim: Die Beziehungen zwischen den beiden Staaten in Deutschland. Entwicklungen, Möglichkeiten und Grenzen. Berlin 1986.
Neubert, Ehrhart: Geschichte der Opposition in der DDR 1949–1989. Bonn 2000. (Veröffentlicht von der Bundeszentrale für politische Bildung; 2., durchgesehene und erweiterte sowie korrigierte Auflage; 1. Auflage erschien 1997).
Neubert, Ehrhart: Was waren Opposition, Widerstand und Dissidenz in der DDR? Zur Kategorisierung politischer Gegnerschaft. In: Kuhrt, Eberhard (Hg.) (in Verbindung mit Hannsjörg F. Buck und Gunter Holzweißig) im Auftrag des Bundesministeriums des Innern: Opposition in der DDR von den 70er Jahren

bis zum Zusammenbruch der SED-Herrschaft. Opladen 1999, S. 17–46. (Aus der Reihe: Am Ende des realen Sozialismus. Band 3).

Neubert, Ehrhart und Eisenfeld, Bernd (Hg.): Macht – Ohnmacht – Gegenmacht. Grundfragen zur politischen Gegnerschaft in der DDR. Bremen 2001.

Noack, Hans-Joachim: Willy Brandt. Ein Leben, ein Jahrhundert. Berlin 2013.

Nooke, Maria: Geglückte und gescheiterte Fluchten nach dem Mauerbau. In: Henke, Klaus-Dietmar (Hg.): Die Mauer. Errichtung, Überwindung, Erinnerung. München 2011, S. 163–180.

Otto, Wilfriede: Erich Mielke. Biografie. Berlin 2000.

Passens, Katrin: MfS-Untersuchungshaft. Funktionen und Entwicklung von 1971–1989. Berlin 2012.

Penzlin, Carsten: »Menschliche Erleichterungen«. Ost-Berliner und Moskauer Wahlhilfe für die sozial-liberale Koalition im Bundestagswahlkampf von 1972. In: DA 6/2007 (40. Jahrgang), S. 1006–1013.

Peter, Matthias und Wentker, Hermann (Hg.): Die KSZE im Ost-West-Konflikt. Internationale Politik und gesellschaftliche Transformation 1975–1990. München 2012.

Pfarr, Micha Christopher: Die strafrechtliche Aufarbeitung der Misshandlung von Gefangenen in den Haftanstalten der DDR. Berlin 2013.

Pietzsch, Henning: Opposition und Widerstand: Die kirchliche Jugendarbeit »Offene Arbeit« in Jena zwischen 1970 und 1989. In: Timmermann, Heiner (Hg.): Agenda DDR-Forschung. Ergebnisse, Probleme, Kontroversen. Münster 2005, S. 73–98.

Pietzsch, Henning: Der »Weiße Kreis« in Jena – Beispiel für den Wandel der Protestformen. In: Ansorg, Leonore; Gehrke, Bernd; Klein, Thomas und Kneipp, Danuta (Hg.): »Das Land ist still – noch!« Herrschaftswandel und politische Gegnerschaft in der DDR (1971–1989). Köln; Weimar und Wien 2009.

Plogstedt, Sybille: Knastmauke. Das Schicksal von politischen Häftlingen der DDR nach der deutschen Wiedervereinigung. Gießen 2010.

Port, Andrew: Conflict and Stability in the German Democratic Republic. Cambridge 2007.

Potthoff, Heinrich: Im Schatten der Mauer. Deutschlandpolitik 1961 bis 1990. Berlin 1999.

Potthoff, Heinrich: In den Fußstapfen der sozial-liberalen Deutschlandpolitik. Realität und Anspruch der CDU-Deutschlandpolitik unter Kanzler Kohl. In: Faulenbach, Bernd; Meckel, Markus und Weber, Hermann (Hg.): Die Partei hatte immer recht – Aufarbeitung von Geschichte und Folgen der SED-Diktatur. Essen 1994, S. 165–188.

Pötzl, Norbert F.: Basar der Spione. Die geheimen Missionen des DDR-Unterhändlers Wolfgang Vogel. Hamburg 1997.

Pötzl, Norbert F.: Erich Honecker. Eine Biographie. Stuttgart und München 2003. (2. Auflage; 1. Auflage erschien 2002).

Pötzl, Norbert F.: Beitz. Eine deutsche Geschichte. München 2011.

Pötzl, Norbert F.: Anmerkungen zu Jan Philipp Wölbern, Die Entstehung des »Häftlingsfreikaufs« aus der DDR, 1962–1964: Ein abstruser Stasi-Vermerk und eine spekulative These. In: DA 6/2008 (41. Jahrgang), S. 1032–1035.

Puchala, Donald J.: The German Question and the Reserved Rights of the Western Allies. In: Wagenlehner, Günther (Hg.): Die deutsche Frage und die internationale Sicherheit. Koblenz 1988, S. 103–112.
Quillfeldt, Hendrik von: Dissidenten für Devisen. Häftlingshandel zwischen DDR und Bundesrepublik Deutschland. Erfurt 2010. (Veröffentlicht von der Landeszentrale für politische Bildung Thüringen).
Raschka, Johannes: »Für kleine Delikte ist kein Platz in der Kriminalitätsstatistik«. Zur Zahl politischer Häftlinge während der Amtszeit Honeckers. Dresden 1997.
Raschka, Johannes: Justizpolitik im SED-Staat. Anpassung und Wandel in der Amtszeit Honeckers. Köln; Weimar und Wien 2000.
Raschka, Johannes: Zwischen Überwachung und Repression – Politische Verfolgung in der DDR 1971 bis 1989. Opladen 2001. (Aus der Reihe: Am Ende des realen Sozialismus. Band 5).
Rathenow, Lutz: Jürgen Fuchs – die erste Biografie (Rezension zu Udo Scheers Biografie über Jürgen Fuchs). Abgedruckt in: Horch und Guck. Heft 1/2008. Berlin 2008, S. 76 f.
Reitel, Axel: Jugendstrafvollzug in der DDR am Beispiel des Jugendhauses Halle. Berlin 1996.
Rieke, Dieter (Hg.): Sozialdemokraten als Opfer im Kampf gegen die rote Diktatur. Arbeitsmaterialien zur politischen Bildung. Bonn 1994.
Ritter, Gerhard A.: Der Preis der deutschen Einheit. Die Wiedervereinigung und die Krise des Sozialstaats. München 2007. (2., erweiterte Auflage; 1. Auflage erschien 2006).
Ritter, Gerhard A.: Wir sind das Volk! Wir sind ein Volk! Geschichte der deutschen Einigung. Berlin 2009.
Ritter, Gerhard A.: Die menschliche »Sturmflut« aus der »Ostzone«. Die Flucht aus der DDR und ihre Folgen für Berlin und die Bundesrepublik. In: Effner, Bettina und Heidemeyer, Helge (Hg.): Flucht im geteilten Deutschland. Erinnerungsstätte Notaufnahmelager Marienfelde. Berlin 2005, S. 33–48.
Rödder, Andreas: Deutschland einig Vaterland. Die Geschichte der Wiedervereinigung. München 2009.
Roesler, Jörg: Geschichte der DDR. Köln 2012.
Röhlke, Cornelia: Entscheidung für den Osten. Die West-Ost-Migration. In: Effner, Bettina und Heidemeyer, Helge (Hg.): Flucht im geteilten Deutschland. Erinnerungsstätte Notaufnahmelager Marienfelde. Berlin 2005, S. 97–114.
Rosskopf, Annette: Friedrich Karl Kaul. Anwalt im geteilten Deutschland (1906–1981). Berlin 2002.
Roth, Margit: Innerdeutsche Bestandsaufnahme der Bundesrepublik 1969–1989. Neue Deutung. Berlin 2013.
Rüss, Gisela: Anatomie einer politischen Verwaltung. Das Bundesministerium für gesamtdeutsche Fragen – Innerdeutsche Beziehungen 1949–1970. München 1973.
Sachse, Christian: Das System der Zwangsarbeit in der SED-Diktatur. Die wirtschaftliche und politische Dimension. Leipzig 2014.
Sälter, Gerhard: Die Sperranlagen, oder der unendliche Mauerbau. In: Henke, Klaus-Dietmar (Hg.): Die Mauer. Errichtung, Überwindung, Erinnerung. München 2011, S. 122–137.
Sauer, Heiner und Plumeyer, Hans-Otto: Der Salzgitter Report. Die Zentrale Er-

fassungsstelle berichtet über Verbrechen im SED-Staat. Esslingen und München 1991.

Scheer, Udo: Jürgen Fuchs: Ein literarischer Weg in die Opposition. Berlin 2007.

Scherrieble, Joachim (Hg.): Der Rote Ochse Halle (Saale). Politische Justiz. 1933–1945/1945–1989. Berlin 2008.

Schmidt, Karin: Zur Frage der Zwangsarbeit im Strafvollzug der DDR. Die »Pflicht zur Arbeit« im Arbeiter- und Bauernstaat. Hildesheim; Zürich und New York 2011.

Schmidthammer, Jens: Rechtsanwalt Wolfgang Vogel. Mittler zwischen Ost und West. Hamburg 1987.

Schneider, Gernot: Lebensstandard und Versorgungslage. In: Kuhrt, Eberhard (Hg.) (in Verbindung mit Hannsjörg F. Buck und Gunter Holzweißig) im Auftrag des Bundesministeriums des Innern: Die wirtschaftliche und ökologische Situation der DDR in den achtziger Jahren. Opladen 1996, S. 111–136. (Aus der Reihe: Am Ende des realen Sozialismus. Band 2).

Schöllgen, Gregor: Die Außenpolitik der Bundesrepublik Deutschland. Von den Anfängen bis zur Gegenwart. München 2004. (3., erweiterte und aktualisierte Auflage).

Schöllgen, Gregor: Willy Brandt. Die Biographie. Berlin 2013. (2. Auflage, aktualisierte und erweiterte Neuausgabe; 1. Auflage erschien 2001).

Scholtyseck, Joachim: Die Außenpolitik der DDR. München 2003.

Schönfelder, Jan und Erices, Rainer: Willy Brandt in Erfurt. Das erste deutsch-deutsche Gipfeltreffen 1970. Berlin 2010. (Lizenzausgabe für die Landeszentrale für politische Bildung Thüringen).

Schröder, Richard: Die wichtigsten Irrtümer über die deutsche Einheit. Freiburg; Basel und Wien 2007.

Schroeder, Friedrich-Christian: Das Strafrecht des realen Sozialismus. Eine Einführung am Beispiel der DDR. Opladen 1983.

Schroeder, Klaus: Der SED-Staat. Partei, Staat und Gesellschaft 1949–1990. München 1998.

Schuller, Wolfgang: Geschichte und Struktur des politischen Strafrechts der DDR bis 1968. Ebelsbach 1980.

Schuller, Wolfgang: Walter Linse. In: Fricke, Karl Wilhelm; Steinbach, Peter und Tuchel, Johannes (Hg.): Opposition und Widerstand in der DDR. Politische Lebensbilder. München 2002, S. 289–294.

Schumann, Karl F.; Dietz, Gerhard-Uhland; Gehrmann, Manfred; Kaspras, Heidi und Struck-Möbbeck, Olaf: Private Wege der Wiedervereinigung. Die deutsche Ost-West-Migration vor der Wende. Weinheim 1996.

Schumann, Karl F.: Die Lebenswege politischer Häftlinge nach Freikauf oder Ausreise. In: Ebenda (Private Wege der Wiedervereinigung), S. 333–348.

Schwabe, Uwe: Die Entwicklung der Leipziger Opposition in den achtziger Jahren am Beispiel der Friedensgebete. In: Heydemann, Günther; Mai, Gunther und Müller, Werner (Hg.): Revolution und Transformation in der DDR 1989/90. Berlin 1999, S. 159–172.

Schwarz, Hans-Peter: Axel Springer. Die Biografie. Berlin 2008. (2. Auflage; 1. Auflage erschien ebf. 2008).

Seifert, Angelika: Heinz Blobner und Arno Seifert. In: Fricke, Karl Wilhelm; Steinbach, Peter und Tuchel, Johannes (Hg.): Opposition und Widerstand in der DDR. Politische Lebensbilder. München 2002, S. 197–202.
Seiffert, Wolfgang und Treutwein, Norbert: Die Schalck-Papiere. DDR-Mafia zwischen Ost und West. Die Beweise. München 1991.
Selitrenny, Rita: Doppelte Überwachung, Geheimdienstliche Ermittlungsmethoden in den Untersuchungshaftanstalten. Berlin 2003.
Sewell, Mike: The Cold War. Cambridge 2002.
Soell, Hartmut: Helmut Schmidt. Macht und Verantwortung. München 2008.
Sonntag, Marcus: Die Arbeitslager in der DDR. Essen 2011.
Sonntag, Marcus: DDR-Arbeitslager – Orte der Schaffung eines »neuen Menschen«? In: DA 2/2011 (44. Jahrgang), S. 208–215.
Spittmann, Ilse und Fricke, Karl Wilhelm (Hg.): 17. Juni 1953. Arbeiteraufstand in der DDR. Edition Deutschland Archiv. Köln 1982.
Staadt, Jochen: Die geheime Westpolitik der SED 1960–1970. Von der gesamtdeutschen Orientierung zur sozialistischen Nation. Berlin 1993.
Stadelmann-Wenz, Elke: Widerständiges Verhalten und Herrschaftspraxis in der DDR. Vom Mauerbau bis zum Ende der Ulbricht-Ära. Paderborn 2009.
Staritz, Dietrich: Die Gründung der DDR. Von der sowjetischen Besatzungsherrschaft zum sozialistischen Staat. München 1984.
Steiner, André: Von Plan zu Plan. Eine Wirtschaftsgeschichte der DDR. München 2004.
Steiner, André (Hg.): Überholen ohne einzuholen. Die DDR-Wirtschaft als Fußnote der deutschen Geschichte? Berlin 2006.
Steiner, André: Die DDR-Volkswirtschaft am Ende. In: Henke, Klaus-Dietmar (Hg.): Revolution und Vereinigung 1989/90. Als in Deutschland die Realität die Phantasie überholte. München 2009, S. 113–129.
Steinmetz, Rüdiger und Viehoff, Reinhold (Hg.): Deutsches Fernsehen Ost. Eine Programmgeschichte des DDR-Fernsehens. Berlin 2008.
Stiftung Haus der Geschichte der Bundesrepublik Deutschland und Zeitgeschichtliches Forum Leipzig (Hg.): Duell im Dunkel. Spionage im geteilten Deutschland. Köln; Weimar und Wien 2002.
Stöver, Bernd: Der Kalte Krieg 1947–1991. Geschichte eines radikalen Zeitalters. München 2007.
Stöver, Bernd: Zuflucht DDR. Spione und andere Übersiedler. München 2009.
Stuhler, Ed: Die letzten Monate der DDR. Die Regierung de Maizière und ihr Weg zur deutschen Einheit. Berlin 2010.
Suckut, Siegfried: »Als wir in den Hof unserer Haftanstalt fuhren, verstummte Genosse Fechner«. Neues aus den Stasi-Akten zur Verhaftung und Verurteilung des ersten Justizministers. In: Engelmann, Roger und Vollnhals, Clemens (Hg.): Justiz im Dienste der Parteiherrschaft. Rechtspraxis und Staatssicherheit in der DDR. Berlin 1999, S. 165–179.
Suckut, Siegfried (Hg.): Das Wörterbuch der Staatssicherheit. Definitionen zur »politisch-operativen Arbeit«. Berlin 1996.
Suckut, Siegfried (Bearbeiter): Die DDR im Blick der Stasi 1976. Die geheimen Berichte an die SED-Führung. Göttingen 2009. (Aus der Reihe des BStU: Die DDR im Blick der Stasi. Die geheimen Berichte an die SED-Führung).

Suckut, Siegfried und Süß, Walter (Hg.): Staatspartei und Staatssicherheit. Zum Verhältnis von SED und MfS. Berlin 1997.
Suckut, Siegfried und Weber, Jürgen (Hg.): Stasi-Akten zwischen Politik und Zeitgeschichte. Eine Zwischenbilanz. München 2003.
Süß, Walter: Staatssicherheit am Ende. Warum es den Mächtigen nicht gelang, 1989 eine Revolution zu verhindern. Berlin 1999. (2. Auflage; 1. Auflage ebenfalls 1999).
Taylor, Frederick: The Berlin Wall. A World Divided, 1961–1989. New York 2008.
Teichler, Hans Joachim: Schalck-Golodkowski und der Sport. Dopinganalytik aus Mitteln des Häftlingsfreikaufs. In: DA 4/2010 (43. Jahrgang), S. 625–628.
Thoß, Hendrik (Hg.): Europas Eiserner Vorhang. Die deutsch-deutsche Grenze im Kalten Krieg. Berlin 2008.
Thoß, Hendrik: Grenzsoldaten vor Gericht: Der Rechtsstaat und die Gewalttaten an der deutsch-deutschen Grenze. In: Ebenda (Europas Eiserner Vorhang), S. 145–201.
Timmermann, Heiner (Hg.): Agenda DDR-Forschung. Ergebnisse, Probleme, Kontroversen. Münster 2005.
Timmermann, Heiner (Hg.): Diktaturen in Europa im 20. Jahrhundert – der Fall DDR. Berlin 1996.
Timmermann, Heiner (Hg.): Die DDR – Recht und Justiz als politisches Instrument. Berlin 2000.
Timmermann, Heiner (Hg.): Historische Erinnerung im Wandel. Neuere Forschungen zur deutschen Zeitgeschichte unter besonderer Berücksichtigung der DDR-Forschung. Berlin 2007.
Timmermann, Heiner: Die Rechtsordnungen der Bundesrepublik Deutschland und der DDR. In: Derselbe (Hg.): Die DDR – Recht und Justiz als politisches Instrument. Berlin 2000, S. 11–25.
Veen, Hans-Joachim; Eisenfeld, Peter; Kloth, Hans Michael; Knabe, Hubertus; Maser, Peter; Neubert, Ehrhart und Wilke, Manfred (Hg.): Lexikon: Opposition und Widerstand in der SED-Diktatur. Berlin und München 2000.
Vesting, Justus: Zwangsarbeit im Chemiedreieck. Strafgefangene und Bausoldaten in der Industrie der DDR. Berlin 2012.
Vollnhals, Clemens (Hg.): Die Kirchenpolitik von SED und Staatssicherheit. Eine Zwischenbilanz. Berlin 1996.
Vollnhals, Clemens: »Die Macht ist das Allererste«. Staatssicherheit und Justiz in der Ära Honecker. In: Engelmann, Roger und Vollnhals, Clemens (Hg.): Justiz im Dienste der Parteiherrschaft. Rechtspraxis und Staatssicherheit in der DDR. Berlin 1999, S. 227–271.
Volze, Armin: Geld und Politik in den innerdeutschen Beziehungen 1970–1989. In: DA 3/1990 (23. Jahrgang), S. 382–390.
Volze, Armin: Eine Bananen-Legende und andere Irrtümer. In: DA 1/1993 (26. Jahrgang), S. 58–66.
Volze, Armin: Zur Devisenverschuldung der DDR – Entstehung, Bewältigung und Folgen. In: Kuhrt, Eberhard (Hg.) (in Verbindung mit Hannsjörg F. Buck und Gunter Holzweißig) im Auftrag des Bundesministeriums des Innern: Die Endzeit der DDR-Wirtschaft – Analysen zur Wirtschafts-, Sozial- und

Umweltpolitik. Opladen 1999, S. 151–187. (Aus der Reihe: Am Ende des realen Sozialismus. Band 4).
Wagenlehner, Günther (Hg.): Die deutsche Frage und die internationale Sicherheit. Koblenz 1988.
Wagner, Helmut (Hg.): Europa und Deutschland – Deutschland und Europa. Liber amirocum für Heiner Timmermann zum 65. Geburtstag. Münster 2005.
Weber, Hermann: Geschichte der DDR. München 2004. (2. Auflage; 1. Auflage erschien 1985).
Weinke, Annette: Stasi und Strafrecht: Ein dunkles Kapitel. In: Timmermann, Heiner (Hg.): Die DDR – Recht und Justiz als politisches Instrument. Berlin 2000, S. 141–161.
Weißbach, Olaf: Bernd Eisenfeld. In: Fricke, Karl Wilhelm; Steinbach, Peter und Tuchel, Johannes (Hg.): Opposition und Widerstand in der DDR. Politische Lebensbilder. München 2002, S. 157–161.
Wengst, Udo und Wentker, Hermann (Hg.). Das doppelte Deutschland. 40 Jahre Systemkonkurrenz. Berlin 2008.
Wentker, Hermann: Außenpolitik in engen Grenzen. Die DDR im internationalen System 1949–1989. München 2007.
Wentker, Hermann: Helmut Brandt. In: Fricke, Karl Wilhelm; Steinbach, Peter und Tuchel, Johannes (Hg.): Opposition und Widerstand in der DDR. Politische Lebensbilder. München 2002, S. 66–70.
Wentker, Hermann: 1973: Doppelter UN-Beitritt. Deutsch-deutsche Konkurrenz auf der internationalen Bühne. In: Wengst, Udo und Wentker, Hermann (Hg.): Das doppelte Deutschland. 40 Jahre Systemkonkurrenz. Berlin 2008, S. 235–258.
Wentker, Hermann: Der Westen und die Mauer. In: Henke, Klaus-Dietmar (Hg.): Die Mauer. Errichtung, Überwindung, Erinnerung. Berlin 2011, S. 196–210.
Wentker, Hermann: Rezension von: Jan Philipp Wölbern: Der Häftlingsfreikauf aus der DDR 1962/63–1989. Zwischen Menschenhandel und humanitären Aktionen. Göttingen 2014. In: sehepunkte 14 (2014), Nr. 7/8 (15.7.2014), URL: http://www.sehepunkte.de/2014/07/25061.html (Besuch der Homepage am 16.7.2014)
Wenzke, Rüdiger: Ab nach Schwedt! Die Geschichte des DDR-Militärstrafvollzugs. Berlin 2011.
Werkentin, Falco: Politische Strafjustiz in der Ära Ulbricht. Berlin 1995.
Werkentin, Falco: Recht und Justiz im SED-Staat. Bonn 1998. (Veröffentlicht von der Bundeszentrale für politische Bildung).
Werkentin, Falco: Die Waldheimer »Prozesse« – ein Experimentierfeld für die zukünftige Scheinjustiz unter Kontrolle der SED? In: Bästlein, Klaus; Rosskopf, Annette und Werkentin, Falco: Beiträge zur juristischen Zeitgeschichte der DDR. Berlin 2000, S. 32–51.
Werkentin, Falco: Politische Strafjustiz nach dem 13. August 1961 – »Jedes Urteil ist eine politische Tat«. In: Buschfort, Wolfgang; Wachs, Philipp-Christian und Werkentin, Falco: Vorträge zur deutsch-deutschen Nachkriegsgeschichte. Berlin 2007, S. 57–83. (2. durchgesehene Auflage; 1. Auflage erschien 2001).
Werkentin, Falco: Das sozialistische Strafgesetzbuch der DDR vom Januar 1968. In: DA 4/2008 (38. Jahrgang), S. 645–655.
Wettig, Gerhard: Chruschtschows Berlin-Krise 1958 bis 1963. Drohpolitik und Mauerbau. München 2006.

Wettig, Gerhard: Chruschtschow, Ulbricht und die Berliner Mauer. In: Aus Politik und Zeitgeschichte. 50 Jahre Mauerbau. 61. Jahrgang. 31–34/2011, S. 16–21.
Whitney, Craig: Advocatus Diaboli. Wolfgang Vogel. Anwalt zwischen Ost und West. Berlin 1993. (unter dem Originaltitel »Spy Trader« 1993 in New York erschienen).
Wiegrefe, Klaus und Tessmer, Carsten: Deutschlandpolitik in der Krise. Herbert Wehners Besuch in der DDR 1973. In: DA 6/1994 (27. Jahrgang), S. 600–627.
Wiese, Friedrich-Franz: Arno Esch. In: Fricke, Karl Wilhelm; Steinbach, Peter und Tuchel, Johannes (Hg.): Opposition und Widerstand in der DDR. Politische Lebensbilder. München 2002, S. 173–180.
Wilke, Manfred: Der Weg zur Mauer. Stationen der Teilungsgeschichte. Berlin 2011.
Wilke, Manfred: Ulbricht und der Mauerbau. In: Henke, Klaus-Dietmar (Hg.): Die Mauer. Errichtung, Überwindung, Erinnerung. Berlin 2011, S. 49–66.
Windmüller, Joachim: Ohne Zwang kann der Humanismus nicht existieren... – »Asoziale« in der DDR. Frankfurt am Main (u. a.) 2006.
Winters, Peter Jochen: Anwalt der Menschen zwischen den Fronten. Wolfgang Vogel zum 80. Geburtstag. In: DA 1/2006 (39. Jahrgang), S. 776–778.
Winters, Peter Jochen: Ehrlicher Makler zwischen den Fronten. Zum Tod von Wolfgang Vogel (1925–2008). In: DA 5/2008 (41. Jahrgang), S. 775–778.
Wölbern, Jan Philipp: Der Häftlingsfreikauf aus der DDR 1962/63–1989. Zwischen Menschenhandel und humanitären Aktionen. Göttingen 2014.
Wölbern, Jan Philipp: Die Entstehung des Häftlingsfreikaufs aus der DDR, 1962–1964. In: Deutschland Archiv 5/2008 (41. Jahrgang), S. 856–867.
Wölbern, Jan Philipp: Anmerkung: Problematische Argumentation. In: DA 1/2009 (42. Jahrgang), S. 82–86.
Wölbern, Jan Philipp: Mit dem Wunderbus nach Gießen. Der Häftlingsfreikauf und die Stasi-U-Haftanstalt in Karl-Marx-Stadt. In: Aris, Nancy und Heitmann, Clemens (Hg.): Via Knast in den Westen. Das Kaßberg-Gefängnis und seine Geschichte. Leipzig 2013, S. 46–56.
Wolfrum, Edgar: Die geglückte Demokratie. Geschichte der Bundesrepublik Deutschland von ihren Anfängen bis zur Gegenwart. Stuttgart 2006.
Wolfrum, Edgar: Die 50er Jahre. Kalter Krieg und Wirtschaftswunder. Darmstadt 2006. (Aus der Reihe: Deutschland im Fokus. Band 1).
Wolfrum, Edgar: Die 60er Jahre. Eine dynamische Gesellschaft. Darmstadt 2006. (Aus der Reihe: Deutschland im Fokus. Band 2).
Wolfrum, Edgar: Die 70er Jahre. Republik im Aufbruch. Darmstadt 2007. (Aus der Reihe: Deutschland im Fokus. Band 3).
Wolfrum, Edgar: Die 80er Jahre. Globalisierung und Postmoderne. Darmstadt 2007. (Aus der Reihe: Deutschland im Fokus. Band 4).
Wolfrum, Edgar: Die 90er Jahre. Wiedervereinigung und Weltkrisen. Darmstadt 2008. (Aus der Reihe: Deutschland im Fokus. Band 5).
Wolfrum, Edgar: Die DDR. Eine Geschichte in Bildern. Darmstadt 2008. (Aus der Reihe: Deutschland im Fokus. Band 6).
Wolfrum, Edgar: Die 101 wichtigsten Fragen: Bundesrepublik Deutschland. München 2009.
Wolfrum, Edgar: Die Mauer. Geschichte einer Teilung. München 2009.

Wolfrum, Edgar: Geschichtspolitik in der Bundesrepublik Deutschland. Der Weg zur bundesrepublikanischen Erinnerung 1948–1990. Darmstadt 1999.
Wolfrum, Edgar: Das Verbot der KPD im Jahr 1956. Wehrhafte bundesrepublikanische Demokraten oder politische Gefangene des Kalten Krieges? In: Haus der Geschichte Baden-Württemberg in Verbindung mit der Landeshauptstadt Stuttgart (Hg.): Politische Gefangene in Südwestdeutschland. Tübingen 2001, S. 250–281.
Wolfrum, Edgar und Arendes, Cord: Globale Geschichte des 20 Jahrhunderts. Stuttgart 2007.
Wolfrum, Edgar (im Gespräch mit Frank Möller): Mentalitätsumbruch und Wertewandel in Ost- und Westdeutschland während der 60er- und 70er Jahre. In: Möller, Frank und Mählert, Ulrich (Hg.): Abgrenzung und Verflechtung. Das geteilte Deutschland in der zeithistorischen Debatte. Berlin 2008, S. 43–60.
Wolle, Stefan: Die heile Welt der Diktatur. Alltag und Herrschaft in der DDR 1971–1989. Bonn 1998. (Veröffentlicht von der Bundeszentrale für politische Bildung).
Wolle, Stefan: Aufbruch in die Stagnation. Die DDR in den Sechzigerjahren. Bonn 2005. (Veröffentlicht von der Bundeszentrale für politische Bildung).
Wolle, Stefan: Der Traum von der Revolte. Die DDR 1968. Berlin 2008.
Wunnicke, Christoph: Die Luxemburg-Liebknecht-Demonstration vom 17. Januar 1988 und ihre Folgen. In: Gutzeit, Martin (Hg.): Auf dem Weg zur friedlichen Revolution? Ost-Berlin in den Jahren 1987/88. Berlin 2008, S. 61–67.
Wunschik, Tobias: Knastware für den Klassenfeind. Häftlingsarbeit in der DDR, der Ost-West-Handel und die Staatssicherheit (1970-1989). Göttingen 2014.
Wunschik, Tobias: Selbstbehauptung und politischer Protest von Gefangenen im DDR-Strafvollzug. In: Neubert, Ehrhart und Eisenfeld, Bernd (Hg.): Macht – Ohnmacht – Gegenmacht. Grundfragen zur politischen Gegnerschaft in der DDR. Bremen 2001, S. 267–292.
Wunschik, Tobias: Politische Gefangene als Spielball der Politik. Die innerdeutsche Amnestiedebatte in den Jahren 1955–1957. In: Wagner, Helmut (Hg.): Europa und Deutschland – Deutschland und Europa. Liber amirocum für Heiner Timmermann zum 65. Geburtstag. Münster 2005, S. 373–389.
Wunschik, Tobias: Risse in der Sicherheitsarchitektur des SED-Regimes. Staatssicherheit und Ministerium des Innern in der Ära Honecker. In: Deutschland Archiv 2/2011 (44. Jahrgang), S. 200–207.
Wyden, Peter: Wall. The inside story of divided Berlin. New York 1989.
Zahlmann, Stefan (Hg.): Wie im Westen, nur anders. Medien in der DDR. Berlin 2010.
Zatlin, Jonathan R.: The Currency of Socialism. Money and Political Culture in East Germany. Cambridge und New York 2007.
Zehrer, Eva-Maria: »Verraten und verkauft« – eine mutige Tat und ihre Folgen. In: Aris, Nancy und Heitmann, Clemens (Hg.): Via Knast in den Westen. Das Kaßberg-Gefängnis und seine Geschichte. Leipzig 2013, S. 147–157.
Zimmer, Matthias: Nationales Interesse und Staatsräson. Zur Deutschlandpolitik der Regierung Kohl 1982–1989. Paderborn (u. a.) 1992.

# Anhang

## Tabelle zu den von der Bundesregierung freigekauften Häftlingen

| Jahr | Freigekaufte Häftlinge | Jahr | Freigekaufte Häftlinge |
|---|---|---|---|
| 1963 | 8 | 1977 | 1.475 |
| 1964 | 888 | 1978 | 1.452 |
| 1965 | 1.541 | 1979 | 890 |
| 1966 | 424 | 1980 | 1.036 |
| 1967 | 531 | 1981 | 1.584 |
| 1968 | 696 | 1982 | 1.491 |
| 1969 | 927 | 1983 | 1.105 |
| 1970 | 888 | 1984 | 2.236 |
| 1971 | 1.375 | 1985 | 2.669 |
| 1972 | 731 | 1986 | 1.450 |
| 1973 | 631 | 1987 | 1.209 |
| 1974 | 1.053 | 1988 | 1.048 |
| 1975 | 1.158 | 1989 | 1.840 |
| 1976 | 1.439 | Gesamt: | 31.775 |

Zahlen aus: Rehlinger: Freikauf, S. 279. Laut Posser erzielte die DDR in den 1980er Jahren hierbei über 2 Milliarden DM von den insgesamt rund 3,4 Milliarden DM an Einnahmen aus den humanitären Bemühungen der Bundesregierung, was absolut plausibel ist. Zahlen aus: Posser: Anwalt im Kalten Krieg, S. 354.

Auszüge* aus dem Monatsbericht Nr. 1 von Rechtsanwalt
Kurt Behling an die Bundesregierung vom 21.5.1951 zur Tätigkeit
der sogenannten Rechtsschutzstelle

```
                                        Aktz.:  OZ 2/51


                      S t r e n g  v e r t r a u l i c h .



                      M o n a t s b e r i c h t  Nr.1
                      ================================
                      für die Zeit vom Beginn der Tätigkeit
                            bis zum 15. Mai 1951.




                                    Verfasser:
                                    Rechtsanwalt Dr. Behling,
                                    Berlin W.30,
                                    Neue Bayreuther Str.3.

       Berlin, den 21. Mai 1951.
```

* abgedruckt aus: BA Koblenz, B 137/1742

I

Inhaltsverzeichnis.
=================================

| | | |
|---|---|---|
| **Vorwort** | S. | 1-2 |
| A. Entstehung der Rechtsschutzstelle Berlin | | 3-6 |
| B. Organisation der Rechtsschutzstelle | | 7 |
| C. Praktische Arbeit | | 7-21 |
|    I. Koordinierungsarbeit | | 8-12 |
|   II. Erfassung und Hilfe im Einzelfall | | 12-20 |
|       1. Fälle mit unbekanntem Aufenthalt | S.13 | |
|       2. Fälle mit bekanntem Aufenthalt | S.13-16 | |
|         a) Einzelaktionen 13-16 | | |
|           aa) Gnadengesuche S.14-15 | | |
|           bb) Amnestieaussichten S. 15-16 | | |
|         b) Staatliche Hilfsmassnahmen S. 16-20 | | |
|           aa) Austausch von Häftlingen S. 16-17 | | |
|           bb) Loskauf von Häftlingen S. 18 | | |
|           cc) Anwendung von Strafvorschriften in der Bundesrepublik,die den ostzonalen Bestimmungen entsprechen S. 18-19 | | |
|           dd) Schaffung von vorbeugenden Strafvorschriften 19-20 | | |
|   III. Soziale Fragen | | 20-21 |
| D. Schlussbetrachtung | | 21-22 |

Dem Vernehmen nach sollen die Vorarbeiten für eine weitere Amnestie bei den zuständigen ostzonalen Stellen fortgeführt werden. Man rechnete bereits mit einer sogenannten Befreiungsamnestie, doch hat sich diese Vermutung nicht bewahrheitet. Jedenfalls ist nicht ausgeschlossen, dass in nächster Zeit weitere Entlassungen erfolgen. Von kirchlicher Seite wird deshalb immer wieder gebeten, vorerst in Presseveröffentlichungen Zurückhaltung zu bewahren, damit die jetzt vermutete Aktion nicht gestört wird.

Nach welchen Gesichtspunkten die Amnestievorarbeiten durchgeführt werden, ist nicht klar erkennbar. Ausschlaggebend scheint u.a. das gute Verhalten des Häftlings in der Haftanstalt zu sein, da in jedem Fall ein eingehendes Gutachten der Anstaltsleitung eingeholt wird.

b) Immer und immer wieder ist die Frage laut geworden, in welcher Weise die Bundesregierung Hilfe bringen kann.

Es unterliegt keinem Zweifel, dass Einzelaktionen aus dem Bundesgebiet mehr schaden als nutzen, mögen diese nun von staatlicher, amtlicher oder privater Seite aus gehen. Die Abneigung der ostzonalen Behördenstellen gegenüber allem, was westlich orientiert ist, scheint sich von Tag zu Tag zu vergrössern.

Einzelmassnahmen von Behörden der Bundesrepublik sind daher auf jeden Fall zu vermeiden. Bedeutsam erscheint insoweit die Haltung des Vatikans. Nach den vorliegenden Informationen wurden auch von Rom keine Einzelmassnahmen für Häftlinge in sowjetischer Haft unternommen, da die Gefahr einer Verbringung nach dem Osten zu gross sei. Aus diesem Grund beschränken sich die Stellen des Vatikans darauf, das anfallende Material zu sammeln und zu sichten.

Bei einer generellen Hilfe aus Bonn könnte man an folgende staatliche Möglichkeiten denken :

aa) Austausch von Häftlingen.
Diese Möglichkeit könnte vor allem bei Spionagefällen eine Rolle spielen. Es müsste erreicht werden, dass Spione der einen Seite gegen Spione der anderen Seite ausgetauscht werden.

Die Bedenken rechtlicher und tatsächlicher Art gegen ein solches Verfahren sind nicht zu verkennen. Einmal fehlt es an der Vergleichbarkeit der Fälle, da von den westlichen Mächten (Besatzungsmächte und Bundesrepublik) der Tatbestand der Spionage nach klassischen Gesichtspunkten beurteilt wird, während nach ostzonalem bzw. sowjetischem Rechtsdenken der Tatbestand der Spionage uferlos ausgedehnt ist.

Schwierigkeiten ergeben sich weiterhin aus völkerrechtlichen Überlegungen, da Regierungsverhandlungen in dieser Richtung sehr leicht als Anerkennung der Regierung der DDR durch die Regierung der Bundesrepublik betrachtet werden können. Wenn man daher überhaupt einem Austausch näher treten will, so müsste man wohl als Verhandlungspartner auf westlicher Seite die alliierte Hohe Kommission und auf östlicher Seite die sowjetische Besatzungsmacht in Erscheinung treten lassen. Dieser Weg scheint auch deshalb zweckmässig, weil nach den bisher getroffenen Feststellungen Verurteilungen wegen Spionage ausschliesslich von sowjetischen Militärtribunalen erfolgt sind und lediglich der Strafvollzug später in die Hände der Volkspolizei übergegangen ist. Nach den bisher gesammelten Eindrücken scheint die sowjetische Besatzungsmacht für grundsätzliche Entscheidungen auf diesem Sektor ausschliesslich zuständig zu sein.

Die Frage wäre unter Berücksichtigung der obigen Ausführungen mit den infragekommenden Ministerien und gegebenenfalls mit der Alliierten Hohen Kommission zu besprechen. Dabei wäre gegen über der Alliierten Hohen Kommission noch besonders darauf hinzuweisen, dass leider vielfach jugendliche Deutsche mit Aufklärungsaufgaben im Interesse des alliierten Nachrichtendienstes betraut werden, die ihrer Aufgabe von vornherein nicht gewachsen sind und aus diesem Grunde sehr schnell gefasst werden. In Fällen dieser Art besteht nach meiner Auffassung zumindest eine moralische Verantwortlichkeit der alliierten Mächte, auch ihrerseits Mittel und Wege zu suchen, um diesen bedauernswerten Häftlingen zu helfen (s.auch unter Ziff. C II a b, cc).

bb) Loskauf von Häftlingen.

Eine solche Möglichkeit könnte dadurch geschaffen werden, dass in den bizonalen Handelsvertragsabkommen die Lieferung bestimmter Erzeugnisse an die Ostzone von der Freilassung von Häftlingen abhängig gemacht wird. Diese Forderung wird insbesondere von den politischen Verbänden erhoben. Es wird von dort aus argumentiert, dass sich die Vertreter der Bundesrepublik mit ostzonalen Behördenvertretern, solange die hier interessierenden Urteile in der Welt sind, überhaupt nicht an einen Verhandlungstisch setzen sollten. Wenn man aber schon Wirtschaftsverhandlungen führe, so sollte man versuchen, diese mit der Gefangenenfrage zu koppeln. Dieser Weg verspricht, wie ja die Verhandlungen mit Jugoslawien bewiesen haben, wo ebenfalls mit iunctims gearbeitet wurde, gewisse Erfolge. Jedenfalls müsste es auf diesem Wege möglich sein, wenigstens die Häftlinge über 65 Jahre, Jugendliche, Frauen und schwerkranke Personen von einer weiteren Haft zu erlösen.

Neben diesen Bemühungen blieben dann noch Einzelmassnahmen übrig, die jedoch praktisch auf eine Bestechung gewisser Gefängnisorgane hinauslaufen. Zu Massnahmen dieser Art kann sich natürlich die Bundesrepublik weder offiziell noch inoffiziell zur Verfügung stellen. Sie müssen den Angehörigen vorbehalten bleiben. Im übrigen sollten sie von Regierungsseite nicht gefördert werden. Selbst unterstellt, dass es in dem einen oder anderen Falle gelingt den einen oder anderen Gefangenen auf diesem Wege zu befreien, so dürften die Rückschläge für die übrigen Gefangenen unabsehbar sein. Das Personal, bei dem sich Fälle dieser Art ereignen, würde, sofern es nicht selbst zur Flucht gezwungen wäre, sofort durch linientreue Personen ersetzt werden; ausserdem steht ein Abtransport der zurückbleibenden Häftlinge in die Sowjetunion zu befürchten.

cc) Anwendung von Strafvorschriften in der Bundesrepublik, die den ostzonalen Bestimmungen entsprechen.

Ein Anwalt aus der Ostzone erklärte kürzlich, dass die FdJ'ler, die Helgoland besetzt hatten und im Anschluss daran zu kurzfristigen Gefängnisstrafen verurteilt worden waren, nach ihrer Entlassung in der Ostzone "wie auf silbernen Schüsseln"

und praktisch als Märtyrer herumgereicht worden seien. Hätten
Mitglieder der Oppositionspartei etwa die Insel Rügen besetzt, so wären sie zweifelsohne zu langfristigen Freiheitsstrafen, wenn nicht zum Tode, verurteilt worden.

Eine Angleichung der Gesetzgebung und Rechtsprechung erscheint
in der Tat angebracht. Es ist andererseits nicht zu verkennen,
dass es für einen Rechtsstaat ein praktisch undurchführbares
Unternehmen ist, analoge Vorschriften zu schaffen, wie sie
aufgrund der sowjetischen Ideologie in der Ostzone ergangen
sind. Der Unterzeichnete wird in einem späteren Bericht im
einzelnen auf die einschlägigen Rechtsfragen zurückkommen
und sich mit der Tatbestandstechnik des ostzonalen Strafrechts, für die die "internationale Konspiration" charakteristisch ist, auseinandersetzen. Programmatische Phrasen
wechseln mit derartig weitgehenden Formulierungen ab, dass
weder eine Begrenzung noch eine Klärung des Straftatbestandes
möglich ist. Für den rechtsstaatlich denkenden Juristen sind
derartige Formulierungen ein Greuel; dennoch wird man
hierauf als Kampfmittel nicht verzichten können. Sollte sich
die Regierung hierzu entschliessen, würde wahrscheinlich
einmal eine gewisse Beruhigung gegenüber linksradikalen Elementen im Bundesgebiet eintreten. Zum anderen könnte man auf
diese Weise einen Personenkreis schaffen, der u.U. als austauschfähige Elemente im Sinne der unter II,2b,aa, gemachten
Ausführungen zur Verfügung gestellt werden könnten.

dd) Schaffung von vorbeugenden Strafvorschriften.
Es ist unverkennbar, dass die Anprangerung von Amtspersonen
der Ostzone durch den Untersuchungsausschuss mittels proforma Anklageschriften gewisse günstige Reaktionen in der
Zone bei den angesprochenen Kreisen hervorgerufen hat.

Es wird zu prüfen sein, ob diese Einzelmassnahmen auf dem Gebiet der Gesetzgebung der Bundesrepublik ergänzt werden müssen. Diese Frage berührt eine etwaige spätere Bestrafung der
Ostzonenfunktionäre wegen ihrer Kollaboration. Gewiss sind
die Auswirkungen dieses Kapitels, wie die Erfahrungen in den
westeuropäischen Ländern nach dem 2. Weltkrieg zeigen, trübe.

Heute ist auch noch nicht zu entscheiden, wie und ob diese Gesetze etwa zur Anwendung gelangen. Diese Frage entscheidet sich vielmehr in der Zukunft. Aus Abschreckungsgründen ist aber für heute wichtig, dass bei den Funktionären der Ostzone das Bewusstsein ihres Unrechtverhaltens geweckt und kein Zweifel darüber gelassen wird, dass sie wegen dieser Taten einstmals zur Rechenschaftgezogen würden. Eine sorgfältige Abgrenzung zwischen (zulässiger) Co-Operation und (abzulehnender) Kollaboration wird dabei unerlässlich sein, um das -auch heute noch vorhandene und schwer ringende- Widerstandselement nicht unsicher zu machen.

### III. Soziale Fragen.

Im Zuge der Durcharbeitung der im Berichtszeitraum angefallenen Vorgänge haben sich auch eine Anzahl von sozialpolitischen Fragen ergeben.

1.) Im Vordergrund steht die **Unterstützung von Angehörigen** der Inhaftierten. Insoweit sind drei Gruppen zu unterscheiden:

a) Einmal ist an die grosse Gruppe von Angehörigen der Inhaftierten zu denken, die ihren Wohnsitz in der Bundesrepublik haben.

Nicht alle Angehörigen sind unterstützungsbedürftig, z.T. ist auch die Unterstützungswürdigkeit zu verneinen. Letzteres gilt von Angehörigen derjenigen Häftlinge, die in der Vergangenheit wirklich Kriegs- und Menschlichkeitsverbrechen begangen haben. In gewissen Grenzfällen werden sich Härten nicht vermeiden lassen. So liegt z.B. der Fall eines goldenen Parteizeichenträgers und alten Pg's, der während der Nazizeit Träger hoher Funktionen war, auf der Grenze. Fälle dieser Art werden individuell zu prüfen sein, bevor man Unterstützungszahlungen an die -zweifelsohne bedürftigen Angehörigenzahlt.

b) Unterstützungszahlungen an Angehörige von Häftlingen, die in Westdeutschland wohnen, rufen sofort bittere Gedanken bei den Angehörigen hervor, die heute noch in der Ostzone unter z.T. ausserordentlich erschwerten Bedingungen aushalten. Es

# »Beiträge zur Geschichtswissenschaft«, herausgegeben von Ernst Piper

Bisher erschienen:

### Daniel Bühler
**Macht und Treue**
Publius Ventidius: Eine römische Karriere zwischen Republik und Monarchie

Publius Ventidius, ein Mann, der der Legende nach in seiner Kindheit Kriegsgefangenschaft und bittere Armut erleiden musste, dem es am Ende seines Lebens jedoch gelang, als erster römischer Feldherr einen Triumph über den römischen Angstgegner, die Parther, zu feiern. Anhand der spärlichen Angaben in den Quellen rekonstruiert das Buch den erstaunlichen Lebenslauf des Ventidius, der als Anhänger des Proconsuls und Dictators Julius Caesar und des Triumvirs Marcus Antonius von seinen Gefolgsherren gefördert, von der privilegierten republikanischen Führungselite wegen seiner Herkunft aus einer unbekannten italischen Familie jedoch verachtet wurde.

ISBN 978-3-86906-044-6, 260 S., Paperback, € 29,–

### Linda Lucia Damskis
**Zerrissene Biografien**
Jüdische Ärzte zwischen nationalsozialistischer Verfolgung, Emigration und Wiedergutmachung

Das NS-Regime raubte jüdischen Ärzten ihre berufliche, soziale und wirtschaftliche Existenz. Viele wurden Opfer der Deportation in die Vernichtungslager. Andere überlebten in der Emigration, wo sie unter höchst unterschiedlichen Bedingungen einen beruflichen Neuanfang suchten. Nur die wenigsten kehrten nach 1945 in die frühere Heimat zurück.

In exemplarischer Absicht rekonstruiert dieses Buch elf ausgewählte Lebensläufe jüdischer Ärztinnen und Ärzte aus Bayern.

ISBN 978-3-86906-053-8, 256 S., Paperback, € 14.90

### Barbara Ellermeier
**Neue Römer braucht das Land**
Aktuelle Museumskonzeptionen zur Römerzeit in Rheinland-Pfalz

Seit der Renaissance werden römische Funde systematisch gesammelt und ausgestellt. Immer hat sich die Präsentation in ihren Formen und Themen der jeweiligen Zeit angepasst. Erstmals beschäftigt sich Barbara Ellermeier mit Tradition und Gegenwart solcher Museen. »Neue Römer braucht das Land« ist eine fundierte Analyse, wie sich die Römer-Ausstellungen im Spannungsfeld zwischen Angleichung und Alleinstellungsmerkmalen behaupten müssen, und zugleich ein kenntnisreicher Blick hinter die Kulissen des Museumsgeschäfts.

ISBN 978-3-86906-118-4, 492 S., Paperback, € 49,–

**Tanja Hetzer**
## »Deutsche Stunde«
Volksgemeinschaft und Antisemitismus in der politischen Theologie bei Paul Althaus

1933 setzt Paul Althaus, der bedeutende theologische Autor, seine Unterschrift unter das antisemitische »Gutachten zum Arierparagraph« der Erlanger Universität. Wie kam der Systematiker, Neutestamentler und Lutherforscher, der beliebte akademische Lehrer und Prediger zu einer solch dezidiert antisemitischen Äußerung? Tanja Maria Hetzers ideengeschichtliche Studie spannt einen Bogen, um diese Fragen zu beantworten: Sie beginnt mit der »Entnazifizierung« der Theologischen Fakultät der Universität, rekonstruiert seinen theologischen und (kirchen-)politischen Werdegang, seinen Einsatz als Gouvernementpfarrer im besetzten Polen während des Ersten Weltkrieges und seine Entwicklung zum konservativen, der »Positiven Theologie« zugehörigen Akademiker.
ISBN 978-3-86520-328-1, 296 S., Paperback, € 28,–

**Zwi Katz**
## Von den Ufern der Memel ins Ungewisse
Eine Jugend im Schatten des Holocaust

Mit dem Einmarsch der deutschen Wehrmacht in Litauen endet die Kindheit des 14-jährigen Zwi Katz abrupt: Die Nationalsozialisten internieren den aus einem liberalen jüdischen Elternhaus stammenden Jungen im Ghetto seiner Heimatstadt Kaunas. Von nun an schwebt er in ständiger Todesgefahr. Nach vier Jahren wird der Jugendliche ins KZ Kaufering, einem Außenlager des KZ Dachau, verschleppt. Als sich die Westfront nähert, schickt die SS die Häftlinge auf einen »Todesmarsch« Richtung Tirol, bei dem Katz nur knapp seiner Erschießung entgeht. Am 2. Mai 1945 wird er schließlich von den Amerikanern befreit. Zwi Katz lässt in seinen persönlichen Aufzeichnungen die unbeschwerten Jugendjahre in Litauen wieder lebendig werden, aber auch die furchtbaren Jahre der Verfolgung.
ISBN 978-3-86906-074-3, 132 S., Paperback, € 14.90

**Ralf Retter**
## Zwischen Protest und Propaganda
Die Zeitschrift »Junge Kirche« im Dritten Reich

Die »Junge Kirche« war die führende Zeitschrift der Bekennenden Kirche (BK) in der Zeit des Nationalsozialismus und von grundlegender Bedeutung für ihre Öffentlichkeitsarbeit. Welches Verhältnis nahm die »Junge Kirche« zum Nationalsozialismus ein und welche Rolle spielte sie innerhalb der evangelischen Publizistik und der Bekennenden Kirche? Kann sie wirklich als Sprachrohr der BK und als ein Organ des kirchlichen Widerstandes angesehen werden?
ISBN 978-3-86906-066-8, 388 S., Paperback, € 44,–